Knaur.

Knaur.

Über den Autor:

Hans Herbert von Arnim, geboren 1939, leitete nach der Promotion in Heidelberg zehn Jahre lang das wissenschaftliche Institut des Bundes der Steuerzahler in Wiesbaden. Nach der Habilitation in Regensburg lehrte er an den Universitäten München und Marburg. Heute ist er Professor für Öffentliches Recht und Verfassungslehre an der Deutschen Hochschule für Verwaltungswissenschaften Speyer. Sein Thema sind Grundfragen von Staat und Gesellschaft, was direkte Einmischung in die Politik aber nicht ausschließt. Viele seiner Bücher sind Bestseller.

Hans Herbert von Arnim

Das System

Die Machenschaften der Macht

Knaur Taschenbuch Verlag

Von Hans Herbert von Arnim ist außerdem erschienen:

Fetter Bauch regiert nicht gern
Diener vieler Herren
Korruption
Die Partei, der Abgeordnete und das Geld
Politik Macht Geld
Vom schönen Schein der Demokratie
Der Staat als Beute
Staat ohne Diener

Besuchen Sie uns im Internet:
www.knaur-taschenbuch.de

Vollständige, um ein aktuelles Nachwort ergänzte Taschenbuchausgabe 2004
Knaur Taschenbuch. Ein Unternehmen der Droemerschen Verlagsanstalt
Th. Knaur Nachf. GmbH & Co. KG, München

Umschlaggestaltung: ZERO Werbeagentur, München
Druck und Bindung: Clausen & Bosse, Leck
Printed in Germany
ISBN 3-426-77658-8

5 4 3 2 1

Inhalt

Gliederungsübersicht

Vorwort

Es ist etwas faul in der Bundesrepublik Deutschland. Sorgfältig wird das eigentliche Funktionieren des politischen Geschäfts verdeckt. Die treibenden Kräfte, Motive und Absprachen und damit die Hintergründe und ursächlichen Zusammenhänge der Politik bleiben den Bürgern verborgen. In Erscheinung treten die offiziellen Organe und Amtsträger, die Parlamente und Regierungen, und diese präsentieren sich in der Öffentlichkeit auch so, wie die Verfassung das verlangt.
Umso schockierender wirkt es, wenn durch Zufall doch einmal die Nebelwand aufreißt und dem Bürger den Blick freigibt auf einzelne Teile des Netzwerks von Macht und Interessen. So geschehen bei der CDU-Spendenaffäre und beim „System Kohl“ – beides keine Ausnahmen, sondern die Regel; nur hatte der CDU-Parteivorsitzende fünfundzwanzig Jahre Zeit, sechzehn davon als Bundeskanzler, sein System zu perfektionieren und auf seine persönlichen Belange zuzuschneiden.
Um zu erfassen, was sich hinter der demokratischen Fassade in Wahrheit ereignet, muss man das ganze Geflecht in den Blick nehmen: seine Akteure, ihre Wünsche, Leidenschaften und Verhaltensweisen, besonders auch ihren verheerenden Einfluss auf die politischen Institutionen. Dann ist der rote Faden gefunden, dann werden zufällig anmutende und, für sich genommen, unverständliche Erscheinungen zu einem veritablen System, das zwar desillusioniert, dessen klare Herausarbeitung aber die notwendige Voraussetzung für die Entwicklung von Gegenkräften und Verbesserungsinitiativen darstellt.
Dieses Buch ist das Ergebnis jahrzehntelanger Forschung über Staat und Gesellschaft, das Resultat eines über viele Stationen führenden gedanklichen Weges. Eine Fülle von tatsächlichen Beobachtungen und theoretischen Einsichten fügt sich zusammen. Alles passt – und doch ist das Gesamtbild erschreckend, sogar für den Autor selbst. Habe ich übertrieben? Das wird der Leser entscheiden müssen. Für jede konstruktive Kritik meiner Thesen bin ich jedenfalls dankbar.

Speyer, im Juli 2001 *Hans Herbert von Arnim*

Einführung
Es ist etwas faul im Staate

> »Wer den Herrschaftsverhältnissen gegenüber nicht machtlos bleiben will, muss sie verstehen lernen, und zwar nicht bloß ihre sichtbaren Zwänge, sondern auch ihre verborgenen Mechanismen. Nur dann kann er auch die mannigfaltigen Fiktionen, Täuschungen und Manipulationen durchschauen, denen er von Seiten der Herrschenden ausgesetzt ist.«[1]

> »Es ist sicher wichtig, dass Menschen sich manchmal laut zu Wort melden ..., und wir brauchen Forscher, die dies ohne Furcht tun können.«[2]

Wenn repräsentative Demokratie Regierung *durch* das Volk und *für* das Volk bedeutet (Abraham Lincoln), stellt man rasch fest, dass es in der Praxis des vermeintlich freiheitlichsten Gemeinwesens, das je auf deutschem Boden bestand, um diese Grundsätze nicht gut bestellt ist. Staat und Politik sind insgesamt in einem Zustand, von dem nur noch Berufsoptimisten oder Heuchler behaupten können, er sei aus dem Willen der Bürger hervorgegangen:[3]
Jeder Deutsche hat die Freiheit, Gesetzen zu gehorchen, denen er niemals zugestimmt hat; er darf die Erhabenheit des Grundgesetzes bewundern, dessen Geltung er nie legitimiert hat; er ist frei, Politikern zu huldigen, die kein Bürger je gewählt hat, und sie üppig zu versorgen – mit seinen Steuergeldern, über deren Verwendung er niemals befragt wurde. Die Deutschen dürfen die Hälfte ihres Einkommens als Steuern und Sozialabgaben in die große öffentliche Hand legen, ohne dazu jemals ihr Einverständnis gegeben zu haben, und damit einen Staat finanzieren, der nicht einmal seine Kernfunktionen voll erfüllt wie Sicherheit, Rechtsschutz und Verteilungsgerechtigkeit. Wer es sich leisten kann, engagiert deshalb private Sicherheitsdienste oder schützt sich und sein Eigentum mit aufwendiger Technik. Wir dürfen die unzähligen Gerichte und Instanzenzüge mit unseren Steuern bezahlen, damit sie uns Recht und Gerechtigkeit verschaffen – wenn wir nur Jahre und Jahrzehnte auf ein endgültiges Urteil zu warten bereit sind.

Zudem kann, wer genug Geld hat, es großen Unternehmen gleichtun und sich mit privaten Schiedsvereinbarungen eine rasche Entscheidung sichern. Über zwanzig Millionen Arbeitnehmer haben die Freiheit, in Zwangsversicherungen hohe Summen für ihr Alter zurückzulegen, ohne zu wissen, was sie davon jemals wieder herausbekommen. Wir dürfen einen Staat bejubeln, der uns ungefragt zwingt, die Deutsche Mark einzutauschen gegen einen Euro, der in zweieinhalb Jahren ein Viertel seines Außenwerts verloren hat, einen Staat, der Subventionen an Unternehmen und Personen verteilt, die diese gar nicht benötigen, und der nicht selten sogar Faulheit prämiert, indem er selbst Arbeitsunwilligen ein auskömmliches Leben ermöglicht. Wenn diese in die Schattenwirtschaft ausweichen und schwarzarbeiten, stehen sie sich doppelt besser als ihre gesetzestreuen Kollegen: Sie haben mehr Einkommen *und* mehr Freizeit; und Millionen, die legal arbeiten *wollen*, finden keinen Arbeitsplatz. Wir dürfen unsere Kinder in scheinbar kostenlose Staatsschulen schicken, deren Lehrer im internationalen Vergleich durch hohe Bezahlung, viel Freizeit und lange Ausbildungsdauer ebenso hervorstechen, wie die Leistungen von Schulen und Schülern international zurückbleiben. Wir finanzieren Universitäten, bei denen bereits die Dauer der akademischen Ausbildung die Chancen der jungen Leute im globalen Wettbewerb mindert. Wir sollen einem Staat dankbar sein, der uns mit hunderten von Milliarden beschenkt, die er uns vorher abgenommen hat, einem Staat, der uns unser Geld von der rechten in die linke Tasche lügt – mit einem hohen Abschlag für die Kosten von Politik und Bürokratie. Es ist etwas faul in der Bundesrepublik Deutschland.

Wir wollen in diesem Buch den tieferen Gründen für die Schieflagen und Fehlentwicklungen nachgehen und über die Diagnose hinaus auch mögliche Therapien aufzeigen. Das verlangt ein ziemlich tiefes Graben. Dabei gehen wir wieder von der Lincoln'schen Formel aus. Regieren »durch« das Volk heißt Politik entsprechend dem (mehrheitlichen) *Willen* des Volkes. Das verlangt Demokratie im Sinne von Selbst- beziehungsweise Mitentscheidung des Volkes (Partizipation). »Für« das Volk heißt Politik entsprechend dem *Interesse* des Volkes im Sinne des Gemeinwohls.

In einer echten Demokratie geht der nächstliegende Weg zur Realisierung von Gemeinwohl dahin, den Willen des Volkes zur Geltung zu bringen; zugrunde liegt die Überzeugung, die Bürger wüssten selbst immer noch am besten, was gut für sie ist. Hier läuft Regieren für das Volk also auf Regieren durch das Volk hinaus. Dazu ist es nötig, den Willen der Bürger insgesamt zum Ausdruck und zur politischen Wirksamkeit zu bringen. Das ist das Konzept der direkten Demokratie, wie es schon im alten Griechenland für Städte und Kleinstaaten mit übersichtlichen Verhältnissen entwickelt worden ist.

Den Gegenpol bildet der Versuch, den Interessen und Belangen des Volkes *unabhängig* von seinem Willen Geltung zu verschaffen. Dies war der Standpunkt des aufgeklärten Absolutismus (Friedrich der Große: »Ich bin der erste Diener meines Staates«) und schon der Römischen Republik (»salus publica suprema lex« – das öffentliche Wohl ist das höchste Ziel). Einen ähnlichen Grundgedanken enthält bis zu einem gewissen Grad auch das Grundgesetz. Danach sind alle Amtsträger auf das Gemeinwohl verpflichtet (Gemeinwohlprinzip). Das verfassungsrechtliche Gemeinwohlgebot gilt für alle Amtsträger, sowohl für die gezielt unabhängig gestellten (Gerichte, Rechnungshöfe, die Bundesbank beziehungsweise die Europäische Zentralbank und die Europäische Kommission, die auf Grund ihrer Unabhängigkeit diese Gemeinwohlverpflichtung leichter einhalten können) als auch für die von Wahl und Wiederwahl abhängigen Regierungen, Parlamente, Minister und Abgeordneten. Das preußische Pflichten- und Beamtenethos und das US-amerikanische Trust-Konzept sind aus diesem Gedanken heraus entstanden.[4]

Der Inhalt dessen, was den Amtsträgern als Gemeinwohl aufgegeben ist, ist undeutlich und vage. Klar ist nur, dass das Repräsentationsprinzip eine Motivation fordert, die das Gegenteil vom Streben nach eigenem Nutzen ist. Ist diese Voraussetzung in der Praxis gegeben oder geht im Kollisionsfall meist der Eigennutz vor? Kann man wirklich erwarten, dass Amtsträger sich »irgendwie« an jene Verpflichtung halten, oder wird diese Erwartung zunehmend zum reinen Wunschdenken, das die eigentlichen Probleme zukleistert? Diesen Fragen werden wir im 1. Kapitel dieses Buches nachgehen.

Selbst wenn das eigene Hemd Berufspolitikern regelmäßig näher ist als der Gemeinwohlrock, ist das noch lange kein Beweis für die mangelnde Gemeinwohlausrichtung des Staatshandelns insgesamt. Immerhin schließt der Eigennutz des Kaufmanns in der freien Wirtschaft ja auch nicht von vornherein aus, dass er letztlich dennoch im besten Interesse seiner Kunden handelt. Falls nämlich jeder einen Laden eröffnen beziehungsweise ein Unternehmen gründen kann (Marktoffenheit) und fairer Wettbewerb unter den Kaufleuten besteht, kann die Summe der Egoismen durchaus zur allgemeinen Wohlfahrt führen – ein Konzept, das der sozialen Marktwirtschaft zugrunde liegt und das man von der Wirtschaft auch auf die Politik übertragen hat (Kapitel 2). Es handelt sich der Idee nach um einen Mechanismus, welcher der Politik die Wünsche der Mehrheit der Bürger aufzwingt – und zwar gerade dann, wenn die Politiker sich nicht vom Nutzen der Allgemeinheit, sondern von ihren Eigeninteressen leiten lassen. Durch Offenheit des Zugangs der Parteien und Kandidaten zu den Wahlen und durch faire Konkurrenz um Wählerstimmen sollen die Repräsentanten indirekt dazu gebracht werden, den Wünschen der Bürger zu entsprechen (Wettbewerbsdemokratie). Hier geht das Gemeinwohlkonzept also wieder über ins Regieren durch das Volk. Erste Voraussetzung für das Funktionieren dieses Ansatzes ist allerdings, dass der Zugang wirklich für alle möglichen Bewerber offen ist und faire Wettbewerbsbedingungen bestehen.

Das große Problem liegt darin, dass die Politik und ihre Akteure selber Einfluss auf die Wettbewerbsbedingungen nehmen können. Es geht um die so genannten Regeln des Machterwerbs.[5] Ihre funktionsgerechte Gestaltung ist für das Gemeinwesen einerseits besonders wichtig, andererseits ist sie aber auch besonders gefährdet. Falls es zutrifft, dass die politischen Akteure sich üblicherweise nach ihren Eigeninteressen richten: Wer kann sie dann dazu bewegen, dies ausgerechnet dann nicht zu tun, wenn es um strategische Grundentscheidungen geht? Da die Akteure mitten im Staat an den Schalthebeln der Macht sitzen, liegt die Befürchtung nahe, dass sie ihre Schlüsselstellung aus Gründen des Machterhalts missbrauchen und die Regeln zu ihren Gunsten manipulieren. Hier liegt ein Kernproblem, das von verschiedenen Seiten thematisiert wird: Die Theorie der Wirtschaftspolitik verlangt die Schaffung und Sicherung einer funktionsgerechten Wirtschaftsordnung, die dem wirtschaftlichen Wettbewerb den erforderlichen Rahmen setzt.[6] Die Konstitutionelle Politische Ökonomie[7] und die Philosophie[8] heben die Notwendigkeit einer angemessenen verfassungsmäßigen Ordnung hervor, innerhalb deren sich der politische Prozess sinnvoll und fruchtbar entfalten kann. Die Politikwissenschaft und die Soziologie[9] betonen die Bedeutung angemessener Institutionen für das befriedigende Funktionieren der Willensbildung

innerhalb der jeweiligen Bereiche.[10] Andere betonen die Bedeutung von Regeln für das befriedigende Funktionieren operativer Prozesse.[11] Von einem zweistufigen Konzept ging auch das Bundesverfassungsgericht in seinem Urteil über den Länderfinanzausgleich vom November 1999 aus, als es den Gesetzgeber zunächst zum Erlass eines Maßstäbegesetzes verpflichtete, auf dessen Grundlage dann das konkrete Finanzausgleichsgesetz erlassen werden soll.[12]
Allen diesen Ansätzen ist dreierlei gemeinsam:

- Sie unterscheiden streng zwischen zwei Ebenen, einem ordnenden Rahmen einerseits und dem Willensbildungsprozess innerhalb dieses Rahmens andererseits.
- Sie sehen in der angemessenen Gestaltung der Rahmenregelung eine zentrale Voraussetzung für Gerechtigkeit und Leistungsfähigkeit der Prozesse innerhalb des Rahmens.
- Sie erkennen zugleich die besondere Gefährdung des Rahmens, wenn und soweit die Akteure Einfluss auf seine Gestaltung erhalten.

Diese Gefahr ist für die rein repräsentative Demokratie geradezu typisch, weil die Spieler und diejenigen, die die Spielregeln festsetzen, dieselben sind. Wie sollen sie dann aber bei Festlegung der Spielregeln ihre Eigeninteressen unterdrücken können? In dieser Dilemma-Situation suchen manche Theoretiker ihre Zuflucht zu irrealen Konstruktionen. Der Sozialphilosoph John Rawls will denen, die über Verfassungen nachdenken und entscheiden, einen »Schleier des Nichtwissens« überstreifen, der ihnen ihre eigenen Interessen verbirgt, und so wirkliche Unbefangenheit schaffen – ähnlich dem Bild der Justitia, deren Augen verbunden sind, damit sie »ohne Ansehen der Person«, also unbeeinflusst und gerecht, entscheiden kann.[13] Wie das aber in der Praxis erreicht werden soll, sagt Rawls nicht. Konkrete Vorschläge entfernen sich meist derart weit von den üblichen Denktraditionen, dass sie leicht an Utopie grenzen. Der Nobelpreisträger für Ökonomie Friedrich von Hayek hat vorgeschlagen, für die Setzung der Verfassungsregeln eine Art Rat der Alten einzusetzen, dessen Mitglieder auf fünfzehn Jahre gewählt und nicht wiederwählbar sein sollen.[14] Manche wollen darin eine Art institutionelle Fortentwicklung des Bundesverfassungsgerichts erkennen, dessen Mitglieder auf zwölf

Jahre gewählt sind und ebenfalls nicht wieder gewählt werden können. Allerdings wäre der Rat dann ausdrücklich zur Setzung von Verfassungsregeln legitimiert, was das Gericht derzeit nur verlegen und verdeckt vornimmt. Außerdem würden seine Mitglieder direkt vom Volk gewählt und nicht von der politischen Klasse, wie die Mitglieder des Bundesverfassungsgerichts. Doch wer über solche Vorschläge überhaupt nur nachzudenken wagt, läuft Gefahr, ausgegrenzt zu werden. Derartige Gedanken stoßen schon deswegen auf größte, zum Teil auch ganz unbewusste Widerstände, weil die Interessen der politischen Klasse aufs Engste mit den Institutionen verwoben sind, die man mit solchen Reformvorschlägen implizit kritisiert.

Die derzeitige Argumentationslage in der Bundesrepublik ist dadurch gekennzeichnet, dass viele Analytiker zwar durchaus sehen, dass der Ordnungsrahmen in Gefahr ist, wenn die Akteure, denen er eigentlich Grenzen setzen soll, Einfluss auf seine Gestaltung haben. Dennoch wagt kaum einer, dieser Gefahr wirklich voll ins Angesicht zu schauen. Ein Beispiel ist der Politikwissenschaftler Claus Offe, der zwar die eingängige Formulierung gefunden hat, die Institutionen könnten »zu Wachs« in den Händen der Akteure werden, dann aber seine Zuflucht zum Prinzip Hoffnung nimmt, statt konsequenterweise zu untersuchen, ob und inwieweit unsere Institutionen bereits manipuliert sind, welche Auswirkungen dies auf die politische Willensbildung hat und was dagegen unternommen werden könnte.

Wie die politischen »Spieler« Einfluss auf die Spielregeln nehmen, werden wir in diesem Buch vor allem anhand der Komplexe

- Politikfinanzierung,
- Wahlrecht,
- Föderalismus und
- direkte Demokratie

zeigen (Kapitel 3). Der Einfluss der Akteure auf die Spielregeln findet seinen Ausdruck aber auch darin, dass sie nichts Wirksames gegen bestimmte wuchernde Fehlentwicklungen unternehmen, insbesondere gegen

- Ämterpatronage (Kapitel 4) und
- politische Korruption (Kapitel 5).

Die Rolle der Medien ist zwiespältig: Einerseits sollen sie ein Gegengewicht gegen Fehlentwicklungen bilden und tun das bis zu einem gewissen Grad auch. Andererseits verändert besonders das Fernsehen die Struktur der öffentlichen Auseinandersetzung grundlegend. Die politische Klasse versucht natürlich, die Medien unter Kontrolle zu bekommen. Die Prägung der veröffentlichten Meinung, ja sogar schon der allgemeinen Wirklichkeits- und Problemwahrnehmung durch die Medien (»Inszenierung«) macht besonders das Fernsehen zum bevorzugten Gegenstand von Einfluss- und Gleichschaltungsversuchen (Kapitel 6).

Der zentrale Einfluss der politischen Klasse auf die Verfassungsinstitutionen wirkt sich nicht nur in den genannten Bereichen aus, mag es sich dort auch besonders deutlich nachweisen lassen, sondern fast überall. Denn die Ausgestaltung der politischen Institutionen berührt direkt oder indirekt stets auch die Eigeninteressen von Politikern, und diese können von den Interessen der Gemeinschaft abweichen. Will man die Problematik auf den Punkt bringen, so geht es darum, dass wir in der Bundesrepublik in weiten Bereichen keinen funktionierenden politischen Wettbewerb mit Offenheit des Zugangs und Fairness der Erfolgschancen haben. Die politische Willensbildung ist – in Wahrheit und entgegen allen Sonntagsreden – nicht einer politischen Wettbewerbsordnung unterworfen, sondern folgt eher den Regeln einer politischen Kartellordnung. Das gemeinsame Interesse von Berufspolitikern geht nun einmal dahin, den Wettbewerb zu beschränken und nach Möglichkeit ganz auszuschalten und Kontrolleinrichtungen möglichst gleichzuschalten. »Die Politik« ist an wirksamem Wettbewerb genauso wenig interessiert wie »die Wirtschaft« (wie schon Adam Smith in klassischer Weise beschrieben hat). Dieses Eigeninteresse unter Kontrolle zu bringen ist umso schwerer, weil »die Politik« eben nicht nur den Prozess, sondern in der repräsentativen Demokratie auch die Ordnung der politischen Willensbildung beherrscht. Das gemeinsame Interesse der politischen Klasse an der Ausschaltung von Wettbewerb überspannt alle Ebenen und Institutionen, und zwar sowohl in horizontaler Richtung als auch in vertikaler: Es verbindet die verschiedenen Fraktionen der Parlamente ebenso wie die verschiedenen Schichten des in die Europäische Union eingebetteten föderalistischen Staats, also von den Gemeinden und Landkreisen über die Länder und den Bund bis zur europäischen Ebene.

Der Einfluss der politischen Klasse auf die Institutionen kann gestaltend und bremsend wirken. Die politische Klasse kann die Institutionen in ihrem Sinne verändern und sie ihrem Interesse entsprechend ausgestalten. Die politische Klasse kann aber auch verhindern, dass überholte, den Gegebenheiten nicht mehr entsprechende Institutionen an moderne Herausforderungen angepasst werden. Überholte Institutionen werden dann von den Akteuren ausgenutzt, um ihre Interessen um so besser durchsetzen und ihre Schäfchen ins Trockene bringen zu können.
Die Ausschaltung fairen politischen Wettbewerbs durch mangelnde Offenheit und Vermachtung hat fatale Folgen. Sie kehrt letztlich die demokratischen Grundprinzipien in ihr Gegenteil um:

- Sie beeinträchtigt die politische Gleichheit bis hin zu ihrer Beseitigung.
- Sie verkehrt die Richtung der politischen Willensbildung: Statt von unten nach oben verläuft sie immer nachhaltiger von oben nach unten.
- Und sie nimmt dem System die Flexibilität und Leistungsfähigkeit, indem statt Leistungswettbewerb immer mehr ein Beziehungssystem vorherrscht.

Die Mängel unseres Systems und deren Ursachen offen zu legen verlangt also ein vierstufiges Vorgehen:

- Man muss aufzeigen, dass die Akteure vielfach ihren eigenen Interessen folgen *und*
- dass vielfach mangels Offenheit und fairer Wettbewerbsbedingungen kein wirksamer Wettbewerb besteht,
- dass dies mit Deformationen unseres Systems zusammenhängt,
- die wiederum wesentlich auf Eigeninteressen der politischen Akteure beruhen.

Wir werden in diesem Buch zeigen, dass unsere Verfassung in Teilen abgedankt und eine ganz andere Art von Realverfassung die Herrschaft angetreten hat. Im Lauf der Zeit wurde hinter der demokratischen Fassade ein System etabliert, in dem völlig andere Regeln gelten als die des Grundgesetzes. Dieses im Verborgenen wuchernde inoffizielle Zweite System unterläuft das offizielle System und beeinträchtigt seine Funktionen. Es führt dazu, dass sich zwischen unseren Idealen und der Wirklichkeit, zwischen Norm und Realität, eine riesige Lücke auftut. Wer darüber spricht, droht das ganze System zu delegitimieren und provoziert deshalb Widerstand und Widerspruch auf breiter Front. Die ungeschminkte Darstellung der Lücke stellt den Kern der überlieferten Ideologie von Staat und Politik in Frage und bestreitet, dass unsere repräsentative Ordnung in der derzeitigen Form die beiden Grundprinzipien Demokratie und Gemeinwohl noch sichert.

Um das alles klar zu erkennen und darzustellen, muss man zunächst ein gewaltiges argumentatives Sperrfeuer durchdringen. Die Notwendigkeit, den Mangel an gemeinwohlorientiertem Verhalten der Politiker *und* an funktionierendem Wettbewerb zu beweisen, legt es für Verteidiger des Systems nahe, eine Art Hase-und-Igel-Spiel zu praktizieren: Wenn Defizite des einen Konzepts nachgewiesen sind, beruft man sich rasch auf das andere Konzept, ohne zu überprüfen, ob dessen Voraussetzungen wirklich gegeben sind. Wenn also zum Beispiel klar wird, dass die Repräsentanten nicht wirklich repräsentativ handeln, beruft man sich auf das angebliche Korrektiv des Wettbewerbs, und wenn kein Wettbewerb besteht, beruft man sich auf das Korrektiv des repräsentativen Handelns.

Da der Arm der politischen Klasse lang ist und weit reicht, kann diese bei ihrem – bewussten oder unbewussten – Bestreben, an den Vorstellungen festzuhalten, die das System (und damit die politische Klasse selbst) legitimieren, normalerweise auf überwältigende Unterstützung rechnen. Die politische Klasse wird getragen von dem vieltausendstimmigen Chor derer, die ihr durch die schon erfolgte oder noch erhoffte Vergabe von Ämtern und Würden verpflichtet sind (Kapitel 7).

Der Nachweis der Mängel wird dadurch schon im Ansatz erschwert, dass es eine Fülle von Denkmustern (Paradigmen), Formeln und Theorien gibt, welche die ideologische Grundthese vom quasi automatischen Funktionieren des Systems stützen. Sie suchen die Lücke zwischen Norm und Wirklichkeit nicht etwa durch Verbesserungen der Wirklichkeit zu schließen, sondern dadurch, dass sie die Norm lax interpretieren oder die Wirklichkeit vernebeln. Dem Anliegen, die Macht trotz ihrer demokratischen Mängel zu legitimieren, dienen:

- wissenschaftliche Paradigmen,
- politische Formeln,
- wissenschaftliche Theorien,
- Denk- und Sprachverbote (»political correctness«),
- Inszenierungen der Wirklichkeit und
- die so genannte politische Bildung (Kapitel 8).

Die wichtigste Funktion all dieser Konstrukte besteht letztlich darin, die Lücke zwischen Norm und Wirklichkeit, so breit sie auch klafft, zu verbergen und es so den Menschen zu ermöglichen, ihren Frieden mit der geltenden Ordnung zu machen, statt dagegen Sturm zu laufen. Lässt man sich von den scheuklappenartigen Paradigmen und politischen Formeln aber nicht blenden und den Weg zur Erkenntnis nicht von schönfärberischen Theorien verlegen, so erkennt man, dass die beiden Grundprinzipien unserer Staatsform, Gemeinwohl und Demokratie, vom bestehenden System nur noch sehr eingeschränkt verwirklicht werden.

Die skizzierte Problematik spiegelt sich auch in der Interpretation unserer formellen Verfassungen wider. Sie sind auf die neue Problemlage noch nicht eingerichtet. Große Teile des Grundgesetzes sind wörtlich aus früheren Verfassungen übernommen, obwohl sich die Verhältnisse inzwischen völlig verändert haben. Die überkommene Verfassungsordnung passt auf das Wirken der neuen Akteure kaum noch oder überhaupt nicht mehr (Kapitel 9 und 10). Am deutlichsten wird die Problematik am Beispiel der politischen Parteien und ihrer Führungsgruppen. Sie werden als solche nicht (oder fast nicht) durch die Verfassung gebunden, sie haben die Verfassungen vielmehr ihren Bedürfnissen und Interessen angepasst und dadurch in ihrem Wesen völlig verändert. Wichtige Vorschriften des Grundgesetzes werden umgebogen und – entgegen ihrem Wortlaut und ihrem überkommenen Sinn – teilweise geradezu in ihr Gegenteil verkehrt. Zentrale Vorschriften des Grundgesetzes stehen bloß auf dem Papier und muten, wenn man nur den überkommenen Wortlaut ins Auge fasst, fassadenhaft und überholt an. Sie haben aufgrund veränderter tatsächlicher Verhältnisse einen grundlegenden Deutungswandel erfahren.

Das eigentliche Problem besteht allerdings nicht in der Anpassung der Verfassungsinterpretation an die geänderten Verhältnisse als solcher, sondern darin, *wie* diese Anpassung meist erfolgte: Die Verfassung wurde nämlich nicht derart fortentwickelt, dass sie die Parteien und die politische Klasse möglichst in Schranken hält und sinnvoll steuert (wie es der Funktion der Verfassung an sich entspräche), sondern sie wurde letztlich umgekehrt den Eigeninteressen der politischen Akteure unterworfen und deren Eigengesetzlichkeiten angepasst. Diese Verkehrung wird in der offiziellen Lesart allerdings nicht offen eingeräumt, weder von der Staatsrechtslehre noch von der Politikwissenschaft und schon gar nicht von der politischen Bildung, sondern tendenziell verschleiert – mit entsprechenden Folgen für die Analysekraft, die Problemnähe und die Leistungsfähigkeit der Wissenschaften von Politik, Staat und Verfassung und damit auch der gesamten politischen Bildung, von der Praxis ganz zu schweigen, in der die politische Klasse weitgehend unhinterfragt tun und lassen kann, was sie will.

Letztlich gibt es nur ein Mittel, Demokratie und Gemeinwohl wiederherzustellen: einen kontrollierten Systemwandel (Kapitel 11). Es gilt des Aristoteles schönes Wort: »Wir können den Wind nicht ändern, aber wir können die Segel anders setzen.« Dieses Bild macht die zentrale Bedeutung von Institutionen und ihrer Anpassung an die heutigen Erfordernisse auf einen Blick deutlich: Wir können die Menschen, auch die Menschen in der Politik, mit all ihren – höchst menschlichen – Eigenschaften nicht ändern, aber wir können versuchen die Institutionen, innerhalb deren sie tätig werden, so zu verbessern und die Anreize und Sanktionen so zu setzen, dass das Eigeninteresse der politischen Akteure möglichst in eine für die Gemeinschaft förderliche Richtung gelenkt wird. Dies haben beispielsweise auch die Reformen der Progressiven Ära in den USA gezeigt, als es darum ging, die Herrschaft von »Parteibossen« und ihrer »Parteimaschinen« zu brechen (Kapitel 12).

Ist schlüssig nachgewiesen, wie sehr die politischen Akteure in Wahrheit von eigennützigen Zielen motiviert werden und wie sehr es an Offenheit und wirksamem Wettbewerb fehlt, wird das Votum für einen dritten Ansatz umso zwingender: für die Einführung von Instrumenten der direkten Demokratie (Kapitel 13 bis 15). Wenn der repräsentative Ansatz nicht voll trägt, weil die Repräsentanten sich nicht mehr repräsentativ verhalten; wenn der indirekte Weg, dem Willen des Volkes Geltung zu verschaffen, nämlich der politische Wettbewerb, verstopft ist, weil kein wirklich offener, fairer Wettbewerb besteht, drängt sich der direkte Weg umso mehr auf: die unmittelbare Demokratie durch Volksbegehren, Volksentscheid, Initiative und Referendum. Wenn diese Institutionen die repräsentative Demokratie auch nicht ersetzen können, so könnten sie sie doch sinnvoll ergänzen. Direktdemokratische Instrumente sind auch darum so wichtig, weil die Parlamente aus Eigeninteresse kaum in der Lage sind, durchgreifende Verfassungsreformen durchzusetzen, wie zum Beispiel Verbesserungen des Wahlrechts, die Offenheit und fairen Wettbewerb herstellen. Schon die bloße Möglichkeit direkter Demokratie kann den Parteienwettbewerb erheblich verschärfen, wie etwa die Reform der Kommunalverfassung in vielen Bundesländern gezeigt hat.[15] Direktdemokratische Elemente kommen damit unter zwei Aspekten ins Spiel: als Ergänzungs- und Konkurrenzmechanismus zur repräsentativen Willensbildung und – sozusagen auf der Verfassungsebene – als Instrumente zur Durchsetzung institutioneller Reformen.

Einige höchst existenzielle Probleme – Frieden, Ressourcensicherung, Umweltschutz, Welternährung – sind nur durch internationale Zusammenarbeit zu lösen. Und es fragt sich, ob der überkommene Nationalstaat hierfür noch die adäquate politische Organisationsform ist. Derartige Fragen werden allenfalls am Rande behandelt, um dieses Buch nicht zu überfrachten. Es kann aber davon ausgegangen werden, dass eine Eindämmung der Ursachen für innere Mängel auch die Lösung internationaler Probleme erleichtert.

1 Zwischen Gemeinsinn und Eigennutz: Die politische Klasse schafft sich ihr eigenes System

Das Ideal: Gemeinsinn geht vor

Der Parlamentarische Rat ging von der klassischen Repräsentationsidee aus. Mit »Repräsentation« ist dabei eine verfassungstheoretische Beziehung der Repräsentanten zum Volk gemeint, die zwei zentrale Bestandteile aufweist: inhaltlich die Orientierung der Repräsentanten am Wohl des ganzen Volks, am so genannten Gemeinwohl (als *auf*gegebener Zielrichtung, nicht als *vor*gegebener Größe [1]); verfahrensmäßig die Entscheidung nach sorgfältiger öffentlicher Beratung und Abwägung des Pro und Kontra. Beides hängt aufs Engste miteinander zusammen und prägte die Idee vom Funktionieren der öffentlichen Meinung und der parlamentarischen Willensbildung, die man sich in Wechselwirkung zueinander vorstellte.
Ein geistiger Vater der Vorstellung einer freien öffentlichen Meinung war John Stuart Mill. Er begründete in seinem 1859 veröffentlichten Werk *Die Freiheit* [2] ausführlich, warum Meinungsfreiheit und freie Diskussion die sichersten Mittel seien, der Wahrheit zumindest so nahe zu kommen, wie dies Menschen überhaupt möglich sei. Die freie öffentliche Diskussion führe, wenn ihr nur alle Tatsachen und Beweise zugänglich gemacht würden, dazu, dass alle bedeutsamen Gesichtspunkte aufgedeckt würden und die besseren Argumente sich schließlich durchsetzten. Der Mensch besitze die Fähigkeit, seine Irrtümer durch Erfahrung und Erörterung zu berichtigen, »nicht durch Erfahrung allein; Erörterung muss stattfinden, um zu zeigen, wie die Erfahrung zu deuten ist. Falsche Meinungen und Gewohnheiten weichen allmählich vor Tatsachen und Beweisen; aber Tatsachen und Beweise müssen, wenn sie auf den Geist überhaupt wirken sollen, vor ihm ausgebreitet werden.« [3]
Das Funktionieren dieses Prozesses setzt Sicherungen gegen staatliche Gängelung und Lenkung voraus, insbesondere die allgemeine Meinungsfreiheit und die Freiheit der Presse als das wichtigste Medium

für den Austausch von Informationen und zugleich als wichtigste Wortführerin des Publikums.

Die klassische Vorstellung, die freie Information und Diskussion der Bürger, der Austausch von Argumenten und Gegenargumenten, böten die beste Gewähr dafür, dass die vernünftigsten Ansichten sich letztlich durchsetzen, wird auch auf das Parlament als wichtige Verkörperung der Öffentlichkeit übertragen. Und die Vorstellung, ins Parlament gelangten gerade die Besten des Volkes, verheißt für die vom Parlament erlassenen Gesetze sogar noch eine Steigerung der Richtigkeitschance.

Daraus folgt zwingend auch der Grundsatz des freien Mandats: Wenn die im Parlament versammelten Abgeordneten eine Elite darstellen, wissen sie offenbar besser Bescheid als ihre Wähler. Sie können klarer erkennen, was das Wohl des ganzen Volks verlangt. Dann aber haben die Abgeordneten die Aufgabe, für Wähler und Volk richtungweisend zu wirken. Voraussetzung dafür ist wiederum, dass die Abgeordneten frei sind, also nicht an Aufträge und Weisungen (ihrer Wähler oder von irgendjemand anderem) gebunden, sondern nur ihrem Gewissen unterworfen sind. Edmund Burke, Mitglied des englischen House of Commons, hat den verfassungstheoretischen Grundlagen des freien Mandats in einer 1774 an die Wähler seines Wahlkreises, Bristol, gerichteten Rede klassischen Ausdruck verliehen:

> »Sicherlich ... muss es das Glück und der Ruhm eines Abgeordneten sein, in der strengsten Verbundenheit, der engsten Beziehung und der offensten Kommunikation mit seinen Wählern zu leben. Ihre Wünsche sollen für ihn großes Gewicht haben, ihre Meinung hohen Respekt, ihr Interesse uneingeschränkte Aufmerksamkeit ... Aber seine vorurteilsfreie Meinung, sein reifes Urteil, sein aufgeklärtes Gewissen darf er ihnen, irgendeinem Menschen oder irgendeiner Gruppe nicht opfern. [Und in direkter Anrede an seine Wähler fährt Burke fort:] Ihr Abgeordneter schuldet Ihnen nicht nur seinen Fleiß, sondern sein Urteilsvermögen, und er betrügt Sie, statt Ihnen zu dienen, wenn er es Ihrer Meinung opfert. ... Autoritative Instruktionen, Mandate, denen ... zu gehorchen, nach ihnen zu stimmen und für sie zu sprechen der Abgeordnete verpflichtet wäre, auch wenn sie der klarsten Überzeugung seines Urteils und seines Gewissens zuwiderliefen – diese Dinge sind dem Recht des

> Landes ganz und gar unbekannt und entspringen einem fundamentalen Missverständnis der ganzen Ordnung und des ganzen Geistes unserer Verfassung. Das Parlament ist *nicht* ein Kongress von Botschaftern verschiedener sich bekämpfender Interessen, die jeder wie ein Agent und Advokat gegen andere Agenten und Advokaten verfechten müsste, sondern das Parlament ist eine frei ihre Meinung bildende Versammlung einer Nation mit einem Interesse, nämlich dem des Ganzen, in der nicht lokale Bestrebungen, nicht lokale Vorurteile leitend sein dürfen, sondern das Gemeinwohl, das aus der allgemeinen Vernunft des Ganzen hervorgeht. Sie sind es in der Tat, die einen Abgeordneten wählen, aber wenn Sie ihn gewählt haben, ist er nicht ein Abgeordneter für Bristol, sondern er ist ein Abgeordneter des Parlaments.«[4]

Dieses Bild des repräsentativen Abgeordneten entspricht einer bestimmten Art der politischen Willensbildung: die öffentliche Diskussion über richtige Lösungen von Gemeinschaftsproblemen. Man ging davon aus, dass umsichtige und unabhängige Abgeordnete im Austausch von Informationen und Meinungen durch Diskutieren und Räsonieren über Argument und Gegenargument vor und unter Mitwirkung der Öffentlichkeit schließlich schon das Richtige, das Gemeinwohlkonforme ermitteln würden.
Diese klassische Repräsentationsidee hat auch dem Parlamentarischen Rat vorgeschwebt, als er den Grundsatz des freien Mandats im Grundgesetz im ersten Artikel des Abschnitts über den Bundestag formulierte:[5]

> »Die Abgeordneten ... sind Vertreter des ganzen Volkes, an Aufträge und Weisungen nicht gebunden und nur ihrem Gewissen unterworfen.« (Art. 38 Abs. 1 GG)

Von der Vorstellung des Parlamentarischen Rates ging die Verfassungstheorie nicht nur zu Anfang der Bundesrepublik aus, sie geht ganz wesentlich auch noch heute davon aus: Zur Repräsentation gehört »die Fremdnützigkeit, die Ausrichtung auf Aufgaben und Verantwortlichkeiten, die von den eigenen Interessen unterschieden sind,[6] gehört der Gedanke des Trusteeship«. Maßgeblich sein soll ein »öffentlicher Wille, der auf die Erfordernisse der Allgemeinheit, die

Belange des Volkes insgesamt ausgerichtet ist, einen objektivierten Auftrag realisiert«.[7] Die Bindung aller Staatsgewalt an das Gemeinwohl wird nach wie vor als zentrales Element der grundgesetzlichen Repräsentationsvorstellung angesehen.[8] Der Staat und alle seine Amtsträger sind um der Menschen willen da, zum Schutz und zur Förderung ihrer Belange, nicht zur Befriedigung der Eigeninteressen der Staatsfunktionäre. Das besagt bereits die Kern- und Schlüsselvorschrift am Anfang des Grundgesetzes (Art. 1 GG).[9] Dies wird durch den Amtseid bestätigt, welchen der Bundespräsident und die Mitglieder der Bundesregierung feierlich vor der Öffentlichkeit ablegen – regelmäßig noch mit dem das Versprechen überhöhenden Zusatz »so wahr mir Gott helfe«:

> »Ich schwöre, dass ich meine Kraft dem Wohle des deutschen Volkes widmen, seinen Nutzen mehren, Schaden von ihm wenden, das Grundgesetz und die Gesetze des Bundes wahren und verteidigen, meine Pflichten gewissenhaft erfüllen und Gerechtigkeit gegen jedermann üben werde.«[10]

Die Wirklichkeit: Eigennutz dominiert

Staatliche Amtsträger und Parteipolitiker orientieren sich am Gemeinwohl. So heißt es vielfach in den Sozialkundebüchern der Schulen und in Sonntagsreden von Politikern, und die Verfassungen schreiben dies ja auch verbindlich vor.[11] Doch die Wirklichkeit sieht anders aus. Die Akteure geben sich zwar alle Mühe, das wahre Gesicht der Politik vor den Bürgern zu verhüllen, aber wer Augen hat zu sehen, dem eröffnen sich auch von außen Einblicke. Immer einmal wieder reißt die Nebelwand auf und gibt den Blick auf den ansonsten wohlgehüteten wirklichen Charakter der Politik frei. Der kleine Mann würde sich wundern, wenn er wüsste, wie Politik wirklich ist, soll Karl Kraus einmal gesagt haben: Nämlich genau so, wie er sie sich vorstellt, der vielgeächtete »Stammtisch« liegt in Wahrheit gar nicht so falsch. In der realen Welt der Politik geht es nicht nur und keineswegs vorrangig ums Gemeinwohl, sondern um die Interessen der Akteure an Macht, Posten und Geld. Sie setzen sich im Konfliktfall meist durch.

Das zeigen nicht nur die Erfahrungsberichte von Insidern. Der frühere Bundespräsident Richard von Weizsäcker kritisiert in seiner berühmten Parteienkritik die Dominanz der »Machtversessenheit«.[12] Berufspolitiker zeichneten sich vor allem durch eines aus: ihr »Spezialwissen, wie man politische Gegner bekämpft«.[13] Genau das findet, satirisch überspitzt, auch in der parteiintern geläufigen Steigerungsformel »Freund, Feind, Parteifreund« seinen Ausdruck, ebenso in literarisch sublimierten Schilderungen des Innenlebens der Parteien.[14] Schon Max Weber, der Vater der politischen Soziologie in Deutschland, sprach davon, Parteien gehe es vor allem um die Erlangung der Macht für ihre Führer und um die Besetzung des Verwaltungsstabes durch ihre aktiven Mitglieder.[15] Bei der Ämterbesetzung zu kurz zu kommen träfe sie im Allgemeinen härter als Abstriche in der sachlichen Programmatik. Erfahrene Politikbeobachter, insbesondere Mitglieder der Bundes- und Landespressekonferenzen, bestätigen das der Substanz nach immer wieder, und die Zeitungen gehen wie selbstverständlich vom vorrangigen Streben vieler Politiker nach Befriedigung ihrer Interessen aus.[16] Derselbe Realismus spiegelt sich neuerdings auch in der wissenschaftlichen Theorie. Ganze Forschungsrichtungen gründen auf der Vorstellung, dass der Kampf um Macht, Posten und Geld der eigentliche Motor der Politik sei.[17] Einige gehen sogar so weit, Kritik an diesem politischen Vitaltrieb schlicht als Heuchelei abzutun.[18] Sowenig wie man Füchse vom Hühnerklau abbringen und zu Grasfressern machen könne, mag man ihnen auch noch so schöne Wiesen anbieten, könne man beim Berufspolitiker das Eigeninteresse unterdrücken und ihn zum Gemeinwohl bekehren.[19]

Die Eigeninteressen von Berufspolitikern sind eine Realität, von der ganz nüchtern auszugehen ist. Das Streben nach beruflichem Erfolg, Status, Posten und Geld dominiert überall, wo es um Beruf und Karriere geht, in der Politik genauso wie im Sport, in den Medien, den Verbänden und auch in der Wissenschaft: Die herrschende Rolle des eigenen beruflichen Fortkommens zu erkennen mag manchem allseitig abgesicherten Lebenszeitprofessor zwar schwer fallen. Vielleicht sollte er sich aber einmal in seine Privatdozentenzeit zurückversetzen, als er »bei offenem Fenster schlief«, um einen möglichen Ruf auf einen Lehrstuhl nicht zu überhören (wie der einschlägige akademische Schnack lautet). Geradezu klassisch ist auch der Jubelruf von keinem Geringeren als Walther von der Vogelweide: Als er endlich seine wirtschaftliche Zukunft gesichert sah, legte er seine Freude in dem Gedicht nieder: »I han min Lehen!«

Bei Politikern kommt zum Versorgungsinteresse noch die spezifische Machtorientierung hinzu. Dass Politiker typischerweise ein besonderes Macht-Gen haben müssen, wollen sie in ihrem Beruf Erfolg haben und Erfüllung finden, wird gelegentlich auch ganz offen zugegeben, so zum Beispiel von dem FDP-Politiker Jürgen Möllemann: »Macht ist, wenn man ehrlich ist, das zentrale Motiv, Politik zu machen. Ich will nicht nur sagen, was gemacht werden muss, ich will es machen.«[20] Dabei tritt der Inhalt oft ganz zurück. Angloamerikanische Autoren nennen das »Politics without policies«, auf Deutsch etwa »Machtpolitik vor Sachpolitik«. Das wird durch Beobachtungen der Soziologen Renate Mayntz und Friedhelm Neidhardt bestätigt: Den meisten der von ihnen interviewten Abgeordneten ging es »weniger um die Realisierung spezifischer Gesetzgebungsvorhaben als prinzipiell um die Ausübung der damit verbundenen Macht«.[21] »Ähnlich wie es für den engagierten Unternehmer oder Spitzenmanager eher zweitrangig ist, was die Firma produziert«, kommt »es vielen Abgeordneten auf Gestaltung per se an, während der Politikbereich, in dem das geschieht, sehr viel weniger wichtig und oft das eher zufällige Ergebnis einer nicht einmal selbst gewählten Ausschussmitgliedschaft« ist.[22]

Um nicht missverstanden zu werden: Die vorstehenden Feststellungen schließen keineswegs aus, dass viele Politiker nach wie vor und mit Recht in Anspruch nehmen, für sie sei das Gemeinwohl verpflichtende Richtschnur, und zwar selbst dann, wenn dessen Anforderungen mit Eigeninteressen kollidieren. Jeder politisch Interessierte kann Politiker nennen, die dies wirklich vorleben.[23] Doch das ist unter Berufspolitikern immer weniger die Regel. Das Verhältnis von Regel und Ausnahme, von Norm und Wirklichkeit, ist heute ein anderes. Dazu haben natürlich die Karrierisierung der politischen Klasse und der Umstand beigetragen, dass der Einstieg in die Politik in immer jüngeren Jahren erfolgt.

Wie selbst die Führungen ehemals »alternativer« Parteien notfalls ihre Prinzipien verleugnen, um an Macht und Posten zu kommen (und zu bleiben), haben in den vergangenen Jahren die Grünen besonders eindrucksvoll vorexerziert. Die früheren grünen Landesparlamentarier Paul Tiefenbach und Stefan Bajohr beschreiben diesen Wandlungsprozess ihrer Partei anschaulich aus der Insiderperspektive.[24]

Der Wandel zeigt sich etwa bei Koalitionsverhandlungen: »Wie es aussieht, fressen die Grünen jede einzelne Kröte.« Mit diesem Satz beschrieb laut Presseberichten ein Mitglied der SPD-Verhandlungskommission die Koalitionsberatungen zwischen SPD und Grünen in Düsseldorf nach den Landtagswahlen 2000. Auch die »Knackpunkte« Flughafen- und Autobahnausbau sowie das Nachtflugverbot für den Flughafen Köln/Bonn seien verhandelbar, und selbst der Streit um das Braunkohlen-Tagebauprojekt Garzweiler II sei begraben worden. Die Grünen schlachteten »eine ganze Herde ihrer heiligen Kühe« und seien bereit, alle wesentlichen Bedingungen der SPD zu akzeptieren. Die parteilinke nordrhein-westfälische Umweltministerin Bärbel Höhn gebe »sich bei den Koalitionsverhandlungen so angepasst, wie es sonst nur Oberrealos tun«. Dabei wurde die Verhandlungsposition von Frau Höhn durch die eigene Berliner Parteispitze geschwächt, die unbedingt wollte, dass die Grünen in Düsseldorf weiterregieren, um die Koalition auf Bundesebene nicht zu gefährden, und deshalb selbst die überraschendsten Verrenkungen machte: »Der einst wegen seiner Treue zum grünen Ideal von der Basis geschätzte Jürgen Trittin setze in der Frage des Sommersmog nicht einmal mehr auf ein zeitlich befristetes Tempolimit.« Und dann habe auch noch der Vorsitzende der Bundestagsfraktion, Rezzo Schlauch, angekündigt, »dass die Grünen ihr Verhältnis zum Auto revidieren. Die Partei solle bei diesem Thema ihren chronischen ›emotionalen Anti-Reflex‹ loswerden.«[25]

Überall werden frühere Glaubenssätze der Grünen auf dem Altar ihrer Eigeninteressen an Macht, Posten und Geld geopfert. Dazu passt auch das Festhalten der grünen Düsseldorfer Minister Höhn und Michael Vesper an ihren völlig überzogenen Pensionsansprüchen von monatlich rund 15 000 Mark nach nur vier Amtsjahren, obwohl sie die missbräuchlichen Pensionsregelungen früher, als sie noch in der Opposition standen, scharf kritisiert hatten.[26] Ebenso passt dazu das Festhalten der grünen Bundesminister Joschka Fischer und Jürgen Trittin an ihrem Bundestagsmandat, was ihnen, auf Bruttobezüge umgerechnet, ein Plus von 195 000 Mark jährlich bringt,[27] obwohl die Grünen vorher den Grundsatz der Trennung von Ministeramt und Parlamentsmandat immer hochgehalten (und auf ihrem Parteitag Anfang 2001 erneut bestätigt) hatten.

Die Parteien sind entgegen gewissen normativen Postulaten und »entgegen ihren Selbstdarstellungen keine gemeinnützigen Vereine, sondern auf Herrschaftsausübung ausgerichtete Machtkampfverbände«.[28] Das Streben nach Macht allein muss jedoch nichts Schlimmes sein. Ohne Macht können schließlich auch keine inhaltlichen Ziele verwirklicht werden. Doch oft ist Macht eben nicht Mittel zum Zweck, sondern Selbstzweck.[29] »Das Verhältnis von Problemlösung und Parteiziel wird umgedreht.« Die Parteien verleugnen ihre »dienende Funktion gegenüber den Problemen«.[30]

Die alles beherrschenden Parteiziele färben auf die Politiker ab, und das ist auch konsequent: Wenn Politik »das einzige Tätigkeitsgebiet ist, auf dem der Machtkampf in reiner Form hauptberuflich ausgeübt wird«,[31] wäre es im Gegenteil überraschend, wenn Politiker nicht regelmäßig zum Typus des Machtmenschen gehörten; für viele von ihnen wirkt die Handhabung der Macht wie eine Droge, die sie in einen rauschähnlichen Zustand versetzt. Der Machtkampf begünstigt »Eigenschaften und Verhaltensweisen, die in sozialen zwischenmenschlichen Beziehungen sonst stets als negativ gewertet worden sind: an Rücksichtslosigkeit grenzende Härte« und zu Gewissenlosigkeit neigende Anwendung sämtlicher zum gewählten Ziel führender Mittel, sowie Opportunismus, Grundsatzlosigkeit, »an skrupellose Demagogie grenzendes Überzeugungsvermögen«[32] und hemmungslose Brutalität bei der Durchsetzung des eigenen Fortkommens und politischen Herrschaftsanspruchs – auch gegenüber so genannten guten Freunden.[33] »Es wäre natürlich übertrieben, behaupten zu wollen, dass es keine Politiker mit Charakter, Grundsätzen und mit aufrichtigem Willen gibt, eine redliche und saubere, dem Gemeinwohl dienende Politik zu machen. Die Frage ... ist die, inwieweit, wie oft und welche Art Kompromisse sie schließen müssen, um auch ihre sauberen Absichten zumindest zum Teil in der gegebenen Gesellschaftsstruktur in die Tat umsetzen zu können, und ob der unbefriedigende Stand der Dinge unvermeidlich ist, in dem die charakterliche Integrität und oft allein schon gesellschaftspolitische Weitsicht einen wesentlichen Nachteil für die politische Karriere bedeuten.«[34]

Der alles andere dominierende Kampf um die Macht hat auf Dauer psychologisch destruktive Wirkungen. »Ich stehe hier nicht als einer, der die Drecksarbeit den anderen überlässt«, sagte der amtierende Bundeskanzler und Vorsitzende der CDU 1984 vor einem parlamentarischen Untersuchungsausschuss. Damit gab Helmut Kohl zu, dass das Schmutzige zu tun, seiner Meinung nach, zu den Pflichten von Spitzenpolitikern gehöre. So ist es auch zu erklären, dass Kohl, wie sich später herausstellte, jahrzehntelang fortgesetzten Gesetzes- und Verfassungsbruch begangen hat, ohne viel dabei zu finden. Dass die Pflicht, Gesetze und Verfassung der Bundesrepublik Deutschland einzuhalten, eigentlich allem anderen vorgehen müsste, schien ihm nicht in den Sinn zu kommen. In seinem *Tagebuch* gibt Kohl offen zu, er habe – unter Umgehung des Parteiengesetzes – etwa in den Schlüsselwahlkampf 1982/83, als es um die erstmalige Bestätigung seiner Kanzlerschaft durch die Wähler ging, massenhaft Fraktionsgelder gesteckt. Alle anderen Bundestagsfraktionen seien ja »ebenso verfahren«.[35] Wie an anderer Stelle dieses Buchs dargelegt, machen sich tatsächlich alle deutschen Parlamentsparteien in Sachen Parteienfinanzierung seit Jahrzehnten des fortgesetzten Verfassungsbruchs schuldig, wobei sie eine Art Gewohnheitsrecht für sich reklamieren: Alle seien ja so vorgegangen, und das sei intern allgemein bekannt gewesen. »Macht korrumpiert, und absolute Macht korrumpiert absolut.« Diese Lord Acton zugeschriebene Sentenz gilt auch hier. Kaum einer »kann auf Dauer der psychologisch destruktiven Wirkung der Macht widerstehen, die, »länger ausgeübt, stets korrumpiert oder verdummt oder beides zugleich. Die unvermeidliche Anpassung an die gebräuchlichen Spielregeln des politischen Machtkampfs führt zu einer Art Moralschizophrenie.«[36]

Die Dominanz des Machtziels erklärt eine ganze Reihe von Erscheinungen der täglichen Politik, die uns eigentlich überraschen und nachdenklich machen müssten, an die wir uns aber so sehr gewöhnt haben, dass wir kaum noch etwas dabei finden. Die politische Klasse hat uns schon so eingenebelt, dass wir nicht mehr klar sehen können. Als Indizien für die Dominanz des Machtstrebens und das Zurücktreten von Gemeinwohlüberlegungen lassen sich diese Erscheinungen aber bruchlos einordnen.

Minister ohne Sachverstand

Man wundert sich immer wieder, mit welcher Selbstverständlichkeit Berufspolitiker hohe Ämter besetzen, auch wenn sie nicht über die geringsten fachlichen Fähigkeiten verfügen. Da wird eine Hilfsschullehrerin Innenministerin, und und und … »Wem Gott das Amt gab, dem gab er auch den Verstand« hat der Obrigkeitsstaat seinen Untertanen eingebläut, um auch unfähigen Amtsträgern die erforderliche Autorität zu verschaffen. Dass dies selbst in unserer Demokratie noch die gängige Leitlinie ist, lässt sich nur damit erklären, dass der politische Machtkampf vor allem auf eins abzielt: die Besetzung der staatlichen Ämter mit den siegreichen Kämpfern und ihrer Führungsclique. Wer sich in diesem Kampf durchgesetzt hat, soll nun nicht mangels Amtsqualifikation scheitern. Das ist die vom Eigeninteresse gespeiste Maxime der Kämpfer, die Berufslüge der politischen Klasse, die für möglichst viele Ämter in Betracht kommen *will* – ohne Rücksicht auf vorhandene oder nicht vorhandene Qualifikation, auch wenn es aus der Perspektive des Gemeinwohls offensichtlich ist, dass man eigentlich ganz andere Fähigkeiten braucht, Minister zu *sein* als die, die einem dazu verholfen haben, Minister zu *werden.*[37] Da diese Praxis auf die so genannten politischen Beamten übergreift und auch den beamteten Hierarchiekegel darunter zunehmend erfasst, scheint schon fast das Prinzip zu herrschen: Je höher das Amt, desto geringer die Qualifikation. Welch verheerende Auswirkungen das auf die Motivation von Beamten und Richtern haben muss, sich *im Amt* hervorzutun, scheint den politischen Akteuren egal zu sein. So kann es dann beispielsweise geschehen, dass eine Frau, die aufgrund ihrer schwachen juristischen Examen keine Chance gehabt hätte, Regierungsassessorin oder Amtsrichterin zu werden, zur Justizministerin aufsteigt und in dieser Eigenschaft die Richter der obersten Bundesgerichte mit auswählt – wobei sie sich auch wieder den parteiinternen Patronageinteressen besonders verpflichtet fühlt.

Hier zeigt sich, worauf es für den Erfolg eines Politikers in der Praxis wirklich ankommt: Auf die entschiedene Wahrnehmung der Parteiinteressen im Ressort. An der Spitze des Ministeriums muss ein »Allroundpolitiker« stehen, »der durch lange parteipolitische Erfahrung die Fähigkeit entwickelt hat, auf jedem Posten und in jeder Situation das Machtinteresse seiner Partei richtig einzuschätzen und danach zu handeln. Ob er dabei die langfristigen gesellschaftlichen Folgen seiner machtbezogenen Entscheidungen richtig beurteilen kann, ist aus der Sicht der Partei und wohl auch aus seiner Sicht zweitrangig. Es könnte sogar seiner Karriere hinderlich sein, indem es ihn in Gewissenskonflikte triebe.«[38] Dass es vorrangig um die Sicherung von Parteiinteressen geht, wird auch offensichtlich, wenn beispielsweise einem Minister als Staatssekretär ein Vertreter der Koalitionspartei beigegeben wird, um auch deren Interessen einzubringen.

Karrierismus statt echter Professionalisierung

Die primäre Macht- und Interessenorientierung des typischen Berufspolitikers spiegelt sich auch darin wider, dass es an einem normalen Ausbildungsgang für Politiker fehlt. Derartiges einzurichten ist zwar immer wieder gefordert worden. So stellen zum Beispiel der Staatsrechtslehrer Hans Meyer und der Politikwissenschaftler Elmar Wiesendahl fest, dass Abgeordnete als Einzige einen Beruf ausüben, für den sie gar nicht ausgebildet worden sind.[39] Der Politikwissenschaftler Eugen Kogon hat deshalb bereits vor dreißig Jahren einen besonderen Studien- und Ausbildungsgang für Politiker und zu diesem Zweck die Errichtung einer »Deutschen Politischen Akademie« gefordert.[40] Doch dazu ist es nie gekommen. Erfahrene Praktiker haben derartige Initiativen auch stets belächelt und als etwas naiv abgetan.

Was für eine berufspolitische Karriere besonders wichtig ist, kann man nicht offen benennen und schon gar nicht offiziell lehren, ohne in hohem Maße zynisch zu erscheinen: die Techniken der Macht mit ihrer raffinierten Instrumentalisierung der Schwächen von Mitmenschen zur Sicherung von Macht, Posten und Geld; die Minimierung von möglichen Angriffsflächen für politische Gegner mit der Folge von »Profillosigkeit und Positionsverschwommenheit, taktischen Loyalitätsschwankungen und Opportunismus, leerem Politikerjargon und Reden mit gespaltener Zunge«[41] – alles Verhaltensweisen, wie Niccolò Machiavelli sie gelehrt haben könnte. Vieles davon haben Spitzenpolitiker wie Helmut Kohl in Perfektion praktiziert.

Der erfolgreiche Berufspolitiker ist vom Typ her nun einmal ein Fachmann, »wie man politische Gegner bekämpft«, und – in der Mediendemokratie – ein Meister der gefälligen Inszenierung des Scheins. Dabei zählt weniger die tatsächliche Sachkompetenz als vielmehr die »Darstellungskompetenz von Kompetenz«.[42] Die sachliche Richtigkeit von Problemlösungen interessiert allenfalls in zweiter oder dritter Linie. Und genau das unterscheidet Berufspolitiker von Angehörigen wirklicher Professionen, die durch anspruchsvolle theoretische und praktische Spezialausbildungen ein hohes Maß an Fachwissen und Können erworben haben, welches ihnen eine sachlich möglichst gute

Erledigung der Aufgaben beispielsweise eines Arztes, eines Rechtsanwalts oder auch eines Unternehmers erlauben soll.[43] Ein Ausbildungsgang für Berufspolitiker scheiterte bisher also an einem Dilemma: Was für die Karriere von Politikern am wichtigsten ist, kann man offiziell nicht lehren, ohne das sorgfältig abgedunkelte innere Wesen des Systems aufzudecken. Und das, was man lehren könnte, also die Bedingungen und Konsequenzen rationaler, am Gemeinwohl ausgerichteter Politik, ist für das persönliche Fortkommen eines Politikers nicht wirklich wichtig, sondern oft geradezu hinderlich.[44] Eine Politische Akademie müsste deshalb entweder Tabus brechen und Dinge behandeln, über die »man nicht spricht«, oder sie müsste Lehren verbreiten, die Politiker nicht wirklich interessierten – beides Alternativen, die nicht sehr hoffnungsvoll stimmen, dass »die Politik« die Gründung einer solchen Akademie fördert.

Der Verfall des Ansehens von Berufspolitikern

Auch wenn das spezifische Anforderungsprofil erfolgreicher Politiker offiziell meist durch blumige Gemeinwohlrhetorik verdeckt wird, lässt sich doch die Bevölkerung auf Dauer nicht täuschen. Das findet in dem geringen gesellschaftlichen Ansehen seinen Ausdruck, das »Berufspolitiker ohne Beruf« (Max Weber) genießen. Mit der gewaltigen Ausdehnung der Parteienfinanzierung, den zahlreichen Politikskandalen und dem flächendeckenden Übergang zum Berufspolitiker in den Siebzigerjahren – nicht nur im Bundestag, sondern auch in den Landesparlamenten und im Europaparlament – hat sich die Situation weiter zugespitzt:

- Einmal haben die Abgeordneten ihre Bezahlung in Anlehnung an die Struktur des öffentlichen Dienstes geregelt, ohne aber auch die dort üblichen Einschränkungen mit zu übernehmen. So dürfen Abgeordnete neben ihrem voll bezahlten Mandat noch einer ebenfalls voll bezahlten privaten Berufstätigkeit nachgehen, und niemand hindert sie daran, sich sogar in Lobbydienste für Unternehmen und Verbände zu begeben und sich für diese Form der Korruption auch noch üppig bezahlen zu lassen, wie nicht zuletzt die Flick-Affäre einem breiten Publikum vor Augen geführt hat.
- Zugleich haben die Abgeordneten auch andere überholte Privi-

legien aufrechterhalten, so insbesondere die Steuerfreiheit von Teilen ihrer Bezüge und überzogene Versorgungen.

Dies alles hätte man den Abgeordneten vielleicht noch nachgesehen, wenn der Eindruck vorgeherrscht hätte, sie erfüllten ihre Aufgaben zur allgemeinen Zufriedenheit. Fatal aber ist, dass gleichzeitig das allgemeine Vertrauen in die Kompetenz der Politiker und ihrer Parteien stark abfiel. Nur noch 17 Prozent der Bevölkerung haben eine gute Meinung von ihnen. Nur etwa ein Viertel der Deutschen meint, man könne Politikern im Großen und Ganzen vertrauen.[45] Nicht einmal mehr die Hälfte der Bevölkerung traut ihnen noch die Lösung der anstehenden Hauptprobleme der Politik zu,[46] obwohl Politiker immer wieder so tun, als ob sie Erfolge am laufenden Band produzierten. Die Abgehobenheit der politischen Klasse nimmt immer mehr zu: 1964 glaubten noch 51 Prozent an die Vertretung ihrer Interessen durch die Bundestagsabgeordneten, in den Neunzigerjahren waren es nur noch 34 Prozent. Nur weniger als ein Viertel stimmt dem Satz noch zu, »Politiker bzw. Politikerinnen kümmern sich darum, was einfache Leute denken«.[47]

Daraus resultiert insgesamt ein Missverhältnis zwischen den wahrgenommenen Leistungen der politischen Klasse für die Gemeinschaft einerseits und ihrem Streben nach Positionen sowie ihrer vergleichsweise hohen und vielfach privilegierten finanziellen Versorgung andererseits. So entstand in der Öffentlichkeit zunehmend der Eindruck, Berufspolitiker lebten typischerweise nicht *für*, sondern *von* der Politik, »die politische Klasse brauche (besser: diene) in erster Linie sich selbst«,[48] ein Eindruck, der zu dem rapiden Verfall ihres Ansehens beigetragen haben dürfte,[49] den Langzeitumfragen festgestellt haben:[50]

- Während 1972 noch 63 Prozent der westdeutschen Bevölkerung die Frage bejahten, ob man große Fähigkeiten besitzen müsse, um Bundestagsabgeordneter zu werden, waren es 1996 nur noch 25 Prozent. In Ostdeutschland hat sich die Zustimmung zu dieser Frage zwischen 1991 und 1996 von 44 auf 22 Prozent halbiert.
- Während in den Siebzigerjahren »nur« 40 Prozent die Aussage verneinten, bei uns in der Bundesrepublik seien im Großen und Ganzen die richtigen Leute in den führenden Stellungen, war dies 1998 bereits eine Zweidrittelmehrheit.

- Entsprechend gering ist die berufliche Wertschätzung von Politikern. Im Vergleich zu wirklichen Professionen rangieren sie weit abgeschlagen hinter zum Beispiel Ärzten, Rechtsanwälten und Unternehmern. Die Werte für Politiker haben sich seit 1972 halbiert.

Sicherung der Macht durch Umfunktionieren von Ämtern

Die Ausrichtung der Amtsinhaber auf den Machterhalt zeigt sich besonders in Wahlkampfzeiten. Jeder Insider weiß es, und alle Beteiligten stellen sich wie selbstverständlich darauf ein: In den letzten Monaten vor Wahlen sind Regierungschefs, Minister, Staatssekretäre und viele leitende Beamte nur noch in Sachen Wahlkampf unterwegs. Der ganze Apparat wird ziemlich hemmungslos und etwas außerhalb des Verfassungsrechts für den Machterhalt eingesetzt: die Dienstwagen, die Fahrer, die Sekretariate, die Redenschreiber. Große Teile der Regierungsmaschine rüsten um und werden zu Hilfstruppen der Regierungspartei(en). Da die Leitung anderweitig beschäftigt ist, haben auch diejenigen Beamten, die nicht direkt in den Wahlkampf eingespannt sind, nichts mehr zu tun. Die normale Arbeit der Ministerien hört auf. Wie in einer Art Winterschlaf sinken die eigentlichen ministeriellen Aktivitäten praktisch auf Null. Das kostet die Steuerzahler Milliarden. Denn die Gehälter der hohen Amtsträger und aller Beamten laufen ungekürzt weiter, ohne dass sie noch die Arbeit leisten, für die sie bezahlt werden. Es wird »Parteiwahlkampf auf Staatskosten und auf öffentlichen Stellen« betrieben, ein Skandal, der keinesfalls dadurch besser wird, dass »dies offensichtlich im Bund und in den Ländern überall so gehandhabt wird«.[51]

Gelegentlich werden – aus Versehen oder durch Indiskretion – Papiere öffentlich bekannt, die im Wahlkampf der Regierungspartei(en) die Aufgaben auf bestimmte Ministerialbeamte verteilen und den gezielten strategischen Einsatz von Regierungsbeamten für die Partei dokumentieren, so beispielsweise ein »Kampagne-Papier« des rheinland-pfälzischen SPD-Landesvorstands zur Vorbereitung der Landtagswahl vom März 2001. Die Liste der KAMPA-Mitarbeiter liest sich wie ein Who's who leitender Mitarbeiter der Landesregierung.

Die Ausrichtung auf den Wahlkampf spiegelt sich auch in der Terminierung öffentlichkeitswirksamer Veranstaltungen. Ein Beispiel war das »traditionelle« trilaterale Treffen zwischen dem deutschen Bundeskanzler Gerhard Schröder, dem französischen Staatspräsidenten Jacques Chirac und dem polnischen Ministerpräsidenten Aleksander Kwasniewski Ende Februar 2001 auf dem Hambacher Schloss, also im zeitlichen Vorfeld der rheinland-pfälzischen und der baden-württembergischen Landtagswahlen vom 25. März 2001. Andere Beispiele waren die viertägige Rundreise von Bundeskanzler Schröder durch Rheinland-Pfalz auf den Pfaden Helmut Kohls im Januar 2001, ein weiteres Treffen mit Chirac und dem französischen Premierminister Lionel Jospin in der Pfalz am 20. März 2001 und der Besuch des Porschewerks in Sindelfingen durch Schröder im Februar 2001, alles im Vorfeld der Landtagswahlen.

Entlarvend sind die Aktenvernichtungsaktionen, mit denen beim Wechsel der Regierung die bisherigen Amtsinhaber die amtlichen Unterlagen zu »säubern« pflegen, so zum Beispiel beim Wechsel der Bundesregierung im Herbst 1998. Dass es sich dabei im Wesentlichen um Parteivorgänge handelte, wurde von den Betroffenen ganz ungeniert eingeräumt. »Es seien schließlich nur Daten über parteipolitische Vorgänge gelöscht worden« (und angeblich keine Belege über mögliche Bestechungen).[52] Das veranlasste den von Bundeskanzler Schröder eingesetzten »Sonderermittler« Burkhard Hirsch zu der Feststellung: »Zwei Drittel aller Computerdaten im Amt seien getilgt worden. ›Wenn das alles parteipolitische Daten waren, dann war das Kanzleramt eine Parteizentrale und hat seine eigentliche Aufgabe verfehlt und das Land nicht regiert.‹«[53] Dieser Vorgang war kein Einzelfall. Nach der Regierungsübernahme durch die saarländische CDU unter Peter Müller im Jahre 1999 ging im Umweltministerium eine Rechnung der Firma »Reißwolf – Akten- und Datenvernichtung GmbH« ein, die für die Beseitigung von zwei Tonnen Papier 904,80 Mark verlangte.[54]

Zugleich werden im Wahlkampf plötzlich »tolle Dinge« versprochen – mehr oder weniger ohne Rücksicht auf Finanzierung und sonstige Realisierbarkeit. Solche Versprechen laufen seit langem unter der Bezeichnung »Wahlgeschenke«, wobei wir uns auch an diese Bezeichnung schon so sehr gewöhnt haben, dass wir uns gar nicht mehr klarmachen, was sich dahinter verbirgt: die primäre Ausrichtung der Politik auf Machterwerb und Machterhalt.

Feindverhältnis und starre Fronten

Typisch für den Vorrang des Machtkampfs vor sachbezogenen Erwägungen ist auch, dass Gesetzesanträge und sonstige politische Vorschläge häufig nur deshalb abgelehnt werden, weil sie vom politischen Gegner kommen. Entscheidend ist nicht die Sache. Themen werden vor allem deshalb aufgegriffen, weil man glaubt, im Kampf um Macht und Pfründen damit Punkte sammeln zu können. Die Opposition kann nur dann an die Macht kommen, wenn die Regierung scheitert – tatsächlich oder vermeintlich. Wichtig ist der Eindruck, den die Mehrheit der Wähler erhält. Jaroslav Langer hat dies treffend dargestellt:

> Die Opposition »ist an objektiven Misserfolgen der Regierung interessiert und darüber hinaus bemüht, deren Erfolge herabzusetzen oder gar als Misserfolge darzustellen. Lapidar ausgedrückt: Die Opposition sabotiert und diffamiert die Regierung, statt sie unbefangen zu kontrollieren und im Positiven auch zu unterstützen. Sicherlich, sie sabotiert nicht in übertriebenem Maße. ... Es gehört eben zu der höheren Kunst der Politik(er), solche im Grunde zersetzende Tätigkeit so zu betreiben, dass der getäuschte Bürger noch den Eindruck hat, der Opposition ginge es allein darum, ihn vor dem Schaden zu bewahren, den ihm die eklatante Unfähigkeit der Regierenden zuzufügen droht. Nicht minder täuschend geht die Regierung vor. Sie bauscht jeden Erfolg auf, bucht positive Ergebnisse, die nicht ihr Verdienst sind, aufs eigene Konto, Misserfolge sucht sie zu vertuschen oder als höhere Gewalt oder gar als Erfolg darzustellen. Viele Pannen versucht sie mangelnder Unterstützung oder Sabotage der Opposition zuzuschreiben, wobei sie, wie bereits gesagt, nicht immer Unrecht hat.«[55]

Doch tatsächlich ist das äußere Erscheinungsbild, das der andauernde öffentliche Machtkampf suggeriert, maßlos übertrieben. Eine neu ins Amt gekommene Regierung tut oft genau das, was sie als Opposition noch massiv kritisiert hat. Deshalb steht auch die dem Wettbewerbskonzept zugrunde liegende These, die Opposition biete dem Wähler sachliche Alternativen an, auf schwachen Füßen. Vor lauter Gerangel und zur Schau gestellter Aggressivität wird oft übersehen, dass politischer Wettbewerb von vornherein nur in dem bestehenden Rahmen und unter den gegebenen Bedingungen stattfindet, welche die Akteure sich im Lauf der Zeit selbst geschaffen haben (siehe S. 22 ff., 73 ff.). Die aber lassen wirksamen Wettbewerb, der den Wählern sachliche Alternativen anbietet und die politische Verantwortung klar zuordnet, gar nicht zu, sondern produzieren eine Art Scheinwettbewerb, der sich darin erschöpft, die jeweils andere Seite schlecht zu machen (siehe S. 61 ff.).

Wie sehr aggressive Bissigkeit in der Politik verlangt wird, manifestierte sich im Austauschen des als zurückhaltend und anständig geltenden früheren CDU-Generalsekretärs Ruprecht Polenz gegen den neuen »General« Laurenz Meyer im Jahr 2000, der sich sogleich als Wadenbeißer der CDU zu profilieren suchte. Sein vorläufiges »Meisterstück« war ein Plakat, welches das Bild des Bundeskanzlers und SPD-Vorsitzenden Gerhard Schröder in Form eines Steckbriefs zeigte. Das musste auf allgemeinen Protest hin zwar zurückgenommen werden, hatte seine Funktion aber längst erfüllt, war es doch bereits in allen Zeitungen verbreitet worden.

Sosehr das alles beherrschende Streben nach Macht und die Durchsetzung der eigenen Interessen ein Freund-Feind-Verhältnis zwischen den Konkurrenten suggeriert, so sehr sind die Parteien und Fraktionen bemüht, *nach außen* einheitlich aufzutreten und den Eindruck innerer Geschlossenheit zu erwecken. Wie eine Sportmannschaft den Sieg nur erringen kann, wenn sie diesem Ziel alles andere unterordnet und jedes Mitglied sich rückhaltlos der Regie des Trainers unterwirft, so versuchen auch die Führungsgruppen der Parteien alle Kräfte unter dem gemeinsamen Ziel der Erlangung von Macht und der Erhaltung von Pfründen zu koordinieren und innerparteiliche Abweichungen zu eliminieren.[56] Insofern ist die so genannte Fraktionsdisziplin von Abgeordneten nur konsequenter Ausdruck des Machtwillens, und wehe dem, der dagegen verstößt. Dass die CDU-Politikerin Rita Süssmuth auf Einladung des SPD-Bundeskanzlers Schröder im Sommer 2000 den Vorsitz der so genannten Einbürgerungskommission übernahm, haben ihr viele Partei- und Fraktionsgenossen übel genommen[57] – und die Übernahme dieser Funktion ist ja auch nur dadurch zu erklären, dass Frau Süssmuth sich ohnehin dem Ende ihrer Parteikarriere nähert, ihre Versorgung sicher hat und damit in den Status des unabhängigen Elder Statesman (beziehungsweise der Elder Stateswoman) einrückt.

Das Schattensystem

Die Dominanz der Eigeninteressen der politischen Akteure führt auf die Dauer zur Etablierung eines Zweiten Systems, das insgeheim hinter dem offiziellen System errichtet wurde. Die Elemente dieses Schattensystems sind von denen der offiziellen Fassade völlig verschieden: Nicht Dienst am Volk, nicht Orientierung am Gemeinwohl werden angestrebt, sondern eigene Vorteile; nicht die Einhaltung von Verfassung und Gesetzen ist oberstes Prinzip, sondern das Festhalten an Pakten, die mit politischen Weggenossen auf Gegenseitigkeit getroffen werden. Das in Jahrhunderten gewachsene Ethos öffentlicher Amtsträger wird beiseite geschoben zugunsten des Austauschs privater Vorteile im Sinne von »Eine Hand wäscht die andere«. Wie in vorstaatlicher feudaler Zeit gilt die Loyalität nicht der staatlichen Gesamtheit, sondern bestimmten Personen oder Gruppierungen und ihren Mitgliedern. Das ist das Band, welches Seilschaften Erfolg verheißt; das ist der Kitt, der politischen Führern Treue und Gefolgschaft sichert, die sich dafür mit Fürsorge und Versorgung mit Posten revanchieren.

Kennzeichen dieses Schattensystems ist seine Unvereinbarkeit mit wesentlichen Normen des offiziellen Systems. Die Verfassung fordert, die Ämter mit den Besten zu besetzen, also gerade nicht entsprechend den innerparteilichen Verdiensten. Doch genau solche Patronage ist Kernbestandteil des funktionierenden Schattensystems. Ämterpatronage ist verfassungswidrig, aber gleichzeitig bildet sie einen tragenden Pfeiler des inoffiziellen Systems: Ämter werden als Dank für frühere loyale Unterstützung vergeben – und als demonstratives Signal für alle anderen, dass sich solche Unterstützung lohnt.

Offiziell sind alle Formen von korruptiven Praktiken geächtet, Ämter und Amtshandlungen dürfen nicht in den Dienst privater Zwecke gestellt werden. Insgeheim aber sind just diese geächteten Verhaltensweisen der eigentliche Motor des inoffiziellen Systems. Die Amtsträger sind zuallererst auf die bedingungslose Treue zur Verfassung verpflichtet, wie auch der Amtseid feierlich unterstreicht. Doch das Schattensystem verlangt das Festhalten an ganz anderen Loyalitäten, die Einhaltung der im gegenseitigen Interesse getroffenen Absprache. Gerade weil deren Inhalt das öffentliche Licht scheut und deshalb vor den staatlichen Gerichten nicht eingeklagt werden kann, wird die

Treue zum gegebenen Wort für das Schattensystem und sein Funktionieren so wichtig. Es gilt das Gleiche wie in der Schatten*wirtschaft*: Wer zum Beispiel ein Auto offiziell für 50 000 Mark verkauft, sich zugleich aber vom Käufer zusätzliche 20 000 Mark versprechen lässt, schwarz und an den Büchern vorbei, muss sich auf das gegebene Wort verlassen können. Ein Schriftstück, das der Steuerfahndung in die Hände fallen könnte, wäre zu gefährlich, und eine gerichtliche Durchsetzung der Forderung kommt schon gar nicht in Betracht. Dieselben Verhaltensregeln gelten auch in der Schatten*politik*. Deshalb ist es ja so entlarvend, wenn es doch einmal herauskommt, dass hohe Geldbeträge *in bar und ohne Quittung* den Besitzer gewechselt haben. Darin liegt regelmäßig ein sicheres Indiz für das Unrechtbewusstsein der Beteiligten. Beispiele dafür sind die Übergabe der 1,14 Millionen Mark vom Parlamentarischen Geschäftsführer der CDU/CSU-Bundestagsfraktion Hörster an den Abteilungsleiter der CDU-Zentrale und Kohl-Vertrauten Terlinden im Jahr 1995 und die Übergabe der 40 000 Mark eines Kreditnehmers an den Bankvorstand und Vorsitzenden der CDU-Fraktion im Berliner Abgeordnetenhaus Landowsky im Jahr 1995.[58] Und in bar erfolgten »natürlich« auch die Spenden von 2,1 Millionen Mark, die Helmut Kohl von 1993 bis 1998 entgegengenommen hat und deren Herkunft er beharrlich verschweigt, sowie die Hingabe der 515 000 Mark, die Kohl vom Flick-Konzern in den Jahren 1975 bis 1980 erhalten hat.

Bewegt man sich außerhalb der Rechtsordnung, werden stabile Vertrauensbeziehungen also umso wichtiger. Sie sind das Kapital, welches – gerade wegen des Ausweichens in die Illegalität – aufbauen und pflegen muss, wer im Schattenbereich agiert und darin Erfolg haben will. Das ist die Standardregel bei illegalen Vereinbarungen, von denen beide profitieren, die aber beide vor Entdeckung schützen müssen. Insofern gelten bei der Mafia die gleichen Grundsätze wie im politischen Schattensystem.

Vor diesem Hintergrund wird auch verständlich, dass Helmut Kohl, der es im Laufe seiner Parteikarriere zu absoluter Meisterschaft in der Handhabung des Schattensystems brachte, einem (behaupteten) Ehrenwort höheren Rang einräumt als dem Grundgesetz. Es ist ja gerade das Charakteristikum der im Schattensystem geknüpften Beziehungen, dass Ehrenworten oder anderen Zusicherungen im Konfliktfall größere Verbindlichkeit beigemessen wird als Gesetz und Verfassung.

Das Schattensystem erzeugt ein Loyalitäts- und Normengeflecht, das sich nicht an öffentlichen Problemen und allgemeinen Gesetzen orientiert und welches das offizielle System und seine Normen allmählich untergräbt.
Besonders deutlich werden solche informellen Absprachen auf Gegenseitigkeit im Klüngel von Großstädten. Erwin und Ute Scheuch haben das für Köln beschrieben. Dort wurden praktisch alle wichtigen Posten unter den politischen Führungsgruppen der SPD und der CDU aufgeteilt, also sogar über die Parteigrenzen hinweg, und das für einen langen Zeitraum. Die Scheuchs betrachten die von ihnen »skizzierten Einzelfälle als Teil eines Systems ..., das Wirkungen für die Politik im ganzen Land hat«, und sprechen von der »Feudalisierung« der Politik, deren Kennzeichen »der Tausch von Privilegien gegen Treue« ist, was immer personenbezogen und eben nicht amts- und gemeinwohlbezogen sei.[59] Insofern ist Köln überall.
Fraktionsübergreifende Absprachen im allseitigen Interesse lagen auch zugrunde, als in Rheinland-Pfalz und im Saarland die Ministerpensionen drastisch aufgestockt und gleichzeitig die Abgeordnetendiäten erhöht und die staatliche Fraktionsfinanzierung verdoppelt wurde. Ähnlich war es in Hamburg, als 1987 zunächst die Versorgung von Senatoren gewaltig erhöht wurde, um dann vier Jahre später dieselbe Versorgung auch für Spitzenfunktionäre des Parlaments durchzusetzen.
Die subversive Gefährlichkeit des politischen Schattensystems für demokratische Strukturen liegt darin, dass der bewusste gemeinsame Regelverstoß, der die Täter im Untergrund zusammenschweißt, wie ein Virus fortwirkt und auf diese Weise die inkriminierten Verhaltensweisen ständig reproduziert.[60] Es ergibt sich eine »kumulative Dynamik«, die die Schattennormen immer mehr verfestigt und das Schattensystem stabilisiert.[61]
Es liegt in der Natur des Zweiten Systems, dass sein Funktionieren sorgfältig verdeckt wird. Die Bürger sehen nur die Fassade. Die meisten Prozesse und Handlungen und die Motive der politischen Akteure bleiben ihnen verborgen. Mangels Einsicht in die Hintergründe und ursächlichen Zusammenhänge bleibt Politik für sie undurchsichtig und weitgehend unbegreifbar.[62] In Erscheinung treten zwar die offiziellen Organe und Amtsträger, die Parlamente und Regierungen, und sie präsentieren sich in der Öffentlichkeit auch so, wie die Verfassung

das verlangt. Die eigentliche Denk- und Handlungsweise aber bleibt sorgfältig abgedunkelt.

Umso schockierter ist die Öffentlichkeit, wenn durch Zufall doch einmal der Blick auf die Sprache der Macht freigegeben wird. Als die Tonbänder der Gespräche des amerikanischen Präsidenten Richard Nixon mit seinen intimsten Beratern bekannt wurden, als jeder seine rüde, gierige, machtgeile und auch sonst eher an Mafia- und Räuberbanden erinnernde Sprache hören und nachlesen konnte, war sein politisches Geschick besiegelt. Für viele Menschen war das noch schlimmer als der Einbruch von Nixons Leuten in die gegnerische Parteizentrale, der den Watergate-Skandal auslöste. Die Diskrepanz zwischen der öffentlichen Sonntagssprache und der ungeschminkten Ausdrucksweise hinter den Kulissen, die vor Eigensucht und Rücksichtslosigkeit nur so klirrte, diese Doppelzüngigkeit hat die Öffentlichkeit erschüttert.

Vielleicht war die Sprache Nixons und seiner Berater besonders exzessiv, viel davon ist aber in jeder Politik, auch wenn man darüber nicht öffentlich spricht. Schon Machiavelli hat den Unterschied betont zwischen dem *Eindruck*, den Herrscher öffentlich hervorrufen müssen, und ihrem ganz anderen Denken und Handeln.

Das System Kohl und die Verselbständigung der politischen Klasse

Die SPD war immer schon eine Kaderpartei. Man lese dazu Robert Michels berühmtes Buch, in dem er das Innere dieser Partei beschreibt.[63] Die CDU war dagegen lange anders. Unter Konrad Adenauer war sie kaum mehr als ein »Kanzlerwahlverein« ohne großen Apparat und ohne viele Funktionäre.[64] Adenauer nahm seine Partei nicht wirklich ernst und sprang mit ihr in seiner großen Zeit nach Belieben um. Seine Nachfolger interessierten sich überhaupt nicht für die Partei, Ludwig Erhard ebenso wenig wie Kurt-Georg Kiesinger. Das änderte sich unter Helmut Kohl von Grund auf. Er machte die CDU zu seinem Instrument und zur Plattform seiner Macht.[65] (Da die Position des Fraktionsvorsitzenden bereits mit Rainer Barzel besetzt und die CDU in Bonn nicht an der Macht war und deshalb vorerst nicht über die Position des Bundeskanzlers verfügte, blieb ihm gar nichts anderes übrig.) Dabei halfen ihm seine Generalsekretäre Kurt

Biedenkopf und Heiner Geißler, die die CDU konsequent von der früheren Honoratiorenpartei »zu einer Mitglieder-, Apparat- und Funktionärspartei« machten und sie so »sozialdemokratisierten«.[66] In den eineinhalb Jahrzehnten von 1968 bis 1983 stieg die Mitgliederzahl von 286 500 auf 735 000, also auf mehr als das Zweieinhalbfache.[67]

Es entwickelte sich eine Funktionärsschicht, und genau diese Schicht wurde eine wichtige Grundlage von Kohls parteiinterner Macht, die Basis des »Systems Kohl«. Mangels gleichwertiger Alternative im bürgerlichen Leben waren diese Funktionäre in ihrer Lebensplanung auf die Partei und damit besonders auf ihren Vorsitzenden Kohl angewiesen und ließen sich deshalb auch gut von ihm steuern. Es waren im Wesentlichen »subalterne Geschäftsführer, die allgegenwärtigen Juristen und … Angehörige des öffentlichen Dienstes«, die die Patronagemöglichkeiten des CDU-Vorsitzenden und späteren Kanzlers »nutzten und ihm daher Gefolgschaft leisteten«.[68] Der Parteienforscher Franz Walter spricht von einer »Wehnerisierung« der CDU. Denn auch Herbert Wehner habe in der SPD »nach dem Muster der Apparatherrschaft, gestützt auf einige Hundertschaften bedingungslos folgsamer Sekretäre«, in den Sechzigerjahren mit harter Hand kommandiert.

Das Schaffen von Gefolgschaftsverhältnissen im Tausch von Treue gegen Karrierevorteile war das zentrale Element von Kohls Regentschaft. Er hatte im Laufe der Zeit ein dichtes Netz von Beziehungen aufgebaut, aus dem kaum jemand herausfiel, der ihm wirklich treu war. Überall hat er seine Leute untergebracht und sie dadurch erst recht zu Dank verpflichtet. Umgekehrt hatte er »für Verrat ein Elefantengedächtnis«[69] und jeden, der sich ihm im eigenen Lager nicht beugte, schaltete er mit allen Mitteln aus. Innerparteiliche Widersacher landeten auf dem Abstellgleis (wenn es nicht gelang, sie in die Machtstrukturen der Partei und der in ihrem Einflussbereich befindlichen Regierungs- und Verwaltungsapparate einzubinden). Biedenkopf fiel in Ungnade, als er 1979 für die Trennung von Partei- und Fraktionsvorsitz eintrat, die Kohl beide innehatte. Wolfgang Schäuble wurde sogar noch erledigt, als Kohl Kanzleramt und Parteivorsitz schon verloren hatte. Schäubles Bestreben, den Spendenfall aufzuklären, hatte sich unmittelbar gegen Kohl selbst gerichtet. Hier wurde auch ganz deutlich, dass es Kohl nicht um seine Partei ging, sondern um sich selbst. Die Partei war für ihn letztlich Mittel zum eigenen Zweck. Er hatte sie zum Vehikel für seinen Aufstieg und seinen Machterhalt geformt. Er hatte sie sich gefügig gemacht und »am Ende wie ein gewählter Autokrat geherrscht«.[70] Als er dann abtreten musste, fand er nichts dabei, seinen Nachfolger zu demontieren, auch wenn er damit seine Partei erst recht in die Krise stürzte. In Kohls Welt gab es auch innerhalb seiner Partei eine ganz klare Trennung. Wer nicht für ihn war, und sei es im höheren Interesse seiner Partei oder des Staates, war in seinen Augen gegen ihn.[71]

Ein anderes Herrschaftselement war die umfassende Information Kohls über Parteiinterna bis hinunter in die Kreisverbände. Dafür wurde ein gut funktionierendes Informationsnetz installiert: Das reichte vom Telefon über die direkte Computervernetzung der Zentrale mit den örtlichen Einrichtungen bis hin zum Aussenden von »Spähern« für Kohl bei örtlichen Parteiversammlungen, die etwa von der Konrad-Adenauer-Stiftung dafür abgestellt waren. Auch sonst platzierte er an fast allen wichtigen Stellen Lauschposten, so dass kaum etwas in der Partei geschah, ohne dass Kohl es schon in ganz frühem Stadium erfuhr und, wenn es seine Stellung zu bedrohen schien, im Keim ersticken konnte.

Die Dominanz der Apparatschiks hatte gewaltige Rückwirkungen auf die parteiinterne Struktur; sie unterminierte »letztlich die bürgerlich-konfessionellen Milieus und Lebenswelten der Union«. Talente aus diesen Bereichen wurden vom Apparat abgeschreckt. Die Folge war eine »Entbürgerlichung« der Partei: »So entfernten und entfremdeten sich seit den Siebzigerjahren gerade die bürgerlichen Eliten von der neuen Funktionärsschicht der großen bürgerlichen Partei.« Der mögliche politische Nachwuchs aus den bürgerlichen Schichten strebt nun kaum mehr in die Politik und die Partei, sondern eher in die Wirtschaft.[72]

Damit war der Entwicklung zum reinen Berufspolitiker, der über keine bürgerliche Alternative mehr verfügt, und damit zur Verselbständigung der politischen Klasse auch auf Seiten der CDU als der zweiten großen Volkspartei die Bahn gebrochen. Dieser Trend wurde durch den gewaltigen Strom öffentlicher Mittel noch gefördert, der den Parteien und dann auch den Fraktionen, Parteistiftungen, den Abgeordneten und ihren Mitarbeitern zufloss. Die als »Wahlkampfkosten« etikettierten Staatszuwendungen, die die Bundestagsparteien insgesamt erhielten, waren innerhalb von nur fünfzehn Jahren von 47 Millionen Mark (1968) auf 317 Millionen Mark (1983) angewachsen.[73] Die staatlichen Zuwendungen an die Fraktionen des Bundestags und der Landesparlamente stiegen in denselben fünfzehn Jahren von 12 Millionen auf 106 Millionen Mark, die staatlichen Globalzuschüsse an die Parteistiftungen von 9 auf 87 Millionen und die Zahlungen für Abgeordnetenmitarbeiter, die 1969 begründet worden waren und 1970 gut 8 Millionen betragen hatten, waren 1983 auf 42 Millionen Mark angewachsen. Die Aufblähung der Staatsmittel fand ihre Entsprechung und Parallele in der Entwicklung der Parlamentarier zu Berufspolitikern.

Die Parteispendenaffäre der CDU in den Jahren 1999 und 2000 hat gezeigt, in welchem Umfang der Parteivorsitzende Kohl selbstherrlich über schwarze Kassen verfügte, um innerparteiliche Freunde zu stärken und seine Widersacher zu schwächen. Dadurch wurde die Richtung der innerparteilichen Willensbildung auf den Kopf gestellt. Nach Artikel 21 Absatz 1 Satz 3 des Grundgesetzes muss die innere Willensbildung der Parteien demokratischen Grundsätzen genügen. Deshalb verlangt das Bundesverfassungsgericht ausdrücklich, »dass der Aufbau der Partei von unten nach oben erfolgen muss«.[74] Im Fall der CDU unter Kohl wurde oben beschlossen, was die Parteibasis absegnen durfte. Zugleich hat Kohl durch Verschweigen seiner Geldgeber das grundgesetzliche Transparenzgebot verletzt (Artikel 21 Absatz 1 Satz 4) – und er verletzt es weiterhin.

Statt Aufbruch zur »geistig-moralischen Wende« Verderben der politischen Kultur

Kennzeichnend für das System Kohl war die Bagatellisierung schwerer Regelverstöße. Dabei bediente sich der ehemalige CDU-Parteivorsitzende einer Vorgehensweise, die erst seit kurzem vollständig zu erkennen ist. Helmut Kohl war der Exponent von Praktiken, die die politische Kultur seit langem in gravierender Weise beschädigen. Nicht zu Unrecht war die seinerzeitige Schelte Richard von Weizsäckers, die politische Klasse mache sich den Staat zur Beute, auch als persönliche Kritik an Helmut Kohl verstanden worden.

Die CDU-Parteispenden-Affäre der Jahre 1999/2000 war lediglich die Spitze des Eisbergs und kann nur vor dem Hintergrund anderer tausendfacher, an Korruption grenzender Verletzungen von Regeln und Konventionen zutreffend interpretiert werden. Zu solchen Verstößen zählen zum Beispiel:

- Doppeleinkommen von Politikern, die neben ihrem öffentlichen Amt noch im Dienst der Privatwirtschaft oder von Verbänden stehen,
- Bargeldzahlungen in sechsstelliger Größenordnung an Politiker,
- die »Parteibuchwirtschaft« bei der Besetzung von Beamten- und Richterposten,
- die Absicherung von illegalen Spendenwaschanlagen,
- erschlichene Überversorgungen von Politikern.

Stichwort Doppeleinkommen: Helmut Kohl selbst stand in seiner Zeit als CDU-Fraktionsvorsitzender im rheinland-pfälzischen Landtag (Ende der Sechzigerjahre) auf der Gehaltsliste eines Ludwigshafener Chemieverbandes. Als hoffnungsvoller Jungpolitiker wurde er von der Wirtschaft regelrecht »angefüttert«. Kein Wunder, dass er dann später andere Abgeordnete, die sich – neben ihren keinesfalls bescheidenen Diäten – von Lobbyisten bezahlen ließen, nicht etwa in die Schranken wies, sondern sie umgekehrt noch ermutigt hat, sich in die Abhängigkeit potenter Finanziers zu begeben. So (laut *Spiegel)* zum Beispiel den CDU-Europaabgeordneten Elmar Brok, der seit 1992 als Leiter des Brüsseler Lobbybüros des Bertelsmann-Konzerns ein hohes Zusatzsalär bezieht. In Deutschland gilt derartiges Verkaufen der Unabhängigkeit bislang als legal, obwohl Abgeordnete ihre Diäten just zur Sicherung ihrer Unabhängigkeit erhalten. Es fällt der politischen Klasse eben schwer, Gesetzen zuzustimmen, die ihr selbst wirksame Grenzen setzen würden.

Stichwort Bargeldzahlungen: Als ebenso legal gilt es, wenn Abgeordnete sonstige Bargeldzahlungen annehmen, mögen die Beträge noch so hoch sein. Sie unterliegen nicht einmal der Einkommensteuer (sondern allenfalls der meist niedrigeren Schenkungsteuer). Seit einigen Jahren gibt es zwar einen Straftatbestand der Abgeordnetenkorruption (§ 108e Strafgesetzbuch), den die Abgeordneten aber so eng gefasst haben, dass er voraussichtlich nie zur Anwendung kommen wird. Auch in diesem Bereich hat Helmut Kohl persönlich mitgemischt. Nach einem Urteil des Landgerichts Bonn von 1987 wurde er vom Flick-Konzern »im Zeitraum 1975 bis 1980 mit Bargeldbeträgen bedacht, die sich in der Summe auf 515 000 Mark beliefen«. Inwieweit das Geld wirklich an die Partei weitergegeben worden ist, wie Kohl behauptete, ist nie aufgeklärt worden. Vor dem Flick-Untersuchungsausschuss hatte der Mann mit dem Elefantengedächtnis sich nicht weniger als 79-mal darauf berufen, er könne sich nicht erinnern. Aus derselben Quelle bekamen auch viele andere Politiker Geld, so erhielt zum Beispiel der CSU-Vorsitzende Franz Josef Strauß, der 1978 bayerischer Ministerpräsident geworden war, »in den Jahren 1975 bis 1979 Bargeldzuwendungen in Höhe von insgesamt 950 000 Mark«.[75]

Stichwort Parteibuchwirtschaft: Auch hinsichtlich der parteipolitischen Besetzung von Posten im öffentlichen Dienst, in den Gerichten, den öffentlich-rechtlichen Medien und staatsnahen Unternehmen, die in Bonn und Berlin ebenso wie in den Ländern und Gemeinden grassiert, zeigte Kohl eine bemerkenswerte Problemverdrängung, obwohl gerade er dieses Mittel, Macht und Gefolgschaft zu sichern, sehr zielstrebig einsetzte. Auf die Kleine Anfrage einer Bundestagsfraktion im Jahre 1987, ob gegen die immer mehr um sich greifende parteipolitische Ämterpatronage (die regelmäßig gegen das Grundgesetz verstößt und die Institutionen verdirbt) nichts Wirksames unternommen werden müsse, antwortete seine Regierung ebenso knapp wie lapidar, es gebe keinerlei Ämterpatronage.

Stichwort Spendenwaschanlage: In dem lange von Kohl geführten Land Rheinland-Pfalz konnten sich Spendenwaschanlagen mit ihren verbotenen und strafbaren Praktiken ziemlich sicher fühlen, so zum Beispiel auch die ominöse Staatsbürgerliche Vereinigung 1954 e. V., die ihren Sitz von Köln nach Koblenz verlegt hatte.[76] Sie transferierte allein von 1969 bis 1980 214 Millionen Mark Parteispenden an die bürgerlichen Parteien und entzog dem Fiskus dadurch weit mehr als 100 Millionen Mark Steuern. Rheinland-Pfalz erschien als »Steueroase«, in der kriminelle Parteipraktiken bei der Beschaffung von Geldern von oben gedeckt und Aufklärungs- und Sanktionsversuche im Keim erstickt wurden.[77] »Parteitreue Finanzbeamte« sicherten »illegale Transaktionen ab. Die Spendenvereine« wurden »nicht überwacht oder« konnten »bei Verdacht mit wohlwollender Nachsicht und politischer Absicherung rechnen«.[78]

Stichwort Überversorgung: Und als es um seine eigene Versorgung ging, war Kohl ebenso wenig zimperlich. Kaum war er rheinland-pfälzischer Ministerpräsident geworden, wurde die Pension für Kabinettsmitglieder drastisch erhöht, so dass Kohl sogleich die Anwartschaft auf eine Riesenpension von 55 Prozent seiner Aktivenbezüge erwarb, die er auch dann erhalten hätte, wenn er gleich wieder ausgeschieden wäre. Diese verrückte Gesetzesänderung (die Rudolf Scharping später zurücknehmen musste) war mit der SPD- und FDP-Opposition abgesprochen, so dass diese in den parlamentarischen Lesungen kaum ein kritisches Wort äußerte und der Deal zunächst auch vor der Öffentlichkeit verborgen blieb. Die Gegenleistung für das Wohlverhalten war eine Erhöhung der Abgeordnetendiäten und die Verdoppelung der staatlichen Mittel für die Fraktionen, die vornehmlich der Opposition zugute kam. Hier wurden parteiübergreifende Absprachen erprobt, die die Oppositionskontrolle ausschalten und die Öffentlichkeitskontrolle erschweren – zugunsten der politischen Klasse und zu Lasten der Staatskasse und der Demokratie. Dies war das auch in anderen Ländern und in Bonn gepflegte Muster, mit dem die staatliche Politikfinanzierung in den vergangenen dreißig Jahren auf das zehnfache Volumen hochgeschleust wurde.
Mit der selbstherrlichen Verteilung finanzieller Gunstbeweise an genehme Parteigenossen, an den demokratisch gewählten Organen der Partei vorbei, hat Kohl also nur ein Verhalten fortgesetzt, das sich um »formale Regelungen« wenig scherte. Er hat dabei gleich doppelt gegen das Grundgesetz verstoßen.

Die Beispiele zeigen, wie sehr sich die Politik (und teilweise auch bereits die Öffentlichkeit) an derartige, zum Teil rechtswidrige, zum Teil unanständige, jedenfalls völlig unangemessene Regelungen gewöhnt hat. Und an fast allen Erscheinungsformen dieser korruptiven Praktiken war Kohl nachweislich persönlich beteiligt. Statt sich mit seinem ganzen Gewicht für die 1982, bei seinem Amtsantritt als Bundeskanzler, versprochene »geistig-moralische Wende« einzusetzen und seiner Vorbildfunktion als Regierungschef und Parteivorsitzender gerecht zu werden, hat Kohl dem Niedergang der politischen Kultur Vorschub geleistet. Seine geradezu gewohnheitsmäßigen Verletzungen des Parteiengesetzes waren keineswegs nur Ausdruck eines singulären parteiinternen Führungsstils. Dieser Stil ist vielmehr weit verbreitet. Kohl hat ihn während seiner fünfundzwanzig Jahre als Parteivorsitzender und seiner sechzehn Jahre als Bundeskanzler nur besonders perfektioniert. Seine Praktiken waren eine Erscheinungsform der vielen bedenkenlosen Übergriffe von Berufspolitikern zu ihren eigenen Gunsten und zu Lasten der politischen Kultur – Übergriffe, die sich im staatlichen Bereich reproduziert haben.

Wer kontrolliert die Politik?

Die Skepsis gegenüber gemeinwohlorientiertem Handeln der Akteure ist allerdings nicht überall in gleichem Maße berechtigt. Es gibt Einrichtungen, denen just zur Sicherung ihres richtigen Handelns ein besonderer Status mit weitreichenden Garantien der Unabhängigkeit verliehen ist: die unabhängigen Gerichte, die unabhängigen Rechnungshöfe, die unabhängige Zentralbank, die unabhängige Europäische Kommission, die unabhängige Wissenschaft und die mit besonderen Freiheitsgarantien versehenen Medien und die öffentliche Meinung insgesamt. Anders als Parteien und Politiker müssen sie nicht alle vier oder fünf Jahre um die Erneuerung ihres Mandats kämpfen und brauchen deshalb – so jedenfalls die Idee – keine Kompromisse zur Sicherung ihrer Macht und ihrer Ämter zu schließen. Ihre Unabhängigkeit und Weisungsfreiheit soll ihnen diejenige Distanz sichern, welche erforderlich ist, um ihren Verfassungsauftrag möglichst gut erfüllen und gegebenenfalls das politische Kräftespiel wirksam kontrollieren zu können. Bei diesen Einrichtungen und den in ihnen tätigen Amtsträgern ist also die Chance, mit der Forderung nach vorbehaltloser Gerechtigkeits- und Gemeinwohlorientierung Gehör zu finden, erheblich größer als bei den eigentlichen politischen Akteuren. Die sach- und wertorientierte Haltung ist – jedenfalls typischerweise – die des Richters, dessen Ethos von jeher auf Wahrheit und Gerechtigkeit bezogen ist und dessen verfassungsmäßige Unabhängigkeitsgarantien ihm diese Haltung auch faktisch ermöglichen.[79] Und die gewaltige Zunahme des Gewichts und des Ansehens zumindest des Bundesverfassungsgerichts und der Zentralbank sind ja auch ein

gewisser Indikator für das Bedürfnis nach derartigen unabhängigen Institutionen.
Zu diesem als Gegengewicht konzipierten System, dessen Institutionen typische Schwächen »der Politik« kompensieren sollen, gehört bis zu einem gewissen Grad auch der normale öffentliche Dienst, dessen Mitglieder zwar regelmäßig in die Verwaltungshierarchie eingebunden und selbstverständlich den Weisungen der politischen Spitze unterworfen sind, aber gleichwohl aufgrund ihrer Lebensanstellung einen verfassungsmäßig gesicherten Status der persönlichen Unabhängigkeit und aufgrund ihrer hohen Sachkenntnis großes faktisches Gewicht besitzen. Auch sie brauchen nicht um ihre Macht und deren stete Erneuerung zu kämpfen und können sich deshalb Sachorientierung besser leisten. Dies will die Verfassung auch dadurch fördern, dass Einstellungen und Beförderungen ausschließlich nach persönlicher und fachlicher Qualifikation (und nicht nach parteipolitischen Kriterien) zu erfolgen haben. Doch auch hier ist es wichtig, dass der Rahmen, die Ordnung und die Institutionen intakt bleiben. Das Handeln der Akteure ist nur so gut wie die Institutionen, in denen sie tätig werden.

2 System der Scheinkämpfe: Im politischen Wettbewerb gewinnt meist die politische Klasse

Wie dargelegt, wird die Annahme, politische Akteure orientierten sich vorrangig am Gemeinwohl, von der Praxis vielfach widerlegt. Es sind vielmehr zuallererst die Eigeninteressen, die das politische Handeln steuern. Mit dieser Feststellung ist die mangelnde Gemeinwohlausrichtung des politischen Handelns allerdings noch nicht endgültig nachgewiesen. Schließlich ist eine Gemeinwohlorientierung der staatlichen Amtsträger gar nicht nötig, wenn nur das Wettbewerbskonzept funktioniert. Der englische Philosoph Bernard de Mandeville (1670 bis 1733) hat dies schon 1714 in seiner berühmten Bienenfabel skizziert, wonach privates Laster (egoistisches Gewinnstreben) sich in öffentliche Tugend (bestmögliche Versorgung der Konsumenten) verwandeln kann: Wie in einem Bienenstaat wirken tausende, ohne sich dessen bewusst zu sein, arbeitsteilig am Gesamtorganismus mit. Der Wirtschaftswissenschaftler und Moralphilosoph Adam Smith (1723 bis 1790) hat diese Grundgedanken auch theoretisch ausgearbeitet. Er hat vor allem die naive Vorstellung zum Verschwinden gebracht, Eigennutz müsse der Gesamtheit notwendigerweise schaden, und aufgezeigt, dass funktionierender Wettbewerb dazu führen kann, dass die Summe der menschlichen Egoismen und das Streben nach Reichtum und Erfolg zur allgemeinen Wohlfahrt führt, wenn sie nur durch Wettbewerb gezügelt und kanalisiert werden.

Diese Konzeption hat man nun von der Wirtschaft auch auf die Politik übertragen. Man geht davon aus, dass die Parteien im Wettbewerb um die Macht und die Interessenverbände im Wettbewerb um die Durchsetzung ihrer Interessen ringen. Auch die Wissenschaft, insbesondere die juristische Staatslehre,[1] die Politikwissenschaft[2] und die Neue Politische Ökonomie,[3] haben das Wettbewerbskonzept auf die Politik übertragen.

Wie die Idee des wirtschaftlichen Wettbewerbs dahin geht, die Ergebnisse nach den Wünschen der Verbraucher auszurichten, so soll der politische Wettbewerb die Politik an den Wünschen der Bürger orientieren. Zumindest der Idee nach haben wir hier also ein System, das der Politik die Präferenzen der Bürger aufzwingt, auch und gerade dann, wenn Politiker sich von ihren Eigeninteressen leiten lassen. (Zugleich bleibt auch ein »repräsentatives« Moment, weil die auf vier oder fünf Jahre gewählte Mehrheit gewisse Zeit hat, ihre Vorstellungen durchzusetzen.)

Idee und Wirklichkeit des politischen Wettbewerbs

Herzstück der Konzeption des politischen Wettbewerbs ist der Wettkampf der Parteien um die staatliche Macht auf Zeit, ein Wettkampf, den die Bürger mit ihrer Wählerstimme mehrheitlich entscheiden. Dieses Verfahren soll jede Partei, will sie bei den Wahlen günstig abschneiden, dazu veranlassen, ihr personelles und programmatisches Angebot an den Wünschen, Einstellungen und Interessen der Bürger – und zwar möglichst vieler Bürger – auszurichten. Nach Ablauf der Legislaturperiode können die Bürger gute Politik durch Wiederwahl der Regierung belohnen und schlechte Politik durch Wahl der Opposition (und ihres Konkurrenzangebots) bestrafen. Zentral ist also die Zurechenbarkeit von politischen Erfolgen und Fehlern an bestimmte Parteien, die dafür von den Wählern verantwortlich gemacht und zur Verantwortung gezogen werden können (Prinzip des »responsible government«).[4] Auf diese Weise soll das Konkurrenzprinzip wie eine Art unsichtbare Hand die Bindung der Politik an das Volk sichern – auch und gerade dann, wenn es den Konkurrenten primär um die Erringung und Beibehaltung der politischen Macht geht.

Eine andere, wenn auch damit verwandte Konzeption stellt weniger den Wettbewerb der Parteien in den Vordergrund als vielmehr den Wettbewerb ihrer »Führer«. Sie geht auf den Soziologen Max Weber zurück, der diese Konzeption der »plebiszitären Führerschaft« Anfang der Zwanzigerjahre, also *vor* dem nationalsozialistischen Exzess, noch ganz unbefangen entwickelt hatte.[5]

Eine weitere Erscheinungsform der Konkurrenztheorie ist die so genannte Pluralismuslehre, welche Politik als Resultante des Drucks der unterschiedlichen Interessengruppen versteht und dabei ausgewogene und angemessene Ergebnisse erwartet. Diese Auffassung, die ihren Ursprung in amerikanisch-britischen Pluralismuslehren hat[6] und die ich »pluralistische Harmonielehre« genannt habe,[7] wurde in den Sechzigerjahren in der Bundesrepublik aufgegriffen und den eigenen Modellen zugrunde gelegt, wobei vor allem der Politikwissenschaftler Ernst Fraenkel Schrittmacherdienste leistete. Die pluralistische Harmonielehre ging davon aus, ähnlich wie in der Wirtschaft führe auch in der Politik der Wettbewerb zu tendenziell ausgewogenen und richtigen Ergebnissen, eine Auffassung, die in der Bundesrepublik auch heute noch vielfach und mit großer Emphase vertreten wird (und womit dann zum Beispiel auch die unbegrenzte Zulässigkeit von Direktspenden an Abgeordnete gerechtfertigt wird [siehe S. 295 ff.]).

Vorbedingung für das befriedigende Funktionieren der Wettbewerbskonzeption ist natürlich, dass überhaupt Wettbewerb besteht. So selbstverständlich diese Bedingung anmuten mag, so problematisch ist ihre effektive Gewährleistung. Es ist anerkannt, dass zur Herstellung wirksamen Wettbewerbs ein vom Staat gesetzter Rahmen, eine Wettbewerbsordnung, nötig ist, deren Gestaltung gerade nicht in die Hände der Wettbewerber gelegt werden darf.[8] Anders ausgedrückt: Der Wettbewerb funktioniert nicht von selbst, sondern nur unter bestimmten Voraussetzungen, die bewusst geschaffen und gesichert werden müssen. Und dasselbe gilt natürlich auch (und sogar erst recht) für den politischen Wettbewerb.

Die (in allen demokratischen Systemen) wichtigste Voraussetzung ist die Zurechenbarkeit politischer Verantwortung. Wettbewerb kann nur funktionieren, wenn öffentlich klargestellt ist, welche Personen oder Personengruppen (Parteien) die jeweiligen politischen Entscheidungen getroffen haben und deshalb dafür verantwortlich sind beziehungsweise durch wessen Verschulden etwas unterlassen worden ist: »Verantwortung hebt sich selbst auf, wenn niemand den Verantwortlichen kennt.«[9] Im britischen Zweiparteiensystem, das der Vater des politischen Konkurrenzkonzepts, Alois Schumpeter, vor Augen hatte, ist diese Voraussetzung einigermaßen gegeben: Die Regierungspartei trägt die Verantwortung für die von ihr getroffenen politischen Entscheidungen. Es gibt weder Parteienkoalitionen – das britische Mehrheitswahlrecht verschafft regelmäßig einer der beiden größeren Parteien die zum Regieren erforderliche Mehrheit – noch bedürfen Gesetzesbeschlüsse des Parlaments der Zustimmung eines möglicherweise von der Opposition beherrschten Bundesrats. Und die Überprüfung der parlamentarischen Entscheidungen durch ein Verfassungsgericht gibt es in Großbritannien schon gar nicht.

Alle diese Voraussetzungen fehlen in der Bundesrepublik Deutschland: Regierungen kommen – aufgrund des grundsätzlichen Verhältniswahlrechts – regelmäßig nur durch Koalitionen von zwei oder mehr Parteien zustande. Den wichtigsten Bundesgesetzen muss der Bundesrat zustimmen, und der ist meist mehrheitlich in der Hand der Opposition. Wer ist für ein von der Regierungsmehrheit mit dem Bundesrat ausgehandeltes Gesetz verantwortlich? Wo alle Verantwortung tragen, trägt sie letztlich niemand mehr. Der Durchblick wird zusätzlich dadurch erschwert, dass bei Meinungsunterschieden von Bundestag und Bundesrat oft der so genannte Vermittlungsausschuss eingeschaltet ist, der nichtöffentlich verhandelt. Dann wird es für den Bürger vollends unmöglich, ein in diesem Verfahren zustande gekommenes Gesetz der einen oder der anderen Partei, der Regierung oder der Opposition zuzurechnen.

Landespolitik wird, soweit sie überhaupt noch eigene Zuständigkeiten besitzt, in länderübergreifenden Gremien wie zum Beispiel der Kultusministerkonferenz, unter allen sechzehn Ländern und häufig zusätzlich auch mit dem Bund abgestimmt. Die vielen Formen der Mischfinanzierungen zwischen Bund, Ländern, Kommunen und Europäischer Union sind praktisch gar nicht mehr zu entwirren und verführen zudem dazu, Geld auszugeben, nur weil es Zuschüsse von den höheren Ebenen gibt. Unter diesen Verhältnissen wird es dem Wähler praktisch unmöglich zu durchschauen, wer an welchen Entscheidungen mitgewirkt hat, und zu erkennen, wer dafür die politische Verantwortung trägt.[10] Er kann gute Politik nicht mehr mit dem Stimmzettel belohnen und schlechte Politik nicht mehr bestrafen, wie dies das Konzept des politischen Wettbewerbs eigentlich voraussetzt. »Die für den Bürger kaum durchschaubare, umso weniger kontrollierbare Vielzahl von Entscheidungsebenen« fordert die Politik zur »Flucht aus der Verantwortung« geradezu heraus.[11]

Es herrscht ein Zustand organisierter Unverantwortlichkeit, in dem für Mängel und Pannen niemand haftet, Erfolge sich dagegen alle zurechnen.[12] Die politische Desorientierung der Wähler und die Auflösung der politischen Verantwortung zeigen sich auch daran, dass die Politiker bei Landtags- oder Kommunalwahlkämpfen oft in Themen ausweichen, für die der Bund oder die Europäische Union die Gesetzgebungskompetenz besitzen, weshalb die Länder beziehungsweise die Kommunen für Errungenschaften oder Missstände in diesen Bereichen gar nicht verantwortlich gemacht werden können. Wie die Unübersichtlichkeit es Politikern ermöglicht, die Wähler für dumm zu verkaufen, hat die Unterschriftenkampagne gegen die doppelte Staatsbürgerschaft vor der letzten Landtagswahl in Hessen gezeigt. Der hessische CDU-Vorsitzende Roland Koch machte das Thema – übrigens mit Geldern aus dem in der Schweiz gebunkerten heimlichen Schatz der CDU – zur Zentralfrage seines Wahlkampfs, obwohl die Regelungskompetenz für das Staatsbürgerschaftsrecht beim Bund liegt.

Hinzu kommt, dass die großen Parteien sich im Kampf um die (alte oder »neue«) Mitte zunehmend programmatisch angleichen. Die überkommene politische Farbenlehre stimmt nicht mehr: Die Roten sind kaum mehr rötlich, die Ökopartei kaum grünlicher als die anderen, und die Schwarzen sind nicht einmal mehr grau. In der Mitte ist ein großes Gedränge entstanden, alle wollen das Zentrum besetzen, während die Flügel sich weitgehend entleeren und die Parteien, die sich dort ansiedeln, von den Etablierten zu »Schmuddelkindern« erklärt werden, mit denen die »Anständigen« nichts zu tun haben wollen. Damit erscheinen die Parteien immer austauschbarer, und es wird für den Wähler immer weniger wichtig, welche Parteien gewinnen und wer an die Macht kommt.[13]

Zudem vermeiden es die Parteien, offen zu sagen, welche Politik sie vorhaben und umsetzen wollen (wenn sie es denn selbst vorher wissen). Die Regierung macht häufig Wahlversprechen, die sie nicht einhalten kann. Die Opposition kritisiert oft nur, um der Regierung zu schaden – macht es, wenn sie die Mehrheit erlangt, aber auch nicht anders.

Man könnte allerdings versucht sein, die Angleichung der Parteien als indirekten Ausdruck funktionierenden Wettbewerbs zu interpretieren – falls die Bürger wirklich die Wahl hinsichtlich einzelner für sie wichtiger Programmpunkte hätten. Doch das ist nicht der Fall. Die Programme der Parteien weisen neben manchem Erwünschten auch vieles ihren jeweiligen Wählern Unerwünschte auf (wenn die Parteien überhaupt konkret werden). Die Wähler haben nur die Wahl zwischen »Paketen« und keinerlei Möglichkeit, ihr Missfallen hinsichtlich bestimmter Punkte kundzutun, schon gar nicht, wenn die Parteien sich insoweit einig sind und Änderungen gemeinsam abblocken.

Die Frage, welche Parteien die Regierung bilden, verliert auch deshalb an Bedeutung, weil die Bürger zunehmend die Kompetenz *aller* Parteien anzweifeln. Nach einer Emnid-Untersuchung zweifelten noch 1996 nur etwa 25 Prozent der Befragten an der Fähigkeit unserer Parteien, die wichtigsten politischen Aufgaben zu lösen, im Frühjahr 2000 war es jeder zweite.[14]

Mit der inhaltlichen Angleichung der Parteien sollte eigentlich die Bestimmung des politischen Personals immer mehr in den Vordergrund treten. Und dass der Wähler die Abgeordneten auswähle, sie für gute Politik durch Wiederwahl belohne und für schlechte durch Abwahl bestrafe, wird in der Öffentlichkeit ja auch ständig behauptet. Zwei Beispiele:

- Dem Volk »muss sich jeder Politiker und jede Politikerin zur Wahl stellen, und es belohnt oder bestraft die Arbeit der vergangenen Legislaturperiode« (so der Präsident des rheinland-pfälzischen Landtags Christoph Grimm).[15]
- »In der Demokratie werden Politiker bis heute sehr wirksam durch die allgemeinen, freien und geheimen Wahlen kontrolliert ... Abwahl ist für jeden politischen Mandatsträger die einschneidendste Sanktion, die ihm von Wahltermin zu Wahltermin droht« (so der Vorsitzende der CDU-Fraktion im rheinland-pfälzischen Landtag Christoph Böhr).[16]

Doch in Wahrheit kann der Wähler über seine Vertreter häufig gar nicht entscheiden. Viele Abgeordnete stehen – aufgrund parteiinterner Nominierungen – lange vor der Wahl fest, die insofern den Namen »Wahl« gar nicht mehr verdient. Wen sollte der Bürger auch wählen oder abwählen, wie sollte er gute Abgeordnete belohnen und schlechte bestrafen, wo doch die Abgeordneten einer Partei oder Parteienkoalition regelmäßig einheitlich abstimmen (so genannte Fraktionsdisziplin) und sich so der persönlichen Verantwortung gegenüber dem Wähler entziehen. Auch hinsichtlich der Personalauswahl besteht also ein System organisierter Verantwortungslosigkeit.

Es bleibt die Entscheidung über die Regierungsspitze (wer wird Bundeskanzler oder Ministerpräsident?). Doch selbst darüber befindet der Wähler kaum noch selbst. Wer die Regierung bildet (und damit Kanzler oder Ministerpräsident wird), hängt meist von Koalitionsabsprachen ab (siehe S. 145), die oft erst *nach* der Wahl getroffen oder jedenfalls dem Wähler offenbart werden. Die FDP hat auf ihrem Parteitag im Frühjahr 2001 den Verzicht auf jede *vorherige* Koalitionsaussage geradezu zum Kernbestandteil ihrer Wahlstrategie gemacht. Die Vorstellung,

- die Bürger bestimmten die Richtung der Politik, indem sie zwischen konkurrierenden Parteien wählen,
- die Wähler hätten es so in der Hand, unrichtige Entscheidungen der parlamentarischen Mehrheit durch ihr Abstimmungsverhalten bei den nächsten Wahlen zu korrigieren,[17]
- die Wahlen sicherten »die Kontrolle des Volkes über die Benutzung der Macht durch die politische Mehrheit«,[18]
- die Bürger wählten zumindest die Abgeordneten aus und
- entschieden, welche Parteien die Regierung stellen,

beruht insgesamt auf idealisierten Annahmen über den Willensbildungsprozess in der Bundesrepublik Deutschland, die mit der Realität kaum noch etwas zu tun haben.
Unser System ist vielmehr dadurch gekennzeichnet, dass die Konsequenzen des politischen Wettbewerbs minimiert werden:

- Der größte Teil der Abgeordneten kann vom Wähler gar nicht abgewählt werden. Die Abgeordneten stehen auf sicheren Listenplätzen oder kandidieren in sicheren Wahlkreisen und behalten ihr Mandat selbst dann, wenn ihre Partei massiv Wählerstimmen einbüßen sollte.
- Selbst Regierungschefs, die die Wahl verlieren, können oft mit einem neuen Koalitionspartner weitermachen. So holte etwa die nordrhein-westfälische SPD-Regierung unter Johannes Rau, als sie 1995 ihre absolute Mehrheit verlor, die Grünen mit ins Boot. Sollte Bundeskanzler Gerhard Schröder die Bundestagswahl 2002 verlieren, braucht er voraussichtlich nur den Koalitionspartner auszuwechseln und kann dann mit der FDP weiterregieren, notfalls auch mit der PDS. Und wenn Politiker doch einmal abgewählt werden, bleiben sie regelmäßig an anderer Stelle im Amt: Ehemalige Minister und Parlamentarische Staatssekretäre behalten zumindest ihr Abgeordnetenmandat. Die abgewählten Ministerpräsidenten Hans

Eichel und Reinhard Klimmt wurden alsbald Bundesminister. Auch die Parteistiftungen fungieren als Auffangbecken für gescheiterte Politiker: Bernhard Vogel, der frühere Ministerpräsident von Rheinland-Pfalz, wurde Chef der Konrad-Adenauer-Stiftung, nachdem die rheinland-pfälzische CDU ihn abgewählt hatte. Der frühere CDU-Oppositionsführer in Mainz, Johannes Gerster, der Ministerpräsident Beck erfolglos herausgefordert hatte, wurde Vertreter der Konrad-Adenauer-Stiftung in Israel. Der frühere Thüringer Ministerpräsident Duchac, der sein Amt 1992 verlor, vertritt heute die Konrad-Adenauer-Stiftung in Budapest.[19] Diese Entsorgungswege sind schon so offensichtlich, dass über den derzeitigen CDU-Vorsitzenden von Rheinland-Pfalz, Christoph Böhr, vor der Landtagswahl vom März 2001 gewitzelt wurde, für ihn stehe der Posten an der Spitze der Konrad-Adenauer-Stiftung schon bereit.[20]

- Auch wenn Parteien bei Wahlen verlieren, schlägt das auf die Höhe ihrer Staatsfinanzierung nicht durch, da diese vornehmlich nach anderen Maßstäben berechnet wird als nach Wählerstimmen. Gegen die Höhe der Wahlbeteiligung haben die Parteien sich ohnehin immunisiert. Sie erhalten zusammen immer den Höchstbetrag, selbst wenn die Beteiligung der Bürger an den Wahlen noch weiter fallen sollte. Und die Zahl der Abgeordnetenmandate bliebe sogar dann dieselbe, wenn die Wahlbeteiligung auf 40 Prozent oder weniger sänke.

Geradezu symbolisch für die mangelnde Verantwortlichkeit von Politikern und die Minimierung der Folgen von Amtsverlust und sogar von schwerem Fehlverhalten sind die (nicht vorhandenen) Haftungsvorschriften und die finanziellen Kompensationsregeln:

- Jeder Steuerzahler, der seine Pflichten gegenüber dem Finanzamt schuldhaft verletzt, muss mit Strafe rechnen. Amtsträger aber können das Geld der Steuerzahler straflos verschwenden. Es gibt keinen Straftatbestand der öffentlichen Verschwendung.
- Anders als bei Beamten und privaten Führungskräften gibt es bei Regierungsmitgliedern und Parlamentsabgeordneten nicht einmal die Möglichkeit, sie im Wege des Schadenersatzes für Verluste verantwortlich zu machen, die sie schuldhaft herbeigeführt haben.
- Selbst mit Schimpf und Schande aus ihrem Amt geworfene Politi-

ker können mit hohen Übergangsgeldern und Pensionen rechnen, die ihnen den Abschied versüßen.

Die regelmäßig mit allen publizistischen Mitteln hochgejubelte Wahl und der vorausgehende Wahlkampf degenerieren zu einem in seinen Auswirkungen ziemlich irrelevanten Vorgang, den die Wähler zwar – wie ein großes nationales Sportereignis – durchaus mit Interesse und Spannung verfolgen. Aufmerksame Beobachter sprechen treffend von »Wählerpublikum«[21] und »Zuschauerdemokratie«.[22] Die der Wahl zugeschriebene politische Steuerungsfunktion entsprechend dem Willen und den Wünschen der Bürger kann sie schlechterdings aber nicht mehr erfüllen. Die etablierten Parteien und ihre politische Klasse sind nicht etwa mal »drin« und mal »draußen«, je nach der Zustimmung, die sie vom Bürger erhalten. Sie sind *immer* »drin«, auch wenn sie die Wahlen verlieren.

Funktionierender Wettbewerb, der dem Wähler die Entscheidung über die bessere Alternative gibt, ist also etwas völlig anderes als der kreischende, alternativlose, sachlich leer laufende Scheinwettbewerb, bei dem die Gegner sich nur gegenseitig schlecht machen. Schumpeters Anfang der Vierzigerjahre am Beispiel des britischen Regierungssystems konzipierte Überlegungen passen auf das heutige deutsche System nicht, weil es bei uns an den simpelsten Vorbedingungen für befriedigenden politischen Wettbewerb fehlt.

Auch ein anderer Ansatz, der auf das ausgewogene Auspendeln von Eigeninteressen in der Politik vertraut, die naive Pluralismustheorie, erweist sich als Irrweg. In Wahrheit ist sie inzwischen durch theoretische Einsicht und praktische Erfahrung widerlegt. Es ist seit längerem offenkundig, dass spezielle Interessen regelmäßig besser organisierbar sind als allgemeine und die Politik unter dem Druck von Verbänden und Großunternehmen deshalb leicht die wichtigen allgemeinen Interessen vernachlässigt.[23] Diese Art von Repräsentationsdefiziten hat kaum einer so ungeschminkt beim Namen genannt wie der frühere Bundespräsident Roman Herzog[24] – als er noch Hochschullehrer in Speyer war. Finden Interessen aber desto weniger Berücksichtigung, je größer der Kreis der Betroffenen ist, läuft das letztlich auf einen »Mechanismus umgekehrter Demokratie« hinaus.

Ein Beispiel sind Subventionen in dreistelliger Milliardenhöhe: Gut organisierte Interessenten haben sie durchgesetzt und verteidigen sie gegen alle halbherzigen Abbauversuche, obwohl Subventionen (einschließlich der Steuervergünstigungen) dem allgemeinen Interesse an gleichmäßiger und niedriger Abgabenbelastung offensichtlich zuwiderlaufen.[25] Wie die »Subventionitis« wirklich funktioniert, wird zwar gemeinhin verschleiert, gelegentlich erhält die Öffentlichkeit aber doch enthüllende Einblicke. So wurde beispielsweise bekannt, dass die staatlichen Zuschüsse an den nordrhein-westfälischen Bergbau so hoch sind, dass man davon jedem Kumpel jährlich etwa 150 000 Mark Gehalt zahlen könnte.[26] Im Zuge der BSE-Krise wurde auch der Unsinn der EU-Landwirtschaftspolitik intensiv öffentlich diskutiert, die dazu führt, dass der Bürger zum Vorteil der schlagkräftig organisierten Landwirtschaft gleich dreimal bluten muss: Als Konsument zahlt er für Nahrungsmittel administrativ festgesetze Preise, die weit über dem Weltmarktniveau liegen, als Steuerzahler finanziert er nicht nur die Subventionierung der Landwirte, sondern auch die Einlagerung des – durch die Überhöhung der Preise und die Subventionierung der Produkte hervorgerufenen – Überangebots und schließlich auch den subventionierten Verkauf am Weltmarkt.

Einige halten wirksame Abhilfen ohnehin für aussichtslos, weil die Subventionitis nun einmal Ausdruck des bestehenden politischen Kräftespiels sei. Die Finanzwissenschaftler Dieter Ewringmann und Karl Heinrich Hansmeyer betonen in zynischer Offenheit, dass den jeweiligen Empfängern der Leistungen ein Mehr an Interessenerfüllung nur vorgespiegelt wird, zu dem es in Wahrheit meist gar nicht kommt, weil die Begünstigten auch an den Lasten (für die Finanzierung der Subventionen an sich selbst und an alle anderen Gruppen) mitzutragen haben und der Subventionismus dazu führt, dass es letztlich fast allen schlechter geht. Aber die durch die Verwischung der Zusammenhänge ermöglichte Illusion sei eben auch eine Art von Realität. Und die erhöhe die Konsens- und Akzeptanzfähigkeit politischer Entscheidungen in der pluralistischen Demokratie.[27] Es wird im Ergebnis also ein Weniger an Gemeinwohlrealisierung hingenommen, um das bestehende System und damit die Herrschaft der politischen Klasse zu stabilisieren.

Um die Schaffung und Aufrechterhaltung solcher Illusionen nicht zu gefährden, blieb auch das gesetzliche Gebot des Stabilitäts- und Wachstumsgesetzes von 1967, in den periodisch vorzulegenden Subventionsberichten jeweils die Ziele der einzelnen Subventionen genau zu nennen (§ 12), unerfüllt. Sinn dieser Vorschrift ist es, eine bessere Überprüfung der Subventionen auf ihre Eignung, Erforderlichkeit und Verhältnismäßigkeit im Hinblick auf die offiziellen Ziele zu ermöglichen. Doch genau diese Überprüfbarkeit will man vermeiden. Es werden deshalb nur vage und diffuse Ziele genannt. Subventionen dienen nun einmal vielfach auch Machterhaltungsinteressen, und die kann man nicht offiziell nennen, ohne offen gegen das grundgesetzliche Gemeinwohlgebot zu verstoßen.[28] Diesen Sachverhalt nennt auch der Staatsrechtslehrer Gerd Roellecke offen beim Namen. Doch tritt er nicht für Verbesserungen ein, sondern für die Verheimlichung der wahren Verhältnisse: Was an Subventionen gewährt wird, soll im »warmen Dunkel der Ungewissheit« verborgen bleiben, das heißt, Roellecke möchte, um Legitimität und Stabilität des Systems nicht zu gefährden, die ohnehin mangelhafte Transparenz des Subventionismus noch weiter eingeschränkt wissen.[29]

Die strukturelle Schwäche allgemeiner Interessen ist denn auch der Grund, warum man das Interesse an Geldwertstabilität vom Spiel der Verbände und Parteien separiert und in die Hand der unabhängigen Bundesbank,[30] neuerdings der Europäischen Zentralbank, gelegt hat (Artikel 88 GG neuer Fassung).[31] Existenz und Daseinsberechtigung dieser Einrichtungen bestätigen einmal mehr nicht nur das tendenzielle Zukurzkommen allgemeiner Interessen in der pluralistischen Demokratie, sondern auch die Notwendigkeit, institutionell gegenzuhalten.

Die Gefahr einseitiger Durchsetzung von Partikularinteressen ist noch größer, wenn es nicht um irgendwelche Gruppen und Verbände außerhalb des Staatsapparats geht, sondern um die Eigeninteressen der politischen Klasse selbst, sitzt diese doch an den Schalthebeln der Macht und kann ihre Belange überall unmittelbar einfließen lassen. Darauf werden wir noch zurückkommen.

Darüber hinaus setzt funktionierender politischer Wettbewerb weitere wichtige Vorbedingungen voraus, er verlangt ein spezifisches Umfeld für seine fruchtbare Entfaltung. Keiner hat das klarer herausgestellt als der Vater des Konzepts des politischen Wettbewerbs selbst. Schumpeter nennt vier weitere »Bedingungen für den Erfolg« der Wettbewerbskonzeption,[32] die gerade in der Situation der Bundesrepublik besonders aktuell erscheinen:

- Die erste Erfolgsbedingung ist, dass die Personen, die »ins Parlament gewählt werden und zu Kabinettsposten aufsteigen, von hinreichend hoher Qualität« sind. Diese Voraussetzung sei besonders gefährdet, wenn im politischen Sektor Verhältnisse geschaffen würden, die »die meisten Menschen abstoßen ..., die irgendwo sonst zu Erfolg kommen können«, wenn also »Fähigkeit und Energie« die politische Karriere verschmähen. Es sei eben »nicht wahr, dass in einer Demokratie die Menschen immer nach Art und Qualität die Regierung haben, die sie wünschen oder verdienen«.

- Die zweite Vorbedingung für einen Erfolg der Demokratie sei, dass »der wirksame Bereich politischer Entscheidung nicht allzu weit ausgeweitet« werde. Damit meint Schumpeter die Achtung der Kompetenz, des Eigenbereichs und der echten Professionalität gewisser unabhängiger Institutionen wie Gerichte, Rechnungshöfe, Hochschulen, Sachverständigenräte etc. Dabei weist Schumpeter auch auf die Gefährdung solcher Einrichtungen hin: »Die Macht des Politikers, das Personal nicht-politischer öffentlicher Stellen zu ernennen«, werde, »wenn hemmungslos ausgeübt, oft an sich schon genügen, um diese zu korrumpieren«.
- Als dritte Bedingung müsse »eine demokratische Regierung in einer modernen industriellen Gesellschaft ... über die Dienste einer gut ausgebildeten Bürokratie von hohem Rang, guter Tradition, starkem Pflichtgefühl und einem nicht weniger starken esprit de corps verfügen können. Eine derartige Bürokratie ist die Hauptantwort auf das Argument: Regierung durch Amateure.« Die Aufgabe der Bürokratie bestehe nicht nur in der Ausführung politischer Entscheidungen. Sie müsse »auch stark genug sein, um ... im Bedarfsfall die Politiker an der Spitze der Ministerien zu instruieren. Um dazu in der Lage zu sein, [müsse] sie eigene Prinzipien entwickeln können und ... unabhängig genug sein, um sie durchzusetzen. Sie [müsse] eine Gewalt eigenen Rechtes sein. Das heißt so viel wie, dass in Tat und Wahrheit, wenn auch nicht der Form nach, Ernennung, Beförderung und Amtszeit (innerhalb der Beamtenreglemente, die die Politiker nur ungern verletzen) weitgehend von ihrer eigenen Auffassung als Berufsgruppe abhängig sein müssen – trotz allem Lärm, der mit Sicherheit entsteht, sobald sich die Politiker oder die Öffentlichkeit dadurch gehemmt sehen, was häufig der Fall sein wird.«
- Als vierte Gruppe von Bedingungen konstatiert Schumpeter die

Anerkennung gewisser Spielregeln der Demokratie, »welche die demokratische Methode selber nicht mit Sicherheit hervorbringt«, wie die Anerkennung des Gewaltmonopols des Staats und der verbindlichen Kraft von Gesetzen durch alle Parteien und Gruppen, die Einräumung eines Gestaltungsspielraums für die verantwortliche Regierung, ein gewisses intellektuelles und moralisches Mindestniveau von Parlament und Wählerschaft, »um gegen Angebote von Schwindlern und Querulanten gefeit zu sein«, und Toleranz gegenüber anderen Ansichten.

Viele der vorstehenden Bedingungen brauchen hier nur aufgelistet zu werden, um massive Zweifel zu wecken, ob sie in der heutigen Bundesrepublik erfüllt sind. Das gilt für die Qualitätsbedingungen des politischen Personals ebenso wie für die Zurückhaltung der Politik und die Achtung des Eigenbereichs unabhängiger Institutionen, für den Respekt vor dem eigenständigen Status der Verwaltung und die Anerkennung gewisser Spielregeln der Wettbewerbspolitik. Wir werden im weiteren Verlauf dieses Buches nachweisen, dass die von Schumpeter genannten Bedingungen fast durchweg nicht gegeben sind.
An diesem Punkt der Analyse scheint uns nun nichts anderes übrig zu bleiben, als wieder auf den Gemeinsinn der Amtsträger zu hoffen. Liegen die Voraussetzungen des Wettbewerbsmodells, das die Eigeninteressen durch wirksame *äußere* Gegenkräfte zähmt, nicht vor, bleibt nur die Hoffnung auf ihre *innere* Zähmung in der Brust der Akteure, will man auf die Gemeinwohlvorstellung staatlichen Handelns nicht gänzlich verzichten. Hier wird ein Dilemma deutlich, das die Basis der Demokratie- und Staatstheorie erschüttert: Die Erkenntnis, dass die Voraussetzung der klassischen Staatstheorie, die Gemeinwohlorientierung der Amtsträger, bröckelt, hatte der Theorie vom politischen Wettbewerb immer mehr Anhänger verschafft, welche damit zu *der* modernen Demokratietheorie aufgestiegen war. Doch jetzt stellt sich heraus, dass auch deren Grundvoraussetzungen: Offenheit und funktionierender Wettbewerb, jedenfalls in der Bundesrepublik Deutschland, fehlen oder mangelhaft sind, und man sieht sich gezwungen, unter der Hand zur klassischen Theorie zurückzukehren, so, als ob deren Defizite und Wirklichkeitsferne inzwischen verschwunden wären.
Damit kommen diejenigen Einrichtungen in den Blick, deren besondere Aufgabe in der Sicherung gemeinwohlbezogenen richtigen Han-

delns besteht und die genau zu diesem Zweck mit spezifischen verfassungsrechtlichen Garantien der Unabhängigkeit ausgestattet sind (siehe S. 58 f.). Auch hier zeigt sich die Bedeutung der Institutionen. Diese müssen sinngerecht gestaltet und an Neuentwicklungen angepasst werden. Das gilt für die politische Wettbewerbsordnung, die wirklichen Wettbewerb voraussetzt, genauso wie für die organisatorische Ausgestaltung von unabhängigen Gremien.

Geht es um den Rahmen und die Ordnung, so wird der Appell an den Gemeinsinn deshalb noch dringender, ja geradezu flehentlich. Auch wer, wie der Staatsrechtslehrer und ehemalige Bundesverfassungsrichter Ernst-Wolfgang Böckenförde, akzeptiert, dass Politiker ihre Eigeninteressen verfolgen, sucht doch den Rahmen und die Voraussetzungen intakt zu halten:

> »Geht es bei diesen Entscheidungen um die Festlegung der Voraussetzungen und des Rahmens für die Verfolgung eigener Interessen und des eigenen Nutzens, können dafür nicht diese Interessen oder dieser Nutzen selbst der Maßstab sein, so als ob sich die allgemeine Ordnung daraus selbstregulativ herstellen ließe. Es bedarf vielmehr einer übergreifenden normativen Orientierung …«[33]

Damit sind wir am eigentlichen Schlüsselpunkt. Geht es um die Institutionen, so ist die Orientierung an den »gemeinsamen Interessen aller«, an den »Belangen der Allgemeinheit der Bürger« unverzichtbar.[34] »Dieses Ethos« wird in der Demokratie »als erhaltendes Prinzip vorausgesetzt, seine Beachtung macht die Existenz dieser Staatsordnung erst innerlich möglich«.[35] Doch hinsichtlich der politischen Klasse trügt diese Hoffnung immer mehr. (Inwieweit sie hinsichtlich der normalen Bürger bessere Chancen hat, werden wir später untersuchen.)

Die politische Klasse kontrolliert die Spielregeln von Macht, Einfluss, Geld und Posten

Ein Versuch, dieses Dilemma zu überbrücken, liegt in der klassischen Formel, die Menschen seien zwar zu schlecht, um ohne Institutionen auszukommen. Sie seien aber gut und klug genug, um sich die nötigen Institutionen zu geben. Doch dieser Ansatz muss, übertragen auf unsere heutige Situation, entweder davon ausgehen, die Menschen hätten entscheidenden Einfluss auf die Gestaltung ihrer Institutionen, oder davon, die politische Klasse stelle, wenn es um Institutionen geht, ihre Eigeninteressen zurück. Beides trifft aber nicht zu. Das Hauptproblem unserer repräsentativen Demokratie liegt darin, dass die Bürger gerade keinen Einfluss auf die Verfassung haben und dass die Eigeninteressen der politischen Akteure sich – entgegen allen beschwörenden Appellen – nicht nur im vorgegebenen Rahmen und unter den bestehenden Bedingungen entfalten, sondern dass auch der Rahmen und die Bedingungen selbst ihrem Einfluss unterliegen. Das gilt für das Wettbewerbskonzept genauso wie für unabhängige Institutionen. Daraus entsteht die Gefahr, dass die politischen Akteure die Institutionen, die eigentlich ihrer Kontrolle und Begrenzung dienen sollen, in ihrem Eigeninteresse umgestalten oder erfolgreiche Anpassungen an neuere Entwicklungen verhindern. Der Politikwissenschaftler Claus Offe hat dieses Problem treffend beschrieben:

> »Institutionen … können … zu Wachs in den Händen strategischer Akteure werden. Dann kehren sich die Rollen von Wächter und Bewachten um, und wir haben es nicht mehr mit fairen, unvoreingenommenen und für die Akteure unantastbaren Regeln und Verfahren zu tun, sondern mit gezinkten Karten. Unter dem Anschein und Vorwand der Neutralität, der Chancengleichheit und der unparteiischen Kontrolle sickert Macht ins Institutionensystem ein. Durch sie wird es so verbogen, dass ihr Kontrolleffekt verloren geht und an seine Stelle ein mehr oder weniger offenkundiger Begünstigungseffekt tritt – es kommt statt zur Herrschaft *der* Institutionen zur Herrschaft politischer und gesellschaftlicher Akteure *über* Institutionen. Dieses Umkippen des Verhältnisses von Institutionen und Akteuren lässt sich an dem Doppelsinn der scheinbar so unschuldigen Formulierung ablesen, mit der wir sagen, jemand ›habe Recht‹. Normalerweise wollen wir damit sagen: er hat das Recht im *Rücken* und kann sich auf das Recht berufen. Das ›Haben‹ des Rechts kann aber auch bedeuten: Jemand hält das Recht *in Händen* und macht sich gemäß seiner eigenen Zwecke und Interessen über das Recht her. … Das Dilemma, das in dieser Zirkularität von Institutionen und Akteuren, von Bewachern und Bewachten liegt, ist ebenso misslich wie unvermeidlich – und das nicht nur in jenen pre-

kären Fällen, in denen die Teilnehmer an institutionellen Verfahren über ihre eigenen gemeinsamen Interessen zu Gericht sitzen und sich etwa Abgeordnete bzw. Parteien höhere Diäten oder Finanzzuschüsse aus der Staatskasse genehmigen. Unausweichlich ist das Dilemma vor allem deswegen, weil Institutionen ja nicht im Himmel bestimmt oder durch geheiligte Tradition ein für allemal festgelegt werden, sondern das Werk jener Akteure selbst sind, deren Konflikte sie regeln sollen. Die Akteure, die an der Erfindung institutioneller Regelungen (und daran besteht ein laufender und eher wachsender Bedarf!) mitwirken, sind in eben diesem Konflikt befangen. Was liegt da näher als der Versuch entweder des jeweils Mächtigeren, die Spielregeln gemäß *seinem* Interesse zu oktroyieren, oder aber der gemeinsame Versuch aller Beteiligten, sich selbst nach der Logik der Kartellbildung auf Kosten Dritter institutionell abzusichern und mit Privilegien auszustatten? ... Unter dem Vorwand, gesellschaftliche und politische Konflikte neutral, unvoreingenommen und insofern in einer allgemein anerkennungswürdigen Weise zu regulieren, verkehren sie sich zur Waffe in eben diesen Konflikten.«[36]

Es geht um das Grundproblem, welches ich mit dem Terminus »Entscheiden der Politik in eigener Sache« bezeichnet habe, ein Problem, das sich keineswegs nur auf den Bereich der Politikfinanzierung beschränkt, wie ja auch Offe zutreffend hervorhebt, sondern alle Institutionen betrifft, deren Ausgestaltung die Eigeninteressen der Politiker direkt oder indirekt berührt – und es gibt fast keine, bei denen das nicht der Fall wäre. Wenn die Interessenten – ohne ausreichende Kontrolle – selbst an den Schalthebeln der staatlichen Macht sitzen und ihre Interessen direkt in Gesetze oder Haushaltstitel umsetzen können, kommen zwei typische Konstellationen vor:

- Die Regierungsmehrheit beschließt Regelungen, die sie selbst bevorzugen und die parlamentarische Opposition benachteiligen. Zum Beispiele Wahlgesetze, die die Wiederwahlchancen der Regierung zu Lasten der Opposition erhöhen.
- Die Regierung macht gemeinsame Sache mit der parlamentarischen Opposition, und beide beschließen Regelungen zum beiderseitigen Vorteil. Solche Beschlüsse können zu Lasten der außerpar-

lamentarischen Opposition gehen, den öffentlichen Haushalt und damit die Steuerzahler belasten oder das Funktionieren der staatlichen Willensbildung generell beeinträchtigen.

Beide Konstellationen unterscheiden sich durch die Art und Intensität der Kontrolle. Versucht die Regierung, Regelungen zu Lasten der parlamentarischen Opposition durchzusetzen, so verfügt sie zwar über die Mehrheit im Parlament, es gibt aber eine ganze Reihe von Barrieren, die einem ungezügelten Machtmissbrauch im Wege stehen:

- Änderungen der Verfassung verlangen qualifizierte Mehrheiten – Änderungen des Grundgesetzes zum Beispiel die Zustimmung von zwei Dritteln der Mitglieder des Bundestags und des Bundesrats – und können deshalb regelmäßig nicht gegen die Opposition (oder zumindest nicht gegen die größere Oppositionspartei) beschlossen werden.
- Auch einfache Bundesgesetze bedürfen vielfach der Zustimmung des Bundesrats, der in den letzten Jahrzehnten meist in der Hand der Opposition war, die somit auch in diesen Fällen Missbräuche der Bundestagsmehrheit verhindern kann.
- Darüber hinaus hat die parlamentarische Opposition die Möglichkeit, an die Medien zu appellieren und die öffentliche Meinung zu mobilisieren, wenn die Regierungsmehrheit unangemessene institutionelle Änderungen versucht.
- Die Opposition kann schließlich durch Aufdecken selbstsüchtiger Gesetze Punkte für den nächsten Wahlkampf sammeln. Die Furcht der Regierung vor einer Schwächung ihrer Position wird sie oft ohnehin schon per Vorwirkung von einer allzu drastischen Verfolgung ihrer Eigeninteressen abhalten.
- Selbst wenn die Regierung ihre Mehrheit ausnutzt und missbräuchliche Gesetze durchsetzt, bleibt immer noch das Bundesverfassungsgericht als Kontrollinstanz.

Alle diese Sicherungen werden allerdings geschwächt oder versagen völlig, wenn die Regierung sich mit der parlamentarischen Opposition zusammentut, um ihre *gemeinsamen* Eigeninteressen durchzusetzen. Mangels parlamentarischer Gegner fehlt dem politischen Prozess dann – mit den Worten des Bundesverfassungsgerichts – das »korrigierende Element gegenläufiger politischer Interessen«.[37] Regierung und Opposition bilden ein »politisches Kartell«, ein Ausdruck, den bereits der Politikwissenschaftler Otto Kirchheimer vor mehr als vierzig Jahren geprägt hat.[38] Dann wird selbst die Verfassung als Wall gegen Missbräuche der Machthaber wirkungslos. Denn gemeinsam verfügen Regierungsmehrheit und Opposition über die nötige Mehrheit, um auch die Verfassung zu ändern. Die Verfassung verliert damit ihren Charakter als unübersteigbare Schranke und wird statt dessen, wie Offe so plastisch formuliert hat, Wachs in den Händen der Akteure. Damit fällt dann auch das Verfassungsgericht als Gegengewicht aus, für das die Verfassung ja Maßstab der Kontrolle ist.[39]

Die Gefahr, zu Wachs in den Händen der Akteure zu werden, gilt erst recht für grundlegende einfachgesetzliche Normen, zum Beispiel über Wahlrecht und Politikfinanzierung (Verfassung im materiellen Sinn), und ebenso für die Konventionen und politischen Handlungsmuster, die schriftlich meist überhaupt nicht geregelt sind, in denen sich aber die realen politischen Macht- und Interessenverhältnisse umso deutlicher niederschlagen (Verfassung im soziologischen Sinn).

Auch die Kontrolle durch die Wähler fällt aus. Diese können mit dem Stimmzettel dann nichts mehr ausrichten, so groß die Missbräuche auch sein mögen: Welche Partei auch immer sie wählen, (fast) jede ist in das Kartell eingebunden.[40] So entsteht leicht der Eindruck eines »Ein-Parteien-Staates mit mehreren Parteien«.[41]

Schließlich lebt auch die öffentliche Kontrolle zum guten Teil von der Information und Mobilisierung durch die parlamentarische Opposition und wird deshalb ganz wesentlich geschwächt, wenn die Opposition mit im Boot sitzt und die gemeinsamen Beschlüsse vor öffentlicher Kritik mit abschirmt.

Andererseits kann das Empfinden, dass die Regierenden und die Opposition die Institutionen zu ihrem gemeinsamen Vorteil verderben, die Öffentlichkeit derart entrüsten, dass die politische Klasse trotz allem klein beigeben muss. Beispiele dafür finden sich in den Anfang der Achtzigerjahre gescheiterten Versuchen, eine Amnestie für Straftaten im Zusammenhang mit der Spendenaffäre durchzusetzen, im hessischen Diätenfall (1988), im Hamburger Versorgungsfall (1991), im saarländischen Versorgungsfall (1992) und im gescheiterten Versuch des Bundestags, den Diätenartikel des Grundgesetzes zu seinen Gunsten zu manipulieren (1995). Alle diese Vorhaben scheiterten am öffentlichen Protest. Da der Inhalt solcher Vorhaben aber meist gezielt verschleiert wird, sind investigativer Journalismus und manchmal auch (zeitnah agierende) investigative Wissenschaft besonders gefordert. Hinzu kommen muss ein waches Empfinden der Öffentlichkeit für die Schlüsselbedeutung von Institutionen.

Die politische Klasse kontrolliert aber nicht nur die Entstehung der Normen, sondern hat auch erheblichen Einfluss auf deren Auslegung und Anwendung. Sie wählt die dafür zuständigen Richter und Beamten aus, und in Deutschland unterliegen – neben den normalen Beamten und anders als etwa in Italien – selbst Staatsanwälte den Weisungen der politischen Spitze. So erreicht der lange Arm der politischen Klasse letztlich fast alle Institutionen und Personen, auch die, die eigentlich ein Gegengewicht darstellen sollten.

Das Ideal des Rechtsstaats ist die Herrschaft von unverbrüchlichen Verfassungsregeln und nicht von Menschen. Jede Art von herrschender Klasse soll dadurch unter Kontrolle gehalten werden, dass sie an für alle geltende Regeln gebunden wird. Wenn die zu Kontrollierenden aber selbst das Heft in die Hand bekommen und die Verfassungen nach ihren Belangen gestalten und interpretieren oder notwendige Anpassungen an neue Gegebenheiten blockieren, wird das ganze Konzept unterminiert und in sein Gegenteil verkehrt. Wenn die politische Klasse in der Gemeinsamkeit ihrer Interessenlage über die Spielregeln von Macht, Einfluss, Posten und Geld verfügt, ist die Souveränität, also die letzte Entscheidung über alles für Staat und Gemeinschaft Wesentliche, die in einer Demokratie eigentlich dem Volk zusteht, praktisch auf die politische Klasse übergegangen.[42]

Die Problematik verschärft sich dadurch gewaltig, dass es nicht nur negativ um die Verhinderung unangemessener Grundlagenentscheidungen der politischen Klasse geht, sondern auch positiv um die Fortbildung der Institutionen und ihre Anpassung an neue Gegebenheiten. Demokratische Institutionen veralten allmählich und bedürfen deshalb immer wieder der Korrektur und der Nachjustierung, um handlungsfähig bleiben zu können. Das Dilemma hat der Politikwissenschaftler Herfried Münkler folgendermaßen beschrieben:

> »Wer soll dann derjenige sein, der von Zeit zu Zeit die Institutionen evaluiert und so verändert und reformiert, dass sie ihre Aufgaben … erfüllen können? Das Problem ist, dass hierfür – zumindest

in einer Demokratie – auf dieselben Politiker zurückgegriffen werden muss, von denen zugleich angenommen wird, dass sie eigentlich der kontrollierenden und disziplinierenden Wirkung von Institutionen dringend bedürfen.«[43]

Hier, beim Verhindern nötiger Neuerungen, sind die Eigeninteressen der politischen Klasse besonders wirksam und die Gegengewichte besonders schwach. Änderungen verlangen nun einmal mehr als das Verhindern von Änderungen. Neuerungen bedürfen, wenn es um Änderungen der geschriebenen Verfassung geht, der Zweidrittelmehrheit im Bundestag und im Bundesrat, für ihre Verhinderung reicht dagegen die Eindrittel-Sperrminorität im Bundestag oder im Bundesrat. Auch die Verfassungsrechtsprechung spielt im Wesentlichen eine kassatorische, sehr viel weniger eine positiv gestaltende Rolle.

Ein institutioneller Nachholbedarf ist in der Bundesrepublik besonders dringend. Unser Verfassungsrecht beruht wesentlich noch auf einer Tradition, welche die politischen Hauptakteure, die Parteien, die Interessenverbände, die Medien und erst recht die politische Klasse in ihrer heutigen Form noch nicht kannte und deshalb auch nicht auf deren Wirken zugeschnitten ist. Inzwischen ist die verfassungsrechtliche Anerkennung der Parteien, Verbände und Medien zwar erfolgt. Ihre wirksame Begrenzung durch Erfassen und Kanalisieren des Willensbildungsprozesses insgesamt steht aber noch aus. Das hat der Entstehung, Stärkung und »Machtergreifung« der politischen Klasse Vorschub geleistet. Deshalb sind verfassungsrechtliche Innovationen, welche die Macht der politischen Klasse regulieren und kanalisieren, besonders angezeigt. Es geht um die Essenz des Verfassungsgedankens überhaupt.

Politiker, so wird gelegentlich gesagt, sind die einzige Berufsgruppe, die ihren beruflichen Status selbst festlegt. Sie müssen nicht wie andere Berufsgruppen versuchen, ihre Belange in Auseinandersetzung mit tariflichen Gegnern am Arbeitsmarkt oder durch Einflussnahme auf die (von anderen gestaltete) Politik zu fördern. Weil sie selbst die Hebel der Macht bedienen, bedürfen sie keiner Vermittlung. Diese Feststellung ist völlig richtig, verharmlost die Problematik aber ungemein, weil sie nur ein Teil der Wahrheit ist. Denn die Eigeninteressen von Berufspolitikern werden praktisch durch *alle* politischen Institutionen irgendwie berührt. Die professionellen Interessen der Politiker wirken sich deshalb auf fast alle möglichen institutionellen Änderungen aus – oder eben auch auf die Verhinderung der erforderlichen Änderungen.

Die doppelte Gefährdung des politischen Wettbewerbs

Die Durchsetzung von Marktoffenheit und fairem Wettbewerb ist ein schwieriges Unterfangen. Das hat zwei elementare Gründe. Einmal ist die Wirkungsweise von Markt und Wettbewerb ziemlich kompliziert und erschließt sich dem Betrachter nur schwer. Der Mechanismus ist deshalb für die Öffentlichkeit sehr viel undurchsichtiger als etwa eine Kommandowirtschaft, in der Produktion und Verteilung vom Staat gelenkt werden. Es ist offenbar leichter, Vertrauen in ein Verfahren zu haben, bei dem die Akteure erklärtermaßen direkt das Gemeinwohl fördern, als in ein Verfahren, bei dem die Akteure offen ihren eigenen Nutzen verfolgen und dessen segensreiche Wirkung sich nur indirekt und im Wege vielfältiger systemischer Abläufe ergibt. Hinzu kommt, dass es mancherlei Abarten des Wettbewerbs gibt und auch Bereiche, die von vornherein für die wettbewerbliche Steuerung gar nicht geeignet sind. Das erleichtert es den Interessenten, den Wert des Wettbewerbs auch dort herabzusetzen, wo dies bei differenzierterer Betrachtungsweise in Wahrheit gar nicht gerechtfertigt ist. Die Freigabe der Preise in der Gründungsphase der Bundesrepublik, welche das »deutsche Wirtschaftswunder« ermöglichte, und dann vor allem der Zusammenbruch der östlichen Zentralverwaltungswirtschaften in den Neunzigerjahren haben jedoch die prinzipielle Überlegenheit der westlichen Wettbewerbswirtschaft für jedermann deutlich gemacht.
Ein weiterer Grund, der die Durchsetzung von Wettbewerb erschwert, sind die Wettbewerber selbst. Ihnen ist es natürlich höchst lästig, durch wirksamen Wettbewerb ständig unter Druck gesetzt zu werden, damit sie durch niedrige Preise und hohe Qualität ihrer Produkte ihre Marktanteile zumindest halten. Produzenten versuchen deshalb auf mancherlei Weise, den Wettbewerb einzuschränken oder ganz zu beseitigen, um bei geringeren Anstrengungen höhere Gewinne zu erzielen. Zu diesem Zweck pflegen sie die Schädlichkeit von

wettbewerbsbeschränkenden Maßnahmen zu verschleiern, wobei ihnen die verbreitete Unkenntnis über die segensreiche Wirkung funktionierenden Wettbewerbs entgegenkommt. Wettbewerb dient zwar den Interessen von Millionen Verbrauchern und fördert die Dynamik und das Wachstum der Wirtschaft insgesamt, doch diese allgemeinen Interessen sind viel schwerer wirkungsvoll zu organisieren und werden deshalb leicht »untergebuttert«, sowohl am Markt als auch durch den Staat, der sich dem Einfluss der übermächtigen Produzenteninteressen meist nur schwer entziehen kann.

Um wirksamen Wettbewerb auch gegen den Widerstand der Produzenten und ihrer Verbände durchzusetzen, bedarf es deshalb besonderer Institutionen. Dies sind in der Bundesrepublik zum Beispiel das Bundeskartellamt, das gegen schädliche Wettbewerbsbeschränkungen vorgeht, und die unabhängige Monopolkommission, die den Zustand des Wettbewerbs beobachtet und Fehlentwicklungen publiziert. Dennoch bleibt der Widerstand gegen Verbesserungen des Wettbewerbs groß und ist für die Politik aus eigener Kraft meist nur schwer zu überwinden.

Bezeichnend ist, dass die Durchsetzung von Wettbewerb auch in solchen Bereichen, die ihm in Deutschland vorher entzogen waren, in den letzten Jahren nur durch Anstoß und Druck von außen möglich wurde. Die Europäischen Verträge sehen die Herstellung von möglichst unverfälschtem wirtschaftlichem Wettbewerb in einem alle Mitgliedsstaaten umfassenden Gemeinsamen Markt (»Europäischer Binnenmarkt«) zwingend vor. Zur Durchsetzung dieses Ziels wird der Europäischen Kommission und dem Europäischen Gerichtshof ein hohes Maß an Unabhängigkeit garantiert. Die Rechtsprechung des Gerichtshofs zum Vorrang des Europarechts vor nationalen Gesetzen und Verfassungen und zur unmittelbaren Geltung des Europarechts auch im Verhältnis zwischen Nationalstaaten und betroffenen Bürgern erleichtert es der Kommission, die wirtschaftliche Integration durch Wettbewerb kontinuierlich auszudehnen. So wurden allmählich immer mehr Nischen beschränkten Wettbewerbs, die sich innerhalb der Mitgliedstaaten bisher hatten halten können, aufgebrochen – zuletzt beispielsweise im Fall der Energiewirtschaft und der Telekommunikation.[44]

Ist es bereits schwer, in der Wirtschaft Wettbewerb durchzusetzen, so sind die Schwierigkeiten, politischen Wettbewerb zu sichern, noch viel größer. Denn hier brauchen die an Beschränkungen Interessierten ihr Anliegen nicht von außen an die Politik heranzutragen. Die Wettbewerber sind mit den Politikern vielmehr identisch, das Interesse an der Beschränkung des politischen Wettbewerbs ist das Interesse der Politiker selbst. Und unabhängige Einrichtungen, die speziell zur Sicherung fairen politischen Wettbewerbs eingerichtet sind, gibt es nicht. Das Bundesverfassungsgericht hat diese Aufgabe zwar bis zu einem gewissen Grad übernommen. Das Gericht kann aber nur auf Antrag tätig werden, gegen viele Wettbewerbsverletzungen fehlen jedoch berechtigte Kläger, und eine der Europäischen Kommission vergleichbare Institution, die von sich aus zur Klage gegen Verletzungen des politischen Wettbewerbs befugt wäre, fehlt. Zudem nimmt die Politik auf indirektem Wege Einfluss auf die Verfassungsauslegung in ihrem Sinne (siehe S. 223 ff.).

Das Problem mangelnden politischen Wettbewerbs wird in jüngerer Zeit auf einen prägnanten Begriff gebracht: Der Terminus »politische Klasse« kennzeichnet die Gemeinsamkeit der Interessen von Berufspolitikern und impliziert zugleich deren Scheu, einander Konkurrenz zu machen, ist also kennzeichnend für ihre Bereitschaft zur politischen Kartellbildung.

Die politische Klasse: Wer *von* der Politik lebt, statt *für* die Politik

Die Erkenntnis, dass Politiker – unabhängig von ihrer Zugehörigkeit zu Regierung oder Opposition – eigene Berufsinteressen haben und diese in privilegierter Weise durchsetzen können, da sie die staatlichen Schlüsselpositionen innehaben, hat unter dem Terminus »politische Klasse« ein ganz neues Forschungsgebiet begründet. Der Begriff »politische Klasse« ist geradezu die Verkörperung mangelnden politischen Wettbewerbs.

Wer genau zur politischen Klasse zu rechnen ist, ist allerdings umstritten und hängt davon ab, welche Kriterien man zugrunde legt. Den unstreitigen Kern der politischen Klasse bilden die Bundestags- und die Europaabgeordneten. Sie sind typischerweise (1) Berufspolitiker, können (2) ihren Status über die Gesetzgebung und Haushaltsplanung selbst festlegen, woraus sich das Problem des Entscheidens in eigener

Sache ergibt, sind (3) abhängig von der Wiederwahl und verdanken (4) ihr Amt ihrer Partei.

Landtagsabgeordnete werden bisweilen ausgeklammert, weil die Befugnisse der Landesparlamente gering seien;[45] das leuchtet aber nur ein, wenn man – über die vier genannten Kriterien hinaus – noch ein fünftes hinzufügt: die Verfügung über erhebliche Macht. Das ist aber für den Begriff der politischen Klasse nicht sinnvoll (wohl aber für den der »politischen Elite«, mit dem der kleine Teil der politischen Klasse gemeint ist, der über effektive Macht verfügt). Sofern Landesparlamentarier, wie in fast allen Landtagen typischerweise Berufspolitiker sind (Ausnahmen eventuell der Landtag von Baden-Württemberg und die Parlamente der Stadtstaaten Berlin, Bremen und Hamburg, die sich als Teilzeit- oder Feierabendparlamente verstehen), zählen wir sie ohne weiteres zur politischen Klasse.

Wirkliche Abgrenzungsprobleme bestehen auf kommunaler Ebene. Auch dort gibt es (örtliche oder regionale) »Vorentscheider«, die die wichtigen kommunalen Entscheidungen vorbereiten. Ganz ähnlich wie im Bund und in den Ländern entscheidet letztlich eine kleine Clique über alle wichtigen Fragen der Kommune und damit auch über viele Fragen, die das Eigeninteresse der kommunalen politischen Klasse betreffen. Kommunale Akteure sind zwar der Bundes- und Landesgesetzgebung und neuerdings auch der europäischen Gesetzgebung unterworfen. Innerhalb dieses vorgegebenen Rahmens bestimmen sie aber wichtige kommunale Angelegenheiten selbst: Sie entscheiden nicht nur über den kommunalen Haushalt und über kommunale Satzungen (also über kommunales Recht), sondern auch über die Besetzung wichtiger Posten, etwa der hauptberuflichen kommunalen Wahlbeamten (soweit diese nicht direkt vom Gemeindevolk gewählt werden) und der Führungspositionen kommunaler Unternehmen. In diesen Zusammenhang gehört die Besetzung von sonstigen Stellen im kommunalen öffentlichen Dienst ebenso wie die Vergabe von kommunalen Aufträgen, bei denen es in Großstädten um hohe Beträge gehen kann. Es gibt allerdings Vorgaben: die staatlichen Besoldungsobergrenzenverordnungen für kommunale Wahlbeamte, und häufig begrenzen die Innenminister auch die Diäten der Volksvertreter in den Gemeinderäten und Kreistagen. Insofern ist das Entscheiden in eigener Sache, also das zweite der oben genannten Kriterien für die

Zugehörigkeit zur politischen Klasse, auf kommunaler Ebene eingeschränkt.
Darüber hinaus fehlt es oft am Kriterium der Hauptberuflichkeit: Gemeinderatsmitglieder sind grundsätzlich ehrenamtlich tätig, sie leben nicht von der Politik, sondern üben in der Regel einen normalen Hauptberuf aus. Sie fallen deshalb nicht unter den Begriff »politische Klasse«. Zwar gibt es auch in den Kommunen viele hauptberufliche Positionen, um die es Angehörigen der politischen Klasse geht, vor allem viele Stellen kommunaler Wahlbeamter. Bei ihnen liegt auch das Kriterium der Wiederwählbarkeit vor. Außerdem gibt es wichtige Vorentscheider, die in verschleierter Form von der Politik leben. Ehrenamtliche Bürgermeister, ehrenamtliche Beigeordnete, Vorsitzende der kommunalen Volksvertretung oder einer Ratsfraktion erhalten aus diesen Ämtern keine »Alimentation«, von der man normalerweise leben kann. Möglicherweise sind sie aber im öffentlichen Dienst beschäftigt. Regelmäßig bestehen zwar Unvereinbarkeitsbestimmungen zumindest für den öffentlichen Dienst der eigenen Gemeinde. Diese gelten aber nicht für Bedienstete anderer Ebenen, etwa des Landes und des Bundes, also für Lehrer, Richter, Referendare etc. Diese haben sogar einen Rechtsanspruch auf (bezahlte) teilweise Freistellung von ihren Dienstpflichten, um ihr Mandat wahrnehmen zu können. In Nordrhein-Westfalen erlaubt die Gemeindeordnung neuerdings sogar, dass Ratsmitglieder von der Fraktion angestellt und auf diese Weise voll alimentiert werden.
Die Einstellung oder Beförderung im öffentlichen Dienst beruht in diesen Fällen häufig auf der politischen Stellung der Betreffenden. Damit fungiert der öffentliche Dienst als Ersatz für die fehlende Alimentation kommunaler Politiker; die in den Gemeinde- und Landkreisordnungen niedergelegte Ehrenamtlichkeit von Rats- und Kreistagsmitgliedern wird so unterlaufen. Auch solche hauptberuflich im öffentlichen Dienst abgesicherten Kommunalpolitiker zählen zweifellos zur politischen Klasse in den Kommunen, mag ihrer kommunalpolitischen Tätigkeit auch die Hauptberuflichkeit fehlen und ihrer hauptberuflichen Tätigkeit im öffentlichen Dienst die Abhängigkeit von der Wiederwahl. Die doppelte Verankerung solcher Personen in der Kommunalpolitik und im öffentlichen Dienst verlangt ein Splitten auch der Kriterien Hauptberuflichkeit und Wiederwählbarkeit.
Die Einbeziehung des örtlich-regionalen Bereichs liegt auch deshalb

nahe, weil die Entscheidungen über die Rekrutierung der Parlamentsabgeordneten von Bund, Ländern und des Europäischen Parlaments als der Kerntruppe der politischen Klasse formal auf den unteren Ebenen getroffen werden (wenn die Amtsinhaber auch wesentlichen Einfluss nehmen) und zwischen den die verschiedenen Ebenen betreffenden Entscheidungen vielfache Verbindungen bestehen.

Andere Vorentscheider leben *noch* nicht von der Politik und warten – sozusagen als Belohnung für ihr politisches Engagement – auf die Übernahme einer lukrativen Spitzenposition in einem kommunalen Unternehmen. Sie bilden eine Art Vorstufe der kommunalen politischen Klasse.[46]

Ein anderer Grenzfall sind Verfassungsrichter. Auch sie verdanken den Parteien ihre Position, und sie haben erhebliche Gestaltungsmacht: Sie legen die Verfassung aus und bestimmen dadurch in hohem Maße deren Inhalt. Die konkrete Entscheidung in eigener Sache ist aber nur sehr begrenzt möglich. Es fehlt außerdem – zumindest beim Bundesverfassungsgericht – an der Wiederwählbarkeit. Doch auch Verfassungsrichter können an der Übernahme politischer Positionen nach Schluss ihres Amtes interessiert sein, besonders wenn sie jünger sind.

Die politische Elite: Wer wirklich regiert

Eine kleine Teilmenge der politischen Klasse nennen wir »politische Elite«.[47] Auch sie lebt von der Politik, hebt sich aber vom großen Rest der politischen Klasse ab: Für normale Mitglieder der politischen Klasse macht es keinen großen Unterschied, ob ihre Partei die Wahlen gewinnt (solange sie nur selbst ihr Mandat erneuert bekommen), weil sie auch dann nicht viel zu sagen haben, wenn sie der Regierungspartei angehören. Bei der politischen Elite ist dies anders, weil sie die Regierung stellt und auch die anderen Führungspositionen einnimmt, die nur die Wahlsieger zu vergeben haben. Der Ausgang von Wahlen bedeutet für die politische Elite also den Unterschied zwischen Macht und Ohnmacht. Deshalb ist die politische Elite viel intensiver am Sieg ihrer Partei interessiert und eher bereit, darum zu kämpfen. Anders ausgedrückt: Zwischen den politischen Eliten besteht eher ein wirklich kompetitives Verhalten als innerhalb der übrigen politischen

Klasse, die ja gerade durch das Übereinstimmen ihrer Interessen und das Fehlen von Wettbewerb charakterisiert ist. Daraus ergibt sich die Konsequenz: Wer den Bürgereinfluss erhöht, um den politischen Wettbewerb zu beleben, stärkt auch die politische Elite in ihrem Verhältnis zur übrigen politischen Klasse.

3 Die Verfassung im Griff des Systems

Der Zugriff der politischen Klasse auf die Verfassung (im oben S. 77 erläuterten weiten Sinn) ist am massivsten und auch am offensichtlichsten bei den Regelungen, die unmittelbar den Erwerb von Macht, Posten und Geld betreffen: die Politikfinanzierung, die Wahlgesetze und die sonstigen Konventionen der Postenvergabe. Zwar treten als Gegengewichte die Verfassungsgerichte und die Öffentlichkeit in Erscheinung, die der hemmungslosen Durchsetzung politischer Eigeninteressen Grenzen zu setzen suchen. Das Bundesverfassungsgericht wurde – angesichts der Befangenheit der in eigener Sache entscheidenden Politik – oft geradezu in die Rolle eines Ersatzgesetzgebers gedrängt. Doch ist die Wirkungsweise von Gerichten und öffentlicher Meinung ambivalent. Je größer ihr Gegengewicht und je stärker ihre Kontrolle, desto mehr ist die politische Klasse versucht, Einfluss darauf zu nehmen.

Parteienfinanzierung und die Folgen

Das Thema Parteienfinanzierung[2] ist deshalb so aufschlussreich, weil sich in den Finanzen schon immer die Probleme eines Gemeinwesens besonders klar widerspiegeln. »Pecunia nervus rerum«, Geld ist der Kern der Dinge. Das englische Wort »You must follow the money trail and you will find the truth« (»Folge der Spur des Geldes, und du wirst die Wahrheit finden«) trifft den Nagel auf den Kopf. So werden auch die heutigen Probleme des Parteienstaates und der politischen Klasse in der Parteien*finanzierung* besonders deutlich:[2]

- die Dominanz der Eigeninteressen der politischen Klasse,
- die Einschränkung oder gar Beseitigung des Wettbewerbs durch Schaffung politischer Kartelle,
- die Etablierung und Stabilisierung der politischen Klasse,
- die Schwächung der öffentlichen Kontrolle,
- die Abgehobenheit der politischen Klasse von der Basis und die Beseitigung der Bürgerkontrolle durch Wahlen,

- die mangelnde Fähigkeit »der Politik«, die Parteienfinanzierung halbwegs angemessen zu regeln und bei Entscheidungen in eigener Sache dieselben Maßstäbe anzulegen wie bei alle Bürger betreffenden Entscheidungen, wodurch das Bundesverfassungsgericht zunehmend als »Ausputzer« und Ersatzgesetzgeber in Aktion treten musste,
- die mangelnde Erfüllung der Aufgaben, für welche die Parteien vom Staat subventioniert werden,
- und schließlich die ursächliche Verknüpfung und das Hochschaukeln der verschiedenen Problembereiche.

Im Dunstkreis der Korruption: Parteispenden

Während Beamte und andere öffentliche Bedienstete mit einem Bein im Gefängnis stehen, wenn sie Geschenke annehmen, behandelt die Rechtsordnung Zuwendungen an Politiker und Parteien überaus großzügig. Entweder fehlt es überhaupt an Straftatbeständen oder diese sind ausgesprochen lax: »symbolische« Gesetzgebung, die das Papier nicht wert ist, auf dem sie geschrieben steht. Diese »Permissivität« hängt natürlich wieder damit zusammen, dass Politiker die Gesetze machen und sich sozusagen selbst unter Strafe stellen müssten. Nach bundesdeutschem »Recht« kann man Parteien oder Abgeordneten (bis hin zu den Fraktionsvorsitzenden) Millionen zuwenden, ohne strafrechtliche Sanktionen befürchten zu müssen, ja ohne überhaupt mit irgendwelchen Gesetzen in Konflikt zu geraten, obwohl solche politischen »Spender« oft alles andere als selbstlos sind und damit die Erwartung einer bevorzugten Behandlung seitens der Politik verknüpfen.

Großspenden an Parteien[3] bewegen sich fast automatisch »im Dunstkreis der Korruption«, wie der Politikwissenschaftler Theodor Eschenburg zutreffend festgestellt hat.[4] Die generelle Zulassung auch von Großspenden begünstigt das Entstehen eines korruptiven Klimas, weil sie dem politischen »Gegenleistungs-Denken« Vorschub leistet. Der Flick-Generalbevollmächtigte Eberhard von Brauchitsch, der selbst Millionen in bar an Politiker verteilte, meint sogar, niemand, »weder die Friedrich Flick KG noch irgendein anderes der mir bekannten großen Unternehmen, hätte aus freien Stücken einer politischen Partei Geld zukommen lassen. Die Zuwendungen an die Parteien waren in diesem Sinn keine Spenden«. Vielmehr war »das Wohlverhalten der Politiker gegenüber der Wirtschaft davon abhängig, dass die Wirtschaft ihren Obolus entrichtete. Parteispenden waren nichts anderes als indirekte Steuern«, eine Art »Schutzgeld«.[5]

Selbst bei ordnungsgemäßer Veröffentlichung der Spende besteht immer die Gefahr, dass willfähriges Verhalten der Politik erkauft wird, mag das im Einzelfall auch nicht zu beweisen sein. So etwa im Fall des Waffenunternehmens Heckler und Koch, das 40 000 Mark an die seinerzeitige Regierungspartei CDU spendete und von der Regierung eine Waffenausfuhr-Bewilligung bekam. Auch Großspenden von Privaten sind problematisch. Das Hamburger Ehepaar Ehlerding erhielt 1998 beim Verkauf von über 100 000 Eisenbahnerwohnungen des Bundes (zusammen mit anderen Mitgliedern eines Konsortiums) für 7,1 Milliarden Mark den Zuschlag, obwohl ein um eine Milliarde höheres Konkurrenzangebot vorgelegen hatte. In der gleichen Zeit spendete das Ehepaar an die Regierungspartei 5,9 Millionen Mark, die höchste Einzelspende, die die CDU jemals erhalten hat. Davon waren 2,5 Millionen zunächst nur als Kredit deklariert, so dass aus dem Rechenschaftsbericht der CDU für das Jahr 1998 noch nicht die ganze Summe ersichtlich war. Ausschlaggebend ist nicht einmal, ob das Geld wirklich die politische Entscheidung beeinflusst hat. Es geht um die Vermeidung des bösen Scheins.

Noch undurchsichtiger werden die Verhältnisse, wenn auch öffentliche Unternehmen, auf die die politische Klasse Zugriff hat, einbezogen werden. Das zeigt etwa der Fall von Klaus Rüdiger Landowsky. Der Fraktionsvorsitzende der CDU im Berliner Abgeordnetenhaus war gleichzeitig Vorstand einer Bank, an der das Land beteiligt ist. Er fand nichts dabei, dass seine Bank zwei langjährigen CDU-Mitgliedern Kredite in dreistelliger Millionenhöhe gewährte (die später notleidend wurden). Landowsky fand auch nichts dabei, dass die Kreditnehmer (die schließlich auch noch aus der persönlichen Haftung für die Rückzahlung entlassen wurden) ihm gleichzeitig hohe Spenden für die CDU überreichten. Für das schlechte Gewissen der Beteiligten spricht allerdings, dass die Spenden in bar und ohne Quittung gegeben und – entgegen dem Transparenzgebot des Parteien- und des Grundgesetzes – im CDU-Rechenschaftsbericht verschwiegen wurden, von den Verstößen gegen parteiinterne Regelungen, die die Berliner CDU nach der »Antes-Affäre« Mitte der Achtzigerjahre beschlossen hatte, gar nicht zu reden.

Die Rechtsordnung achtet sonst ziemlich penibel darauf, dass niemand an amtlichen Entscheidungen mitwirkt, bei dem auch nur die *Möglichkeit* von Befangenheit besteht. Doch ausgerechnet an der empfindlichsten Stelle, bei Zahlungen an Abgeordnete und Parteien, wird dieser Grundsatz »vergessen«. Das ermöglicht selbst die Korruption von Ministern, Ministerpräsidenten und Kanzlern durch die Hintertür. Direkte Zuwendungen an sie stehen zwar unter Strafe, denn Regierungsmitglieder sind – anders als Abgeordnete und Parteifunktionäre – »Beamte« im Sinne der strafrechtlichen Korruptionsvorschriften. Wird ihnen das Geld aber zur Weitergabe an die Partei gegeben, so gilt das als unproblematisch, und der Beweis, dass dadurch ihre amtlichen Entscheidungen beeinflusst worden seien, ist eben fast nie zu erbringen. Beispiele dafür sind die Verfahren gegen den früheren Bundeskanzler Helmut Kohl und die früheren Bundeswirtschaftsminister Hans Friderichs und Otto Graf Lambsdorff (siehe S. 96).

Deshalb plädiere ich dafür, Spenden an Abgeordnete und Großspenden an Parteien ab einer bestimmten Höhe überhaupt zu verbieten. Als die staatliche Parteienfinanzierung 1958 in der Bundesrepublik eingeführt wurde, sollten im Gegenzug die Spenden verboten werden.[6] Das hat man dann nicht getan. Nach den jüngsten Missbräuchen sollte man diesen Grundgedanken wieder aufgreifen.

Transparenz: mangelhaft

Die rechtliche Behandlung von Parteispenden hat eine lange Geschichte. Der Parlamentarische Rat konnte sich bei Abfassung des Grundgesetzes zwar nicht dazu durchringen, Parteispenden zu verbieten, hat aber doch eine Vorschrift ins Grundgesetz geschrieben, die die Parteien verpflichtet, über die Herkunft ihrer Mittel öffentlich Rechenschaft zu legen. Auf diese Weise sollen die wirtschaftlichen Kräfte, die hinter den Parteien stehen, sichtbar gemacht werden, so dass Bürger und Wähler daraus ihre Konsequenzen ziehen können. Ein Motiv für die Regelung war die traumatische Erfahrung mit der so genannten Harzburger Front, die Hitlers Machtergreifung möglich gemacht haben soll: 1932 hatte die rheinisch-westfälische Industrie die NSDAP mit einigen Millionen vor dem Bankrott bewahrt.

Doch das Parteiengesetz, welches das grundgesetzliche Publikationsgebot zu konkretisieren hatte, kam erst achtzehn Jahre nach Gründung der Bundesrepublik, und zwar nach einem Ultimatum des Bundesverfassungsgerichts (siehe S. 107), zustande. Von 1949 bis 1967 herrschte unreguliertes Spendensammeln. Die Parteien taten sich schwer, sich selbst zu regulieren, auch wenn die grundgesetzlichen Transparenzauflagen verhältnismäßig mild erscheinen. Das Parteiengesetz von 1967 sieht vor, die Einnahmen der Parteien, geordnet nach Einnahmearten, zu publizieren und Großspenden von über 20 000 Mark im Jahr mit Namen und Adressen der Spender gesondert im Rechenschaftsbericht zu veröffentlichen. An einer Sanktion bei Verstößen fehlte es aber lange. Kaum eine Bestimmung wurde andauernd so dreist gebrochen wie das Publikationsgebot. So tauchten zum Beispiel die über 200 Millionen Mark, die die so genannte »Staatsbürgerliche Vereinigung von 1954 e.V.« von 1968 bis 1980 an die CDU, CSU und FDP verteilt hatte, nirgendwo in den Rechenschaftsberichten auf. Auch die über sechs Millionen Mark an Großspenden, die der seinerzeitige SPD-Schatzmeister Friedrich Halstenberg 1980 in bar und ohne Quittung entgegennahm, sucht man im Rechenschaftsbericht für dieses Jahr vergeblich. Erst 1983 wurde eine Regelung ins Parteiengesetz eingefügt, wonach der Bundestagspräsident beim Verschweigen von Spenden das Zweifache des nichtveröffentlichten Betrags von der staatlichen Subvention abziehen muss.[7] Voraussetzung ist aber, dass der Bundestagspräsident von den nichtveröffentlichten Zuwendungen überhaupt erfährt.

Darüber hinaus bleiben »ganz legale« Schlupflöcher. So unterlaufen Konzerne das Gebot, Spenden über 20 000 Mark zu publizieren, oft dadurch, dass sie Großspenden auf ihre rechtlich selbständigen Konzerntöchter aufteilen, so dass jeder Teilbetrag unter der Publikationsgrenze bleibt.[8]

Im Übrigen wurden die Transparenzgebote 1983 sogar abgeschwächt. Das Parteiengesetz von 1967 hatte noch eine öffentliche Aufgliederung der Einnahmen der Parteien vorgesehen in

- Mitgliedsbeiträge,
- Spenden,
- staatliche Wahlkampfkostenerstattung,
- Sonderbeiträge von Amtsträgern (»Parteisteuern«),
- Kreditaufnahme,
- Einnahmen aus Vermögen,

- Einnahmen aus Wirtschaftstätigkeit und
- sonstige Einnahmen.

Doch seit der Gesetzesänderung von 1983 lassen die Rechenschaftsberichte zwei dieser Posten, und zwar zwei besonders heikle, nicht mehr erkennen: die »Parteisteuern« und die Krediteinnahmen. In beiden Fällen wurden zur Änderung dieses Gesetzes, welches die Verschleierung der Einnahmen erlaubt, Scheinbegründungen ins Feld geführt, die an die ideologischen Formulierungskünste diktatorischer Staaten erinnern.[9]
Eine weitere gezielte Abdunkelung erfolgte dadurch, dass die »sonstigen Einnahmen« bis zur Höhe von fünf Prozent der Gesamteinnahmen nicht mehr »aufzugliedern und zu erläutern« sind (§ 27 Absatz 2 Satz 3 Parteiengesetz). Was es mit dieser scheinbar harmlosen Vorschrift auf sich hat, erfuhren Außenstehende erst eineinhalb Jahrzehnte später: Die Vorschrift ermöglichte es zum Beispiel der CDU, Schwarzgelder ohne Aufsehen in das offizielle Rechenwerk ihrer Parteifinanzen zu transferieren. Die »sonstigen Einnahmen« der SPD betrugen im Jahre 1998 immerhin 12,9 Millionen Mark (= 4,2 Prozent der Gesamteinnahmen), die der CDU 11,2 Millionen (= 4,5 Prozent der Gesamteinnahmen).
Ein krasser Verstoß gegen das grundgesetzliche Transparenzgebot ist es auch, wenn etwa die SPD ihr Wirtschaftsvermögen, das zum großen Teil aus Medienbeteiligungen besteht und auf einen Milliardenbetrag geschätzt wird, in ihrem Rechenschaftsbericht mit einem »Buchwert« von kaum einem Fünfzigstel des wahren Werts angibt. Als 1983 durch Grundgesetzänderung die Publikationspflicht auf das Vermögen und die Schulden der Parteien erstreckt wurde, war damit natürlich der Einblick in die wirklichen Vermögensverhältnisse der Parteien und nicht in irgendwelche Mondwerte gemeint. Doch die Parteien setzten sich in gewohnter Einigkeit darüber hinweg: In einer Besprechung der etablierten Parteien und ihrer Wirtschaftsprüfer vom 12. Dezember 1983 hatte man sich im gemeinsamen Protokoll auf die Formulierung geeinigt, es sei den Parteien »freigestellt«, die »Buchwerte« anzusetzen.
Symptomatisch für die Durchführung des grundgesetzlichen Transparenzgebots ist ein ständiges Vollzugsdefizit des Gesetzgebers, das sich in der Geschichte des Parteiengesetzes widerspiegelt: Zunächst

scheiterte das Transparenzgebot lange daran, dass der Gesetzgeber (beziehungsweise die hinter ihm stehenden Parteien) das erforderliche Gesetz einfach nicht erließ. Dann war die vorgesehene Transparenz lückenhaft (und ist es immer noch), zudem fehlten dem Gesetz die Sanktionen. Inzwischen sind zwar Sanktionen vorgesehen, aber sie sind zweifach unzureichend: Sie sind in der Praxis nur schwer anwendbar, und sie treffen ohnehin nur den kollektiven Akteur »Partei«, nicht aber die individuellen Personen, die die Gesetzesverletzung – möglicherweise vorsätzlich – begangen haben. Entsprechend geringer ist auch ihre Abschreckungswirkung.

Der Staat schmiert mit: Die steuerliche Begünstigung von Parteispenden

So schwer der Bundestag sich tat, das grundgesetzliche Transparenzgebot zu vollziehen, so leicht fiel es ihm umgekehrt, die Gewährung von Spenden steuerlich zu erleichtern und die Allgemeinheit an der Parteienfinanzierung zu beteiligen. Obwohl die »Verfassungseltern« noch davon ausgegangen waren, die Parteien finanzierten sich allein aus privaten Quellen, wurde 1955 durch Rechtsverordnung eine enorme steuerliche Begünstigung von Spenden an politische Parteien eingeführt: Spenden und Beiträge an Parteien wurden bis zur Höhe von 10 Prozent des Gesamtbetrags der Einkünfte (bei Körperschaften 5 Prozent des Einkommens)[10] als Sonderausgaben steuerlich abzugsfähig.

Die Steuerbegünstigung war auf solche Parteien beschränkt, die im Bundestag oder in einem Landesparlament vertreten waren, so dass kleinere Parteien wegen der Fünfprozentklausel ausgeschlossen blieben. Getreu ihrer generellen Kartellierungstendenz wollten die Etablierten das Privileg für sich reservieren. Das Bundesverfassungsgericht hat diese Selbstprivilegierung unterbunden und 1957 die Beschränkung der Steuerbegünstigung auf Parlamentsparteien wegen gleichheitswidriger Benachteiligung von außerparlamentarischen Parteien (und ihrer Wähler) für verfassungswidrig erklärt.[11]

Ein Jahr später hatte das Gericht auf Antrag der SPD-geführten hessischen Landesregierung erneut über die Regelung zu entscheiden, nunmehr aber unter dem Aspekt, ob nicht auch die Chancengleichheit zwischen den im Bundestag vertretenen Parteien verletzt sei. Auch diese Frage hat das Gericht bejaht, weil das Gesetz die Bezieher hoher

Einkommen (und diejenigen Parteien, welche viele hohe Spenden erhalten) zweifach bevorzugte:[12] Sie konnten mehr steuerbegünstigt spenden und außerdem – aufgrund des Progressionseffekts der Lohn- und Einkommensteuer – einen größeren Prozentsatz der Spende steuerlich einsparen. Ähnlich werden zwar auch ganz normale steuerbegünstigte Spenden an bestimmte gemeinnützige Einrichtungen behandelt. Doch es gibt einen entscheidenden Unterschied: Bei der Parteienfinanzierung geht es um die korrekten Regeln des Machterwerbs, deren Einhaltung besonders wichtig, aber, da die politische Klasse in eigener Sache entscheidet, auch besonders gefährdet ist. Hier ist deshalb ein strengerer verfassungsrechtlicher Maßstab anzuwenden.[13] Das Parteiengesetz von 1967 sah deshalb nur einen geringen Freibetrag von 600 Mark (bei Ehegatten 1200 Mark) jährlich vor.

Einladung zur Steuerhinterziehung

Parteien, Wirtschaft und Verwaltung organisieren Massen-Umgehungen

Ende der Siebzigerjahre stellte sich heraus, dass die Parteien sich nicht an die Verfassungsgrenzen gehalten, sondern Großspender massenhaft zur Umgehung eingeladen hatten, beispielsweise über so genannte staatsbürgerliche Vereinigungen und Zahlungen für Scheingutachten an als Beratungsgesellschaften getarnte Spendensammelstellen der Parteien. Diese Praktiken brachten den Spendern einen doppelten Vorteil: die steuerliche Begünstigung weit über die engen Grenzen des Gesetzes hinaus und zusätzlich die häufig ebenso sehr gewünschte Anonymität. Bei Umwegspenden der geschilderten Art lief die Vorschrift zur Veröffentlichung von Spenden über 20 000 Mark natürlich leer. Die Umgehungen verstießen somit gegen das Steuerrecht und gegen das staatsrechtliche Publikationsgebot des Parteiengesetzes. Während das Publikationsgebot damals noch nicht strafbewehrt war, waren (und sind) Verletzungen der Steuervorschriften Straftaten (oder in leichteren Fällen Ordnungswidrigkeiten), die vom Staatsanwalt verfolgt und gerichtlich geahndet werden. Der langjährige Schatzmeister der CDU, Walther Leisler Kiep, beschreibt dies in seinem Buch *Was bleibt, ist große Zuversicht* so:

> »Die Unternehmen haben die Gelder den Parteien nicht etwa offen zur Verfügung gestellt, sondern haben vielmehr über ein Netz von Institutionen in der Schweiz oder in Liechtenstein gespendet. Dort ging das Geld hin, kam wieder zurück, und erst dann erhielten es die Parteien – unversteuert. Die Spender wiederum erhielten eine Spendenquittung.«

Als diese Machenschaften aufgedeckt wurden, kam es zu einer Lawine von insgesamt fast zweitausend Straf- und Ordnungswidrigkeitsverfahren gegen erste Adressen der deutschen Wirtschaft, die mit Strafbefehlen und Gerichtsurteilen wegen Steuerhinterziehung oder Steuerverkürzung (teilweise allerdings auch durch Einstellung des Verfahrens oder Freispruch) endeten. Die massenhafte Rechtsverletzung mit Hilfe und zugunsten der politischen Parteien und die Erkenntnis, dass die Mächtigen aus Politik, Wirtschaft und Verwaltung[14] sich zum gemeinsamen Nutzen in tausenden von Fällen über das Recht hinweggesetzt hatten, bewirkte eine Vertrauenskrise des parteienstaatlichen Systems. Die korrekte strafrechtliche Bewältigung des Skandals erschien Beobachtern sogar als »größte Herausforderung in der Geschichte der Bundesrepublik«.[15] Angesichts des vielfachen Zusammenspiels von Parteien, potenten Steuerzahlern und Steuerverwaltung, der die Parteispendenpraxis »schon seit Jahren bekannt« gewesen war,[16] war es ein rechtsstaatlicher Segen, wenn Anwälte und ordentliche Gerichte sich hier nicht gleichschalten ließen.

Die Flick-Affäre

In die groß angelegten Steuerhinterziehungen war auch der Flick-Konzern verwickelt.[17] Dort hatte man ein raffiniertes System schwarzer Kassen entwickelt, aus denen man Politikern »zur Pflege der Bonner Landschaft« (so der Generalbevollmächtigte des Flick-Konzerns Eberhard von Brauchitsch) Bargeld zukommen ließ. Das System beruhte auf der engen Zusammenarbeit mit einem offiziell als gemeinnützig anerkannten geistlichen Orden, den »Styler Missionaren«. Brauchitsch überwies der »Soverdia«, einer den Missionaren verbundenen Gesellschaft, die deren Vermögen verwaltete, hohe Beträge auf ein Konto in der Schweiz – gegen Spendenquittung natürlich, so dass er die Spende von der Steuer absetzen konnte. Zugleich wurden insgeheim 80 Prozent der Summe an Brauchitsch zurückgezahlt, womit dieser seine schwarzen Kassen füllte. So bereicherten sich beide Seiten auf Kosten der Steuerzahler und ermöglichten es von Brauchitsch, einen Geheimfonds aufzubauen, aus dem er halb Bonn finanziell anfütterte.

Das Verfahren wurde ruchbar, als eine Gruppe von unbestechlichen Steuerfahndern um Klaus Förster Belege über umfangreiche Bargeldzuwendungen an zahlreiche Politiker fand und sich dann trotz massiven politischen Drucks nicht davon abhalten ließ, ihre Pflicht zu tun. Der Flick-Skandal führte dazu, dass der Bundestag einen Untersuchungsausschuss einsetzte und von Brauchitsch und die beiden FDP-Minister Friderichs und Graf Lambsdorff wegen Bestechung vor dem Landgericht Bonn angeklagt wurden. Flick hatte sich nämlich um eine milliardenschwere Steuervergünstigung beim Verkauf einer Industriebeteiligung bemüht, und es lag nahe, einen Zusammenhang zu einem Teil seiner Geldleistungen zu vermuten, was am Ende aber nicht nachweisbar war. So kamen die drei Angeklagten mit Bewährungs- und Geldstrafen wegen Steuerhinterziehung davon.[18] Die Verurteilung schadete Graf Lambsdorff auf Dauer allerdings nicht. Er wurde später sogar Vorsitzender der FDP – ein Beleg dafür, dass die politische Klasse sein Verhalten als ganz normal akzeptiert hatte.

Amnestieversuche

Fast wäre die strafrechtliche Aufarbeitung allerdings unmöglich geworden. Zweimal, im Winter 1981/82 und im Mai 1984, setzten einige Parteien nämlich dazu an, durch ein Amnestiegesetz die Taten der Spender und ihrer Anstifter in Politik und Parlament nachträglich straflos zu stellen. Diese Versuche spiegelten die gleiche Einstellung wider, aus der heraus die Delikte zuvor begangen worden waren: dass die Führungsriege der politischen Parteien und ihre Helfer nach eigenem Selbstverständnis nicht unter, sondern über dem Recht ständen und es sich für ihre Zwecke nach Belieben zurechtstutzen könnten.

Der Amnestieplan 1981/82 scheiterte am Widerstand der SPD. Der damalige Bundeskanzler Helmut Schmidt soll erklärt haben, er werde ein derartiges Gesetz nicht gegenzeichnen.[19] Das Scheitern der Amnestie dürfte zugleich das Schicksal der – wegen des Streits um die Nachrüstung und um Sozialkürzungen ohnehin angeschlagenen – SPD/FDP-Koalition besiegelt haben.[20] Die FDP war am stärksten in den Spendenskandal verwickelt, besonders ihre Spitzen Graf Lambsdorff und Friderichs, und deshalb an einer Amnestie besonders interessiert. Als die schließlich scheiterte, drohte ihr Vorsitzender Genscher ganz offen mit der Aufkündigung der Koalition und kündigte Vergeltung an: »›Das nehmen wir nicht hin‹, so der Außenminister laut *Bild*-Zeitung, ›die SPD hat ihr Wort gegeben und es nicht eingehalten, nur weil einige von denen meinen, sie müssten Lambsdorff kippen.‹« »›Die Nichteinigung mit der SPD über die Amnestie‹, so zieht SPD-Geschäftsführer Glotz später Bilanz, ›war ein wichtiger Grund, dass Lambsdorff rüber zur CDU wollte und Genscher die Koalition mit uns verlassen hat.‹ Und Wienand, der mit Genscher alles eingehend besprochen hat, sieht das im Nachhinein genauso: ›Wenn das anders gelaufen wäre, wäre wahrscheinlich die ganze Entwicklung anders gelaufen. Möglich, dass wir die alte Koalition heute noch hätten.‹«[21]

In einer neuen Koalition unter Bundeskanzler Kohl sah man bessere Chancen, die Amnestie doch noch zustande zu bringen. Was mit der SPD nicht hatte durchgesetzt werden können, sollte nun gemeinsam mit der Union versucht werden. Und tatsächlich wurde später ein zweiter Amnestieversuch unternommen. Damit ist ziemlich klar, dass zwar vielleicht nicht die Gewährung der Spenden durch Flick selbst, aber der Versuch, die Aufklärung des Skandals zu vertuschen, ein wesentlicher Grund für die Wende von 1982 war.

Der Amnestieplan von 1984 war unter großer Geheimhaltung von den Parteispitzen der CDU/CSU und der FDP ausgearbeitet worden. Doch er scheiterte an dem Sturm der Entrüstung, den sein vorzeitiges Bekanntwerden ausgelöst hatte – der *Spiegel* vom 14. Mai 1984 erschien mit dem Titel »Die Rechtsbeuger. Amnestie im Handstreich« –, und am Widerstand zahlreicher FDP-Abgeordneter, dem sich schließlich auch die Spitze dieser Partei beugen musste.[22]

Wenn das Verfassungsgericht nicht mitmacht ...

Doch die Parteistrategen gaben nicht auf. Schon vor Bekanntwerden der Massenumgehungen hatte der Schatzmeister der CDU Walther Leisler Kiep, der damals auch Finanzminister in der niedersächsischen Landesregierung war, versucht, das Bundesverfassungsgericht zu einer Lockerung seiner Rechtsprechung zur Steuerbegünstigung von Parteispenden zu bewegen und auf diese Weise eine Anpassung des Rechts an die Wirklichkeit zu erreichen. In einem vom Land Niedersachsen angestrengten Normenkontrollverfahren versuchten die Parteien, zu einer Lockerung der Rechtsprechung zu gelangen – ohne Erfolg: Das Bundesverfassungsgericht hielt an seinem Urteil von 1958 fest, das zur Steuerfreiheit von lediglich 600 Mark geführt hatte, und gestattete nur eine durch die zwischenzeitliche Preis- und Einkommensentwicklung bedingte Anpassung,[23] worauf der Betrag verdreifacht wurde. Die Klage war – das macht sie aus heutiger Sicht zusätzlich pikant – durch ein Gutachten »des Wirtschaftsprüfers und Steuerberaters H. Weyrauch« untermauert worden[24] – eben jenes Horst Weyrauch, der später als Verwalter der schwarzen Konten der CDU traurige Berühmtheit erlangen sollte.

... werden eben die Steuergesetze geändert

Nachdem der Versuch, die Rechtsprechung zu ändern, gescheitert war, wollte man auf anderen Wegen eine Lockerung der steuerlichen Grenzen erreichen. Nach dem Skandal hätte es an sich nahe gelegen, Umgehungen des Steuerrechts in Zukunft wirksam zu unterbinden. Statt aber die Praxis unter das Recht zu zwingen, machten die Parteien einen erneuten groß angelegten Versuch, das Recht zu lockern, es der illegalen Praxis anzupassen und die Steuerbegünstigung von Parteispenden so stark auszuweiten, dass Umgehungen künftig überflüssig würden. Man ergriff also die Flucht nach vorn – übersah dabei aber, dass es Großspendern oft mehr auf Anonymität als auf steuerlichen Abzug ankommt und zudem Direktspenden an Abgeordnete nicht steuerbegünstigt sind, so dass die Neuregelung das Umgehungsproblem in Wahrheit nicht beseitigen konnte. Als Schrittmacher wurde 1982 die Parteienfinanzierungskommission eingesetzt, deren Mitglieder zwar formal von Bundespräsident Carstens ernannt, tatsächlich aber von den Parteien ausgesucht worden waren. Auch diese Kommission war Bestandteil der Strategie der FDP-Spitze, die illegalen Spenden zu waschen. In einem Buch über die Flick-Affäre heißt es dazu:

> »Vizekanzler Genscher hat auch noch eine Idee. Bundespräsident Karl Carstens solle eine unabhängige Kommission berufen, die Vorschläge für neue Regeln bei der Parteienfinanzierung ausarbeitet. Bei aktiver Mitarbeit des Staatsoberhauptes, kalkulierte der FDP-Vorsitzende, könnten die Parteien mit dem Anschein von Se-

riosität aus der Affäre freikommen. Die Kommission wird zwei Monate später berufen.«[25]

Diese Kommission stellte ihren scheinbar neutralen Berufungsmodus denn auch ostentativ heraus. Der Untertitel ihres 1983 vorgelegten Berichts lautet: »Vorschläge der vom Bundespräsidenten berufenen Sachverständigen-Kommission«.
Man erhoffte sich von einer großzügigeren Regelung für die Zukunft auch eine mildere Wertung der Vergangenheit und damit Rückenwind für erneute Amnestieversuche nach der Devise: Was nun erlaubt ist, kann vorher ja nicht gut strafwürdig gewesen sein.
Was die Kommission dann vorschlug, war an Großzügigkeit denn auch nicht zu überbieten und wurde von den Parteien flugs realisiert. Zuwendungen an Parteien wurden bis zur Höhe von 5 Prozent des Einkommens des Spenders steuerlich absetzbar,[26] eine Regelung, die auf die bereits 1958 vom Bundesverfassungsgericht kassierte Bestimmung hinauslief und eine im internationalen Vergleich einmalige Ausdehnung der steuerlichen Begünstigung von Parteien brachte.
Zur Heilung der offensichtlichen Verfassungswidrigkeit dieser Regelung[27] empfahl die Kommission noch zwei weitere Leistungen an die Parteien: einen fünfzigprozentigen Steuerabzug bei Spenden und Beiträgen an Parteien bis 1200 Mark (bei Verheirateten 2400 Mark) und die Einführung des wahrhaft monströsen so genannten Chancenausgleichs aus der Staatskasse, der – zumindest der erklärten Idee nach – Parteien mit geringen Spenden, insbesondere der SPD, einen Ersatz für die steuerliche Begünstigung der anderen Parteien geben sollte.[28] Hinzu kam eine gewaltige Anhebung der staatlichen »Wahlkampfkostenerstattung«, die auch noch um einen merkwürdigen »Sockelbetrag« erweitert wurde. Diese Änderungen steigerten die direkte Staatsfinanzierung der Parteien im Jahr 1983 auf 317 Millionen Mark, fast den dreifachen Betrag des letzten Bundestagswahljahrs 1980.[29] (Näheres zur direkten Staatsfinanzierung der Parteien S. 106 ff.) Alle diese Vorschläge wurden im Dezember 1983 – trotz berechtigter Kritik[30] – alsbald Gesetz.[31] Dabei sattelte der Bundestag sogar noch drauf, indem er einige Einschränkungen, die die Kommission vorgeschlagen hatte, wegließ und einige weitergehende Regelungen beschloss.[32]
Der Bundestag wusste natürlich, dass dem neuen in eigener Sache be-

schlossenen Gesetz vom Bundesverfassungsgericht Gefahr drohte, und die politische Klasse suchte diese Gefahr im Wege der Richterbesetzung zu mindern: Hans Hugo Klein, Parlamentarischer Staatssekretär der CDU und Bundestagsabgeordneter, wurde in das Gericht gewählt, nachdem er 1982 einen Aufsatz veröffentlicht hatte, in dem er das Gericht zur Lockerung seiner Rechtsprechung und zur Revision des drei Jahre vorher ergangenen Urteils aufgefordert hatte.[33] In dem dann von den Grünen angestrengten Verfahren wurde Klein sogar Berichterstatter. Einem Befangenheitsantrag der Kläger war nicht stattgegeben worden.[34] (Die Berufung von Klein hatte aus der Perspektive der politischen Klasse noch eine weitere angenehme Nebenfolge: Klein war ein dezidierter Gegner des Diätenurteils von 1975 – er hatte den Bundestag im Diätenverfahren vor dem Bundesverfassungsgericht vertreten –, seine Berufung minderte deshalb auch die »Gefahr aus Karlsruhe« für die verfassungswidrigen Teile der Abgeordnetenbezahlung, insbesondere die hohe steuerfreie Kostenpauschale.)

Der Erfolg war durchschlagend: 1986 ließ der zweite Senat des Bundesverfassungsgerichts einen steuerlichen Abzug von Spenden bis 100 000 Mark zu und segnete damit die Explosion der steuerlichen Spendenbegünstigung im Großen und Ganzen ab,[35] ein Mehrheitsurteil, das in der Literatur fast einhellig auf Ablehnung stieß[36] und ein klassisches Fehlurteil darstellt. Ähnlich muss es sogar der Gesetzgeber empfunden haben, denn er blieb unter den vom Verfassungsgericht eröffneten Möglichkeiten und setzte 1988 den steuerlichen Höchstbetrag auf 60 000 Mark (für zusammenveranlagte Ehegatten 120 000 Mark) fest.[37]

Gleichwohl wurde damit das Fass zum Überlaufen gebracht. Mit seinem neuerlichen Urteil zur Parteienfinanzierung vom 9. April 1992 machte das Bundesverfassungsgericht eine radikale Kehrtwendung, distanzierte sich von dem früheren Fehlurteil und schloss sich in fast allen Punkten dem ursprünglichen Minderheitsvotum von Böckenförde an. »Chancenausgleich« und »Sockelbetrag« wurden für verfassungswidrig erklärt. Die steuerliche Begünstigung von Spenden von Körperschaften wurde gänzlich verboten und die von natürlichen Personen eng limitiert.[38] Das Gericht kehrte insoweit zu seiner ursprünglichen Rechtsprechung zurück.[39]

Doch auch dieses Mal konnten die Schatzmeister der etablierten Parteien, die dem Gesetzgeber wie immer bei Regelungen der Parteienfinanzierung die Feder führten, der Versuchung nicht widerstehen, die vom Gericht gesetzten Grenzen zu eigenen Gunsten zu überdehnen.[40] Das neue Gesetz, das Anfang 1994 in Kraft trat,[41] sah erneut viel zu hohe steuerliche Begünstigungen vor. Das Bundesverfassungsgericht hatte in seinem Grundsatzurteil von 1992 die steuerliche Begünstigung von Spenden mit guten Gründen so begrenzt wissen wollen, dass auch Bezieher von Durchschnittseinkommen den Rahmen ausschöpfen könnten. Deshalb hatte die durch Bundespräsident von Weizsäcker eingesetzte Parteienfinanzierungskommission (der auch ich angehörte) in ihrem Bericht empfohlen, höchstens Zuwendungen von 2000 Mark (für Verheiratete 4000 Mark) im Jahr steuerlich zu begünstigen. Die Schatzmeister aber, die dem Gesetzgeber später die Hand führten, verdreifachten den Betrag, obwohl klar ist, dass ein verheirateter Durchschnittsverdiener keine 12 000 Mark jährlich spenden kann, auch wenn man die steuerliche Entlastung berücksichtigt.

Die Verfassungsverletzung wurde vor allem deswegen in Kauf genommen, um die »Parteisteuern« von Abgeordneten nicht zu gefährden, die bei der Union und erst recht bei der SPD oft 1000 Mark und mehr im Monat erreichen und die unbedingt an der Steuervergünstigung teilhaben sollten; bei den Grünen und der PDS sind die Parteisteuern noch viel höher. Solche von Abgeordneten eingeforderten Sonderbeiträge sind aber ihrerseits verfassungsrechtlich hoch problematisch; sie werden den Abgeordneten mit der Drohung, dass sie sonst nicht wieder aufgestellt werden, aus ihren Diäten förmlich abgepresst, obwohl diese ja eigentlich die Unabhängigkeit der Volksvertreter sichern sollen, und sind eine Art Staatsfinanzierung der Parteien durch die Hintertür. Außerdem ist die Existenz von Parteisteuern entlarvend, weil sie die ganze Misere der Rekrutierung unserer Politiker widerspiegeln. Dahinter steht unübersehbar die Auffassung, die Abgeordneten müssten ihrer Partei für ihre Nominierung danken. Selbstbewusste Abgeordnete, die sich ihres Werts bewusst sind und denen umgekehrt die Partei dafür dankbar sein müsste, dass sie sich zur Verfügung stellen, würden sich das nicht gefallen lassen – und werden deshalb von vornherein gar nicht aufgestellt. Darauf werden wir noch zurückkommen. Festzuhalten ist aber schon hier: Der Wunsch, die Finanzquelle Parteisteuern ungeschmälert beizubehalten, diente als Argument für die Schaffung einer viel zu hohen steuerlichen Spendenbegünstigung, beides ohne Rücksicht auf die verfassungsrechtlichen Grenzen.

Die schwarzen Kassen der CDU

Teure Sanktionen für illegale Gelder

Anfang 2000 hatte Helmut Kohl eingeräumt, er habe für die CDU in den Jahren 1993 bis 1998 über zwei Millionen Mark von Spendern eingenommen, deren Namen er aber nicht nennen könne, weil er ihnen per Ehrenwort Anonymität zugesagt habe. Bei nicht ordnungsgemäß veröffentlichten Spenden verliert die Partei den Anspruch auf öffentliche Mittel in doppelter Höhe. Bei Annahme verbotener Spenden – etwa anonymer Spenden oder Spenden von Fraktionen – müssen auch die Spenden selbst an das Präsidium des Bundestags abgeführt werden, so dass insgesamt das Dreifache des gespendeten Betrags verfällt (§ 23a PartG). Diese Sanktion hat Bundestagspräsident Thierse für Helmut Kohls schwarze Kassen verhängt, der CDU 4 348 213 Mark abgezogen und sie zusätzlich zur Überweisung des Spendenbetrags von 2 174 106,50 Mark verpflichtet.[42] Ähnliche Sanktionen verhängte Thierse hinsichtlich einer Zuwendung der CDU/CSU-Fraktion von 600 000 Mark aus dem Jahre 1990, hinsichtlich eines Betrags von einer Million Mark, den der Lobbyist Karlheinz Schreiber dem damaligen CDU-Bundesschatzmeister Walther Leisler Kiep 1991 in der Schweiz übergeben hatte, und hinsichtlich Zuwendungen von Schreiber in Höhe von 100 000 Mark und 20 000 Mark aus dem Jahre 1994.[43]

Auch im Zeitraum von 1989 bis 1992 soll die CDU mindestens zehn Millionen Mark ungeklärter Herkunft eingenommen haben. Da jedoch – unter anderem – die Bücher nicht vorschriftsmäßig geführt und damit die Verschleierungen erfolgreich bewirkt worden waren, ließ sich der Sachverhalt nicht mehr vollständig aufklären, und Thierse verzichtete insoweit auf Sanktionen.[44]

Illegal waren auch die 1,15 Millionen Mark Fraktionsgelder, die der damalige Parlamentarische Geschäftsführer der CDU/CSU-Fraktion, Hörster, im Auftrag des Fraktionsvorsitzenden Wolfgang Schäuble um die Jahreswende 1996/97 an die Partei weiterleitete und dem Abteilungsleiter der CDU Hans Terlinden bar und ohne Quittung übergab. Das Parteiengesetz (§ 25) verbietet der Partei ausdrücklich, Spenden von ihrer Fraktion anzunehmen. Dabei ist es unerheblich, ob dieses Geld aus öffentlichen Zuflüssen der Fraktion oder aus Beiträgen ihrer Mitglieder oder aus Spenden herrührt.[45] Hier hat Thierse allerdings auf weitere Sanktionen verzichtet, nachdem die Partei den Betrag an den Bundestag abgeführt hatte, und dies – nach vier Jahren außerordentlich weitherzig – als »unverzügliche« Weiterleitung an den Bundestag interpretiert, womit nach § 25 Absatz 3 Parteiengesetz weitere Sanktionen entfallen.

Hohe Geldbußen für falschen Rechenschaftsbericht

Seit dem Geständnis des früheren Vorsitzenden der hessischen CDU, Manfred Kanther, weiß die Öffentlichkeit, dass die CDU neben der schwarzen Kasse von Helmut Kohl noch einen zweiten Geheimfonds hatte: Im Jahr 1983 schaffte die hessische CDU 20,8 Millionen Mark in die Schweiz, um der seit 1984 verschärften Publikationspflicht zu entgehen, die sich nunmehr auch auf das Parteivermögen erstreckte. 1993 wurde der Auslandsschatz in eine Stiftung namens »Zaunkönig« in Liechtenstein eingebracht. Von dem Betrag, der sich zusammen mit seinen Erträgen auf insgesamt über 50 Millionen Mark belief, floss der größte Teil im Lauf der Jahre wieder zurück an den Landesverband Hessen und wurde dort als »Vermächtnisse von jüdischen Mitbürgern« oder als »sonstige Einnahmen« verbucht und für Wahlkampfzwecke sowie für sonstige Anschaffungen und Aktivitäten verbraucht. 1998 war daraus noch ein im Ausland gebunkerter Vermögensbestand von etwa 18 Millionen Mark vorhanden, der im Rechenschaftsbericht der CDU von Ende 1999 nicht ausgewiesen war.
Diese Praxis kann die CDU teuer zu stehen kommen. Denn das Parteiengesetz verlangt als Voraussetzung für staatliche Subventionen einen den gesetzlichen Vorschriften entsprechenden Rechenschaftsbericht (§ 23 Absatz 4 PartG). Dabei sind die Rechenschaftsberichte der Landesverbände und der Bundeszentrale in einen Gesamtbericht der Partei integriert. Prekär wurde die Lage für die CDU, weil nach § 19 Absatz 4 Parteiengesetz jedenfalls hinsichtlich desjenigen Teils der Staatsfinanzierung, der auf die Zuschläge für gesammelte Spenden und Beiträge entfällt, die Frist für eine Korrektur des Rechenschaftsberichts 1998 mit dem 31. Dezember 1999 abgelaufen war, so dass die nachträgliche Deklaration des Auslandsschatzes den Mangel nicht mehr heilen konnte. Damit hatte laut Parteiengesetz »die endgültige Festsetzung ohne Berücksichtigung der Zuwendungen an die Partei, die ihren Rechenschaftsbericht nicht eingereicht hat«, zu erfolgen. Da

ein nicht vorschriftsmäßiger Bericht wie ein nicht eingereichter zu behandeln ist (wie sich daraus ergibt, dass § 23 Absatz 4 auf § 19 PartG Bezug nimmt), verfällt der Zuwendungsanteil der CDU in Höhe von 41 Millionen Mark und kommt im Ergebnis der parteipolitischen Konkurrenz zugute, der SPD zum Beispiel in Höhe von etwa 22 Millionen Mark. Die Schatzmeister haben die Regelung seinerzeit ganz bewusst so gestaltet, dass das Geld nicht an die Staatskasse zurückgegeben werden muss, sondern auf die übrigen Parteien verteilt wird. Dabei nahmen die etablierten Parteien an, Probleme mit dem Rechenschaftsbericht hätten nur kleinere Parteien am Rande des Spektrums. Dass es einmal eine von ihnen treffen könnte, damit hatten sie nicht gerechnet. Doch im März 2000 entschied Bundestagspräsident Thierse in diesem Sinne und erklärte den Zuwendungsanteil der CDU in Höhe von 41 Millionen Mark für verfallen.[46]
Das von der CDU angerufene Verwaltungsgericht Berlin[47] hat Thierses Entscheidung allerdings ein Jahr später aufgehoben, weil es für die Mittelzuwendung ausreiche, dass die Partei einen »formal richtigen Rechenschaftsbericht« einreicht.[48] Doch diese Entscheidung ist zweifelhaft. *Für* die Richtigkeit des Urteils (und gegen die Entscheidung Thierses) sprechen insbesondere folgende Erwägungen:

- § 23a PartG sieht ausdrücklich Sanktionen in bestimmten Fällen vor: bei Annahme verbotener Spenden und bei Nichtveröffentlichung der Namen von Großspendern. Dann verfällt das Dreifache beziehungsweise das Doppelte. Dies könnte – per Umkehrschluss – gegen weitere allgemeine Sanktionen sprechen.
- Bei der Diskussion des Parteiengesetzes im Bundestag im Jahre 1983 war der Innenausschuss davon ausgegangen, der Präsident des Bundestags solle nur prüfen, ob der Rechenschaftsbericht »formell« den Bestimmungen des Parteiengesetzes genüge.[49]
- Die Höhe der staatlichen Subventionen, welche Parteien erhalten, hängt – neben den Wählerstimmen – von den erhaltenen Beiträgen und Spenden ab; das Verschweigen von Partei*vermögen* führt deshalb nicht unmittelbar zu überhöhten Zahlungen.

Gegen die Richtigkeit des Urteils des Verwaltungsgerichts Berlin (und für die Entscheidung Thierses) sprechen folgende Erwägungen:

- § 23 Absatz 4 in Verbindung mit § 19 Absatz 4 PartG verlangen als Voraussetzung für die Festsetzung der staatlichen Mittel »einen den Vorschriften des Fünften Abschnitts des Parteiengesetzes entsprechenden Rechenschaftsbericht«, und im Fünften Abschnitt wird eben auch eine korrekte Vermögensrechnung verlangt.
- Nach § 24 PartG ist der Rechenschaftsbericht »nach den Grundsätzen der ordnungsgemäßen Buchführung unter Berücksichtigung des Gesetzeszwecks zu erstellen«. Dazu gehören vor allem die Grundsätze der Vollständigkeit und Richtigkeit, und ein Hauptzweck des Gesetzes ist die Herstellung der grundgesetzlich vorgeschriebenen Transparenz.
- Die Auffassung des Verwaltungsgerichts, der Anspruch auf Zahlung der Subvention entstehe bereits dann, wenn eine Partei fristgemäß »einen formal richtigen Rechenschaftsbericht einreicht«, widerspricht allgemeinen Rechtsgrundsätzen für das Entstehen von Ansprüchen gegen die öffentliche Hand so sehr, dass es schwer fällt, diese Privilegierung von Parteien noch als mit dem »Recht« vereinbar anzusehen, an das die Verwaltung und die Rechtsprechung nach Artikel 20 Absatz 3 GG – ausdrücklich und zusätzlich zum »Gesetz« – gebunden sind.
- Die vom Verwaltungsgericht Berlin in den Vordergrund gestellte historische Auslegung muss aus einem übergreifenden Grund relativiert werden: Bei Schaffung und Änderung des Parteiengesetzes entscheiden die Parteien in eigener Sache, und sie treten im Zweifel natürlich für ihre Interessen und gegen strenge Sanktionen bei Verstößen ein. Misst man ihren bei der Gesetzesberatung geäußerten Auffassungen entscheidendes Gewicht bei und lässt sie gegenüber dem Wortlaut des Gesetzes durchschlagen, so überträgt man die Schieflage der Gesetzgebung auch auf die Verwaltung und die Rechtsprechung. Wenn irgendwo der Grundsatz Berechtigung hat, dass das Gesetz klüger sein kann als der Gesetz*geber*, dann hier. Es entspricht der Idee einer an »Gesetz *und Recht*« gebundenen Verwaltung und Rechtsprechung, dass sie durchaus auch zu Ergebnissen gelangen kann, an die der in eigener Sache entscheidende Gesetzgeber nicht gedacht hat.

Danach scheint mir die Auffassung überzeugender, dass § 23 Abs. 4 und § 19 Abs. 4 PartG nicht nur bei förmlichen Mängeln des Rechenschaftsberichts greifen, etwa beim Fehlen des vorgeschriebenen Testats eines Wirtschaftsprüfers, sondern auch bei erheblichen inhaltlichen Mängeln. Es gehört zu den allgemeinen Grundsätzen, dass öffentliche Mittel nur nach Prüfung ihrer Voraussetzungen ausgezahlt werden dürfen. Die Prüfung durch den Wirtschaftsprüfer kann nicht abschließend sein. Nach dem Grundgesetz dürfen nur demokratisch legitimierte staatliche Stellen Hoheitsgewalt ausüben. Verfassungskonform ist deshalb allein eine Auslegung der Vorschrift, wonach öffentliche Mittel an Parteien nur aufgrund auch inhaltlich korrekter Rechenschaftsberichte geleistet werden dürfen und der Bundestagspräsident dies – zumindest wenn Anhaltspunkte für Unrichtigkeiten vorliegen – zu überprüfen hat. Schädlich ist zwar nicht jede kleine Unrichtigkeit. Wenn eine Partei aber bei Bedarf auf einen Geheimfonds zweifelhafter Herkunft in hessischer Größenordnung zurückgreifen kann, kann das zu empfindlichen Verzerrungen im politischen Wettbewerb führen. Die Publikationspflicht soll ja gerade die Finanzen der Partei und damit auch mögliche problematische Quellen für die Bürger und Wähler transparent machen. Genau das wurde hier verhindert. Der Bundestagspräsident hat denn auch Rechtsmittel gegen das Urteil des Verwaltungsgerichts Berlin eingelegt.

Beutepolitik: Die Staatsfinanzierung der Parteien

Besonders gut lässt sich das Wirken der politischen Klasse am Beispiel der direkten staatlichen Parteienfinanzierung studieren. Hier tritt nicht nur das Entscheiden in eigener Sache, sondern auch die Abschottung gegenüber dem Volk besonders hervor; mit der Verfassung nahm man es ebenfalls von Anfang an nicht so genau. Zugleich wird deutlich, wie die Einführung der staatlichen Parteienfinanzierung zur Etablierung der politischen Klasse beigetragen hat.
Statt der Pflicht zur öffentlichen Rechenschaftslegung über die Herkunft der Parteigelder (Artikel 21 Absatz 1 Satz 4 Grundgesetz) nachzukommen (siehe S. 90), haben die hinter dem Gesetzgeber stehenden Parteien 1959 eine staatliche Parteienfinanzierung eingeführt – eine europäische Premiere und beinahe sogar eine Weltpremiere, hätten nicht Costa Rica und Argentinien ihre Parteien schon vorher staatlich subventioniert. Im Bundeshaushaltsplan 1959 wurden

5 Millionen Mark für die Parteien bereitgestellt, 1964 waren es schon 38 Millionen, und nach einem im selben Jahr vorgelegten Gesetzentwurf der Regierungsfraktionen sollten die Staatszuschüsse sogar auf über 90 Millionen Mark pro Jahr hochgedrückt werden.

Die explosionsartigen Steigerungen bewirkten, dass das Bundesverfassungsgericht, das 1958 noch in einer überraschenden Nebenbemerkung die Subventionierung von Parteien zugelassen hatte, die Notbremse zog und in einem Urteil von 1966 nur noch die Erstattung von Wahlkampfkosten erlaubte. Da das Gericht dafür aber ein Gesetz verlangte und die Parteien auf die Staatsgelder, an die sie sich inzwischen gewöhnt hatten, nicht verzichten wollten, kam 1967 endlich das längst überfällige Parteiengesetz zustande, in welchem nun auch die verfassungsrechtlich vorgeschriebene Transparenz der Parteieinnahmen geregelt wurde. Seit 1968 liegen öffentliche Rechenschaftsberichte der Parteien vor.

Seit der Neuregelung von 1994 ist die Staatsfinanzierung gedeckelt. Nach der vom Bundesverfassungsgericht vorgegebenen so genannten absoluten Obergrenze dürfen die Parteien zusammen derzeit nicht mehr als 245 Millionen Mark jährlich erhalten. Damit blieb allerdings das einmal erreichte Subventionsniveau erhalten, obwohl dieses durch verfassungswidrige Leistungen wie den »Chancenausgleich«, die »Wahlkampfkostenpauschale« und den »Sockelbetrag« hochgedrückt worden war. Die absolute Obergrenze berechnet sich nach dem Durchschnitt, den diese Leistungen in den Jahren 1989 bis 1992 – unter Einbeziehung der zwischenzeitlich eingetretenen Preissteigerungen – ausgemacht haben.[50] In meinem Sondervotum zum Bericht der von Bundespräsident Richard von Weizsäcker berufenen Parteienfinanzierungskommission hatte ich vorgeschlagen, die Staatsmittel auf drei Viertel des bisherigen Volumens zu begrenzen.[51] Der Freiburger Staatsrechtslehrer Rainer Wahl plädiert sogar für eine Senkung »um die Hälfte oder mehr«.

Maßstab für die Verteilung sind erstens die Wählerstimmen und zweitens die erlangten Mitgliedsbeiträge und Spenden. Nunmehr wird für jede bei Landtags-, Europa- und Bundestagswahlen abgegebene Stimme eine Mark jährlich gezahlt (also nicht mehr wie bisher 5 Mark pro Wahlberechtigten in der ganzen Legislaturperiode). Für die ersten fünf Millionen Stimmen gibt es sogar 1,30 Mark, und das nicht nur für die außerparlamentarischen Parteien, deren allgemeine Benachteiligung das Bundesverfassungsgericht dadurch kompensieren wollte, sondern auch für die Parteien *im* Bundestag und *in* anderen Parlamenten, was wieder auf einen »Sockelbetrag« hinausläuft, den das Bundesverfassungsgericht aber gerade für verfassungswidrig erklärt hat.

Aus dem Erstattungsverfahren ausgeklammert sind die Stimmen, die bei Kommunalwahlen abgegeben werden, obwohl sich in ihnen die (vom Gericht herausgestellte) Verwurzelung der Parteien in der Gesellschaft besonders intensiv widerspiegelt, stärker als in den Ergebnissen von Landtags- und erst recht von Europawahlen. Die Parteienfinanzierungskommission hatte deshalb auch die Einbeziehung der Gemeinde- und Stadtratswahlen empfohlen. Aber dann wären ja die kommunalen Wählergemeinschaften automatisch an der Staatsfinanzierung beteiligt worden, wie auch das Bundesverfassungsgericht es verlangt hatte, und das wollte die politische Klasse partout vermeiden; sie klammert sich auch hier an ihre wettbewerbsverzerrenden Privilegien.

Für jede Mark an Mitgliedsbeiträgen und Kleinspenden, die die Parteien (bis zu einem Limit von 6000 Mark pro natürliche Person und Jahr) »einwerben«, werden 50 Pfennig Staatszuschuss in Ansatz gebracht. Die Beträge sind im Gesetz viel zu hoch festgesetzt, so dass die Obergrenze von 245 Millionen Mark jährlich regelmäßig um etwa 100 Millionen überschritten wird und deshalb alle Staatszuschüsse proportional gekürzt werden müssen. Das schafft Intransparenz, weil der Staatszuschuss, den die Parteien pro Stimme und pro Zuwendungsmark erhalten, in Wahrheit viel niedriger ausfällt, als im Gesetz genannt (nämlich etwa 70 Pfennig pro Wählerstimme und 35 Pfennig pro Zuwendungsmark). Diese aberwitzige Regelung hat ihren Grund wieder in den Eigeninteressen der politischen Klasse. Denn so bekommt die Wahl*beteiligung*, entgegen dem Grundgedanken des verfassungsgerichtlichen Urteils, keinen Einfluss auf die Höhe der Subventionen. Die Parteien erhalten – unabhängig davon, wie viele Wähler zu den Urnen gehen – stets 245 Millionen Mark und immunisieren sich dadurch gegen die finanziellen Folgen der Politik(er)verdrossenheit – auch dies ein Element der Abgehobenheit und Selbstbezogenheit der politischen Klasse.

Problematisch ist ferner, dass inzwischen 60 Prozent der direkten Staatsfinanzierung auf Beiträge und Spenden und nur noch 40 Pro-

zent auf Wählerstimmen entfallen. In absehbarer Zeit wird das Verhältnis sogar zwei Drittel zu einem Drittel ausmachen, weil die Wählerstimmen tendenziell gleich bleiben oder noch abnehmen, die Beiträge und Spenden aber inflations- und wachstumsbedingt kontinuierlich zunehmen. Bedenklich ist dieses Ungleichgewicht vor allem unter dem Aspekt der Offenheit des politischen Wettbewerbs. Neue politische Parteien sind, wenn sie beim Wähler Anklang finden, aller Erfahrung nach vor allem Wähler- und weniger Mitglieder- und Spenderparteien. Das genannte Ungleichgewicht wirkt also zu Lasten von Herausfordererparteien und fungiert als »eine weitere, vorverlegte Verschanzung« der etablierten Parteien gegenüber demokratischen Alternativen.[52] Einmal mehr schlägt das Bestreben der politischen Klasse durch, sich mit einem »closed shop« vor unliebsamer politischer Konkurrenz zu schützen.
Wäre dagegen der Vorschlag der Parteienfinanzierungskommission umgesetzt worden (90 Pfennig je abgegebene Wählerstimme und 20 Pfennig je Beitrags- und Kleinspendenmark), so wären beide misslichen Effekte nicht aufgetreten, weder die Immunisierung gegen abnehmende Wahlbeteiligung noch gegen neue Parteien.
Der allergrößte Teil der staatlichen Mittel geht an die Bundeszentralen der Parteien. Bei den Landesparteien verbleibt nur der auf Stimmen bei Landtagswahlen entfallende Anteil von kaum 15 Prozent der Gesamtsumme. Nach den Vorschlägen der Parteienfinanzierungskommission wäre die interföderale Verteilung innerhalb der Parteien eine ganz andere gewesen. Der »Fluch der bösen Tat« zeigt sich jetzt, wo die CDU wegen ihrer schwarzen Kassen auf einen Teil der öffentlichen Mittel verzichten muss – und dies nun die Bundeszentrale am schärfsten trifft.
Auch sonst zeitigt das Parteiengesetz, ganz legal, die abenteuerlichsten Resultate. Da Mitglieder und Spender 50 Prozent vom Staat erstattet bekommen, können sie ihrer Partei den doppelten Betrag zuwenden, und die Partei erhält darauf noch einmal einen Zuschuss von 50 Prozent. Ein Beispiel für diese wundersame Geldschöpfung, die die Parteien für sich selbst ersonnen und in Gesetzesform gebracht haben: Bei einer Eigenbelastung von zum Beispiel 50 Mark kann der Geber der Partei 100 Mark zuwenden, zusammen mit dem Staatszuschuss fließen der Partei dann insgesamt 150 Mark zu. »Aus eins mach drei« heißt deshalb die Zauberformel, mit der die Parteikassierer bei Sym-

pathisanten Geld lockermachen.[53] Dieser Mechanismus versagt selbst bei den so genannten Parteisteuern nicht.[54] Hier ist beispielsweise ein Abgeordneter netto mit 3000 Mark belastet, wenn er seiner Partei 6000 Mark zuwendet und diese dann einschließlich des Staatszuschusses über 9000 Mark verfügt. Auf diese Weise werden sogar verfassungswidrige Zahlungen zweifach vom Staat gefördert. Das macht die Sache vollends zum Skandal und ist wiederum nur dadurch zu erklären, dass die Schatzmeister dem Gesetzgeber die Feder geführt haben.[55]

Die aberwitzigen Regelungen führen nur deshalb nicht zum öffentlichen Aufstand, weil sie so schwer zu durchschauen sind. Ziel des verfassungsgerichtlichen Urteils war es eigentlich, mehr Transparenz zu schaffen. Tatsächlich hat das neue Gesetz die Undurchschaubarkeit noch gewaltig erhöht.

Die verrückten Regelungen schaffen Anreize für mancherlei Manipulationen: Um die Publikationsgrenze (von 20 000 Mark), die Steuervergünstigungsgrenze (von 12 000 Mark) und die Grenze für Staatszuschüsse auf Parteizuwendungen (von 6000 Mark) zu unterlaufen, könnte ein Großspender versucht sein, folgendermaßen vorzugehen: Er stückelt beispielsweise eine 60 000-Mark-Spende in zehn Spenden zu je 6000 Mark, die er auf Familienangehörige oder vertrauenswürdige Freunde verteilt. Dies hat dann für alle Beteiligten günstige Effekte: Der eigentliche Spender taucht im Rechenschaftsbericht nicht auf, obwohl seine Spende weit über der Publikationsgrenze liegt. Die zehn Strohmänner profitieren jeder in Höhe von etwa der Hälfte der Spende (also von 3000 Mark), weil sie insoweit Steuern sparen. Die Partei profitiert nicht nur von der Spende von 60 000 Mark, sondern erhält darüber hinaus noch einen Zuschlag aus der Staatskasse von zusätzlichen 30 000 Mark. (Dieser Zuschlag kann sich allerdings im Zuge der proportionalen Absenkung der staatlichen Zuschüsse aufgrund der absoluten Obergrenze mindern.)

Der Staat subventioniert hier also mit insgesamt 60 000 Mark, was er bei korrekter Handhabung durch den Spender nur mit insgesamt 9000 Mark bezuschusst hätte: 3000 Mark bei der Partei und etwa 6000 Mark beim verheirateten Spender. Die Staatskasse beziehungsweise der Steuerzahler wird also um 51 000 Mark geprellt. Das Gesetz scheint »Cleverles« geradezu zu derartigen Manipulationen aufzufordern. Bedenkt man, welchen geringen Stellenwert die Einhaltung des

Gesetzes oft hat, wäre es ein Wunder, würden die Umgehungsmöglichkeiten, die das Parteiengesetz eröffnet, nicht auch genutzt. Die so genannte Doerfert-Liste, eine Aufstellung von Spenden, die der frühere Chef der Caritas in Trier 1996 für die CDU von Rheinland-Pfalz gesammelt hat, könnte damit ihre Erklärung finden. Denn wie sich inzwischen ergeben hat, handelt es sich zumindest zum Teil um sehr viel höhere Spenden als in der Liste angegeben, die bewusst gestückelt und auf verschiedene Personen aufgeteilt worden sind.[56]
Die Parteien haben die ihnen vom Verfassungsgericht gesetzten Grenzen also nicht nur voll ausgeschöpft, sondern zum Teil erheblich überschritten. Um die öffentliche Kritik in Grenzen zu halten, veranstaltete der zuständige Ausschuss des Bundestages im Oktober 1993 ein Hearing, dessen Prozedere einem Schauprozess ähnelte. Die fünfzehn zur Anhörung Geladenen waren gezielt ausgewählt worden: Sechs von ihnen waren die Schatzmeister der Parteien selbst, die schon beim Gesetzentwurf die Feder geführt hatten. Andere »Sachverständige« standen den vom Gesetz begünstigten Parteien übermäßig nahe. Noch anderen blieb – angesichts der kurzen Ladungsfrist – nicht die nötige Zeit, sich in die hochkomplizierte Materie einzuarbeiten. So kam am Ende das von der politischen Klasse in »demokratischer Einigkeit« gewünschte Ergebnis heraus, und sie konnte sagen, die Mehrheit der angehörten Sachverständigen hätte dem Gesetz seine Unbedenklichkeit bescheinigt. Bundespräsident von Weizsäcker unterschrieb das am 1. Januar 1994 in Kraft getretene Gesetz zwar schließlich am 28. Januar 1994, weil er sich bei der Verfassungsüberprüfung nicht an die Stelle des Bundesverfassungsgerichts setzen wollte, aber nur unter größten Bedenken, die er in einer gleichzeitig veröffentlichten Presseerklärung näher begründete – ein bisher einmaliger Vorgang in der deutschen Verfassungsgeschichte. Die geschilderte Art des Vorgehens ist bemerkenswert, weil sie illustriert, wie die politische Klasse auch ihre Verfahrensherrschaft bei der Gesetzgebung einsetzt, um eigeninteressenbedingte Verstöße gegen die Verfassung zu vertuschen.

Umleitung der Gelder auf die Hilfsorganisationen der Parteien

Die Probleme der Parteienfinanzierung im engeren Sinne, so gewichtig sie für sich genommen auch sein mögen, sind doch vergleichsweise gering im Verhältnis zu den Problemen, die sich bei der Finanzierung der Fraktionen, der Parteistiftungen und der Abgeordnetenmitarbeiter ergeben. Im Gegensatz zu den umfassenden Versuchen des Bundesverfassungsgerichts, die Parteienfinanzierung rechtlich zu ordnen und zu begrenzen, besteht hier immer noch ein weitgehender Wildwuchs. Dies wäre vielleicht gar nicht so schlimm, ließen sich die Finanzierung und die Aufgaben der Parteien von denen ihrer Hilfsorganisationen wirklich abschotten, was *rechtlich* immer wieder versucht worden ist, auch vom Bundesverfassungsgericht. Doch sind diese Versuche weitgehend gescheitert.

In den Augen der Bürger und Wähler werden Aktionen der Fraktionen, der Abgeordneten und ihrer Mitarbeiter nun einmal ihren jeweiligen Parteien zugerechnet, mit denen sie in der Öffentlichkeit ja auch am gleichen politischen Strang ziehen. Heiner Geißler, früher Generalsekretär der CDU, hat die scharfe Trennung zwischen parlamentarischer und Parteitätigkeit als »Lebenslüge« der politischen Klasse bezeichnet. Die Verlegenheit zeigt sich besonders darin, dass die Fraktionen offiziell und ohne definierte Abgrenzung zu Parteien auch Öffentlichkeitsarbeit betreiben – das ist eine ihrer aus staatlichen Mitteln finanzierbaren Aufgaben. So steht es jedenfalls in den von den Fraktionen selbst gemachten Fraktionsgesetzen. Wie aber soll man Öffentlichkeitsarbeit der Fraktionen praktisch noch von Parteipropaganda unterscheiden, wenn Parteien und Fraktionen vom Bürger als politische Einheit angesehen werden?

Dies gilt auch hinsichtlich der Parteistiftungen, wo das Bundesverfassungsgericht die Abschottung besonders nachdrücklich versucht hat. Selbst Karlsruhe musste aber einräumen, dass die Arbeit der Stiftungen »der ihnen jeweils nahe stehenden Partei in einem gewissen Maße zugute« kommt,[57] was noch eine ziemliche Untertreibung ist: Nahezu alle Stiftungsaktivitäten sind parteipolitisch geprägt. In der Realität »verschmelzen Parteien und Stiftungen zu einer Kooperationseinheit«.[58]

Die mangelnde Unterscheidbarkeit der Arbeit der Parteien von ihren

Hilfsorganisationen[59] hat einer gigantischen Verschiebung Vorschub geleistet, die wesentlich zur Entwicklung einer selbstbezogenen und abgehobenen politischen Klasse beigetragen hat. Seitdem die Staatsmittel für die eigentlichen Parteien gedeckelt sind, ging nämlich die politische Klasse immer mehr dazu über, sie in großem Stil auf Fraktionen, Stiftungen und Abgeordnetenmitarbeiter umzuleiten. Die Parteien schöpfen sozusagen aus vier Töpfen, und nachdem das Gericht auf einen den Deckel gelegt hat und nur eine begrenzte Entnahme daraus erlaubt, bedienten sich die Parteien aus den drei anderen umso ungenierter.[60] Dem Strom des Staatsgeldes folgten auch die *Aufgaben*. Wichtige Aufgaben wurden auf Fraktionen, Abgeordnete und deren Mitarbeiter und auf die Parteistiftungen verlagert, während die Parteien zugleich davon entlastet wurden.

- In unmittelbarer Reaktion auf zwei die Staatsfinanzierung der Parteien begrenzende Urteile des Bundesverfassungsgerichts von 1966 und 1968 wurden die für Inlandsaufgaben bestimmten so genannten Globalzuschüsse an die Parteistiftungen geschaffen und rasch ausgeweitet (Abbildung 1, S. 114). Insgesamt haben sich die öffentlichen Mittel der Parteistiftungen seitdem fast verfünfzigfacht.
- Die staatlichen Zahlungen an Bundestagsfraktionen haben sich seitdem mehr als verdreißigfacht (Abbildung 2, S. 115).
- Seit 1969 werden den Bundestagsabgeordneten Mitarbeiter an die Seite gestellt. Die dafür allein im Bundeshaushalt bereitgestellten Mittel wuchsen rasch an und betrugen 1996 über 150 Millionen Mark (Abbildung 3, S. 116). Ein Bundestagsabgeordneter kann heute jährlich 240 000 Mark für Mitarbeiter verwenden – zusätzlich zu seiner steuerfreien Kostenpauschale, seiner sonstigen Amtsausstattung, seinen steuerpflichtigen Bezügen und seiner staatsfinanzierten Altersversorgung (siehe unten S. 267). Die Mitarbeiter werden – das ist ein offenes Geheimnis – vielfach und in zunehmendem Umfang auch für die Wahrnehmung von Parteiaufgaben eingesetzt, obwohl das eigentlich den Bestimmungen widerspricht.

Abbildung 1: Globalzuschüsse an Parteistiftungen aus dem Bundeshaushalt in Mio. DM*

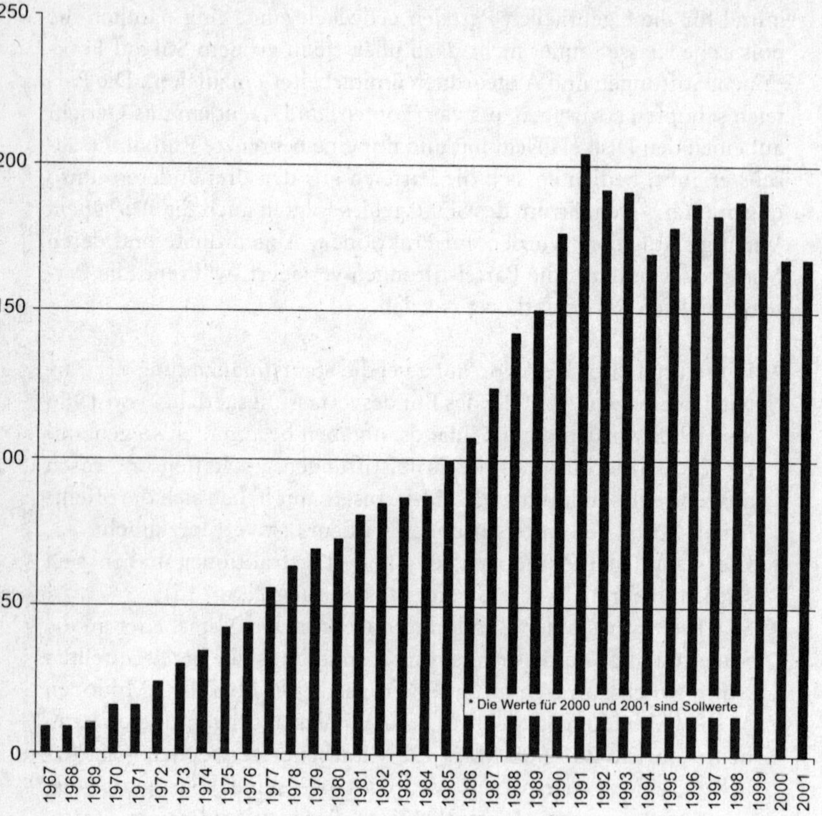

Abbildung 2: Staatliche »Zuschüsse« an Bundestagsfraktionen 1965 bis 2001 in Mio. DM*

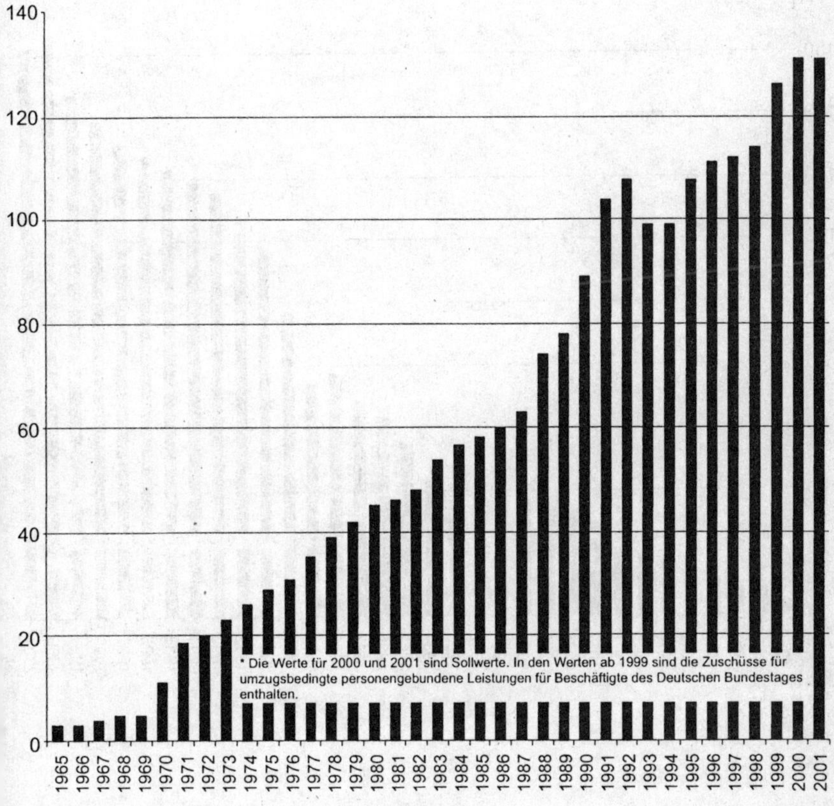

Abbildung 3: Staatliche Aufwendungen für Mitarbeiter der Abgeordneten im Bundestag in Mio. DM*

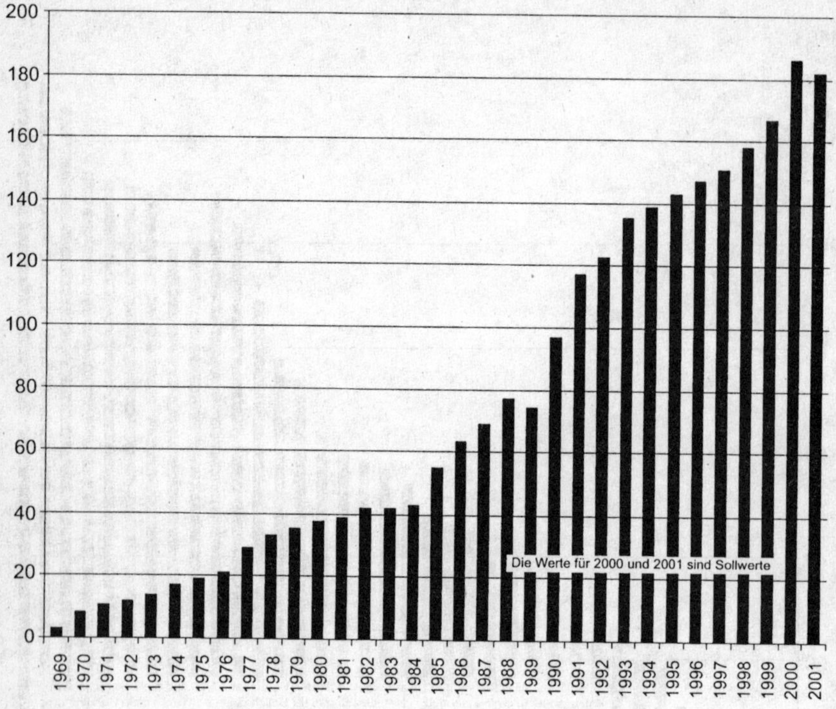

Die Verschiebung der Ressourcen und Aufgaben auf die »Hilfstruppen« der Parteien spiegelt sich auch in der *Zahl* der Mitarbeiter wider: Während die hauptberuflichen Mitarbeiter der Parteien auf weniger als tausend geschätzt werden, haben allein die Bundestagsabgeordneten fast 4000 Mitarbeiter,[61] die Bundestagsfraktionen beschäftigen über 800[62] und die Parteistiftungen rund 1500 Personen.[63]
Der frühere Generalsekretär der CDU und spätere Berliner Senator Peter Radunski hat die Aufgabenverlagerung schon 1991 in einer programmatischen Studie[64] nicht nur beschrieben, sondern auch nachdrücklich befürwortet; er spricht – ohne jede verfassungsrechtliche Rücksicht – von einer Wandlung der Parteien von ehemaligen Mitgliederparteien hin zu »Fraktions-Parteien«. Da die Fraktionen sich aus Abgeordneten zusammensetzen, die inzwischen fast durchweg zu Berufspolitikern geworden sind, spiegelt dieser Wandel das zunehmende Gewicht der politischen Klasse innerhalb und außerhalb der Parteien wider. Ihre allmähliche Abkoppelung von der Basis kommt besonders darin zum Ausdruck, dass die Vorkehrungen, welche (nach dem Willen des Bundesverfassungsgerichts) ein Minimum an Offenheit des politischen Wettbewerbs, an öffentlicher Kontrolle und an Verwurzelung der Parteien in der Gesellschaft sicherstellen sollen und welche die Rechtsprechung in jahrzehntelangem Ringen mühsam für die Parteien durchgesetzt hat, für Fraktionen, Parteistiftungen, Abgeordnete und ihre Stäbe bisher meist nicht gelten:

- Für Fraktionen, Parteistiftungen und Abgeordnetenmitarbeiter gilt weder eine absolute Obergrenze (siehe oben S. 107) noch die relative Obergrenze, wonach die Staatszuschüsse der Parteien nicht höher sein dürfen als deren Einnahmen aus Mitgliedsbeiträgen und Spenden. Die genannten Hilfsorganisationen der Parteien finanzieren sich fast zu 100 Prozent aus der Staatskasse.
- An der staatlichen Parteienfinanzierung müssen alle Parteien beteiligt werden, die mindestens 0,5 Prozent der Stimmen bei Parlamentswahlen erreicht haben. Das hat das Bundesverfassungsgericht durchgesetzt, damit auch kleine und neu aufkommende Parteien eine faire Chance erhalten und der politische Wettbewerb möglichst offengehalten wird. Die Staatsmittel für Fraktionen, Parteistiftungen und Abgeordnetenmitarbeiter hat die politische Klasse dagegen für sich allein reserviert. Solche Mittel können nur

Parteien mit einem zehnmal so hohen Stimmenanteil erhalten, da – aufgrund der Fünfprozentklausel – nur sie ins Parlament kommen und damit an der Ausschüttung beteiligt werden. Die Schwelle wurde bei Stiftungen dadurch noch weiter erhöht, dass nur die Stiftungen derjenigen Parteien subventioniert werden, die seit mindestens zwei Wahlperioden im Bundestag sind. All das sind Musterbeispiele für Regelungen, mit denen sich die etablierten Parteien vor unliebsamer Konkurrenz schützen.

- Die Staatsgelder, welche Parteien und Abgeordnete erhalten, müssen von Verfassungs wegen in einem Spezialgesetz geregelt (und dürfen dem Grunde und der Höhe nach nicht etwa nur im Haushaltsplan bewilligt) werden. Das hat das Bundesverfassungsgericht 1966 für die Parteienfinanzierung erzwungen[65] und 1975 für die Abgeordnetendiäten klargestellt.[66] Dasselbe müsste eigentlich auch für die Hilfsorganisationen der Parteien gelten. Das Gesetzgebungsverfahren kann die öffentliche Kontrolle, die bei Entscheidungen des Parlaments in eigener Sache besonders wichtig ist, noch am relativ umfassendsten sichern. Die meisten Fraktionsgesetze, auch das des Bundes, überlassen die Festlegung der genauen Beträge, die die Fraktionen aus der Staatskasse erhalten, bisher aber allein dem Haushaltsplan. Das Gleiche gilt im Bund und in vielen Ländern für diejenigen Mittel, die Abgeordnete für ihre Mitarbeiter bekommen, und erst recht für Parteistiftungen, für die bisher überhaupt keine gesetzliche Grundlage existiert.
- Die Fraktionen müssen nach den Fraktionsgesetzen zwar öffentlich Rechenschaft geben über ihre Einnahmen, Ausgaben und ihr Vermögen. Nach den selbstgemachten Gesetzen gilt das Transparenzgebot aber nur für diejenigen Mittel, die aus öffentlichen Kassen kommen, was Manipulationen Vorschub leistet, wie man an den 1,15 Millionen, die die CDU-Fraktion 1996 an die Mutterpartei transferiert hat, exemplarisch sehen kann. Für Parteistiftungen und Abgeordnetenmitarbeiter ist überhaupt keine Transparenz vorgeschrieben. Und Sanktionen für Verletzungen der Transparenzregeln (wie sie nach dem Parteiengesetz immerhin vorgesehen sind) gibt es auch bei den Fraktionen nicht.

Berücksichtigt man, dass die Staatsmittel für Fraktionen, Parteistiftungen und Abgeordnetenmitarbeiter inzwischen um ein Vielfaches höher sind als die für die eigentlichen Parteien, so liegt es auf der Hand, dass die Kontrolle eigentlich unbedingt und wirksam auch auf die Hilfsorganisationen der Parteien erstreckt werden müsste. Derzeit besteht keine Hintertür, sondern ein weit offenes Scheunentor, das zu Umgehungen der eigentlichen Parteienfinanzierung einlädt. Vor diesem Hintergrund mutet es geradezu rührend an, wenn die Rechtsprechung versucht, den Problemen immer noch fast ausschließlich durch Konzentration auf die Parteienfinanzierung im engeren Sinne gerecht zu werden, und auch die öffentliche Kritik, die sich vornehmlich mit den Parteien beschäftigt, gerät, ohne es bisher gemerkt zu haben, immer mehr auf einen Nebenkriegsschauplatz.

Hier wird die ambivalente Rolle des Bundesverfassungsgerichts besonders deutlich. Das Gericht hatte die Beschränkung der Steuervergünstigung und der direkten Staatsfinanzierung auf Parlamentsparteien zwar für verfassungswidrig erklärt, dann aber gegen das millionenschwere Ausweichen in Umwegfinanzierungen über Fraktionen, Stiftungen, Abgeordnete und ihre Mitarbeiter keine wirksamen Barrieren errichtet. Schon ganz am Anfang, im Jahr 1958, hatte das Gericht die lawinenartige Entwicklung durch die – ebenso unerwartete wie nebenbei erfolgte – Zulassung der staatlichen Parteienfinanzierung ja selbst losgetreten, bevor es sich dann – angesichts der Explosion der Staatsfinanzierung – veranlasst sah, Grenzen zu ziehen. Eine wirksame Eindämmung der staatlichen Gelder, die an die Hilfstruppen der Parteien fließen, steht allerdings noch aus.

Wir empören uns (mit Recht) über die Gesetzes- und Verfassungsverletzungen von Kohl, Kanther und Co. Müssten wir uns aber nicht genauso (und eigentlich noch viel mehr) über die Inkaufnahme von Verfassungsverletzungen bei Schaffung und Änderung des Parteiengesetzes und der Fraktionengesetze sowie über die unterlassenen Regelungen für Parteistiftungen und Abgeordnetenmitarbeiter erregen? Und gehen solche Verbiegungen, die die Struktur unseres Gemeinwesens treffen, nicht in Wahrheit viel tiefer und sind darum für unsere Demokratie viel gefährlicher, auch wenn sie auf den ersten Blick nicht so leicht erkennbar sind?

Die ganze Parteienfinanzierung in ihrer heutigen Gestalt ist nicht nur ein Geschöpf der politischen Klasse, sie war umgekehrt auch ein wichtiges Medium für die Bildung und Verfestigung der politischen Klasse selbst. Sie hat Parlamentsparteien immer stärker zusammengeschweißt und dazu beigetragen, dass diese ihre Eigeninteressen immer entschlossener gemeinsam vertreten. Das wird daran deutlich, wie es den bürgerlichen Parteien allmählich gelang, die SPD, die Grünen und schließlich auch die PDS mit ins Boot zu holen: Anfangs war die SPD noch strikt gegen die Einführung staatlicher Zuwendungen an die Parteien. Ihren Klagen verdanken wir die einschlägigen Urteile des Bundesverfassungsgerichts von 1958 und 1966.[67] Doch als die Staatsfinanzierung einmal eingeführt war, gewöhnte sich auch die SPD allmählich an das süße Gift und konnte schließlich nicht mehr davon lassen: Die Erhöhungen in den Siebziger-, Achtziger- und Neunzigerjahren erfolgten regelmäßig im Konsens der großen Parteien. Einer ähnlichen Versuchung des Geldes unterlagen später auch die Grünen. Sie hatten in ihrer Anfangszeit ebenfalls dagegengehalten. Ihren Klagen verdanken wir die Urteile zur Parteienfinanzierung von 1986[68] und von 1992[69] und das Urteil zur Finanzierung der Parteistiftungen von 1986.[70] Aber im Lauf der Zeit und erst recht, nachdem sie in den Achtzigerjahren in Hessen, ab 1995 in Nordrhein-Westfalen und ab 1998 im Bund Regierungspartei geworden waren, schwand auch ihr Widerstand, und sie ließen sich zunehmend einbinden. Inzwischen sind große Teile der Grünen etablierte Mitglieder der politischen Klasse geworden. Von den Bundestagsparteien ist nur die PDS noch nicht ganz im Kartell. Aber auch sie nahm ihre Klagen vor dem Bundesverfassungsgericht gegen die Finanzierung der Parteistiftungen zurück, als sie ihre eigene Stiftung finanziert bekam.

Indirekte Parteienfinanzierung

Wie die Parteien den EU-Haushalt anzapfen

Das Europäische Parlament hat am 17. Mai 2001 der geplanten EU-Verordnung »über die Satzung und Finanzierung europäischer politischer Parteien« grundsätzlich zugestimmt. Diese Regelung, die der Rat noch beschließen muss, bevor sie in Kraft treten kann, könnte von Europa her die Schranken für die Staatsfinanzierung von Parteien, die in der Bundesrepublik gelten, unterlaufen:

- Nach der Verordnung erhalten europäische Parteien Zuschüsse aus dem EU-Haushalt, die bis zu 75 Prozent ihrer Gesamtmittel ausmachen dürfen. Auf diese Weise wird die relative Obergrenze, nach der die Einnahmen aus privater Quelle mindestens die Hälfte der Gesamteinnahmen betragen müssen, außer Kraft gesetzt. Berücksichtigt man weiter, dass die »Eigenmittel« der europäischen Parteien vor allem aus Zuwendungen ihrer nationalen Parteien, aus Parteisteuern und möglicherweise sogar aus Zuwendungen von Fraktionen[71] herrühren werden, die zum großen Teil aus staatlichen Mitteln stammen, so wird sich der Staatsanteil voraussichtlich auf 85, 90 oder mehr Prozent belaufen.

- An der Staatsfinanzierung werden nur Parteien beteiligt, die aus mindestens einem Drittel der Mitgliedstaaten der Europäischen Union, also derzeit aus mindestens fünf Staaten, Abgeordnete ins Europäische Parlament senden oder in fünf Staaten in den nationalen oder regionalen Parlamenten vertreten sind. Darin liegt eine Sperrwirkung für neue Parteien, die weit über die der Fünfprozentklausel im deutschen Europawahlrecht hinausgeht. Die vom Bundesverfassungsgericht zur Offenhaltung des politischen Wettbewerbs durchgesetzte Beteiligung aller Parteien an der Staatsfinanzierung ab 0,5 Prozent der Wählerstimmen wird ausgehebelt.
- Die Regelung wird mit dem neuen Artikel 191 des Vertrags über die Europäische Union begründet, wonach die europäischen Parteien dazu beitragen, »ein europäisches Bewusstsein heranzubilden, und den politischen Willen der Bürger der Union zum Ausdruck zu bringen haben«. Die neue Parteienfinanzierung auf europäischer Ebene steht jedoch im Gegensatz zu diesem Ziel. Sie ist so ausgestaltet, dass die Parteien noch unabhängiger von den Bürgern werden und sich erst recht nicht mehr um sie zu kümmern brauchen.
- Die staatliche Parteienfinanzierung aus dem EU-Haushalt soll anfangs ein Volumen von 7 Millionen Euro jährlich haben. Das erscheint – im Verhältnis zu den Summen, an die wir in der Bundesrepublik inzwischen gewöhnt sind – nicht viel, obwohl es zu allem anderen, was die Parteien ohnehin schon bekommen, noch hinzukommt. Doch erinnern wir uns: Auch in der Bundesrepublik begannen die Parteien 1959 mit 5 Millionen Mark, ein bescheidener Betrag, den sie dann in eigener Sache rasant ansteigen ließen.

Überdotierung von Abgeordneten

Eine klammheimliche Form der indirekten Parteienfinanzierung läuft über die Bezahlung der Abgeordneten selbst. Die Mandate der fast 1900 Landtagsabgeordneten in den Parlamenten der sechzehn Bundesländer, die ursprünglich als Ehrenämter konzipiert waren,[72] wurden fast überall zu vollbezahlten und überversorgten Fulltimejobs ausgebaut. Das erscheint paradox; gleichzeitig haben nämlich die Aufgaben der Landesparlamente, besonders im Bereich der Gesetzgebung und der Kontrolle der Exekutive, stark abgenommen.[73] Dieser Befund hat den Direktor des niedersächsischen Landtags zu der Frage veranlasst, wie lange die Abgeordneten ihren zu groß geschneiderten finanziellen Anzug wohl noch vor dem Steuerzahler verbergen könnten.[74] Stephan Holthoff-Pförtner, als Anwalt Helmut Kohls gleichfalls nicht im Verdacht, die Kritik an der politischen Klasse zu übertreiben, kommt in einer umfassenden Untersuchung über »Landesparlamentarismus und Abgeordnetenentschädigung« zu demselben Ergebnis: Die Bezahlung von Landtagsabgeordneten ist – bei Berücksichtigung von Stellung und Aufgaben der Landesparlamente – ebenso »überdimensioniert wie die tatsächliche Ausformung der Mandatstätigkeit als ›full-time-job‹«.[75]

Dass es in den Staatenparlamenten durchaus möglich ist, seinen Beruf neben dem Mandat noch fortzuführen,[76] zeigen die Regelungen für öffentliche Bedienstete, die in Baden-Württemberg und mehreren anderen Bundesländern neben ihrem Mandat aktive Beamte oder sonstige öffentliche Bedienstete bleiben können.[77] Wenn zum Beispiel hauptberufliche baden-württembergische Bürgermeister und Oberbürgermeister ihr Amt neben einem Landtagsmandat ausüben, ist – unabhängig von der Frage der Wünschbarkeit solcher Ämterhäufung – doch wohl der Nachweis erbracht, dass das Mandat kein Fulltimejob zu sein braucht.

Die Überfinanzierung der deutschen Landesparlamentarier macht sie auf Staatskosten für den Machtkampf der Parteien verfügbar: Die Abgeordnetenbezahlung erweist sich zum guten Teil als indirekte Parteienfinanzierung.[78] Einen Teil der Diäten schöpfen die Parteien ohnehin über die Parteisteuern ab, die sie von ihren Abgeordneten auf Bundes-, Landes-, Kommunal- und Europaebene einfordern.

Instrumentalisierung weiterer Ämter

Auf indirekte Staatsfinanzierung der Parteien kann auch die Überversorgung so genannter politischer Beamter hinauslaufen. Während ein normaler Beamter vierzig Dienstjahre benötigt, um seine volle Versorgung von 75 Prozent zu erhalten, kann ein politischer Beamter jederzeit, also auch schon in jungen Jahren, in den »einstweiligen« Ruhestand versetzt werden und erhält dann regelmäßig eine üppige Versorgung. So versorgt, sind sie wie geschaffen für die Übernahme von Aufgaben als Geschäftsführer, Generalsekretäre oder ähnlicher Führungsfunktionen der Parteien, denen sie ihre Versorgung letztlich meist verdanken. Sie können sich deshalb mit geringerer Bezahlung unmittelbar durch die Parteien begnügen. Auch insoweit besteht eine Verbindung zur Parteienfinanzierung.

Eine weitere Form indirekter staatlicher Parteienfinanzierung haben sich die Parteien durch Instrumentalisierung des gesamten öffentlichen Dienstes (im weiteren Sinne) erschlossen. Dort erfolgt die Einstellung und Beförderung häufig nach Parteibuch: als Belohnung für frühere Parteiaktivitäten und/oder in der Erwartung, dass die Nutznießer in Zukunft umso intensiver für die Partei zur Verfügung stehen werden.[79] Der frühere Bundespräsident Herzog sieht darin den »gewichtigsten und zugleich wundesten Punkt in der Diskussion um den Parteienstaat«.[80] Auch hier fehlt ein wirksames Gegengewicht. Da alle etablierten Parteien derartige Ämterpatronage treiben – auf Bundes-, Landes-, Kommunal- und Europaebene –, pflegt keine die anderen öffentlich zu kritisieren. Diese Form der Kartellbildung und der »Kolonisierung« des öffentlichen Diensts durch die Parteien führt dazu, dass viele Ämter und ihre vom Steuerzahler finanzierten Bediensteten, mehr oder weniger verschleiert, im Wahlkampf parteiergreifend eingesetzt werden (siehe S. 44), eine Entwicklung, die sehr viel gravierender ist als die offiziell allein diskutierte und vom Bundesverfassungsgericht eingegrenzte so genannte Öffentlichkeitsarbeit von Regierungen, die im Ergebnis oft auf die politische Unterstützung der Regierungsparteien hinausläuft und für die allein im Bund dreistellige Millionenbeträge veranschlagt werden.[81] Das Bundesverfassungsgericht hat in seinem Regierungspropaganda-Urteil von 1977 zwar versucht, eine Abgrenzung von der staatlichen Parteienfinanzierung vorzunehmen.[82] Das Gericht stand dabei vor der Schwierigkeit, die zulässige Information der Öffentlichkeit durch die Regierung von der unzulässigen Werbung zugunsten bestimmter Parteien zu trennen. Doch liegen die Schwierigkeiten in der Natur der Sache: Da die Regierung von bestimmten Parteien getragen wird, läuft Öffentlichkeitsarbeit der Regierung stets auch mehr oder weniger auf die Unterstützung der sie tragenden politischen Parteien hinaus.

Viel Geld für nichts? – Die Aufgaben der Parteien

Als die Parteien 1967 – nach achtzehnjähriger Verschleppung – endlich das Parteiengesetz verabschiedeten, haben sie ihre Rolle sehr extensiv definiert und ihre Aufgaben ausgesprochen weit formuliert. Damit wollten sie ihrer umfassenden Einflussnahme auf alle Bereiche von Staat und Gesellschaft, insbesondere der Ämterpatronage, den Anstrich von Legitimität geben. Ein zweiter Grund lag darin, ihre rasch wachsende Selbstbedienung aus der Staatskasse zu rechtfertigen,[83] die sie seit 1959 vorgenommen hatten und an der sie natürlich festhalten wollten. Es liegt deshalb nahe, zu fragen, ob die Parteien ihre selbstgestellten Aufgaben denn nun wirklich befriedigend erfüllen.[84]

Im Anschluss an den Aufgabenkatalog des Parteiengesetzes (§ 1 Absatz 2) stellen sich folgende Fragen:

- Regen die Parteien die politische Bildung an und vertiefen sie sie? Oder streuen sie der Öffentlichkeit Sand in die Augen, indem sie alles daransetzen, ihre wahre Intention und ihren wahren Charakter zu camouflieren? Geht es ihnen in Wahrheit – mehr als alles sonst – um Macht, Posten und Geld?
- Fördern die Parteien die aktive Teilnahme der Bürger am politischen Leben? Oder kapseln sie sich im Gegenteil ab, erschweren den Bürgern die aktive Teilnahme, indem sie einerseits den Einfluss der Bürger bei Wahlen minimieren und andererseits die Mitwirkung von Bürgern in den Parteien außerordentlich erschweren? Ersteres durch spezifische Gestaltungen des Wahlrechts, Letzteres, indem sie eine langjährige Ochsentour verlangen, die in vielen Fällen prohibitiv wirkt und mitwirkungsbereite Personen daran hindert, sich in den Parteien wirklich zu engagieren.
- Bilden die Parteien zur Übernahme öffentlicher Verantwortung befähigte Bürger heran? Oder wird nicht eher das innerparteiliche

machtmäßige Sichdurchsetzen gelehrt? Werden diejenigen zu Parlamentskandidaten gemacht, die dafür besonders befähigt sind, oder umgekehrt diejenigen, die im parteiinternen Strippenziehen besondere Fähigkeiten demonstrieren?

- Sorgen die Parteien für eine ständige lebendige Verbindung zwischen dem Volk und den Staatsorganen? Oder kapseln sie sich eher ab? Stehen sie statt auf der Seite der Bürger auf der Seite des Staates? Sind die Parteien letztlich gar mit dem Staat identisch? Ist die Abgehobenheit der politischen Klasse im Raumschiff Bonn (jetzt im Raumschiff Berlin) nicht der eigentliche Grund für die zunehmende Politik(er)verdrossenheit? Oder noch umfassender:
- Nehmen die Parteien die beiden Hauptaufgaben, die ihnen in der repräsentativen Demokratie gestellt sind, befriedigend wahr, die Sicherung des Gemeinwohls und der Bürgernähe? Oder stehen sie deren Erfüllung entgegen und sind damit letztlich selbst die Hauptverantwortlichen für die bestehenden Repräsentations- und Partizipationsdefizite?

Entsprechende Fragen richten sich nicht nur an die Parteien im engeren Sinne, sondern auch an die Hilfs- und Ersatzorganisationen, die mit ihnen eine politische Einheit bilden, also an ihre Fraktionen und Parteistiftungen, ebenso an die voll aus der Staatskasse bezahlten und überversorgten Abgeordneten (mit ihren Mitarbeitern) und an andere Amtsträger, die gleichzeitig hervorgehobene Positionen in ihren Parteien innehaben und dieser Stellung auch ihre Staatsämter verdanken, deren Besoldung ihnen überhaupt erst die Mit-Wahrnehmung ihrer Parteiämter erlaubt. Auf alle diese Fragen werden wir im weiteren Verlauf des Buches noch zurückkommen.

Geld verdirbt den Charakter: Bürgerferne und Politikverdrossenheit

Die wachsende Staatsfinanzierung diskriminiert politische Konkurrenten außerhalb der Parlamente oder schließt sie völlig aus. Die Offenheit und Chancengleichheit des politischen Wettbewerbs und die Reaktionsfähigkeit des ganzen Systems auf neue Herausforderungen werden aufs Schwerste beeinträchtigt. Der Wettbewerb wird nicht nur zu Lasten neuer oder (aus anderen Gründen) kleiner Parteien, sondern auch zu Lasten neuer Kandidaten der alten Parteien verfälscht. Dass außerparlamentarische Konkurrenten weder Fraktionen noch Parteistiftungen noch vollbezahlte und überversorgte Abgeordnete und Abgeordnetenmitarbeiter haben, liegt zum großen Teil an der Fünfprozentklausel. Doch wird deren Effekt zu Lasten der Betroffenen dadurch noch gewaltig verstärkt, dass jene Hilfsorganisationen der Parteien im Übermaß staatlich alimentiert werden und die etablierten Parteien zusätzlich noch die staatliche Patronage- und Versorgungsmacht für ihre parteilichen Zwecke instrumentalisieren, indem sie ihre Leute in den Schlüsselstellen der öffentlich-rechtlichen Medien, der Justiz, der Bildungseinrichtungen und der Verwaltung unterbringen. Dadurch wird eine in ihrer Summierung gewaltige Privilegierung der Etablierten und Diskriminierung von Newcomern bewirkt. Zugleich bleiben die zur »geschlossenen Gesellschaft« gehörenden Parteien auch dann am großen Staatstopf beteiligt, wenn sie Wählerstimmen verlieren. Die Auswirkungen von Wahlen werden minimiert. Die Wahlbeteiligung spielt überhaupt keine Rolle für die Höhe der Staatsfinanzierung.

Die Explosion der Staatsmittel droht die politische Klasse von den Bürgern, den Parteimitgliedern und -sympathisanten zunehmend unabhängig zu machen und dadurch ihre eigene Bürgerferne und die Politik(er)verdrossenheit der Bürger zu verschärfen.[85] Die politische Klasse ist immer weniger auf den Kontakt mit den Bürgern angewiesen. Die Reaktionsfähigkeit auf neue Herausforderungen und neue Bedürfnisse der Bürger sinkt. Zugleich droht die Akzeptanz der Parteien und ihrer Politik gemindert zu werden: »Gewönne der Bürger den Eindruck«, so hat das Bundesverfassungsgericht formuliert, »die Parteien ›bedienten‹ sich aus der Staatskasse, so führte dies notwendig zu einer Verminderung ihres Ansehens und würde letztlich ihre Fähigkeit beeinträchtigen, die ihnen von der Verfassung zugewiesenen Aufgaben zu erfüllen.«[86] Das wird zum Beispiel deutlich, wenn es darum geht, aus demographischen und finanzpolitischen Gründen empfindliche Einschnitte bei den Sozialversicherungsrenten und Beamtenpensionen vorzunehmen, um die Versorgungssysteme überhaupt finanzierbar zu erhalten. Regierungen und Parlamenten, deren Mitglieder vorher die eigene Versorgung gesichert haben, fehlt leicht die Glaubwürdigkeit für derartige Einschnitte, zumal, wenn die politische Klasse sich offensichtlich *über*versorgt hat.

Manipulation des Wahl»rechts«

Das Wahlrecht als Werkzeug der politischen Klasse

Wahlen sind die Schlüssel für die Legitimation von Demokratien. Das gilt besonders für eine rein repräsentative Demokratie wie die Bundesrepublik Deutschland, in der – mangels direktdemokratischer Elemente – Wahlen auf Bundesebene das einzige Instrument sind, mit dem die Gesamtheit der Bürger Einfluss auf Staat und Politik nehmen und diesen demokratische Legitimation verschaffen kann.
Parlamentswahlen gelten als »Fundamentalausdruck der Volkssouveränität«.[87] Von ihnen hängt in der parlamentarischen Demokratie alles ab. Aus den Wahlen legitimieren sich nicht nur die Parlamente, sondern mittelbar auch alle anderen obersten Staatsorgane:

- die von den Parlamenten gewählten Regierungen,
- der aus den Landesregierungen zusammengesetzte Bundesrat,
- der von der Bundesversammlung gewählte Bundespräsident, wobei die Bundesversammlung aus den Mitgliedern des Bundestags besteht und aus einer gleichen Zahl von Wahlmännern, welche von den Landesparlamenten bestimmt werden,
- das Bundesverfassungsgericht, dessen Richter zur Hälfte von einem Bundestagsausschuss, zur anderen Hälfte vom Bundesrat gewählt werden.

Sie alle leiten – im Wege von mehr oder weniger langen so genannten Legitimationsketten – ihre demokratische Legitimation vom Volk ab und vermitteln auf diese Weise auch ihren »Produkten« Legitimation: den Gesetzen, Verordnungen, Haushaltsbeschlüssen und anderen verbindlichen staatlichen Entscheidungen. Die legitimatorische Bedeutung von Wahlen ist also denkbar groß. Die Fairness der Regelungen zu sichern ist umso wichtiger, als vom Verfahren auch die Ergebnisse mit abhängen.
Andererseits ist die angemessene Gestaltung des Wahlrechts besonders gefährdet, weil es die Spieler selbst sind, die die Spielregeln festlegen. Das begründet die Gefahr von Manipulationen zugunsten der Mächtigen. In kaum einem Bereich sind die Parlamentarier »so sehr im Eigeninteresse befangen wie bei der Wahlgesetzgebung«.[88] Da

Wahlen die Macht im Staat verteilen, werden Wahlgesetze weniger in Abwägung der objektiven Vor- und Nachteile im Licht der Verfassungsprinzipien gemacht, obwohl diese stets und von allen Seiten öffentlich beschworen werden, sondern insgeheim und ganz entschieden nach Gesichtspunkten der Macht: Die Regierungsmehrheit ist versucht, das Wahlrecht zur Sicherung des eigenen Machterhalts und damit auf Kosten der Opposition zu manipulieren. Regierung und parlamentarische Opposition sind beide gemeinsam versucht, es so zuzuschneiden, dass sie vor außerparlamentarischen und innerparteilichen Herausforderern möglichst abgeschirmt und geschützt werden. Bei Ausgestaltung der Wahlgesetze liegen Verzerrungen also besonders nahe. Zwar geht es hier nicht unmittelbar um Geld wie bei der Parteienfinanzierung; aber die Mächtigen haben die Möglichkeit, die Wahlgesetze so zu gestalten, dass sie von den Wählern eher bestätigt als abgewählt werden. Es besteht deshalb ein noch direkterer Einfluss als mittels Drehen am Geldhahn.

Bei Wahlen geht es unmittelbar um den Erhalt oder Verlust der Macht im Staat, ja sogar um die Existenz von Parteien oder Wählergemeinschaften. Damit gehört das Wahlrecht zu den fundamentalen – hochpolitischen und hochpolitisierten – Regeln des Machterwerbs und Machterhalts,[89] was durch die komplizierte Technizität des Wahlrechts oft verdeckt wird. Die Einführung des Mehrheitswahlrechts oder des Verhältniswahlrechts mit Sperrklauseln kann kleinen Parteien den Einzug ins Parlament verwehren und sie in die politische Bedeutungslosigkeit dahinschwinden lassen. Für große Parteien kann von der Ausgestaltung des Wahlrechts abhängen, ob sie die wenigen Stimmenprozente gewinnen oder behalten, die in der Bundesrepublik oft über Regierungsmehrheit oder Opposition entscheiden. Das Wahlrecht kann darüber bestimmen, ob die Abgeordneten am Ende jeder Wahlperiode um die Erneuerung des Vertrauens der Bürger kämpfen müssen oder ob sie praktisch unabsetzbar sind, etwa weil die Wähler denen, die auf sicheren Listenplätzen sitzen, ohnehin nichts mehr anhaben können.

Im Wahlrecht wird denn auch besonders deutlich, wie intensiv die politische Klasse auf die Institutionen zugreift und sie ihren Eigeninteressen dienstbar zu machen sucht. Wir werden im Folgenden aufzeigen, wie die politischen Akteure die Wahlgesetze in ihrem Sinn gestaltet haben:

- durch Ausschaltung von kommunalen Wählergemeinschaften und Konkurrenzparteien im Wege von gesetzlichen Verboten und Sperrklauseln (Abschottung der etablierten *Parteien* vor Konkurrenz),
- durch Aufwertung von parteiinternen Positionen und Abwertung des Einflusses der Wähler im Wege der Errichtung, der Verteidigung und des Ausbaus des Verhältniswahlrechts mit starren Listen (Abschottung der etablierten *Kandidaten* vor Konkurrenz).

Auf diese Weise wurde die Konkurrenz stark eingeschränkt.[90] Aus Wettbewerb wurde immer mehr ein Oligopol oder gar ein politisches Kartell, womit wiederum der Nährboden für das Heranwachsen und Erstarken einer politischen Klasse bereitet und immer weiter verbessert wurde.

Diskriminierung kommunaler Wählergemeinschaften

Ein Beispiel zur Ausschaltung der Konkurrenz sind Kommunalwahlgesetze, welche die Aufstellung von Kandidaten in einigen Bundesländern zunächst allein in die Hände von *Parteien* legten und damit kommunale Wählergemeinschaften kalt erdrosselten – bis das Bundesverfassungsgericht auch hier eingriff, allerdings erst 1960, nachdem das Gericht vorher selbst den Eindruck erweckt hatte, es wäre ganz natürlich, dass auch bei Kommunalwahlen nur Parteien kandidieren könnten. So beschränkte beispielsweise das nordrhein-westfälische Kommunalwahlgesetz von 1952 das Recht, Wahllisten aufzustellen, ausdrücklich auf politische Parteien. Parteifreie kommunale Wählergemeinschaften wurden von Gesetzes wegen ausgeschlossen.
Um die einschneidenden Auswirkungen dieses Verbots zu erkennen, muss man sich die damalige Situation vor Augen führen: In der Besatzungszeit nach dem Zweiten Weltkrieg hatten zunächst nur solche Parteien an Wahlen teilnehmen dürfen, die von den Besatzungsmächten zugelassen worden waren. Deren Lizenzierungspolitik war ausgesprochen restriktiv. Nach Aufhebung des Lizenzzwangs Anfang 1950 aber schien die Zeit kommunaler Wählergemeinschaften gekommen. Es kam – mit den Worten der Historikerin Christiane Olligs – zu einer geradezu »explosionsartigen Neugründung kommunaler Wählergruppen«,[91] die den Parteien ihre kommunalen Spielwiesen streitig zu machen drohten. Das ging so weit, dass die Parteien »ihre eigene

Existenz zumindest in den Gemeinden als dem Haupteinflussgebiet der Unabhängigen gefährdet« sahen.[92] Die Parteien antworteten mit dem gesetzlichen Fallbeil und schützten sich vor der unliebsamen Konkurrenz, indem sie den Freien Wählern mit Hilfe ihrer Gesetzgebungsmacht den Lebensnerv durchtrennten. Auch die immer noch bestehende Ausweichmöglichkeit, die kommunalen Wählergemeinschaften rechtlich zur »Partei« zu erklären, wurde durch einen Erlass des nordrhein-westfälischen Innenministers blockiert, wonach Wählergemeinschaften auch im kommunalen Bereich nicht unter den Begriff der politischen Partei zu subsumieren seien. Diese Maßnahmen waren »von dem Gedanken getragen, allein auf Landesebene organisierte Parteien im kommunalen Bereich zum Träger der politischen Willensbildung zu machen«.[93] Die Folge war, dass die kommunalen Wählergemeinschaften bei den nordrhein-westfälischen Kommunalwahlen von 1952 von der Bildfläche verschwanden.[94] Sie hatten von den Etablierten die rote Karte bekommen, weil sie das schlimmste Vergehen begangen hatten, das diese sich vorstellen können: Sie waren angetreten, ihnen Macht und Mandate streitig zu machen, wenn auch nur auf kommunaler Ebene.

Ähnliche Ausschlussklauseln sahen auch das niedersächsische Kommunalwahlgesetz von 1956 und das saarländische Gemeinde- und Kreiswahlgesetz von 1960 vor. Sie bestünden noch heute und hätten den kommunalen Wählergemeinschaften dort für immer den Garaus gemacht, hätte das Bundesverfassungsgericht sie nicht 1960 wegen Verstoß gegen die Grundsätze der Offenheit und Chancengleichheit des politischen Wettbewerbs und der kommunalen Selbstverwaltung beseitigt.[95] Die faktischen Folgen des früheren Verbots konnten nachträglich aber nicht mehr ganz rückgängig gemacht werden. In Nordrhein-Westfalen waren die kommunalen Wählergemeinschaften acht Jahre lang (1952 bis 1960) aus den Kommunalvertretungen ausgeschlossen – und haben sich von dieser politischen Schwächung nie wieder völlig erholt. Dafür trägt auch das Bundesverfassungsgericht Mitverantwortung. Es hatte in einer früheren Entscheidung nämlich selbst den Eindruck erweckt, es würde ein gesetzliches Parteienmonopol, das kommunale Wählergemeinschaften von der Teilnahme an Kommunalwahlen ausschließt, akzeptieren,[96] wodurch die Landesparlamente zu derartigen Vorschriften geradezu ermutigt worden waren.

Wer Augen hat zu sehen, dem offenbart sich das Problem hier besonders deutlich: Die Wahlgesetze werden von den Parlamenten des Bundes und der Länder beschlossen. Das gilt auch für Kommunalwahlgesetze, die den Wettbewerb zwischen Parteien und Wählergemeinschaften um die Stimmen der Bürger auf kommunaler Ebene regeln. In den gesetzgebenden Parlamenten sitzen aber nur Vertreter der politischen Parteien, nicht auch der kommunalen Wählergemeinschaften, die – getreu ihrem Namen – nur auf kommunaler Ebene Politik machen. Die Spielregeln des Erwerbs von Macht und Posten werden hier also nur von den politischen Parteien im Parlament aufgestellt, nicht auch von ihren kommunalen Konkurrenten, den Wählergemeinschaften. Will man sich klarmachen, was das bedeutet, so denke man an Profi-Mannschaften, die sich zu einem sportlichen Wettbewerb treffen. Vorher werden die Regeln festgelegt, nach denen bestimmt wird, wer teilnehmen darf und wie das Spiel ablaufen soll. Diese Festlegung treffen aber nur einige Mannschaften allein, die anderen sind davon ausgeschlossen. Dass es bei dieser Ausgangssituation zu schlimmen Wettbewerbsverzerrungen kommen kann, liegt auf der Hand.[97]

In ganz ähnlicher Weise werden kommunale Wählergemeinschaften auch bei der staatlichen Parteienfinanzierung benachteiligt. Auch hier wurden die Regeln von den Bundes- und Landesparlamenten gemacht, also allein von den Parteien, und diese wollten ihre kommunalen Konkurrenten an den kräftig sprudelnden staatlichen Geldquellen nicht beteiligen, sondern diese allein für sich reservieren. So waren jahrzehntelang zwar Spenden und Beiträge an Parteien steuerlich begünstigt, Zuwendungen an kommunale Wählergemeinschaften aber nicht. Erst in den Achtzigerjahren hat das Bundesverfassungsgericht die Gesetzgeber gezwungen, auch die kommunalen Wählergemeinschaften in die steuerliche Begünstigung einzubeziehen.[98] Seitdem sind Spenden und Beiträge an kommunale Wählergemeinschaften bis zur Höhe von 1500 Mark (bei zusammenveranlagten Ehegatten bis zu 3000 Mark) jährlich steuerlich begünstigt: Die Hälfte der Zuwendung wird dem Steuerpflichtigen von seiner Steuerschuld abgezogen (§ 34g Einkommensteuergesetz). Das ist ein Viertel der Summe, die bei Spenden und Beiträgen an Parteien (bis zu 6000 Mark beziehungsweise 12 000 Mark) steuerlich begünstigt ist (siehe S. 101).

Von der direkten staatlichen Parteienfinanzierung sind die kommunalen Wählergemeinschaften allerdings immer noch ausgeschlossen. Die

Parteien teilen die 245 Millionen Mark, die sie jährlich aus der Staatskasse erhalten, allein unter sich auf. Das Bundesverfassungsgericht hat dies bisher nicht unterbunden, vielmehr hat es in einer höchst merkwürdigen Entscheidung ein Eingreifen vorerst abgelehnt.[99] Diese Entscheidung ist geeignet, einen Umstand in Erinnerung zu rufen, der eine zusätzliche Schieflage begründen könnte: Die Verfassungsgerichte werden allein von den Regierungen und Parlamenten (und damit von den Parteien) bestimmt, nicht auch von den kommunalen Wählergemeinschaften. Damit bestimmen die Parteien nicht nur die Spielregeln des Wettbewerbs mit den Wählergemeinschaften, sondern sie wählen auch die Schiedsrichter aus. Inwieweit man von diesen dann noch unvoreingenommene und faire Entscheidungen erwarten kann, wenn es um Auseinandersetzungen zwischen den kommunalen Wählergemeinschaften und Parlamentsparteien geht, denen die Richter in aller Regel auch mitgliedschaftlich verbunden sind, scheint mir wiederum eine demokratisch-rechtsstaatliche Schlüsselfrage zu werden.

Wenn es um die Schwächung der kommunalen Wählergemeinschaften geht, wird auch vor der kommunalen Gebietsreform nicht Halt gemacht. Sie wurde vor etwa drei Jahrzehnten in allen westlichen Flächenländern durchgeführt. Kleine Gemeinden wurden zusammengelegt und Umlandgemeinden in Kernstädte eingegliedert. Auf diese Weise wurden aus 24 282 Gemeinden, unter denen viele kleine waren, 8518 entsprechend größere. Die Gebietsreform wurde gemeinhin mit dem Wunsch nach verbesserter Wirtschaftlichkeit begründet. Doch dieses Ziel blieb weitgehend unerfüllt. Bemerkenswert ist, dass die Gebietsreform mit unterschiedlicher Intensität durchgeführt wurde, besonders rigoros etwa in Nordrhein-Westfalen, wo die Zahl der Gemeinden drastisch zusammengestrichen wurde: Von 2277 Gemeinden blieben nur noch 396 (relativ große) übrig, also nur etwa ein Sechstel. In anderen Ländern wie Baden-Württemberg, Bayern und Schleswig-Holstein blieb dagegen die weit überwiegende Zahl der kleineren Gemeinden erhalten. Und das hatte große Auswirkungen auf die Rolle der kommunalen Wählergemeinschaften, die in der Regel gerade in kleineren Gemeinden dominieren. Das hängt damit zusammen, dass sie mehr auf die Personen ihrer Kandidaten setzen, die den Wählern in kleineren Gemeinden bekannt sind, und diese deshalb besonders mobilisieren können. Dagegen wirkt in größeren Städten die Anonymität der Personen zugunsten der bekannteren Parteien. Daher spielen kommunale Wählergemeinschaften in Baden-Württemberg, Bayern und Schleswig-Holstein nach wie vor eine große Rolle. In Schleswig-Holstein beispielsweise sind die Wählergemeinschaften in den kreisangehörigen Gemeinden die bei weitem stärkste politische Kraft. Sie haben dort etwa die Hälfte aller kommunalen Mandate inne.

Gilt aber der Erfahrungssatz: Je kleiner die Gemeinde, desto geringer der Einfluss der politischen Parteien und desto größer umgekehrt der Einfluss kommunaler Wählergemeinschaften, so liegt – angesichts der Machtorientierung der politischen Klasse – die Versuchung für die Parteien nicht fern, ihre Position mit Hilfe der kommunalen Gebietsreform massiv zu verbessern und den freien Wählern auf diese Weise den Boden zu entziehen. Die Vermutung, dass dieses machtpolitische Ziel der Gebietsreform zugrunde lag, besonders in denjenigen Ländern, wo diese radikal durchgeführt wurde wie in Nordrhein-Westfalen, wird dadurch unterstrichen, dass die Reform – im Hinblick auf die damit erklärtermaßen verfolgten Ziele – heute überwiegend als Fehlschlag angesehen wird.

Die Ausschaltung oder Schwächung der kommunalen Wählergemeinschaften mittels der gesetzgeberischen Machtmittel der Parteien ist umso misslicher, als das Wirken der Wählergemeinschaften der örtlichen Demokratie zugute kommt. Denn kommunale Demokratie lebt von unterschiedlichen, an den jeweiligen Gegebenheiten der Gemeinde ausgerichteten politischen Entscheidungen. Demgegenüber tendieren die politischen Parteien zur Einebnung der Unterschiede. Sie gehen von gesamtstaatlichen Zielsetzungen aus, neigen zu zentralisierten einheitlichen Entscheidungen und versuchen, diese nicht nur auf Bundes- und Landesebene, sondern auch im kommunalen Bereich umzusetzen. Damit sind die Parteien »latent ein Gegner differenzierender Entscheidungen«,[100] obwohl in der unterschiedlichen, auf die jeweiligen Sonderprobleme der Kommunen bezogenen Politik gerade die eigentliche Begründung der kommunalen Selbstverwaltung liegt. Die überörtlichen parteipolitischen Vorgaben schaffen eine ideologische Überlagerung der Gemeindepolitik, die dem Gedanken der Selbstverwaltung diametral entgegenläuft, den Sachverstand der ortsverwurzelten Gemeindevertreter entwertet und die Identifikation der Bürger mit ihrer Gemeinde erschwert.[101]

Als die Konkurrenz noch verboten wurde: Wahlgesetzliche Tricks in der Nachkriegszeit

Die Geschichte des Wahlrechts bietet viele weitere Belege, dass die Parteien immer wieder versucht haben, den Wettbewerb mittels der Wahlgesetze möglichst zu beschränken und sich lästige Konkurrenten durch wahlrechtliche Eingriffe vom Hals zu schaffen. Besonders krass war dies in den ersten Jahren nach dem Zweiten Weltkrieg, als es noch keine Verfassungsgerichte gab, die parlamentarische Mehrheiten hätten zügeln können. Die Geschichte des damaligen Landeswahlrechts ist »eine Geschichte von Manipulationen und Machenschaften …, die nicht nur die Macht der großen Parteien festigten und zum Teil begründeten, sondern die auch das gesamte bundesdeutsche Parteienspektrum maßgeblich beeinflusst haben«.[102] Dabei agierten die beiden großen Parteien, CDU/CSU und SPD, gewiss auch gegeneinander. Die bleibende Strukturveränderung wurde jedoch dadurch bewirkt, dass die vielen kleinen Parteien allmählich eliminiert wurden – mit Ausnahme der FDP, die sich geschickt als Mehrheitsbeschaffer, mal für die eine, mal für die andere Seite, in Szene setzte. Die Folge war: Seit der Bundestagswahl von 1961 war in der Bundesrepublik das Dreiparteiensystem CDU/CSU – SPD – FDP für zwanzig Jahre festgeschrieben. Die Benachteiligung der Kleinen »im Sinne verpasster Startchancen« begann bereits damit, dass anfangs aufgrund der alliierten Lizenzierungspolitik nur wenige Parteien zugelassen wurden. Im wesentlichen waren es nur vier: die CDU beziehungsweise CSU, die SPD, die Liberalen und die KPD. So blieben zum Beispiel alle speziellen Flüchtlings- und Vertriebenenparteien bis zur Aufhebung des Lizenzierungszwangs im Jahr 1950 außen vor.[103] Die zugelassenen Parteien bemühten sich beim Neuaufbau der Länder und der Verfassungsgebung um Konsens und möglichst breite Regierungsmehrheiten. Gleichwohl war die Machtbezogenheit der Wahlgesetze unübersehbar.

In Hamburg profitierte die SPD bei der ersten Bürgerschaftswahl 1946 vom dortigen (abgemilderten) Mehrheitswahlrecht, das unter britischem Einfluss eingeführt worden war, und erhielt über 75 Prozent der Mandate, obwohl sie nur 43 Prozent der Wählerstimmen bekommen hatte. Die anderen drei Parteien CDU, FDP und KPD erhielten zwar weit über die Hälfte der Stimmen, aber nur knapp 25 Prozent der Mandate.[104] »Damit wirkte sich das System beinahe wie ein reines englisches Mehrheitswahlsystem aus: Es schaffte eine klare Einparteienregierung im Rathaus, während die übrigen Parteien sich mit der Oppositionsrolle abfinden mussten.«[105] Kein Wunder, dass die Hamburger SPD – trotz der generellen Vorliebe der SPD für das Verhältniswahlrecht – zunächst an der Mehrheitswahl festhielt, was ihr auch bei der nächsten Wahl im Jahr 1949 die absolute Mehrheit der Parlamentssitze einbrachte. Erst als sie 1953 die Mehrheit verlor, erinnerte sie sich ihrer alten Forderung nach einem Verhältniswahlrecht und führte dieses dann zusammen mit der FDP ein, die zwar Regierungspartei geworden war, in Sachen Wahlrechtsänderung allerdings mit der SPD-Opposition gemeinsame Sache machte.[106]

Auch in Schleswig-Holstein bestand ein stark zur Mehrheitswahl tendierendes System, wie es für die britische Besatzungszone typisch war. Auch hier profitierte die SPD und erhielt bei der Landtagswahl von 1947 61 Prozent der Parlamentsmandate, obwohl sie nur 44 Prozent der Wählerstimmen bekommen hatte. Auch hier hatte die SPD sich bei der Wahlrechtsgestaltung offensichtlich nicht von parteipolitischen Prinzipien, sondern allein von machtpolitischen Erwägungen leiten lassen und betrachtete das Wahlsystem als »ein Instrument zur Erringung der politischen Macht«.[107] Bei Mehrheitswahlen besteht die einzige erfolgversprechende Strategie für kleinere Parteien darin, durch Bildung von Listenverbindungen eine Zersplitterung zu vermeiden. Um ein solches gemeinsames Vorgehen der Opposition zu verhindern, hat die SPD-Mehrheit solche Listenverbindungen einfach verboten. In Hamburg hatten die Oppositionsparteien CDU, FDP und eine weitere Partei ein ähnliches Verbot dadurch umgangen, dass sie gemeinsam eine neue Partei gründeten, den »Vaterländischen Bund Hamburg«, dem dann 1953 auch der Wahlsieg gelang. Um Ähnliches in Schleswig-Holstein unmöglich zu machen, verbot die SPD-Mehrheit kurzerhand auch Parteineugründungen.[108]

Die Kleinen müssen draußen bleiben: Die Fünfprozenthürde und andere Sperrklauseln

Während die relative Mehrheitswahl kleineren Parteien keine Chance lässt, es sei denn, sie gehen mit anderen Parteien eine Listenverbindung ein oder schließen sich mit diesen zu einer neuen Partei zusammen, ermöglicht das Verhältniswahlrecht, das in den Ländern der amerikanischen Besatzungszone vorherrschte, grundsätzlich auch kleineren Parteien den Einzug ins Parlament, weil bei diesem Wahlsystem die Zahl der Mandate dem prozentualen Anteil der Stimmen entspricht. Hier wurde, wie später auch bei Bundestagswahlen, die Einführung von Sperrklauseln zum probaten Mittel, kleinere Parteien auszuschalten und damit die Wirkung der alliierten Lizenzierungspolitik fortzusetzen. In Bayern hatte die CSU bei der ersten Landeswahl, der Wahl der Verfassunggebenden Versammlung im Jahr 1946, 58 Prozent der Stimmen erhalten, was zum Teil darauf beruhte, dass andere Parteien mit ähnlichen Zielen, wie etwa die Bayernpartei, von der Besatzungsmacht nicht lizenziert worden waren.[109] Darauf trat die CSU für eine 15-prozentige Sperrklausel ein, um kleinere Konkurrenten, die ihr Teile der konservativen Wählerschaft streitig zu machen drohten, auszuschalten. Durchgesetzt und in die Bayerische Verfassung geschrieben wurde schließlich eine 10-Prozent-Sperrklausel in jedem der fünf Regierungsbezirke, deren Ausschlusswirkung durch zusätzliche Regelungen noch verstärkt wurde.[110] Wiederholte Verfassungsklagen seitens der FDP blieben erfolglos. Erst sehr viel später, als der CSU nach der verlorenen Bundestagswahl von 1972 klar wurde, dass ein Regierungswechsel in Bonn künftig wohl nur mit der FDP möglich wäre (und zudem alle anderen möglichen kleineren Koalitionspartner inzwischen verschwunden waren), befürwortete die CSU plötzlich eine Senkung der bayerischen Sperrklausel auf 5 Prozent, was, wie der bayerische Ministerpräsident und spätere Kanzlerkandidat Franz Josef Strauß in einem Interview einräumte, als Bonbon für die FDP gedacht war.[111]

Auch im Bundestagswahlrecht spielte die Fünfprozentklausel eine erhebliche Rolle, und an ihrer Beibehaltung haben zumindest die großen Parteien gemeinsam ein vitales Interesse. Sperrklauseln werden, erst einmal eingeführt, kaum je vom Parlament selbst wieder abgeschafft, auch wenn die Gründe inzwischen weggefallen sind, die für ihre Einführung maßgeblich waren. Ursprünglicher Sinn der Sperrklausel war es, in den Landesparlamenten und im Bundestag »Weimarer Verhältnisse« zu vermeiden. Die große Zahl der im Reichstag vertretenen kleinen Parteien machte man für die Instabilität der Weimarer Regierungen verantwortlich, »eine Schuldzuweisung, die heute sehr umstritten ist, damals aber so gut wie nicht hinterfragt wurde«.[112] Die eigentlichen Probleme der Regierungsbildung bereiteten nicht die kleinen und kleinsten, sondern die beiden radikalen Parteien NSDAP und KPD, die ab Juli 1932 zusammen mehr als die Hälfte aller Sitze im Reichstag hatten. Die Mitte musste deshalb die Minderheitenkabinette von Brüning und Schleicher hinnehmen, solange sie nicht mit einer von beiden zusammengehen wollte.

Das Wahlgesetz für die Wahl des ersten Deutschen Bundestags hatte allerdings noch keinerlei Sperrklausel vorgesehen – jedenfalls nicht in der vom Parlamentarischen Rat am 11. Mai 1949 verabschiedeten Fassung.[113] Die Sperrklausel wurde erst durch die Ministerpräsidenten der Länder hinzugefügt. Die alliierten Besatzer, die sich die letzte Entscheidung vorbehalten hatten, baten nämlich die Ministerpräsidenten um Stellungnahme zum Wahlgesetz, und diese verlangten eine Sperrklausel von 5 Prozent oder mindestens die Erlangung eines Direktmandats als Voraussetzung für die Beteiligung an der Mandatsvergabe, ein Vorschlag, den die Militärgouverneure schließlich akzeptierten. Auch diese Regelung entsprang parteitaktischem Kalkül, und zwar so sehr, dass man selbst ihre offensichtliche innere Widersprüchlichkeit hinnahm: Die Einmandatsklausel, die auch Splitterparteien den Einzug ins Parlament erlaubte, wenn sie nur in einem Wahlkreis ein Direktmandat erzielt hatten, widersprach dem eigentlichen Zweck der Sperrklausel, der Förderung einer regierungsfähigen Mehrheit durch Ausschaltung von Splitterparteien.[114]

Die Einmandatsklausel beruhte auf trickreicher Kalkulation der großen Parteien. Sie zwang kleinere Parteien nämlich – meist unter großen inneren Auseinandersetzungen – zu Wahlabsprachen mit größeren Parteien, die dann zugunsten ihrer kleineren Partner in einem oder mehreren Wahlkreisen auf eigene Kandidaten verzichteten. Doch derartige Absprachen wurden leicht als manipulativ verstanden, raubten den kleineren Parteien die Unabhängigkeit, die innere Einigkeit und die äußere Glaubwürdigkeit, was ihren Niedergang erst recht beschleunigte – und insgeheim im Interesse der großen Parteien lag, die die Regelungen listig durchgesetzt hatten. So verzichtete zum Beispiel bei der Bundestagswahl 1953 im Wahlkreis Oberhausen die CDU auf einen eigenen Kandidaten zugunsten der Partei Das Zentrum, die dort ihren Vorsitzenden Brockmann aufstellte. Dafür wurde der CDU-Abgeordnete Heix, der diesen Wahlkreis bei der vorangegangenen Bundestagswahl knapp gewonnen hatte, auf Platz 2 der nordrhein-westfälischen Landesliste des Zentrums gesetzt. Als weitere Gegenleistung musste das Zentrum sich verpflichten, nur in Nordrhein-Westfalen eine Landesliste aufzustellen, nicht auch in anderen Bundesländern, obwohl es zum Beispiel in Niedersachsen über einige Unterstützung verfügte. Das ganze Manöver zahlte sich denn für Das Zentrum auch nicht aus. Es erhielt 1953 nur noch 0,8 Prozent der Stimmen und damit drei Bundestagsmandate, unter ihnen das des CDU-Abgeordneten Heix.[115] So erwies sich die Einmandatsklausel als süßes Gift für kleinere Parteien, an dem diese schließlich zugrunde gingen.

Wie sehr die Fünfprozentklausel Spielball reiner Machtinteressen war, zeigte sich auch bei den parlamentarischen Beratungen für das Wahlgesetz zum zweiten Deutschen Bundestag. Eine Mehrheit hatte sich bereits auf die Absenkung der Sperrklausel auf 3 Prozent geeinigt, und auch der geänderte Regierungsentwurf sah nur noch ein solches abgesenktes Quorum vor. Doch plötzlich schwenkten die Freien Demokraten um; das geschah in der parteitaktischen Hoffnung, »die noch kleineren Parteien skrupellos reinzulegen«[116] und sich – unter Ausmanövrierung kleinerer Konkurrenzparteien – der CDU/CSU als einziger Koalitionspartner anzudienen. Am Ende wurde statt einer Senkung der Klausel eine Verschärfung beschlossen. Die Klausel blieb bei 5 Prozent, wurde aber – ohne nachvollziehbare sachliche Begründung – dadurch verschärft, dass man diesen Prozentsatz nunmehr nicht nur in einem Bundesland, sondern im ganzen Bundesgebiet erlangen musste.[117] Das war schon 1949 eine Forderung der Ministerpräsidenten gewesen, die damals von den Alliierten aber noch abgeblockt worden war.[118]

Während es 1949 ausgereicht hatte, dass eine Partei in *einem* Bundesland mindestens 5 Prozent der Zweitstimmen erlangte, musste sie seit der Bundestagswahl 1953 5 Prozent im ganzen Bundesgebiet erreichen, was in der Regel erheblich schwerer ist. Der normale Weg der Gründung und Entwicklung neuer Parteien geht dahin, erst einmal einen regionalen Schwerpunkt zu bilden, der nach Eintritt in das Parlament dann allmählich ausgebaut wird. Und dieser Weg ist durch die Erstreckung der Sperrklausel auf die ganze Bundesrepublik gesetzlich blockiert.

1956 wurde die Alternativklausel verschärft: Statt eines Direktmandats waren nun drei erforderlich. Seither benötigt eine Partei, um an der Mandatsvergabe beteiligt zu sein, mindestens 5 Prozent der

Zweitstimmen oder drei Direktmandate. Auch diese Änderung erfolgte auf Betreiben vor allem der FDP, die sich neben der CDU/CSU und der SPD als alleinige »dritte Kraft« profilieren wollte.[119] Die Verschärfung der Klausel entsprach »den ureigensten Interessen der Freidemokraten«.[120] Denn sie konnte der FDP nicht gefährlich werden, wohl aber allen übrigen kleinen Parteien. Die FDP war nicht auf die Alternativklausel angewiesen, da die Fünfprozenthürde – damals – für sie stets leicht überwindbar erschien. Um sich als »Zünglein an der Waage zwischen der CDU und der SPD« zu etablieren und ihr Ziel einer permanenten Regierungsbeteiligung zu erreichen,[121] musste die FDP die anderen kleinen Parteien eliminieren.[122]

Dieses Konzept ging schließlich auf: Während im ersten Bundestag außer der Union, der SPD und der FDP noch sieben weitere Parteien vertreten waren und im zweiten Bundestag noch drei, gab es im 1957 gewählten dritten Bundestag nur noch eine, die Deutsche Partei, die mit Hilfe der Dreimandatsklausel und Wahlkreisabsprachen mit der CDU den Eintritt in den Bundestag geschafft hatte. Ab 1961 bestand dann genau das von der FDP anvisierte Dreiparteiensystem, in dem die FDP, wenn man von der großen Koalition (1966 bis 1969) absieht, in der Tat fast vier Jahrzehnte lang die Zünglein-Funktion für die Regierungsbildung innehatte. Sie verhalf bis 1966 den CDU/ CSU/FDP-Regierungen Adenauer und Erhard zur Mehrheit, ab 1969 den SPD/ FDP-Regierungen Brandt und Schmidt und von 1982 bis 1998 der CDU/CSU/FDP-Regierung Kohl.

Um kleinere Parteien nicht aufkommen zu lassen, wurde die Fünfprozentklausel sogar auf die Europawahlen erstreckt, obwohl sie dort erst recht keinen Sinn macht, weil die Bildung einer stabilen Regierungsmehrheit auf europäischer Ebene nicht gewährleistet werden muss.[123] Das eigentliche politische Entscheidungsorgan ist dort der Europäische Rat, auf dessen Bestellung und Abberufung das Europäische Parlament keinen Einfluss hat. Dessen Kompetenzen sind auch sonst gering im Vergleich zu den nationalen Parlamenten.[124]

Wie schwer sich Politiker tun, eine einmal eingeführte Sperrklausel wieder zu beseitigen, zeigt auch das Kommunalwahlrecht. Hier besteht die Sperrklausel in mehreren Bundesländern fort, obwohl inzwischen die Bürgermeister und Landräte direkt vom Volk gewählt werden und damit der frühere Hauptgrund für die Sperrklausel, nämlich die Erleichterung der Mehrheitsbildung bei der Wahl des Gemeindevorstehers durch den Gemeinde- oder Kreistag, weggefallen ist. In Ländern wie Baden-Württemberg und Bayern, in denen die Bürgermeister von Anfang an direkt gewählt wurden, gab es bei Kommunalwahlen nie Sperrklauseln. In Nordrhein-Westfalen hat das Landesverfassungsgericht die Sperrklausel nach Einführung der Direktwahl von Bürgermeistern und Landräten beseitigt. Andere Länder wie Hessen sind von sich aus gefolgt. Dagegen gibt es in Mecklenburg-Vorpommern, im Saarland, in Schleswig-Holstein und Thüringen immer noch Fünfprozentklauseln, in Rheinland-Pfalz beträgt die Sperrklausel 3,03 Prozent. Diese Regelungen sind verfassungswidrig,[125] und das Landesverfassungsgericht Mecklenburg-Vorpommern hat das Parlament im Dezember 2000 konsequenterweise denn auch aufgefordert, die Regelung zu überprüfen.[126]

Das eigentlich Problematische von Sperrklauseln ist der praktische Ausschluss neuer Parteien und die dadurch bewirkte Versteinerung des politischen Systems, das zur »geschlossenen Gesellschaft« degeneriert. Die Klausel ist ein Bollwerk der herrschenden Parteien zur Absicherung vor Konkurrenz durch neue Parteien. Neue Parteien fangen im Allgemeinen klein an und wachsen dann erst allmählich heran. Dabei behindert sie die Sperrklausel noch weit stärker, als die Zahl von 5 Prozent signalisiert: Stimmen an eine Partei, die unter der Sperrklausel bleibt, gehen für diese Partei verloren und kommen statt dessen den Parlamentsparteien im Verhältnis ihrer Größe zugute, also auch denen, welche die betreffenden Wähler möglicherweise zutiefst ablehnen. Die Wähler werden aus Furcht vor solchen Konsequenzen oft auch dann vor der Wahl kleiner Parteien zurückschrecken, wenn sie sie sonst gewählt hätten. Auf diese Weise verfälscht die Sperrklausel die Wahlergebnisse noch mehr. Eine Partei, deren Anhängerschaft im Volk zum Beispiel 6 oder 7 Prozent beträgt, kann aufgrund der psychischen Vorwirkungen der Klausel dennoch ein Opfer der Sperre werden.

Obwohl die Fünfprozentklausel die Grundrechte gleicher Wahl und gleicher Wählbarkeit der Bürger und der Parteien schwer beeinträchtigt, hat das Bundesverfassungsgericht sie »unter dem Gesichtspunkt der Bekämpfung von Splitterparteien« für gerechtfertigt gehalten[127] und diese Auffassung nie revidiert, obwohl sie von namhaften staatsrechtlichen Autoren immer wieder und mit zunehmendem Recht in Zweifel gezogen worden ist.[128] Es ist der politischen Klasse – mittels ihres Einflusses auf die politische Bildung und das politische Denken überhaupt – gelungen, die Überzeugung von der angeblichen Notwendigkeit solcher Sperrklauseln so tief im Bewusstsein der Menschen zu verankern, dass ihre Berechtigung ohne Nennung wirklicher Gründe blind vorausgesetzt und ihre Funktion als Schutzwall des Parteienkartells vor Konkurrenz gar nicht mehr wahrgenommen wird. Entlarvend ist, dass das Bundesverfassungsgericht in seiner ersten einschlägigen Entscheidung die Sperrklausel unter anderem mit dem Hinweis zu rechtfertigen versuchte, sie habe sich in der Bundesrepublik allgemein durchgesetzt.[129] Doch da die Parlamentsparteien diese Klausel zur eigenen Machtsicherung so beschlossen haben, läuft diese Begründung auf eine Abdankung des Gerichts zugunsten der Politik hinaus: Rechtsprechung aus dem Geist der politischen Klasse.

Ein psychologischer Abwehrschirm gegen neue Herausforderer

Die politische Klasse setzt ihren großen Einfluss auf die herrschenden politischen Einstellungen auch sonst vielfach ein, um sich gegen lästige Konkurrenz abzuschotten. Neue Parteien sind ohnehin vielfach benachteiligt: durch die Fünfprozentklausel, durch die Ausgestaltung der Parteien-, Fraktions-, Stiftungs- und Abgeordnetenfinanzierung und vieles mehr. Zusätzlich bestehen nun auch noch mentale Hürden in den Köpfen der Menschen, die den Erfolg neuer Parteien selbst dann massiv erschweren, wenn die Herausfordererparteien neuen Bedürfnissen und Forderungen der Wähler sehr viel eher gerecht zu werden versprechen als die schwerfälligen, personell und strukturell meist inflexiblen etablierten Parteien. Die Wahlforschung unterscheidet drei solche Hürden:[130]

- Neue Parteien müssen ihren Wählern beweisen, dass ihre Kritik berechtigt ist und von den Etablierten nicht einfach als unseriöse Übertreibung, als Querulantentum oder schlicht als Unsinn abgetan werden kann (Legitimationshürde).
- Neue Parteien müssen ihren Wählern beweisen oder zumindest plausibel machen, dass sie innerhalb des Parteiensystems einen Status erreichen können, der es den Etablierten unmöglich macht, sie

zu ignorieren, und so die Durchsetzungschancen für ihre Anliegen verbessert (Integrationshürde).

- Neue Parteien müssen beweisen, dass sie in der Lage sind, auf der politischen Ebene selbständig zu wirken. Dabei müssen sie sich gegen den doppelten Vorwurf der Etablierten behaupten: Sie würden ihr Anliegen um der Beteiligung an der Regierungsmacht willen verkaufen und damit bloß als Mehrheitsbeschaffer fungieren, oder sie würden, wenn sie ins Parlament kommen, auf den Oppositionsbänken »versauern«. Sie müssen also beweisen oder plausibel machen, dass ihr Wahlerfolg es ihnen erlaubt, strukturelle Veränderungen durchzusetzen (Repräsentationshürde).

Das große Problem, dem speziell neue Parteien sich gegenübersehen, besteht darin, dass alle diese Beweise nicht mit mathematischer Stringenz geführt werden können, sondern nur mit »weichen« Argumenten und in Auseinandersetzung mit mancherlei möglichen Gegenargumenten. Dieser Umstand würde die Anerkennung der Berechtigung der neuen Partei selbst in einem sozialwissenschaftlichen Kolloquium schwer machen. Doch die Auseinandersetzung findet in Medien statt, zu denen die Herausforderer kaum Zugang haben, in einer Öffentlichkeit, in welcher die politische Klasse und ihr langer Arm regelmäßig ein gewaltiges Übergewicht besitzen. Das erschwert es neuen Parteien zusätzlich, in ihrer Existenzberechtigung akzeptiert zu werden. Die Etablierten und der Chor ihrer Freunde und Sympathisanten, kurz alle, die sie sich und ihrer politischen Sichtweise verpflichtet haben, entfalten eine argumentative »Feuerkraft«, welche es für Herausforderer im Normalfall fast unmöglich macht, die genannten Hürden zu überwinden.[131]

Der Listenplatz ist sicher: Scheinwahl mit der Erststimme

Ursprünglich hatte der Bundestag nur 400 Mitglieder (plus zwei Überhangmandate), von denen der größte Teil, nämlich 242 Abgeordnete (= 60 Prozent), in ebenso vielen Wahlkreisen direkt gewählt wurde. Gewählt war, wer die meisten Stimmen im Wahlkreis erhielt (relative Mehrheitswahl). Die übrigen 158 Abgeordneten wurden nach starren Landeslisten gewählt. Der Wähler hatte nur eine Stimme, die für die Kandidaten und die Partei zählte. Bei der Mandatsverteilung für die Parteien in den einzelnen Ländern wurden die in den Wahlkreisen direkt errungenen Sitze angerechnet. Erlangte eine Partei in einem Bundesland mehr Direktmandate als ihr nach dem Proportionalprinzip zustanden, durfte sie diese so genannten Überhangmandate behalten.[132]

In den folgenden Jahren kam es – auch über die schon dargestellte Verschärfung der Sperrklausel hinaus – zu einigen Modifikationen. 1952 wurde zunächst die Nachwahl aufgehoben. Bis dahin waren, wenn ein direktgewählter Abgeordneter durch Tod oder auf andere Weise aus dem Bundestag ausschied, zur Bestimmung des Nachfolgers Nachwahlen im jeweiligen Wahlkreis erforderlich. Das waren etwa zwanzig während einer Wahlperiode. Seit Abschaffung der Nachwahl werden bei der eigentlichen Bundestagswahl Ersatzkandidaten gleich mitgewählt, die bei Ausscheiden eines Abgeordneten an seine Stelle treten. Damit kann heutzutage »ein völlig unbekannter Mann, der den Wahlkreis möglicherweise noch nie gesehen hat, um den er sich jedenfalls nie beworben hat, in den Bundestag einziehen«.[133]

Darüber hinaus wurde für die Wahl zum zweiten Bundestag die Zahl der Abgeordneten von 400 auf 484 aufgestockt, obwohl keine sachlichen Gründe für eine solche Vermehrung angeführt werden konnten.[134] Zugleich erhielt der Wähler zwei Stimmen, die so genannte Erststimme für die Direktwahl im Wahlkreis, die Zweitstimme für die Parteiliste.[135]

Anfangs bestanden also nicht unerheblich stärkere Elemente der Mehrheitswahl als heute. Das heutige Wahlrecht ist ganz überwiegend reines Verhältniswahlrecht, da die Anzahl der Parlamentsmandate sich nach den für die Parteilisten abgegebenen Zweitstimmen richtet. Diese Tatsache wird allerdings hinter dem Begriff der »personalisierten Verhältniswahl« versteckt, der eine ausgewogene Kombination von Partei- und Personalwahlelementen suggeriert, die in Wahrheit nicht besteht. Dieses Wahlrecht hat den Einfluss der Wähler reduziert und zugleich die Entwicklung des Parteienstaats und der politischen Klasse massiv gefördert, indem es den Beruf des Politikers sicherer gemacht hat. Das kommt beispielhaft im Begriff »sicherer Listenplatz« zum Ausdruck, der besagt, dass Kandidaten, die solche Plätze innehaben, vor den Wählern geschützt sind – eine merkwürdige Perversion, die einem autoritären Regime eher gemäß wäre als einer

Demokratie. Selbst wenn die Wähler einer Parteiliste weniger Stimmen geben, langt es für die vorderen Kandidaten allemal, so dass diese faktisch nicht abgewählt werden können. Aber auch die Direktwahl mit der Erststimme ist oft eine Farce, weil viele von denen, die im Wahlkreis verlieren, auf der Liste abgesichert sind und auf diesem Weg dann doch noch ins Parlament kommen. Es handelt sich um Wahlen ohne Auswahl.

In den Parteien findet eine »verborgene Vorwahl« statt, »die die eigentliche Wahl ist«. Hier werden die sicheren Listenplätze als Preis für erfolgreiche parteiinterne Kungelei vergeben, hier wird festgelegt, wer durch Abstrafung mit schlechten Listenplätzen von vornherein aussichtslos kandidiert. Nur Parteimitglieder sind an dieser verschwiegenen Vorauswahl beteiligt, und auch die oft nur in verschwindendem Umfang oder gar nicht – ein Verfahren, das parteiinternen Strippenziehern viel zu viel Macht in die Hand gibt. Der Wähler »wählt die, die schon gewählt sind, und hat nur noch Einfluss auf die Zahl der von der Partei schon Gewählten, die Parlamentsmitglieder werden«.[136] So begünstigt die starre Listenwahl die »Entpersönlichung« des Wahlgeschäfts,[137] rückt das parteipolitische Moment ganz in den Vordergrund und macht kleine Cliquen in den Parteien zu Subjekten der Parlamentswahl. Angesichts der zunehmenden finanziellen Aufwertung der Mandate und der Karrierisierung der Abgeordneten sind die Anreize und die Möglichkeiten immer größer geworden, durch Cliquenbildung den politischen Besitzstand zu erhalten und zu fördern. Erwin und Ute Scheuch haben beschrieben, wie das System funktioniert:

> »Die Personalauswahl der Parteien wird im deutschen System rechtlich durch das Instrument der Liste dominiert, und bei deren Aufstellung dominieren Einfluss-Cliquen auf Kreisebene. ... Für den Berufspolitiker – ob offen oder nur faktisch – wirkt der Kampf um die Wiederaufstellung wie die Auseinandersetzung über eine Vertragsverlängerung. Sind die Gewinne« aus einer »solchen ›Vertragsverlängerung‹ hoch, dann wird der Kampf gegen Konkurrenten gnadenlos. Bereits mit der Aufnahme eines Mandats beginnt heute in der Bundesrepublik der Kampf um die Wiederaufstellung. Am Beispiel einiger Städte – hier ist insbesondere Köln als Anschauungsmaterial von uns gewählt worden – wird deutlich, dass

nicht die jeweiligen Wahlkreise bestimmend für den Erfolg des Kampfes um die Wiederaufstellung sind, sondern Cliquen. Sie kontrollieren über die Einflussnahme auf die Delegiertenaufstellung als ein Kartell die Zusammensetzung der Listen.«[138]

Die Wähler bestimmen mit ihrer Zweitstimme nur noch darüber, wie viel Prozent der Sitze die verschiedenen Parteien erhalten, legen also die Herrschaftsanteile der Parteien fest. Damit entscheiden sie aber nicht einmal unbedingt darüber, welcher »Spitzenmann« und welche Führungsgruppe der konkurrierenden Partei die Regierung übernehmen. Sieht man von der Bundestagswahl 1957 ab, als die Union 50,2 Prozent der Stimmen bekam, so sind im Bund Mehrheiten immer nur durch Koalitionen zustande gekommen. Bis 1998 fungierte die FDP als Zünglein an der Waage (seitdem auch die Grünen). Wem sie ihre Koalitionsgunst schenkte, dessen Partei konnte mit ihr zusammen die Regierung und den Bundeskanzler stellen (und musste dafür der FDP neben einigen Ministerposten den des Vizekanzlers überlassen). Es hat bis 1998 im Bund keinen Regierungswechsel gegeben, der direkt durch Wahlen entschieden wurde, sondern immer nur Regierungswechsel durch neue Koalitionsabsprachen (zum Sonderfall der Bildung der Regierung Schröder siehe S. 271 f.). Diese Konstellation trägt dazu bei, Regierungswechsel zu erschweren. In der Vergangenheit kamen eventuelle Stimmenverluste der jeweiligen Hauptregierungspartei nicht nur der Opposition, sondern häufig auch dem kleineren Koalitionspartner zugute, so dass sie zum Teil aufgefangen werden konnten.[139] Das Wahlsystem trägt auch dazu bei, dass das Zentrum der politischen Macht aus den eigentlichen Staatsorganen in Koalitionsausschüsse verlagert wird und die offiziellen Gremien zunehmend leer laufen.

Dass trotz der Mängel des bestehenden Wahlrechts bisher keine Konsequenzen gezogen wurden, ja, dass die Erkenntnis dieser Mängel weitgehend unterdrückt wurde, liegt wesentlich daran, dass hier die Stellung der Parteien und der politischen Klasse berührt ist. Unter den Nutznießern herrscht wenig Neigung zu einer unvoreingenommenen Diskussion des Wahlrechts (und noch weniger Neigung zur Durchsetzung von Verbesserungen), weil sich dann alle dem Wähler stellen müssten und die bequeme Absicherung von Kandidaturen auf vorderen Plätzen der Landeslisten, die sie vom Wähler unabhängig macht, wegfiele. Aus ähnlichen Gründen war auch in der Weimarer Republik eine Wahlrechtsreform nicht in den politischen Blick gekommen. Sie hätte im Reichstag nicht durchgesetzt werden können, »weil gerade die kleinen Parteien, die den Ausschlag gaben, an dem Verhältniswahlrecht hingen und in den großen Parteien die führenden Abgeordneten sich so daran gewöhnt hatten, dass ihre Wiederwahl gesichert sei, ohne dass sie sich besonders anzustrengen brauchten, dass sie ungern an eine mögliche Erschütterung ihrer Berufsstellung denken mochten«.[140] Die Eigeninteressen der Parteien und der etablierten politischen Klasse dürften die Haupterklärung dafür sein, warum hinsichtlich des Wahlrechts – mit Ausnahme insbesondere der Fünfprozentklausel, die wiederum die Macht der Etablierten stärkte – keine Konsequenzen aus den Erfahrungen mit Weimar gezogen wurden, obwohl das Grundgesetz in zahlreichen anderen Teilen bewusst als Antwort auf Weimarer Fehlentwicklungen konzipiert wurde.

Auch der größte Anlauf zu einer grundlegenden Reform des bundesdeutschen Wahlsystems und zur Einführung der relativen Mehrheitswahl in der Zeit der großen Koalition scheiterte letztlich an parteipolitischen Machtinteressen.[141] Dass es überhaupt zu ernst zu nehmenden Initiativen kam, lag daran, dass die CDU glaubte, keine Rücksicht mehr auf ihren bisherigen Koalitionspartner FDP nehmen zu müssen, nachdem die FDP-Minister 1965 die Erhard-Regierung verlassen und damit die Koalition mit der CDU/CSU aufgekündigt hatten. Auch die SPD erklärte sich – sozusagen als Preis für ihre Regierungsbeteiligung – mit der relativen Mehrheitswahl einverstanden. Mit der Einigung der beiden großen Parteien schien endlich der Weg für eine durchgreifende Reform frei, so dass die »Einführung eines mehrheitsbildenden Wahlsystems« als eine der wichtigsten Aufgaben der großen Koalition in die Regierungserklärung von Bundeskanzler Kiesinger beschrieben wurde. Der SPD, die traditionell für ein Verhältniswahlrecht eingetreten war, erschien das als der einzige Weg, die Regierung zu übernehmen, da die FDP lange auf die Union festgelegt schien. Erst als die FDP sich allmählich der SPD zuneigte, in Nordrhein-Westfalen mithalf, den CDU-Ministerpräsidenten Meyers zu stürzen und zusammen mit der SPD die Regierung bildete, und als beide Parteien 1969 bei der Wahl von Bundespräsident Heinemann abermals an einem Strick zogen, sah die SPD keinen Grund mehr, das Verhältniswahlsystem abzuschaffen und damit die FDP als Bündnispartner zu verlieren, mit der sie ab 1969 dann auch die sozialliberale Koalition bildete.

An parteipolitischen Machtinteressen ist bisher auch die Abschaffung der starren und die Einführung von flexiblen Listen gescheitert. Gerade neuerdings gibt es allerdings wieder viele dahin gehende Vorschläge: Bundespräsident Roman Herzog hatte in seiner Rede zum fünfzigsten Jahrestag der Gründung der Bundesrepublik »das Kumulieren und Panaschieren von Wählerstimmen auch bei Bundes- und Landtagswahlen« vorgeschlagen, und es gibt inzwischen kaum noch einen Politiker, der sich gegen eine solche Reform ausgesprochen hätte. Dennoch ist ihre Realisierung auf Bundes- und Landesebene bisher keinen Millimeter vorwärts gekommen, was wieder mit den Eigeninteressen der politischen Klasse zusammenhängt. Das wurde in einem Leserbrief sehr anschaulich in Worte gefasst:

> »Die Stärke der Selbstschutzmechanismen unseres parteienstaatlichen Systems verhinderte in den zur allgemeinen Beschwichtigung und parteipolitischen Einstimmung eingerichteten Zentralen zur politischen Unbildung, dass die Anregung des Bundespräsidenten in seiner Rede vom 24. Mai 1999 in Schriften oder Veranstaltungen zur Wahlrechtsgestaltung aufgenommen wurde; die Erinnerung an die lebhafte Diskussion über Wahlrechtsänderungen vor dreißig Jahren bleibt systematisch abgedunkelt.«[142]

Um die Mängel des Wahlrechts zu verschleiern und die Lücke zwischen Soll und Ist zu verdrängen, nimmt die politische Klasse ihre Zuflucht häufig zu Manipulation und Irreführung. Das geht so weit, dass Europawahlen ungeniert als »Direktwahlen« bezeichnet werden und Europaabgeordnete wie selbstverständlich von »ihrem Wahlkreis« sprechen,[143] obwohl sie in der Bundesrepublik *alle* nach starren Listen gewählt werden, also nicht direkt den Bürgern, sondern ihren Parteien ihr Mandat verdanken und natürlich auch keine Wahlkreise haben. Die meisten »Volksvertreter« würden gegen eine Reform in Richtung Direktwahl auch massiv protestieren, weil sie dann ja vom Wähler abberufen werden könnten.

Ein großer Teil der Wähler weiß nicht einmal, wie unser Bundestagswahlrecht wirklich funktioniert (und beim Wahlrecht zu den Landtagen ist die Unkenntnis mindestens genauso groß). Über die unter-

schiedliche Bedeutung von Erst- und Zweitstimmen haben viele Menschen allenfalls eine ganz vage Vorstellung, und die Parteien geben sich auch keine Mühe, sie darüber aufzuklären. Nur wenn eine Partei befürchtet, die Wähler würden die Stimmen »splitten« und ihre Zweitstimme einer anderen Partei geben, betont sie deren besondere Bedeutung, weil davon die Sitzverteilung im Bundestag abhängt. Warum dann aber die Erststimme unwichtig ist und welche Funktion sie überhaupt erfüllen soll, bleibt im Dunkel.
Das mangelnde Aufklärungsinteresse der politischen Klasse hat seine Gründe. Käme zum Beispiel heraus, dass die Wahl all der vielen Kandidaten, deren Einzug ins Parlament schon lange vorher feststeht, eine reine Scheinwahl ist (siehe S. 262 ff.), würde der Druck auf wirkliche Reformen erheblich zunehmen, und das möchte die politische Klasse vermeiden.

Verschleierung der Verantwortung: Bundesrat und Bundesländer

Dass die politische Klasse die Strukturen und das politische Entscheidungsverfahren, also das ganze Verfassungssystem, mitprägt und dabei ihren Eigeninteressen dienstbar macht, zeigt sich besonders nachhaltig am bundesdeutschen Föderalismus. Kaum irgendwo sonst – von der Europäischen Union vielleicht abgesehen – ist die Deformation des Systems und die Auflösung zurechenbarer politischer Verantwortung derart extrem wie im deutschen Exekutivföderalismus.[144] Das stößt nur deshalb nicht auf dauernden Aufschrei und Protest der Öffentlichkeit, weil die komplizierten Mechanismen so überaus schwer zu durchschauen sind.
Die Verzerrungen sind zum großen Teil bereits im Grundgesetz angelegt, weshalb das Verfassungsgericht als Kontrollinstanz ausfällt, da es sich ja am Grundgesetz als Maßstab seiner Kontrolle orientiert. Während manche Auswüchse der Parteienfinanzierung und der Wahlgesetze (die in einfachen Gesetzen niedergelegt sind) vom Bundesverfassungsgericht korrigiert und auf diese Weise die Eigeninteressen der politischen Klasse in Grenzen gehalten wurden, fällt diese Kontrollinstanz grundsätzlich aus, wenn es um Mängel der formellen Verfassung selbst geht. Wird die politische Klasse bei der Verfassungsgebung

und bei Verfassungsänderungen nicht ausreichend kontrolliert, kann sie die Institutionen umso ungehinderter auf ihre Interessen zuschneidern (siehe S. 76 f.).

Eine Schlüsselentscheidung für die Ausgestaltung des bundesdeutschen Föderalismus war die Konstruktion des Bundesrats. Er ist – anders als die Zweiten Kammern in den Bundesstaaten USA, Schweiz und Australien – kein Senat mit von den Landesvölkern direkt gewählten Mitgliedern,[145] sondern wird in Deutschland als einzigem Land der Welt von den Mitgliedern der Landes*regierungen* gebildet, speziell von ihren Chefs, den Ministerpräsidenten. Diese waren schon lange im Amt, bevor der Parlamentarische Rat, der das Grundgesetz entwarf, eingesetzt wurde, und sie hatten ganz zielstrebig auf jene Schlüsselentscheidung hingearbeitet: In dem von ihnen eingesetzten Sachverständigenausschuss auf Herrenchiemsee, der die Arbeit des Parlamentarischen Rats vorbereitete, kam das amerikanische Senatsmodell mit direkt gewählten Mitgliedern überhaupt nicht vor.

Der Parlamentarische Rat konnte sich in der Frage der Gestaltung des Bundesrats zwar lange nicht einigen. Den Durchbruch schaffte aber schließlich eine Absprache zwischen dem bayerischen Ministerpräsidenten Hans Ehard (CSU) und dem nordrhein-westfälischen Innenminister Walter Menzel (SPD). Die Befürworter des Bundesratsmodells konnten sich dabei auf die Tradition berufen: Bereits der Bundesrat im Kaiserreich Bismarck'scher Prägung hatte sich aus den Landesfürsten zusammengesetzt. Er war eine vollwertige Zweite Kammer, die allen Gesetzen zustimmen musste und von Bismarck ganz bewusst zu dem Zweck geschaffen worden war, das Parlament und die ungeliebte Demokratie zu zügeln. Während diese Konstruktion im dualistischen Bismarck-Reich mit seiner doppelten Legitimation aus monarchischem Gottesgnadentum und Demokratie durchaus ihren Sinn gehabt haben mag, musste die Wiederauferstehung dieses Systems in der parlamentarischen Demokratie der Bundesrepublik zu einem Fremdkörper werden, der mit fast logischer Konsequenz eine Reihe anderer Fehlentwicklungen nach sich zog.

Die Konstruktion des Bundesrats brachte eine gewaltige Aufwertung der Ministerpräsidenten mit sich. Diese sind nun nicht nur Regierungschefs ihres Landes, sondern reden als Mitglieder des Bundesrats auch auf Bundesebene ein gewichtiges Wort mit. Dafür haben sie eine spezielle auf sie zugeschnittene institutionelle Plattform: Sie können

an allen Sitzungen des Bundestags und seiner Ausschüsse teilnehmen und haben das Recht, dort jederzeit das Wort zu ergreifen (Artikel 43 Absatz 2 GG), ein außergewöhnlich weitgehendes – und in der Parlamentsgeschichte außerhalb Deutschlands ebenfalls unbekanntes – Recht für Mitglieder einer Zweiten Kammer. Die dominante Stellung der Ministerpräsidenten hat sie zu der wichtigsten Rekrutierungselite für Kanzlerkandidaten gemacht. Die beiden letzten Bundeskanzler, Kohl und Schröder, waren vor der Übernahme des Kanzleramts Regierungschefs auf Landesebene, dasselbe gilt für ihre wichtigsten Mitbewerber (Strauß, Rau, Lafontaine und Scharping).
Die Ministerpräsidenten haben ganz konsequent auch am weiteren Ausbau ihrer Machtstellung gearbeitet. Ursprünglich waren etwa 10 Prozent der Bundesgesetze »Zustimmungsgesetze«, inzwischen sind es über 50 Prozent – und darunter regelmäßig die wichtigsten. Dadurch wurde das Gewicht des Bundesrats und damit auch die Bedeutung der Ministerpräsidenten weiter gesteigert. Ausgangspunkt dafür war, dass der Bund im Lauf der Jahrzehnte immer mehr Gesetzgebungskompetenzen auf Kosten der Länder erhielt. Das geht so weit, dass die Länder heute keine nennenswerte Kompetenz mehr über die Steuergesetzgebung besitzen. Den dafür erforderlichen Grundgesetzänderungen stimmten die Ministerpräsidenten im Bundesrat nur unter der Voraussetzung zu, dass der Bundesrat ein Vetorecht bei der entsprechenden Bundesgesetzgebung bekam. Dadurch erweiterten die Ministerpräsidenten ihre Profilierungsmöglichkeiten auf Bundesebene erheblich. All das ging auf Kosten besonders der Landesparlamente, zu deren Lasten sich Bund und Ministerpräsidenten einigten.
Die aus dieser Entwicklung erwachsene Blockademacht des Bundesrats ist seit dem Scheitern der Steuerreform 1997/98 zunehmend ins öffentliche Bewusstsein getreten. Im Bundesrat sollen eigentlich Länderinteressen in die Bundespolitik eingebracht werden. Doch wird er zunehmend parteipolitisch instrumentalisiert und hat dadurch eine neue, ihm von den Verfassungsvätern gar nicht zugedachte Rolle erhalten. Eine abweichende parteipolitische Mehrheit im Bundesrat, wie sie allmählich fast zur Regel geworden ist, ist aus machtpolitischen Gründen leicht versucht, mit ihrem Veto die Regierungsmehrheit im Bundestag zu blockieren. Und dies ist eben im Laufe der Zeit bei fast allen wichtigen Themen möglich geworden.
Zwar versucht die Bundesregierung oft ganz ungeniert, die erforderli-

che Zustimmung bestimmter Schlüsselländer durch gezielte, meist finanzielle Zusagen an die jeweiligen Länder zu erkaufen. Und dies ist zum Beispiel bei der Steuerreform im Jahre 2000 auch gelungen. Andererseits haben gerade diese Zusagen eine sinnvolle Gestaltung des anstehenden Finanzausgleichs von vornherein belastet.

Zu Blockade-Erscheinungen kommt es auch in den Bundesländern. Diese sind nämlich immer mehr dazu übergegangen, ihre Politik zu koordinieren. So ähneln die Ländergesetze (etwa die Verwaltungsverfahrensgesetze und die Haushaltsordnungen) einander wie ein Ei dem anderen. So haben die Länder ihre Kompetenzen in dem wichtigsten ihnen verbliebenen Länderbereich, der Schul- und Hochschulpolitik, praktisch an die Kultusministerkonferenz abgetreten. Deren Entscheidungen sind zwar nicht verbindlich, haben faktisch aber einen starken Präjudizierungseffekt auf die Länderorgane. Da die Kultusministerkonferenz nur einstimmig entscheidet, kann selbst das kleinste der sechzehn Bundesländer alles blockieren. Es gilt das »Geleitzugprinzip«: Das schwerfälligste Schiff bestimmt das Tempo des ganzen Verbandes.[145a] Verkrustung und Innovationsmangel sind leicht die Folgen. Die Hochschulpolitik bietet dafür hinreichend Anschauungsmaterial. Und was bei der deutschen Schulpolitik herauskommt, hat eine internationale Vergleichsuntersuchung in den Fächern Mathematik und Naturwissenschaften von 1997 gezeigt:[146] Die Leistungen deutscher Schüler sind niederschmetternd. Die Reaktion der Kultusministerkonferenz war typisch. Statt öffentlich Alarm zu schlagen, hat sie versucht, die Ergebnisse unter der Decke zu halten.

Auch sonst wird in fast tausend interföderalen Gremien beinahe alles zwischen den Ländern sowie zwischen Bund und Ländern koordiniert und abgestimmt – mit ähnlich lähmenden Folgen. Da in diesen Gremien fast durchweg Vertreter der Regierungen sitzen und Absprachen treffen, degenerieren die Landesparlamente häufig zu bloßen Vollstreckern der Entscheidungen irgendwelcher Minister- und Beamtenzirkel. Die Mehrheiten in den Parlamenten können die mit den fünfzehn anderen Ländern (und oft auch mit dem Bund) abgestimmten Maßnahmen kaum noch ändern, ohne ihre eigene Regierung, die dem zugestimmt hat, zu desavouieren. Die Opposition, die an Informationsmangel leidet, wird erst recht entmachtet. Die Funktionsverluste der Landesparlamente münden, wie etwa der Präsident des Sächsischen Landtags einräumt, »in die ernsthafte Frage nach ihrer

Existenzberechtigung und damit nach der Existenzberechtigung der Eigenstaatlichkeit der Länder überhaupt«.[146a]

An sich hätte man vermuten können, die Landesparlamente würden sich gegen die Zentralisierung und die damit verbundene schrittweise Austrocknung ihrer Kompetenzen mit Zähnen und Klauen zur Wehr setzen. Doch die Landesparlamente haben ihre allmähliche Entmachtung still erduldet und sich stattdessen durch Aufblähung ihrer Bezahlung und Versorgung schadlos gehalten.

Das Problem ist jedoch keinesfalls auf die *Parlamente* der Länder beschränkt:

- Infolge der Übertragung von Gesetzgebungskompetenzen von den Ländern auf den Bund,
- infolge der Vereinheitlichung der den Ländern verbliebenen Gesetze und
- infolge der Koordination auch der sonstigen Landeskompetenzen

ist faktisch ein weitgehender Zentralismus entstanden, der die Existenzberechtigung der Länder insgesamt in Frage stellt. Dass die Länder ihre Kompetenzen von sich aus weggegeben haben und die verbliebenen nicht zu Eigenem nutzen, liegt durchaus auch im Interesse der gesamten politischen Klasse der Länder, weil dadurch der Wettbewerb geschwächt und die Kontrolle ihrer politischen Leistung erschwert wird. Die Zentralisierung der Gestaltungsbefugnisse wirkt wie ein politisches Kartell, weil sie den Landeswählern die Möglichkeit des Vergleichens, der Auswahl und der Sanktion (mit dem Wahlzettel, durch öffentliche Kritik oder durch Umzug in ein anderes Bundesland) nimmt. Dieser bisher vornehmlich von Politikökonomen vertretenen Auffassung[147] hat sich auch der Staatsrechtslehrer und frühere Präsident der Berliner Humboldt-Universität Hans Meyer angeschlossen: Die Länder wollten »gar keine Verantwortung übernehmen«. Das sei der Grund, warum sie das Abwandern von politischer Gestaltungsmöglichkeit an den Bund in so vielen Bereichen widerstandslos hingenommen und daran sogar noch mitgewirkt hätten. Diese »Flucht aus der Verantwortung« sei »durch nichts indiziert, außer, dass man lieber beim Bund mitbestimmen wollte, als im eigenen Land politisch zu agieren« und dafür die zurechenbare Verantwortung zu tragen.[148]

Die politische Verantwortung verflüchtigt sich dadurch noch weiter, dass die Gesetzgebung weitgehend beim Bund (und zunehmend bei der Europäischen Union), die Ausführung aber bei den Ländern liegt. Der Gießener Staatsrechtslehrer und Richter am Bundesverfassungsgericht Brun-Otto Bryde hat diesen Zustand, den der Verwaltungswissenschaftler Thomas Ellwein einen »Verschiebebahnhof für parlamentarische Verantwortung«[149] nannte, folgendermaßen beschrieben:

> »Anders, als im klassischen parlamentarischen Modell vorausgesetzt, kann die ›Legislative‹ die ›Exekutive‹ überhaupt nicht kontrollieren, da die Bundesgesetze nicht von der Bundesregierung, sondern von Landesexekutiven ausgeführt werden, über die der Bundestag keine Kontrolle hat, die Landesregierungen sich ihren Parlamenten gegenüber aber häufig auf verbindliche Bundesvorgaben berufen können. Die dem Bundestag verantwortliche Bundesregierung wiederum braucht für die Durchsetzung ihrer Politik die Zustimmung der Landesregierungen im Bundesrat, wobei sich diese Politikaufgabe der Landesregierungen, ebenso wie die Mitwirkung des Bundesrates an der europäischen Rechtsetzung, weitgehend der parlamentarischen Kontrolle entzieht.«[150]

Auch die Regelungen der Finanzverfassung lassen die politische Verantwortung verschwimmen: Der Bund kann den Ländern durch neue Gesetze zusätzliche Verwaltungskosten auferlegen, ohne dafür bezahlen zu müssen.[150a] Der so genannte Finanzausgleich zwischen den Ländern und zwischen Bund und Ländern ist ganz überwiegend erfolgs*un*abhängig: »Länder, deren Parlamente und Regierungen intelligent, sparsam und erfolgreich wirtschaften, werden bestraft; Länder, die sich selbst an den Rand der Zahlungsunfähigkeit manövriert haben, werden begünstigt.«[150b] Und statt veranlasst zu werden, den überzogenen Zuschnitt ihrer Parlamente, Regierungen und politischen Beamten einzudämmen, erhalten derartige Länder zur Finanzierung ihrer »überdurchschnittlich hohen Kosten politischer Führung« (§ 11 Absatz 3 Finanzausgleichsgesetz) auch noch hohe Sonderzuschüsse aus dem Finanzausgleich.

Es herrschen »credit claiming« und »scape goating«, Begriffe, die aus der englischen Fachterminologie übernommen sind und die so viel bedeuten wie: Erfolge rechnet sich jeder zu, für Misserfolge sind dagegen immer die anderen verantwortlich. Das ist keineswegs eine Besonderheit der Politik. Im Volksmund heißt es: Erfolge haben viele Väter, Misserfolge aber sind Waisenkinder. Das Problematische, ja geradezu Erschreckende liegt darin, dass die politische Klasse sich die Institutionen so zugeschnitten und notwendige Änderungen blockiert hat, dass diesem allgemein menschlichen Bestreben Vorschub geleistet wird. Die Institutionen sind derart pervertiert, dass politische Leistungen und politisches Versagen niemandem mehr zugerechnet werden können: weder bestimmten Politikern noch bestimmten Parteien. Alle sind beteiligt. Wo aber alle Verantwortung tragen, trägt in Wahrheit niemand Verantwortung. Bürger und Wähler werden vollends orientierungslos.

Auch typische Auswüchse, zu denen die Eigeninteressen der politischen Klasse führen, sind in den Ländern besonders ausgeprägt. Das belegen einige Beispiele:

- In den Ländern ist die parteipolitische Ämterpatronage besonders verbreitet. Das beruht nicht nur darauf, dass dort – wegen der Zuständigkeit der Länder für die Ausführung auch von Bundes- und Europagesetzen und für die Verwaltung – sehr viel mehr Posten zur Verfügung stehen als im Bund, sondern auch darauf, dass die öffentliche Kontrolle regelmäßig weniger intensiv ist und das Eigeninteresse sich deshalb ungestörter durchsetzen kann. Aus diesen Gegebenheiten bezieht der bundesdeutsche Föderalismus einen großen Teil seiner besonderen Attraktivität für die politische Klasse.
- Ein Indikator für die Parteipolitisierung des öffentlichen Dienstes ist der Umstand, dass Beamte in den Ländern zu einem noch größeren Anteil Parteimitglieder sind als im Bund.[151]
- Auch die Durchsetzung der Parlamente mit Angehörigen des öffentlichen Dienstes (»Verbeamtung der Parlamente«) ist in den Ländern besonders weit fortgeschritten, weiter noch als im Bund.
- Die Landesparlamente haben aus ihrem enormen Kompetenzschwund nicht die nahe liegende Konsequenz der Rückkehr zu einem Teilzeitparlament gezogen, sondern umgekehrt den finanziellen Status der Landtagsabgeordneten derart ausgebaut, dass seine Unangemessenheit für Kenner auf der Hand liegt.
- Die Versorgung von Regierungsmitgliedern in den Ländern weist

Privilegien auf, die diejenigen von Bundesministern in den Schatten stellen. Manche von ihnen wurden zwar – aufgrund einer bundesweiten Protestwelle[152] – in den Neunzigerjahren aufgehoben. Andere bestehen aber fort.[153]

Die Gesamtbilanz ist erschreckend. In einem Bundesstaat soll durch Aufteilung der Kompetenzen auf Bund und Länder eigentlich mehr politische Handlungsfähigkeit und mehr Bürgernähe erreicht werden. Doch in der Realität verkehrt sich die Idee ins Gegenteil: Der bundesdeutsche Föderalismus ist zu einer Art Ersatzzentralismus geworden. Der aber ist noch viel schlechter als wirklicher Zentralismus, bei dem man immerhin die Zentralregierung und die Parlamentsmehrheit verantwortlich machen könnte. Der bundesrepublikanische Föderalismus verwischt dagegen die politische Verantwortung, entmachtet Parlamente und Bürger, häuft Pfründe an für die politische Klasse und entfernt diese immer weiter von den Bürgern. Auch die Handlungsfähigkeit der Politik wird vermindert, gelegentlich bis hin zur Lähmung.
Das Bundesverfassungsgericht hat in seinem Urteil vom 11. November 1999 versucht, die Eigeninteressen der politischen Akteure, welche die Institutionen im Laufe der Zeit verdorben haben, dadurch zu neutralisieren, dass es für die anstehende Neuregelung des Finanzausgleichs ein zweistufiges Verfahren vorschrieb: Zunächst sollten bis spätestens Ende 2002 allgemeine, klare und auf Dauer angelegte Prinzipien in einem Maßstäbegesetz festgelegt werden. Dadurch sollten angemessene Kriterien gefunden und eine »rein interessenbestimmte Verständigung über Geldsummen ausgeschlossen oder zumindest erschwert« werden. Auf der Basis dieser Prinzipien sollte dann das neue Finanzausgleichsgesetz bis spätestens Ende 2004 erlassen werden. Es ging dem Gericht darum, die gemeinwohlorientierten Komponenten der politischen Willensbildung gegenüber den ansonsten dominierenden Eigeninteressen zu stärken. Dieser Versuch ist gründlich gescheitert. Die Ministerpräsidenten haben sich Ende Juni 2001 zwar geeinigt, aber nicht über Grundsätze und Kriterien, wie das Gericht es verlangt hatte, sondern eben doch, »rein interessenbestimmt ..., über Geldsummen«. Kaum eine der vom Gericht kritisierten willkürlichen oder jedenfalls nicht ausreichend begründeten Ungereimtheiten des Finanzausgleichs wurde beseitigt, und die Chance für eine Struktur-

reform des Föderalismus blieb ungenutzt. Stefan Dietrich kommentierte dies in der *Frankfurter Allgemeinen Zeitung* so:

> »Was die Ministerpräsidenten (aus dem Urteil des Bundesverfassungsgerichts) gemacht haben und am Wochenende als großartigen Erfolg feierten, läuft auf das Gegenteil (einer wirklichen Reform) hinaus: auf die Fortschreibung eines Föderalismus, der zu einem System organisierter Verantwortungslosigkeit degeneriert ist.«[153a]

Hier wird einmal mehr deutlich, dass das interessenbedingte Hemd den Akteuren in der Praxis nun mal näher ist als der gemeinwohlorientierte Rock.

Eine kurze Geschichte der Verhinderung direkter Demokratie

Die Eigeninteressen der politischen Klasse zeigen sich auch bei der Geschichte der direktdemokratischen Elemente in der Bundesrepublik, die zum großen Teil die Geschichte ihrer Verhinderung war.[154] Das begann bereits mit der Schaffung des Grundgesetzes selbst: Die Ministerpräsidenten verhinderten nicht nur einen volksgewählten Senat und verschafften sich über das Instrument des Bundesrats selbst die angestrebte bundespolitische Machtbasis (siehe S. 149 f.); sie sorgten nicht nur für die Einführung der Fünfprozentklausel bei den Wahlen zum Bundestag (S. 137); sie waren auch gegen die Direktwahl der Mitglieder des Parlamentarischen Rates (die stattdessen von den Landesparlamenten gewählt wurden) und gegen den von den alliierten Befehlshabern gewünschten Volksentscheid über das Grundgesetz.

Ein direkt vom Volk gewählter Parlamentarischer Rat hätte sich sicher nicht so leicht von einer echten Senatslösung abbringen lassen. Er hätte auch schwerlich auf die Einfügung von direktdemokratischen Elementen ins Grundgesetz verzichtet. Die vor dem Grundgesetz beschlossenen Landesverfassungen waren ja auch dem Volk zur Zustimmung unterbreitet worden und hatten die Möglichkeit von Volksbegehren und Volksentscheid vorgesehen.

Eigentlich ist es eine bare Selbstverständlichkeit, dass in einer Demokratie, in der alle Gewalt vom Volke ausgehen soll, eine Verfassung nur in Kraft treten kann, wenn das Volk sie vorher angenommen hat. Dass dies in der Bundesrepublik nicht geschehen ist, stellt eine fundamentale Unterlassung dar, die 1948/49 mit dem Übergangscharakter des Grundgesetzes begründet wurde und damit, man wolle den Kommunisten bei Volksabstimmungen keine Agitationsplattform geben. Alle diese Gründe waren spätestens mit der deutschen Vereinigung entfallen, und dennoch wurde beides nicht nachgeholt: weder die Zustimmung des Volkes zum Grundgesetz noch die Einführung direktdemokratischer Elemente ins Grundgesetz. Die 1992 eingesetzte 64-köpfige Gemeinsame Verfassungskommission von Bundestag und Bundesrat stimmte zwar mit Mehrheit für die Einführung von Volksbegehren und Volksentscheid. Vorher hatte man sich jedoch darauf geeinigt, Beschlüsse nur mit Zweidrittelmehrheiten zu treffen, so dass die politische Klasse nicht befürchten musste, dass aus einfachen Mehrheitsbeschlüssen irgendwelche ernsten Folgen für sie erwachsen. Auch der Widerstand gegen die Ausweitung einfachgesetzlicher direktdemokratischer Möglichkeiten auf Landes- und Kommunalebene und ihre Einführung auf Bundesebene ist nicht frei von Eigeninteressen der politischen Klasse. Denn damit würde ja eine wirksame Kontrolle geschaffen: Institutionen der direkten Demokratie bilden nun einmal das einzige Korrektiv zur Parteienherrschaft.[155] Das gilt erst recht, wenn auch Abgaben und Besoldungsfragen, die nach deutsch-obrigkeitsstaatlicher Tradition bisher immer dem »beschränkten Untertanenverstand« entzogen worden sind, Gegenstand direktdemokratischer Entscheidungen sein könnten, wie dies in der Schweiz und den USA selbstverständlich ist. Durch die Möglichkeit der Volksgesetzgebung geraten öffentliche Ausgaben sowie staatliche und kommunale Abgaben unter verschärften Rechtfertigungsdruck. Und dagegen wehrt sich die politische Klasse, die über die riesigen öffentlichen Finanzströme verfügt, bewusst oder unbewusst. Wenn das Volk ein Wörtchen mitzureden hätte, könnte es zum Beispiel sehr viel schwerer werden, hunderte von Millionen Mark für Subventionen auszugeben, die vornehmlich der Stabilisierung der Herrschaft der politischen Klasse dienen (siehe S. 68 ff.).

Zwar treten in der Bundesrepublik inzwischen fast alle politischen Parteien wortreich für eine Senkung des finanziellen Anteils des Staates am Sozialprodukt ein. Doch gegen das wirksamste Instrument zur Realisierung dieses Ziels sträuben sie sich. Denn die Begründung wirksamer Entscheidungsrechte für das Volk würde ihre absolute Macht zwangsläufig relativieren. Dann würden übrigens auch konkrete Sachthemen eine sehr viel größere Rolle spielen. Und der daraus resultierenden Nachfrage der Bürger und Steuerzahler nach Sachinformationen könnten sich auch die Medien nicht entziehen.

Die Wirksamkeit direkter Demokratie zur Kontrolle der politischen Klasse wird besonders deutlich bei der staatlichen Politikfinanzierung.[156] In der Schweiz ist das Recht des Volkes, jedem Gesetz seine Zustimmung zu verweigern, ein präventiver »Domestizierungsmechanismus«,[157] der die staatliche Parteien- und Fraktionsfinanzierung und die Abgeordnetenentschädigung auf einem geringen Niveau gehalten hat. Hier zeigt sich: Selbst bei geschlossenem Auftreten der politischen Klasse, wie es bei solchen Entscheidungen in eigener Sache üblich ist, können die Bürger das Volksbegehren, den Volksentscheid oder das Referendum als ihr »Vetorecht« einsetzen.[158] Die Volksrechte verhindern nun einmal am wirkungsvollsten »den Übergang der Macht an ein ›Kartell‹ der unter sich geeinten Parteien«. Es spricht manches dafür, dass einige Parteien sich nicht zuletzt deshalb so sehr gegen die überfällige Einfügung direktdemokratischer Elemente ins Grundgesetz zur Wehr setzen, weil dann die parlamentarische Selbstbedienung vom Volk wirksam kontrolliert werden könnte.

4 Das System dehnt sich aus: Postenwirtschaft und Proporzmentalität

Ämterpatronage: Nährboden des Schattensystems

Die Verfügung über staatliche Ämter ist eines der wirksamsten Mittel von Politikern und Parteien, sich Einfluss und Gefolgschaft zu verschaffen. Ämterpatronage[1] bildet auf diese Weise einen Nährboden und wichtigen Bestandteil des Zweiten Systems. Im »übergreifend-zugreifenden Interesse an Posten und Geld«[2] kommen die gemeinsamen Bestrebungen der politischen Klasse besonders deutlich zum Ausdruck. Exponenten der Parteien suchen Verwaltung, Gerichte, Rechnungshöfe, Hochschulen, staatsnahe Unternehmen und andere vom Grundgesetz als parteifrei konzipierte Einrichtungen mit ihren Leuten zu besetzen; mit unterschiedlichem Erfolg zwar – es gelingt ihnen zum Glück noch nicht immer und überall, aber leider immer öfter.[3] Die Besetzung von Stellen mit Parteileuten grassiert in Bonn und Berlin ebenso wie in den Ländern und Gemeinden. Der Anteil der Bonner Spitzenbeamten, die Mitglieder vor allem der jeweils herrschenden Regierungspartei waren, ist zwischen 1970 und 1995 erheblich angestiegen.[4] Das gilt auch für die öffentlich-rechtlichen Rundfunkanstalten: Die im Westen eingeübte Praxis parteipolitischer Einflussnahme auf Hörfunk und Fernsehen wurde nach der deutschen Vereinigung ohne Zögern auch den neuen Rundfunkanstalten im Osten übergestülpt. Die politische Klasse trifft Personalentscheidungen häufig ganz unverblümt nach Proporz und machtpolitischem Kalkül.[5] Als Kandidatenkreis scheint dann allein die kleine Zahl von Leuten mit dem richtigen Parteibuch in Betracht zu kommen, und zwar nicht nur für Mitglieder von Parlamenten und Regierungen, sondern auch für Richter, Beamte und öffentliche Angestellte, bei deren Einstellung und Beförderung das Parteibuch eigentlich keine Rolle spielen darf.[6] Deutschland dürfte »in seiner parteienstaatlichen Kolonialisierungspolitik einmalig« sein.[7] Es ist geradezu ein Dorado der Parteibuchwirtschaft.[8]

Massenhafter Verfassungsbruch

Die Bevorzugung von Personen mit dem richtigen Parteibuch mindert Qualität und Leistungsfähigkeit des öffentlichen Dienstes und verstößt sogar gegen das Grundgesetz, das dem Übel der Ämterpatronage mit einem ausdrücklichen Verbot gegenzusteuern versucht. Nach Art. 33 Abs. 2 GG und den entsprechenden Beamtengesetzen dürfen Beamten- und Richterstellen nur nach persönlicher Qualifikation und fachlicher Leistung, nicht nach Herkunft, Stand oder Parteizugehörigkeit vergeben werden, und nach Art. 3 Abs. 3 GG darf niemand wegen seiner Parteizugehörigkeit, seines Glaubens, seiner Herkunft, seiner Rasse, seines Geschlechts oder seiner Sprache bevorzugt oder benachteiligt werden. Dies sind Rechts- und Verfassungsregeln, die seit der Französischen Revolution zum Kern rechtsstaatlich-demokratischer Errungenschaften gehören. So wie sie sich ursprünglich gegen die einseitigen Auswahlkriterien des monarchischen Staats richteten, sollen sie die Beamten und die Allgemeinheit heute vor den Einseitigkeiten des Parteienstaats schützen.

Doch die Normen stehen zum guten Teil nur noch auf dem Papier und werden vielfach durch ganz andere faktische Konventionen unterlaufen.[9] Die Verteilung von Posten nach dem politischen Austauschprinzip ist ein derart wichtiger Bestandteil des Systems hinter dem System (siehe S. 48 f.), dass es sich anscheinend durch rechtliche Verbote kaum unterdrücken lässt. Mit Theodor Eschenburg unterscheidet man zwei Spielarten der Ämterpatronage: »Versorgungspatronage« und »Herrschaftspatronage«, Begriffe, in denen sich die beiden Hauptinteressen der politischen Klasse (und ihrer politischen Elite) widerspiegeln: das Versorgungs- und das Machtinteresse. Die unerhörte Intensität dieser Interessen wird dadurch bestätigt, dass die Beteiligten zu ihrer Befriedigung sogar vor massenhaftem Gesetzes- und Verfassungsbruch nicht zurückschrecken.

Und die gelegentlich geäußerte Hoffnung, das Bundesverfassungsgericht werde gegen die Patronagetendenzen wirksam Front machen, wird wohl Illusion bleiben. Die Richter sitzen selbst im Glashaus, weil auch sie ihre Bestallung vielfach verfassungswidrigem Parteienproporz verdanken.[10] Zwar ist es der politischen Klasse nicht gelungen, die Verfassung in diesem Punkt zu instrumentalisieren (und das Verbot der Ämterpatronage aufzuheben), wohl aber bis zu einem gewissen Grad das Verfassungs*gericht* (siehe S. 223 ff.), dessen Mitglieder deshalb in einem eingeschränkten Sinne auch zur politischen Klasse zu rechnen sind (siehe S. 85).

Die politische Klasse und der von ihr beherrschte Staat machen sich schließlich vollends unglaubwürdig, wenn sie bei Personalentscheidungen im öffentlichen Dienst mit zweierlei Maß messen und das Verfassungsrecht nicht einheitlich streng einhalten. So verdient es zwar Anerkennung, wenn die Einstellung von Extremisten unter Berufung auf das Verfassungsrecht und das Verfassungsgericht[11] nachdrücklich verhindert wird oder verfassungswidrige Parteien verboten werden sollen. Angesichts dieser Praxis muss der gleichzeitige andauernde Verfassungsbruch der etablierten Parteien durch Patronage eigener Genossen aber umso pharisäerhaft-verlogener erscheinen.[12]

Wie das Parteibuch Schule macht: Politische Beamte

Ein besonders großes Einfallstor für die Parteipatronage sind die Stellen für so genannte politische Beamte. Dabei handelt es sich um eine Sonderkategorie von meist hohen Beamten, die »in fortdauernder Übereinstimmung mit den grundsätzlichen politischen Ansichten und Zielen der Regierung« stehen müssen, wie es im Beamtenrechtsrahmengesetz (§ 31) heißt, und die deshalb »jederzeit in den einstweiligen Ruhestand versetzt« werden können. Wer zu dieser Kategorie gehört, ist in den Beamtengesetzen des Bundes und der Länder genau aufgelistet, zum Beispiel Staatssekretäre und Ministerialdirektoren. Diese von Bismarck eingeführte und von der politischen Klasse in eigener Sache beibehaltene Institution des politischen Beamten war rechtspolitisch schon immer problematisch; sie ist in den letzten Jahrzehnten noch problematischer geworden, weil die Parteien sich ideologisch und programmatisch immer mehr einander angeglichen haben und deshalb das objektive Bedürfnis nach parteipolitischer Übereinstimmung sich stark relativiert hat. Dennoch hat der Anteil der Staatssekretäre und Ministerialdirektoren, die bei Regierungswechseln ausgetauscht wurden, immer mehr zugenommen, und auch die Regierung Schröder/Fischer ließ bei ihrer Machtübernahme im Jahr 1998 keine Umkehr des Trends erkennen.[13]

Am problematischsten aber ist die Einrichtung, weil sich, wie ein kundiger Ministerialbeamter dies offen und ungeschminkt beschrieben hat, »hinter dem zulässigen Kriterium der politischen Übereinstimmung zunehmend andere und damit illegitime Gründe verbergen. Regierungschefs und Minister protegieren vor allem Bewerber ihres ›persönlichen Vertrauens‹: Sie belohnen Bewerber, die sie in ihrer früheren Tätigkeit unterstützt haben, die in parteiinternen Auseinandersetzungen an ihrer Seite gestanden haben, die ihre parteipolitische Position und Funktion weiterhin absichern, die ihnen im persönlichen und privaten (!) Bereich nützlich gewesen sind oder sein können. Sie bevorzugen Bewerber, die ihnen persönlich ergeben sind und Macht und Einfluss ausschließlich in ihrem Sinne ausüben. Regierungschefs wählen Staatssekretäre nach ihrem Geschmack aus, um Minister, über deren Bestellung sie – auch ohne Koalitionszwänge – wegen parteiinterner Konstellationen nicht immer (ganz) frei befinden können, besser kontrollieren zu können. ... Auf diese Weise ist das Kriterium der politischen Übereinstimmung zum offenen Einfallstor für eine Fülle sachfremder Erwägungen geworden.«[14]
Dabei wird meist übersehen, dass für politische Beamte wie für alle anderen Beamten auch die Kriterien der Eignung, Befähigung und fachlichen Leistung uneingeschränkt gelten und das hier ausnahmsweise zulässige Auswahlkriterium der politischen Übereinstimmung mit der Regierung eine darüber hinausgehende zusätzliche Anforderung darstellt. »Auch ein besonders hohes politisches Vertrauen kann und darf die fachliche Spitzenqualifikation weder ersetzen noch auch nur die Anforderungen an sie verringern.«[15] Gleichwohl ist in der Praxis, wie es der frühere Präsident des Bundesverfassungsgerichts, Ernst Benda, formuliert hat, »das groteske Missverständnis« entstanden, »als handele es sich bei diesen Stellen um legale Betätigungsbereiche parteipolitischer Personalwünsche«,[16] die damit zum »Tummelplatz für verfassungswidrige Ämterpatronage«[17] geworden sind. Da man meint, nach der persönlichen und fachlichen Qualifikation gar nicht mehr fragen zu müssen, werden in die Spitzenstellen des öffentlichen Dienstes massenhaft Personen berufen, die nie eine Chance gehabt hätten, in die Eingangsstellen aufgenommen zu werden.[18] Derartige Berufungen sind in den Ländern noch erheblich häufiger als im Bund, wo – angesichts der sehr viel größeren Anforderungen und der intensiveren öffentlichen Kontrolle – mangelnde Fähigkeit leichter offenbar

wird, entsprechende Berufungen dem Erscheinungsbild der Regierung mehr schaden und deshalb vorsichtshalber eher unterbleiben. Jene Praxis der Ämterpatronage hat zersetzende Auswirkungen auf den ganzen öffentlichen Dienst. Politische Beamte haben aufgrund ihrer Spitzenstellung maßgeblichen Einfluss auf die Besetzung von nachgeordneten Beamtenstellen (einschließlich der Beförderungen); sie tendieren deshalb dazu, die parteipolitischen Kriterien und Präferenzen, denen sie selbst ihre Stellung verdanken, auch auf den nachgeordneten Bereich zu erstrecken und damit den öffentlichen Dienst von oben her immer stärker zu unterhöhlen.

Gängige Praxis, an der sich niemand stört?

Was an Ämterpatronage besonders bemerkenswert ist, bemerkenswerter vielleicht noch als der Verfassungsbruch selbst, ist seine »Verarbeitung« durch die Öffentlichkeit und die Staatsrechtslehre. Während die Rechtsverletzungen Kohls und Kanthers bei der CDU-Finanzierung einen öffentlichen Schock und monatelange öffentliche Diskussionen hervorriefen, scheint Ämterpatronage fast schon zum bundesrepublikanischen Alltag zu gehören.[19] Die Problematik »versickert«. Kaum einer scheint sich darüber noch nachhaltig aufzuregen. Sogar die Staatsrechtslehre hat sich schon so sehr an die Verfassungsverstöße gewöhnt, dass Abmahnungen wie die folgende selten sind: Wir Staatsrechtslehrer haben »uns das Verfassungsprinzip ›Parteienstaatlichkeit‹ mit viel zu weit gehenden Konsequenzen aufschwätzen lassen«.[20]

Und selbst Medienberichte über eindeutige Fälle finden allenfalls vorübergehende Resonanz und entfalten keine anhaltende publizistische Breitenwirkung. Der Hamburger Innensenator Hartmut Wrocklage, dem Parteibuchwirtschaft vorgeworfen worden war, musste im Mai 2001 allerdings zurücktreten. Die Patronage drohte hier besondere politische Weiterungen zu haben: Die neu geschaffene Protestpartei des Richters Schill brachte die Postenklüngelei bei der Polizei unter anderem in Zusammenhang mit der mangelnden öffentlichen Sicherheit in Hamburg, und Meinungsumfragen prognostizierten dieser Partei bei den Wahlen im Herbst 2001 den Einzug ins Hamburger Parlament.[21]

Dass öffentlicher Protest gegen Ämterpatronage durchaus zum Flächenbrand werden kann, hat ein Fall in Tschechien gezeigt. Die Besetzung des Direktorpostens des dortigen Fernsehens mit einem parteinahen Mann stieß unter den Journalisten auf Widerstand. Die Auseinandersetzung eskalierte um die Jahreswende 2000/2001 bis hin zu einer großen Kundgebung auf dem Prager Wenzelsplatz, die sogar mit den Demonstrationen verglichen wurde, die im November 1989 das kommunistische Regime zum Einsturz brachten. In der Bundesrepublik dagegen sind wir an die parteipolitische Besetzung von Positionen im öffentlich-rechtlichen Fernsehen schon so sehr gewöhnt, dass wir uns darüber kaum noch aufregen, weder die Bevölkerung noch die Journalisten selbst. Hier zeigt sich einmal mehr die normative Kraft des Faktischen und die beschwichtigende Hand der so genannten politischen Bildung. Vereint haben sie es fertig gebracht, dass man derartige Praktiken bei uns fast als normal ansieht, obwohl zentrale verfassungsrechtliche Grundsätze verletzt werden. Parteipolitisch dominierte Berichterstattung, politischer Opportunismus, geistige und politische Trägheit spielen in einer Weise zusammen, dass wir uns über derartige Ungeheuerlichkeiten gar nicht mehr wirklich erregen können.

In Tschechien ist man offenbar noch sensibler. Dort wurden Spitzenpositionen jahrzehntelang von der Partei über die Köpfe aller hinweg mit Genossen besetzt. Man will nicht hinnehmen, dass diese Verfahrensweise in der Demokratie weiterläuft – nur mit dem Unterschied, dass sich jetzt mehrere Parteien auf die Infiltration des – eigentlich als unabhängig gedachten – Rundfunks einigen und aus der Herrschaft einer Monopolpartei die Herrschaft von mehreren Kartellparteien geworden ist. Die Entrüstung darüber sollten wir uns im Westen einmal ernsthaft zum Vorbild nehmen und uns daran erinnern, wie sehr unsere Rundfunksanstalten bereits degeneriert sind und wie sehr Grundregeln des Rundfunks und des öffentlichen Dienstes bei uns inzwischen mit Füßen getreten werden.

Ämterpatronage zersetzt die demokratischen Strukturen

Zwar haben einige in der Finanzkrise der CDU und der Flugaffäre der nordrhein-westfälischen SPD durchaus den Ausdruck einer tiefer gehenden Parteien- und Demokratiekrise gesehen und in diesem Zusammenhang auch die parteipolitische Besetzung von Schlüsselstellen im öffentlichen Dienst, in den Schulen, öffentlich-rechtlichen Rundfunkanstalten und Gerichten gerügt.[22] Doch das geschah eher halbherzig, und viele andere haben mit voller Kraft abgewiegelt. Dabei geht das Übel Ämterpatronage viel tiefer, als man auf den ersten Blick erkennt, und zieht einen ganzen Rattenschwanz von misslichen Konsequenzen nach sich. Ämterpatronage ist wie ein Krebsgeschwür, das sich immer weiter frisst. Hier zeigt sich exemplarisch, wie das unkontrollierte Wirken von Eigeninteressen der politischen Klasse allmählich die Strukturen zersetzt.

Wenn Schlüsselstellungen im Staat, in Gerichten, in öffentlich-rechtlichen Medien und in der öffentlichen Wirtschaft (zum Beispiel Stadtwerke, Sparkassen) mit Parteigenossen besetzt werden, was wird dann aus dem Grundsatz der Gesetzmäßigkeit der Verwaltung (Art. 20 Abs. 3 GG), was wird aus dem Gebot, dass alle Bürger vom Staat gleich zu behandeln sind und dabei die Parteizugehörigkeit keine Rolle spielen darf (Art. 3 Abs. 3 GG), etwa bei der Vergabe von Subventionen, öffentlichen Aufträgen oder von Krediten öffentlicher Banken? Kann von Personen, die ihre Stellung der Parteipatronage verdanken, wirklich erwartet werden, dass sie dem Patronageprinzip bei ihrer Amtsführung abschwören? So vergab zum Beispiel Klaus Landowsky, der frühere Fraktionsvorsitzende der CDU im Berliner Abgeordnetenhaus, in seiner Eigenschaft als Chef der Berliner Hypothekenbank, die mehrheitlich dem Land Berlin gehört, hunderte von Millionen Mark als Kredite an zwei Parteigenossen, die sich ihrerseits durch die Beschäftigung anderer CDU-Genossen und durch heimliche Spenden an ihre Partei erkenntlich zeigten. Der Staatsrechtslehrer Günter Dürig hat mit Recht aus Artikel 3 Absatz 3 des Grundgesetzes »gleichsam ein Grundrecht auf öffentliche Bedienstete« abgeleitet, »die in ihrem dienstlichen Verhalten die Merkmale des Art. 3 Abs. 3 ›verbannen‹«; dies aber ist nur dadurch zu erreichen, »dass der Staat seinerseits Bedienstete ›verbannt‹, die ihm den Bürgern gegenüber die

Erfüllung des Grundrechts aus Art. 3 Abs. 3 unmöglich machen«. Dabei kommt es, wie Dürig mit Recht ebenfalls betont, nicht darauf an, ob der Bedienstete wirklich befangen ist, sondern darauf, »ob der Bürger ihn für befangen halten kann«.[23] Bei Parteibuchbeamten ist dies nicht selten der Fall. Die Beeinträchtigung der Neutralität des öffentlichen Dienstes durch Ämterpatronage verstößt also auch gegen diesen Artikel des Grundgesetzes, der die Bevölkerung vor »Parteigenossenklüngelei alter und neuer ›PGs‹« schützen will.[24]

Die Auswirkungen von Patronage wurden besonders deutlich, als es um die Aufklärung der verschiedenen Parteispendenaffären ging. Hier wurden vielfach ganz gezielt genehme Finanzbeamte und Staatsanwälte mit den Ermittlungen befasst, die dann auch regelmäßig im Sand verliefen. Für diese Verfahrensweisen war Rheinland-Pfalz zur Zeit der CDU-Herrschaft intern derart bekannt, dass illegale Spendensammelstellen der Parteien gleich reihenweise ihren Sitz in dieses Bundesland verlagerten, um den Nachstellungen der Behörden zu entgehen.[25]

Und als es um die Aufklärung der ersten Parteispendenaffäre vor zwanzig Jahren ging, wurden die Betroffenen mit Samthandschuhen angefasst. Obwohl die hinterzogenen Steuern teils zweistellige Millionensummen erreichten, also Beträge, deretwegen Peter Graf, der Vater der Tennisspielerin Steffi Graf, für mehrere Jahre einsitzen musste, ging kein Wirtschaftsführer oder Politiker wegen seiner Straftaten ins Gefängnis. 510 Fälle wurden mangels hinreichenden Tatverdachts eingestellt, 519 Fälle wegen geringen Verschuldens, 119 Verfahren wurden gegen Geldauflage eingestellt, 84 Strafbefehle beantragt. Nur in acht Fällen wurde Anklage erhoben, keiner der Beschuldigten wurde ernsthaft belangt.[26] Selbst Graf Lambsdorff und Friderichs kamen mit Geldstrafen davon und von Brauchitsch mit einer Bewährungsstrafe.

Das »Verständnis« der Strafverfolgungsbehörden war von Bundesland zu Bundesland allerdings unterschiedlich stark ausgeprägt. Während ein Kölner Unternehmer, so berichtet von Brauchitsch selbst, durch ein Strafverfahren fast in den Selbstmord getrieben worden sei, wurden die Täter in Bayern von oben gedeckt. Brauchitsch schreibt voller Anerkennung, Franz Josef Strauß habe dafür gesorgt, »dass jede Art von juristischer Verfolgung in Bayern unterblieb«. Auch in Hessen hielt »die sozialdemokratische Justizverwaltung den Deckel drauf. Dort saß nämlich die Bank für Gemeinwirtschaft, die unter ihrem langjährigen Chef Walter Hesselbach besonders tief im Spendenschlamassel steckte.«[27] Die Ermittler in Hessen ließen das größte Einzelverfahren verjähren, das sich gegen die Deutsche Bank richtete, die zwischen 1957 und 1980 insgesamt rund 25 Millionen Mark auf steuerbegünstigten Umwegen an die Parteien gespendet hatte. Das Wort eines Frankfurter Staatsanwalts, es gelte die besondere »Qualität des Beschuldigten« zu berücksichtigen,[28] war typisch für eine Geisteshaltung, die übrigens auch erkennbar war bei den Einstellungen der Verfahren wegen Helmut Kohls verheimlichten Spendern und wegen der Aktenvernichtung im Bundeskanzleramt im Jahre 2001.

Der Umstand, dass die deutsche Justiz die zahlreichen politischen Korruptionsskandale der letzten Jahre »oft nur sehr zögerlich angeht«, wird von *Transparency International* denn auch als ein wesentlicher Grund dafür angegeben, dass die Bundesrepublik Deutschland nach dem von dieser Organisation veröffentlichten Korruptionsindex im Vergleich mit anderen Ländern von Jahr zu Jahr schlechter abschneidet.[28a] Während die Bundesrepublik 1999 noch auf Platz 14 war, ist sie im Jahr 2000 auf Platz 17 und 2001 auf Platz 20 zurückgefallen.

Die geschilderten Verquickungen würden die Kontrolle durch unabhängige Instanzen, also durch Gerichte, Medien, Rechnungshöfe, Wissenschaft und bis zu einem gewissen Grad auch durch die Verwaltung eigentlich doppelt wichtig und notwendig machen. Umso fataler ist es, wenn das Schlüsselpersonal auch dieser Instanzen von der politischen Klasse sozusagen kooptiert und auf diese Weise »gleichgeschaltet« wird. Die gegenseitige Verfilzung macht wirksame Kontrolle in vielen Fällen praktisch unmöglich.

Mitunter schlägt diese Praxis aber auch auf ihre Urheber zurück, denn Ämterpatronage macht Minister anfälliger für Skandale. Sie ist es schließlich, die vielen Spitzenpolitikern statt prinzipientreuer, standfester und kundiger Berater mittelmäßige Jasager beschert. Wenn Politiker aber nicht mehr von kompetenten Beratern vor Fehlverhalten gewarnt werden, schlittern sie umso leichter in Affären. Hier haben manche Rücktritte von Ministern, Ministerpräsidenten und anderen Spitzenpolitikern ihre eigentliche Ursache.

Schumpeter hat die Existenz eines eigenständigen öffentlichen Dienstes ausdrücklich als Bedingung für eine funktionierende Wettbewerbsdemokratie hervorgehoben (siehe S. 71). Das ist auch die Auffassung des Bundesverfassungsgerichts: Das Berufsbeamtentum soll, »gegründet auf Sachwissen, fachliche Leistung und loyale Pflichterfüllung ... einen ausgleichenden Faktor gegenüber den ... politischen Kräften darstellen«.[29] Dieser Form von Kontrolle der Politik durch die Verwaltung wird jedoch in dem Maße die Grundlage entzogen, in dem die politische Klasse die Verwaltung oder gar die Gerichtsbarkeit mit ihren Vasallen in Gestalt von Parteibuchbeamten und -richtern durchsetzt.

Das Prinzip der parteipolitischen Neutralität des öffentlichen Dienstes ist ausdrücklich auch im Bundesbeamtengesetz niedergelegt (§ 52 Absatz 1):

> »Der Beamte dient dem gesamten Volke, nicht einer Partei.«

Dass darin nichts Überholtes und mit der parlamentarischen Demokratie Unvereinbares liegt, wie von interessierter Seite immer wieder suggeriert wird, zeigt nicht zuletzt der Umstand, dass die parteipolitische Neutralität im Mutterland der parlamentarischen Demokratie, in Großbritannien, am stärksten ausgebildet worden ist. Es ist genau umgekehrt: Parteipolitische (nicht aber politische)[30] Neutralität ist Voraussetzung für das Funktionieren der Demokratie. Gibt man das Prinzip dagegen auf, bleibt als Alternative nur das offene Beutesystem (»spoils system«). Je mehr das Beamtencorps parteipolitisiert wird, desto weniger ist es – im Falle des Regierungswechsels – der neuen Regierung zuzumuten, mit den Parteigängern der Gegenseite zu regieren, desto mehr spricht dann also für den Austausch des ganzen öffentlichen Dienstes.[31] Zu welchen schrecklichen Missständen ein solches Beutesystem (»spoils system«) allerdings führt, zeigt uns die Geschichte der USA (siehe S. 322 ff.). Die Behauptung, Ämterpatronage sei eine lässliche Sünde oder gar eine Notwendigkeit, erweist sich bei genauer Analyse also als eine Spielart des ebenso alten wie untauglichen Versuchs der Inhaber der Macht, rücksichtslosen Missbrauch ideologisch zu verklären.

Lähmende Symbiose: Verbeamtung der Parlamente

Der Umstand, dass das Parteibuch die Karriere im Staatsdienst fördert, zwingt immer mehr karrierebewusste Bedienstete in die Parteien, und diese haben aus mancherlei Gründen besonders gute Chancen, in der Partei vorwärts zu kommen und ein Mandat zu erlangen. Die Parteipolitisierung der Verwaltung leistet auf diese indirekte Weise auch der Verbeamtung der Parteien und der Parlamente Vorschub. In vielen Landesparlamenten kommt weit mehr als die Hälfte der Abgeordneten aus dem öffentlichen Dienst,[32] darunter besonders viele Lehrer. Von daher auch der Kalauer: Die Parlamente sind mal voller und mal leerer, aber immer voller Lehrer. Der öffentliche Dienst ist in den Parlamenten in so großer Zahl vertreten, dass das Bundesverfassungsgericht schon vor Jahrzehnten davor warnte, die »Verbeamtung der Parlamente« könne, wenn sie weiter fortschreite, mit dem Grundsatz der Gewaltenteilung kollidieren,[33] ohne selbst aber etwas Wirksames gegen den fatalen Trend zu unternehmen.

Die Parteien durchdringen also nicht nur die Verwaltung, sondern die Verwaltung durchdringt umgekehrt auch die Parlamente und Parteien. Es entsteht eine Symbiose, die typisch für unser neofeudalistisches System ist und dazu führt, dass sich bald gar nichts Grundlegendes mehr bewegen lässt. Wie sollen Lehrerparlamente in der Lage sein, die Schulen zu reformieren, so notwendig und dringend ihre Reform auch wäre? Wie sollen verbeamtete Parteien und Parlamente noch fähig sein, den öffentlichen Dienst und die Verwaltung grundlegend zu reformieren? Wie sollen sie die nötige Distanz aufbringen, um die Reformen, die eigentlich nötig wären, auch nur zu konzipieren, von der Durchsetzung ganz zu schweigen?[34] Hier trifft ein weiteres geflügeltes Wort den Nagel auf den Kopf: »Der öffentliche Dienst ist fest in der Hand – des öffentlichen Dienstes.«[35]

Die Verbeamtung der Parlamente hat in Deutschland Tradition. Schon der Reichstag von 1871 war zu fast zwei Drittel von Beamten dominiert.[36] Und im Parlamentarischen Rat von 1948/49 besaßen Staatsdiener eine ähnliche Mehrheit.[37] Kein Wunder, dass sie sich dem Wunsch der Amerikaner und Briten widersetzten und ein Verbot für Beamte, sich für ein Parlamentsmandat zu bewerben, wie es in Großbritannien und den USA besteht, eben *nicht* ins Grundgesetz schrieben[38] – und damit die Verbeamtung der Parlamente erst ermöglichten.

Geistige Korruption

Die größte Gefahr aber besteht in einer Änderung der Motivations- und Denkmuster, in der geistigen Korruption, zu der Ämterpatronage auf Dauer führt. Wem es primär auf Macht, Mehrheiten, Proporz und Bündnisse ankommt, der ist innerlich anders eingestellt und gelangt oft auch zu anderen Ergebnissen als der, dem es um wert- und erkenntnisorientierte Richtigkeit geht. Wer die parteipolitische Schere im Kopf hat – ob Redakteur, Schulleiter oder Richter –, verliert aufgrund des vorauseilenden Gehorsams gegenüber den Machthabern leicht jede Produktivität – eine Fehlentwicklung, gegen die auch die Staatswissenschaften (bei zunehmendem Einfluss der Parteipolitik) nicht immun sind. Wer sich nur darum sorgt, ob er und sein Handeln den Mächtigen genehm sind, dem droht sein sachorientierter Denk- und Arbeitsstil allmählich abhanden zu kommen.
So begründet und verstärkt Ämterpatronage eine Denk- und Handlungsweise, die von der rechtlichen Norm abweicht und das verschwiegene Zweite System nährt. Der problematischste Effekt an den Ausdehnungstendenzen der politischen Klasse liegt darin, dass sie alle Bereiche, die sie sich gefügig macht, in ihre machtpolitische Ausrichtung einbezieht und mit ihrem Parteigeist überzieht, so dass die Sachorientierung immer mehr zurücktritt, obwohl gerade sie in Verwaltung, Rechtsprechung, Wissenschaft und Medien eigentlich so notwendig ist wie die Luft zum Atmen.
Der Stuttgarter Oberstaatsanwalt Werner Schmidt-Hieber und der Rechtsanwalt Ekkehard Kiesewetter haben diese gefährliche Entwicklung in einem in der angesehenen *Neuen Juristischen Wochenschrift* veröffentlichten Aufsatz mit dem Titel »Parteigeist und politischer Geist in der Justiz« dargestellt. Sie gelangen am Beispiel der Gerichte und Staatsanwaltschaften zu folgendem Resümee:

> »Die politischen Parteien sind derzeit in der Lage, die Justiz unter permanentem Verstoß gegen die Verfassung mit Gefolgsleuten der eigenen Couleur auszustatten, und zwar um so ungenierter, je hö-

> her die Ämter sind. ... Bei der Besetzung der höchsten Gerichte herrschen die Parteien uneingeschränkt. ... Diese Günstlingswirtschaft erzeugt zwangsläufig einen Geist in der Justiz, der sich der Politik und den Parteien verpflichtet fühlt.«[39]

Der tägliche Anschauungsunterricht in machtpolitischem Agieren bis hin zur Zweckentfremdung öffentlicher Mittel und Stellen muss auf die »Moral« der Akteure auf Dauer geradezu zersetzende Wirkung haben und Opportunismus und politische Willfährigkeit fördern. Diese Form der geistigen Korruption wird durch das übliche Bild von der Aufteilung der Beute unter die siegreichen Eroberer der Staatsmacht nicht einmal voll erfasst, weil es nicht zum Ausdruck bringt, in welchem Maß hier die geistig-moralische Substanz unserer Demokratie aufgezehrt zu werden droht. Treffender wäre es, an Ringer zu denken, die im Porzellanladen um dessen Inhalt kämpfen.

Wenn die von der politischen Klasse an die Spitze öffentlicher Unternehmen gesetzten Personen sich dann ihrerseits erkenntlich erweisen, indem sie größere Summen auf Kosten ihres Unternehmens an ihre Partei »spenden« lassen – so überall vielfach geschehen in den letzten Jahren –, dann scheint aus der Sicht machtbewusster Politikfunktionäre geradezu eine Art Perpetuum mobile der Parteienfinanzierung gefunden, das sich aus der Patronage fortwährend regeneriert. Einige Regierungen, zum Beispiel die von Nordrhein-Westfalen und Bayern, haben zwar beschlossen, in Zukunft sollten Spenden landeseigener Unternehmen an Parteien nicht mehr erlaubt sein. Inwieweit ein solcher Beschluss ausreicht, steht aber dahin. In anderen Ländern fehlt es gänzlich an entsprechenden Maßnahmen.

5 Korruption: die Seele des Systems

Das System hinter dem System steht in engem Zusammenhang nicht nur mit Ämterpatronage, sondern auch mit Korruption generell. Ja, man kann sein Wesen geradezu in seinen korruptiven Praktiken sehen. Insofern können die folgenden Ausführungen über politische Korruption auch als zusammenfassende Darstellung der Eigenheiten des Zweiten Systems verstanden werden.

Korruption – illegal und strafbar

Vorab muss natürlich geklärt werden, was genau unter Korruption zu verstehen ist. Dabei ist der engere strafrechtliche von dem weiteren allgemeinen Korruptionsbegriff zu unterscheiden. Das Strafgesetzbuch stellt vor allem zwei Gruppen von »Straftaten im Amt« unter Strafe: Vorteilsannahme und Bestechlichkeit.

- Als *Vorteilsannahme* wird nach § 331 Strafgesetzbuch (StGB) bestraft, wenn ein Amtsträger für die korrekte Dienstausübung Vorteile für sich oder einen Dritten fordert, annimmt oder sich versprechen lässt. Der Vorteils*gewährung* macht sich nach § 333 StGB strafbar, wer dem Amtsträger diesen Vorteil anbietet.
- *Bestechlichkeit* nach § 332 StGB liegt vor, wenn der Amtsträger für eine bereits erfolgte oder zukünftige Pflichtverletzung einen Vorteil für sich oder einen Dritten fordert, sich versprechen lässt oder annimmt. Der gebende »Partner« ist nach § 334 StGB wegen *aktiver Bestechung* strafbar.

Nur bei der zweiten Gruppe, also den eigentlichen Bestechungstatbeständen, wird vorausgesetzt, dass der gewährte oder versprochene Vorteil die Gegenleistung für eine Dienstpflichtverletzung des Beamten darstellt. Es muss ein Austauschverhältnis, ein Verhältnis des Gebens und Nehmens (»do ut des«) vorliegen.[1] Bei den Tatbeständen der Vorteilsannahme und -gewährung, die 1997 durch ein Gesetz zur Bekämpfung der Korruption verschärft wurden, reicht dagegen die Annahme und Gewährung des Vorteils »für eine Dienstleistung« aus, ohne dass diese Dienstleistung rechtswidrig sein müsste oder der Vorteil als Gegenleistung für die Diensthandlung gedacht ist. Diese Tatbestände erfassen deshalb heute auch:

- die so genannte »Klimapflege«, bei der Vorteile gewährt werden, um sich das allgemeine Wohlwollen und die Geneigtheit eines Amtsträgers zu erkaufen, ohne dass schon irgendwelche konkreten Amtshandlungen im Raum stünden.
- das so genannte »Anfüttern« von Amtsträgern im Hinblick auf ihre Amtsführung. Dabei geht es um Zuwendungen, mit denen Beziehungen aufgebaut werden sollen, die den Amtsträger zu möglichen späteren Amtshandlungen als Gegenleistung bereitmachen sollen.[2]

Wenn Politiker nach dem Bekanntwerden von Geldgeschenken abwiegeln und immer wieder einwenden, sie seien nicht käuflich gewesen und hätten sich bei ihren Amtshandlungen nicht beeinflussen lassen, so gehen sie an den strafrechtlich erheblichen Gesichtspunkten vorbei: Eine Ursächlichkeit zwischen dem Vorteil und der amtlichen Entscheidung ist bei der Vorteilsannahme und der Vorteilsgewährung gar nicht erforderlich. Es reicht aus, wenn einem Beamten ein Vorteil »für die Dienstausübung« gewährt, versprochen oder angeboten wird. Der Amtsträger kann sich also auch dann der Vorteilsannahme schuldig gemacht haben, wenn seine Entscheidung ganz korrekt ausgefallen ist.

Das Strafrecht weist auch nach der Verschärfung von 1997 noch große Lücken auf. Die strafrechtlichen Korruptionstatbestände gelten nur für »Amtsträger« oder »für dem öffentlichen Dienst besonders Verpflichtete«. Dazu gehören Funktionsträger von politischen Parteien nicht, ebenso wenig Abgeordnete.[3] Auch Verstöße gegen das Parteiengesetz stehen als solche nicht unter Strafe. Eine Strafbarkeit kann sich höchstens aus anderen allgemeinen Straftatbeständen, etwa der Untreue (§ 266 StGB) ergeben. Das war auch der Vorwurf im Fall von Helmut Kohl wegen der verschwiegenen Annahme der Spenden von über zwei Millionen Mark (siehe S. 49, 102).

Auch parteipolitische Ämterpatronage kann nach neuerer, allerdings umstrittener Auffassung durchaus den Untreuetatbestand erfüllen.[4]

Steuerhinterziehung, die bei den Parteispendenskandalen regelmäßig mit im Spiel war, ist ohnehin strafbar (§ 370 Abgabenordnung). Selbst wenn Vorsatz nicht nachgewiesen werden kann, können wegen »leichtfertiger Steuerverkürzung« hohe Geldbußen verhängt werden (§ 378 Abgabenordnung). Steuerhinterziehung war ja auch das Vergehen, dessentwegen die ehemaligen Bundeswirtschaftsminister Graf Lambsdorff und Friderichs und der Flick-Bevollmächtigte von Brauchitsch vom Landgericht Bonn verurteilt wurden, nachdem ihnen strafrechtliche Bestechlichkeit und Bestechung nicht hatten nachgewiesen werden können.

Die Frage, ob Straftaten vorliegen, ist nicht nur wegen des darin liegenden offiziellen staatlichen Unwerturteils von Bedeutung, sondern auch deshalb, weil bei hinreichendem Tatverdacht die schneidigen Möglichkeiten der Sachverhaltsermittlung greifen, über welche Staatsanwälte und Gerichte verfügen: Zeugenvernehmungen unter strafbewehrter Wahrheitspflicht, Hausdurchsuchungen, Beschlagnahmen etc. Allerdings unterliegen Staatsanwälte in Deutschland den Weisungen ihrer Vorgesetzten bis hinauf zum Justizminister, so dass die politische Spitze Ermittlungen abwürgen kann (wie dies beispielsweise in Rheinland-Pfalz [siehe S. 56 f.] und Bayern[5] immer wieder – und zum Teil mit Erfolg – versucht worden ist). Dagegen sind italienische Staatsanwälte unabhängig; der Justizminister hat ihnen nichts zu sagen,[6] was ein Grund für ihre spektakulären Erfolge bei Aufdeckung des Parteienfilzes in Italien war. Parlamentarische Untersuchungsausschüsse haben zwar ebenfalls erhebliche Mittel der Sachverhaltsaufklärung. Sie stehen aber selbst im Schlepptau der Parteipolitik. Zudem haben Politiker bei uns geradezu einen Sport daraus gemacht, peinliche Fragen dadurch zu parieren, dass sie die Aussage verweigern, um sich nicht selbst strafrechtlich zu belasten, oder einfach behaupten, sich nicht mehr erinnern zu können. Helmut Kohl konnte sich vor einem Untersuchungsausschuss des rheinland-pfälzischen Landtags 99-mal nicht erinnern, und die frühere Staatssekretärin Agnes Hürland-Büning, die über acht Millionen Mark Beraterhonorar von Industrieunternehmen kassiert hatte, erinnerte sich in ihrer Stellungnahme gegenüber dem Untersuchungsausschuss des Bundestags schließlich ebenfalls an fast gar nichts mehr. So verlaufen praktisch alle Fälle von Korruptionsverdacht im Sande:

- Offen ist zum Beispiel die Frage, ob Gelder aus Frankreich an deutsche Politiker geflossen sind, um den Verkauf der Leuna-Werke und der Minol-Tankstellenkette an die französische Staatsfirma Elf Aquitaine (und die Gewährung milliardenschwerer Subventionen an diese Firma auf Kosten deutscher Steuerzahler) zu schmieren. Fest steht bislang nur, dass große Summen aus Frankreich gezahlt worden sind,[7] unklar aber ist, an wen. Und die Unterlagen des Kanzleramts über den gesamten Leuna-Komplex sind wohlweislich beiseite geschafft worden.
- Offen ist, wen das Unternehmen Thyssen schmierte, als es 1991 kurzfristig siebenunddreißig Panzer an Saudi-Arabien lieferte und nicht nur die dafür erforderliche Sondergenehmigung erhielt, sondern die Bundeswehr auch die Panzer, deren Produktion einige Zeit in Anspruch nahm, aus ihren Beständen sozusagen vorstreckte. Den Saudis wurde ein Kaufpreis von 446 Millionen Mark in Rechnung gestellt. Davon entfielen nicht weniger als 220 Millionen, also 47 Prozent, auf »Provisionen«. Das wissen wir deshalb so genau, weil Thyssen diesen Betrag beim Finanzamt als Betriebsausgaben geltend machte und auf diese Weise rund 150 Millionen an Steuern sparte. Von dieser Riesensumme sollen zwei ausländische Firmen des Waffenhändlers Karlheinz Schreiber 26 Millionen Mark erhalten haben. Daraus soll auch die Million stammen, die Schreiber im August 1991 in der Schweiz an den CDU-Schatzmeister Leisler Kiep und den Wirtschaftsprüfer Weyrauch übergab. 3,8 Millionen sollen an den beamteten Staatssekretär im Bundesministerium der Verteidigung, Holger Pfahls, geflossen, von diesem aber nicht versteuert worden sein. Pfahls wird per Haftbefehl gesucht und ist flüchtig, nachdem eine merkwürdige Panne der bayerischen Strafverfolgungsbehörden ihm die Möglichkeit verschafft hatte, im Fernen Osten unterzutauchen. Das meiste Geld, dessen Verbleib bis heute unbekannt ist, ging an Briefkastenfirmen.[8] Auch zum Thyssen-Panzer-Komplex sind die Akten im Bundeskanzleramt verschwunden und die Computerdaten gelöscht.
- Offen ist auch manches andere, zum Beispiel, welche Rolle die Riesenspende, die das Hamburger Unternehmerehepaar Ehlerding an die CDU gezahlt hat, für die Erteilung des Zuschlags beim Kauf der Eisenbahnerwohnungen des Bundes gespielt hat (siehe S. 89).

Auch zu diesem Komplex sind die Unterlagen des Kanzleramts verschwunden.

Die Enge und Lückenhaftigkeit des Strafrechts veranlasst Politiker, denen anrüchiges Verhalten vorgeworfen wird, immer wieder, sich damit scheinbar zu rechtfertigen, ihr Verhalten sei nicht strafbar, zumindest hätten ihnen keine strafbaren Handlungen nachgewiesen werden können. Dabei wird aber geflissentlich übersehen, dass auch die Straf- und Prozessgesetze von Politikern selbst gemacht werden. Die schriftliche Aussage von Uwe Lüthje für den Berliner Parteispenden-Untersuchungsausschuss zeigt, wie kategorisch sich die Spitzen der Parteien schon 1983 der Einfügung eines neuen Paragrafen widersetzten, der Verstöße gegen das Parteiengesetz unter Strafe gestellt hätte. Zehn Jahre später schlug die Parteienfinanzierungskommission ausdrücklich eine solche Vorschrift vor; aber auch dieses Mal kam es nicht dazu. Nach dem, was wir heute über das Finanzgebaren des damaligen CDU-Bundesvorsitzenden Helmut Kohl und des hessischen CDU-Landesvorsitzenden Manfred Kanther wissen, ist auch völlig klar, warum beide in ihrer Eigenschaft als Bundeskanzler beziehungsweise Bundesinnenminister ein solches Gesetz nie unterschrieben hätten.
Außerdem: Mangelnde Strafbarkeit muss noch keineswegs gleichbedeutend sein mit Rechtmäßigkeit, denn es gibt auch rechtswidriges Handeln, das nicht unter Strafe steht, zum Beispiel eben Verstöße gegen das Parteiengesetz. Vor allem aber wird unterdrückt, dass der allgemeine Korruptionsbegriff sehr viel weiter geht als der strafrechtliche. Zu enge Strafgesetze schaffen leicht einen ungerechtfertigten Legitimationseffekt für alles, was nicht darunter fällt. So hatte vor der Einführung der Vorschrift gegen Abgeordnetenkorruption der Deutsche Anwaltsverein mit Recht gewarnt: Der viel zu enge § 108e Strafgesetzbuch führe im Ergebnis »zur Legitimation zwar nicht strafbaren, aber gleichwohl nicht billigenswerten Verhaltens«.[8a]

Korruption – straffrei und doch kriminell

Für die Sozialwissenschaften, die sich seit langem mit Korruption befassen, sind die speziellen strafrechtlichen Eingrenzungen ohne Belang. In den USA hat sich längst eine entsprechende Forschungsrichtung etabliert.[9] In Deutschland ist die Korruptionsforschung dagegen bisher ziemlich rückständig. Die empirische Politikwissenschaft hat sich meist unbewusst bemüht, die Realität der Politik als eine im Wesentlichen heile Welt zu beschreiben.[10] Der Politikwissenschaftler Ulrich von Alemann diagnostizierte deshalb noch vor zwölf Jahren in Bezug auf die Korruptionsforschung einen »blinden Fleck in der Politikwissenschaft«,[11] ein Defizit, das der Politologe Michael Clemens als Skandal bezeichnet.[12]
Im Lauf der Geschichte hat der Begriff der Korruption unterschiedliche Bedeutungen durchlaufen, und auch die aktuellen Deutungsversuche sind nicht einheitlich. So wird Korruption von einem sozialwissenschaftlichen Autorenteam als »eine spezielle Form von Einflusspolitik« beschrieben »mit fließenden Übergängen zu Nepotismus, Klientelismus, (Ämter-)Patronage, Protektionismus und Lobbyismus«.[13] Dabei klingt die Nähe zu einigen in diesem Buch behandelten Phänomenen bereits an. Bei schärferem Zugriff schält sich ein begrifflicher Kerninhalt heraus, der folgende Komponenten aufweist:

- Ausnutzung einer öffentlichen Machtstellung,
- zur Erlangung privater Vorteile,
- unter Abweichung von Recht, Moral oder einfach Angemessenheit.[14]

Zentral für den Begriff der Korruption ist die Ausnutzung einer öffentlichen Machtstellung, insbesondere eines staatlichen Amts, für private Zwecke. Das hängt mit dem Verständnis des Amts und des Gemeinwohls zusammen: Das Amt ist in der repräsentativen Demokratie auf das Gemeinwohl bezogen. Bei aller Unsicherheit, was Gemeinwohl *positiv* verlangt, ist sein *negativer* Inhalt doch klar: Eine Ausnutzung öffentlicher Positionen zum privaten Vorteil ist jedenfalls gemeinwohlwidrig, und die Einrichtung der staatlichen Ämter soll genau das verhindern (siehe S. 33 f.). So gesehen sind Gemeinwohl und Korruption also konträre Begriffe.

An Korruption sind normalerweise mindestens zwei Personen beteiligt: einer, der seine öffentliche Machtstellung missbraucht, und ein anderer, zu dessen Gunsten dies geschieht und der dafür dem Amtsträger seinerseits einen Vorteil gewährt oder verspricht. Typisch für Korruption ist, dass sie zwar zu Lasten Dritter geht, diese Lasten sich aber auf sehr viele Schultern verteilen, die individuell nicht identifizierbar sind. Die negativen Folgen von Korruption verlaufen sich sozusagen in der Masse der nur indirekt Betroffenen. Da niemandem persönlich ein Schaden zugefügt wird, spricht man auch von der Opferlosigkeit der Korruption oder – in der Terminologie des Strafrechts – vom »opferlosen Verbrechen«.[15] Wenn einer seine Amtsbefugnisse auf Kosten der Allgemeinheit sozusagen verkauft, »Käufer« und »Verkäufer« sich also zu Lasten von unidentifizierbaren Dritten bereichern, so hat diese Konstellation folgende Konsequenzen:

- Mangels Opfer ist es für Außenstehende, etwa die Medien, die Polizei, den Staatsanwalt, schwer, überhaupt Kenntnis vom Sachverhalt zu erlangen. Anders als etwa bei Körperverletzung, Betrug oder Beleidigung ist kein konkreter Verletzter da, der sich beklagt, niemand, der Anzeige erstattet oder die Presse informiert. Den wahren Sachverhalt kennen nur die beiden direkt beteiligten Nutznießer, und die haben allen Grund, darüber zu schweigen.
- Angesichts der Verteilung der Kosten der Korruption auf unerkennbar viele und angesichts des Eindrucks, es sei eigentlich niemand geschädigt, verflüchtigt sich leicht auch das Unrechtsbewusstsein der Akteure, die ihre Handlungsweisen dann allenfalls noch als Kavaliersdelikt empfinden.

Das Typische an Korruption ist die private Ausnutzung hoheitlicher Befugnisse, also quasi die »Privatisierung« der Ämter. Der private Austausch eigennütziger Akteure im Wege des »do, ut des« tritt an die Stelle gemeinwohlbezogenen Verhaltens. Deshalb ist es so problematisch, wenn die Rechtsordnung die Hingabe von Vermögenswerten in unbegrenzter Höhe an Amtsträger zulässt (wie etwa Spenden an Abgeordnete) oder an Interessengemeinschaften von Amtsträgern (wie bei Spenden an Parteien). Angesichts der vorherrschenden Austauschmentalität spricht alles dafür, dass die Amtsträger für derartige Leistungen auch Gegenleistungen erbringen. Dagegen unterschlägt die

rechtliche Zulassung solcher Spenden die grassierende Austauschmentalität einfach, unterstellt Gemeinwohlorientierung der Amtsträger und erschwert so generell das Vorgehen gegen Korruption.
Nun ist die automatische Gleichsetzung von privatnütziger Tätigkeit und Gemeinwohlwidrigkeit allerdings nicht mehr überall möglich, seitdem Adam Smith der Auffassung zum Durchbruch verholfen hat, die unsichtbare Hand bewirke, dass gerade das konsequent verfolgte Eigeninteresse das größtmögliche (wirtschaftliche) Gemeinwohl hervorbringe.[16] Die Erkenntnis, dass auch die Verfolgung von Eigeninteressen zum Gemeinwohl führen kann, hat vielfach die Maßstäbe verschwimmen lassen. Man hat das Selbststeuerungsmodell von Smith von der Wirtschaft kurzerhand auf die Politik übertragen. Dabei wurde aber meist übersehen, dass dieses Modell Offenheit des Zugangs, funktionierenden Wettbewerb und eine intakte Rahmenordnung voraussetzt, woran es im Bereich der Politik meist fehlt (siehe S. 60 ff.).
Das Typische an Korruption ist ja gerade, dass die Beteiligten sich *auf Kosten der Allgemeinheit* und damit des Gemeinwohls bereichern. Korruption geht so eindeutig auf Kosten Dritter, dass hier die Selbststeuerung in Richtung harmonischen Ausgleichs offensichtlich nicht funktioniert.
Hier liegt auch die Archillesferse der pluralistischen Harmonielehre, die das Modell des wirtschaftlichen Wettbewerbs auf die Politik überträgt und es den Interessenten und ihren Vertretern in Unternehmen und Verbänden gestattet, auf die Politik im Wege des so genannten Lobbying Einfluss zu nehmen, weil sich die Einflüsse in ihrer Summe zu einem angemessenen Gesamtkompromiss auspendeln sollen. Doch die pluralistische Harmonielehre steht auf schwachen Füßen: Die organisierten starken Interessen setzen sich zu Lasten der Allgemeinheit durch, welche die Kosten zu tragen hat – als Verbraucher in Form höherer Preise und verschlechterter Umwelt, als Steuerzahler in Form höherer Steuern und als Bürger in Form undurchsichtiger Gesetze, die mit vielfachen Ausnahmen zugunsten hunderter von Interessengruppen versehen sind (siehe S. 68 ff.).
Gleichwohl müssen milde Formen der Einflussnahme von Interessenten zulässig bleiben, etwa indem Amtsträger über Fakten und Zusammenhänge informiert werden, von denen nur bestimmte Verbände Kenntnis haben. Es gilt auch als zulässig, staatliche Maßnahmen zugunsten bestimmter Gruppen von Interessenten zu treffen, vorausge-

setzt, dies liegt wirklich im Interesse der Gesamtheit. Es bedarf deshalb der Abgrenzung von zulässiger und unzulässiger Einflussnahme, die durch Einführung einer zusätzlichen Bedingung erfolgt: den Verstoß gegen anerkannte Normen. Korruption ist nur, was gegen anerkannte (rechtliche oder soziale) Normen verstößt.
Darin liegt auch die Abgrenzung zu tauschförmigen Machtbeziehungen im Wege gemeinwohlorientierten Verhandelns zwischen Amtsträgern, wie es im kooperativen Bundesstaat vielfach vorkommt. Als zum Beispiel Bundeskanzler Schröder und Finanzminister Eichel bestimmten Ländern finanzielle Versprechungen machten, um deren Zustimmung zur Steuerreform im Bundesrat zu »erkaufen«, stieß dies zwar auf öffentliche Kritik. Um »Korruption« handelte es sich aber nicht, weil anders das Reformwerk schwerlich die nötige Mehrheit in der Länderkammer bekommen hätte. Ähnliches gilt für Absprachen etwa zwischen Verwaltung und Wirtschaft, die zur besseren Realisierung von Verwaltungszielen vielfach erfolgen.[17] Allerdings sind die Übergänge fließend, und die starke Zunahme solcher kooperativen Verhaltensweisen erleichtert auch psychisch das Überschreiten der Grenze und macht andererseits die Bekämpfung von Korruption immer schwerer.

Ein Normensystem im Untergrund

Der Verstoß gegen offizielle Normen drängt Korruption zwangsläufig in den Untergrund. Geheimhaltung ist typisch für sie. Umgekehrt ist Geheimhaltung oft auch ein sicheres Indiz für korruptive Praktiken. Man denke an die 100 000-Mark-Spende des Lobbyisten Schreiber an Wolfgang Schäuble oder an den Millionentransfer von der CDU/CSU-Fraktion (Hörster) an die CDU (Terlinden), beides in bar und ohne Quittung und beide Male nicht im Rechenschaftsbericht der CDU veröffentlicht. Man denke an die 515 000 Mark, die Helmut Kohl in den Jahren 1975 bis 1980 von Flicks Beauftragten Brauchitsch und Konrad Kaletsch – kuvertweise und in elf Portionen, je zwischen 30 000 und 100 000 Mark – erhielt (siehe S. 55 f.). Sie wurden ebenso wenig im Rechenschaftsbericht der CDU deklariert wie die gut zwei Millionen, die Kohl in den Jahren 1993 bis 1998 einstrich und deren Quelle er beharrlich verschweigt, und die zehn Millionen ungeklärter

Herkunft in den Jahren 1989 bis 1992 (siehe S. 102). Nicht umsonst ist der Widerstand gegen Transparenz regelmäßig gewaltig. Nicht ohne Grund hat es achtzehn Jahre gedauert, bis das grundgesetzliche Gebot nach Spendentransparenz verwirklicht wurde, und nicht nur zufällig wird es dauernd umgangen. Es ist ja auch kein Versehen, dass Parteisteuern, bei denen Amtsinhaber Teile ihrer Bezüge – als Dank für die Verschaffung ihres Amtes – an ihre Partei abzweigen, vom Transparenzgebot des Parteiengesetzes einfach ausgeklammert werden (siehe S. 91 f.).

Das Ausweichen in den Untergrund fördert seinerseits das Entstehen eines ganz neuen hintergründigen Systems. Fallen die offiziellen Normen aus, bedarf es anderer inoffizieller Normen, die trotz fehlender Rechtsverbindlichkeit von den Betroffenen anerkannt und eingehalten werden, um die menschlichen Beziehungen auf eine stabile Grundlage zu stellen. Dazu gehört Vertrauen ins gegebene Wort, die Einhaltung der internen Regeln der Hierarchie und vor allem Verschwiegenheit darüber (»Kartell des Schweigens«). Da staatliche Sanktionen bei Verletzung der Schattennormen ausfallen, werden zur Sicherung des hintergründigen Systems verschworene Kreise gebildet (»Cliquen«), in die nur Personen aufgenommen werden, die sich »bewährt« haben. Es gibt regelrechte »Praktiken der Initiation«,[18] Aufnahmeriten, in denen die Betreffenden auf Kenntnis der »Spielregeln« getestet und auf deren unverbrüchliche Einhaltung eingeschworen werden, manchmal wirklich ganz spielerisch. So wird berichtet, dass Helmut Kohl, wenn er mit seiner Clique gelegentlich zum Schwimmen ging, nicht duldete, dass jemand anders als er selbst vorneweg schwamm – ein Symbol für seinen unbedingten Führungsanspruch und dessen Anerkennung durch alle anderen. Bereits ein einmaliges Ausscheren »entehrt« und wird – schon um alle anderen umso nachhaltiger bei der Stange zu halten – demonstrativ und unnachsichtig mit der Verstoßung aus dem »Klüngel« geahndet.[19] Zugleich wird das Wissen über die hintergründigen Regeln wie ein Berufsgeheimnis gehütet, in das Uneingeweihten nur unwillig und meistens erst auf Grund von Pannen Einblick gewährt wird.[20] Hohen Priestern (oder auch der Mafia) gleich werden Regeln zelebriert, von denen der durchschnittliche Bürger normalerweise keine Ahnung hat.

Korruption ist ansteckend

Die Illegalität und das Abwandern in den Untergrund der Schattenaktivitäten stabilisieren das Zweite System und tragen zu seiner ständigen Ausbreitung bei. Das hat Frederick Forsyth plastisch beschrieben:

> »Eine Demokratie ist wie eine Pyramide aus Löschpapier. Lassen Sie einen Tropfen Tinte auf die Spitze fallen, dann können Sie zuschauen, wie er sich langsam bis in den letzten Winkel ausbreitet. Genauso greift die Korruption um sich.«[21]

Wenn mit Korruption erst einmal begonnen worden ist, entsteht eine Art psychologisches Zwangsgeflecht, das in eine unendliche Folge von weiteren Taten einmündet. »Korrumpierender und Korrumpierter werden wechselseitig voneinander abhängig. Sie sind einander verpflichtet. Durch die wechselseitige Kenntnis der Beteiligung entstehen Ansatzpunkte zu Nötigungen und Erpressungen, die wiederum dazu dienen, regelwidrig Vorteile zu erlangen, die Zwangsstrukturen zu stärken und einen Ausstieg unmöglich zu machen.«[22] Korruption ist ein selbsttragendes Phänomen. Es fördert das Auftreten eines hintergründigen Normensystems, und diese Normen machen ihrerseits Korruption immer attraktiver und die Zurückweisung von Korruption immer schwieriger.[23] Korruption verhält sich wie ein Virus und tendiert dazu, sich entlang jenes »inversen Normensystems« selbst zu reproduzieren.[24] Es liegt in der Natur solcher Systeme, dass Außenstehende nur zufällig einmal Einblicke erhalten. Durchgesickert ist immerhin, wie unverhohlen Helmut Kohl Wolfgang Schäuble mit seinem Wissen um die 100 000-Mark-Spende, die Schäuble von Schreiber erhalten hatte, gedroht hat, um Schäuble in seinen Aufklärungsbemühungen zu stoppen.[25]
Soweit korruptive Praktiken und die systematische Missachtung der offiziellen Normen auch Außenstehenden bekannt werden, droht eine weitere Erosion des offiziellen Normensystems:

> »Wird immer mehr Korruption wahrgenommen, so droht ein sich selbst verstärkender ›Prozess der Delegitimierung demokratischer Institutionen‹: Bei den korrekten, gesetzestreuen Bürgern kann zunehmend der Eindruck entstehen, zu den ›von gewitzten Zeitgenos-

sen Übervorteilten zu gehören. Die nahe liegende Lösung ist dann der Versuch, sich ebenfalls auf illegalem Weg das zu verschaffen, was man als gerechten Anteil an gesellschaftlichem Reichtum und staatlichen Leistungen empfindet. Der durch Korruption erzeugte Verlust an Vertrauen begünstigt also seinerseits wiederum die Verbreitung der Korruption.‹[26] Dabei wird Bestechlichkeit als Verhaltensmaxime keineswegs moralisch positiv bewertet – man will nur nicht als der vermeintlich einzige Ehrliche der Dumme sein.«[27]

Nach der so genannten Imitationsthese beginnt Korruption bei der Elite, woraufhin sich immer mehr Nachahmer in der Bevölkerung finden und korrupte Machenschaften sich zunehmend verbreiten.[28] Ähnliche Mechanismen finden sich auch sonst vielfach: Interessengruppen sehen sich veranlasst, immer mehr Lobbying zu machen, je stärker andere sich engagieren. Eine Partei glaubt umso stärker Ämterpatronage treiben zu müssen, je mehr ihre Konkurrenten dies tun, will sie nicht hinter denen zurückbleiben, und so gleicht Ämterpatronage, wie Korruption generell, einem Waten im Sumpf: mit jedem Schritt sinkt man tiefer ein.[29]

Zwischenbilanz: Gefahr für demokratische Strukturen

Das alles begründet die »subversive Gefährlichkeit der Korruption für demokratische Strukturen«.[30] Durch den Widerspruch zum offiziellen Normensystem wird der kollusive Zusammenhalt zwischen den »Tätern« gestärkt. Sie sehen sich immer mehr aufeinander angewiesen. Auch die Schwellen für weitere Korruption werden gesenkt, wenn man erst einmal den Rubikon einer ersten Korruptionstat überschritten hat. So bereitet Korruption den Boden für weitere Korruption. Andererseits hat das Schattensystem aber auch ganz eigene Normen, deren Einhaltung zum Teil gerade durch das offizielle Normensystem, das sie ins Schattenreich abdrängt, gesichert wird.

Statt der »verfassungspatriotischen« Identifikation mit formalen Organisationen und Institutionen, wie sie für eine Republik unverzichtbar ist, besteht Korruption »in der Knüpfung eines mit der Gesetzesloyalität konkurrierenden Loyalitätssystems« – mag es auf Ehrenworten basieren oder auf anderen Zusicherungen –, das im Konfliktfall meist eine größere Verbindlichkeit besitzt als Gesetze und Verfassung. Es wird hintergründig »ein subversives Normen-System erzeugt, das keinerlei Orientierung an öffentlichen Problemen benötigt und die öffentliche Ordnung eher erodiert«.[31] Dieses lebt von den ganz konkreten Vorteilen, die es seinen Anhängern anstelle des abstrakten Gesetzesgehorsams und der Gemeinwohlgebote verheißt, die die offizielle Verfassung verlangen muss.

Unrecht per Gesetz

Die »Ausnutzung einer Machtstellung zur Erlangung privater Gewinne« muss nicht in jedem Fall mit einem »Verstoß gegen das offizielle Normensystem« einhergehen. Sie kann auch in die Form eines Gesetzes gegossen sein, wenn der Missbrauch durch Gesetz erfolgt und vom Parlament legalisiert wird, ja, die Mitglieder des Parlaments hier die eigentlichen Akteure des Missbrauchs sind.

Gesetzliches Unrecht verbinden wir normalerweise mit Diktaturen, denn ein im öffentlichen Verfahren zustande gekommenes förmliches Gesetz kann in einer Demokratie gewöhnlich die Vermutung der Angemessenheit und inhaltlichen Richtigkeit für sich in Anspruch nehmen. Doch bei Entscheidungen des Gesetzgebers in eigener Sache sind Missbräuche auch in Demokratien an der Tagesordnung. Hier fallen – anders als sonst bei der Korruption – die Amtsträger und die vom Amtsmissbrauch Begünstigten zusammen. Trotzdem handelt es sich um Korruption. Es ist anerkannt, dass beide Rollen auch ineinander fallen können, ohne dass dies den Begriff der Korruption sprengt. Man spricht dann von Selbstkorruption (»auto-corruption«).[32] Hier sichern die Amtsträger sich auf Grund ihrer Machtstellung selbst den Vorteil, der üblicherweise sonst einem anderen zufließt. Selbstkorruption erscheint sogar besonders anrüchig, wie man schon daraus ersieht, dass Angeschuldigte sich in Fällen politischer Korruption regelmäßig damit verteidigen, die Vorteile seien anderen, zum Beispiel ihrer Partei, zugute gekommen, nicht ihnen persönlich.

Die Nähe zur Korruption zeigt sich auch darin, dass es gerade an dem Besonderen fehlt, das den Gesetzgebungs*prozess* ausmacht, nämlich an der Öffentlichkeit, und dass stattdessen Verschleierung und Propaganda vorherrschen, die ihrerseits die typischen Begleiterscheinungen von Korruption sind.[33] Ein Beispiel: Als der saarländische Landtag 1972 die völlig überzogene Versorgungsregelung für Landesminister beschloss (siehe S. 50), kam es zu keiner der drei von der Geschäftsordnung des Landtags vorgesehenen Beratungen. Das Gesetz wurde zwar aufgerufen. Aber niemand meldete sich zu Wort. Vereinbarungsgemäß fand eine Aussprache über das Gesetz überhaupt nicht statt. Regierung und Opposition verschwiegen den Gesetzesinhalt gemeinsam vor der Öffentlichkeit. Das wurde der Opposition dadurch versüßt, dass die Abgeordnetendiäten erhöht und die Staatszuschüsse an die Fraktionen in den folgenden beiden Jahren annähernd verdoppelt wurden, was durch einen gleichzeitig eingeführten Sockelbetrag und einen Oppositionsbonus vor allem der Opposition zugute kam. Der Gesetzesinhalt wurde auch dadurch verschleiert, dass intern bedeutet wurde, bei der Neuregelung handle es sich um einen mitmenschlichen Akt zur Versorgung eines todkranken Ministers und dessen Familie. Den Minister gab es tatsächlich, doch die Begründung war nur ein Vorwand. Denn erstens hätten die Hinterbliebenen des Ministers auch ohne die Gesetzesänderung eine ordentliche Versorgung aus dem Ministergesetz gehabt, und zweitens hätte ein Einzelfall es nicht gerechtfertigt, auch alle anderen Minister derart exzessiv zu begünstigen.

Ein anderes Beispiel: Als die ohnehin schon üppige Versorgung von Hamburger Senatoren 1987 drastisch angehoben wurde, geschah dies in größter Heimlichkeit. Die Abschirmung vor der Öffentlichkeit war den Initiatoren der Gesetzesänderung derart wichtig, dass das Gesetz unter Bruch von zahlreichen Verfassungsvorschriften an einem einzigen Tag in zwei Stunden durch die Ausschüsse und das Plenum des Parlaments gepeitscht wurde. Zur Rechtfertigung des gleichzeitig beschlossenen Einstiegs in die Versorgung von Abgeordneten durch Einführung einer Hinterbliebenenrente musste hier der Fall eines plötzlich verstorbenen Abgeordneten herhalten.

Ein drittes Beispiel: Als die Diäten der Bundestagsabgeordneten im Herbst 1995 erhöht und an die Bezahlung von Bundesrichtern angekoppelt werden sollten, wozu eine Grundgesetzänderung nötig wurde, behaupteten Vertreter des Bundestags mit großer Hartnäckigkeit, die Grundgesetzänderung diene der Transparenz, Entscheidungen des Parlaments in eigener Sache würden erübrigt und als Ausgleich für die

Erhöhung der Entschädigung werde die Altersversorgung abgesenkt. In Wahrheit sollte auch die Altersversorgung für die beschließenden Abgeordneten beträchtlich erhöht werden, und es wurde verschleiert, dass die beabsichtigte Grundgesetzänderung so formuliert war, dass sie später noch weitere strukturelle Erhöhungen erlaubt hätte. Zudem wäre durch Aufhebung des vom Bundesverfassungsgericht aufgestellten Koppelungsverbots die Entscheidung der Abgeordneten über ihre Diäten keineswegs beseitigt worden, da das Parlament ja auch über die Bezahlung der Bundesrichter entscheidet, an die seine Diäten gekoppelt werden sollten.[34]

Diese Beispiele bestätigen: Der Umstand, dass Amtsträger bestimmte sie selbst begünstigende Maßnahmen in Gesetzesform kleiden, kann Korruption nicht ausschließen. Diese gefährlichen und das Privilegienverbot der Demokratie im Kern treffenden Formen des Amtsmissbrauchs muss der Begriff der Korruption vielmehr erst recht umfassen.

Amtsträger haben selbstverständlich einen »Anspruch auf eine angemessene, ihre Unabhängigkeit sichernde Entschädigung«. So sieht es das Grundgesetz (in Artikel 48 Absatz 3 Satz 1) ausdrücklich für Bundestagsabgeordnete vor. Die Verfassung sieht ferner vor, dass die Beschlussfassung darüber »durch Gesetz«, also durch die Amtsträger selbst oder ihnen nahe stehende Personen getroffen werden muss. In dem bloßen Umstand, dass Amtsträger in eigener Sache ihre Bezüge festlegen, kann als solchem also noch nichts Verfassungswidriges und schon gar keine Korruption liegen.[35] Entscheidend ist vielmehr die Frage der *Angemessenheit*. Eines der bereits genannten Korruptionskriterien ist ja die Abweichung vom Normalen: Korruption setzt die Abweichung vom Angemessenen voraus.[36] Da der Begriff der Angemessenheit bei Entscheidungen in eigener Sache auch die Grenze zur Verfassungswidrigkeit markiert, hat die Feststellung eindeutiger Unangemessenheit staatlicher Politikfinanzierung zudem verfassungsrechtliche Relevanz.[37] Was als »angemessen« gilt, lässt allerdings einen erheblichen Ermessensspielraum, so dass die Annahme von Korruption das Überschreiten dieses Ermessensspielraums voraussetzt. Durch Korruption erlangt ist dann etwa der über diesen Rahmen hinausgehende Teil der Bezahlung. Der Begriff des Angemessenen beziehungsweise Unangemessenen kann natürlich auch durch Vergleichsanhaltspunkte konkretisiert werden. So liegt zum Beispiel regelmäßig Unangemessenheit vor, wenn die Versorgung von Landesministern – trotz ihrer geringeren Aufgaben und ihrer geringeren Verantwortung – sehr viel günstiger ausgestaltet ist als die von Bundesministern.

Die Parteien als verfassungswidrige Organisationen

Die Parteien kommen ihren beiden Hauptfunktionen – Gemeinwohlverwirklichung und Bürgernähe – nicht oder nur sehr eingeschränkt nach. Statt Gemeinschaftsaufgaben zu erfüllen, sind sie »machtvergessen«. Sie vernachlässigen ihre eigentlichen Aufgaben, die sie sich – im Parteiengesetz nachlesbar – selbst gestellt haben, um ihrer umfassenden Finanzierung durch den Staat den Anstrich der Legitimation zu geben (siehe S. 124 f.). Wenn es dagegen um die Ausweitung ihres Einflusses auf die öffentliche Verwaltung und andere Bereiche geht, in denen sie von Verfassungs wegen eigentlich nichts zu suchen haben, sind sie »machtversessen«. Sie handeln vielfach eindeutig rechts- und verfassungswidrig – getreu der unausgesprochenen Devise: »Right or wrong, my party« (sinngemäß etwa: »Der Partei ist alles erlaubt, was ihr nützt«).

Im Übrigen haben Parteien es oft gar nicht nötig, die Gesetze zu brechen, weil sie selbst zentralen Einfluss auf deren Entstehung haben und dabei ihre Belange voll zur Geltung bringen können. Hier sei nur an die quantitativ unbegrenzte Zulassung auch von Großspenden an Parteien und Abgeordnete erinnert, obwohl diese immer im Dunstkreis der Korruption stehen und von Brauchitsch sie ganz ungeniert als »Schutzgeld« der Wirtschaft an die Politik bezeichnet hat. So können die Parteien sich durch selbst gemachte Gesetze den Schein der Legalität verschaffen. Dabei wird dann allerdings wieder die Verfassung vielfach ignoriert (obwohl diese auch den Gesetzgeber bindet). Auch dafür gibt die Geschichte der Parteienfinanzierung zahlreiche Beispiele. Hier sei nur an die überzogene steuerliche Vergünstigung von Spenden und Beiträgen erinnert oder an die verfassungswidrigen Parteisteuern (siehe S. 101). Die günstige Gestaltung der Gesetze in eigener Sache reicht den politischen Akteuren oft allerdings immer noch nicht, so dass sie auch noch die selbst gemachten Gesetze brechen. Psychologisch ist das gar nicht einmal so schwer nachzuvollziehen:

Wenn Politiker die einschlägigen Gesetze als ihre eigenen »Kinder« betrachten, tendieren sie dazu, sie nicht wirklich ernst zu nehmen.
Die von der politischen Klasse seit langem eingeübten Praktiken schaffen insgesamt ein korruptives Netzwerk, dem durch die in eigener Sache gemachten Gesetze noch Vorschub geleistet wird. Besondere Verantwortung tragen in der Regel die für die Finanzen zuständigen Vorstandsmitglieder der Parteien. »Als Schatzmeister kommt man unweigerlich auf den Weg der Kriminalität, wenn man das tut, was die Partei von einem erwartet«, soll der frühere hessische Wirtschaftsminister und FDP-Bundesschatzmeister Heinz Herbert Karry in aller Offenheit gesagt haben.[38] Und vom früheren SPD-Schatzmeister Friedrich Halstenberg (1978 bis 1984) wird in diesem Zusammenhang das Wortspiel kolportiert: »Wenn rauskommt, wie was reinkommt, komme ich wo rein, wo ich nicht mehr rauskomme.« Halstenberg hatte allein im Jahr 1980 über sechs Millionen Mark von Spendern eingenommen, denen er Verschwiegenheit zugesagt hatte. Walther Leisler Kiep, der langjährige Schatzmeister der Bundes-CDU (1971 bis 1992), war, was ihm niemand zugetraut hätte, tief in illegale Praktiken verstrickt, und der Schatzmeister der hessischen CDU, Casimir Johannes Prinz zu Sayn-Wittgenstein erst recht. Kiep hatte von dem Lobbyisten Karlheinz Schreiber in der Schweiz eine Million Mark in bar entgegengenommen, und Sayn-Wittgenstein hatte die Rückführung des nicht deklarierten, ins Ausland verschobenen Vermögens der Hessen-CDU als Vermächtnisse jüdischer Sympathisanten camoufliert. Wenn die Machenschaften dann auffliegen, müssen die Schatzmeister oft auch noch behaupten, alle ihre Vorstandskollegen und sogar der Parteivorsitzende hätten von nichts gewusst. Kohl behauptete vor einem Untersuchungsausschuss sogar, er habe nicht einmal die Funktion der berüchtigten Staatsbürgerlichen Vereinigung als Spendenwaschanlage gekannt.
Die korruptiven Grauzonen betreffen aber keinesfalls nur die Spitzen der Parteien, sie strahlen vielmehr in ihre ganze Breite und Tiefe aus. Das hängt auch damit zusammen, dass über die Aufstellung der Parlamentskandidaten in Deutschland auf den unteren Parteiebenen entschieden wird. Deshalb haben Abgeordnete ein vitales Interesse daran, die Schlüsselpositionen auf Gemeinde-, Kreis- und Bezirksebene entweder selbst oder mit Vertrauten zu besetzen und so die unteren Strukturen von oben her zu beeinflussen, wenn nicht zu dominieren.

Zu den Ämtern, über deren Vergabe auf örtlicher Ebene entschieden wird, gehören neben den Parlamentsmandaten Posten in öffentlichen Unternehmen und viele andere. Alle pflegen in die großen internen Absprachepakete einbezogen zu werden.

Zugleich begünstigen die in eigener Sache gemachten Gesetze korruptive Praktiken. So führt beispielsweise das aberwitzige Konstrukt der staatlichen Parteienfinanzierung zu merkwürdigen Verrenkungen. Für früher rein ehrenamtliche Tätigkeiten in der Partei werden jetzt Rechtsansprüche auf Vergütung oder zumindest auf Auslagenersatz konstruiert, nur um darauf dann zugunsten der Partei zu verzichten. Der »Witz« solcher Manipulationen liegt darin, dass der Verzicht nach dem Parteiengesetz als Spende gilt, so dass der Spender 50 Prozent von seiner Steuerschuld abziehen und die Partei einen fünfzigprozentigen Zuschuss aus der Staatskasse einstreichen kann – eine Geldbeschaffungsmaschine, die den uralten alchemistischen Wunsch erfüllt, aus nichts Gold zu machen. Seit Anfang 2000 hat man diese Manipulationsmöglichkeiten auch noch auf Sport- und andere Vereine übertragen. Das Gesetz von der immer weiter um sich greifenden Korruption scheint sich auch hier zu bestätigen.

In Sachen »Spenden« und Staatsfinanzierung gibt es verschiedene Umgehungspraktiken:

- *Großspenden* werden gesplittet, um die drei Grenzen (Publikationsgrenze von 20 000 Mark, Grenze für Steuervergünstigungen von 6000/12 000 Mark, Grenze für Staatszuschüsse von 6000 Mark) zu unterlaufen und die direkten und indirekten Subventionen mehrfach zu kassieren.
- Da die örtlichen Gliederungen *Mitgliedsbeiträge* meist zu einem größeren Teil an höhere Parteigliederungen weiterreichen müssen, werden oft kurzerhand Teile der satzungsmäßigen Beiträge zu Spenden umfirmiert, eine rechtswidrige Manipulation, an der kaum jemand mehr etwas zu finden scheint.
- Ein ebenso verfassungswidriges wie weit verbreitetes Übel sind die *»Parteisteuern«*, von denen immer noch behauptet wird, sie würden freiwillig entrichtet. Auch hier hat sich der für Korruption typische Gedanke des Tauschgeschäfts eingenistet: das Zahlenmüssen für eigentlich nicht käufliche Handlungsweisen. Parteisteuern werden fast flächendeckend von allen Parteien erhoben, wenn auch in

unterschiedlicher Höhe. Der größte Teil fällt auf kommunaler Ebene an. Dort sind die Diäten zwar sehr viel niedriger als auf Landes-, Bundes- oder Europaebene. Aber erstens ist die Zahl der Volksvertreter in den Gemeinderäten, Stadträten und Kreistagen, in den Orts- und Bezirksräten und den Verbandsvertretungen sehr viel größer und zweitens wird ihnen meist ein höherer Prozentsatz ihrer Entschädigung abgezogen. Häufig erfolgt der Abzug bereits durch die Verwaltung (ähnlich wie der Abzug von Lohn- und Sozialversicherungsabgaben der Arbeitnehmer durch die Arbeitgeber), so dass den Volksvertretern nur das ausgezahlt wird, was übrig bleibt.

- Auch die immer stärker angewachsenen *Zahlungen an die Fraktionen* aus öffentlichen Kassen werden – besonders auf kommunaler Ebene – immer schamloser und in immer größerem Stil für Parteizwecke verwendet und damit zweckentfremdet. In vielen Kommunen liegt die eigentliche programmatische Aktivität ebenso wie das Schwergewicht der Öffentlichkeitsarbeit in der Hand der Fraktionen. Das ist besonders bei den kleineren Parteien der Fall, deren Kommunalfraktionen oft fast kein Partei-»Hinterland« besitzen. Die Staatsfinanzierung der Fraktionen wird so zur verdeckten verfassungswidrigen Parteienfinanzierung.

Von der Parteienfinanzierung zum Ämtermissbrauch – die Übergänge sind fließend:

- Ein weiteres Kapitel sind die *Vergabe von Ämtern und Subventionen* an Parteigenossen *und von Aufträgen* nur gegen Parteispenden. Auch hier werden an sich unverkäufliche öffentliche Handlungen bezahlt. Diese Missbräuche sind auf kommunaler Ebene vielfach so nachhaltig eingerissen, dass manche dabei gar nichts Besonderes mehr finden. Bei öffentlichen Aufträgen, etwa im Hoch- oder Tiefbau, ist oft von vornherein chancenlos, wer nicht zu Spenden an die lokalen Parteien bereit ist.
- Da in Gemeinden und Kreisen Politikern (mit Ausnahme der Verwaltungsspitzen) keine Einkommen gezahlt werden, sondern nur – oft relativ bescheidene – Aufwandsentschädigungen, hat man sich Ersatzformen ausgedacht. Dazu gehören die Posten in kommunalen Unternehmen. Weil für Rats- oder Kreistagsmitglieder aller-

dings meist Unvereinbarkeitsvorschriften gelten, dienen die Posten als lukrative Krönung einer Parteilaufbahn nach Beendigung der Tätigkeit in der Kommunalvertretung. Aus der Sicht der politischen Klasse scheinen viele Kommunalunternehmen vornehmlich den Zweck zu haben, *Posten für verdiente Parteifunktionäre* zu liefern. Die hoch dotierten Vorstandsposten kommunaler Wirtschaftsunternehmen, die die lokalen Parteioberen oft unter sich aufteilen, spielen eine Schlüsselrolle bei den korruptiven Praktiken in den Kommunen.

- Einen anderen Weg, die Ehrenamtlichkeit der kommunalen Politik zu umgehen, hat man sich in Nordrhein-Westfalen ausgedacht. Dort sehen die Gemeinde- und die Kreisordnung ausdrücklich die Möglichkeit vor, dass *Ratsmitglieder in die Dienste der Fraktion treten* und dann von dieser voll bezahlt werden.
- Auch die *Mitarbeiter von Bundestags-, Landtags- und Europaabgeordneten* werden vielfach für die lokale Parteiarbeit eingesetzt, also zweckentfremdet. Eigentlich sollen sie ja nur die Amtstätigkeit der Abgeordneten unterstützen. Wer aber will das anprangern, wo doch die Abgeordneten selbst oft überwiegend Parteidienste leisten, besonders viele der durch ihr Amt nicht wirklich ausgelasteten Landtagsabgeordneten.

Fazit: Bereits auf den unteren Ebenen der Parteien wird rechtswidriges und korruptives Verhalten geradezu systematisch praktiziert und damit »eingeübt«. In der Folge erodiert das Rechtsgefühl, und die Einstellung grassiert, es mit den »formalen Regeln« nicht so genau nehmen zu müssen. Es herrscht eine Art rechtsfreier Raum oder besser: ein Bereich, in dem viele Beteiligte die rechtlichen Normen einfach ignorieren. Oft kennen sie sie gar nicht und wollen sie auch nicht kennen lernen. Die Probleme liegen also keineswegs nur bei der politischen Klasse, die die Gesetzgebung auf Landes- und Bundesebene beherrscht; auf örtlicher Ebene sind die Möglichkeiten oft mindestens genauso massiv und noch weiter verbreitet – und die Kontrolle eher geringer.

Das Fehlen wirksamer Kontrollen findet seinen bezeichnenden Ausdruck darin, dass die Finanzen der Parteien unterhalb der Landesebene überhaupt nicht mehr kontrolliert werden. Das Schwergewicht der Kontrolle liegt in der Hand von Wirtschaftsprüfern, die aber nur die

Bundespartei, die Landesverbände und »mindestens vier nachgeordnete Gebietsverbände« zu prüfen haben (§ 29 Absatz 1 PartG). Bedenkt man, dass es davon tausende gibt, läuft das praktisch auf eine *Nicht*-Prüfung der nachgeordneten Gebietsverbände hinaus. Hinzu kommt, dass auch die öffentliche Kontrolle auf kommunaler Ebene stark eingeschränkt[39] und die Finanzkontrolle gerade in Sachen Parteifinanzen und Ämterpatronage häufig weitgehend gleichgeschaltet ist.

Über den jahrzehntelangen Gesetzes- und Verfassungsbruch von Helmut Kohl hat sich die Öffentlichkeit entsetzt gezeigt. Tatsächlich aber begehen die Parteien Gesetzes- und Verfassungsbruch en masse: Ämterpatronage ist gesetzes- und verfassungswidrig, wird aber gleichwohl tausendfach praktiziert. Viele Mitglieder erwarten das geradezu als Gegenleistung für ihren Einsatz in den Parteien; und die Parteien setzen ihr Patronagepotential ja auch gezielt für die Mitgliederwerbung ein – mit Erfolg: Viele Mitglieder sind in die Partei nur deshalb eingetreten, weil sie von deren Patronagemöglichkeiten zu profitieren hoffen.

Das Grundgesetz (Art. 21 Absatz 2 GG) sieht die Möglichkeit vor, dass bestimmte extreme Parteien, die gegen verfassungsrechtliche Grundwerte verstoßen, vom Bundesverfassungsgericht verboten und dass die Organisation, ihre Mitglieder und Funktionäre von jeder Mitwirkung an der politischen Willensbildung ausgeschlossen werden; die Abgeordneten dieser Partei verlieren ihre Mandate. Diese Form der Verfassungswidrigkeit zu betonen und dagegen vorzugehen sind die etablierten Parteien schnell bei der Hand. Doch sie messen mit zweierlei Maß. Denn auch sie selbst handeln tagtäglich rechts- und verfassungswidrig und entwickeln dabei eine hohe kriminelle Energie.

Das geringe Vertrauen der Bevölkerung in ihre Politiker ist, so gesehen, durchaus nicht unberechtigt. Nur eine Minderheit (17 Prozent) hat eine gute Meinung von den Politikern, und nur jeder Vierte meint, man könnte ihnen im Großen und Ganzen vertrauen. Die überwältigende Mehrheit der Deutschen meint, Politiker nähmen es mit der Wahrheit nicht so genau, und sie dienten eher sich selbst als den Menschen, die sie repräsentieren.[40] Hinsichtlich der Handlungsfähigkeit ist die Skepsis in der letzten Zeit immer größer geworden: 1996 zweifelten etwa 25 Prozent an der Fähigkeit der Parteien, die wichtigsten politischen Aufgaben zu lösen. Inzwischen ist es jeder zweite (siehe S. 43).

Es ist also gar nicht so falsch, was die große Mehrheit der Menschen über ihre Politiker denkt. Hat der so genannte Stammtisch in Wahrheit doch Recht, und ist die gesamte politische Bildung, die ja fest in der Hand der politischen Klasse liegt, nur der groß angelegte, aber letztlich vergebliche Versuch, den Bürgern Sand in die Augen zu streuen und den wahren Charakter der Parteien zu camouflieren?

Politikwissenschaftler sprechen oft bedauernd von einem bundesrepublikanischen »Antiparteieneffekt« und davon, die Bevölkerung halte Politik vielfach für ein »schmutziges Geschäft«. In Wahrheit ist der Antiparteieneffekt etwa in den USA noch viel größer. Und ist er wirklich unberechtigt (wie in den abfälligen politikwissenschaftlichen Äußerungen mitschwingt)? Oder entspricht er nicht vielmehr ziemlich genau den wahren Verhältnissen?

Vor diesem Hintergrund verdient es Beachtung, dass die Parteien seit einiger Zeit deutlich an Gewicht verlieren. Mitgliederzahlen und so genannte Stammwähler gehen zurück. Auch die Wahlbeteiligung nimmt ab.

6 Zwischen Kontrollorgan und Sprachrohr: Die Medien im Visier des Systems

Die Medien spielen im Hinblick auf das Zweite System eine zwiespältige Rolle. Einerseits bildet die öffentliche Kontrolle ein bedeutsames Gegengewicht gegen Missstände und Fehlentwicklungen. Die Selbstheilungskräfte der Demokratie sind ganz eng mit den Medien und der öffentlichen Meinung verbunden. Ohne die Medien würden Missbräuche leichter unter den Teppich gekehrt, und es fehlte der öffentliche Druck, Fehlentwicklungen abzustellen. Einzelbeispiele für erfolgreiche öffentliche Kritik gibt es zuhauf: Erinnert sei nur an die verschiedenen Parteispendenaffären sowie an die Versuche, die daran Beteiligten durch ein Amnestiegesetz straflos zu stellen, die am öffentlichen Protest scheiterten (siehe S. 96 f.), an die Barschel-Affäre in Schleswig-Holstein, welche Ende der Achtzigerjahre die Republik erschütterte, oder an die Diäten- und Versorgungsfälle in Hessen, Hamburg, im Saarland und im Bund, wo durch öffentliche Kritik die Rücknahme unangemessener Gesetze erzwungen wurde (siehe S. 77 f.). Gerade wenn die politische Klasse in eigener Sache entscheidet, ist Öffentlichkeit oft die einzige wirksame Kontrolle.
Andererseits bieten die Medien Politikern auch die Bühne, sich zu rechtfertigen und reinzuwaschen. Politiker instrumentalisieren die Medien oft geradezu, um ihre Sicht der Dinge unters Volk zu bringen, und Spitzenpolitikern wird dafür fast jederzeit ein Podium geboten. Hier zahlt sich die enge Verbindung der politischen Klasse zu den Rundfunk- und Fernsehanstalten aus. Größere Zusammenhänge oder gar Systemfragen werden von den Medien in der Regel dagegen nicht angefasst, besonders nicht Fragen, welche die politische Klasse insgesamt belasten. Sie gelten gemeinhin als Tabu und gehören zu denjenigen Bereichen, über die zu sprechen die »political correctness« verbietet. Insofern existiert in den Medien eine ausgeprägte »Schweigespirale«, eine besondere Art von Schere im Kopf vieler Journalisten, die es erschwert, gerade die wichtigsten Themen zum Gegenstand der öffentlichen Diskussion zu machen. Dass das offizielle System schwere Mängel aufweist und sich dahinter ein inoffizielles System gebildet hat, in welchem wichtige Ursachen für die Mängel und für die Schwie-

rigkeiten ihrer Behebung zu suchen sind, rührt so sehr an Grundfragen und an die Interessen der etablierten Mächte, dass bereits die Fragestellung entrüstet zurückgewiesen zu werden pflegt.
Welche Themen die Medien für relevant halten und welche sie bewusst oder unbewusst ausfiltern, ist von zentraler Bedeutung, weil sie unseren gesamten Verständnishintergrund erst herstellen. Was die Medien ausblenden, scheint praktisch gar nicht zu existieren. Es kommt deshalb – und danach handelt die politische Klasse geradezu instinktiv – darauf an, Bilder und Vorstellungen in den Köpfen der Menschen zu verankern, die Zweifel am System erst gar nicht aufkommen lassen. Da der einzelne Bürger die Sachverhalte und Kausalketten, die das System begründen, aus eigenem Erleben nicht kennen und sie aus eigenem Urteil auch nicht bewerten kann, wird er von den Seh- und Interpretationshilfen abhängig, die ihm die Medien bereitwillig vermitteln. Das macht die eminente Interessiertheit der politischen Klasse an einer systemkonformen Sichtweise der Medien verständlich. Der Politikwissenschaftler Claus Offe hat dies folgendermaßen zusammengefasst:

> »Politische Erfolge hängen ... zunehmend davon ab, was ›die anderen‹ wissen oder nicht wissen, welches Bild sie sich von der Realität machen – und das bedeutet aus der Perspektive politischer Führungsgruppen: was man sie *glauben machen kann*. Die Wirklichkeit der Politik ist eine Politik mit der ›Wirklichkeit‹: der fortlaufende Streit darüber, welche Sachverhalte und Kausalketten als erwartbar, gewiss und vertrauenswürdig gegeben sind – und welche nicht. Gleichzeitig ist der einzelne Bürger in einer geradezu lächerlichen Weise ... unbefähigt, verlässliche Urteile über die Wirklichkeit mit *eigenen* Denk- und Beobachtungsmitteln, sozusagen mit unbewaffnetem Auge, zu fällen. Er ist laufend auf das angewiesen, was man ›Erkenntnis-‹ oder ›Deutungshilfe‹ nennen könnte; und diese wird von Regierungen und Parteien natürlich nur allzu gern gespendet. Denn diese wissen, dass ihre politischen Erfolge entscheidend davon abhängen, welche Realitätsbilder sich im Bewusstsein der Bürger festsetzen. Darauf reagieren sie mit der strategischen *Inszenierung* der Wirklichkeit.«[1]

Die politischen Akteure wählen »die Inneneinrichtung der Köpfe der Leute zum Betätigungsfeld – ohne dies allerdings zu deklarieren«. Man tut nur so, »als ob man etwas täte ... Politik hat zu tun mit der Erzeugung von Wissen bei relevanten Anderen. Die hohe Kunst der politischen Beleuchtungstechnik besteht – wie im Theater – darin, nicht nur Licht zu werfen, sondern auch Schatten und Dunkel. Beides, Wissen und Unwissen, dient dem dramaturgischen Zweck. Es sind keine vollständigen und voll ausgeleuchteten Bilder, welche die Politik vermittelt, sondern perspektivisch interessierte, die ebenso viel bereden, wie sie verschweigen. Diese politische Produktion von Wirklichkeitsbildern ist immer interessiert, nicht authentisch und in einem gar nicht einmal besonders strengen Sinn ›unehrlich‹.«[2]
Berücksichtigt man, wie lang der Arm der politischen Klasse ist, so müsste man mit Blindheit geschlagen sein, wollte man nicht erkennen, welchen Einfluss sie auf die Medien und die durch sie verbreitete Sichtweise zu nehmen versucht. Die zentrale Rolle, welche die Medien bei der für die politische Klasse lebenswichtigen Inszenierung der Wirklichkeit spielen, macht sie zum vorrangigen Gegenstand politischer Einfluss- und Gleichschaltungsversuche.

Auf dem Weg zur Fernsehdemokratie

Das Fernsehen, das in den USA schon seit längerem eine gewaltige Bedeutung für die Politik besitzt, spielt auch in der Bundesrepublik eine immer größere Rolle.[3] Das liegt an den hohen Zuschauerzahlen, die mit diesem Medium auf einen Schlag erreicht werden können, an den vielen Stunden, die der Durchschnittsdeutsche täglich vor dem Fernseher verbringt, und an der Unmittelbarkeit des Fernsehbildes, das den Eindruck von Authentizität suggeriert. Die Menschen pflegen mehr danach zu urteilen, was sie mit eigenen Augen sehen, als danach, was man ihnen über den Verstand begreiflich zu machen versucht.
Für die große Mehrheit der Bevölkerung ist das Fernsehen zur Hauptinformationsquelle geworden. Dieses Medium hat allerdings seine eigenen Gesetze, die nicht ohne Rückwirkung sind auf die Art und Weise, wie hier und heute Politik gemacht und vermittelt wird.

Personalisierung

Da Personen leichter als sachliche Anliegen »rüberzubringen« sind, von politischen Programmen ganz zu schweigen, neigt das Medium zur Personalisierung. Sachliche Aussagen müssen sich ohnehin in den üblichen Dreißig-Sekunden-Rahmen für Statements einfügen.

Die Fülle und Vielfalt der Informationen, die auf die Fernsehzuschauer einströmt, verbessert deren Orientierung nicht unbedingt, sondern vertieft – mangels Herausarbeitung der Zusammenhänge und wirklichen Hintergründe – bei vielen Menschen eher das Gefühl der Desorientierung. Die Voreingenommenheit mancher Journalisten bei der Themenauswahl tut ein Übriges: Durch Tabuisierung werden oft solche politischen Themen ausgeblendet, die die Bürger am meisten interessieren (siehe S. 199 ff.).[4]

Die optische Erscheinung und die persönliche Ausstrahlung der im Fernsehen auftretenden Personen gewinnen immer größere Bedeutung. Das gilt auch für Politiker. Mit dem Drang der Parteien, die wählerstarke Mitte zu besetzen, und mit der Entideologisierung der Politik werden Zuordnungen nach überkommenen Kriterien ohnehin immer schwieriger; Slogans wie »Freiheit statt Sozialismus« wären heute undenkbar. Auch aus diesem Grund rücken Personen zwangsläufig in den Vordergrund. Je komplizierter die Sachzusammenhänge, je undurchsichtiger die politischen Strukturen werden und je mehr das System die Verantwortung für Sachentscheidungen verschwimmen lässt, desto größeres Gewicht erhält der Faktor Vertrauen. Vertrauen in diejenigen, die die Bevölkerung repräsentieren, ist ohnehin der zentrale Legitimationsfaktor in der repräsentativen Demokratie. Personen stehen dann für politische Richtungen und Programme, was die Wähler von den kaum zu überblickenden Fragen des Politikinhalts und der Zurechenbarkeit politischer Verantwortung entlastet. Der optische Eindruck am Fernsehgerät, bei dem man dem Volksvertreter sozusagen direkt ins Gesicht sehen kann, wird doppelt wichtig.[5]

Die Personalisierung spitzt sich noch zu, wenn es bei Wahlen um die Spitzenkandidaten geht. Nachdem Helmut Kohl eher als »Medienmuffel« galt, hat Gerhard Schröder gezeigt, welches Gewicht ein geschickter Umgang mit dem Fernsehen hat und wie sehr Medienpräsenz und »Medienkompetenz« zur Prämie auf den Machterwerb werden können.[6]

Inszenierung und Boulevardisierung

Um im Fernsehen präsent zu sein, muss Politik »visualisiert« werden. Das begünstigt nicht nur den Trend zur Personalisierung, sondern generell eine Entwicklung hin zur bewussten Inszenierung der Politik: Pseudo-Events werden nur zu dem Zweck ausgedacht, Medienpräsenz zu erzeugen. Ein Beispiel ist Jürgen Möllemanns spektakulärer Fallschirmsprung vor dem Düsseldorfer Landtag. Fun-Sprüche werden kreiert, von denen man sich wohlwollend-augenzwinkernden Transport über die Medien verspricht: Mit dem Slogan »Rot-Grün staut – Mölli baut« sei auch hier der Meister der Selbstinszenierung zitiert, der sich mit derartigen Aktionen laut Erhebungen von Wahlforschern zum bekanntesten Politiker in Nordrhein-Westfalen emporschwang und bei der Landtagswahl im Mai 2000 sensationelle 9 Prozent für die FDP einfuhr.
Diese Entwicklung begünstigt zugleich die Aufwertung nichtpolitischer Sendungen. Wenn Personen, ihr Image und ihr Bekanntheitsgrad, in den Vordergrund treten, liegt es nahe, sie auch in Talk- und anderen Sendungen zu »vermarkten«, die mit Politik direkt gar nichts zu tun haben, wie zum Beispiel der Talk mit Alfred Biolek *(Boulevard Bio)* in der ARD. Das geht so weit, dass beispielsweise Björn Engholm Anfang der Neunzigerjahre in der ZDF-Vorabendserie *Der Landarzt* auftrat, indem er schlicht sich selbst spielte: Ein bei einem Fahrradunfall verletzter Ministerpräsident sucht die Landarztpraxis in Deekelsen auf, um sich behandeln zu lassen. In seiner Zeit als niedersächsischer Ministerpräsident zog Gerhard Schröder nach und stattete in dem ZDF-Mehrteiler *Der große Bellheim* dem von Mario Adorf gespielten Kaufhauskönig einen Besuch ab.[7]
Die Dominanz derartiger Techniken und Aktionen gibt Public-Relations-Agenturen immer mehr Gewicht. Der Wahlkampf Gerhard Schröders vor der Bundestagswahl 1998 bestand aus einer Serie von Events, die alle von Werbeberatern konzipiert worden waren. Solche Techniken sollen in den Vereinigten Staaten, wo sie besonders weit fortgeschritten sind, dazu geführt haben, dass »die Wahl von Repräsentanten mehr als von irgendeinem anderen Faktor von der Summe der finanziellen Ressourcen abhängt«, »welche die Kandidaten investieren können, um Strategen, Ghostwriter, Meinungsforscher und Werbetexter zu bezahlen und Fernsehzeit zu kaufen«.[8] Kongressmit-

glieder wenden inzwischen einen sehr großen Teil ihrer Zeit und ihres Apparats für das Einwerben von Spenden auf.

Die Verschiebung hin zu Fragen der Telegenität und Mediengerechtigkeit hat nicht nur Rückwirkungen auf die Spitzenkandidaten, sondern auf alle Personen, die ihnen zuarbeiten, ihre Mitarbeiter, ihre Berater, und auch auf deren Denken und Handeln. Wahlkampf und Regieren haben die Medien stets im Blick. Entwickelt sich das parlamentarisch-repräsentative System auf diese Weise zum »medial-präsentativen« System?[9]

Die Verformung der Wirklichkeit im Prozess ihrer Darstellung

Schweigespirale und öffentliche Lügen: Die öffentliche und die *ver*öffentlichte Meinung

Nach dem Grundgesetz kommt der freien öffentlichen Meinung eine Schlüsselrolle zu.[10] Ihren Ausdruck und ihre Sprachrohre soll die öffentliche Meinung vor allem in den Medien finden. Für die Presse hat das Bundesverfassungsgericht dies im so genannten *Spiegel*-Urteil wie folgt beschrieben:

> »Eine freie, nicht von der öffentlichen Gewalt gelenkte, keiner Zensur unterworfene Presse ist ein Wesenselement des freiheitlichen Staates; insbesondere ist eine freie, regelmäßig erscheinende politische Presse für die moderne Demokratie unentbehrlich. Soll der Bürger politische Entscheidungen treffen, muss er umfassend informiert sein, aber auch die Meinungen kennen und gegeneinander abwägen können, die andere sich gebildet haben. Die Presse hält diese ständige Diskussion in Gang; sie beschafft die Informationen, nimmt selbst dazu Stellung und wirkt damit als orientierende Kraft in der öffentlichen Auseinandersetzung. In ihr artikuliert sich die öffentliche Meinung; die Argumente klären sich in Rede und Gegenrede, gewinnen deutliche Konturen und erleichtern so dem Bürger Urteil und Entscheidung. In der repräsentativen Demokratie steht die Presse zugleich als ständiges Vermittlungs- und Kontrollorgan zwischen dem Volk und seinen gewählten Vertretern in Par-

> lament und Regierung. Sie fasst die in der Gesellschaft und ihren Gruppen unaufhörlich sich neu bildenden Meinungen und Forderungen kritisch zusammen, stellt sie zur Erörterung und trägt sie an die politisch handelnden Staatsorgane heran, die auf diese Weise ihre Entscheidungen auch in Einzelfragen der Tagespolitik ständig am Maßstab der im Volk tatsächlich vertretenen Auffassungen messen können.«[11]

Im Prinzip Ähnliches gilt für die Rundfunkfreiheit einschließlich der Fernsehfreiheit, die nach dem Grundgesetz ebenso gewährleistet ist wie die Pressefreiheit (Art. 5 Abs. 1 GG). Es bestehen für die Bürger allerdings große und meist unüberschreitbare faktische Barrieren, aktiv durch Gründung einer Zeitung oder durch Betreiben einer Rundfunkanstalt von der Presse- oder Rundfunkfreiheit Gebrauch zu machen. Die Freiheit des Bürgers ist deshalb in der Regel eine passivrezipierende: die Freiheit, »sich aus allgemein zugänglichen Quellen ungehindert zu unterrichten« (Art. 5 Abs. 1 GG). Umso wichtiger ist es, dass die Medien möglichst alle relevanten Informationen zur Verfügung stellen und auch über neu sich bildende Meinungen berichten. Das Bundesverfassungsgericht stellt mit Recht heraus, dass die Rundfunk- und die Pressefreiheit eine der freien öffentlichen Meinungsbildung »*dienende* Freiheit« ist.[12] Es müsse sichergestellt werden, dass die Vielfalt der bestehenden Meinungen »in möglichster Breite und Vollständigkeit Ausdruck findet und dass auf diese Weise umfassende Information geboten wird«.[13]

Doch in ihrer täglichen Arbeit sind die Medien unausgesprochen von zahllosen Tabus bestimmt. Es gibt wichtige Themen, über die »man nicht spricht«, ein Phänomen, das die Kommunikationsforschung aufgedeckt hat. Obwohl wir zum Beispiel aus Meinungsumfragen wissen, dass die große Mehrheit der Menschen Änderungen des Wahlrechts wünscht und nicht nur Abgeordnete und Bürgermeister direkt wählen möchte, sondern auch Exekutivspitzen wie die Ministerpräsidenten und den Bundespräsidenten, werden diese Fragen selten zum öffentlichen Thema gemacht. Dasselbe gilt für die Schlüsselrolle von Institutionen und für die Rolle, die das Eigeninteresse der politischen Klasse für die Ausgestaltung von Institutionen und für das Verhindern von Reformen spielt.

Elisabeth Noelle-Neumann, die große alte Dame der Demoskopie, hat gezeigt, dass Menschen eine eigentümliche Scheu haben, Auffassungen zu äußern, wenn sie befürchten müssen, damit von der Mehrheitsmeinung abzuweichen. Die – vermutete – herrschende Meinung übt einen starken psychischen Druck zum Konformismus aus, dem die meisten Menschen sich nicht entziehen können, und löst bei den Eingeschüchterten ein großes Schweigen aus.[14] Die Folge ist ein Verbergen der eigenen Meinung oder sogar ein scheinbares Aufspringen auf die vermutete Mehrheitsansicht. Diese Diagnose wird von dem türkisch-amerikanischen Politikwissenschaftler Timur Kuran bestätigt, der in seinem grundlegenden Werk »Private Wahrheit – öffentliches Lügen« aufzeigt, welche großen Differenzen zwischen den öffentlichen Verlautbarungen und unseren wirklichen Auffassungen bestehen. Die Menschen zögern, ihre wahren Einstellungen kundzutun, wenn sie erwarten, dadurch bei anderen an Ansehen zu verlieren.[15]

Dieses Phänomen, das Noelle-Neumann als »Schweigespirale«, Timur Kuran als »öffentliches Lügen« bezeichnet, ist im Medienbereich offenbar besonders stark ausgeprägt. Dazu Noelle-Neumann: »Die Journalisten orientieren sich aneinander und verfallen in Schweigen, wenn sie merken, dass die Mehrheit der Kollegen anderer Ansicht ist – und damit ist der Medientenor da, mit der entsprechend starken Wirkung auf Politiker, aber auch auf die Bevölkerung als Ganzes. Es gibt keine Gruppe, die die Schweigespirale so vorexerziert wie die der Journalisten.«[16] Oft handelt es sich aber gar nicht um die wirkliche Mehrheitsmeinung. Bestimmend sind vielmehr normative Vorstellungen über das, was man meinen sollte, die der Alt-Politiker und Kommunikationswissenschaftler Peter Glotz wie folgt beschreibt:

> »Viele Journalisten stellen nicht das zur Debatte, was die Gesellschaft bewegt, sondern das, was die Gesellschaft ihrer Meinung nach bewegen sollte. Ausdruck der Publizistenideologie ist die als Ethos kostümierte Auffassung, man dürfe doch X oder Y kein ›Podium bieten‹. Wem ich ein Podium biete, sagen viele Journalisten, entscheide ich selbst. Die Folge ist eine immer größer werdende Kluft zwischen öffentlicher und veröffentlichter Meinung.«[17]

Daraus ergibt sich eine Art Kommunikationsfilter: Die Entscheidung darüber, was nicht gesagt oder geschrieben wird, schließt bestimmte

Themen vorab von der Tagesordnung der politischen Aufmerksamkeit aus.[18] Zwischen öffentlicher und *ver*öffentlichter Meinung besteht häufig eine große Diskrepanz.

Hier wird eine Art »geistige Fünfprozentklausel« praktiziert, die oft gerade diejenigen Themen ausgrenzt, welche die Menschen am meisten interessieren. Solche »Publizistenideologie« wirkt wie eine Schere im Kopf der Journalisten, wie eine innere Zensur, und fördert die Entmündigung der Bürger, weil sie vorsortiert, welche Tatsachen und Meinungen den Menschen frommen, statt diesen selbst die Entscheidung zu überlassen.

Journalisten sollen nach den Vorstellungen des Grundgesetzes in erster Linie Vermittler sein, nicht politische Vorentscheider, die die schädlichen Auswirkungen der Sperrklauseln beim Wahlrecht multiplizieren. Das wollte das Bundesverfassungsgericht gerade vermeiden und hat deshalb die öffentlich-rechtlichen Medien ausdrücklich dazu verpflichtet, im Wahlkampf auch kleine Parteien unterhalb der Sperrklauseln zu Wort kommen zu lassen. Das Gericht verlangt eine »umfassende Information« durch die Medien, welche die »im Volk tatsächlich vertretenen Auffassungen« wiedergibt und nicht unterdrückt (siehe S. 199 f.). Dem widerspricht die faktisch ausgeübte Zensur krass. Eine umfassende Information der Öffentlichkeit fällt vielen Redakteuren im täglichen Betrieb umso schwerer, als jedenfalls in den Schlüsselgremien der öffentlich-rechtlichen Medien, die den Intendanten wählen und die Aufsicht über die Anstalt führen, wieder die politische Klasse und die von ihr Kooptierten sitzen, deren Grundeinstellungen in den ganzen Rundfunk durchschlagen. Auch sonst werden die wichtigsten Stellen oft nach parteilichen Gesichtspunkten besetzt. Ämterpatronage durchzieht die öffentlich-rechtlichen Medien und macht es für ihre Redakteure äußerst schwierig, Fragen und Probleme zu thematisieren, die das System betreffen. Der Trend zur Personalisierung macht es ohnehin fast unmöglich, Sachfragen gründlich zu behandeln, von komplizierten, vielschichtigen Zusammenhängen ganz zu schweigen.

Die so verengte politische Diskussion wird entsprechend fad und uninteressant – Glotz spricht von der »Tantenhaftigkeit der deutschen politischen Kultur«. Das trägt dazu bei, dass sich immer mehr Menschen von der etablierten Politik abwenden und allmählich auch dem offiziellen System kritisch gegenüberstehen.

Darüber spricht man nicht: Political Correctness

Die Tabuisierung von Themen erfolgt vielfach unter dem Deckmantel der so genannten Political Correctness. Dabei handelt es sich um ein stillschweigendes moralisches Unwerturteil nach der Devise »So etwas tut man und sagt man nicht, ja man denkt es nicht einmal«.[19] Die sachliche Argumentation und Auseinandersetzung wird durch den Versuch moralischer Ächtung ersetzt. Das gilt nicht nur bei heiklen rechts- und sozialpolitischen Themen, etwa bei Fragen des Asyl- oder Sozialmissbrauchs, es gilt auch für Systemfragen: Die Macht der politischen Klasse, die Relevanz oder eben auch die Irrelevanz von Themen zu bestimmen, zeigt sich in der »stillschweigenden Verdrängung der Probleme, die für die Stabilität des politischen Systems gefährlich sind«.[20] Deshalb fällt es so schwer, Demokratiedefizite, mangelnde Handlungsfähigkeit der Politik und deren systemische Ursachen zu thematisieren – trotz deren fundamentaler Bedeutung.

Die Lücke zwischen Norm und Wirklichkeit gehört zu den großen Tabuthemen. Das gilt erst recht für die Frage nach den Ursachen für jene Kluft, also insbesondere nach der Rolle, die die Eigeninteressen der politischen Klasse dabei gespielt haben und spielen. Roman Herzogs Ausspruch, der Reformstau in der Bundesrepublik beruhe nicht auf einem Erkenntnis-, sondern auf einem Umsetzungsproblem, ist auf keine große Resonanz gestoßen und die weitere Frage, worauf die mangelnde Umsetzung denn eigentlich beruhe, hat Herzog selbst schon gar nicht gestellt.[21] Ähnlich hat, um ein anderes Beispiel zu nennen, ein Föderalismuspapier der Bertelsmann-Stiftung zwar die Fehlentwicklungen sehr deutlich gebrandmarkt, die Frage nach den Ursachen der Fehlentwicklungen aber ausgelassen, um die Rolle der Eigeninteressen nicht thematisieren zu müssen, weil man das nach dem bestehenden Komment eben »nicht tut«. So lehnt es auch der Politikwissenschaftler Peter Graf Kielmansegg in seinem Werk *Volkssouveränität* ausdrücklich ab, »hinter Normen die Interessen gesellschaftlicher Gruppen ausfindig zu machen« und »nach verborgenen Interessen« zu suchen, »denen Normen als Maske dienen«.[22]

Die Schlüsselfrage nach den Gründen für die beschränkte Leistungsfähigkeit unseres Systems stößt immer wieder auf ein großes »Kartell des Schweigens«. Die innere Zensur der Political Correctness geht eine unheilige Allianz mit den Eigeninteressen der politischen Klasse ein, indem sie unliebsame, das System betreffende Fragen gar nicht erst zulässt.

Totschlagargument »Populismus«

Das Wort »Populismus« ist zu einem Instrument geworden, unbequeme Fragen in öffentlichen Auseinandersetzungen auszublenden, eine Art Totschlagargument, mit dem man bestimmte Themen ausgrenzt und ihre Vertreter in die Ecke stellt und an den Rand drängt, ohne dafür wirkliche Argumente anführen zu müssen.
Der Duden definiert »Populismus« als »von Opportunismus geprägte, volksnahe, oft demagogische Politik mit dem Ziel, durch Dramatisierung der politischen Lage die Gunst der Massen zu gewinnen«. Was konkret unter das Populismus-Verdikt fällt, entscheidet die politische Klasse zusammen mit den von ihr kooptierten Medienangehörigen nach eigenem Gusto – und nach den eigenen Interessen. Die verbale Populismuskeule eignet sich deshalb vortrefflich dazu, unbequeme Analysen und Stellungnahmen zu unterdrücken oder auszugrenzen, und bildet eine kongeniale Ergänzung des sonstigen Repertoires an Mitteln und Wegen, die der politischen Klasse zur Verfügung stehen, um die herrschende Ideologie zu prägen (siehe S. 211f f.).
Dem Verdikt unterliegen wiederum besonders leicht solche Analysen, die aufdecken, in welchem Ausmaß die Verfassungswirklichkeit hinter den Verfassungsnormen zurückbleibt und welches die Gründe dafür sind. So kritisiert der Politikwissenschaftler Claus Offe die Entlarvung eigeninteressierten Tuns generell als »populistisch« und »saubermännisch«, obwohl ohne ein solches Zurückgehen auf die eigentlichen Motive (auch) politischen Handelns weder eine wirklichkeitsgerechte Analyse noch eine Erfolg versprechende Therapie möglich ist. Um gleichwohl – und gegen den Widerstand der ganzen politischen Klasse – öffentliche Aufmerksamkeit zu finden und letztlich Reformen anzustoßen, müssen Thesen notwendigerweise stark vereinfacht und zugespitzt werden (»Unsere Demokratie ist in der Krise, weil sie in Wahrheit gar keine Demokratie ist«[23]). Das gibt der politischen Klasse dann aber erst recht die Handhabe, derartige Äußerungen als »populistisch« zu ächten oder mit noch schlimmeren Adjektiven zu belegen.[24] Das ist umso bequemer, als es scheinbar der Notwendigkeit enthebt, noch auf die Sache einzugehen.

In Wahrheit scheut kaum eine Partei vor Vereinfachung und Zuspitzung zurück, wenn ihr das im Kampf um die Macht Punkte einbringt. Kaum ein Abgeordneter, kaum ein Minister kommt in der alltäglichen politischen Auseinandersetzung ohne die rhetorischen Wendungen aus, die er an anderen, deren Richtung ihm nicht passt, als »Populismus« verächtlich macht. Vereinfachungen brauchen auch keineswegs einseitig zu sein. Sie sind im Gegenteil erforderlich, wenn es darum geht, bestimmte Probleme auf ihren Kern zu reduzieren. Sie sind also nicht von vornherein etwas Schlechtes, sondern können geradezu Ausdruck höchster Stoffbeherrschung sein. Ohne sie können sich weder Staatsphilosophen noch Staatsmänner noch schließlich Leute, die das Volk politisch aufklären und gegen Fehlentwicklungen mobilisieren wollen, verständlich machen. Konrad Adenauer bestand darauf, die Vermerke seiner Berater dürften nicht länger als eine Schreibmaschinenseite sein, was eine radikale Beschränkung auf das Wesentliche verlangte – und damit viel schwieriger ist als ein Erguss, aus dem der Leser die Essenz erst mühsam selbst herausfiltern muss.

Gier nach Neuem um jeden Preis

Der Medienprozess wird in starkem Maß von den Eigeninteressen der Journalisten geprägt. Da der Neuigkeitswert dominiert, wollen Journalisten möglichst die Ersten sein, die über ein Thema berichten. Wie beherrschend dieses Eigeninteresse ist, wird in Grenzfällen deutlich, wenn zum Beispiel Nachrichtenagenturen auch unbestätigte Meldungen herausgeben, nur um die Ersten (oder unter den Ersten) zu sein. Die journalistische Sorgfaltspflicht und das journalistische Ethos werden im Zweifel leicht zurückgestellt.
Ein Beispiel: An einem späten Sonntagnachmittag im Frühjahr 2000 ging bei den Nachrichtenagenturen ein angebliches Fax von Helmut Kohl ein, in dem er seine Bereitschaft erklärte, die verheimlichten Spender zwar nicht öffentlich zu nennen, sie aber, um die Korruptionsvermutung aus der Welt zu schaffen, vertraulich einem Gremium namentlich genannter hoher Amtsträger zu offenbaren. Zwei Agenturen gaben diese Meldung, die sich später als Ente entpuppte, sofort und ohne eine Bestätigung sicherzustellen an die Zeitungen und Rundfunkanstalten weiter, weil sie nicht riskieren wollten, zu spät zu kommen.

Die Folgen: Verschweigen und Lügen schützen das System

Die Tabuisierung bestimmter Fragen und Themen hat juristische, sozialpsychologische und politische Konsequenzen.
Juristisch führt die Erkenntnis, dass wichtige Fragen durch Verschweigen ausgeblendet werden, zu einer Relativierung des Werts der Kommunikationsgrundrechte. Die Freiheit der Information, also das Recht, »sich aus allgemein zugänglicher Quelle ungehindert zu unterrichten« (Art. 5 Abs. 1 Satz 1 GG), die Basis aller anderen politischen Grundrechte, verliert in dem Maß an Wert und Bedeutung, in dem wichtige Informationen von den Medien gar nicht mehr zur Verfügung gestellt werden.
Sozialpsychologisch betrifft die Ausblendung nicht nur fertige Gedanken und Themen, sie beeinträchtigt auch den Konzeptions- und Entstehungsprozess. Die Tabuisierung bestimmter Themen hindert nicht nur daran, sie auszusprechen, sie wirkt voraus und lähmt bereits die Fähigkeit, sie überhaupt nur zu denken. Dazu der italienische Politikwissenschaftler Danilo Zolo:

> »Außerhalb des von den Medien standardisierten politischen Kodexes scheinen die politischen Subjekte nicht in der Lage, die Probleme darzustellen, die eigenen Interessen klar zu erfassen und sie in einer kommunizierbaren und gesellschaftlich wirksamen Sprache zum Ausdruck zu bringen. Angesichts des Mangels an ausdrucksstarken Stereotypen verharren die politischen Konsumenten in Schweigen, werden wirklich stumm, weil die Bandbreite ihrer Ausdrucks- und Erfahrungsmöglichkeiten vorher durch einen präventiven Komplexitätsreduktor eingeschränkt wurde. Sie sind wie die Sklaven und Barbaren in der Demokratie der Polis, *aneu logou* (ohne Verstand/Worte), bar jeder Fähigkeit zu sprechen und zu kommunizieren.«[25]

Politisch begünstigt die Tabuisierung bestimmter Themen die Erstarrung des politischen Systems und die Sklerotisierung seiner Handlungs- und Reformfähigkeit. Gelten bestimmte Fragestellungen als politisch »incorrect« und werden sie deshalb nicht öffentlich thematisiert, so bleiben nicht nur mögliche Mehrheitswünsche unerkannt (»schweigende Mehrheit«), es mangelt dann auch an Analysen, die den Problemen wirklich auf den Grund gehen, und an konzeptionellen Handlungsalternativen. Die Reaktion auf neue Herausforderungen wird erschwert und die Erneuerungsfähigkeit des ganzen Systems beeinträchtigt. Es ergibt sich eine Tendenz zur Verkrustung und Verfestigung, die für Staat, Volk und Gesellschaft höchst gefährlich ist.[26] Worum es geht, zeigt der Vergleich mit dem wettbewerblichen Erneuerungsprozess in der Wirtschaft. Hier hat derjenige, der in nonkonformistischer Weise Neues sucht und findet, häufig einen gewaltigen Vorteil gegenüber dem Alten. Wenn seine Innovation einschlägt, wird das eingegangene Risiko durch schnell wachsende Umsätze und entsprechende Gewinne reich belohnt. All das gibt es im Bereich der öffentlichen Meinungsbildung nicht (oder nur ganz ausnahmsweise, wenn es gelingt, ein neues Paradigma durchzusetzen, siehe S. 242 f.). Hier kann man in der Regel keinen großen Ertrag für Abweichungen von der konformistischen Normalauffassung erwarten. Folglich lohnen solche Ansätze nicht – oder besser gesagt: Innovatorisch ausgerichtete Unternehmer versuchen sich nicht in der Politik, sondern primär in der Wirtschaft, wo es sich lohnt. Das dürfte ja vielleicht auch ein Grund sein, warum Vertreter der Unternehmen in der Politik so stark unterrepräsentiert sind.

Mediennutzung von oben

Gezieltes Umgehen der zuständigen Institutionen

Das zunehmende politische Gewicht der Kommunikation über die Medien drängt die überkommenen formalen Institutionen wie das Parlament und die Regierung, aber auch informelle Gremien wie Koalitionsrunden und -ausschüsse und ebenso die politischen Parteien zurück. Die Greencard-Initiative beispielsweise gab Gerhard Schröder medienwirksam bei Eröffnung der CeBIT in Hannover im Frühjahr 2000 bekannt, ohne sie vorher in seiner Partei und in den qua Verfassung an sich zuständigen Gremien und Institutionen besprochen zu haben. Sie alle drohen ausgehebelt und unterlaufen zu werden, wenn Kanzler oder Kanzlerkandidat die unmittelbare Ansprache des Volkes suchen. Die übergangenen Institutionen werden dann zu bloßen Ratifikationsorganen plebiszitär legitimierter und festgelegter Führerper-

sönlichkeiten herabgestuft. »Legitimation durch Kommunikation« rückt in den Vordergrund.
Der ohnehin im Gang befindliche Bedeutungsverlust der überkommenen Institutionen wird auf diese Weise zusätzlich verstärkt. Das gilt besonders für den Bundestag und die Landesparlamente. Die (von dem englischen Politikwissenschaftler Bagehot) dem Parlament zugeschriebenen Funktionen: »expressive, teaching and informing functions« (»vermittelnde, lehrende und informierende Funktionen«) sind weitgehend abgewandert, geblieben sind die »creative and legislative functions« (»schöpferischen und gesetzgeberischen Funktionen«)[27] aber auch die sind weitgehend nur noch formal, weil die materiellen Fragen faktisch woanders vorentschieden werden.
In dieses Bild passt es auch, dass in der Parteispendenaffäre die Betroffenen selbst den Kontakt mit dem Wahlvolk und dem Parteivolk – mit Hilfe des Fernsehens – direkt aufgenommen haben, mit Auftritten, die sie selbst herbeigeführt haben.[28] So räumte Helmut Kohl in einer *Was nun ...?*-Sendung gegenüber den ZDF-Journalisten Klaus Bresser und Hans-Peter Sigloch ein, nichtdeklarierte Spenden entgegengenommen zu haben; Manfred Kanther gestand auf einer von Roland Koch eigens einberufenen Pressekonferenz in Hofheim, dass er und sein Schatzmeister Prinz Wittgenstein 1983 rund 20 Millionen Mark der Hessen-CDU ins Ausland verschoben hatten; und auch Wolfgang Schäuble räumte die 100 000-Mark-Spende in einem Fernsehgespräch ein.

Plebiszitäre Führer?

Die Möglichkeit der Spitzenpolitiker, sich über das Fernsehen unmittelbar an die Bürgerschaft (und damit auch an die Mitglieder der eigenen Partei) zu wenden, verschiebt die Gewichte zwischen Parteiführung und Parteibasis zugunsten der Führung und verstärkt damit einen ohnehin in Gang befindlichen Prozess noch weiter. Das »plebiszitäre Fürstentum«, das sich in der Mediendemokratie allmählich entwickelt,[29] unterläuft oder besser: »überfliegt« praktisch die Parteien. Parteiführer stellen den Kontakt zur Basis unmittelbar über die Medien her und bedürfen dafür der parteilichen Organisation nicht mehr, die dadurch immer unwichtiger wird. Diese Entwicklung wurde bisher vornehmlich kritisch gesehen. Sie hat aber vielleicht auch ihre

Vorzüge: Die von dem ehemaligen Bundesgeschäftsführer der SPD Peter Glotz und anderen kritisierte Tantenhaftigkeit der Parteien wird auf diese Weise kaltgestellt, ihre Bremserrolle, wenn es um Neuerungen und Antworten auf gesellschaftliche Herausforderungen geht, läuft leer. Die innovationsfeindlichen Auswirkungen der Parteien werden neutralisiert.

Die Vision des großen Soziologen Max Weber von einer »plebiszitären Führerdemokratie«, die er Anfang der Zwanzigerjahre, also *vor* dem nationalsozialistischen Exzess, noch ganz unbefangen entwickelt hatte, gewinnt auf diese Weise eine gewisse Realität (siehe S. 61). Die Relativierung der Rolle der Partei erleichtert es insbesondere dem Kanzler, parteiinterne Widerstände zu überwinden, die überlebten ideologischen Positionen entspringen. Die Dominanz von »Zeitreichen« und »Immobilen« in den Parteien, deren »Verkapselung in ihrer Binnenkommunikation« und die dadurch bedingte »Erfahrungsverdünnung« erschweren das Reagieren auf neue Herausforderungen und die Bewältigung neuer Themen.[30] Genau diese parteiinternen Trägheitsmomente könnten plebiszitäre Führerpersönlichkeiten wohl leichter überwinden. Anders ausgedrückt: Die modernen telekratischen Entwicklungen könnten es der politischen Elite erleichtern, sich gegen die politische Klasse durchzusetzen (siehe S. 85 f., 368 f.). Das macht ein Vergleich der beiden sozialdemokratischen Bundeskanzler Helmut Schmidt und Gerhard Schröder deutlich: Während Schmidt vor zwei Jahrzehnten an seiner Partei scheiterte, die ihm die Gefolgschaft aufkündigte, als es um den Abbau sozialstaatlicher Übertreibungen und die Durchsetzung des Nachrüstungsbeschlusses ging, fährt Schröder einen gezielten Kurs der »Neuen Mitte« und lässt aufgrund seiner ständigen Fernsehpräsenz der SPD bislang kaum eine Chance, sich dagegen aufzulehnen.

Schauspielerische Talente

Das große und immer noch weiter zunehmende Gewicht, das die »Vorzeigbarkeit« und »Telegenität« von Politikern gewinnt, wird oft kritisiert. Der Tübinger Politikwissenschaftler Hans-Georg Wehling hat dagegengehalten und zurückgefragt, »ob der Selektionsprozess, der durch verräucherte Hinterzimmer führt und mit unverwüstlicher Gesundheit (einschließlich resistenter Leber) verbunden ist, bessere –

das heißt: funktionsgerechtere – Ergebnisse in der Rekrutierung politischer Eliten« zeitigte.[31] Dabei werden aber zwei Stufen des Auswahlprozesses miteinander vermischt. Bei den »Hinterzimmer-Entscheidungen« geht es regelmäßig um die Aufstellung von Parlamentskandidaten, also um die Rekrutierung der politischen Klasse, dagegen geht es bei den hier behandelten, wesentlich von den Medien beeinflussten Entscheidungen darum, welche der konkurrierenden Eliten den Zuschlag vom Wähler erhält. Es geht also nicht um ein Entweder-oder, sondern um das Hintereinanderschalten zweier verschiedener Auswahlprozesse. Hält man beide auseinander, so erkennt man die doppelte Gefahr, dass sich nämlich die negativen Seiten *beider* Auswahlprozesse kumulieren: dass in der ersten Schleuse die Sachorientierung ausgefiltert wird und in der zweiten Schleuse dann erst recht nur noch Schauspieler zum Zuge kommen.

7 Die Gesandten des Systems: Der lange Arm der politischen Klasse

Der Einfluss der politischen Klasse reicht weit. Sie sitzt in Regierungen und Parlamenten an den Schalthebeln der Macht und bestimmt dort über Verfassungen, Gesetze und Haushaltspläne. Sie wählt die Spitzenbeamten und hohen Richter aus, die die Verfassungen und Gesetze auslegen. Die politische Klasse entscheidet also nicht nur über den Wortlaut der Rechtsnormen, sondern auch über ihre gültige Interpretation. Sie ist in eigener Sache Gesetzgeber und Richter zugleich. Sie hält das Recht in Händen in dem Sinne, dass sie es nach ihren eigenen Zwecken und Interessen formen und sich auf diese Weise sozusagen selbst ins Recht setzen kann – dies aber nicht durch richtiges Handeln, sondern durch die Definitionsmacht darüber, was als richtig gelten soll. Wie oft berufen Politiker sich auf die Gesetzmäßigkeit ihres Tuns, ohne dazu zu sagen, dass sie und ihresgleichen die für sie günstigen Gesetze selbst gemacht haben.

Die Eroberung des politischen Denkens

Der Einfluss der politischen Klasse geht weit über die formale Macht zur Formulierung und Auslegung der geltenden Gesetze und zur Auswahl wichtiger Personen hinaus: Wer den Staat lange genug beherrscht, gewinnt allmählich auch Einfluss auf die gültigen Grundvorstellungen der Menschen und bestimmt immer mehr auch die Denkkategorien mit, nach denen Politik überhaupt wahrgenommen und beurteilt wird. Das hat der Soziologe Pierre Bourdieu überzeugend dargelegt:

Die »Hauptmacht des Staates« (und der ihn beherrschenden politischen Klasse) besteht in der »Macht, die Denkkategorien zu produzieren und durchzusetzen (vor allem mit Hilfe des Bildungssystems), die wir spontan auf jedes Ding der Welt und auch auf den Staat selbst anwenden«. Beim Nachdenken über den Staat (und die politische Klasse) läuft man deshalb »immer Gefahr, staatliches Denken zu übernehmen, staatlich produzierte und geschützte Denkkategorien auf den Staat anzuwenden«, den Staat und die politische Klasse also so zu verstehen, wie sie gerne verstanden werden *möchten*.[1]

Die politische Klasse hat die Einrichtungen, die unser politisches Denken prägen, insbesondere die gesamte politische Bildung, fest im Griff. Die Bundes- und Landeszentralen für politische Bildung, die Parteistiftungen und viele Volkshochschulen sind in ihrer Hand. Schlüsselpositionen der öffentlich-rechtlichen Medien werden nach Parteibuch bestellt. Kaum ein Schulleiter, der nicht auch unter parteipolitischen Gesichtspunkten berufen wird. Die Schulen sind von der Freiheit der Forschung und Lehre, die das Grundgesetz verheißt, ausgeschlossen. Ihre Lehrpläne werden vom Staat und seinen Schulministerien vorgegeben.

Nach staatlichen Ämtern streben in Deutschland seit eh und je auch Künstler und Intellektuelle in einem Maß, das in angelsächsischen Ländern unvorstellbar wäre. »Nicht nur der Universitätsprofessor (selbst an Kunst- und Musikhochschulen), auch der Generalmusikdirektor, der Staatsschauspieler, der Intendant des Staatstheaters und der Museumsdirektor füllen die Ränge der offiziellen Intellektuellen. Freie Publizisten, Journalisten, Schriftsteller und Künstler waren daneben höchst windige Existenzen. Ohne Amt hatten sie keine Würde.«[2] Diese Amtsbesessenheit besteht auch heute noch und erleichtert es der politischen Klasse, die über die Ämter verfügt, Einfluss zu nehmen und ihre Denkkategorien, ihre Begriffe und ihre Tabus in weiten Kreisen durchzusetzen.

Gewisse Annahmen und Vorstellungen, die die Legitimität der bestehenden Regierungsform begründen, werden auf allen diesen unmerklichen Wegen und Weisen so fest in den Köpfen der Menschen verankert, dass sie geradezu als *selbstverständlich* empfunden werden. Das gilt vor allem hinsichtlich der politischen Grundformel unserer repräsentativen Demokratie, dass sie eine Regierung durch und für das Volk sei. Und dieser Glaube an die Legitimität wird, bewusst oder unbewusst und unabhängig davon, ob der Glaube eigentlich berechtigt ist, immer wieder reproduziert.

Zu allen Zeiten haben die Herrschenden die politischen Formeln, die ihre Herrschaft jeweils legitimierten, mit allen Mitteln gestützt und Kritik daran als Tabubrüche geahndet. Früher war das Gottesgnadentum des monarchischen Souveräns die legitimitätsspeisende Formel, heute ist es die so genannte Volkssouveränität. Der dadurch begründete Glaube an die Legitimität der jeweiligen Herrschaft erklärt letztlich auch »die Leichtigkeit, mit der die Vielen von Wenigen regiert werden«.[3] Entscheidend dafür, dass das gelingt, ist weniger der physische Zwang zur Durchsetzung von Gesetzen und anderen verbindlichen Entscheidungen, über den der Staat verfügt; bei massenhafter Verweigerung wäre das staatliche Gewaltmonopol kaum noch etwas wert. Viel wichtiger ist der Glaube der Menschen an die Legitimität der bestehenden Regierung und der Verfassungsordnung, auf der die Regierung beruht. Und dieser Glaube, diese gemeinsame Ideologie, ist auch heute die Basis der Herrschaft der politischen Klasse, welche durch ihren langen Arm fortwährend regeneriert wird.

Ein vergleichsweise schlichtes Beispiel dafür, wie die politische Klasse unsere Denkkategorien beeinflusst, sind die so genannten politischen Stiftungen. Hier ist schon die Bezeichnung irreführend. Das Wort »Stiftung« vermittelt den Eindruck, von privater Seite sei ein Vermögen für gemeinnützige Aufgaben »gestiftet« worden, aus dessen Erträgen die Ausgaben bezahlt werden. Das trifft nicht zu. In Wahrheit finanzieren sie sich fast ganz aus Staatsmitteln, und sie sind – mit Ausnahme der Friedrich-Naumann-Stiftung – auch keine »Stiftungen« im Rechtssinne, die der Stiftungsaufsicht unterlägen, sondern eingetragene Vereine. Sie sind nichts anderes als Hilfsorganisationen der etablierten politischen Parteien zur Sicherung von deren Herrschaft. Dies zeigt nicht nur ihre Entstehungsgeschichte (siehe S. 112 ff.), sondern auch der Verteilungsmodus der Gelder: Die Globalmittel und die projektgebundenen Mittel, die sich in den vergangenen fünfunddreißig Jahren mehr als vervierzigfacht haben, erhalten nur diejenigen Parteien, die seit längerem im Bundestag vertreten sind. Der jeweilige Gesamtbetrag, der nach einem vereinbarten festen Schlüssel verteilt wird, wird von Vertrauensleuten der »Stiftungen« im Bundestag ausgekungelt. Trotz der Anfechtbarkeit dieser »Stiftungen«[4] hat die politische Klasse es fertig gebracht, nicht nur den offensichtlich falschen Begriff, sondern auch die Institution als scheinbar legitime Einrichtung der politischen Bildung und Entwicklungshilfe in unseren Köpfen zu verankern.

Als weiteres Beispiel für systemtragende Begriffsprägungen sei nur noch die Formel »Direktwahlen des Europäischen Parlaments« genannt, die inzwischen fest eingebürgert ist, obwohl die Abgeordneten ja gerade nicht direkt gewählt werden (siehe S. 147).

Ämter und Privilegien als Treueprämie

Die politische Klasse beherrscht die Quellen von Amt, Ansehen, Ehre und Privilegien und verfügt so über die Macht, hohe Würden und Auszeichnungen zu verleihen, deren Empfänger sie damit über ihre Mitmenschen erhebt. Die politische Klasse spricht ehrenvolle Berufungen in Sachverständigenkommissionen und andere halbamtliche Gremien aus. Sie vergibt öffentliche Aufträge an Beratungsunternehmen und lukrative Gutachtens- und Prozessführungsaufträge an Wissenschaftler. Sie verleiht alle Arten von Orden und Ehrenzeichen. Umgekehrt hat es von daher aber auch seinen guten Sinn, wenn Hamburger Bürger seit alters von niemandem Orden annehmen und sich – um ihrer inneren Freiheit willen – jeglichen Vereinnahmungsversuchen entziehen.

Die politische Klasse vergibt Ämter mit dem höchsten Ansehen bis hin zu den Bundes- und Landesverfassungsrichtern, zu den Präsidenten und Vizepräsidenten der Rechnungshöfe und zum Bundespräsidenten. Diese hohen Würdenträger repräsentieren nicht nur ihre Ämter, sondern führen – allein aufgrund des formalen Ansehens, das ihnen das Amt verleiht – auch persönlich ein viel beachtetes Wort in Vorträgen, Publikationen und anderen öffentlichen Stellungnahmen. Für die Bekleidung solcher Ämter erscheint – aus der Sicht der politischen Klasse – politische Zuverlässigkeit als wichtigste Voraussetzung. Volle Bejahung des bestehenden Herrschaftssystems ist regelmäßig die stillschweigende Geschäftsgrundlage derartiger Berufungen. Grundlegende Kritik an der politischen Klasse macht dagegen verdächtig.

Die politische Klasse verpflichtet sich so fast alle zu Dankbarkeit und Anerkennung, die Ansehen genießen und öffentlich Gehör finden. Das erleichtert es ihr umgekehrt, diejenigen, die wider den Stachel löcken und an die Wurzel gehende Kritik an den Verhältnissen äußern,[5] als »politisch inkorrekt« zu brandmarken, sie notfalls auch persönlich zu diffamieren und ins politische Abseits zu stellen. Und wenn dann doch einer vom inneren Kreis der Berufspolitiker sich aufrafft, seiner Überzeugung zu folgen und grundlegende Kritik am Parteienstaat zu üben, wie der ehemalige Bundespräsident Richard von Weizsäcker, wird das von der politischen Klasse und (fast) allen ihren unzähligen Zuarbeitern als Ausdruck von Undankbarkeit, ja von Verrat hingestellt.

Noch schlimmer ergeht es normalen Beamten, die den Machenschaften der politischen Klasse in die Quere kommen. Sie riskieren geradezu ihre Existenz, wenn sie in einer solchen Lage weiterhin ihre Dienstpflicht tun. Ein Beispiel war der Leiter der St. Augustiner Steuerfahndung Klaus Förster, der den Flick-Skandal aufdeckte. Er bekam durch Zufall einen Zipfel des dubiosen Geschäftsgebarens zu packen und ließ dann nicht mehr los. Dafür, dass er – ungeachtet aller politischen Widerstände und Einflussnahmen – seine Bindung an »Recht und Gesetz«, die das Grundgesetz und die Beamtengesetze vorschreiben, ernst nahm, musste er einen hohen Preis zahlen: Im Wege der Versetzung wurde er aus der Steuerfahndung herausgedrängt und quittierte schließlich völlig demotiviert seinen Dienst. Für seine Entdeckung und sein pflichtbewusstes Handeln hatte Förster nicht etwa Anerkennung und Unterstützung geerntet, wie er es verdient hätte, sondern war unverhohlen zurückgepfiffen und gemaßregelt worden.[6]

Ganz ähnlich das Schicksal des holländischen EU-Beamten und Rechnungsprüfers Paul van Buitenen. Er brachte Ende 1998 die Mauscheleien und Vertuschungsmanöver in der Europäischen Kommission an die Öffentlichkeit, was deren Mitglieder im März 1999 zum Rücktritt zwang. Da die Vorgesetzten, die van Buitenen zunächst informiert hatte, abwinkten, hatte er das Europäische Parlament und den Rechnungshof eingeschaltet. Die Kommission schlug hart zurück: Er wurde vom Dienst suspendiert, sein Gehalt gekürzt und ein Disziplinarverfahren wegen des Verrats von Dienstgeheimnissen gegen ihn eingeleitet.[7] Ähnlich war es bereits Bernard Connorly ergangen, der 1995 das Buch *Das korrupte Herz Europas* veröffentlicht hatte und darauf sofort entlassen worden war. Van Buitenen wurde zwar wieder eingestellt, aber in einem Bereich, wo er keinen »Ärger« mehr machen konnte: bei der Direktion für die Verwaltung von Gebäuden und Diensten.

Selbst wer nur von seinen Rechten Gebrauch macht und gegen Ämterpatronage das Verwaltungsgericht im Wege der so genannten Konkurrentenklage anruft, weil ihm ein Parteibuch-Bewerber rechtswidrig vorgezogen worden ist, pflegt sich in seiner dienstlichen Umgebung unmöglich zu machen, selbst wenn er gerichtlich obsiegt. Für Beamte, die gegen den bestehenden Corpsgeist verstoßen, gilt im allgemeinen das »Edeka-Prinzip«: Ende der Karriere. Und das ist für den Betreffenden fatal, da man mit derartigen Klagen allenfalls die Ernennung des Konkurrenten verhindern, nicht aber die eigene Ernennung durchsetzen kann. Zu welchen innermenschlichen Verhärtungen und Deformationen ein Kampf ums Recht einer gegen alle führen kann, hat Martin Walser in seinem Roman »Finks Krieg« eindrücklich beschrieben. Ich selbst habe Anfang der Achtzigerjahre miterleben müssen, wie ein stellvertretender Schulleiter in Hessen, der gegen eine ungerechtfertigte Zurücksetzung Konkurrentenklage erhoben hatte, von seinem obersten Dienstherrn, dem hessischen Kultusminister, in die Landeshauptstadt Wiesbaden zitiert und nach allen Regeln des Obrigkeitsstaats »zur Sau gemacht« wurde. Der brave Beamte nahm sich das derart zu Herzen, dass er drei Tage später starb.

Bestimmte Dinge »tut man einfach nicht«, man spricht nicht einmal darüber, jedenfalls nicht öffentlich; sie sind tabu, weil sie die Macht- und Sicherheitsinteressen der Mächtigen gefährden, die nicht nur die rechtlichen Regeln festlegen, sondern in weitem Umfang auch die sozialen Normen, die im Kollisionsfall eben oft vorgehen. Wer gegen diesen ungeschriebenen Komment verstößt, muss sich auf Isolierung und persönliche Ächtung gefasst machen. Das gilt nicht nur für Individuen, sondern auch für Gruppen, die den Machtansprüchen der politischen Klasse in die Quere kommen können, besonders also für neue Parteien (siehe S. 141 f.). Auch diejenigen Parteien, die sich schließlich durchsetzten, wie die Grünen und die PDS, haben in ihrer Anfangsphase erlebt, wie sie nach allen Regeln der politischen »Kunst« madig gemacht, in die Ecke gestellt, als verfassungswidrig denunziert und als für alle Anständigen »unwählbar« verschrien wurden.

Unbequeme Stimmen, die den etablierten politischen Interessen in die Quere kommen, werden gnadenlos gemobbt. Ein Beispiel ist der Verriss des von dem Berliner Politikwissenschaftler Rolf Ebbighausen zusammen mit fünf jungen Wissenschaftlern erarbeiteten Buchs *Die Kosten der Parteiendemokratie*[7a] durch den früheren Kieler Politikwissenschaftler Werner Kaltefleiter, der vorher Leiter in der Konrad-Adenauer-Stiftung war.[7b] Der unverzeihliche Fehler der Autoren war, dass sie die Materie frisch und unbefangen angingen und sich nicht an die beschwichtigenden Denkkategorien hielten, welche die politische Klasse vorgibt. Da die Autoren nicht bereit waren, die normative Kraft des Faktischen unhinterfragt hinzunehmen, wurde ihnen eine »von Sachkenntnis ungetrübte … vollkommene Wirklichkeitsfremdheit« vorgeworfen. Sogar die Wissenschaftlichkeit wurde ihnen abgesprochen: »Dieses nennt man Forschung, zumindest an der Freien Universität« – und das von einem Mann, der sein ganzes Berufsleben lang als verlängerter Arm der politischen Klasse fungiert hat.

Ganz ähnlich erging es übrigens der von Richard von Weizsäcker eingesetzten Parteienfinanzierungskommission. Sie wurde, als ihr Bericht die von den Parteien geprägten Realien nicht widerspruchslos hinnahm, als »Laienspielschar« verunglimpft – neben anderen wiederum von Werner Kaltefleiter.[7c] Die Kommission habe »keine Ahnung von der tatsächlichen Parteienstruktur«.[7d] Die nachdrücklichen Hinweise der Kommission auf die besondere Kontrollbedürftigkeit der in eigener Sache entscheidenden Parteien wiesen die Verantwortlichen entrüstet zurück: »Wir sind doch keine Drogenmafia« (so die SPD-Schatzmeisterin Inge Wettig-Danielmeier), und der Kollege von der FDP, Hermann Otto Solms, sekundierte: »Wir sind keine kriminelle Vereinigung.«[7e]

Derselben Mobbingmethode sahen sich zum Beispiel die Richter des Verwaltungsgerichts Schleswig ausgesetzt, die es gewagt hatten, die Ernennung des vom Richterwahlausschuss zum Bundesrichter gewählten Wolfgang Neskowic (auf die Konkurrentenklage eines Mitbewerbers hin) per einstweiliger Anordnung zu stoppen. Neskowic war in einer Stellungnahme des Bundesgerichtshofs als fachlich nicht geeignet beurteilt worden. Der Vorsitzende des Rechtsausschusses des Bundestags, Rupert Scholz (CDU), und der stellvertretende Vorsitzende der SPD-Bundestagsfraktion, Stiegler, die als Obleute ihrer Fraktionen für das im Richterwahlausschuss übliche Kungelverfahren mit verantwortlich sind, warfen den Mitgliedern des Gerichts daraufhin »eine für erwachsene Richter erschreckende Unkenntnis des parlamentarischen Entscheidungsprozesses« vor.[7f] Bereits die Wortwahl zeigt: In den Augen der politischen Klasse sind die existierenden Verfahren sakrosankt, und wer den Akteuren in den Arm fällt, begeht eine Art Frevel.

Wie sehr auch die Vergabe von ehrenvollen Auszeichnungen in den Dienst der politischen Klasse gestellt und Wissenschaftler und Journalisten dadurch in die gewünschte Richtung getrimmt werden, zeigt die Vergabe von Preisen durch den Bundestag exemplarisch. Den mit 20 000 Mark dotierten Wissenschaftspreis des Deutschen Bundestags 1995 erhielt der Politikwissenschaftler Werner Patzelt, der – mit vielfacher materieller, organisatorischer und personeller Hilfe des Bundestags – das bestehende parlamentarische System gegen Kritik verteidigt, Vorschläge zu Systemverbesserungen diskreditiert und mehrheitliche Wünsche der Bevölkerung durch politische Umerziehung ersticken will (siehe S. 359).

Den Wissenschaftspreis des Deutschen Bundestags 1998 erhielt der Politikwissenschaftler Martin Sebaldt,[8] der den Einfluss von Verbänden auf den Bundestag untersuchte und dabei zu einem eher beschwichtigenden Ergebnis gelangte.[9] Seine ganze Untersuchung krankt allerdings an einem schweren methodischen Mangel: Sie beruht auf Befragungen der Verbandsgeschäftsführer selbst, welche die Probleme aus nahe liegenden Gründen herunterspielen. Verbandsfunktionäre versuchen die Rolle von »Verbandsabgeordneten«, erst recht wenn diese von ihrem Verband bezahlt werden – angesichts der Nähe dieses Sachverhalts zur Korruption –, natürlich kleinzureden. Auf solchen Befragungen beruhende Aussagen[10] weisen deshalb typischerweise eine Schieflage auf und sind vor allem ein Beleg für methodenbedingte Scheuklappen gewisser Forschungsrichtungen. Auf solcherart unzureichender Basis gelangte Sebaldt dann zu einem Resultat, das auch der Öffentlichkeitsarbeit des Bundestags entstammen könnte: Der »Mythos vom gemeinwohlabträglichen Lobbyismus« stehe auf »tönernen« Füßen.

Den Medienpreis des Deutschen Bundestags 1995 erhielt der ZDF-Journalist Klaus Rommerskirchen, der durch eine Fernsehsendung aufgefallen war, die den Versuch des Bundestags, die Diäten seiner Mitglieder an die von Bundesrichtern anzukoppeln, mit irreführenden Zahlenangaben unterstützte.[11] Hier wurden offensichtlich Hof-Wissenschaftler und Hof-Journalisten ausgezeichnet.

Wie bestimmte einflussreiche Wissenschaftler Kritik an der politischen Klasse unterdrücken, habe ich selbst mehrfach erlebt. Dazu nur ein Beispiel:

Im Norddeutschen Rundfunk wurde im Jahr 2000 eine Rezension meines Buches *Vom schönen Schein der Demokratie* von Patrick Horst gesendet. Die Besprechung endete mit dem Gesamturteil: »Insgesamt hat er (von Arnim) ein beeindruckendes Buch vorgelegt, das auf absehbare Zeit zum politikwissenschaftlichen und staatsrechtlichen Standardwerk avancieren dürfte.«[12] Überraschend aber war, dass derselbe Patrick Horst dasselbe Buch in einer fast gleichzeitig er-

scheinenden Besprechung in der *Zeitschrift für Parlamentsfragen* völlig anders beurteilte. Diese Besprechung war ein Totalveriss und schloss mit dem Fazit: »Seine (Arnims) Argumentation ... erzeugt den schönen Schein eines Regenbogens, der sich elitär-populistisch über die schweren, dunklen Wolkenberge der Parteien und Parlamente hinwegspannen ließe. Beständig und begehbar ist dieser farbenprächtig schillernde Regenbogen nicht.«[13]
Die Umkehrung der Rezension in ihr Gegenteil beruht, wie Patrick Horst selbst in einem Telefongespräch mitteilte, darauf, dass auf die Besprechung in der *Zeitschrift für Parlamentsfragen* durch ihren Chefredakteur Uwe Thaysen, Professor für Politikwissenschaft an der Universität Lüneburg, Einfluss genommen worden sei. Horst ist von Thaysen, bei dem er sich habilitieren möchte, sozial abhängig. Die *Zeitschrift für Parlamentsfragen* steht in enger Verbindung zur »Deutschen Vereinigung für Parlamentsfragen«, und Thaysen ist meine Kritik am bundesrepublikanischen Parteienstaat offenbar seit langem ein Dorn im Auge. Das geht so weit, dass er sich nicht scheut, dürftig recherchierte, fachlich unhaltbare, aber umso umfangreichere Aufsätze in seiner Zeitschrift zu veröffentlichen, die offenbar nur den einen Zweck haben: mich zu diffamieren und in eine bestimmte Ecke zu stellen.[14]

Gutachter und Kommissionen im Gewand der Neutralität

Ein probates Mittel, die öffentliche Meinung im Sinne der politischen Klasse zu beeinflussen, ist die Instrumentalisierung von Kommissionen und Hearings. Gelingt es, sie mehrheitlich mit genehmen oder gar parteihörigen »Sachverständigen« zu besetzen, ohne dass die Öffentlichkeit das falsche Spiel durchschaut, kann die politische Klasse die formale Autorität der Einrichtung für ihre Zwecke nutzen. Auch hier bietet die Politikfinanzierung plastische Exempel:

- Die 1982 eingesetzte Parteienfinanzierungskommission war ganz überwiegend mit parteitreuen Mitgliedern besetzt. Sie schlug 1983 eine gewaltige – im internationalen Vergleich einmalige – Ausdehnung der Steuerbegünstigung von Parteispenden und eine massive

Anhebung der direkten Staatsfinanzierung vor. Das Parlament, sprich: die Schatzmeister der Bundestagsparteien, die dem Gesetzgeber die Feder führten, zögerte nicht, diese Vorschläge alsbald zu verwirklichen, und sattelte dabei noch drauf. Um die Parteilichkeit der Kommission zu verschleiern, hatte Bundespräsident Carstens es übernommen, die von den Parteien ausgesuchten Kommissionsmitglieder zu ernennen, und ließ sich so vor deren Karren spannen (siehe S. 98 f.).

- Um das neue Parteiengesetz nicht gleich am Bundesverfassungsgericht scheitern zu lassen, wurde der Göttinger Staatsrechtslehrer und Parlamentarische Staatssekretär Hans Hugo Klein zum Richter gemacht, der kurz vorher die bisherige Rechtsprechung des Gerichts öffentlich als viel zu kleinlich kritisiert hatte. Hans Hugo Klein setzte als Berichterstatter des Senats, der das Urteil in einem dann tatsächlich von den Grünen angestrengten Verfahren vorbereitete, eine weitgehende Absegnung des Gesetzes durch. In diesem Urteil von 1986 wich das Gericht zugunsten der Parteien weit von seiner früheren Rechtsprechung ab, zu der es erst fünf Jahre später (1992) in einer neuerlichen Wendung wieder zurückkehrte. Doch blieb das einmal erreichte Niveau der direkten Staatsfinanzierung erhalten, obwohl es unter anderem durch jetzt vom Gericht als verfassungswidrig erkannte Leistungen erreicht worden war, denn auch sie gingen in die Berechnung der »absoluten Obergrenze« ein (siehe S. 107).
- Bei der durch das Urteil von 1992 bedingten Änderung des Parteiengesetzes hielt die politische Klasse sich wieder nicht an die nunmehr vom Gericht gezogenen strengeren Grenzen und suchte die öffentliche Kritik an diesem Vorgehen dadurch einzudämmen, dass der Innenausschuss des Deutschen Bundestags zu einem »Sachverständigen«-Hearing überwiegend solche Personen einlud, von denen er die Akklamation zu dem verfassungswidrigen Gesetzentwurf erwarten durfte (und auch erhielt, siehe S. 111).
- Ein anderes Beispiel: Als die SPD in Thüringen sich die Vorschläge der »Frankfurter Intervention«[15] zu Eigen gemacht und sich für eine große Reform der Landesverfassung ausgesprochen hatte, in deren Mittelpunkt die Direktwahl des Ministerpräsidenten stehen sollte (siehe S. 336 ff.), berief die SPD-*Fraktion* im Thüringer Landtag ein Hearing ein, das (einschließlich der geladenen Minister

und Mitglieder der Fraktionsführung) so zusammengesetzt war, dass den Reformvorschlägen ein Begräbnis erster Klasse bereitet wurde.[16]

- Das jüngste Beispiel für die politische Instrumentalisierung einer Kommission ist die *Berger-Kommission*, welche die Ministerpräsidenten von Bayern und Nordrhein-Westfalen, Edmund Stoiber (CSU) und Wolfgang Clement (SPD), 1999 gemeinsam einberufen hatten und welche im Herbst 2000 Vorschläge für die Bezahlung und Versorgung von Regierungsmitgliedern unterbreitete. Diese Kommission war mehrheitlich so zusammengesetzt, dass man sie nur als »Hofkommission« bezeichnen kann. Ihr Vorsitzender, der Unternehmensberater Roland Berger, und die meisten der anderen vierzehn Mitglieder standen der politischen Klasse besonders nahe, waren selbst Spitzenverdiener oder erhielten sogar Aufträge von bayerischen und nordrhein-westfälischen Ministerien, hatten also ein regelrechtes Aquisitionsinteresse daran, sich das Wohlwollen der Chefs der Ministerien zu sichern. Entsprechend großzügig fielen ihre Vorschläge aus. Um sie der Öffentlichkeit plausibel zu machen, wurden im Schlussbericht der Kommission wesentliche Fakten einfach ausgeblendet und auf der Hand liegende Wertungen unterdrückt. Es wurde getrickst und gefälscht. Auf diese Weise sollte vor allem die Verfassungswidrigkeit der hohen und zum großen Teil steuerfreien Zusatzeinkommen von vielen Regierungsmitgliedern verschleiert werden. Zugleich sollte verborgen werden, dass Landesminister und Politische Staatssekretäre mit Abgeordnetenmandat schon jetzt ein sehr viel höheres Einkommen beziehen als vergleichbare andere hohe Amtsträger im In- und Ausland. Mittels dieser Tricks sollte einer gewaltigen Erhöhung der Bezüge deutscher Regierungsmitglieder bei gleichzeitiger Aufrechterhaltung der staatsfinanzierten Altersversorgung der Weg bereitet werden. Die Berger-Kommission, ihre Vorgeschichte, ihre Zusammensetzung und ihre Verfahrensweise, stellt ein Musterbeispiel dafür dar, wie die politische Klasse über Parteigrenzen hinweg versucht, mittels ihrer vielfältigen Möglichkeiten und ihrer zahlreichen Verbündeten ihre Sicht der Dinge in die Öffentlichkeit zu tragen und dadurch meinungsbildend zu wirken. Die Einzelheiten habe ich im Februar 2001 in einem Buch mit dem Titel *Politik Macht Geld. Das Schwarzgeld der Politiker – weißgewaschen* dargestellt.

In derartigen Kommissionen spiegelt sich eine höchst problematische Tendenz wider: Die wissenschaftliche Beratung der Politik wird fast durchgehend von Institutionen dominiert, die auf Grund staatlicher Aufträge tätig werden und oft auch davon leben oder jedenfalls vom Staat finanziert werden.[17] Dagegen mangelt es an staats- und parteiunabhängigen Forschungseinrichtungen, wie sie etwa in den USA eine große, öffentlich anerkannte Bedeutung besitzen. Der deutsch-amerikanische Wissenschaftler Wolfgang Reinicke hat beobachtet, dass »die objektivsten und qualitativ anspruchsvolleren Forschungsprodukte (in den USA) von Mitarbeiten der unabhängigen Forschungseinrichtungen vorgelegt werden.«[18] Demgegenüber ist »der Markt für Politikberatung in der Bundesrepublik Deutschland nahezu gänzlich von der Nachfrage geprägt«,[19] also von der Politik selbst. Politiker möchten, dass Beratung möglichst »in einem ›kontrollierten‹ Umfeld abläuft.«[20] Das schließt dann aber an den Nerv gehende Untersuchungen, etwa über die Rolle der politischen Klasse selbst und über ihren Einfluss auf die demokratischen Institutionen, weitgehend aus. Der Mangel an unabhängiger Politikberatung ist umso gewichtiger, als Expertenwissen in der Politik generell eine immer größere Rolle spielt, wie man auch an der (vielleicht allerdings etwas übertriebenen) Berufung von Kommissionen und Räten durch Bundeskanzler Gerhard Schröder sieht, etwa der Zuwanderungskommission, des Nationalen Ethikrats, des Rats für Nachhaltige Entwicklung.[21]

Versuchte Einflussnahme auf die Rechnungshöfe

Ähnlich wichtig für die politische Klasse sind die Rechnungshöfe. Seitdem die Rechnungshöfe auch die Finanzen der Fraktionen zu prüfen haben und bei Finanzmauscheleien von Politikern als Schiedsrichter herangezogen werden, achtet die politische Klasse noch mehr darauf, an der Spitze dieser obersten Kontrollorgane Persönlichkeiten zu haben, von denen sie erwarten kann, dass sie ihnen auch im Falle von Verstößen nicht allzu sehr an den Karren fahren. Durch die Auswahl des Präsidenten, des Vizepräsidenten und der übrigen Mitglieder hat die politische Klasse die »Chance, auf die große Linie der Finanzkontrolle einzuwirken«.[22] Zu Präsidenten der Rechnungshöfe werden deshalb seit langem fast ausschließlich Mitglieder der jeweiligen Regie-

rungsparteien gewählt,[23] während die Vizepräsidenten oft größeren Oppositionsparteien angehören. Zwar darf die prägende Kraft des Amtes, deren Bedeutung uns Jean Anouilh in seinem Drama *Becket oder die Ehre Gottes* nahe gebracht hat, nicht übersehen werden. Dieser »Becket-Effekt« ist bei vielen Rechnungshofpräsidenten (wie auch bei vielen parteipolitisch berufenen hohen Richtern) durchaus wirksam. Es bleibt aber doch für den Außenstehenden der ungute Schein. Auch steht zu vermuten, dass jenes Bestellungsverfahren der Intensität der Kontrolle nicht immer förderlich ist. Die Verklammerung zwischen politischer Klasse und Rechnungshöfen kann deren Unabhängigkeit beeinträchtigen.
Ein Beispiel für Großzügigkeit im Umgang mit Parteien bietet die Präsidentin des nordrhein-westfälischen Rechnungshofs, Ute Scholle (SPD), die seit Jahren einen geradezu vordemokratischen Zustand nordrhein-westfälischer Fraktionsfinanzierung duldet, statt die Verfassungswidrigkeit öffentlich zu brandmarken. In Nordrhein-Westfalen existiert nämlich – im Gegensatz zu allen anderen Bundesländern und zum Bund – weder ein Fraktionsgesetz noch geben die Fraktionen öffentlich Rechenschaft über ihre Finanzen noch ist für die erforderliche wirksame Kontrolle durch den Rechnungshof gesorgt.[24]

Bestellte Richter und die Entwicklung der Verfassung

Der lange Arm der politischen Klasse ergreift auch die Gerichte, vor allem die für die politische Klasse besonders wichtigen Verfassungsgerichte, die fast durchweg nach Parteizugehörigkeit besetzt werden. Für Änderungen des Inhalts der Verfassung muss nicht unbedingt ihr Wortlaut geändert werden. Viele besonders wichtige Artikel der Verfassungen sind derart generalklauselartig vage gefasst, dass sie der Auslegung großen Raum lassen. Umso entscheidender ist das »Vorverständnis« der Interpreten. Damit wird zur Schlüsselfrage, wer letztverbindlich über die Auslegung der Verfassung befindet. Das Gewicht dieser Frage war natürlich auch den Vätern und Müttern des Grundgesetzes bewusst (wenn auch sicher nicht in seiner ganzen Tragweite), und sie haben die Entscheidung deshalb in die Hand eines mit allen Garantien der Unabhängigkeit ausgestatteten Gerichts gelegt, des Bundesverfassungsgerichts. Damit erhält das Vorverständnis der Verfassungsrichter zentrales Gewicht.[25]

Um Einseitigkeiten zu vermeiden, sind für die Wahl der Verfassungsrichter, die je zur Hälfte durch den Bundestag und den Bundesrat erfolgt, Zweidrittelmehrheiten vorgeschrieben. Das soll sicherstellen, dass die Wahl nicht ohne Zustimmung der jeweiligen großen Oppositionsfraktion zustande kommt, und verhindern, dass politisch einseitig geprägte Personen ins Gericht kommen. Doch gegen die Dominanz von Eigeninteressen der politischen Klasse, die den Berufspolitikern der Regierungs- und Oppositionsparteien gemeinsam sind, bietet dieser Mechanismus gerade keinen ausreichenden Schutz. Im Gegenteil: Der bestehende Auswahlmodus begünstigt ein ausgesprochenes Kungelverfahren, an dem ganz wenige Personen der beiden großen Parteien (Union und SPD) beteiligt sind, die die maßgeblichen Vorentscheidungen treffen. Dabei werden häufig – unter Einbeziehung auch von zukünftig frei werdenden Stellen und von Stellen bei anderen Gerichten – umfangreiche »Personalpakete« auf Gegenseitigkeit geschnürt.[26] Entsprechend groß ist die Versuchung der politischen Klasse im Bundestag und im Bundesrat, solche Personen zu Richtern zu berufen, die das in ihrem Sinne richtige Vorverständnis mitbringen und Fragen der Kontrolle der politischen Klasse herunterspielen oder deren Interessen sogar ganz bewusst zur Durchsetzung verhelfen. Gerhard Leibholz (siehe S. 250 ff.) und Hans Hugo Klein (siehe S. 100) waren besonders auffällige Beispiele. So gewinnt die politische Klasse Einfluss auf die große Richtung der Verfassungsentwicklung. Die Folge ist eine »Rechtsprechung aus dem Geiste des Konsenses«.[27]

Diese indirekte Form der Einflussnahme ist natürlich viel schwerer zu durchschauen und erst recht zu verhindern als direkte Verfassungsänderungen durch Änderung des Wortlauts. Gleichwohl ist es unter Kennern kein Geheimnis, »dass die Erwartungen der Parteien und das Verhalten der Kandidaten in politisch wichtigen Prozessen bei der Auswahl der Bundesverfassungsrichter eine ganz wesentliche Rolle spielen«[28] (wenn diese Erwartungen auch keineswegs immer erfüllt werden). Die Verfassungsrechtsprechung droht so zu einer bloßen »Fortsetzung der (Parteien-)Politik mit anderen Mitteln« zu werden.[29]

Mit welch leichter Hand man selbst Verfassungswidrigkeiten im Verfahren der Richterwahl hinnimmt, nur um an dem öffentlichkeitsscheuen Kungelverfahren festzuhalten, zeigt der Umstand, dass nicht der Bundestag, sprich: das Plenum, die von ihm zu wählenden Richter in öffentlicher Verhandlung bestimmt, wie es das Grundgesetz in Artikel 94 vorschreibt, sondern ein nicht öffentlich verhandelnder Ausschuss.[30]

Die Entwicklung wäre, um einige Beispiele zu nennen, gewiss anders verlaufen,

- hätte das Gericht die Grundsätze der Freiheit und Unmittelbarkeit der Wahl von Parlamentsabgeordneten ernst genommen und starre Parteilisten verboten, statt ihnen – unter dem Einfluss der Parteienstaatsdoktrin von Gerhard Leibholz – den verfassungsrechtlichen Segen zu erteilen,
- hätte das Gericht die Fünfprozentklausel bei Parlamentswahlen für unvereinbar mit der Wahlgleichheit der Bürger und der Chancengleichheit der Parteien erklärt und sie nicht sogar bei Europawahlen als verfassungskonform anerkannt,
- hätte das Gericht nicht 1958 – ebenfalls unter Leibholz' Einfluss – die staatliche Parteienfinanzierung überraschend für zulässig erklärt,
- hätte das Gericht nicht 1968 die Begrenzung der Staatsfinanzierung auf die Erstattung der Wahlkampfkosten, wiederum unter dem Einfluss von Leibholz, selbst aufgeweicht, nachdem es diese Grenze zwei Jahre vorher selbst gezogen hatte – ohne Leibholz, der wegen Befangenheit ausgeschlossen worden war,
- hätte das Gericht die ins Kraut schießende Staatsfinanzierung der Fraktionen und Abgeordnetenmitarbeiter begrenzt,
- hätte das Gericht nicht 1986 die rasant wachsende Staatsfinanzierung der »Parteistiftungen« abgesegnet,
- hätte das Gericht den Verfassungsbegriff der »Entschädigung« ernst genommen und ihn nicht 1975 zu einer – für alle Abgeordneten eines Parlaments gleichen – »Vollalimentation« umgedeutet, was wiederum Leibholz' Doktrin zuzuschreiben war und dazu führte, dass das Leitbild des Berufspolitikers sich auch in den Landesparlamenten durchsetzte,
- hätte das Gericht den Grundsatz der Freiheit und Unabhängigkeit des Mandats ernst genommen und wirksame Vorkehrungen gegen »Parteisteuern« erzwungen,
- hätte das Gericht den Grundsatz der Gewaltenteilung ernst genom-

men und wirksame Vorkehrungen gegen die Verbeamtung der Parlamente durchgesetzt,
- hätte das Gericht den Grundsatz des gleichen Zugangs zu öffentlichen Ämtern ernst genommen und wirksame Vorkehrungen gegen Ämterpatronage erzwungen.

Ähnlichen Einfluss nimmt die politische Klasse auf die *Landes*verfassungsgerichte. Alle diese Entscheidungen atmen den Geist der politischen Klasse. Hinzu kommt, dass die politische Klasse gegen unliebsame verfassungsgerichtliche Urteile prozessual weitgehend abgeschirmt ist. Das Bundesverfassungsgericht kann wie alle Gerichte nur auf Antrag tätig werden. Wo aber kein Kläger, da kein Richter. Die Befugnis, das Gericht anzurufen, haben jedoch, gerade wenn es um Entscheidungen der politischen Klasse in eigener Sache geht, in der Regel nur Regierung und parlamentarische Opposition, also die politische Klasse selbst. Diese ist sich natürlich einig, nichts zu unternehmen; also gibt es keinen berechtigten Kläger. Denn Bürger und Bürgerverbände haben bei Missbräuchen der politischen Klasse in eigener Sache in der Regel keine Klagebefugnis, weil sie als nicht unmittelbar betroffen gelten. Just an der heikelsten Stelle besteht also ein echtes Kontrollloch: Die Klagebefugten haben kein Interesse, und die an der Klage Interessierten haben keine Befugnis. Deshalb ist es zum Beispiel nicht zu einer Entscheidung des Bundesverfassungsgerichts über die Verfassungswidrigkeit der steuerfreien Kostenpauschale von Bundestags- und anderen Abgeordneten und Amtsträgern gekommen; deshalb ist es auch nicht zu einer gerichtlichen Überprüfung der Steuerbegünstigung von Parteispenden nach dem Parteiengesetz von 1994 gekommen, obwohl beide Regelungen den vom Gericht selbst konkretisierten verfassungsrechtlichen Grundsätzen eindeutig widersprechen. Und noch ein Beispiel aus eigener Erfahrung: Im neunköpfigen Landesverfassungsgericht von Brandenburg, dessen Mitglieder von den Fraktionen des Potsdamer Landtags ausgewählt werden und dem ich von 1993 bis 1996 angehörte, war ich, von Bündnis 90/Die Grünen nominiert, vermutlich der Einzige ohne Parteibuch. Die parteinahe Zusammensetzung kann dann bei Entscheidungen, welche die Interessen der politischen Klasse direkt betreffen, leicht durchschlagen. So entschied die Mehrheit des Gerichts 1996, die kommunalrechtlichen Vorschriften, die es den Beamten und Angestellten einer Gemeinde, einer Stadt oder eines Landkreises verbieten, neben ihrem Amt gleichzeitig auch der Volksvertretung derselben Körperschaft anzugehören, seien verfassungswidrig.[31] Derartige Vorschriften bestehen in sämtlichen Bundesländern und sind dort verfassungsrechtlich völlig unangefochten. Sie sollen aus Gründen der Gewaltenteilung verhindern, dass Beamte in der Volksvertretung quasi sich selbst kontrollieren. Die Entscheidung des Landesverfassungsgerichts war zwar methodisch unhaltbar, lag aber ganz im Interesse der politischen Klasse, weil dadurch viele Kommunalbedienstete veranlasst worden wären, einen Sitz in ihrer jeweiligen Volksvertretung anzustreben, und so den äußerst mitgliederschwachen Brandenburger Parteien erheblicher Zulauf aus dem öffentlichen Dienst beschert worden wäre. Die überwältigende Kritik dieser Entscheidung in der Öffentlichkeit und im Fachschrifttum, die auch durch mein Sondervotum[32] ausgelöst worden war,[33] bewirkte schließlich allerdings, dass das Landesparlament auf Antrag der PDS die Landesverfassung änderte und das Urteil leer laufen ließ.

Der Bayerische Verfassungsgerichtshof, dessen Mitglieder mit einfacher Mehrheit vom Landtag ausgewählt werden – de facto also von der in Bayern seit 1962 mit absoluter Mehrheit regierenden CSU –, hatte 1982 eine Entscheidung zu treffen über die Verfassungsmäßigkeit der hohen steuerfreien Pauschale von derzeit jährlich rund 60 000 Mark, die bayerische Landtagsabgeordnete ohne jeden Nachweis der tatsächlich entstehenden Kosten zusätzlich zu ihrer steuerpflichtigen Entschädigung erhalten. Nach den Grundsätzen, die das *Bundes*verfassungsgericht entwickelt hat, ist eine derartige Pauschale verfassungswidrig.[34] Die bayerische Entscheidung erschien doppelt wichtig, weil die Grundsätze des Bundesverfassungsgerichts vom Bundestag ignoriert werden, dessen Mitglieder eine steuerfreie Kostenpauschale von derzeit jährlich rund 80 000 Mark erhalten. Während der normale Steuerzahler aber keine Möglichkeit hat, das Bundesverfassungsgericht mit dieser Frage zu befassen, sondern nur die Nutznießer der Regelung selbst ein solches Antragsrecht haben, gibt es in Bayern die Popularklage, die es jedem Bürger erlaubt, bei Verletzung von Grundrechten – hier: des Gleichheitssatzes – den Bayerischen Verfassungsgerichtshof mit der Frage zu befassen und ein Sachurteil zu erwirken. In dem vom bayerischen Steuerzahlerbund angestrengten (und mit einem Gutachten aus meiner Feder untermauerten) Verfahren rechtfertigte der Verfassungsgerichtshof steuerfreie Kostenpauschalen nun mit dem Argument, die Konkurrenz unter den Mitgliedern des Landtags führe quasi automatisch dazu, dass die Abgeordneten die Kostenpauschale auch verausgaben. Diese Argumentation kommt im Ergebnis einem Freibrief gleich. Nach dieser Logik stände es den Landtagen frei, Kostenpauschalen praktisch in beliebiger Höhe festzusetzen, weil die Konkurrenz unter den Abgeordneten dafür sorgte, dass auch die üppigsten Pauschalen für mandatsbedingte Aufwendungen ausgegeben werden. In Wahrheit scheint oft das Gegenteil richtig. Insider prangern hohe Pauschalen als geradezu »leistungsfeindlich« an. Denn je weniger ein Abgeordneter tut und je weniger Aufwand er treibt, desto mehr bleibt ihm von seiner steuerfreien Pauschale für die eigene Lebenshaltung übrig. Hohe Pauschalen erweisen sich so oft als »eine Prämie für Faule«.[35]

Ganz ähnlich überraschende Urteile fällte der Bayerische Verfassungsgerichtshof in Sachen direkte Demokratie: Für Volksentscheide über Verfassungsänderungen stellte er ein Quorum von 25 Prozent auf, von dem in der ganzen Verfassung nichts steht. Danach müssen neben der selbstverständlich erforderlichen Mehrheit der Abstimmenden zusätzlich mindestens 25 Prozent der stimm*berechtigten* Bürger zustimmen. Man mag über die verfassungspolitische Wünschbarkeit eines solchen Quorums streiten. Doch dies kurzerhand in die Verfassung hineinzulesen legt den Verdacht der Voreingenommenheit nahe, zumal das Gericht früher die umgekehrte Auffassung vertreten und immer angenommen hatte, die bayerische Verfassung habe mit dem Satz »Mehrheit entscheidet« (Art. 2 BV) festgelegt, dass auch Verfassungsänderungen im Wege der Volksgesetzgebung mit der normalen Mehrheit der Abstimmenden zustande kommen.[36]

Bei Entscheidungen über die Voraussetzungen und die Reichweite von Volksbegehren und Volksentscheid geht es letztlich um die Festlegung der Befugnisse des Parlaments und der Regierung einerseits und unmittelbar des Volks andererseits, also um die Abgrenzung der Kompetenzen von »oben« und »unten«. Einem Gericht, dessen Mitglieder allein von »oben«, also einseitig bestimmt werden, fehlt leicht die Unbefangenheit. Die Situation ähnelt einem Schiedsverfahren, bei dem eine Partei allein die Mitglieder des Schiedsgerichts bestimmt. Auch dort läge die Gefahr von Einseitigkeiten auf der Hand.

In dieselbe Kategorie gehört ein Urteil, in dem das Bundesverfassungsgericht unter dem Einfluss der Parteienstaatsdoktrin von Gerhard Leibholz das Recht, Kandidaten für Kommunalwahlen aufzustellen, auf politische Parteien begrenzte und dadurch lästige Konkurrenten der Parteien, insbesondere kommunale Wählergemeinschaften, praktisch von der Teilnahme an Kommunalwahlen ausschloss. Auch die Bundesverfassungsrichter werden allein von der politischen Klasse (und ohne jede Mitwirkung der kommunalen Wählergemeinschaften) bestellt. Zum Glück wurde das genannte Urteil später revidiert (siehe S. 129 f.).

8 »Umso schlimmer für die Wirklichkeit«: Das System schafft sich seine eigene Wahrheit

> »Man kann alle Menschen eine gewisse Zeit und gewisse Menschen die ganze Zeit, aber niemals alle Menschen die ganze Zeit täuschen.«
>
> *Abraham Lincoln*

> »Nichts ist stärker als eine Idee, für die die Zeit gekommen ist.«
>
> *Victor Hugo*

Die Lücke zwischen Norm und Wirklichkeit

Die Verfassungen verheißen Demokratie und Gemeinwohl, Regieren durch und für das Volk. Tatsächlich aber klaffen Norm und Wirklichkeit weit auseinander. Das Volk hat fast nichts zu sagen, und die Politik ist viel zu oft blockiert. Das wird inzwischen von nachdenklichen Zeitgenossen unterschiedlichster politischer Richtungen und wissenschaftlicher Disziplinen erkannt und offen ausgesprochen, wenn natürlich auch die Schwerpunktsetzung variiert. Der Rechtswissenschaftler, Rechtsphilosoph und frühere Bundesinnenminister Werner Maihofer spricht sehr klar von einem Repräsentations- und einem Partizipationsdefizit. Der frühere Bundespräsident Roman Herzog sprach von »Reformblockade« und hob immer wieder die mangelnde politische Handlungsfähigkeit hervor, die das Gemeinwohl vernachlässigt.

Besonders krass und eigentlich unübersehbar ist das Partizipationsdefizit. Von demokratischer Mitwirkung kann unter den gegebenen Bedingungen wirklich kaum die Rede sein. Würde uns die herrschende Ideologie nicht immer wieder Sand in die Augen streuen, so wäre inzwischen auch dem Letzten klar: Der demokratische Souverän steht ohne Kleider da. Das kommt, etwas verklausuliert, zum Ausdruck, wenn manche Rechts- und Politikwissenschaftler das Demokratieprinzip als »rein formal« charakterisieren. Man kann es aber auch schärfer formulieren, und das haben solche Staatsrechtslehrer getan, die sich, wie Hans Kelsen, nicht von Erwägungen der politischen Opportunität beeinflussen ließen: Demokratie ist in einer rein repräsentativen parlamentarischen Demokratie wie der Bundesrepublik notwendigerweise fiktiv. Das Volk entscheidet gerade *nicht* über seine Angelegenheiten, sondern hat die wesentliche Entscheidungsbefugnis an seine Repräsentanten abgetreten. An die Stelle des Volkes ist die politische Klasse getreten.

Der geringe politische Einfluss der Bürger soll in der Bundesrepublik durch eine umso größere Betonung der inhaltlichen Richtigkeit kompensiert werden. Von den beiden zentralen Legitimationsprinzipien unseres Staates hat das Repräsentations- oder Gemeinwohlprinzip bisher – jedenfalls auf Bundesebene – völlig dominiert. Die Orientierung an inhaltlichen Werten schien wichtiger als das andere, scheinbar nur formale Grundprinzip: die Demokratie.

Die einseitige Betonung der inhaltlichen Richtigkeitskomponente findet ihren Ausdruck in einer – für andere Kulturkreise kaum nachvollziehbaren – Dominanz der Gerichte und Rechtswege, der Rechts- und der Justizstaatlichkeit. Damit ist bezeichnenderweise nichts nur Formales gemeint, sondern das Streben nach dem Ideal inhaltlicher Gerechtigkeit und Richtigkeit: Die Bundesrepublik versteht sich als materieller Rechtsstaat und die juristische Methodenlehre als Instrumentarium zur Ermittlung materieller Richtigkeit.

Die Überordnung des Inhalts gegenüber der Partizipation findet ihre Zuspitzung darin, dass bestimmte Kernwerte der Verfassung von vornherein dem Volkswillen entzogen sind. (»Keine Freiheit für die Feinde der Freiheit.«) Sollte der Wille des Volkes damit in Widerspruch geraten, darf er keinerlei Berücksichtigung finden, sondern soll bereits im Entstehen ausgemerzt werden; das Grundgesetz enthält dafür eine Reihe von Vorkehrungen und Instrumenten. Gegen die Kernwerte gerichtete Auffassungen werden illegalisiert; sie dürfen sich nicht äußern und finden kein Gehör. Ihren Trägern werden die Grundrechte entzogen (Art. 18 GG) und der Eintritt in den Staatsdienst verwehrt; ihre Parteien werden verboten (Art. 21 Absatz 2 GG).

Die Schieflage, die in der einseitigen Betonung des repräsentativen

Elements liegt, wird damit gerechtfertigt, dass dadurch die Chance wesentlich erhöht würde, dass die getroffenen Entscheidungen *inhaltlich* richtig und ausgewogen ausfallen. Davon ging man denn auch lange Zeit aus. Das repräsentative System schien seinen Aufgaben zunächst weitgehend gerecht zu werden. Doch das ursprüngliche Vertrauen in seine Leistungsfähigkeit ist in den letzten Jahren immer mehr in Zweifel geraten und nimmt seit kurzem rapide ab. Das ist nicht nur ein flatterhaftes Stimmungsbild, sondern beruht auf gewichtigen objektiven Ursachen, die ihrerseits nicht zuletzt in grundlegenden Veränderungen der politischen Großwetterlage ihre Wurzeln haben:

Der Wegfall des Ost-West-Gegensatzes und der ideologische Sieg des Westens haben, für viele unbemerkt, eine fundamentale Verschiebung der allgemeinen sozialpsychologischen Problemwahrnehmung bewirkt; wir sind jetzt eher in der Lage, lange notdürftig übertünchte innere Probleme zu erkennen und zu bewerten. Plötzlich wird offensichtlich, dass es nicht mehr ausreicht, bloß besser zu sein als der Osten. Jetzt müssen wir, um eine tragfähige Orientierung zu gewinnen, unser System vielmehr nach selbst gesetzten Werten beurteilen. Dies verlangt eine Rückbesinnung auf die Grundwerte der Lincolnschen Formel, auf das Demokratieprinzip und das Repräsentationsprinzip. Nehmen wir eine solche Beurteilung vor, so sind die Resultate niederschmetternd: Die Verhältnisse in unserer real existierenden repräsentativen Demokratie sind weit davon entfernt, so beschaffen zu sein, dass man sie sich als aus dem Willen aller Bürger hervorgegangen vorstellen könnte. Diese gedankliche Probe aufs Exempel, die Staatsphilosophen von Immanuel Kant bis John Rawls als Kriterium für die Beurteilung der repräsentativen Demokratie und ihrer Organisation entwickelt haben, lässt sich kaum noch ohne Heuchelei auf unsere bundesrepublikanische Wirklichkeit beziehen. An der Wiege der Bundesrepublik wurde das Demokratieprinzip aus rückwärts gewandter Furcht vor dem Volk bis zur Unkenntlichkeit eingeschränkt – zugunsten des Repräsentationsprinzips. Nun stellen wir fest, dass auch die Repräsentation nicht wirklich funktioniert, weil im Schoß des Staates und im Schutz mangelnder demokratischer Kontrolle eine politische Klasse herangewachsen ist, die den Staat zunehmend zu lähmen droht. Die politische Klasse konnte deshalb so ins Kraut schießen, weil sie sich der Kontrolle durch das Volk entledigt hat. Hier zeigt sich, dass beides zusammenhängt: *Weil* das Volk nichts zu sagen hat, weil das System sich gegen den Willen des Volkes immunisiert hat und die politische Klasse sich deshalb ungebührlich breit machen und die Institutionen verderben konnte – darum fehlt es auch an Orientierung am allgemeinen Interesse.

Die verhängnisvolle Rolle der Eigeninteressen der politischen Klasse und die mangelhafte Ausrichtung der Verfassungen auf die neuen politischen Akteure klingen ebenfalls in zahlreichen Stellungnahmen an, so wenn der ehemalige Bundespräsident Richard von Weizsäcker von »Machtvergessenheit« (womit er das Handlungs- und Repräsentationsdefizit meint) und »Machtversessenheit« spricht, ein Ausdruck, der allerdings etwas eng erscheint, weil es der politischen Klasse nicht nur um *Macht*erwerb und *Macht*erhalt geht, sondern auch um Posten, Geld und Status.[1] Die politische Klasse glaubt in einer Art Omnipotenzgehabe alles an sich reißen und beeinflussen zu können, übernimmt sich dabei aber völlig. Sie hat sich einverleibt, was der Staat zu bieten hat, ist darüber aber satt und träge geworden – fetter Bauch regiert nicht gern. Die politische Klasse tut zu viel und zu wenig zugleich, nur jeweils an der falschen Stelle: zu viel bei der Sicherung ihrer Eigeninteressen, zu wenig bei der Sicherung von Demokratie und Repräsentation. Daher der Mangel an Bürgermitwirkung und an gemeinwohlorientiertem Handeln. Dabei gehen beide Sphären vielfach ineinander über: Für die derzeitige politische Klasse ist das Partizipationsdefizit der Bürger geradezu ein Instrument des Machterhalts. Könnten die Bürger wirklich auswählen, würden viele amtierende »Repräsentanten« sogleich hinweggefegt, und diese wissen das oder ahnen es zumindest und halten deshalb so beharrlich an der Entmachtung der Bürger fest.

Dic mangelnde Handlungsfähigkeit hängt mit dem Wunsch zusammen, klare Verantwortlichkeiten zu vermeiden, um unangreifbar zu bleiben. Wenn eine politische Entscheidung weder einer Partei noch einem bestimmten Politiker eindeutig zuzuordnen ist, riskiert man nicht, dafür bei den nächsten Wahlen zur Rechenschaft gezogen zu werden. Was dann dabei herauskommt, ist ein umfassendes System der organisierten Unverantwortlichkeit und letztlich auch der Verantwortungslosigkeit. Das erklärt, warum die Unzufriedenheit über diese Zustände sich bisher noch nicht gezielt entladen hat. Wenn niemand für Missstände verantwortlich gemacht werden kann, sind immer die anderen schuld – so groß die Mängel auch sein mögen: Massenarbeitslosigkeit, die Schul- und Hochschulmisere, die Staatsverschuldung, die Unsicherheit bei den Renten … Protest braucht Adressaten. Hinzu kommt die totale Undurchsichtigkeit des Systems. Das schottet die politische Klasse ab und verhindert wie eine Nebelwand unerwünschte Einblicke in die Funktionsweise dieser Strukturen. So läuft unser ganzes politisches System leer – wie ein auf Land gesetztes Motorboot, das mit kreischender Schraube viel Wind macht, ohne vorwärts zu kommen.

Das Repräsentationsdefizit erscheint umso gefährlicher, als die politischen Herausforderungen, denen sich unser Gemeinwesen gegenübersieht, sprunghaft gewachsen sind; auch insoweit haben sich die Verhältnisse grundlegend verändert:

- Da sind einmal das Nachlassen des Wirtschaftswachstums und die hohe Arbeitslosigkeit, deren strukturelle Ursachen zwar von der deutsch-deutschen Vereinigung unabhängig sind, die gleichwohl in Ausmaß und Folgen durch die Vereinigung verschärft werden.
- Dann der Umbruch in der Alterszusammensetzung der Bevölkerung, der eine Anpassung und Neugestaltung unserer sozialen Systeme unausweichlich macht.
- Die Verschärfung des internationalen Wettbewerbs durch Europäisierung und Globalisierung, die zunehmend den Eindruck vermittelt, dass wir uns einen mangelhaften Ordnungsrahmen immer weniger leisten können, weder in der Wirtschaft noch in der Politik. So erhalten auch Mängel der Politik den Charakter von Standortnachteilen im globalen Wettbewerb.
- Hinzu kommt schließlich der so genannte Wertewandel weg von der Obrigkeitshörigkeit und hin zum kritisch-rationalen Hinterfragen auch der verfassungsrechtlichen Institutionen.

Vom Umgang mit der Lücke

Die große Frage ist, wie man mit dem Auseinanderklaffen von normativem Anspruch und Wirklichkeit umgehen soll. Mit solchen Diskrepanzen zu leben fällt »Kollektiven« genauso schwer wie Individuen. Man kann auf die Divergenz von Norm und Wirklichkeit ganz verschieden reagieren. Fünf typische Haltungen lassen sich unterscheiden:[2]

- die wirklichkeitsverdrängende, heuchlerische Haltung (»Die Tatsachen sind in Wahrheit gar nicht so, beweis uns erst einmal das Gegenteil.«);
- die zynische Haltung (»Die Norm gilt nur für Naive und Dumme.«);
- die selbstzufriedene, beschönigende Haltung (»Der angebliche Mangel ist nur die Kehrseite eines anderen wichtigen Gutes.«);
- die resignierende Haltung (»Das ist halt so, und wir können es nicht ändern.«);
- die reformatorische Haltung (»Man muss etwas dagegen tun.«).

Unter diesen Haltungen ist die *heuchlerische* immerhin noch dadurch gekennzeichnet, dass sie, indem sie die normverletzenden Handlungen unterdrückt oder bestreitet, indirekt die Geltung der Norm bestätigt. Die Lücke wird durch Leugnen der Wirklichkeit scheinbar geschlossen. Das stößt besonders bei der Jugend auf Ablehnung:

> »Junge Menschen ertragen Widersprüche nur schwer, und sie reagieren heftig auf den Versuch, sie zu vertuschen. ... Sie werfen den Politikern dieses Staates Heuchelei vor, weil sie nicht nach den Grundsätzen handeln, die sie öffentlich vertreten, weil die Wirklichkeit der Republik nicht den Grundsätzen entspricht, auf denen sie aufruht.«[3]

Der *Zyniker* dagegen glaubt sich auf Grund seiner intellektuellen oder sonstigen Überlegenheit über die Norm erheben zu können. Er bestreitet ihre allgemeine Verbindlichkeit, indem er für diejenigen, die »den Durchblick haben«, ein moralisches Privileg in Anspruch nimmt. Er sucht die Lücke auf Kosten der Norm zu schließen. Die Reaktion der Öffentlichkeit ist ein gewisser Indikator dafür, welche Kraft die Norm tatsächlich noch besitzt: Bleibt die zynische Haltung unwidersprochen und ungesühnt oder wird sie gar bewundert, ist die Norm schwach, während die Stärke der Norm darin zum Ausdruck kommt, dass sie Verletzer zum Leugnen und Heucheln zwingt.[4]
Die *selbstzufriedene* Haltung glaubt nicht nur an die Geltung der

Norm, sondern auch an ihre Einhaltung in der Praxis, etwa weil das in Sonntagsreden immer wieder glauben gemacht wird. Hier beruht die scheinbare Beseitigung der Lücke auf unklaren Vorstellungen von den Normen, auf Unkenntnis der Wirklichkeit oder auf beidem, möglicherweise auch auf einem Wunsch nach Harmonie, die einen veranlasst, es gar nicht so genau wissen zu wollen, im Sinne der Devise:

»Ein Wahn, der mich beglückt,
Ist eine Wahrheit wert,
Die mich zu Boden drückt.«

Dagegen erkennt die *resignierende* Haltung durchaus die Lücke, erwartet aber nicht, daran irgend etwas ändern zu können, ganz im Gegensatz zur *reformatorischen* Haltung, die nicht nur das Auseinanderklaffen von Norm und Wirklichkeit in ganzer Schärfe empfindet, sondern auch etwas Wirkungsvolles dagegen unternehmen will.

Was uns hier besonders interessiert, sind weniger die individuellen Haltungen als die kollektiven, obwohl beide Ebenen natürlich nicht unabhängig voneinander sind: Kollektive Erscheinungen bestehen ja schließlich aus der Summe der individuellen Erscheinungen. Uns interessieren hier vor allem die Rückwirkungen, die die Existenz der Lücke auf die (herrschende) Interpretation der Normen und die (übliche) Wahrnehmung der Wirklichkeit haben kann.

Die Existenz der Lücke impliziert eine auf Dauer schwer erträgliche psychische Spannung: das Gefühl eines ständigen Ungenügens. Das gilt nicht nur für Individuen, es gilt auch für den Staat, für seine Organe, für seine Politik und für die dahinter stehenden Personen, deren Legitimation durch die Lücke hochgradig gefährdet ist. Es gibt mindestens drei Möglichkeiten, darauf zu reagieren:

Einmal kann man versuchen, die Praxis zu beeinflussen und sie so zu verändern, dass sie den normativen Ansprüchen eher entspricht. Die Schwierigkeit liegt allerdings darin, dass die Praxis regelmäßig in erheblichem Umfang systembedingt ist. *Änderungen der Praxis* setzen deshalb Reformen des Systems voraus, und das ist offenbar ein schwieriges Unterfangen, das der Ausmistung der Augiasställe durch Herkules gleichkommt. Es ist umso schwieriger, als sich in systemischen Strukturen regelmäßig die verfestigten Eigeninteressen der jeweiligen Akteure niederschlagen und diese sich deshalb Reformen

zu widersetzen pflegen.[5] Das gilt natürlich auch hinsichtlich des politischen Systems und seiner Hauptakteure, der politischen Klasse.
In Zeiten, in denen die Chancen von durchgreifenden Systemreformen gering sind und es keine Möglichkeit gibt, die Kluft durch Veränderung der Wirklichkeit zu schließen, bleiben nur die beiden Möglichkeiten, die Norm an die Wirklichkeit anzupassen und sie so zu entschärfen *oder* zu versuchen, die Wirklichkeit anders darzustellen. Die beiden Pole Norm und Wirklichkeit sind ja keine unabänderlichen Größen, sondern stehen in unterschiedlichem Grade der Manipulation offen. Die Lücke kann zum Beispiel durch *Änderung der normativen Anspruchsebene*, sprich durch Senkung der Maßstäbe, geschlossen werden, etwa durch Änderung von Verfassungs- oder Gesetzestexten oder durch Wandel ihrer Auslegung.
Die Kluft lässt sich auch vom anderen Pol her schließen, zwar nicht oder nur eingeschränkt durch eine tatsächliche Veränderung der Realität (was ja ohne Systemänderung nicht möglich erscheint), aber doch durch Änderung der Perspektive, das heißt durch *geänderte Wahrnehmung der Wirklichkeit*. Wie wir Wirklichkeit aufnehmen, einordnen und verstehen, hängt für fast alle Bereiche außerhalb unserer unmittelbaren sinnlichen Wahrnehmung ganz wesentlich von Konzepten, Theorien und Modellen ab. Diese wirken auf unser »Vorverständnis« ein und fungieren auf diese Weise sozusagen als Lesehilfen, mit denen wir die Wirklichkeit erfassen. Je nach Brille nehmen wir dann aber möglicherweise ganz unterschiedliche Wirklichkeiten wahr, und welche Brillen die Menschen verwenden, lässt sich bis zu einem gewissen Grad beeinflussen. Da wir sozusagen mit »unbewaffnetem Auge« fast blind sind, sind wir auf »Erkenntnis- oder Deutungshilfe« angewiesen, die von den Mächtigen »natürlich nur allzu gern gespendet« wird.[6] Auf diese Weise kann der Sichtwinkel eingeschränkt und können bestimmte (normwidrige) Teile der Wirklichkeit ausgeblendet werden.
Die Spannung zwischen Anspruch und Realität lässt sich also auf drei Weisen auflösen:

- Durch Anpassung der Norm an die Wirklichkeit, sei es durch ausdrückliche Änderung des Wortlauts, sei es durch Neuinterpretation der Norm,
- durch Veränderung der Sichtweise auf die Wirklichkeit bis hin

zur Unterdrückung bestehender Tatsachen und Zusammenhänge und

- durch Reform von Institutionen des Systems mit dem Ziel, die reale Praxis so zu beeinflussen, dass sie den relevanten Normen besser entspricht als bisher.

Anders ausgedrückt: Nur wer bereit ist, auch mögliche Reformen des Systems in Erwägung zu ziehen, kann die Lücke zwischen Idee und Realität, zwischen Norm und Wirklichkeit aushalten, ja er bezieht aus dieser Spannung dann erst die rechte Kraft, die erforderlich ist, um Systemreformen zu konzipieren und Durchsetzungsstrategien zu entwickeln.

Wer dagegen von Reformen nichts hält, sei es, dass er die dafür erforderliche allgemeine Politisierung und die zumindest vorübergehende Destabilisierung des Systems scheut, sei es, dass er die Gefahr von »Verschlimmbesserungen« befürchtet, sei es schließlich, dass er Reformen überhaupt nicht für praktisch durchführbar hält, der wird keinen großen Sinn in der Betonung und Herausstellung der Lücke sehen, sondern, da ohnehin realistischerweise nichts Grundlegendes am System zu ändern scheint, die Lücke zwischen Norm und Wirklichkeit eher auf andere Weise zu überbrücken suchen. Das kann dann, wie gesagt, dadurch geschehen, dass die normativen Standards gesenkt werden oder eine Perspektive eingenommen wird, durch welche die Wirklichkeit besser erscheint, als sie in Wahrheit ist.

Bei historischen Darstellungen vergangener Epochen ist es anerkannt, dass es nicht darum geht, eine fertig vorgegebene Geschichte nur noch nachzuerzählen; die Wahrnehmung der Geschichte und das Verständnis von Daten, Entwicklungen und Texten werden vielmehr durch vorgefasste Sichtweisen und Vorurteile des jeweiligen Interpreten ganz wesentlich mitgeprägt. Es geht in Wahrheit um die Konstruktion einer Vergangenheit durch den forschenden und analysierenden Historiker.[7] Ganz ähnlich verlangt auch die Deutung der Gegenwart eine Konstruktion, deren Resultat durch die Perspektive des Betrachters mitbestimmt wird. Der spontane Eindruck, wir Zeitgenossen kennten die Gegenwart schließlich aus eigener Anschauung und eigenem Erleben und seien deshalb nicht auf Deutungs- und Konstruktionshilfen angewiesen, trifft für weite Bereiche unserer Umwelt nicht wirklich zu und schon gar nicht auf das Funktionieren von Politik und Staat.

Auch hier benötigen wir immer wieder Interpretationshilfen (siehe S. 195 f.), die ihrerseits aber nicht unabhängig von den Interessen der politischen Machthaber sind.
Wie sehr selbst die Wissenschaft politisch instrumentalisierbar ist, hat sich am Beispiel der deutschen Staatsrechtslehre in der Zeit des Nationalsozialismus gezeigt,[8] ebenso am Beispiel der Staatswissenschaft der DDR. Von öffentlich Tätigen wird »regelmäßig ein Bekenntnis zur jeweils ›herrschenden‹ Wertordnung (›Systemideologie‹) erwartet«.[9] Wissenschaftler können sich dem System dadurch nachhaltig anbiedern, dass sie es gegen die Kritik nonkonformistischer Autoren in Schutz nehmen und ihm so »wertvolle Legitimations- und Stabilisierungshilfe« leisten.[10] Die Bezogenheit der Elite auf das jeweilige System wird bei Systemwechseln besonders deutlich. Ehemalige Anhänger versuchen das Unrecht des untergegangenen Systems oft auch nachträglich noch zu leugnen, zu verdrängen oder zu verharmlosen. Was berechtigt uns aber zu der Erwartung, die Haltung großer Teile der bundesdeutschen Elite sei weniger systembedingt? Was berechtigt uns zu der Hoffnung, bei uns gebe es keinen Opportunismus in der Wissenschaft, keine Wissenschaftler, die sich durch Kritik an nonkonformistischen Autoren bei der politischen Klasse anbiedern? Bezeichnend scheint mir auch, dass Vertreter der Staats- und Politikwissenschaften selbst auf berechtigte Kritik am System häufig verärgert und übertrieben aggressiv reagieren. Solches Verhalten deutet meist auf eine empfindliche Schwachstelle in der eigenen Doktrin hin: »Durch Heftigkeit ersetzt der Irrende, was ihm an Wahrheit und an Kräften fehlt.«
Die vorstehenden eher abstrakten Ausführungen vermitteln bereits eine Ahnung davon, dass es auch in den Wissenschaften von Politik, Staat und Gesellschaft nicht nur schlicht darum geht zu ermitteln, wie die Lage tatsächlich ist, wie die ermittelten Zustände und Entwicklungen zu bewerten sind und wie – wenn die Beurteilung insgesamt negativ ausfällt – Verbesserungen aussehen und durchgesetzt werden könnten. Dies sind und bleiben zwar die eigentlich relevanten Fragen. Um sie aber behandeln, ja um sie überhaupt nur stellen und die wirklichen Probleme erkennen zu können, muss man erst einmal durch ein gewaltiges Sperrfeuer von Scheinfragen, Scheinargumenten und Scheinproblemen hindurch. Erkenntnis ist im publizistischen und auch im wissenschaftlichen Bereich in viel größerem Maß mit Interes-

sen verknüpft als gemeinhin bekannt. Die Interessen schaffen sich ihre eigene Sichtweise. Man bezeichnet das üblicherweise als »Ideologie«. Die Verzerrung der Sichtweise berührt die scheinbar so objektiven Wissenschaften Staats(rechts)lehre und Politikwissenschaft im Innersten. Von Belang ist deshalb nicht nur die Ebene der unmittelbaren Beschreibung, Analyse, Prognose, Bewertung und der Entwicklung von Verbesserungsvorschlägen. Ebenso große Aufmerksamkeit verdienen auch diejenigen theoretischen Konstrukte, die uns daran hindern, die Lage zu erkennen und sie unvoreingenommen zu bewerten; sie bilden eine zweite, eine Metaebene der wissenschaftstheoretischen Argumentation. Sozusagen als Brillen beziehungsweise Ferngläser zur Interpretation von Normen und Wirklichkeiten fungieren:

- »politische Formeln«,
- wissenschaftliche »Paradigmen«,
- wissenschaftliche Theorien,
- die Auslegung der Verfassung,
- Denk- und Sprachverbote (»political correctness«),
- Inszenierungen der Wirklichkeit,
- »politische Bildung«.

Das zentrale Problem, um das es immer wieder geht, ist der große Abstand zwischen dem Himmel der Normen und der Erde der Wirklichkeit. Die Funktion der vielfach gestuften Metaebene besteht darin, diese Lücke zu schließen oder zu verkleinern und es auf diese Weise den Menschen zu ermöglichen, ihren Frieden mit der bestehenden Ordnung zu machen, statt Revolution. Lässt man sich von den schönfärberischen Theorien aber nicht blind machen und den Weg zur Erkenntnis nicht von politischen Formeln verlegen, so erkennt man, dass die beiden Grundprinzipien der repräsentativen Demokratie, Repräsentation (Gemeinwohl) und Partizipation (Demokratie), in der Bundesrepublik nur sehr eingeschränkt verwirklicht sind, und zwar sehr viel stärker eingeschränkt, als dies auf Grund der Gegebenheiten der Massendemokratie ohnehin unvermeidlich ist.

Leerformeln verstellen den Blick

Der Begriff »politische Formeln« geht auf den italienischen Staatstheoretiker Gaetano Mosca zurück, der nicht nur zufällig auch der geistige Vater des Begriffs »politische Klasse« ist.[11] Mosca geht von der aus Geschichte und Systemvergleichen gewonnenen Beobachtung aus, dass »in allen größeren Staaten von einer gewissen Kulturhöhe« die politische Klasse ihre Macht »nicht einfach durch deren faktischen Besitz, sondern durch gewisse in der betreffenden Gesellschaft anerkannte Lehren und Glaubenssätze« rechtfertigt. Diese »allgemein anerkannten Lehren und Glaubenssätze«, auf denen »die Macht der politischen Klasse ... beruht«, bezeichnet er als »politische Formeln«. Es handle sich um »scheinbar rationale ... Begriffe ..., auch wenn (sie) der empirischen Wirklichkeit nicht entsprechen«, sondern einen »großen Aberglauben«, »eine allgemeine Illusion« widerspiegeln. Politische Formeln sind nach Moscas Verständnis allerdings »nicht einfach betrügerische Wundermittel, erfunden, um die Massen gefügig zu machen«. Zugrunde liege nicht unbedingt bewusste und gezielte Manipulation. Politische Formeln entsprächen vielmehr einem »allgemeine(n) Bedürfnis, nicht durch einfache materielle und intellektuelle Überlegenheit, sondern auf Grundlage eines moralischen Prinzips zu regieren und Gehorsam zu finden«. Auch gesellschaftlich haben, wie Mosca fortfährt, solche »allgemeine(n) Illusion(en)« eine – nicht zu unterschätzende – Funktion, weil solcher »Aberglaube« »mächtig zum politischen Zusammenhalt eines Volkes und einer Kultur beiträgt«. Damit ist offenbar die »Stabilisierung« angesprochen, die auch in den zeitgenössischen Staatslehren und Demokratietheorien eine große Rolle spielt.

Moscas Charakterisierung des Begriffs der »politischen Formel« scheint geradezu auf die beiden Grundprinzipien unserer Verfassung gemünzt zu sein. Die Prinzipien Repräsentation und Partizipation gelten als »allgemein anerkannte Lehren und Glaubenssätze«, obwohl sie in Wahrheit »der empirischen Wirklichkeit nicht entsprechen«. Sie sind Ausdruck einer »allgemeinen Illusion«, deren Existenz »zum politischen Zusammenhalt eines Volkes und einer Kultur beiträgt« und auf deren Aufrechterhaltung letztlich auch »die Macht der politischen Klasse ... beruht«.

Damit müssen wir beide Grundprinzipien in einem neuen Licht sehen.

Wir stehen sozusagen an einer theoretisch-konzeptionellen Weggabelung: Entweder wir halten – im Interesse der so genannten Stabilität des Gemeinwesens und ohne Rücksicht auf den mangelnden Wirklichkeitsbezug – an den politischen Formeln fest. Dies bleibt die Auffassung vieler Staatsrechtslehrer und Politikwissenschaftler. Oder wir versuchen, die immer größer werdende Lücke zwischen Idee und Realität zu schließen oder jedenfalls zu verkleinern – auch deshalb, weil sie auf Dauer ohnehin nicht mehr mit Erfolg ignoriert oder wegideologisiert werden kann. Hier schien die Parteienkrise im Winter 1999/2000 manchem die Augen geöffnet zu haben. Die Überzeugung, eine Überprüfung der Realität im Lichte der beiden Grundprinzipien (und eine entsprechende Überprüfung der Institutionen) sei unausweichlich geworden, schien danach einen neuen Schub erhalten zu haben. Inzwischen sind wieder Zweifel an der Nachhaltigkeit dieses Schubs erlaubt.

Beihilfe zur Schönfärberei: Die Staats- und Politikwissenschaften

Der Wissenschaftstheoretiker Thomas Kuhn hat dargelegt, dass sich auch in den Wissenschaften die bessere Einsicht nicht automatisch durchsetzt.[12] Selbst eindeutig unrichtige Auffassungen können ein langes Leben haben. Klassisches Beispiel ist das ptolemäische Weltbild, wonach die Erde der Mittelpunkt des Universums sei und das erst nach langen Kämpfen und unter großen Schmerzen überwunden werden konnte. Galilei und Kopernikus waren zunächst große Außenseiter und wären fast als Ketzer verbrannt worden – auch noch zu einer Zeit, als sie den stringenten Beweis bereits führen konnten, dass die Erde sich um die Sonne dreht.

Was in den strengen Naturwissenschaften gilt, trifft erst recht auf die Geisteswissenschaften und hier besonders auf die Staats- und Politikwissenschaften zu. Die sehr viel weicheren Annahmen geben hier Unterstellungen, Vorurteilen und sonstigen vorgefassten Betrachtungsweisen sehr viel größeren Raum – umso schwerer ist dann ihre Widerlegung. In den Staats- und Politikwissenschaften spielen herrschende Lehrmeinungen eine besonders große Rolle. Nicht umsonst spricht beispielsweise die Staatsrechtslehre – wie die Theologie – geradezu von Dogmen. Sie beruhen auf bestimmten Leitbegriffen und Grundannahmen, welche als selbstverständlich unterstellt werden und nicht weiter als begründungsbedürftig gelten, kurz, die »man nicht hinterfragt«. Kuhn bezeichnet ein solches theoretisches Netz von Begriffen und Annahmen, das weniger ist als eine Ideologie und mehr als eine Theorie, als »Paradigma«.

Über die Geltung von Paradigmen herrscht weitgehender Konsens unter Wissenschaftlern. Fast alle Angehörigen einer Fachdisziplin arbeiten auf ihrer Grundlage. Wissenschaftlicher Fortschritt entsteht aber erst durch das Überwinden von überholten Paradigmen und ihre Ersetzung durch neue, den Gegebenheiten angemessenere. Das ist verständlicherweise kein kontinuierlicher, sondern ein sprunghafter, sich in Schüben vollziehender Prozess. Auch Wissenschaftler sind Menschen, die sich an lange eingeübte Sichtweisen gewöhnt haben, daran hängen und festhalten wollen. Das gilt erst recht, weil mit den jeweiligen Paradigmen massive Interessen verbunden sind. Zunächst einmal Interessen der Wissenschaftler selbst: Von den Anhängern der bisherigen Lehre wird ein Paradigmenwechsel – instinktiv oder auch ganz bewusst – als Entwertung ihrer bisherigen Denkweise und damit möglicherweise ihrer ganzen wissenschaftlichen Lebensleistung verstanden. Bei den Staats- und Politikwissenschaften kommt hinzu, dass das etablierte Paradigma die bestehenden politischen Herrschaftsverhältnisse zu legitimieren pflegt. Paradigmenwechsel können mithin die Legitimität erschüttern und damit Gefahren für die etablierte politische Klasse mit sich bringen. Da diese über die unerschöpflichen Ressourcen des Staates an Geld, Ämtern und ehrenden Auszeichnungen verfügt, kann es auch für Wissenschaftler Vorteile in Beruf und Status und sonstige Belohnungen bringen, wenn sie sich als verlässliche Verteidiger des wissenschaftlichen und politischen Status quo erweisen. So kommt es, dass die etablierten Staats- und Politikwissenschaften und die etablierte Politik sich oft zu einer unheiligen Abwehrallianz gegen wissenschaftliche Kritik verbünden, mag diese auch noch so berechtigt sein.

Erst recht massiv und geradezu unerbittlich pflegt der Widerstand gegen ganz neue Entwürfe zu sein. Trotz besserer Argumente dauert es lange, bis diese sich durchsetzen. Schließlich aber erfolgt der Wechsel oft fast schlagartig. Was gestern noch utopisch erschien, ist dann heute plötzlich Realität. Der erbitterte Widerstand gegen Neuerungen

mag borniert und als Ausdruck der Unbelehrbarkeit der Etablierten anmuten, aber er hat auch sein Gutes, weil er Neuerer, wollen sie sich schließlich durchsetzen, dazu zwingt, ihren Ansatz besser und besser zu begründen. Auf diese Weise wird die Chance erhöht, dass Paradigmenwechsel, wenn sie denn erfolgen, wirklich Fortschritt bringen.
Einen solchen Wandlungsprozess macht auch das Demokratieverständnis durch. Bisher galt in der deutschen Staatsrechtslehre und Politikwissenschaft die Vorstellung, die Bundesrepublik sei eine brauchbare, ja, vielleicht sogar eine besonders gute Demokratie. Dieser Eindruck wurde in vielen Reden bestätigt, die Politiker und Wissenschaftler aus Anlass des fünfzigjährigen Bestehens der Bundesrepublik im Jahre 1999 hielten, unterstützt von einer Unmasse von Begleitaufsätzen, Symposien und Sammelbänden. Doch gleichzeitig nehmen die Anzeichen für Demokratieversagen in einem Umfang zu, der es unerlässlich macht, die Gedanken neu zu ordnen und die Grundlagen neu zu legen. Das erklärt beispielsweise den Erfolg, den die Lincolnsche Formel in den letzten Jahren gehabt hat. Sie bietet einen einleuchtenden Maßstab, der eine Überprüfung des Zustands unserer Demokratie erlaubt, einen Maßstab, über den die Staats- und Politikwissenschaften bisher nicht verfügten (und den sie mangels echter Überprüfungsbereitschaft auch gar nicht benötigten). Gemessen an dieser Formel liegt das Demokratiedefizit offen auf der Hand. Das Partizipationsdefizit ließ sich zwar hinnehmen, solange man davon ausging, unser System führe inhaltlich zu großer Richtigkeit, wie dies in der Vergangenheit ja auch bis zu einem gewissen Grad der Fall war. Doch mit dem zunehmenden Wegfall des Vertrauens in die Leistungsfähigkeit unseres Systems wird der Boden für einen Paradigmenwechsel bereitet. Der Kampf wogt an vielen Fronten.
So versuchen Teile der Staatsrechtslehre sich mit allen Mitteln, die der Dogmatik zur Verfügung stehen, der Erkenntnis zu widersetzen, dass Amtsträger auch ihre eigenen Interessen verfolgen und diesen im Kollisionsfall meist Vorrang geben. Die idealisierende Annahme repräsentativen politischen Handelns wird bewusst und ausdrücklich als »Grundaxiom«[13] des parlamentarischen Verfassungsstaats festgeschrieben, also als »Satz, der keines Beweises bedarf«,[14] um so jene Annahme jedem Zweifel und aller kritischen Diskussion zu entziehen.
Demgegenüber geht die Politikwissenschaft zwar vom Kampf um Macht und Interessen aus, große Teile dieser Disziplin versuchen aber,

die mangelnde Ausgewogenheit dieses Kampfes totzuschweigen oder wegzuschreiben.
Von beiden Ansätzen werden dann regelmäßig zwei Ebenen vermengt: Von den einen wird behauptet, man müsse an die Existenz repräsentativen Verhaltens glauben, wolle man den repräsentativen Verfassungsstaat nicht überhaupt aufgeben. Die anderen erkennen das legitimatorische Gewicht des Gemeinwohlpostulats ebenfalls, nur behaupten sie, eine Art Gleichgewicht würde sich im Kampf der Kräfte und Interessen quasi automatisch ergeben. So richtig es ist, an normativen Postulaten, wie dem repräsentativen Verhalten von Amtsträgern und der Ausgewogenheit der politischen Willensbildung festzuhalten, so blind ist es andererseits, die Realität – nach der Devise, dass nicht sein kann, was nicht sein darf – nicht zur Kenntnis zu nehmen und bewusst die Augen vor der Wirklichkeit zu verschließen, getreu Hegels berüchtigtem Wort: »Umso schlimmer für die Wirklichkeit«[15] (siehe S. 247). Das Volk ist da, wie wir noch sehen werden, sehr viel realistischer.

Einäugige Theorien

Wenn es zutrifft, dass die beiden Grundprinzipien unserer repräsentativen Demokratie politische Formeln sind, liegt die Vermutung nahe, dass auch die zahlreichen einzelnen Theorien, die – unter den verschiedensten Aspekten – versuchen, das Vorliegen von Repräsentation und Volksherrschaft dennoch zu begründen, von ähnlich zweifelhafter Qualität sind, es ihnen also entweder an Wirklichkeitsbezug oder an normativem Anspruch oder an beidem fehlt. Da die Theorien uns sozusagen als Brille dienen, um das Wesen der repräsentativen Demokratie zu erfassen, ist anzunehmen, dass sie ähnliche Verzerrungen aufweisen wie die politischen Formeln, eben um uns Dinge vorzuspiegeln, die in Wahrheit gar nicht existieren. Sie tragen auf diese Weise dazu bei, das System zu stabilisieren und diejenigen, denen die Verzerrungen zugute kommen, zu legitimieren: die politische Klasse insgesamt.
Das beginnt mit den rein idealistisch-normativen Repräsentationstheorien von Hegel bis Herbert Krüger und endet bei den realistischen Repräsentationstheorien, die Ausgewogenheit annehmen, wie es zum

Beispiel der Jurist Bleckmann und die Politikwissenschaftler von Alemann und von Beyme tun.

Der Klassiker und Urvater aller idealistischen Ansätze, Georg Friedrich Wilhelm Hegel (1770–1831), geht von der Identität von Sein und Sollen aus: Alles, was vernünftig ist, sei wirklich, und alles was wirklich ist, sei vernünftig.[16] Dabei sah Hegel im Staat das Reich der Ideen und in der Gesellschaft das Reich der Interessen. Man kann Hegels Ineinssetzen von Idee und Wirklichkeit nur nachvollziehen, wenn man die Staats- und Gesellschafts-»Bilder«, die ihm seinerzeit vorschwebten, mit in den Blick nimmt. Als Staat hatte Hegel den aufgeklärten Absolutismus vor Augen, die Herrschaft eines klugen und weisen Regenten (»benevolent ruler«), der als »erster Diener seines Staates« (Friedrich der Große) das als richtig Erkannte auch ohne weiteres durchsetzen könne. Einer solchen Vorstellung vom Staat mussten die Chancen, dass Vernünftiges auch realisiert und damit »wirklich« wird, in der Tat hoch erscheinen. Der Herrscher sollte das Beste für das Volk anstreben und tat dies in den Augen Hegels auch (während eine Regierung *durch* das Volk Hegel noch nicht als erstrebenswert erschien).

Hinsichtlich der Gesellschaft, besonders der Wirtschaft, ging Hegel von der Selbststeuerung durch eine Art unsichtbare Hand aus, hatte seinen Adam Smith also gelesen und rezipiert.[17] Da der tiefere Sinn der wettbewerblich-marktwirtschaftlichen Steuerung in der Herstellung »prästabilierter Harmonie« gesehen wurde, kann man zumindest nachvollziehen, dass Hegel auch die gesellschaftliche Wirklichkeit aufgrund jenes Selbststeuerungsmechanismus als »vernünftig« bezeichnete.

Möglicherweise mussten von diesen Vorstellungen schon damals erhebliche Abstriche gemacht werden sowohl hinsichtlich der Vernunft des Regierungshandelns als auch hinsichtlich der »Harmonie« der marktwirtschaftlichen Selbststeuerung. Heute – nach dem Aufkommen ganz neuer politischer Akteure und nach dem Hinzutreten des Grundprinzips der demokratischen Partizipation – haben sich die tatsächliche Lage und die Ausgangswerte völlig verändert. Dennoch meinen auch zeitgenössische Autoren wie zum Beispiel Herbert Krüger[18] und Hans-Martin Pawlowski,[19] Hegels Ansatz heute noch propagieren zu können, obwohl immer deutlicher geworden ist, dass dem Soll kein entsprechendes Ist mehr gegenübersteht. Doch gegen die sorgfältige wissenschaftliche Ermittlung der faktischen Verhältnisse sperren sich Hegels heutige Jünger, und sie bleiben auch dabei Hegel treu. Seine methodische Hilflosigkeit, wenn es um das Erfassen und Verarbeiten faktischer Veränderungen geht, zeigt sich in Hegels berühmtem Ausspruch, in dem seine ganze Verachtung für die Wirklichkeit zum Audruck kommt: Wenn die Tatsachen von der Vernunft fordernden Norm abwichen, sei das »umso schlimmer für die Tatsachen«. Den idealistisch-normativen Lehren fehlen die methodischen Instrumente zur Erfassung der Wirklichkeit. Ihre Anhänger pflegen denn auch höchst laienhafte Vorstellungen, wenn sie überhaupt geruhen, auf die Wirklichkeit einzugehen.

Auch bei einer Beurteilung der Theorien stellt sich natürlich die Schlüsselfrage, ob Systemänderungen in Betracht gezogen werden. Dementsprechend ist zwischen systemimmanenten und systemüberschreitenden Theorien zu unterscheiden: Systemimmanente Theorien beziehen sich auf das Verständnis und die Interpretation der bestehenden verfassungsmäßigen Ordnung, systemüberschreitende Theorien fassen auch die Möglichkeit von Veränderungen, insbesondere von Verbesserungen des Systems ins Auge. Ansätze, die von vornherein auf die gegebene Verfassung (constitutio lata) bezogen sind, tendieren naturgemäß eher zur Bejahung des Systems als Überlegungen, die auch mögliche Systemveränderungen (constitutio ferenda) einbeziehen und deshalb die Mängel ungeschminkt thematisieren können. Beide Ansätze unterscheiden sich also im Hinblick auf ihre Kritikbereitschaft fundamental.

Eine zweite wichtige Unterscheidung betrifft den Gegenstand. Die Willensbildung in unabhängigen Gremien, insbesondere in Gerichten, ist von anderer Art als in solchen Bereichen, in denen die Akteure periodisch wiederkehrenden allgemeinen Wahlen unterliegen. So trifft die idealistische Repräsentationstheorie Herbert Krügers für die Rechtsprechung und die Verwaltung vielleicht auch heute noch den typischen Kern. Ebenso hat Martin Kriele seine Theorie, wonach es bei der öffentlichen Willensbildung immer um den Vorrang des allgemeineren oder des fundamentaleren Interesses gehe, am Beispiel verfassungsgerichtlicher Entscheidungen entwickelt. Krüger und Kriele haben ihre Theorie allerdings verallgemeinert und sie auch auf politische Ämter übertragen. Doch hier wird die Lehre anfechtbar, jedenfalls soweit sie nicht nur als Formulierung von Sollensanforderungen verstanden werden will, sondern auch als Beschreibung des Ist-Zustandes, wie Krüger und Kriele dies in der Tat tun.[20] Beide ignorieren dabei die Macht- und Interessentenorientiertheit des politischen Prozesses, indem sie diese schlicht ausblenden. Dies kommt bei Kriele besonders darin zum Ausdruck, dass bei ihm politische Parteien und Verbände überhaupt nicht vorkommen – und die politische Klasse und ihre Eigeninteressen natürlich schon gar nicht.

Parteien und Verbände kommen übrigens auch bei John Rawls und Jürgen Habermas nicht vor. Das zeigt die extreme Wirklichkeitsferne auch ihrer Theoriegebäude. Immerhin könnte man versuchen, ihre Theorien aufrechtzuerhalten, indem man sie als transsystemisch angelegt verstände. Doch das hieße wohl, ihnen Gewalt anzutun. Dann müssten sie ja auch im Falle der Nichtrealisierung der Werte, auf die es ihnen ankommt, Änderungen des Systems nahe legen, was sie aber gerade nicht tun. Zudem geschehen auch Systemänderungen nicht im luftleeren Raum; sie müssen deshalb mit dem Querfeuer von Parteien, Verbänden und der politischen Klasse rechnen. Eine realitätsnahe Theorie muss diese und andere »intermediäre Kräfte« deshalb in jedem Fall in ihre Erörterungen einbeziehen.

Den Gegenpol bilden realistische Theorien, also solche, die Interessen und ihr Wirken zur Kenntnis nehmen, verarbeiten und in das Theoriegebäude einbeziehen. Hier sind vor allem die zeitgenössischen Ausprägungen der politischen Wettbewerbstheorie und der »pluralistischen Harmonielehre« zu nennen. Dazu zählt eine Richtung der Politikwissenschaft (zum Beispiel von Alemann und von Beyme) sowie eine Richtung der Rechtswissenschaft (zum Beispiel Bleckmann), die dadurch gekennzeichnet sind, dass sie normative Fragen der inhaltlichen Richtigkeit und Ausgewogenheit vernachlässigen. So defizitär idealistische Ansätze auf der Ebene der Empirie sind, so defizitär sind die genannten realistischen Ansätze auf der normativen Ebene. Ihre offene Flanke ist genauso groß, nur an anderer Stelle.

Realisten reagieren auf dieses Defizit übrigens ganz unterschiedlich. Eine Richtung versucht Gesichtspunkte der Ausgewogenheit und inhaltlichen Richtigkeit als »unpolitisch« oder gar »alt-demokratisch« zu denunzieren. Sie unternimmt also eine Abwertung des normativen Pols oder leugnet die Rolle von übergreifenden Werten überhaupt. Eine andere Richtung erkennt das Defizit implizit selbst an, indem sie – in öffentlichen Auseinandersetzungen – die Ausgewogenheit der

Resultate des Interessenwirkens einfach unterstellt. Sie versucht die Lücke zur Norm also dadurch zu schließen oder zu verkleinern, dass die Wirklichkeit durch eine rosarote Brille wahrgenommen wird. Dabei spiegelt sich die Unsicherheit häufig allerdings darin wider, dass Unausgewogenheitsthesen schroff abgelehnt werden, statt sich wirklich mit ihnen auseinander zu setzen, und diese Richtung neigt dazu, die Vertreter auch normativer Ansätze nach Kräften persönlich zu diskreditieren. Wir werden auf diese Art von realistischen Theorien noch zurückkommen.

Die Idealisten und die Realisten haben eins gemeinsam: Sie blenden entweder den jeweils anderen Bereich als nicht zu ihrer wissenschaftlichen Zuständigkeit gehörend aus, oder sie unterstellen das jeweils andere als gegeben: Die Idealisten unterstellen, dass ihre normativen Annahmen auch die Realität bestimmen, die Realisten unterstellen, dass die realen Kräfte sich in idealer Weise auspendeln. Beide Ansätze sind einseitig. Auch die Idealisten sollten die Realität miteinbeziehen, sie mit ihren Idealen konfrontieren und Übereinstimmungen, aber auch Abweichungen feststellen. Umgekehrt sollten Realisten auch wertende Normen nicht vernachlässigen und die Realität damit konfrontieren. Beide Richtungen sollten dann, falls erforderlich, über Systemverbesserungen nachdenken, die es erlauben, Idee und Wirklichkeit einander näherzubringen. Es handelt sich, genau genommen, um zwei Wege zum gleichen Ergebnis. Egal ob man bei den Realien anfängt oder an den Idealen ansetzt, die Auseinandersetzung mit dem jeweils anderen Pol muss schließlich kommen. Das Ergebnis kann dann nur ein Zueinander-in-Beziehung-Setzen von beiden sein: von Idee und Wirklichkeit, von Norm und Realität – und bei krassen Diskrepanzen das Entwickeln von Organisationen und Verfahren, die es ermöglichen, beides möglichst weitgehend zur Deckung zu bringen.

Der idealistische und der realistische Ansatz lassen sich – auf transsystemischer Ebene – in fruchtbarer Weise miteinander verbinden, wenn es gelingt, die Strukturen und die Verfahren der politischen Willensbildung so auszugestalten, dass die Anreize sinnvoll gesetzt und ausgewogene und richtige Politik belohnt wird; dann können Politiker sie im eigenen Interesse zu ihrer Sache machen.

Der Theoretiker des Systems: Gerhard Leibholz

Während andere Theoretiker die Existenz der politischen Parteien ignorierten, hat Gerhard Leibholz sie in den Mittelpunkt seiner Doktrin gestellt. Seine Theorie des Parteienstaats[21] ist der wohl umfassendste und einflussreichste Versuch, das Verfassungsrecht durch Uminterpretation an die parteienstaatliche Wirklichkeit anzupassen und auf diesem Wege die Lücke zu schließen. Da Leibholz von Anfang an Mitglied des Bundesverfassungsgerichts war, gewann seine Lehre zunächst erheblichen Einfluss und schlug sich in den Urteilen des Bundesverfassungsgerichts zum Teil in langen wörtlichen Passagen nieder.

Leibholz unterscheidet nicht mehr zwischen Partei und Staat.[22] Parteien seien vielmehr de facto Staatsorgane. Der Staatswille bilde sich aus dem Parteiwillen.[23] Das hat Konsequenzen für den Typus des Abgeordneten und den Charakter der Wahl: Die Abgeordneten werden nicht mehr aufgrund ihrer Persönlichkeit und ihrer Qualifikation gewählt, sondern als Zugehörige bestimmter Parteien. Wahlen seien damit »keine echten Wahlen mehr«, sondern Abstimmungen über Programme und einzelne Sachfragen, nicht über Personen. Wahlen seien »plebiszitäre Akte« für oder gegen bestimmte Parteien.[24] Im Parlament fänden sich »gebundene Parteibeauftragte« nur noch zusammen, um anderswo gefällte Entscheidungen (in Parteigremien, Fraktionen oder Ausschüssen) »registrieren zu lassen«.[25] Der Parteienstaat mache Fraktionszwang und imperatives Mandat erforderlich und berechtige die Parteien, »sich auch gegenüber ihren eigenen Mitgliedern durchzusetzen«.[26] Dass diese Auffassung in Widerspruch zu Artikel 38 des Grundgesetzes steht, der das freie Mandat gewährleistet, konnte natürlich auch Leibholz nicht verborgen bleiben, stellt seiner Meinung nach seine Doktrin aber nicht in Frage. Artikel 38 habe nur die Bedeutung, »gewisse äußerste Konsequenzen des Parteienstaats abzuwehren«.[27]

Von Leibholz' Kritikern wird oft übersehen, dass er die Gefahr, dass sich in den Parteien Bürokratien und Oligarchien herausbilden und diese sich ihrer sozialen Basis entfremden, durchaus nicht ignoriert hatte. Leibholz' Konzept setzt nämlich eine stabile Verankerung der Parteien im Volk voraus. Diese plebiszitäre Komponente seiner Lehre hat eine quantitative und eine qualitative Seite.

Quantitativ ging Leibholz davon aus, in den Parteien werde sich ein großer Teil der Aktivbürgerschaft als Mitglieder organisieren. Dabei hatte er Großbritannien vor Augen, wohin er während der Nazizeit hatte emigrieren müssen; dort waren in den Fünfzigerjahren fast sechs Millionen Bürger allein in der Labour Party organisiert.[28] Leibholz träumt sogar davon, die gesamte Aktivbürgerschaft würde in die Parteien eintreten. Dies sei der »im Sinne des Parteienstaates ideale Status«.[29] Dann wären nach seiner Meinung sogar allgemeine Wahlen »entbehrlich«;[30] an ihre Stelle trete die Möglichkeit »eines täglichen Plebiszits« innerhalb der Parteien.[31]

Was die qualitative Seite anlangt, müsse sich die Willensbildung von unten nach oben vollziehen. Die Parteien erschienen Leibholz »als Sprachrohr, dessen sich das mündig gewordene Volk bedient, um sich artikuliert äußern zu können«. Leibholz war deshalb ein konsequenter Verfechter innerparteilicher Demokratie.[32] »Nur auf diese Weise kann verhindert werden, dass die Parteien in der modernen Demokratie zum Selbstzweck und damit zu Fremdkörpern mit eigenen selbständigen Zielen und Interessen innerhalb des Volksganzen und so zu einem Staat im Staate werden.« Von der Demokratisierung der Parteien hänge »die Zukunft des modernen demokratischen Parteienstaats und damit überhaupt das Schicksal der Demokratie ab«.[33] Während die von Leibholz für überwunden gehaltene Repräsentationslehre auf die Gemeinwohlorientierung der Amtsträger setzt, um die Eigeninteressen der Herrschenden unter Kontrolle zu halten, setzte Leibholz auf das Volk, bloß eben nicht auf das ganze Volk, sondern auf das in den Parteien organisierte, worin er zahlenmäßig aber keinen allzu großen Unterschied sah, weil er ja davon ausging, ein großer Teil des Volks werde sich in den Parteien organisieren. Der »Volks- oder Gemeinwille« werde in der parteienstaatlichen Demokratie vom Volk in den Parteien (und nicht von den Repräsentanten) gebildet.[34] Verfassungstheoretisch sei der Wille des Volkes mit dem der Parteien zu identifizieren,[35] die Parteien seien also als das Volk selbst anzusehen.[36] Für Leibholz ist der Parteienstaat »eine rationalisierte Erscheinungsform der plebiszitären Demokratie oder – wenn man will – ein Surrogat der direkten Demokratie im modernen Flächenstaat«.[37]

Vor diesem Hintergrund erscheint Leibholz' Vorstellung von der doppelten Identität von Partei und Staat *und* von Partei und Volk immerhin nachvollziehbar. Doch darf man nicht vergessen, dass seine Dreieinigkeitslehre[38] von Partei, Volk und Staat eben bestimmte Voraussetzungen verlangt, um »funktionieren« zu können:

- die Organisation großer Teile des Volkes in den Parteien,
- die demokratische Struktur und Willensbildung innerhalb der Parteien und
- die Umfunktionierung der Wahl zur Programm- und Sachabstimmung.

Doch alle drei Voraussetzungen erwiesen sich allmählich als bloße Wunschvorstellungen ohne Grundlage in der Wirklichkeit:

- Die Parteien hatten bis Ende der Sechzigerjahre etwa 1,5 Millionen Mitglieder (also weniger als 4 Prozent der Wahlberechtigten); heute haben sie weniger als zwei Millionen Mitglieder, was – nach dem Anwachsen der Zahl der Wahlberechtigten durch die deutsche Vereinigung – einen noch geringeren Anteil der Aktivbürger darstellt.
- Die Hoffnungen in die parteiinterne Demokratie sind nicht aufgegangen. Schon der Staatsrechtslehrer und spätere Bundesverfassungsrichter Konrad Hesse nannte den Parteiaufbau »von unten nach oben« ein »wirklichkeitsfremde(s) Prinzip«.[39] Die CDU-Spendenaffäre und die Enthüllungen über das »System Kohl« haben dem Glauben an die innerparteiliche Demokratie einen zusätzlichen, fast tödlichen Schlag versetzt, und die Analysen im vorliegenden Buch bestätigen die Skepsis.
- Wahlen stellen auch keine volksabstimmungsähnliche Entscheidung der Wähler über Sachfragen und Parteiprogramme dar. Im Gegenteil, die Parteien gleichen sich immer mehr an, bemühen sich, konkrete Sachaussagen zu vermeiden und stellen stattdessen die Personen ihrer Spitzenkandidaten umso stärker heraus.

Leibholz' Parteienstaatsdoktrin gibt sich realistisch, indem sie das faktische Wirken der Parteien bewusst in die Lehre hineinholt. Die Lehre enthält aber gleichzeitig auch mehrere Voraussetzungen, die die Verankerung der Parteien im Volk sicherstellen sollen, und diese Voraussetzungen eines *funktionierenden* Parteienstaats sind in Wahrheit eben nicht gegeben. Die Ineinssetzung von Partei und Staat trifft *faktisch* zwar zu einem erheblichen Maße zu. Das Problem des Leibholz'schen Ansatzes liegt aber darin, dass er den Eindruck vermittelt, das *müsse* auch theoretisch so sein, und dadurch das Gemeinwesen des theoretischen Rüstzeugs beraubt, Fehlentwicklungen überhaupt als solche wahrzunehmen und sich gegen sie zur Wehr zu setzen. Ja, Leibholz' Ansatz trägt dazu bei, die Fehlentwicklungen auch noch zu fördern. So führt seine Gleichsetzung von Partei und Staat nicht nur direkt zur staatlichen Parteienfinanzierung (ohne Grenzen zu markieren),[40] sondern er bringt auch die Amts- und Gemeinwohlverpflichtung, der staatliche Organe unterliegen, zum Verschwinden und interpretiert damit einen möglichen Ansatz weg, von dem Gegenkräfte gegen Missbräuche der Parteien ausgehen können.[41] Leibholz' kategorische These von der Unvereinbarkeit von Repräsentation und Parteienstaat versperrt den Weg zu der Erkenntnis, dass eine gewisse für die Repräsentation kennzeichnende Unabhängigkeit der Abgeordneten und anderer Repräsentanten auch in der modernen Parteiendemokratie eine Bedeutung haben kann.[42]

Genauso verheerend wirkt sich die Gleichsetzung von Partei und Volk aus, die immer mehr zu einer von den realen Verhältnissen völlig unabhängigen Fiktion wurde. Werden die Entscheidungen der Parteien als Entscheidungen des Volkes ausgegeben und haben sie an dessen demokratischer Autorität teil, läuft dies im Ergebnis auf den Satz hinaus »Parties can do no wrong« (»Parteien können kein Unrecht begehen«).[43] Durch diesen theoretischen Trick wird die natürliche Autorität des Volkswillens, die in dem klassischen Satz »Vox populi – vox dei« zum Ausdruck kommt, auf die Parteien übergeleitet. Aus der Volkssouveränität wird eine Art Parteiensouveränität, die die Parteien gegen grundsätzliche Kritik unangreifbar macht. Leibholz' Konstruktion läuft so auf eine wissenschaftstheoretische Immunisierung der Parteien hinaus und bereitet damit dem Traum eines jeden Herrschers den Weg: seiner Gleichsetzung mit dem Volk, nur in unserem Fall eben bezogen auf die politischen Parteien. Dieses Verständnis erschwert es, ihrer wachsenden Macht und den damit einhergehenden Missbräuchen und Fehlentwicklungen entgegenzuwirken. Ein solches Gegenhalten ist heute aber besonders wichtig.

Die Gleichsetzung von Partei und Volk lässt es auch sinnlos erscheinen, das Volk gegen Auswüchse des Parteiwirkens zu mobilisieren. Damit wird das wohl einzige wirksame Mittel gegen Parteienmissbrauch, die Aktivierung des Volkes, schon im Ansatz gedanklich blockiert. *Ist* die Partei das Volk, so ist für unmittelbare Äußerungen des Volkes wie Volksabstimmungen oder Direktwahl von Exekutivspitzen kein Raum mehr.[44]

Leibholz' Parteienstaatslehre wurde vom Bundesverfassungsgericht übernommen und beherrschte die Rechtsprechung des Gerichts bis Mitte der Sechzigerjahre. Sie trug wesentlich dazu bei, den Parteienstaat zu legitimieren, und förderte seinen weiteren Ausbau.[45] Wie ein gedankliches trojanisches Pferd machte sie den demokratischen Staat von innen heraus schutzlos gegen das Wuchern und die Auswüchse des Parteienstaats.

Bezeichnenderweise war es die staatliche Parteienfinanzierung, die dem Gericht die Augen öffnete und es dazu brachte, sich von der Leibholz'schen Lehre zu emanzipieren.[46] Die Subventionierung der Parteien war seit ihrer Einführung im Jahre 1959 derart hochgeschossen, dass das Gericht die Notbremse ziehen musste (siehe S. 107). Hinter der ungenierten Selbstbedienung aus der Staatskasse konnte auch beim besten Willen keine (wie auch immer »rationalisierte«) Entscheidung des Volkes mehr behauptet werden, so dass die Mängel der Leibholz'schen Lehre unübersehbar wurden. (Die Entfernung des Gerichts von Leibholz' Auffassung fand übrigens auch äußerlich darin seine Entsprechung, dass Leibholz, der sich dazu öffentlich geäußert hatte, wegen Befangenheit von der Mitwirkung an dem Urteil ausgeschlossen wurde.[47])

Die Thesen von Leibholz gelten heute in der Staatsrechtslehre und Verfassungsrechtsprechung zwar allgemein als überholt.[48] Doch hat Leibholz lange Zeit großen Einfluss ausgeübt. Er hat nicht nur dazu beigetragen, dass die staatliche Parteienfinanzierung salonfähig gemacht wurde, ohne dass zunächst gleichzeitig Grenzen markiert wurden,[49] sondern auch dazu, dass die Entschädigung von Abgeordneten – entgegen dem eindeutigen Wortlaut der Verfassung – zu einer grundsätzlich für alle gleichen Besoldung und Alimentation umgedeutet wurde.[50] Leibholz war nicht nur ein Wegbereiter des Parteienstaats, er hat auch mögliche Barrieren und Gegengewichte gegen Missbräuche der politischen Klasse eingerissen.

Leibholz' Parteienstaatsideologie, die praktisch darauf hinauslief, die Entwicklung zum totalen Parteienstaat zu legitimieren, war den Parteien und ihren politischen und wissenschaftlichen Exponenten hochwillkommen, weil sie deren Herrschaft untermauerte und gegen

Kritik immunisierte. Seiner Wahl und mehrmaligen Wiederwahl ins Bundesverfassungsgericht, die ja in der Hand der Parteien lag, dürfte seine parteienfreundliche Doktrin, um es vorsichtig auszudrücken, sicher nicht geschadet haben. (Die zwölfjährige Amtsperiode und den Ausschluss der Wiederwahl gab es damals noch nicht; sie wurden erst Anfang der Siebzigerjahre gerade in Reaktion auf Richter wie Leibholz eingeführt.)

Im Übrigen verteidigte Leibholz seine Parteienstaatsdoktrin mit großer Aggressivität; alle, die die Dinge beim Namen zu nennen wagten und »von der Entmachtung des Volkes durch die Parteien« sprachen, bezichtigte er der »politischen Neoromantik« und warf ihnen sogar vor, sie würden dem »diktaturförmigen Einparteienstaat nationalsozialistisch-faschistischer oder kommunistischer Prägung« in die Hände arbeiten, der die einzige Alternative zu der von ihm propagierten Form des Parteienstaats sei.[51] Da 1933 tatsächlich ein nationalsozialistisch-faschistischer Einparteienstaat in Deutschland entstanden war, schienen seine Thesen sogar einen Anschein von geschichtlicher Plausibilität zu besitzen, so dass es umso länger dauerte, bis das Bundesverfassungsgericht sich in einem mühsamen Entwicklungsprozess von ihnen abnabeln konnte und die Staatsrechtslehre sie endgültig überwunden hatte. Doch da hatte Leibholz' Doktrin ihre irreversible Wirkung in der bundesrepublikanischen Gründerzeit längst getan.

9 Das System und die Demokratie: Schein und Sein

Die beiden normativen Grundpfeiler unserer verfassungsmäßigen Ordnung sind das Partizipationsprinzip (Demokratieprinzip) und das Repräsentationsprinzip (Gemeinwohlprinzip). Doch wie ist es in Wirklichkeit um sie bestellt? Wir haben aufgezeigt, dass die Ordnung der politischen Willensbildung in der Bundesrepublik massiv verzerrt ist und diese Verzerrungen ganz wesentlich dem nur unzureichend kontrollierten Wirken der Eigeninteressen der politischen Klasse zuzuschreiben sind. Zwischen den idealen Prinzipien und der realen Wirklichkeit klafft eine riesige Lücke. Sie semantisch zu schließen bemühen sich nicht nur die politische Klasse und ihre Einrichtungen der politischen »Bildung«, sondern auch »stabilisierende« Wissenschaften wie die Staatsrechtslehre und die Politikwissenschaft. Die unmittelbare Folge ist eine Manipulation und ungeheure Verdrehung der Begriffe unserer Verfassung, die Machiavellisten und Rabulisten alle Ehre machen würden. Wie sehr die Interpretation des Grundgesetzes zum Tummelplatz von Beschwichtigung und Verschleierung geworden ist, soll im Folgenden dargelegt werden. Dass begriffliche Unklarheiten ein Gemeinwesen auf Dauer zersetzen können, hat kaum einer so klar gesagt wie Konfuzius. Gefragt, was er als Erstes tun würde, wenn er Kaiser von China wäre, war seine Antwort:

> »Unbedingt die Klarstellung der Begriffe! ... Wenn die Begriffe nicht klargestellt sind, dann treffen die Worte nicht das Richtige. Wenn die Worte nicht das Richtige treffen, dann kann man in seinen Aufgaben keinen Erfolg haben, dann können Ordnung und Harmonie nicht blühen. Wenn Ordnung und Harmonie nicht blühen, dann sind die Strafen nicht gerecht. Wenn die Strafen nicht gerecht sind, dann weiß das Volk nicht, wo es Hand und Fuß ansetzen soll. Darum hält der Edle für notwendig, dass alle Begriffe mit Worten ausdrückbar sind und dass alle Worte durchführbar sind, damit der Edle in seinen Worten nicht fehlgreife.«[1]

Die verordnete Verfassung

Laut Präambel »hat sich das deutsche Volk kraft seiner verfassungsgebenden Gewalt dieses Grundgesetz gegeben«, und nach Artikel 20 Absatz 2 geht »alle Staatsgewalt ... vom Volke aus. Sie wird vom Volke in Wahlen und Abstimmungen und durch besondere Organe der Gesetzgebung, der vollziehenden Gewalt und der Rechtsprechung ausgeübt.« Aus diesen Vorschriften entnimmt die herrschende Verfassungsinterpretation, dass nicht nur der Bundestag, sondern auch die Organe, die nicht vom Volk gewählt werden, wie die Verwaltung und die Gerichtsbarkeit, demokratisch legitimiert sind. Da das Grundgesetz sie eingerichtet und ihnen bestimmte Funktionen gegeben hat, wird diesen Organen »institutionelle und funktionelle demokratische Legitimation« zugeschrieben.[2] Doch die ganze Konstruktion steht auf tönernen Füßen, weil die Frage, ob das Grundgesetz demokratische Legitimation vermitteln kann, davon abhängt, ob es selbst demokratisch legitimiert ist. Diese einfachen Zusammenhänge werden regelmäßig übersehen.

In Wahrheit war selten ein Volk so sehr von der Gestaltung »seiner« Verfassung ausgeschlossen wie das deutsche.

Nach überkommener Lehre ist die Verfassungsgebung in der Demokratie in besonderer Weise Sache des Volks: Das Volk muss eine verfassungsgebende Versammlung wählen, und deren Vorschlag bedarf der Zustimmung des Volks. Danach kann die Verfassung ohne Volksabstimmung also nicht wirksam werden, jedenfalls kann sie keine demokratische Legitimation erlangen. In Deutschland sind die überkommenen Regeln der Verfassungsgebung jedoch außer Gebrauch gekommen, weniger allerdings bei Schaffung der Landesverfassungen, um so mehr aber bei der Entstehung des Grundgesetzes, das – angesichts der Konzentration der politischen Gestaltungskompetenz beim Bund – besonders wichtig ist, und bei der europäischen »Verfassung«,[3] die ja bekanntlich immer wichtiger wird. Das Grundgesetz ist weder durch eine zu diesem Zweck vom Volk gewählte verfassungsgebende Versammlung erarbeitet noch vom Volk angenommen worden. Der Parlamentarische Rat, der das Grundgesetz konzipierte, war nicht vom Volk eingesetzt, sondern von den Landesparlamenten, die für ganz andere Aufgaben gewählt worden waren. Zudem nahmen die Besatzungsmächte massiv Einfluss und stellten das Inkrafttreten des Grundgesetzes unter den Vorbehalt ihrer Genehmigung. Und die Westdeutschen durften auch nicht abschließend über das Grundgesetz abstimmen, obwohl die Alliierten dies ausdrücklich verlangt hatten.[4] Die Verheißung des Grundgesetzes, alle Staatsgewalt gehe vom Volke aus, wurde also an der allerwichtigsten Stelle, nämlich für das Grundgesetz selbst, nicht eingelöst. Die verbreitete These, dieses demokratische Legitimationsdefizit sei später durch die hohe Wahlbeteiligung an Bundestagswahlen geheilt worden,[5] entspringt einer etwas fraglichen Logik: Bei Bundestagswahlen stand und steht die Entscheidung zwischen bestimmten Parteien oder bestimmten Personen, nicht aber für oder gegen das Grundgesetz zur Debatte. Die Behauptung, das Grundgesetz sei demokratisch legitimiert, ist in Wahrheit nur eine Fiktion.

Im Parlamentarischen Rat war man sich des konstitutiven Mangels auch völlig bewusst. In der zweiten Lesung des Grundgesetzes im Plenum hatte der CDU-Abgeordnete von Brentano den Antrag gestellt, das Volk über das Grundgesetz abstimmen zu lassen, und dies so begründet:

> »Indem wir anerkannt haben, dass die Staatsgewalt vom Volke ausgeht, haben wir ein unverzichtbares, aber auch unabdingbares Recht des Volkes anerkannt, über sein politisches Schicksal selbst zu entscheiden … Nicht wir, sondern nur die Gesamtheit des Volkes kann die Verfassung mit dem Vertrauen ausstatten und sie damit zu lebendiger Wirksamkeit bringen, die für eine gesunde Entwicklung unserer Demokratie Voraussetzung ist.«[6]

Der Antrag fand zwar die Zustimmung der FDP und der KPD, wurde aber mit Mehrheit abgelehnt. Damals ließ sich die Ablehnung immerhin plausibel begründen: Das Grundgesetz unterliege der Kontrolle der Besatzungsmächte und erfasse auch nur die Deutschen der drei westlichen Besatzungszonen. Es sei deshalb keine echte demokratische Verfassung und könne ohnehin nur vorläufigen Charakter haben, daher auch bloß die Bezeichnung »Grundgesetz«.

Carlo Schmid (SPD) hatte dies bereits klar zum Ausdruck gebracht, als er in einer der ersten Sitzungen die Aufgaben des Parlamentarischen Rats umriss: Die Konstituierung eines demokratischen Staats bedeute »das In-die-eigene-Hand-Nehmen des Schicksals eines Volkes«. Man könne deshalb von einem demokratischen Staat »im legitimen Sinne des Wortes nur sprechen ..., wo es sich um das Produkt eines frei erfolgten konstitutiven Gesamtaktes eines souveränen Volkes handelt«.[7] Und dass es daran beim Grundgesetz fehlte, war nicht zu übersehen. Das Grundgesetz sei nun mal keine »Gesamtentscheidung eines freien Volks über die Formen und die Inhalte seiner politischen Existenz«.[8] Angesichts der Herrschaft der Besatzungsmächte sei »die Ausübung der deutschen Volkssouveränität blockiert«.[9] Die Schaffung des Grundgesetzes auf Veranlassung, in Begleitung und unter Kontrolle der Besatzungsmächte sei keine Verfassungsgebung, zumal die Deutschen im Herrschaftsbereich der Sowjets ohnehin von der Mitwirkung ausgeschlossen waren. Nur »das gesamte deutsche Volk« könne »›volkssouverän‹ handeln«.[10] Hinzu kam wohl auch die damalige Befürchtung, der kommunistische Osten könnte eine Volksabstimmung propagandistisch ausschlachten. Das vom Parlamentarischen Rat beschlossene Grundgesetz konnte also von vornherein gar keine echte demokratische Verfassung werden.

Die seinerzeitigen Hindernisse für die Annahme der Verfassung durch das Volk in freier Selbstbestimmung waren aber spätestens mit der Wiedervereinigung alle entfallen. Die früheren Gegenargumente waren durchweg zeitgebunden. Als deshalb die demokratische Legitimation nach der Vereinigung nicht nachgeholt wurde, gab es keine stichhaltige Rechtfertigung mehr für den Ausschluss des Volks – außer eben den Machtinteressen der politischen Klasse. Auch die nach der Hitlerdiktatur zunächst von vielen vermutete Unmündigkeit des Volkes sollte nach fünfzig Jahren demokratischer Praxis im Westen und nach erfolgreicher basisdemokratischer Revolution im Osten (»Wir sind das Volk«) inzwischen eigentlich als überwunden angesehen werden.

Die vierundsechzigköpfige Verfassungskommission des Bundestags und des Bundesrats, die das Grundgesetz nach der Vereinigung überprüfen sollte, war ausschließlich aus Vertretern der politischen Klasse zusammengesetzt; das Volk hatte wiederum keinerlei Einfluss und blieb gänzlich ausgeschlossen.[11]

Die einseitige Zusammensetzung der Verfassungskommission hatte natürlich auch Auswirkungen auf den Inhalt ihrer Empfehlungen. Die allerwichtigsten Verfassungsfragen, die zentrale Herausforderungen unseres politischen Systems markieren, wurden ausgeblendet. Die zwei wichtigsten Themen einer Verfassung sind die Legitimierung der Staatsmacht und ihre Begrenzung. Die Legitimation einer demokratischen Verfassung verlangt, dass sie auf das Volk zurückgeführt wird. Die Begrenzung der Macht verlangt, dass die politische Klasse als wichtigste Trägerin der Macht begrenzt und möglichst am Missbrauch ihrer Macht gehindert wird. Beide Fragen wurden aber nicht behandelt, weil sie die Stellung der politischen Klasse selbst betreffen und diese die Verfassungskommission besetzt hatte. Hier gilt erneut: Es ist nun mal schwer, sich am eigenen Schopf aus dem Sumpf zu ziehen.

Auch auf Europaebene blieb das Volk außen vor. Die (fundamental wichtige) Abstimmung über den Maastricht-Vertrag erfolgte ohne lange Debatte im Parlament und ohne große öffentliche Diskussion außerhalb des Parlaments. Sie geschah praktisch unter Ausschluss des Volkes, ganz zu schweigen von einer Volksabstimmung, wie sie etwa in Frankreich oder Dänemark stattgefunden hat.

Wie immer, wenn das Volk nichts zu sagen hat, fehlte bei allen derartigen Fragen, so fundamental sie auch sein mochten, jede breite und tief gehende öffentliche Diskussion. Das war bei Beratung und Verabschiedung des Grundgesetzes nicht anders als bei den Beratungen der Verfassungskommission und beim Maastricht-Vertrag. Das Gefühl der politischen Klasse, die Bürger nicht überzeugen zu müssen, und das Gefühl der Bürger und Medien, doch nichts bewirken zu können, weil alles schon entschieden sei, nahm jeder großen Debatte schon im Ansatz die Motivation. Nur die Anfechtung des Maastricht-Vertrages vor dem Bundesverfassungsgericht hat eine gewisse Ersatzdiskussion bewirkt – dies vornehmlich allerdings unter Verfassungsjuristen.

Die mangelnde demokratische Legitimation des Grundgesetzes wird üblicherweise durch Fiktionen ersetzt. Andere versuchen die Frage, ob das Volk die Verfassung angenommen habe, beiseite zu schieben oder abzuwerten. Der Staatsrechtslehrer und ehemalige Bundesverfassungsrichter Paul Kirchhof beispielsweise argumentiert wie folgt: Da die Zustimmung einer früheren Generation spätere Generationen ohnehin nicht binden könne, spiele es heute keine Rolle mehr, ob das Volk früher zugestimmt habe oder nicht.[12]

Dieser Gedanke spricht in Wahrheit aber gar nicht gegen die Zustimmung des Volkes, obwohl Kirchhof wohl so verstanden werden wollte. Es gibt nämlich einen einfachen Weg, Volkssouveränität auch unter den gegebenen Verhältnissen Wirklichkeit werden zu lassen: Man muss dem Volk lediglich die Möglichkeit geben, seine Verfassung jederzeit durch Volksbegehren und Volksentscheid zu ändern. Dann kann das Nichtgebrauchmachen von dieser Möglichkeit vernünftigerweise durchaus als Akzeptanz der Verfassung verstanden werden.[13] Das hätte gegenüber der Abstimmung über die Verfassung auch den weiteren Vorteil, dass das Volk dann nicht auf ein Ja oder Nein zur ganzen Verfassung beschränkt wäre, sondern sehr viel differenzierter entscheiden könnte. Wenn alle Teile der Verfassung jederzeit der verfassungsändernden Volksgesetzgebung unterlägen und damit potenziell unter Vorbehalt der Zustimmung des Volkes ständen, könnte man wirklich von Zustimmung des Volkes zur Verfassung insgesamt wie zu allen ihren Teilen sprechen, und der Begriff der Volkssouveränität wäre »aus dem Reich der Fiktion in den Bereich der Praxisrelevanz« überführt.[14] Bisher wurde in der politischen Theorie »ein schlüssiger Entwurf« vermisst, »der uns Auskunft darüber gäbe, welche Praxis dem Anspruch der Volkssouveränitätsformel denn genügen könnte«.[15] Nun, hier ist ein solcher schlüssiger Entwurf! – Übrigens: Der Gedanke, jede Verfassung müsse von Zeit zu Zeit überprüft werden und genau genommen müsse sich jede Generation eines Volkes seine Verfassung neu geben, ist offenbar zeitlos. Derselbe Gedanke klingt auch schon beim »Vater« der amerikanischen Verfassung, Thomas Jefferson, an.

Demgegenüber will Kirchhof die Grundsatzfragen des Gemeinschaftslebens in der Verfassung »generationenübergreifend unverbrüchlich festschreiben«[16] – unabhängig vom jeweiligen Willen des Volkes. Darin liegt eine ziemlich einseitige Bevorzugung des Gemeinwohl- und Repräsentationsprinzips gegenüber dem Demokratieprinzip. Kirchhofs Ansatz kann aber auch deshalb nicht überzeugen, weil die Verwirklichung der unverbrüchlichen Werte von funktionsgerechten Institutionen abhängt und die politische Klasse diese im Laufe der Zeit nicht nur im eigenen vordergründigen Interesse deformiert, sondern auch die erforderliche Anpassung der Institutionen an geänderte tatsächliche Verhältnisse verhindert hat.

Die Bürger: formale Rechte, faktische Entmündigung

Freie und unmittelbare Wahl?

Die Volksferne des Parlamentarischen Rats setzt sich in den Parlamenten fort. Der Ausschluss des Volkes von der Verfassungsgebung färbte auch auf den Inhalt des Grundgesetzes und auf die Gesetzgebung unter dem Grundgesetz ab. Das gilt zunächst für den Ausschluss direktdemokratischer Elemente und die Reduzierung der Bürgerrechte auf die Wahl alle vier oder fünf Jahre (siehe S. 127 ff., 156 f.). Das gilt aber auch für die Ausgestaltung des Wahlrechts und ist hier – trotz der scheinbaren Technizität der Wahlgesetze – besonders gravierend. Man sollte viel öfter über die tiefe Wahrheit des Ausspruchs des spanischen Kulturphilosophen und Essayisten Ortega y Gasset (in seinem Buch *Aufstand der Massen)* nachdenken:

> »Das Heil der Demokratie hängt von einer geringfügigen technischen Einzelheit ab: vom Wahlrecht. Alles andere ist sekundär.«

Die Vielzahl der Wahlen zum Bundestag und zum Europäischen Parlament, zu sechzehn Landesparlamenten und zu tausenden von Kreistagen, Stadt- und Gemeindevertretungen erweckt zwar auf den ersten Blick den Eindruck, als hätte der Bürger unheimlich viel zu sagen, aber der Schein trügt. Das Versprechen des Grundgesetzes, alle Bürger könnten ihre Abgeordneten unmittelbar und frei wählen (Art. 28 Abs.1 Satz 2 und Art. 38 Abs. 1 Satz 1 GG), wird nicht eingelöst. Zur Freiheit gehört auch das (nicht nur formale) Recht, Kandidaten aufzustellen, und das fehlt völlig. Zudem kann der »Wähler« – aufgrund der Eigenheiten unseres Verhältniswahlrechts – die Kandidaten oft nicht einmal auswählen. Alle Kandidaten, die die Parteigremien auf so genannte sichere Listenplätze gesetzt haben, sind mit der Nominierung durch die Partei praktisch auch schon gewählt (»Wahlen ohne Auswahl«).[17] Auf diese Weise immunisieren sich Berufspolitiker gegen eine Abwahl durch die Bürger. Die eigentliche Volkswahl wird zur Farce.

Dagegen wird oft eingewendet, bei Bundestagswahlen gebe es neben den mindestens 328 Listenabgeordneten,[18] die mit der Zweitstimme gewählt werden, ja auch die 328 Wahlkreisabgeordneten, die mit der Erststimme gewählt werden. Doch dieses Argument ist in vielen Fällen nur vorgeschoben. Die kleineren Bundestagsparteien FDP und Grüne haben nicht die geringste Chance, einen Direktkandidaten durchzubekommen. Alle 44 Abgeordneten der FDP und alle 47 Abgeordneten der Grünen, die 1998 in den Bundestag gekommen sind, sind Listen-Abgeordnete.[19] Für die meisten von ihnen stand der Einzug in den Bundestag schon mit ihrer Nominierung, also lange vor der Wahl, fest – vorausgesetzt, dass ihre Partei die Fünfprozentklausel überspringen würde. Diese Feststellung ist von besonderem Gewicht, weil in der über fünfzigjährigen Geschichte der Bundesrepublik stets eine dieser beiden kleinen Parteien bestimmt hat, wer die Bundesregierung bildet und den Bundeskanzler stellen kann. (Anders war es nur in der von der Union und der SPD gebildeten großen Koalition 1966 bis 1969.) Die PDS erlangte aufgrund der Massierung ihrer Wähler besonders in Ost-Berlin bei der Bundestagswahl 1998 zwar vier Direktmandate. Aber auch bei ihr sind alle übrigen 31 Abgeordneten über die Liste gewählt worden.

Auch bei den beiden großen Parteien, die sich die Direktmandate teilen (1998 abzüglich der vier der PDS), ist die Bedeutung der Direktwahl stark relativiert. Ein großer Teil der Wahlkreise gilt als »sicher«, so dass die Nominierung eines Kandidaten in vielen Fällen auch hier schon die Vorwegnahme seiner Wahl bedeutet. In solchen »Hochburgen« kann die Partei den Bürgern ihren Abgeordneten »faktisch diktieren«.[20] Hinzu kommt, dass die meisten Direktkandidaten der großen Parteien zusätzlich über die Liste abgesichert sind. Ein Beispiel unter hunderten: Bei der letzten Bundestagswahl kämpften im Wahlkreis Ludwigshafen Helmut Kohl (CDU) und Doris Barnett (SPD) um das Direktmandat. Da beide Kandidaten aber auch auf den Listen ihrer Parteien Spitzenplätze innehatten, stand von vornherein fest, dass auch der Verlierer – das war, wie sich zeigte, Helmut Kohl – in den Bundestag einziehen würde. Alles Wahlkampfgetöse war nur vordergründige Inszenierung, um den Bürger darüber hinwegzutäuschen, dass er in Wahrheit gar nichts mehr zu entscheiden hatte.[21]

Bei den Europawahlen, bei denen deutsche Wähler nur eine Stimme haben, ist die Bevormundung der Wähler noch krasser. Auch hierzu ein Beispiel: Die SPD hatte 1994 40 von insgesamt 99 deutschen Abgeordneten nach Straßburg entsandt. Bei der Europawahl vom

13. Juni 1999 schnitt sie sehr viel schlechter ab und verlor sieben Sitze. Dennoch konnten zumindest ihre Kandidaten mit den Listenplätzen 1 bis 30 schon lange vor dem Wahltermin ihres Erfolges bei der Europawahl absolut sicher sein. Sie wären selbst dann ins Europäische Parlament eingezogen, wenn die SPD noch mehr Stimmen verloren hätte, mochte der Wähler fast keinen von ihnen auch nur dem Namen nach kennen. Hier von »*Direkt*wahlen« zu sprechen, wie es sich für Wahlen zum Europäischen Parlament eingebürgert hat,[22] bedeutet eine semantische Verschleierung der wahren Verhältnisse.[23] Bei starren Wahllisten kann von freien und unmittelbaren Wahlen in Wahrheit keine Rede mehr sein.[24] Würde die zeitliche Reihenfolge vertauscht und würden die Bürger zuerst die Parteien wählen und diese erst danach festlegen, welche Personen die auf sie entfallenden Mandate erhielten, wäre der Verstoß gegen die Unmittelbarkeit (und Freiheit) offensichtlich. Die Wahl der Abgeordneten erfolgte dann unmittelbar durch die Parteien, nicht unmittelbar durch das Volk, wie Artikel 38 Grundgesetz es verlangt. Es macht hinsichtlich der sicheren Mandate aber keinen Unterschied, *wann* die Partei festlegt, wer sie bekommt; ob dies vor oder nach der Wahl geschieht, das Ergebnis bleibt dasselbe: Die Partei und nicht das Volk verteilt die Mandate. Die parteiinterne Macht der Kandidaten entscheidet über ihre Wahl oder Wiederwahl, und daran will die politische Klasse möglichst nichts ändern (siehe S. 127 ff., 144 f.), auch wenn dadurch die Aufgabe, die die Parteien sich selbst gestellt haben, durchkreuzt wird: »die aktive Teilnahme der Bürger am politischen Leben zu fördern ... und für eine ständige lebendige Verbindung zwischen dem Volk und den Staatsorganen« zu sorgen (siehe S. 124 f.).

Leibholz hat den Verstoß der starren Listen gegen die Unmittelbarkeit der Wahl zwar selbst gesehen, ihn aber unter Hinweis auf Artikel 21 des Grundgesetzes, der angeblich den »Parteienstaat legalisiert« habe, gerechtfertigt,[25] und das Bundesverfassungsgericht ist ihm in Entscheidungen, die Leibholz' Parteienstaatsdoktrin förmlich atmen, gefolgt.[26]

Gleiches (aktives) Wahlrecht?

Als besonderer Vorzug des bundesdeutschen Verhältniswahlrechts wird immer gerühmt, die Bürger besäßen bei der Wahl gleichen Einfluss auf die Zusammensetzung des Parlaments. Trifft das aber wirklich zu? Nachdenklich stimmt bereits die völlig einseitige personelle Struktur des Bundestags und der Landtage, in denen Beamte und Funktionäre dominieren (zu den Gründen siehe S. 169). Diese Schieflage wird von den Parteien allerdings nach Möglichkeit ausgeblendet. Sie versuchen, den Blick nur auf die parteipolitische Zusammensetzung, also auf die Stärke der parlamentarischen Fraktionen, zu richten. Doch auch hier fehlt es insofern an der Spiegelbildlichkeit, als über die Sperrklausel Herausfordererparteien ausgeschlossen werden. Das gilt selbst dort, wo – wie zum Beispiel bei den Wahlen zu Gemeindevertretungen oder zum europäischen Parlament (siehe S. 139 f.) – die Sperrklausel offensichtlich keine Funktion mehr besitzt und sich schon gar nicht durch die (verfassungsrechtlich an sich erforderlichen) »zwingenden Gründe« rechtfertigen lässt. Hinzu kommen die massiven und vielfältigen Verschanzungen, mit denen sich die Bundestagsparteien Wettbewerbsvorteile gegenüber ihren Herausforderern verschafft haben. Schließlich bevorzugt der überproportionale politische Einfluss kleiner Zünglein-an-der-Waage-Parteien deren Wähler und Mitglieder und ist mit dem Gedanken des gleichen Wahlrechts nur schwer vereinbar.

Gleiche (passive) Wählbarkeit?

Das Grundgesetz verbrieft allen Bürgern das gleiche Recht, gewählt zu werden. Tatsächlich bekommt man in den beiden großen westlichen Parteien in der Regel nur nach unendlicher »Ochsentour« die Chance, als Parlamentskandidat an aussichtsreicher Stelle nominiert zu werden. Wer zum Beispiel in Niedersachsen ein Landtagsmandat anstrebt, muss vorher durchschnittlich sechzehn Jahre lang Parteimitglied gewesen sein und Partei- und Kommunalämter innegehabt haben.[27] Das aber begünstigt eine Form der Sozialisation, in der Machtfragen die Hauptrolle spielen und Sachfragen immer mehr zurückgedrängt werden. Weizsäckers Wort von den Politikern, die Spezialisten darin seien, »wie man politische Gegner bekämpft«, hat – als Kennzeichnung eines Typus – durchaus seine Berechtigung.

Die Kandidaten werden nicht primär wegen ihrer Qualität als Volksvertreter aufgestellt, sondern wegen ihrer Vorleistungen für die Partei – und sie müssen, wie schon dargelegt, auch nach Übernahme des Mandats kräftig bluten: Wer der Partei ein Mandat (oder ein anderes besoldetes Amt) verdankt, muss dafür hohe Abgaben aus seinem staatlichen Gehalt zahlen (»Parteisteuern«).[28] Und der Wunsch der Parteischatzmeister, diese hochproblematische Quelle am Sprudeln zu halten, ist eine Ursache für eine weitere verfassungswidrige Regelung: die überhöhte Steuerbegünstigung (siehe S. 101). So pflanzt sich Unrecht fort. »Es ist der Fluch der bösen Tat, dass sie fortwährend Böses muss erzeugen.«

Innerhalb der Parteien findet der Tendenz nach eine einseitige Selektion statt. Im Normalfall hat nur Chancen, in der Partei vorwärts zu kommen, wer genug Zeit für die Ochsentour einbringen kann: »Zeitreiche und Immobile«,[29] etwa Lehrer und ohnehin politisch Tätige (insbesondere Verbandsfunktionäre), bleiben unter sich, während umgekehrt gerade diejenigen Personen, die in Wirtschaft und Gesellschaft besonders gefragt und deshalb »zeitarm« sind, systematisch ausgeschieden werden. Gerade die Besten und Mobilsten können sich die zeitfressende und einen Ortswechsel unmöglich machende Ochsentour nicht leisten. Diese Rekrutierungsweise hat mit einer funktionsgerechten Auswahl des politischen Personals rein gar nichts zu tun. Sie ist eigentlich völlig überholt, entspricht aber den Interessen derer, die diesem Verfahren ihren Aufstieg verdanken.

Welche mentalitätsmäßigen Auswirkungen diese Art der Sozialisierung der politischen Klasse auf Initiative, Innovation und Reformbereitschaft der bundesrepublikanischen Politik hat, wäre lohnend, einmal im Detail zu untersuchen, auch wenn ein solches Forschungsprojekt von interessierter Seite wohl eher als politisch »incorrect« eingestuft würde. Es lässt sich aber schon jetzt vermuten, dass die Verzerrungen bei der Personalauswahl die Leistungs-, Wettbewerbs- und Verantwortungserfordernisse nicht gerade fördern. Es dominiert die Perspektive von »zeitreichen« Personen, von denen vor allem eins verlangt wird: über alles reden zu können, selbst wenn sie wenig davon verstehen. Das hat zwei fatale Konsequenzen: Der Typus des »Schwätzers« wird begünstigt, und parteiinterne Vorurteile und Tabus, die in Frage zu stellen eine selbständige kritische Auseinandersetzung verlangen würde, spielen eine umso größere Rolle (siehe S. 209).

Abschottungsversuche der Amtsinhaber

Die amtierenden Abgeordneten nutzen den von ihnen beherrschten Staatsapparat, um das Risiko einer Abwahl zu minimieren und Seiteneinsteigern den Weg vollends zu verlegen. Auf diese Weise blockieren die Eigeninteressen der politischen Klasse ihre Erneuerung noch weiter.

Instrumentalisierung der Abgeordnetenmitarbeiter

Ein Beispiel: Abgeordnete haben ihre Amtsausstattung mit Mitarbeitern sprunghaft ausgeweitet (siehe S. 113). Bundestagsabgeordnete erhalten nicht nur eine steuerpflichtige Bezahlung von über 150 000 DM jährlich, eine dynamisierte steuerfreie Pauschale von etwa 75 000 DM jährlich und eine üppige staatsfinanzierte Altersversorgung, sondern zusätzlich noch bis zu 240 000 DM jährlich für die Bezahlung von Mitarbeitern.[30] Das erlaubt es jedem einzelnen Bundestagsabgeordneten, im Durchschnitt sechs staatsbezahlte Mitarbeiter zu beschäftigen,[31] die er auch vor Ort einzusetzen pflegt, und die ihm im alles entscheidenden Kampf um die parteiinterne Nominierung einen schier uneinholbaren Vorteil gegenüber jedem Herausforderer verschaffen.[32]

Vollzeitlohn für Teilzeitarbeit

Ein anderes Beispiel ist die volle Alimentation und Überversorgung von Landesparlamentariern (siehe S. 122): Während diese noch in den Sechzigerjahren nur einen Bruchteil der Bezüge von Bundestagsabgeordneten erhielten, haben die Landtage ihren finanziellen Status inzwischen selbst in so kleinen und armen Bundesländern wie dem Saarland zu vollbezahlten und überversorgten Fulltimejobs aufgebläht – und das, obwohl die Aufgaben der Landesparlamente im Lauf der Zeit drastisch zurückgegangen sind und durchaus auch in zeitlich begrenzten Sitzungsperioden erledigt werden könnten (wie in fast allen Einzelstaaten der USA und wie in der Schweiz selbst auf Bundesebene).[33] Die Vollzeitbezahlung trotz begrenzter Verpflichtungen setzt die amtierenden Abgeordneten in den Stand, auf Staatskosten tagein, tagaus vor Ort Nominierungswahlkampf zu führen und möglichen Herausforderern, die ihnen ihr Amt bei den nächsten Wahlen streitig machen könnten, von vornherein keine Chance zu lassen.[34]

Überdurchschnittliche Gehälter für durchschnittliche Talente

Die Verfassungen geben den Abgeordneten ausdrücklich einen Anspruch auf »eine ihre Unabhängigkeit sichernde Entschädigung« (Art. 48 Abs. 3 Satz 1 GG). Das bedeutet nach Wortlaut und Sinn, dass Abgeordnete Anspruch auf Kostenerstattung und auf Ausgleich des Einkommensverlustes haben, den sie durch die Übernahme und Ausübung des Mandats erleiden. Tatsächlich aber erhalten alle Abgeordneten eine gleich hohe Alimentation (wobei einige Abgeordnete »zu Pferd«, zum Beispiel Parlamentspräsidenten und Fraktionsvorsitzende mit ihren meist hohen Zusatzdiäten, noch »gleicher« sind als andere). Der vom Bundesverfassungsgericht entwickelte,[35] von Leibholz theoretisch vorgeprägte (siehe S. 254) Grundsatz der gleichen Bezahlung führt dazu, dass wirtschaftlich Erfolgreiche mit entsprechend hohem Einkommen durch die Übernahme des Mandats einen finanziellen Verlust erleiden. Dagegen verbessern »Zeitreiche« und »Immobile«, die im gesellschaftlich-wirtschaftlichen Bereich kaum reüssieren, durch Übernahme des Mandats ihr Einkommen meist beträchtlich. Werden Lehrer Bundestags- oder Landtagsabgeordnete, verdoppeln oder verdreifachen sie oft ihre Bezüge. Das heißt: Die materiellen Anreize, ein Mandat anzustreben, sprechen typischerweise gerade die Falschen an: diejenigen, die *von* der Politik leben wollen, statt *für* sie.[36]

Die majestätische Gleichheit der Wählbarkeit, der Zentralsatz der Demokratie, gilt nur formal, materiell wird er dagegen außer Kraft gesetzt.[37] Dies geschieht zugunsten der existierenden politischen Klasse, von der die große Mehrzahl beim Übergang zur echten Entschädigung an Einkommen verlieren würde, und zu Lasten möglicher konkurrierender Eliten. Die Selbstbedienung und die Abschottung der Mandatsinhaber gegen unliebsame Konkurrenz setzen sich hier fort. Institutionelle Änderungen auf Initiative der politischen Klasse zu erwarten wäre deshalb auch hier Illusion.

Amtsgeheimnis wie im Obrigkeitsstaat

Demokratie- und Rechtsstaatsprinzip verlangen grundsätzlich Öffentlichkeit in Staat und Verwaltung.[38] Das Öffentlichkeitsgebot ist von zentraler Bedeutung, weil seine Beachtung notwendige Voraussetzung für die umfassende Information des Bürgers als des eigentlichen Souveräns in der Demokratie ist.[39] Tatsächlich aber herrscht statt Öffentlichkeit meist immer noch das Prinzip des Amtsgeheimnisses.[40] Das war zur Zeit des monarchischen Obrigkeitsstaats mit seiner dualistischen Legitimation durchaus konsequent: Nur das Parlament leitete seine Legitimation vom Volk ab und verhandelte und entschied deshalb öffentlich. Regierung und Verwaltung waren dagegen dem Monarchen verantwortlich, der sich auf das »Gottesgnadentum« berief. Das Innere der Exekutive, ihre Organisation und ihr Handeln blieben dem Volk deshalb von vornherein verschlossen. Nur die Ergebnisse konnten darauf überprüft werden, ob sie sich an die vom Parlament erlassenen Gesetze und den Haushaltsplan gehalten hatten. In der Demokratie, in der *alle* Staatsgewalt vom Volk ausgeht, ist das Prinzip des Amtsgeheimnisses dagegen prinzipiell überholt. Dass es sich dennoch gehalten hat, liegt nicht zuletzt daran, dass es den Interessen der Regierenden und ihrer Verwaltung entgegenkommt.[41]

Öffentlichkeitsarbeit statt öffentlicher Kontrolle

Das überholte Prinzip des Amtsgeheimnisses gibt den politischen Machthabern die Möglichkeit zum strategischen Gebrauch von Öffentlichkeit: Sie halten – je nach Opportunität – Vorgänge und ihre Hintergründe geheim oder publizieren sie im Wege einer gezielten Aktion demonstrativ. Es steht ihnen also häufig frei, das Wesentliche zu verbergen und nur das preiszugeben, was sich sehen lassen kann (und ihre Eigeninteressen fördert), und dies dann besonders attraktiv zu präsentieren.[42] Mit der Art von Öffentlichkeit, die das Grundgesetz meint, hat eine solche den Bürger bevormundende »Öffentlichkeitsarbeit«, die bisweilen nur schwer von Manipulation und gezieltem Missbrauch zu unterscheiden ist, kaum mehr etwas zu tun.

Entmachtung der Wähler aufgrund exzessiver Verflechtung

Der wachsende Einfluss des Bundesrats beeinträchtigt die Mitwirkungsmöglichkeiten der Bürger. Er relativiert die Macht des Bundestags und wertet damit die effektive Bedeutung der Bundestagswahlen noch weiter ab (siehe S. 149 f.).

Das Agieren der Ministerpräsidenten im Bundesrat und in der Ministerpräsidentenkonferenz und der anderen Exekutivspitzen in den vielen hunderten von interföderalen Gremien (zum Beispiel in der Konferenz der Kultusminister) schaltet die Landesparlamente und damit die sie wählenden Bürger zunehmend aus (siehe S. 151).

Die Volksvertreter: formale Rechte, faktische Entmündigung

Freies Mandat?

Die Abhängigkeit der Abgeordneten von ihrer Partei, die wir beim Rekrutierungsverfahren beobachtet haben, setzt sich auch nach der Wahl fort. Das vom Grundgesetz garantierte freie Mandat steht weitgehend auf dem Papier (siehe S. 299 f.). Diese von Leibholz verfassungstheoretisch abgesegnete Entwicklung (siehe S. 250) hat Rückwirkungen auf die individuelle Verantwortlichkeit gegenüber den Bürgern und damit auch auf die Partizipationsmöglichkeit der Wähler. Wie können in die Fraktionsdisziplin eingebundene Abgeordnete noch für ihr Abstimmungsverhalten und ihre sonstigen politischen Aktionen von den Wählern positiv oder negativ verantwortlich gemacht werden? Aber genau dieses Fehlen individueller Verantwortung macht die Abgeordneten politisch unangreifbar und wird von den meisten deshalb nicht wirklich zur Disposition gestellt. Die Scheu vor Verantwortung ist prägend für unser ganzes System.

Koalitionsverträge

Die Verfassungen versprechen (neben den Abgeordneten) auch den Regierungen, Fraktionen und Parteien die Freiheit der politischen Entscheidungen (über Personen und Programme). Tatsächlich dominieren (aufgrund des Verhältniswahlrechts) Koalitionsvereinbarungen, die von wenigen politischen »Elefanten« ausgehandelt werden. Alle anderen Politiker (in den Fraktionen, Parteien und Regierungen) können die Vereinbarungen dann oft nur noch nachträglich abnicken und während der Legislaturperiode abarbeiten, wollen sie das ganze Paket und damit das Zustandekommen und den Fortbestand der Koalition nicht gefährden.[43] Die rot-grüne Koalitionsvereinbarung von

1998 hat erstmals sogar die ausdrückliche Pflicht der Koalitionsfraktionen zu einheitlichen Abstimmungen und zum Unterbinden wechselnder Mehrheiten niedergelegt und damit das freie Mandat vollends zur Farce gemacht. Wörtlich heißt es dort:

> »Im Bundestag und in allen von ihm beschickten Gremien stimmen die Koalitionsfraktionen einheitlich ab. Das gilt auch für Fragen, die nicht Gegenstand der vereinbarten Politik sind. Wechselnde Mehrheiten sind ausgeschlossen.«[44]

Koalitionen entmachten die Wähler noch weiter. Kleine Parteien spielen Zünglein an der Waage und entscheiden durch ihre Koalitionspräferenzen, wer die Mehrheit im Parlament erhält und die Regierung stellt – und das oft erst *nach* der Wahl. Das bedeutet: Das Sagen haben nicht die Wähler, sondern Parteiführer. Die Zünglein-an-der-Waage-Position gab der FDP lange ein viel größeres Gewicht als der Zahl ihrer Wählerstimmen und Parlamentsmandate eigentlich entsprach. Sie konnte dem größeren Koalitionspartner für ihre Beteiligung an einer Regierungskoalition überproportional viel abverlangen,[45] was etwa in der Zahl ihrer Ministerposten und dem ihr eingeräumten Patronagepotenzial bei der Besetzung von Beamten- und Richterstellen zum Ausdruck kam. Das relative Übergewicht war mit der demokratischen Gleichheit zwar kaum vereinbar, machte die FDP aber gerade deshalb für Mitglieder und Wähler besonders attraktiv, weil es auch diesen eine überproportionale Beteiligungschance verhieß.

In jüngster Zeit hat sich die Parteienkonstellation allerdings verändert. Seitdem der FDP mit den Grünen und der PDS Konkurrenten erwachsen sind, die ebenfalls für die Koalitionsbildung in Betracht kommen, und es den großen Parteien dadurch ermöglicht wird, sie gegeneinander auszuspielen (und zudem auch eine große Koalition immer möglich bleibt), geht das relative Übergewicht der FDP und anderer kleiner Parteien tendenziell zurück. Das zeigt die aktuelle Berliner Regierungskoalition: Die SPD unter Bundeskanzler Gerhard Schröder hat auch die Option, mit der FDP (oder der Union) zu koalieren. Deshalb müssen die Grünen, deren Spitzenleute unbedingt an der Macht bleiben wollen, eine Kröte nach der anderen schlucken (siehe S. 36 f.).

1998 hätte die jetzige Regierungskoalition möglicherweise nicht die

Mehrheit bekommen, hätte Gerhard Schröder sich schon vor der Wahl auf eine Koalition mit den Grünen festgelegt und nicht stattdessen ganz gezielt auch eine große Koalition mit der Union ins Spiel gebracht, was vielen Wählern die Entscheidung erleichterte, SPD zu wählen. Mit der rot-grünen Koalition kam dann eine Regierung zustande, die die Mehrheit möglicherweise gar nicht gewollt hatte.[46] Bei der Landtagswahl 2000 in Nordrhein-Westfalen hatte sich die SPD unter Ministerpräsident Clement ebenfalls bewusst nicht auf die Fortsetzung der Koalition mit den Grünen festgelegt, und die FDP hatte sich – für den Fall, dass sie den Sprung über die Fünfprozenthürde schaffen würde – ohnehin alle Optionen offen gehalten.

Das System rekrutiert die Politiker, die es braucht

Die bestehenden Strukturen haben in ihrer Summe eine geradezu abschreckende Wirkung auf hochqualifizierte mögliche Kandidaten aus Bereichen außerhalb des parteipolitischen Spektrums: Die Ochsentour können sich viel gefragte Leute schon aus Zeitgründen gar nicht leisten; die Fraktionsdisziplin nimmt dem Mandat die Attraktivität für die besten und eigenständigsten Köpfe; die beamtenähnliche Einheitsalimentation macht das Mandat gerade für die wirtschaftlich Erfolgreichsten zu einem finanziellen Zuschussgeschäft; der Umstand, dass sie dann auch noch »Parteisteuern« abführen sollen, muss sie zusätzlich abschrecken, und die Abschottungsversuche der Amtsinhaber nehmen selbst den fähigsten Herausforderern vollends den Mut. Die fatale Folge ist, dass die Parteien ihre selbst gestellte Aufgabe, fähige Politiker zu rekrutieren und heranzubilden,[47] nur höchst mangelhaft erfüllen (siehe S. 124 f., 144 f.). So wie die Rekrutierungsverfahren für Politiker in Deutschland verfasst sind, *müssen* sie geradezu den Typus des Hinterbänklers hervorbringen. Und die nach dem bisherigen System rekrutierten Amtsinhaber werden von sich aus kaum bereit sein, ihre eigenen Wiederwahlchancen dadurch zu verschlechtern, dass sie das Wahlrecht und die Nominierungspraxis, die ihnen zum Erfolg verholfen haben, ändern, selbst wenn daraus ein neuer und möglicherweise besserer Abgeordnetentypus hervorginge. Damit erscheinen Reformen an dieser vielleicht wichtigsten Stelle unseres ganzen

Systems blockiert – jedenfalls soweit diese allein vom parlamentarischen System selbst erwartet werden.
Der Idee nach scheint die Demokratie gerade in der Methode der »Führerauslese« allen anderen Staatsformen überlegen zu sein. Der bekannte Rechtswissenschaftler Hans Kelsen hat die Erwartungen 1920, also kurz nach dem Zusammenbruch der Monarchie, folgendermaßen beschrieben:

> »Gerade das aber kann man der Demokratie nachrühmen, dass sie das bestmögliche Selektionsprinzip garantiert. Einmal, weil sie die größtmögliche Basis für die Auslese schafft, weil sie den Kampf um die Führerschaft auf die breiteste Grundlage stellt, ja schon darum, weil sie überhaupt die Führerschaft in den öffentlichen Wettbewerb setzt. Dann aber, weil wirkliche Führerqualitäten in diesem Kampf Aussicht auf den Sieg haben.«

Dem stellt Kelsen zum Kontrast die Rekrutierungsmethoden in der gerade untergegangenen Monarchie gegenüber:

> »Wer die Methoden kennt, nach denen in bürokratisch-autokratischen Monarchien etwa die leitenden Stellen in der Exekutive, vor allem die Ministerposten, erworben werden, der kann nicht umhin festzustellen, dass hier leicht das Prinzip einer umgekehrten Auslese maßgebend sein kann. Es hat gewiss tieferen Sinn, dass man von einem ›sich hinaufdienen‹ spricht. Nicht wer am besten herrschen, sondern wer am besten dienen, um nicht zu sagen dienern kann, erreicht das Ziel. Und es ist psychologisch gewiss begreiflich, dass der geborene Herrscher nur Diener um sich sehen will, nur Diener brauchen zu können glaubt.«

Wenn sich nun aber auch in der heutigen Praxis unserer Demokratie ihr hochgerühmter Hauptvorzug (»beste Methode der Führerauslese«) verflüchtigt, ist dies in der Tat fatal. Wie dargelegt, besteht auch bei uns »leicht das Prinzip einer umgekehrten Auslese«. Und Kelsens Satz »Nicht wer am besten herrschen, sondern wer am besten dienen, um nicht zu sagen dienern kann, erreicht das Ziel« scheint geradezu auf die parteiinterne Ochsentour gemünzt zu sein.

Das System der Kontrolleure: Verwaltung und Gerichte

Ist der Einfluss der Bürger und Wähler schon bei der Auswahl der angeblich direkt vom Volk Gewählten stark zurückgedrängt, so verflüchtigt er sich bei den indirekt gewählten Organen der Zweiten und Dritten Gewalt meist völlig. Wer Bundespräsident wird, liegt ganz in der Hand der politischen Klasse. Das Volk hat darauf nicht den geringsten Einfluss. Welche Personen Minister werden, mag zwar bei einigen, die die Parteien im Falle ihres Sieges schon vor der Wahl präsentieren, für den Wähler halbwegs erkennbar sein. Alles andere pflegt aber parteiinternen Absprachen überlassen zu bleiben – bei Koalitionsregierungen: der nach der Koalitionsabsprache jeweils »zuständigen« Partei oder Fraktion unter Übergehung der nach dem Grundgesetz an sich bestehenden Personalkompetenz des Bundeskanzlers. Keinerlei Einfluss besitzt das Volk bei Auswahl der Mitglieder der Verfassungsgerichte und Rechnungshöfe. Parlament und Regierung wählen ihre Kontrolleure vielmehr selbst aus.
Bei Verwaltung und Gerichtsbarkeit läuft die so genannte demokratische Legitimation vollends auf große Fiktionen hinaus. Die herrschende Verfassungsauslegung unterscheidet drei Formen der Legitimation:[48]

- Die »personelle demokratische Legitimation«, die dem jeweiligen Amtsträger über eine Kette von Berufungsakten vermittelt wird, die letztlich auf die Aktivbürgerschaft zurückführen.[49] Die personelle demokratische Legitimation beruht auf einer »ununterbrochenen Legitimationskette vom Volk zu den mit staatlichen Aufgaben betrauten Organen und Amtswaltern«:[50] der Ernennung durch den Minister, der seinerseits vom Regierungschef ernannt ist, welcher seinerseits vom Parlament gewählt ist, das seinerseits vom Volk gewählt wurde. Diese Art der Legitimation ist in Wahrheit rein formal – ähnlich dem »päpstlichen Handauflegen«, durch das nach theologischer Lehre die Verbindung zwischen Gott und Mensch über den Priester hergestellt wird. Es handelt sich tatsächlich um eine Art Beschwörungsformel von polittheologischen Hohenpriestern.
- Die zweite Form ist die »institutionelle und funktionelle demokra-

tische Legitimation«,[51] die daraus fließen soll, dass das Grundgesetz die Organe der Verwaltung und Gerichtsbarkeit eingerichtet und ihnen bestimmte Funktionen gegeben hat. Verfassungsunmittelbare demokratische Legitimation kann das Grundgesetz der Regierung, der Verwaltung und den Gerichten aber nur insoweit vermitteln, als es selbst demokratische Legitimation besitzt. Daran fehlt es jedoch, wie wir gezeigt haben (siehe S. 257 ff.).

- Die dritte Form ist die sachlich-inhaltliche demokratische Legitimation. Sie »ist dazu bestimmt, die Ausübung der Staatsgewalt *ihrem Inhalt nach* vom Volk herzuleiten bzw. mit dem Volkswillen zu vermitteln und auf diese Weise die Ausübung der Staatsgewalt durch das Volk sicherzustellen«.[52] Sie geschieht auf zwei Wegen: zum einen durch die Bindung aller anderen staatlichen Organe an die vom volksgewählten Parlament beschlossenen Gesetze (Art. 20 Abs. 3 GG), zum anderen durch demokratische Verantwortlichkeit (einschließlich demokratischer Kontrolle). Doch die Bindung der Verwaltung an Gesetze löst sich zum Teil auf. Ermessensvorschriften und Generalklauseln geben erhebliche Spielräume. Die Vielzahl der einander gelegentlich widersprechenden Gesetze setzt die Verwaltung sogar faktisch in die Lage, über deren Anwendung oder Nichtanwendung zu entscheiden. Für Verfassungsgerichte sind Gesetze ohnehin nicht Maßstab, sondern Gegenstand der Prüfung, und viele Verfassungsartikel sind generalklauselartig weit.
  Mit der demokratischen Verantwortung ist es in der Praxis auch nicht weit her. Diese Verantwortlichkeit besteht für die Regierung und die Minister primär gegenüber der Volksvertretung und ist »durch die Kontroll- und Abberufungsrechte der Volksvertretung sanktioniert«.[53] Dabei tragen Regierung und Minister auch die Verantwortung für die nachgeordneten Behörden und Organe, soweit diese der Weisungsgewalt oder einem Aufsichtsrecht von Regierung beziehungsweise Minister unterstehen. Auch diese Legitimationskette ist weitgehend fiktiv. Das Recht des Parlaments, die Regierung zu kontrollieren und abzuberufen, steht faktisch meist auf dem Papier. Die Parlamentsmehrheit stützt die Regierung eher, statt sie wirksam zu kontrollieren (siehe S. 304 f.). Im Übrigen setzt das ganze Konstrukt voraus, dass der Minister, soweit sein Weisungsrecht reicht, auch tatsächlichen Einfluss besitzt. Doch das ist der schwache Punkt: »Sozialwissenschaftliche Analysen über die Infor-

mationsverarbeitung in administrativen Großorganisationen« zeigen, dass der Minister »wegen der Fülle der Aufgaben und Informationen in aller Regel … praktisch keinen Einfluss ausüben kann«.[54]

Insgesamt ist festzuhalten: Steht die demokratische Legitimation der Ersten Gewalt bereits auf tönernen Füßen, so beruht die Legitimation der Zweiten und der Dritten Gewalt, welche die Legitimation aus formalen Legitimationsketten von dieser beziehen, erst recht auf Fiktionen.

Das Klassensystem: Ungleichheit von oben

Die dargestellten Strukturen laufen in letzter Konsequenz auf die Umkehrung der beiden Fundamentalsätze der Demokratie hinaus: Statt politischer Gleichheit herrscht massive Ungleichheit, und die politische Willensbildung verläuft von oben nach unten statt in umgekehrter Richtung.[55] Beide Entwicklungen sind fatal und hängen eng zusammen. Denn die mangelnde Gleichheit ist eine Ungleichheit von oben. Es besteht faktisch eine hierarchische Stufung. Die auf den höheren Stufen haben unendlich viel mehr zu sagen als die auf den unteren. Wir haben in der Bundesrepublik tatsächlich

- mehrere Klassen von Bürgern,
- mehrere Klassen von Abgeordneten,
- eine Umkehrung des Rangverhältnisses von Parlament und Regierung,
- die Unterwerfung beider unter koalitionäre Kungelrunden und
- unterschiedliche Klassen von Parteien und Wählervereinigungen.

Klassen von Bürgern

Die beherrschende Stellung der politischen Parteien legt es nah, zunächst einmal zwei Klassen von Bürgern zu unterscheiden:

- gewöhnliche Bürger und
- Parteibürger.

Die rund achtundfünfzig Millionen gewöhnlichen Bürger über achtzehn Jahre sind in der Bundesrepublik Deutschland darauf beschränkt, alle vier oder fünf Jahre bei der Wahl der Parlamente ihre Stimme abzugeben. Die Vielzahl der Wahlen auf Europa-, Bundes-, Landes-, Kreis- und Gemeindeebenen und der große öffentliche Wirbel, der um sie jeweils veranstaltet wird, verdeckt, wie wenig die Bürger wirklich zu sagen haben.

Unter »Parteibürgern« verstehen wir die rund zwei Millionen Mitglieder der Parteien. Sie haben sehr viel mehr Rechte, weil sie zumindest indirekt an den Parteiprogrammen und an der Wahl der Parteivorstände und der Aufstellung der Parteikandidaten für die Volksvertretungen mitwirken. Letzteres ist deshalb besonders wichtig, weil nur die Kandidaten der Parteien eine reelle Chance haben, gewählt zu werden (wenn man einmal von den Wählergemeinschaften auf kommunaler Ebene absieht). Kann man aber ohne Unterstützung einer Partei nicht gewählt werden, haben praktisch nur die 3,3 Prozent Parteibürger das passive Wahlrecht. Sogar das aktive Wahlrecht beschränkt sich faktisch zu einem großen Teil auf Parteibürger. Sie allein können Kandidaten mit Erfolgschancen nominieren, und für viele parteiintern nominierte Kandidaten steht, etwa aufgrund ihrer günstigen Platzierung auf starren Listen, schon lange vor der Wahl fest, dass sie ins Parlament kommen.

Da viele Positionen aus Patronagegründen nur noch mit Parteibuch erreichbar sind – vom Schulleiter bis zum Bundesverfassungsrichter –, sind Parteibürger auch bei der Besetzung von Stellen bei Gerichten, öffentlichen Unternehmen und im öffentlichen Dienst im weitesten Sinne privilegiert, jedenfalls haben sie bei der Besetzung vieler Ämter im öffentlichen Dienst, in der Gerichtsbarkeit, in den öffentlich-rechtlichen Medien etc. enorme Vorteile gegenüber gewöhnlichen Bürgern. Das verstößt nicht nur gegen das Grundgesetz, wonach öffentliche Ämter nur nach Eignung, Befähigung und fachlicher Leistung besetzt werden dürfen (Art. 33 Abs. 2), sondern auch gegen das Demokratieprinzip, welches neben gleichem aktivem und passivem Wahlrecht auch Gleichheit des Zugangs zu öffentlichen Ämtern verlangt, wobei das Parteibuch keine Rolle spielen darf. Ämterpatronage der genannten Art ist besonders problematisch, weil einseitige Besetzungen von Ämtern wegen des Lebenszeitprinzips über einen Regierungswechsel hinaus fortwirken. Und auch ohne Wechsel wird die

Chancengleichheit der Parteien berührt, weil Ämterpatronage der patronierenden Regierungspartei einen unzulässigen Vorteil verschafft und im Falle von »Proporzpatronage« jedenfalls die außerparlamentarischen Parteien und die kommunalen Wählergemeinschaften außen vor bleiben.

Zur Rechtfertigung der bestehenden Verhältnisse könnte man vielleicht einwenden, es stehe ja jedermann frei, Parteimitglied zu werden und damit vom Normalbürger zum privilegierten Parteibürger »aufzusteigen«. Angesichts dieser Möglichkeit dürfe sich niemand über Benachteiligungen beschweren. Formalrechtlich trifft dieser Einwand zu. Normalerweise gibt es für Beitrittswillige keine rechtlichen Hindernisse. Die Probleme liegen im Faktischen. Wer in eine deutsche Volkspartei eintritt und darin in einer Weise politisch mitwirken will, die über die bloße Bezahlung des Beitrags hinausgeht, muss sich den dort herrschenden informellen Gepflogenheiten anpassen:

- Newcomer haben in der Regel nichts zu sagen. Erforderlich ist meist eine jahrelange Ochsentour.
- Lähmende innerparteiliche Routinen schrecken Newcomer ab, besonders dann, wenn sie wirklich politisch diskutieren und tätig werden wollen.
- Personen mit besonderen Fähigkeiten, Qualifikationen und Ideen werden oft eher gefürchtet und geduckt als gefördert.
- Stattdessen wird anpasserisches, opportunistisches Verhalten belohnt.
- Leute mit knapper Zeit haben kaum Chancen. Innerparteilich erfolgreich sind vor allem »Zeitreiche« und »Immobile«.
- Es herrscht insgesamt kein fairer, leistungsbezogener innerparteilicher Wettbewerb. Wichtige Positionen sind regelmäßig in festen Händen und werden mit Hilfe etablierter Netzwerke auch gegen die tüchtigsten Herausforderer erfolgreich verteidigt. Das demotiviert natürlich leistungsorientierte und kreative Kandidaten.

Insgesamt herrscht innerhalb der Parteien also, wie Insiderberichte bestätigen,[56] ein Klima, das auf bestimmte Personentypen zugeschnitten ist, dagegen leistungsorientierte, ideenreiche, schöpferische und tatendurstige Menschen typischerweise abschreckt. Diese müssen sozusagen ihre Seele verkaufen, um in einer Partei erfolgreich zu sein und vorwärts zu kommen. Darin liegen wesentliche Gründe für den rapiden Mitgliederschwund der Parteien, besonders unter den jungen Menschen.[57]

Anders ausgedrückt: Der Hinweis, jeder könne ja in eine Partei eintreten und dort Karriere machen, bedeutet für die allermeisten Menschen eine regelrechte Zumutung. Andererseits gibt es keine durchschlagenden sachlichen Gründe, die es verwehren könnten, dem Normalbürger mehr Rechte zu geben, etwa durch Änderung der Nominierungswege und des Wahlrechts und durch Einführung und Verbesserung direktdemokratischer Instrumente, um so das übergroße Gefälle zwischen Partei- und Normalbürger zu verringern. Dagegen spricht allerdings das Eigeninteresse der parteiinternen Positionsinhaber, welches aber kein Sachargument darstellt.

Klassen von Parteibürgern

Unter den Parteimitgliedern ist nur ein kleiner Teil von 10 bis 20 Prozent wirklich aktiv. Der Rest bezahlt seine Beiträge, nimmt aber nicht regelmäßig an Parteiversammlungen, Wahlkämpfen oder an sonstigen Parteiaktivitäten teil. Unter den aktiven Parteimitgliedern sind die Parteivorstände auf den verschiedenen Ebenen und die Angehörigen von Kommunalvertretungen und hier wiederum diejenigen in den Fraktionsvorständen besonders hervorzuheben, wobei sich beide Bereiche natürlich in großem Umfang überlappen.

Die Aufstellung der Kandidaten zu den Parlamenten gehört zu den wichtigsten parteiinternen Entscheidungen. Hier haben die aktiven Mitglieder und unter ihnen die Funktionsträger in Parteien und Fraktionen ein deutliches Übergewicht, wobei die amtierenden Abgeordneten die beste Ausgangsposition für eine Wiederwahl innehaben. Sie sitzen regelmäßig auch auf regionaler und kommunaler Ebene in Partei- und Fraktionsvorständen und tun dies nicht zuletzt deshalb, um ihre Wiedernominierung (und damit meist zugleich auch ihre Wiederwahl) zu sichern. Sie haben sich im Wege der parlamentarischen Gesetzgebung und Haushaltsbewilligung eine ganze Reihe von Vorteilen im Kampf mit möglichen Herausforderern verschafft:

- Die so genannte Vollalimentation erleichtert es ihnen, ihre parteiinterne Stellung vor Ort zu sichern.

- Ihre staatlich finanzierten Abgeordnetenmitarbeiter setzen sie regelmäßig auch zur Stärkung ihrer parteiinternen Position ein.
- Da ihre Besoldung und ihre Kostenpauschalen auch während des Wahlkampfs weiterlaufen, wird es ihnen ermöglicht, ihre Nominierung und Wiederwahl auf Staatskosten zu betreiben.

Hierarchien in den Parlamenten

Alle Abgeordneten sind einander grundsätzlich gleichgestellt und haben »das Recht auf gleiche Teilhabe am Prozess der parlamentarischen Willensbildung«.[58] So lautet jedenfalls die verfassungsrechtliche Norm. Die Wirklichkeit sieht anders aus. Tatsächlich sind die Parlamente hierarchisch gegliedert. Der Berliner Staatsrechtslehrer Hans Meyer hat diese Entwicklung wie folgt skizziert:

> »Wir haben das, was es nicht geben sollte, die Abgeordnetenlaufbahn. Man beginnt als einfacher Abgeordneter, wird als Ausschussobmann Parlamentsfeldwebel, dient sich über den Parlamentsleutnant, sprich Ausschussvorsitzenden, den Parlamentsobersten, sprich Fraktionsgeschäftsführer, zum Parlamentsgeneral, sprich Fraktionsvorsitzenden, hoch, und wenn man Glück hat, endet man in der Besoldungsstufe eines Parlamentsmarschalls als Parlamentspräsident oder eben nur als Parlamentsuntermarschall in der Position eines Parlamentsvizepräsidenten. Die Ansprüche auf eine entsprechende Beförderung werden sich dann nicht zuletzt unter finanziellen Gesichtspunkten melden. Der Aufstieg in der Hierarchie wird wie bei den Beamten grundsätzlich nach Zeit und nicht nach Leistung bemessen werden. Ein Abstieg wird wegen der damit verbundenen sozialen Deklassierung regelmäßig nicht möglich sein, und der Wunsch, eine Funktionsstelle besser zu besetzen, wird, wie bei den Beamten, oft nur durch ›Beförderung‹ des derzeitigen Stelleninhabers zu realisieren sein.«[59]

Dass die Fraktionen »zunehmend wie ein hierarchischer Behördenapparat« organisiert sind, beschreibt auch der SPD-Bundestagsabgeordnete Hermann Scheer aus seiner über zwanzigjährigen Erfahrung als Parlamentsmitglied:

»Parlamentarische Funktionen werden zu formalen Aufstiegsstufen. Vom ›einfachen‹ Abgeordneten dient man sich hoch zum stellvertretenden Sprecher und zum Sprecher einer Arbeitsgruppe, zu Fraktionsvorstandsmitgliedern unterschiedlichen Rangs, zu parlamentarischen Staatssekretären und Ministern – wie vom Inspektor zum Oberinspektor, Referats- und Abteilungsleiter.«[60]

Die Hierarchisierung findet ihren Ausdruck in der unterschiedlichen Bezahlung von Abgeordneten. Einfache schleswig-holsteinische Landtagsabgeordnete erhalten beispielsweise eine steuerpflichtige Entschädigung von 7680 Mark monatlich. Darüber wölbt sich eine Einkommenspyramide. Nach dem schleswig-holsteinischen Abgeordnetengesetz erhalten

Fraktionsvorsitzende	217 Prozent der Entschädigung,
Parlamentspräsidenten	194 Prozent,
Parlamentarische Geschäftsführer	170 Prozent,
Parlamentarische Vizepräsidenten	147 Prozent,
Stellvertretende Fraktionsvorsitzende	128 Prozent,
Ausschussvorsitzende	119 Prozent,
Vorsitzende der Fraktionsarbeitskreise	119 Prozent.[61]

Erhöhte Bezüge erhielten beispielsweise in der Legislaturperiode 1996 bis 2000 neben dem Parlamentspräsidenten, seinen zwei Stellvertretern und den vier Vorsitzenden der Fraktion auch ihre sieben Stellvertreter, ferner die vier Parlamentarischen Geschäftsführer und die Vorsitzenden der zweiundzwanzig Fraktionsarbeitskreise sowie die Vorsitzenden der neun Landtagsausschüsse und ein Abgeordneter der dänischen Minderheit. Obwohl die Zahl der zulagenberechtigten Ämter gesetzlich begrenzt worden ist, um einer zulagenbedingten weiteren Inflation der Fraktionsämter vorzubeugen, summierten diese sich doch auf fünfzig. Damit erhielten zwei Drittel der fünfundsiebzig Mitglieder des schleswig-holsteinischen Landtags eine Zulage.[62] Es gibt also lauter Häuptlinge und kaum noch Indianer. Das gilt erst recht, wenn man berücksichtigt, dass einige der restlichen Abgeordneten Regierungsmitglieder sind und als solche erst recht riesige »Zuschläge« erhalten.

In Thüringen beziehen einfache Landtagsabgeordnete eine steuerpflichtige Entschädigung von monatlich 8031 Mark. Parlamentarische Funktionsträger erhalten nach dem thüringischen Abgeordnetengesetz als:

Parlamentspräsidenten	200 Prozent,
Fraktionsvorsitzende	200 Prozent,
Parlamentsvizepräsidenten	170 Prozent,
Parlamentarische Geschäftsführer	170 Prozent,
Stellvertretende Fraktionsvorsitzende	140 Prozent,
Ausschussvorsitzende	140 Prozent.[63]

Das Bundesverfassungsgericht hat versucht, dieser Schwemme von Zusatzbezahlungen einen Riegel vorzuschieben. Nach einem Urteil vom 21. Juli 2000 sind Funktionszulagen nur noch für die Parlamentspräsidenten und ihre Stellvertreter und für Fraktionsvorsitzende verfassungsrechtlich zulässig: Finanzielle Zulagen für andere Parlamentsmitglieder verstoßen »gegen die Freiheit des Mandats und den Grundsatz der Gleichbehandlung der Abgeordneten«.[64] Die »unterschiedliche Dotierung der Abgeordneten« schaffe »zusätzliche Abhängigkeiten«, die verhindert werden müssten.[65] »Durch die systematische Ausdehnung der Funktionszulagen würden ›Abgeordnetenlaufbahnen‹ und Einkommenshierarchien geschaffen«, die »der Freiheit des Mandats abträglich sind und die Bereitschaft der Abgeordneten beeinträchtigen, ohne Rücksicht auf eigene wirtschaftliche Vorteile die jeweils beste Lösung für das Gemeinwohl anzustreben«.[66]
Doch der Karlsruher Spruch steht bloß auf dem Papier. Wie sich inzwischen zeigt, sind die meisten Parlamente nicht bereit, die Zuschläge abzubauen. Sie umgehen das Urteil, indem sie die Zuschläge nicht offen durch das Abgeordnetengesetz gewähren, sondern – ohne gesetzliche Grundlage – über die Fraktionshaushalte, welche aber ebenfalls fast vollständig aus Staatsmitteln finanziert werden. Nach dem Sinn des Urteils – Schutz der Abgeordneten vor Abhängigkeit und Ungleichheit ihrer Bezahlung – muss es dann erst recht gelten, wenn die Zulagen auf dem Umweg über die Fraktionskassen gewährt werden. Denn die Gefahren, denen das Gericht begegnen will, sind hier sogar noch größer.[67]
Die durch das Zulagensystem geförderte Hierarchisierung durch-

dringt das ganze Parlament »mit einer unnatürlichen Beamtenmentalität, die der Funktion und den Aufgaben der Abgeordneten nicht adäquat ist«.[68] Die kritikwürdige Verbeamtung der Parlamente beruht also keineswegs nur darauf, dass so viele Beamte im Parlament sind (siehe S. 169), sondern auch auf der Bürokratisierung der Parlamentsstruktur und der Schaffung einer Art »Sonderlaufbahn des öffentlichen Dienstes«.[69]

Wie sehr die parlamentsinterne hierarchische Ordnung bereits die Denk- und Verhaltensmuster nicht nur der Fraktionen selbst geprägt hat, sondern auch der Medien, zeigt der Umstand, dass Fraktionsvorstände ihre Personalvorschläge, über welche die Fraktionen noch abstimmen müssen, regelmäßig schon vorab veröffentlichen und die Medien so darüber berichten, als sei die Entscheidung bereits gefallen – und sie haben damit in der Sache ja auch meist recht. Angesichts der fraktionsinternen Kräfteverteilung ist die Abstimmung fast immer nur noch Formsache.[70]

Regierung und Parlament: Die Umkehrung der Machtverhältnisse

Aus Gründen des Machterhalts bilden Regierung und Parlamentsmehrheit eine Einheit gegenüber der parlamentarischen Opposition (siehe S. 304 f.). Damit ist jedoch noch nicht gesagt, wer innerhalb des Regierungslagers den Ton angibt und die Richtung bestimmt. Das ist typischerweise ganz klar die Regierung und nicht die Regierungsfraktion(en). Die Hierarchie setzt sich nämlich – über den eigentlichen Parlamentsbereich hinaus – nach oben weiter fort. An der Spitze stehen Regierungschef, Minister und Parlamentarische Staatssekretäre. Innerhalb des beamtenähnlichen Laufbahnsystems ist es das Bestreben von Abgeordneten, in die oberen Ränge aufzusteigen, die – schon auf Grund ihrer Stellung in der Hierarchie – den Ton angeben und das Sagen haben. Regierungsmitglieder und Parlamentarische Staatssekretäre sind zwar selbst zum großen Teil gleichzeitig Abgeordnete. Sie können deren Funktionen aber schon aus zeitlichen Gründen gar nicht mehr ausüben. Da der Regierungschef (zusammen mit den Koalitionsspitzen) entscheidet, wer Minister oder Parlamentarischer Staatssekretär wird, besitzt er ein Disziplinierungsinstrument, mit dessen Hilfe er die Fortkommenswünsche der Abgeordneten nutzt, um den Zusammenhalt der Regierungsfraktionen unter seiner Führung zu sichern. Sie sind geradezu »gekauft« (siehe S. 303) und stehen bei Auseinandersetzungen mit der Bundestagsfraktion regelmäßig auf Seiten der Regierung.

> »Die Position des Parlamentarischen Staatssekretärs ist heute vor allem interessant als Position in der Abgeordnetenhierarchie und – um mit Theodor Heuss zu sprechen – als ›Waagscheißerle‹ zum Austarieren der Koalitionswaage bei der Verteilung der Ministerposten. Sie hat heute zwei – natürlich inoffizielle – Hauptfunktionen, zum einen, eine weitere Beförderungsstelle für Abgeordnete zu schaffen, also den Abgeordnetengeneral zu Pferde, vulgo mit eigenem Dienstwagen, und zum anderen, Abgeordnete der zweiten Garnitur zu bedingungslosem Gehorsam gegenüber der Regierung zu verpflichten. Beide Funktionen sind dem System schädlich.«[71]

Wie sehr die Position des Parlamentarischen Staatssekretärs in der Hand Helmut Kohls zu einem Disziplinierungsinstrument verkommen ist, hat der Bundestagsabgeordnete Friedbert Pflüger in seinem Buch *Ehrenwort* aus eigener leidvoller Erfahrung anschaulich dargestellt: Die Position des Parlamentarischen Staatssekretärs »war sozusagen die Wurst, die er uns ständig vor die Nase hielt … Das Problem war, dass unabhängige und eigenständige Abgeordnete, die ab und zu eine kantige Position zum Ausdruck gebracht hatten, kaum eine Chance hatten, einen Staatssekretärsposten zu ergattern.«[72]
Regierungsmitglieder und Parlamentarische Staatssekretäre, die gleichzeitig Abgeordnete sind, werden Ebenen übergreifend aktiv. Sie tanzen auf zwei Hochzeiten, dienen zwei Herren.[73] Damit verstoßen sie gegen institutionelle Grundsätze (siehe S. 301 ff.), bekommen dafür aber paradoxerweise doppelten Lohn, materiell und immateriell: mehr Einkommen und mehr politischen Einfluss. Das Beiseiteschieben demokratisch-rechtsstaatlicher Grundsätze wird nicht bestraft, sondern im Gegenteil üppig belohnt.
Ähnlich Ebenen übergreifend agieren Abgeordnete, die sich gleichzeitig als Lobbyisten verdingen. Auch sie erhöhen ihr Einkommen und zugleich ihren politischen Einfluss. Auch sie verstoßen gegen demokratisch-rechtsstaatliche Grundsätze (Unabhängigkeit und Gleichheit der Abgeordneten) – schließlich erhalten sie ihre Abgeordnetenbezah-

lung »zur Sicherung ihrer Unabhängigkeit« – und werden dafür auch noch belohnt. Das Bundesverfassungsgericht hat schon in seinem Diätenurteil von 1975 versucht, Barrieren zu errichten, und dem Parlament aufgegeben, wirksame gesetzliche Regelungen gegen solche Missbräuche zu schaffen,[74] ein Gebot, dem das Parlament nie nachgekommen ist.

Entmachtung der Volksvertretungen

Die Umkehrung des Verhältnisses zwischen Parlament(smehrheit) und Regierung lässt sich an zahlreichen Beispielen belegen. Gerade wenn es wirklich wichtig wird, werden die Parlamente übergangen und von den Regierungen geradezu mit Verachtung gestraft. Der Vertrag zur Deutschen Einheit oder das Abkommen von Maastricht, die beide den Charakter der Bundesrepublik Deutschland gründlich verändert und die Verfassungsstruktur auf eine neue Basis gestellt haben, wurden im Bundestag im Schnellverfahren behandelt. Alles war längst festgezurrt, ohne dass das Parlament inhaltlich hätte Einfluss nehmen können. Das Parlament wurde vielmehr zur bloßen Ratifikationsinstanz abgewertet.
In dem von der Regierung Kohl mit der DDR ausgehandelten und paraphierten Einigungsvertrag von 1990 wurden die Präambel des Grundgesetzes neu gefasst, der Artikel 23 aufgehoben, das Stimmrecht der Bundesländer im Bundesrat neu bestimmt, der Bestand der so genannten Bodenreform in der sowjetisch besetzten Zone verfassungsrechtlich garantiert, die Möglichkeit zur weiteren Anwendung von DDR-Recht geschaffen und der Artikel 146 ausgewechselt. Diese weit reichenden Änderungen wurden im Bundestag nicht wirklich ausführlich diskutiert. Da dem Parlament ohnehin nichts anderes übrig blieb, als zum ganzen Paket ja oder nein zu sagen, und weder die Regierungsfraktionen noch die Opposition die Einigung ernstlich gefährden wollten, beschränkte man sich im Parlament auf einen Eildurchmarsch.
Ganz ähnlich war es mit dem Maastricht-Vertrag, der in den parlamentarischen Gremien in kürzester Zeit durchgepeitscht wurde. Auch sonst pflegen die Exekutiven in der Bundesregierung und im Bundesrat die Dinge unter sich abzustimmen und diese dann nur noch vom Bundestag absegnen zu lassen. In den Bundesländern werden die Par-

lamente fast noch schlimmer an den Rand gedrängt und durch Vorentscheidungen ihrer Exekutiven in den fast tausend Koordinierungsgremien präjudiziert (siehe S. 151 ff.). Über ganz ähnliche Entwicklungen beklagen sich auch die kommunalen Volksvertretungen.

Herrschaft der Kungelrunden

Zum eigentlichen politischen Zentrum sind vielfach Koalitionsgremien geworden, die aus wenigen »Elefanten« bestehen. Ihre Entscheidungen, die auch Minister politisch binden, überlagern die verfassungsmäßigen Institutionen.[75]
Hinzu kommen Absprachen, die die Regierung mit privaten Akteuren trifft, etwa über die Bedingungen des Ausstiegs aus der Atomenergie. Auch hier gerät das Parlament in eine Ratifikationssituation: Die Parlamentsmehrheit kann schließlich nur noch bestätigen, was Kernkraftbetreiber und Regierung in der Konsensrunde »Energiepolitik« ausgehandelt haben, will sie nicht das ganze Paket gefährden und die Regierung desavouieren.

Parteisoldaten kennen kein freies Mandat

Die hierarchische Ausrichtung innerhalb des Parlaments, in seinem Verhältnis zur Regierung, zu »Elefanten-Runden« und zu Lobbyisten, beeinträchtigt die Freiheit der Abgeordneten sehr viel stärker als durch den Zusammenschluss gleicher Abgeordneter organisatorisch unerlässlich wäre. Wie die anstehenden Vorhaben vorab in kleiner Runde abgesprochen werden, so dass einfachen Bundestagsabgeordneten kein wirklicher Einfluss mehr bleibt, hat Friedbert Pflüger dargestellt: »Wenn schließlich die Fraktion zusammentritt, ist in der Regel alles festgezurrt.«[76] Die Disziplinierung der Abgeordneten besteht eben gerade nicht nur in der Unterordnung gleichberechtigter Mitglieder unter eine von allen gemeinsam konzipierte Linie im Interesse des Erfolgs, vergleichbar einer Sportmannschaft (wie dies zum Beispiel der Politikwissenschaftler Werner Patzelt suggeriert[77]). Näher liegt der Vergleich mit weisungsgebundenen Soldaten und Söldnern, die unter fremder Führung tätig werden im Interesse eines Konzepts, an dessen Erstellung sie selbst nicht mitgewirkt haben. Insofern trifft der Ausdruck »Parteisoldaten« die Stellung der Abgeordneten gar nicht so schlecht.

Die Willensbildung: von oben nach unten

Die politische Willensbildung verläuft also weder in den Parteien noch in den Parlamenten noch im Verhältnis von Regierung und Parlament von unten nach oben, wie es in der Demokratie eigentlich der Fall sein sollte. Die Bürger werden entmachtet, die Richtung der politischen Willensbildung wird in ihr Gegenteil verkehrt.

Die politischen Akteure können auf zwei Weisen an den Willen der Bürger zurückgebunden werden: durch direkte Demokratie und durch wirksamen Wettbewerb. An beidem fehlt es. Direkte Demokratie schließt das Grundgesetz von vornherein aus, und der politische Wettbewerb wurde in der Bundesrepublik im Lauf der Zeit massiv eingeschränkt. Die Etablierten innerhalb der Parteien schotten sich gegen Herausforderer ab, und genauso haben die etablierten Parteien sich gegenüber eventuellen neuen Parteien riesige Vorteile verschafft:

- Die Fünfprozentklausel schirmt die etablierten Parteien vor Herausfordererparteien ab und nimmt diesen zugleich den Mut und die Hoffnung.
- Die Ausgestaltung der direkten staatlichen Parteienfinanzierung sorgt dafür, dass die etablierten Parteien den Löwenanteil bekommen und kommunale Wählergemeinschaften völlig ausgeschlossen bleiben.
- Die ins Kraut geschossenen Staatsmittel für Fraktionen und für Fraktions- und Abgeordnetenmitarbeiter kommen nur den im Parlament vertretenen Parteien zugute.
- Auch die gewaltig angewachsenen öffentlichen Mittel für Parteistiftungen fließen ausschließlich an die »Stiftungen« der Etablierten.
- Regierungsmitglieder mitsamt ihren Stäben im Bund und in den Ländern können ebenfalls nur die Etablierten aufbieten.
- Auf die Unterstützung von politischen und anderen in die Ämter patronierten Beamten können nur die Etablierten hoffen, da sie allein über Patronagemöglichkeiten verfügen.
- Die Verfassungsgerichte und ihre Mitglieder, also die Schiedsrichter in hochpolitischen Fragen, wählen allein die Etablierten aus – ein Verfahren, das problematisch erscheint, wenn es um Auseinandersetzungen zwischen Etablierten und Nichtetablierten geht.

Am schlimmsten aber ist, dass die bundesrepublikanischen Institutionen im Lauf der Zeit derart ausgestaltet wurden, dass man nicht mehr erkennen kann, wer für welche politischen Entscheidungen die Verantwortung trägt. Damit verliert der Wähler die Möglichkeit, Politiker und Parteien für gute Entscheidungen zu belohnen und für schlechte zu bestrafen. Eine professionalisierte politische Klasse beseitigt – über die Fraktions- und die föderalen Grenzen hinweg – Offenheit und wirksamen Wettbewerb (und verhindert Änderungen, die chancengleichen Wettbewerb herstellen), um ihre eigene Existenz zu sichern, ihre Stellung zu verbessern und sich gegen Einwirkungen der Bürger und Wähler zu immunisieren. Die majestätischen Grundsätze der Offenheit des politischen Wettbewerbs und der Chancengleichheit im Kampf um die Macht werden ausgehebelt. Die Abschottung vom Volk erlaubt der politischen Klasse zunehmend zu tun, was sie will, und sich den Staat zur Beute zu machen.
Die Aufhebung wirksamen Wettbewerbs hat die Politikwissenschaftler Richard Katz und Peter Mair veranlasst, geradezu von »Kartellparteien« zu sprechen, die allmählich an die Stelle der Volksparteien treten. Etappen auf diesem Weg waren und sind das Verhältniswahlrecht mit starren Listen, die föderalistischen Verflechtungen, die Entwicklung der staatlichen Parteienfinanzierung, die Ausweitung der Ämterpatronage in alle Bereiche hinein, die Entstehung einer politischen Klasse mit gemeinsamer Interessenlage und direktem Zugriff auf die staatlichen Machtmittel und insgesamt ein sich immer stärker breit machendes korruptives Klima. Doch der Begriff »Kartellpartei« trifft nicht ganz den Sachverhalt, weil er die Schlüsselrolle der Institutionen verdeckt. Es sind ja die von den Parteien geschaffenen (oder die von ihnen trotz Reformbedürftigkeit unverändert beibehaltenen) Institutionen, die den Wettbewerb erdrosseln und zu politischen Kartellen führen. Das hat natürlich auch Rückwirkungen auf die Parteien und ihren Status. Doch das eigentliche Problem (und der Ansatzpunkt für erfolgversprechende Reformstrategien) sind die Institutionen. Treffender müsste man deshalb eigentlich von »Kartellinstitutionen« oder »Kartelldemokratie« sprechen.

Formal: Freiheit und Gleichheit – faktisch: Unfreiheit und Ungleichheit

Der methodische Trick, mit dem die etablierte Staatsrechtslehre und die etablierte politische Bildung die Lücke zwischen Norm und Wirklichkeit weginterpretieren, ist der Rückgriff aufs Formale oder, noch deutlicher: aufs Fiktive. Das ermöglicht es, Aussagen aufrechtzuerhalten, die materiell offensichtlich falsch sind:

- Formal »hat sich das Deutsche Volk kraft seiner verfassungsgebenden Gewalt dieses Grundgesetz gegeben« (so die Präambel des Grundgesetzes). Tatsächlich hat es nie seinen Willen äußern können und hat schon gar nicht seine Zustimmung zum Grundgesetz gegeben.
- Formal hat jeder das gleiche Recht, gewählt zu werden (Art. 38 GG) und das Mandat auszuüben (Art. 48 Abs. 2 GG). Deshalb steht es jedem frei, auch ohne Unterstützung einer Partei für ein Parlamentsmandat zu kandidieren. Doch haben die Etablierten so hohe faktische Barrieren gegen ein Reüssieren selbst von geeigneten und hochangesehenen parteifreien Kandidaten errichtet, dass seit einem halben Jahrhundert keiner mehr Erfolg hatte. So erreichte der ehemalige Oberbürgermeister von Bonn, Wilhelm Daniels, im Bundestagswahlkampf 1969 als unabhängiger Bewerber zwar beachtliche 20 Prozent der Erststimmen, was aber nicht ausreichte.[78] Und selbst wenn einmal einer ohne Unterstützung einer Partei ins Parlament käme, würde die versammelte Macht der Etablierten ihn in der täglichen Parlamentsarbeit isolieren und überall auflaufen lassen – eine vorhersehbare Situation, die mögliche Kandidaten zusätzlich abschreckt.
- Formal kann jedermann eine Partei gründen (Art. 21 Abs. 1 Satz 2 GG: Die Gründung politischer Parteien ist frei). Das kann von einer kleinen Anzahl von Wahlberechtigten relativ einfach ins Werk gesetzt werden. Tatsächlich jedoch bestehen so hohe mentale und gesetzliche materielle Hindernisse für ein erfolgreiches, chancengleiches Wirken neuer Parteien, dass potenziellen Parteigründern meist schon im Vorfeld der Schneid abgekauft wird.
- Formal kann jedermann in eine Partei eintreten und sich darin politisch betätigen. Tatsächlich vermag er dort nichts auszurichten, be-

vor er sich nicht den parteiinternen Gepflogenheiten angepasst und eine langjährige aufwendige Ochsentour durchlaufen hat. Das können sich typischerweise nur »Zeitreiche« und »Immobile« leisten. Leute mit Ideen und Tatendrang *wollen* sich dem meist auch gar nicht aussetzen.

- Formal kann jeder Wähler seine Abgeordneten frei und unmittelbar wählen (Art. 38 Abs. 1 GG). Tatsächlich entziehen Kandidaten auf sicheren Listenplätzen sich dem Votum der Wähler, und in sicheren Wahlkreisen (»Parteihochburgen«) reüssieren die Kandidaten nicht wegen ihrer Qualitäten, sondern trotz deren Fehlen.
- Formal bestimmt der Wähler, welche Parteien die Mehrheit stellen und die Regierung bilden. Tatsächlich hängt die Regierungsbildung meist von Koalitionsabsprachen ab, die erst nach den Wahlen getroffen werden.
- Formal kann jeder in der Bundesrepublik auf Grund guter persönlicher und fachlicher Leistung alle Ämter erreichen. Es gilt ausdrücklich das Leistungs- und nicht das Beuteprinzip. Parteibuchwirtschaft ist ausdrücklich untersagt (Art. 33 Abs. 2 GG). In Wahrheit kommen für viele Ämter ausschließlich Leute mit Parteibuch in Betracht, andere haben keine Chancen.
- Formal berufen sich zum Beispiel auch der Bundespräsident und alle anderen Amtsträger auf ihre demokratische Legitimation. In Wahrheit hat das Volk nicht den geringsten Einfluss auf deren Auswahl und Amtsführung.

Derartige rein formale Betrachtungsweisen sind rechtsmethodisch eigentlich völlig überholt und in anderen Rechtsgebieten auch längst zugunsten einer materiellen Betrachtungsweise aufgegeben.

So haben Gerichte und Gesetzgeber unangemessene allgemeine Geschäftsbedingungen, obwohl ihnen die Verbraucher formal zugestimmt hatten, nicht etwa als Ausfluss der Vertragsfreiheit akzeptiert, sondern zugunsten der Verbraucher inhaltlich korrigiert. Im Arbeitsrecht ändern Gerichte und Gesetze unangemessene Vertragsinhalte zugunsten der Arbeitnehmer auch dann, wenn diese formal zugestimmt hatten.

In allen diesen Fällen ging man davon aus, dass es nicht allein auf die formale Zustimmung des schwächeren Vertragspartners ankommt, sondern darauf, ob »Vertragsparität« vorliegt, ob also beide Vertrags-

partner wirklich Einfluss auf den Vertragsinhalt hatten und dieser dem Schwachen nicht vom Starken faktisch oktroyiert wurde.[79]
Selbst im Verfassungsrecht hat sich jedenfalls dann die materielle Betrachtungsweise durchgesetzt, wenn es um staatliche Eingriffe in grundrechtlich geschützte Sphären der Bürger und um staatliche Leistungen geht. Geht es dagegen um den Einfluss der Bürger auf den Staat, um die Mitwirkung der Bürger an der politischen Willensbildung, hält die herrschende staatsrechtliche Methodik an der überholten formalen Sichtweise fest. Das liegt an der dominanten Stellung der politischen Klasse, welche nicht nur die Verfassungsgebung und Verfassungsänderungen, sondern auch die herrschende Verfassungsauslegung trägt und zu deren Lasten es gehen würde, wenn man die in anderen Rechtsgebieten schon praktizierte materielle Betrachtungsweise auch auf die Auslegung der verfassungsrechtlich gewährleisteten politischen Bürgerrechte erstrecken würde. Die politische Klasse und ihr langer Arm suchen dies deshalb bewusst oder unbewusst – und bisher leider mit Erfolg – zu verhindern.

10 Das System und das Gemeinwohl: Schein und Sein

Was schert Politiker das allgemeine Wohl?

Das Grundgesetz postuliert für alle Amtsträger die Pflicht zu uneigennützigem Dienst am Gemeinwohl. Wir haben bereits dargelegt, dass dieses idealistische Postulat in Wirklichkeit oft unerfüllt bleibt. Tatsächlich orientieren sich Berufspolitiker bei ihren Entscheidungen im Zweifel meist an ihren eigenen Interessen. Das zu erkennen fällt uns allerdings oft schwer. Zu sehr verbreitet ist das Bild vom gemeinwohlorientierten Volksvertreter, ein Bild, das von der politischen Klasse selbst, aber auch von ihrer politischen Bildung mit Inbrunst ausgemalt und der Öffentlichkeit immer wieder formelhaft vorgehalten wird. Wie wenig dieses in Schulbüchern und Sonntagsreden hochgehaltene Idealbild in Wirklichkeit zutrifft, hat der Parteispendenskandal um Helmut Kohl einer breiten Öffentlichkeit deutlich gemacht. Dem langjährigen Bundeskanzler (1982 – 1998), der als CDU-Vorsitzender seine Partei ein Vierteljahrhundert (1975 – 2000) prägte, war die Macht offenbar derart wichtig, dass er zu ihrer Sicherung sogar gegen Gesetz und Verfassung verstieß – und das nicht nur gelegentlich, sondern systematisch über viele Jahre hinweg. Kohl hat mit dem »System Kohl« ein Beziehungsgeflecht zur Stützung seiner parteiinternen Position entwickelt und ein ganzes Netz von Einflussnahmen und Abhängigkeiten gesponnen, das er mit Hilfe von Schwarzgeldern auch finanziell unterfütterte.

Kohls Geringschätzung geltender Normen hat, als sie offenbar wurde, auch viele in der eigenen Partei erschreckt und abgestoßen. Seine dem Wunsch nach Macht und Sicherheit entspringende Motivation ist allerdings nichts prinzipiell Außergewöhnliches für die politische Klasse insgesamt. Kohl hat sie nur mit besonderer Konsequenz, Bedenkenlosigkeit und Nachhaltigkeit umgesetzt. Deshalb fiel es Kohls Vorstandskollegen in der CDU auch so schwer, ihm seine Machenschaften wirklich zu verübeln (ganz abgesehen davon, dass manche von ihnen selber aktiv an den Rechtsbrüchen beteiligt waren). Ihre Sorge galt vielmehr dem Schaden in der Öffentlichkeit, den Einbußen bei der staatlichen Finanzierung und der Minderung der Wahlchancen ihrer Partei. Gewiss, die Partei ist rechtlich nicht mit dem Staat gleichzusetzen. Es ist aber wenig realistisch anzunehmen, die Eigeninteressen würden automatisch zurücktreten, sobald Politiker ein Amt übernehmen, und sich nur in den Parteien, nicht auch im Staat entfalten.

Für viele meiner staatsrechtlichen Kollegen mag es geradezu ein Horror sein, zur Kenntnis nehmen zu müssen, dass Amtsträger sich in der Praxis im Konfliktfall meist eben nicht am Gemeinwohl orientieren; große Teile der Staatsrechtslehre verschließen ihre Augen vor der Realität. In der idealistischen Tradition Hegels wird dem Staat die Sphäre des Gemeinwohls zugeordnet – im Gegensatz zur gesellschaftlichen Sphäre, in welcher der Eigennutz seinen Platz habe. Da die Verfassung die Gemeinwohlbindung postuliert, unterstellt die Staatsrechtslehre, dass diese Verpflichtung in der Realität auch eingelöst werde. Der Gegenbeweis wird nicht zugelassen. Und wer dennoch Überlegungen in diese Richtung anstellt, läuft Gefahr, des zunftwidrigen, ja geradezu unehrenhaften Verhaltens geziehen zu werden. Doch den Kopf in den Sand zu stecken und sich in Fiktionen zu ergehen hilft nicht weiter. Will man die Problematik in den Griff bekommen und angemessene Therapien entwickeln, muss man vom real existierenden Parteienstaat bundesrepublikanischer Prägung ausgehen.

An der Pflicht der Amtsträger zu uneigennützigem Dienst am Gemeinwohl soll hier keinesfalls gerüttelt werden. Diese Bindung erscheint uns unverzichtbar und wird ja auch öffentlich immer wieder eingefordert. Sie zwingt die Repräsentanten, ihr Handeln als im Einklang damit stehend darzustellen – mit dem Risiko von Skandalisierungen, wenn Verstöße bekannt werden. Dass die Wirklichkeit sich von der Norm krass unterscheidet, darf weder dazu führen, zu heucheln und die Augen vor den realen Gegebenheiten zu verschließen, noch dazu, sie zynisch oder resigniert einfach hinzunehmen.

Das Wirtschaftlichkeitsgebot – ein Papiertiger

Das Grundgesetz sowie die Haushalts- und Gemeindeordnungen binden Staat und Kommunen und alle ihre Amtsträger an die Grundsätze der Wirtschaftlichkeit und Sparsamkeit, eine Verpflichtung, die im engen Zusammenhang mit dem Repräsentationsprinzip und der Gemeinwohlbindung steht.[1] Doch diese rechtliche Bindung wird in der Praxis häufig ignoriert. Der Bund der Steuerzahler listet in seinen jährlich erscheinenden Schwarzbüchern der »öffentlichen Verschwendung« hunderte von Einzelbeispielen auf. Das Vollzugsdefizit ist derart eklatant, dass der Soziologe Niklas Luhmann rundheraus in Frage gestellt hat, dass Staat und Verwaltung überhaupt wirtschaftlich handeln *können*.[2]

Wie ausgeprägt der Widerstand der Politik gegen die Anforderungen des Wirtschaftlichkeitsprinzips und die Kontrolle seiner Einhaltung ist, zeigt der Umstand, dass eine klare Festlegung von Zielen (welche die Kontrolle auf Wirtschaftlichkeit erleichtern, aber damit auch die politische Angreifbarkeit der Regierenden erhöhen würde) regelmäßig unterbleibt – selbst dort, wo die Zielkonkretisierung gesetzlich vorgeschrieben ist, zum Beispiel bei den Subventionen (§ 12 Absatz 4 Stabilitätsgesetz) und bei Beteiligungen der öffentlichen Hand an privatrechtlichen Gesellschaften (§ 65 Bundes- und Landeshaushaltsordnungen). Der Grund für dieses eklatante Vollzugsdefizit ist immer der gleiche: Die Setzung konkreter Ziele würde zwar eine rationale, gemeinwohlorientierte Politik erleichtern, aber sie würde die Politik derer, die die Ziele setzen, auch überprüfbar und – im Falle der Zielverfehlung – politisch angreifbar machen; sie stünde damit quer zum Macht- und Sicherheitsstreben der politischen Klasse, und dieses geht eben im Zweifel vor.

Untersucht man das Thema genauer, so stellt man mit Erstaunen fest, dass kaum jemanden die Erfüllung des Wirtschaftlichkeitsgebots wirklich interessiert; kaum jemand setzt sich dafür ein. Wirtschaftlichkeit und Sparsamkeit haben keine Lobby. Früher galt die Kontrolle der Regierung und Verwaltung auf Sparsamkeit als Aufgabe der Parlamente; diese sind unter dem Einfluss der Parteien und Verbände aber mit den Worten des großen Staatsrechtslehrers Ulrich Scheuner selbst zu »bewilligungs- und subventionsfreudigen« Institutionen geworden. Auch ihre Verbeamtung und die Verklammerung der parlamentarischen Mehrheit mit der Regierung sind einer wirksamen Kontrolle nicht gerade zuträglich. Zudem sehen Minister den Gradmesser ihres politischen Erfolgs regelmäßig in möglichst hohen Zuwachsraten ihres Ressorts. Die Rechnungshöfe sind, so wie sie derzeit organisiert sind, meist zu schwach und halten sich regelmäßig aus der Politik

heraus. Es geht hier aber um ein eminent politisches Problem. Was für ein Gegengewicht die Rechnungshöfe – gemeinsam mit der öffentlichen Meinung – bilden *könnten*, würde sich zeigen, wenn ihre Spitze nicht mehr vom Parlament nach parteipolitischem Proporz, sondern direkt vom Volk gewählt würde.[3]
Die Durchsetzungsschwäche von Wirtschaftlichkeit und Sparsamkeit erscheint – angesichts der aktuellen Notwendigkeit, die Kräfte des Staates zu bündeln, die Prioritäten neu zu setzen und Nachrangiges einzuschränken – besonders gravierend.

Allgemeine Interessen kommen zu kurz

Die Macht organisierter Interessen

Die idealistische Auffassung verdammt oder übersieht – im Anschluss an Rousseau und Hegel – jeden Interessenteneinfluss. Rousseau hatte dabei das abschreckende Bild des vorrevolutionären französischen Ständestaats des 18. Jahrhunderts vor Augen, dessen Partikularinteressen den Staat fest im Griff hatten, ihn lähmten und ausbeuteten. Hegel ging vom Modell des aufgeklärten Absolutismus aus (siehe S. 246). Diese Modelle, in denen Partikularinteressen nicht vorkamen oder nicht vorkommen durften, verlangen heute eine Ergänzung durch realitätsbezogenere Ansätze, die es erlauben, die Interessen einzubeziehen und zu verarbeiten, statt ihren Einfluss von vornherein als illegitim oder nichtexistent aus der Theorie auszuscheiden. Wenn damit das Wirken von Interessen auch grundsätzlich akzeptiert wird, so liegt doch auch hier die Verfassungserwartung zugrunde, politischer Wettbewerb und Interessenkampf würden tendenziell zu einer ausgewogenen und richtigen Gesetzgebung und anderen politischen Entscheidungen führen.[4] Dass diese Ausgleichshoffnung nicht (oder jedenfalls nicht voll) zutrifft, sondern allgemeine Interessen typischerweise zu kurz kommen, haben wir bereits dargelegt (siehe S. 68 ff.).

Wer schützt Volksvertreter vor Korruption?

Wirtschaft und Verbände wollen ihre Interessen möglichst effektiv durchsetzen. Das gelingt ihnen am besten über die Beeinflussung der politischen Akteure. Welche Macht die Lobbys (und ihre parlamentarischen Ansprechpartner) haben, zeigt sich im mangelnden Schutz der Volksvertreter vor Korruption. Der von den Abgeordneten selbst gemachte Straftatbestand der Abgeordnetenbestechung (§ 108e Strafgesetzbuch) ist so eng gefasst, dass er praktisch nie zur Anwendung kommen wird.[5] Man kann Abgeordneten einen ganzen Sack voll Geld anbieten; solange das Geld nicht für ein bestimmtes Abstimmungsverhalten im Plenum des Parlaments gewährt wird, riskiert selbst der skrupelloseste Lobbyist nicht mehr, als hinausgeworfen zu werden. Nimmt der Abgeordnete das Geld aber an, so braucht er es nicht einmal der Einkommensteuer zu unterwerfen (höchstens der meist sehr viel niedrigeren Schenkungsteuer), weil eine solche Geldquelle unter keine der sieben Einkunftarten des Einkommensteuergesetzes fällt. Wie verbreitet solche Zuwendungen sind, wissen wir spätestens seit dem Flick-Skandal. Presseveröffentlichungen über die Praxis großer Wirtschaftszweige wie etwa der Pharmaindustrie[6] oder der Versicherungswirtschaft[7] und wissenschaftliche Untersuchungen von Göttrik Wewer[8] und Christine Landfried[9] haben das Bild abgerundet. Der Staatsrechtslehrer Rudolf Steinberg berichtet, dass er selbst »bei einem Bonner Spitzenverband die Existenz eines Wahlkampffonds in Millionenhöhe feststellen« konnte, »der an ›nahe stehende‹ Abgeordnete und Kandidaten ausgeschüttet wurde«.[10] Der Bundesminister für Arbeit und Sozialordnung Norbert Blüm (CDU) wird sicher nicht der Einzige sein, zu dessen »eisernen Prinzipien« es gehört, keine Personenspenden anzunehmen, wie er in einem Brief an einen Möchtegern-Spender schrieb;[11] doch ist diese Haltung keinesfalls mehr selbstverständlich.

Ein Abgeordneter kann sich sogar »ganz legal« in die Dienste eines Lobbyisten begeben, bei diesem als hauptamtlicher Verbandsgeschäftsführer fungieren und so seine Unabhängigkeit teuer verkaufen – eine Verrechnung beider Gehälter findet nicht statt. Auch Helmut Kohl hatte ja noch als Vorsitzender der CDU-Fraktion im rheinland-pfälzischen Landtag jahrelang auf der Gehaltsliste eines Ludwigshafener Chemieverbands gestanden (siehe S. 55). Im Falle der früheren Parlamentarischen Staatssekretärin Cornelia Yzer, die neben ihrem Abgeordnetenmandat hochbezahlte Hauptgeschäftsführerin eines Pharma-Lobbyverbandes war, hat die öffentliche Kritik immerhin dazu geführt, dass sie 1998 nicht wieder in den Bundestag einzog. Es bleiben aber viele hochproblematische Fälle wie zum Beispiel der Bundestagsabgeordnete Reinhard Göhner, der gleichzeitig Hauptgeschäftsführer der Bundesvereinigung der Deutschen Arbeitgeberverbände ist, und der einflussreiche Europaabgeordnete Elmar Brok, gleichzeitig Chef des Brüsseler Büros des Bertelsmann-Konzerns.[12]

Eine solche Doppelrolle als »Diener zweier Herren« ist für die Betroffenen, die aus zwei Quellen schöpfen und ihren Einfluss in beiden Sphären erhöhen können, höchst attraktiv und verführerisch, solange sie nicht von der Politik geächtet und gesetzlich verboten wird. Gegen die Eigeninteressen der Politiker hatten Reformansätze bisher allerdings kaum eine Chance. Gelegentliche halbherzige Versuche, wirksame rechtliche Grenzen zu setzen, wurden von den (aktuell oder potenziell) Betroffenen immer wieder mit voller Kraft niedergebügelt.

Die exzessiven Freiheiten der Abgeordneten erklären sich historisch daraus, dass das Parlament und seine Mitglieder ursprünglich zur Sphäre der Gesellschaft gerechnet wurden. Der Abgeordnete war deshalb frei, Zuwendungen aller Art von Dritten entgegenzunehmen. Wie bei Privilegien von Machtträgern häufig zu beobachten, haben diese ein hohes Beharrungsvermögen und erhalten sich auch noch in eine Zeit hinein, wo eigentlich kein Platz mehr für sie ist. Heute hat der Abgeordnete ein staatliches Amt inne und wird dafür voll bezahlt. Wo Geldzuwendungen an Abgeordnete in großem Stil einreißen, da besteht, unabhängig von der Nachweisbarkeit im Einzelfall, Korruptionsverdacht. Es geht um eine massive, schwelende, sich gelegentlich in Skandalen manifestierende Gefährdung unserer politischen Kultur – mit immanenten Ausdehnungstendenzen. Die strafrechtliche Duldung von Abgeordnetenkorruption auf Parlamentsebene schafft Signale auch für andere Bereiche; sie begünstigt das Entstehen eines allgemeinen Korruptionsklimas. So tragen der Bundestag und die Landtage durch Großzügigkeit gegenüber ihren eigenen Mitgliedern indirekt Mitverantwortung für die zunehmenden Korruptionsskandale in anderen Bereichen. Wenn Abgeordnete auf Bundes- und Landesebene ungestraft mit üppigen Geldgeschenken »geschmiert« werden können, wer will dann noch einsehen, dass dies bei anderen Amtsträgern, wo das Strafrecht greift, insgesamt so ganz anders gewertet werden muss?

Die große – von den Betroffenen selbst geförderte – Permissivität gegenüber Abgeordneten kann auf diese Weise zur psychologischen Falle werden, erschwert sie es den Betroffenen doch oft, die strengeren Maßstäbe für andere Amtsträger, insbesondere für Minister und Ministerpräsidenten, für Mitglieder von Gemeinderäten, Kreistagen und für Angehörige der Verwaltung generell (die alle Amtsträger im Sinne des Strafrechts sind) noch klar zu erkennen.

Kann es eigentlich – das wäre die provokative Frage – dem Verwaltungsbeamten noch angesonnen werden, auf der peinlichen Befolgung von Gesetzen im Kleinen zu beharren, die von Abgeordneten, die ungestraft im Großen korrumpiert werden dürfen, erlassen worden sind? Kann vom Bürger noch verlangt werden, solche Gesetze strikt zu befolgen, solange die offensichtlichen Defizite auf Parlamentsebene nicht behoben sind? Ist der Fall des Leiters der Kriminalpolizei Konstanz, Rainer Magulski,[13] nicht vielleicht nur die Spitze des Eisbergs? Magulski hatte unter ausdrücklichem Hinweis auf den Flick-Skandal und ausgebliebene rechtliche Sanktionen gegen Abgeordnetenkorruption den öffentlichen Dienst quittiert, weil er, wie er in einer Petition an den Bundestag schrieb, nicht mehr »Erfüllungsgehilfe eines Gesetzgebers« sein könne, der sein »Vertrauen« verloren habe. Zwar mögen nur wenige wie Magulski bereit sein, um ihrer rechtsstaatlich-demokratischen Überzeugung willen ihre berufliche Existenz aufs Spiel zu setzen. Doch die Frage bleibt, welche Auswirkungen die unangemessene Großzügigkeit der Parlamente gegenüber sich selbst auf die innere Einstellung der Verwaltung und der Bürger hat. Die Duldung von Abgeordnetenkorruption ist schleichendes Gift für die Staats- und Gesetzestreue der Verwaltung und der Bürger.

Zukunftsinteressen kommen zu kurz

Ähnliche Unausgewogenheiten des politischen Prozesses bestehen hinsichtlich künftiger Interessen des Volkes. Auch sie kommen – angesichts des am vier- beziehungsweise fünfjährigen Wahlrhythmus orientierten Kurzfristhorizonts der Parteien- und Verbändedemokratie[14] – leicht zu kurz.[15] Das findet in der Zunahme der Staatsverschuldung, in der mangelnden Vorsorge für die künftige Alterssicherung, in der Überbesteuerung von Investitionen in Betrieben und in der steuerlichen Benachteiligung des Unterhalts von Kindern (verstanden als Investition in zukünftige Generationen) ihren Ausdruck. Das Bundesverfassungsgericht versucht hier bekanntlich gegenzusteuern (und bestätigt damit einmal mehr das Zukurzkommen), indem es die Benachteiligung von Kinderreichen bei der Besteuerung[16] und bei der Beamtenbesoldung[17] für verfassungswidrig erklärt hat und eine grundlegende Änderung der entsprechenden Bestimmungen erzwingt.

Der Mythos vom unabhängigen Abgeordneten

Der Grundsatz des freien Mandats (Art. 38 Abs. 1 Satz 2 GG) gilt als Kern des repräsentativen Prinzips. Die überkommene idealistische Auffassung unterstellt, unabhängige Abgeordnete würden im öffentlichen Austausch von Pro- und Kontraargumenten um das allgemeine Beste ringen (siehe S. 32 f.). Es sei dahingestellt, inwieweit diese Auffassung jemals die Realität traf. Heute sind wir davon jedenfalls weit entfernt. Die Unabhängigkeit der Abgeordneten ist von zwei Richtungen her bedroht: von Seiten der Unternehmen, der Verbände und sonstigen Lobbyisten, die die Abgeordneten für ihre Belange einzunehmen suchen, und von Seiten der so genannten Partei- und Fraktionsdisziplin.

Den Einfluss von Interessenten erkennen und bis zu einem gewissen Grad auch anerkennen heißt nicht, auch Exzesse zu tolerieren. Wenn die verschiedenen Interessen sich in ihrer Summe nicht auspendeln, sondern gerade die wichtigsten (meist organisations- und artikulationsschwachen) Belange leicht auf der Strecke bleiben, müssen finanzielle Einflussnahmen von Interessenten auf Abgeordnete weiterhin als das bezeichnet werden, was sie sind: Korruption zu Lasten der Allgemeinheit (siehe S. 177 ff., 295 ff.).

Die zweite Gefahr droht dem freien Mandat von der Fraktionsdisziplin, in welche die Abgeordneten regelmäßig eingebunden sind. Die daraus resultierende relative Geschlossenheit, mit der die Fraktion öffentlich auftritt, mag der Fraktions- und Parteiführung zwar ihre Arbeit erleichtern und deren Macht- und Führungsanspruch bestätigen. Ob eine solche Geschlossenheit aber die Wahlchancen der Partei wirklich steigert, erscheint zweifelhaft. In jedem Fall wäre es für die öffentliche Diskussion anregender und fruchtbarer, wenn nicht nur vorgestanzte und mehrheitlich abgestimmte Auffassungen geäußert würden.

Treffen Abgeordnete dennoch Entscheidungen »nach ihrem Gewissen« – ohne dass die Fraktionsführung das Stimmverhalten ausnahmsweise einmal »freigegeben« hat –, geraten sie leicht ins parteipolitische Abseits. Sie gelten als »unzuverlässig« und werden als Eigenbrötler oder Profilierungsneurotiker abgestempelt. Ihre Aufstiegschancen innerhalb Partei, Parlament und Koalition sinken rapide, und sie müssen sogar befürchten, bei der nächsten Wahl nicht wieder aufgestellt zu werden.[18] Freier sind ältere Abgeordnete, die in der Parlamentshierarchie nichts mehr werden wollen und am Ende der Legislaturperiode ohnehin ausscheiden, wie zum Beispiel die beiden FDP-Abgeordneten Burkhard Hirsch und Cornelia Schmalz-Jacobsen, die bei den Beratungen um ein neues Staatsbürgerrecht im Frühjahr 1998 trotz massiver »Seelenmassage« der Partei- und Fraktionsführungen ihrem Gewissen (und nicht der Koalitionslinie) folgten.[19]

Der Staat frisst seine Steuern: Ausdehnung der Staatsquote

Das Grundgesetz schützt das Eigentum und lässt Enteignungen nur gegen Entschädigung zu (Art. 14 GG). Gegenüber einer Belastung mit Steuern und sonstigen öffentlichen Abgaben und gegen Geldentwertung besteht jedoch herkömmlicherweise kein grundrechtlicher Schutz,[20] obwohl durch sie der Wert des Eigentums besonders nachhaltig ausgehöhlt werden kann. Diese offene Flanke[21] ist nur dadurch zu erklären, dass das Grundgesetz von der tendenziellen Ausgewogenheit und Richtigkeit des politischen, auch des steuer- und finanzpolitischen Prozesses ausgeht, ein Ausgangspunkt, der in Wahrheit eben nicht mehr voll zutrifft. Politikern und beamteten Staatsfunktionären ist ein gewisser Trend zur fortschreitenden Ausdehnung des Staates immanent, was eine permanente Erhöhung der Abgaben nach sich zieht. Auch hier hat das Bundesverfassungsgericht versucht, in die Bresche zu springen und Barrieren gegen Politik und Gesetzgebung zu errichten.[22] Nach dem in kühner Rechtsfortbildung entwickelten so genannten Halbteilungsgrundsatz darf den Steuerzahlern nicht mehr als die Hälfte ihres Einkommens weggesteuert werden, ohne dass die genaue Reichweite dieses Grundsatzes bisher aber erkennbar würde. Den Schutz vor Geldentwertung hat inzwischen die unabhängige

Zentralbank übernommen. Ein entsprechender institutioneller Schutz vor zu hohen Abgaben ist aber nicht Sicht.

Die Aushebelung der Gewaltenteilung

Exekutive und Legislative

Die Aufteilung der Staatsgewalt auf verschiedene Träger soll letztlich der tendenziellen Richtigkeit und Ausgewogenheit des politischen Prozesses dienen.[23] Das Grundgesetz postuliert diesen Grundsatz in Artikel 20 Absatz 2 Satz 2. Der Parlamentarische Rat wollte das Grundgesetz ausdrücklich nach der klassischen Gewaltenteilungslehre im Sinne Montesquieus konzipieren. Dementsprechend beziehen sich die wichtigsten formellen Instrumente, die das Grundgesetz und die Geschäftsordnungen zur Kontrolle der Regierung zur Verfügung stellen, auf das Parlament als Ganzes.

Carlo Schmid (SPD) ging in seiner schon erwähnten Grundsatzrede im Plenum des Parlamentarischen Rats ganz bewusst davon aus, dass »die drei Staatsfunktionen Gesetzgebung, ausführende Gewalt und Rechtsprechung in den Händen gleichgeordneter, in sich verschiedener Organe liegen müssten, damit sie sich gegenseitig kontrollieren und die Waage halten können. Diese Lehre hat ihren Ursprung in der Erfahrung, dass, wo auch immer die gesamte Staatsgewalt sich in den Händen eines Organs nur vereinigt, dieses Organ die Macht missbrauchen wird.«[24] Schmid rief dabei die französische Verfassung von 1792 zum Zeugen, wonach ein Staat ohne Gewaltenteilung überhaupt keine Verfassung habe. Auch andere Mitglieder des Parlamentarischen Rats griffen ausdrücklich auf Montesquieus Gewaltenteilungslehre zurück.[25]

Deshalb bleibt es problematisch, dass die Mitglieder der Regierung und die Parlamentarischen Staatssekretäre gleichzeitig auch dem Parlament angehören können und dies oft (und die Parlamentarischen Staatssekretäre fast immer) auch tun. Dieselben Personen sollen also in ihrer Eigenschaft als Abgeordnete sich selbst in ihrer Eigenschaft als Minister oder Staatssekretäre kontrollieren. Interessenverquickung ist die zwangsläufige Folge.[26] Der Staatsrechtslehrer Günter Dürig geißelt die Personalunion zwischen Mitgliedern der Regierung und des Parlaments als die stärkste »Durchbrechung unseres Gewaltenteilungsprinzips«.[27] Es ist schon ein merkwürdiger Widerspruch, wenn normale Beamte nicht dem Bundestag angehören dürfen, vielmehr ihre Rechte und Pflichten ruhen, damit Interessenkonflikte möglichst verhindert werden, aber ausgerechnet für die Spitzen der Exekutive – den Bundeskanzler, die Minister und die Parlamentarischen Staatssekretäre – keine derartigen Unvereinbarkeitsbestimmungen bestehen.

Die Doppelmitgliedschaft in Parlament und Regierung kann – angesichts der Arbeitsbelastung von Regierungsmitgliedern und Bundestagsabgeordneten – schon zeitlich gar nicht wirklich ausgefüllt werden. Ministern ist es ausdrücklich verboten, nebenher noch ein anderes besoldetes Amt oder einen Beruf auszuüben (siehe für den Bund: Art. 66 GG). Warum soll das eigentlich nicht auch für das Abgeordnetenamt gelten, das ja auch einen Hauptberuf darstellt (Bundesverfassungsgericht: »Fulltimejob«)?

Die Doppelmitgliedschaft in Regierung und Parlament führt aber auch funktionell zu unmöglichen Verquickungen und Interessenkollisionen:[28]

- Wie kann ein Minister sinnvollerweise Mitglied eines parlamentarischen Untersuchungsausschusses nach Artikel 44 Grundgesetz sein, der das Verhalten der Bundesregierung in einer strittigen Frage zu klären hat, also eines Kollegiums, dem der Abgeordnete in seiner Eigenschaft als Minister selbst angehört?
- Geht es um eine Abstimmung des Bundestags über die Vertrauensfrage (Artikel 68 GG), so müssen der Kanzler und die Minister, die zugleich Abgeordnete sind, sich praktisch selbst das Vertrauen aussprechen.
- Bei der nach Artikel 114 Grundgesetz vorgesehenen Entlastung der Regierung nach finanzieller Rechnungslegung und Rechnungsprüfung über das abgelaufene Haushaltsjahr haben die Mitglieder der Regierung als Abgeordnete über ihre eigene Entlastung abzustimmen.

Die Interessenverquickungen, die hier auftreten, liegen auf der Hand. Und der elegante Ausweg, dass Regierungsmitglieder und Parlamentarische Staatssekretäre bei derartigen Abstimmungen nicht mitwirken, ist regelmäßig versperrt: Bei den meist knappen Mehrheiten kann man auf die dreißig bis vierzig Stimmen der Regierungsmitglieder und Parlamentarischen Staatssekretäre im Bundestag nicht verzichten.

Diese Durchbrechung der Gewaltenteilung hat handfeste Gründe. Die prinzipienvergessene Großzügigkeit beruht auf den Eigeninteressen der Betroffenen: Neben den Zusatzdiäten, die sie gerne mitnehmen, wollen Regierungschef, Minister und Parlamentarische Staatssekretäre das Abgeordnetenmandat als Rückzugsposition für den Fall des Ausscheidens aus der Regierung behalten. Im Übrigen ist die Verfügung über die Posten der Parlamentarischen Staatssekretäre ein zusätzliches Instrument der Regierungsspitze, willfähriges Verhalten in ihren Fraktionen zu belohnen, Aufmüpfigkeit zu bestrafen und so ihre Fraktionen im Griff zu behalten. Der Staatsrechtslehrer Hans Meyer spricht zugespitzt von »gekauften« Parlamentarischen Staatssekretären,[29] und der CDU-Abgeordnete und ehemalige Bundesminister Rupert Scholz stimmt ihm darin zu.[30]

Die Grünen hatten lange den Grundsatz der Unvereinbarkeit von Ministeramt und Parlamentsmandat hochgehalten. Doch mit Bildung der rot-grünen Koalition setzten die Grünen-Minister im Kabinett Gerhard Schröders durch, dass die Unvereinbarkeitsbestimmungen »vorläufig« außer Kraft gesetzt wurden. Im März 2001 bestätigte ein Parteitag der Grünen zwar den Unvereinbarkeitsgrundsatz. Dieser soll aber erst ab der neuen (2002 beginnenden) Wahlperiode wirksam werden.

Hamburg und Bremen zeigen, dass die Einheit von Ministeramt und Abgeordnetenamt keine zwangsweise Folge des parlamentarischen Systems sein muss, sondern dass man es durchaus auch anders machen kann. In diesen beiden Ländern verbieten die Verfassungen den Senatoren ausdrücklich, noch Abgeordnete zu bleiben. Ähnliche Unvereinbarkeitsbestimmungen gelten in den meisten westlichen Demokratien, etwa in Belgien und den Niederlanden. Und in den anderen deutschen Landesregierungen ist schon jetzt auch ohne Unvereinbarkeitsbestimmung in den Verfassungen fast die Hälfte aller Regierungsmitglieder ohne Mandat. Im Übrigen: Wenn Minister ohnehin nicht gleichzeitig Parlamentarier sein können, wäre der Regierungschef in geringerem Maße als bisher dem politischen Druck seiner Fraktion ausgesetzt, seine Minister aus den Reihen der Parlamentarier auszuwählen, so dass er freier würde, auch »Seiteneinsteiger« in sein Kabinett zu berufen.[31]

In keinem Fall sollten Minister neben ihren Amtsbezügen noch ein nennenswertes (teils steuerpflichtiges, teils steuerfreies) Zweitgehalt aus dem Abgeordnetenmandat beziehen, wie dies aber im Bund und in den meisten Ländern der Fall ist. Niedersachsen und einige andere Länder haben diesen Missstand mit Recht beseitigt oder stark eingeschränkt.[32]

Regierung und Opposition

Im heutigen parlamentarischen System der Bundesrepublik stehen Parlament und Regierung einander nicht mehr in der Weise gegenüber, wie es die klassische Lehre noch verlangte. Die Grenze verläuft heute quer durch das Parlament: »Regierung und die sie unterstützende Parlamentsmehrheit bilden gegenüber der Opposition politisch eine Einheit«[33] und ziehen regelmäßig am selben Strang. Politisches Gegengewicht ist die Opposition, auf die auch die Funktion der öffentlichen Kontrolle zu einem guten Teil übergegangen ist. Dies geschieht zur Sicherung der Geschlossenheit und damit primär aus Gründen des Machterhalts beziehungsweise des Machterwerbs. Damit ist eine neue Form der Gewaltenteilung entstanden, die allerdings hinkt, weil die eine Seite die Mehrheit hat und die andere überstimmen kann. Da die wesentlichen Kontrollmittel nach wie vor auf den Bundestag als Ganzes bezogen sind,[34] fehlen der Opposition oft die Instrumente für eine wirksame Kontrolle: Das Parlament als Ganzes ist kontrollfähig, aber nicht kontrollwillig, die Opposition kontrollwillig, aber nicht -fähig.[35] Damit besteht die Gewaltenteilung zwischen Parlament und Regierung, die Montesquieu noch vor Augen hatte, nicht mehr.

Dass von einer echten Gewaltenteilung zwischen Legislative und Exekutive im klassischen Sinn nicht mehr die Rede sein kann,[36] sieht man, wenn es um Kritik an der Regierung wegen möglicher Verfehlungen geht. Dann versucht die Parlamentsmehrheit regelmäßig, »ihre« Regierung zu decken, gegen Kritik abzuschirmen und eventuelle Angriffspunkte möglichst unter den Teppich zu kehren. Besonders augenfällig wird derartiges parteiliches Verhalten in Untersuchungsausschüssen; in deren Berichten kann die Mehrheit meist keinerlei Verfehlungen erkennen – ganz im Gegensatz zur Opposition. Deshalb und aus den weiteren dargelegten Gründen sollte man den überkommenen Gewaltenteilungsgedanken trotz des geschilderten Strukturwandels nicht vollständig über Bord werfen.

Politik und Verfassungsgericht

In Reaktion auf Schwächen der parlamentarisch-pluralistischen Willensbildung ist – sozusagen als Ersatz – eine ganz neue Form der Gewaltenteilung entstanden. In der ursprünglichen Konzeption Montesquieus betraf die Hauptlinie der Gewaltenteilung den Gegensatz von Regierung und Parlament. Das Grundgesetz ging in konsequenter Reaktion auf frühere Missbräuche darüber hinaus. Nach den spezifisch deutschen Erfahrungen meint das Grundgesetz mit »Gewaltenteilung« natürlich auch die Kontrolle von Gesetzgebung und Regierung durch die Rechtsprechung, besonders durch das Bundesverfassungsgericht. Mit seiner Errichtung und der Stärkung auch der übrigen Gerichtsbarkeit ist die Rechtsprechung, die in Montesquieus Sicht noch »en quelque façon nulle« (»eigentlich gar nicht vorhanden«) war, in der Bundesrepublik zu großer Bedeutung aufgestiegen. Doch was als Kontrolle gedacht war, ist inzwischen Mitgestaltung (und manchmal mehr als das) geworden.
Das Bundesverfassungsgericht ist immer mehr an die Stelle der an sich für Politik und Gesetzgebung zuständigen Organe getreten und hat teilweise geradezu die Rolle eines »Obergesetzgebers« angenommen. Diese Entwicklung wird von zunehmenden Vertrauenswerten für das Gericht und abnehmenden Vertrauenswerten für das Parlament und andere eigentlich zuständige Organe begleitet. Sie entspringt weniger einem usurpatorischen Anspruch der Karlsruher Richter. Vielmehr ist sie für jeden, der ein Gespür für Gewichtsverlagerungen zwischen den Verfassungsorganen hat, ein unübersehbarer Indikator für zunehmendes Versagen der Bonner beziehungsweise Berliner Politik.
Ein zweiter Ersatzakteur war bisher die unabhängige – und ganz bewusst vom Spiel der politischen Parteien und der Interessenverbände separierte – Bundesbank; an ihre Stelle ist jetzt die Europäische Zentralbank getreten. Wo könnte das mangelnde Vertrauen in parlamentarisch-pluralistische Politik deutlicher zum Ausdruck kommen als in dieser Konstruktion?

Politik und Verwaltung

Auch Verwaltung und öffentlichem Dienst kommen eine wichtige Funktion im Rahmen der Gewaltenteilung zu. Dieses Element ist zwar weniger bekannt, deshalb aber nicht unbedingt von geringerer Bedeutung als die anderen Elemente der Gewaltenteilung. Das auf Lebenszeitanstellung, auf Fachwissen und auf Erfahrung gegründete starke Berufsbeamtentum soll die Politik beraten und stabilisieren (siehe S.71, 168).

Es waren Gedanken dieser Art, die die USA in der so genannten Progressiven Ära veranlassten – als Gegengewicht gegen die Herrschaft der Parteimaschinen und die Auswüchse ihres Beutesystems (»spoils system«) –, ein auf persönlicher Qualifikation und fachlicher Leistung beruhendes Berufsbeamtentum (»merit system«) einzuführen. Ihre Gegengewichtsfunktion können öffentlicher Dienst und Berufsbeamtentum aber nur so lange ausüben, wie die Parteipolitik nicht im Wege von Ämterpatronage auf das Berufsbeamtentum zugreift und dieses dadurch sozusagen gleichschaltet – eine Gefahr, der die Bundesrepublik aber immer mehr zu erliegen droht (siehe S. 159 ff.).

Dass die Beamten in Deutschland eine so starke Stellung haben, hat historische Gründe. Das Berufsbeamtentum ist in der Zeit des Absolutismus entstanden, war also lange vor der Demokratie schon da. Es stand dann im Bismarck-Reich in voller Blüte und drängte das einzige demokratische Organ, den Reichstag, an den Rand des Geschehens. Dazu trug auch die damalige Verfassung bei, nach der der Reichstag zwar nach allgemeinem gleichem Stimmrecht gewählt wurde (allerdings ohne Frauenwahlrecht), in seinen Befugnissen aber kastriert war: Er konnte die Regierung weder bestellen noch abberufen; diese war allein vom Vertrauen des Kaisers abhängig, der den Reichskanzler ernannte, und der Kanzler wählte seinerseits seine Minister aus. Selbst hinsichtlich der Gesetzgebung war der Reichstag nicht autonom. Alle Gesetze kamen nur mit Zustimmung des Bundesrats zustande, der mit den Fürsten der deutschen Staaten besetzt war, die sich ihrerseits der Beamten bedienten, aus deren Laufbahnen meist auch die Minister hervorgingen, die nach dem Reichsbeamtengesetz auch als Spitzenbeamte firmierten.[37] Mangels wirksamen Gegengewichts konnte sich das Beamtentum umso ungestörter ausbreiten. Diese Entwicklung hatte ihr eigenes Beharrungsmoment und erklärt bis zu einem gewissen Grad die starke Stellung, die das Beamtentum auch heute noch in der Bundesrepublik besitzt. In sämtlichen verfassungsgebenden Versammlungen von der Paulskirche (1848/49) bis zum Parlamentarischen Rat (1948/49) saßen große Mehrheiten von Beamten. Und das war ja auch nicht verwunderlich in einem Land, in dem nicht nur die Verwaltungs-, sondern auch die politische Elite und selbst Lehrer und Hochschullehrer verbeamtet sind.

Die Schlüsselrolle des Berufsbeamtentums findet sich auch in den entsprechenden Vorschriften des Grundgesetzes wieder (in der amerikanischen Verfassung beispielsweise gibt es keine Entsprechung dazu): Die »hergebrachten Grundsätze des Berufsbeamtentums« sind verfassungsrechtlich geschützt (Art. 33 Abs. 5 GG). Dazu gehören die Beschäftigung auf Lebenszeit und die Alimentation einschließlich der Versorgung. Die Lebenszeitanstellung macht aber nur Sinn, solange Einstellung und Förderung sich wirklich nach Qualifikation und Leistung richten, wie es Artikel 33 Absatz 2 Grundgesetz ja auch vorschreibt. Greifen dagegen die politischen Parteien auf die Posten im öffentlichen Dienst durch, müssten die (aufgrund ihres Parteibuchs bestellten) Beamten beim Wechsel der politischen Mehrheitsverhältnisse eigentlich auch wieder entlassen werden können, wie dies in der Bundesrepublik aber nur bei der Kategorie der »politischen Beamten« der Fall ist; die Einstellung auf Lebenszeit wird dann funktionswidrig. Auch das Streikverbot des Berufsbeamtentums (das ebenfalls zu den hergebrachten Grundsätzen des Berufsbeamtentums gehört) macht nur so lange Sinn, wie die Beamten nicht zum Bummelstreik übergehen oder die öffentlichen Arbeitnehmer stellvertretend für sich streiken lassen und dann deren Ergebnisse im Wege von Besoldungsgesetzen übernehmen.

Politikblockade: Der Bundesrat am Zügel der Parteien

Die parteipolitische Instrumentalisierung hat dem Bundesrat eine neue, ihm von den Verfassungsvätern gar nicht zugedachte Rolle zugespielt, die nicht nur den Einfluss der Wähler schwächt (siehe S. 269 f.), sondern auch die bundespolitische Handlungsfähigkeit erheblich einschränken kann.[38] Eine abweichende parteipolitische

Mehrheit im Bundesrat ist leicht versucht, die Regierungsmehrheit im Bundestag mit ihrem Veto zu blockieren und sie auf diese Weise sozusagen an die Wand fahren zu lassen. Da der Bundesrat in den meisten Jahren in der Hand der Opposition ist und inzwischen die wichtigsten Gesetze »Zustimmungsgesetze« sind, haben die Blockadegefahren erheblich zugenommen. Die »Väter« des Grundgesetzes hatten im Bundesrat noch ein Widerlager gegen die Parteipolitik gesehen.[39] Umso perverser ist es, dass die Parteipolitik heute auch den Bundesrat überlagert und dieser zum machtpolitisch motivierten Blockadeinstrument degeneriert. Zu ähnlichen, ja teilweise noch lähmenderen Blockaden kommt es in den Ländern (siehe S. 151 ff.).

Man könnte allerdings daran denken, die Veränderungen ins Positive zu wenden und im Bundesrat, gerade wenn er von der Opposition beherrscht wird, das Element einer erneuerten Form der Gewaltenteilung zu sehen. Doch dabei wird übersehen, dass in der Wahrnehmung der Öffentlichkeit eine gewisse Asymmetrie besteht: Nach wie vor werden der Regierung die Entscheidungen (und Nichtentscheidungen) zugerechnet, nicht der Opposition, so dass diese aus machtpolitischen Gründen eher ein Interesse daran hat, zu blockieren und der Regierung Erfolge vorzuenthalten. Hinzu kommt: Geht es um Eigeninteressen der politischen Klasse selbst, ist das Gegeneinander von Regierung, Bundestag und Bundesrat ohnehin eingeschränkt oder aufgehoben.

11 Soll alles bleiben, wie es ist? – Zwei bewährte Strategien zum Systemerhalt und ein Reformansatz

An sechs Beispielen wollen wir die bisherigen Ausführungen konkretisieren und dabei die unterschiedlichen Methoden illustrieren, mit denen die riesige Lücke zwischen Norm und Wirklichkeit gemeinhin bewältigt wird. Es handelt sich im Kern um drei ganz verschiedene Möglichkeiten:

- die Senkung des Anspruchs durch Anpassung der Norm an die Wirklichkeit,
- eine veränderte Wahrnehmung der Wirklichkeit und
- die Reform von Institutionen, so dass die Praxis den Normen eher entspricht.

Das erste Beispiel betrifft parteipolitische Ämterpatronage, das zweite Beispiel das freie Mandat, das dritte Beispiel die Freiheit der Wahl, das vierte den Föderalismus, das fünfte die Gewaltenteilung und das sechste die Demokratie.

Ämterpatronage

Einer der schlimmsten Auswüchse unseres Gemeinwesens ist parteipolitische Ämterpatronage, und sie ist eindeutig verfassungswidrig.

Anpassung der Norm an die Wirklichkeit

Doch die Verfassung wird nicht ernst genommen. Die politische Klasse setzt Ämterpatronage vielmehr in weitem Umfang dafür ein, Helfer für den Wahlkampf oder sonst zu ihrer Unterstützung zu gewinnen und diese nach gewonnener Wahl mit staatlichen Posten zu belohnen, beziehungsweise dafür, zentrale Funktionen in bestimmten Institutionen mit Parteigängern zu besetzen, um diese Organisationen steuern

zu können. Ämterpatronage wird also ganz gezielt für das Werben um Anhängerschaft und für die Erweiterung des Einflussbereichs instrumentalisiert, was beides wiederum eine Mobilisierung vor Wahlen erleichtert und auch sonst die politische Schlagkraft erhöht.
Diese hintergründigen Netzwerke werden von Vertretern der politischen Soziologie teilweise ausdrücklich in eine Rechtfertigung umgemünzt: Ämterpatronage durch politische Parteien sei letztlich »unerlässlich«, weil zum Überleben des Systems »notwendig«. »Wenn eine herrschende … Partei ihren Funktionären, die die Arbeit tun, keine ausreichenden materiellen und ideellen Belohnungen zuteil werden« lasse, zerfalle »sie ebenso wie mit ihr das politische und gesellschaftliche System – und gerade für das Heer dieser systemunentbehrlichen Funktionäre« gebe »es nur eine Organisation, die genügend Belohnungen zu vergeben vermag: den jeweiligen öffentlichen Dienst«. Dabei wird das Verbot parteipolitischer Ämterpatronage, wie es im Grundgesetz und in den Beamtengesetzen seinen Niederschlag gefunden hat, als überholt dargestellt, jedenfalls sei es geringer zu gewichten als »das politische und gesellschaftliche System«, das ohne Ämterpatronage vom Zerfall bedroht sei.[1] Auch viele politikwissenschaftliche Autoren beurteilen Ämterpatronage milde und stellen sie zumindest implizit als unverzichtbar dar, um genügend Menschen zu motivieren, in den politischen Parteien mitzuwirken. Ganz ähnlich argumentierte auch schon Leibholz:

> »Im Parteienstaat erscheinen die Millionen von Aktivbürgern, die ihre politische Aktivität darauf beschränken, alle vier oder fünf Jahre zur Wahlurne zu gehen, um ihren staatsbürgerlichen Pflichten zu genügen, als die Nutznießer, die von der Arbeit der anderen leben, die nicht selten unter Aufopferung von Zeit, Gesundheit und Geld ihr Leben der politischen Arbeit in den Parteien widmen. Bei dieser Sachlage ist es kein Wunder, dass die mit Hilfe der Partei den Staat tragenden Gruppen heute ihre Ansprüche anmelden und ihre ›wohlerworbenen Rechte‹ in der gleichen Weise geschützt wissen wollen, wie jene Kräfte, die den Staat traditionsgemäß seit langem getragen haben.«[2]

Ein ehemaliger Richter am Bundesverfassungsgericht, Joachim Rottmann, vertritt sogar ausdrücklich die Auffassung, das Verbot parteipolitischer Erwägungen bei Einstellungen und Beförderungen im öffentlichen Dienst sei obsolet.[3]

Beschönigen der Wirklichkeit

Eine andere Strategie, die Lücke zwischen Norm und Wirklichkeit zu schließen, verfolgte die Bundesregierung unter Helmut Kohl im Jahr 1987. Damals antwortete sie auf eine parlamentarische Anfrage der Grünen, was man gegen die um sich greifende parteipolitische Ämterpatronage unternehmen könne: Ämterpatronage gebe es nicht, man brauche deshalb auch nichts gegen sie zu unternehmen,[4] also eine Antwort nach der Devise, dass nicht sein kann, was nicht sein darf. Die Wirklichkeit wurde einfach ausgeblendet. Die Einlassung der Bundesregierung war umso dreister, als Helmut Kohl 1982 auf einer Tagung des Deutschen Beamtenbundes selbst noch eingestanden hatte: »Wir haben uns ... zu fragen«, sagte er über parteipolitische Ämterpatronage, »ob wir hier nicht ... an eine Grenze gekommen sind«, wo sie »ins Unerträgliche umschlägt«.[5]

Reform des Systems

Wirkliche Erfolge bei der Bekämpfung der Ämterpatronage sind nur bei Systemänderungen zu erwarten. So gäbe beispielsweise die Einführung von Direktwahlen der Exekutivspitzen (Bürgermeister, Ministerpräsidenten, Bundespräsident) diesen die Legitimation, Patronagewünschen der Parteien entgegenzutreten. Werden die Exekutivspitzen dagegen durch die Volksvertretung gewählt, wie im parlamentarischen System üblich, gefährden sie ihre Wiederwahl, wenn sie Patronagewünschen der Parteien und Fraktionen nicht nachkommen. Die Eigenheiten des parlamentarischen Systems begünstigen Ämterpatronage, statt sie zu erschweren. Soweit die Einführung von Direktwahlen gelingt (und auch weitere ergänzende Reformen, siehe S. 336 ff.), kann erwartet werden, dass parteipolitische Ämterpatronage tendenziell eingedämmt wird.

Freies Mandat

Der verfassungsrechtlich gewährleistete Grundsatz des freien Mandats (Art. 38 Abs. 1 Satz 2 GG) ist Kernbestandteil der repräsentativen Demokratie. Nur bei seiner effektiven Gewährleistung lohnt es sich für eigenständige, gedankenreiche und initiative Abgeordnete, ein Mandat anzustreben. Nur dann können sie öffentlich für ihre Ideen eintreten, auch wenn sie von der bisherigen Parteilinie abweichen.

Anpassung der Norm an die Wirklichkeit

Von vielen wird die Unabhängigkeit der Abgeordneten gleichwohl als überholtes »alt-liberales Relikt« abgetan. Die Norm wird minimiert. So genannte Fraktionsdisziplin, die »nur« faktischen Zwang impliziert, wird von der herrschenden Auffassung als mit dem Grundgesetz vereinbar angesehen.

Beschönigen der Wirklichkeit

Die Verantwortlichen stellen Einschränkungen des freien Mandats oft schlicht in Abrede. In einem Vortrag anlässlich der Eröffnung des Wintersemesters 1993/94 an der Deutschen Hochschule für Verwaltungswissenschaften Speyer meinte der seinerzeitige Vorsitzende der CDU/CSU-Bundestagsfraktion Wolfgang Schäuble, im Bundestag gebe es keine Einschränkung des freien Mandats: Der Abgeordnete habe »jederzeit die Möglichkeit, auch gegen den Strom zu schwimmen, intern wie öffentlich, er kann sich mit seiner Meinung auch gegen die Mehrheitsmeinung der eigenen Gruppe stellen. Publizität ist ihm dabei sicher, da unter den Bedingungen der Mediendemokratie die Abweichung prämiert wird und nicht die Geschlossenheit und Disziplin.« Diese Aussage war – im Munde eines Mannes, der selbst nachdrücklich für die Geschlossenheit der Fraktion zur Sicherung der Macht unter der Führung Helmut Kohls sorgte – ein Musterfall von Heuchelei. Schäuble verschwieg, dass solch individuelles Vorgehen Abgeordnete leicht in ihrer Fraktion isoliert und sie dann ihre fraktionsinterne Stellung riskieren oder sogar Gefahr laufen, vor der nächsten Wahl nicht wieder aufgestellt zu werden, dass also doch ein starker faktischer Druck zur Fraktionsdisziplin besteht.

Reform des Systems

Reformierte man dagegen das System, etwa durch Einführung der Direktwahl des Ministerpräsidenten und die Wahl der Volksvertretung mit flexiblen Listen oder per Mehrheitswahl, würde das freie Mandat auch faktisch weitgehend wiederhergestellt (siehe S. 339 f., 343 ff.), weil dann das Monopol der Parteien über die Nominierung von Kandidaten und die Zuweisung fester Listenplätze gebrochen und die Unabhängigkeit der Abgeordneten und ihre individuelle Verantwortung gegenüber den Wählern gestärkt würden.

Freie und unmittelbare Wahl

Angesichts der mangelnden Mitwirkung der Bürger bei der Auswahl von Parlamentsabgeordneten (»Wahlen ohne Auswahl«) noch von einer freien und unmittelbaren Wahl zu sprechen erscheint wie Hohn.

Anpassung der Norm an die Wirklichkeit

Der offensichtliche Widerspruch der starren Listenwahl zur Unmittelbarkeit und Freiheit der Wahl ist von Gerhard Leibholz schlicht weginterpretiert worden nach der Methode, nach welcher Rabulisten gewünschte Ergebnisse herbeizaubern (»Legt ihr's nicht aus, so legt es unter!«): Der vom Grundgesetz »statuierte Grundsatz der Unmittelbarkeit der Wahl« werde »durch den Artikel 21 Absatz 1 GG, der den demokratischen Parteienstaat legalisiert hat, verfassungskräftig abgewandelt«.[6] Doch diese Begründung trägt nicht: Artikel 21 des Grundgesetzes ermächtigt die Parteien nur, bei der politischen Willensbildung des Volkes *mit*zuwirken, nicht sie zu beherrschen. Dennoch ist das Bundesverfassungsgericht Leibholz gefolgt (siehe S. 264).

Beschönigen der Wirklichkeit

Die Entmündigung der Wähler wird mit allerhand mehr oder weniger angestrengten Argumenten bemäntelt, etwa dass die Parteien auf diese Weise Spezialisten ins Parlament brächten, die, wenn man die Wähler entscheiden ließe, keine Chance hätten. Die völlige Bürgerferne eines solchen Vorgangs, der dem Charakter einer *Volks*wahl zutiefst widerspricht, wird dabei unterschlagen. Abgesehen davon verfügen die Abgeordneten und ihre Fraktionen heute über umfangreiche finanzielle und personelle Ausstattungen, die es ihnen ermöglichen, erforderliches Spezialwissen einzuwerben.

Reform des Systems

Durch Änderung des Wahlrechts, etwa durch Übergang zu offenen Listen oder zur Mehrheitswahl, ließen sich die Unmittelbarkeit und Freiheit der Wahl mit einem Schlag wiederherstellen. Doch das wollen die Betroffenen – aufgrund ihrer Eigeninteressen – natürlich nicht.

Föderalismus

Der ursprüngliche Sinn des Föderalismus liegt im Versprechen, dadurch werde das Regieren durch und für das Volk gestärkt. Die Länder könnten Politik bürger- und sachnäher machen als der Bund, weil sie näher an den Menschen und den Problemen dran seien. Tatsächlich wird die Idee des Föderalismus aber in ihr Gegenteil verkehrt: Durch die allseitigen Absprachen zwischen den Ländern untereinander und mit dem Bund wird Politik bürgerferner und unbeweglicher. Wir haben in der Bundesrepublik in Wahrheit eine verschleierte Form des Zentralismus – und eine besonders schlechte dazu: Die Gewichte verlagern sich von den Parlamenten und Bürgern, die entmachtet werden, zu den Regierungen. Denn diese treffen die Absprachen zwischen Bund und Ländern. Dafür kann dann keine einzelne Regierung mehr verantwortlich gemacht werden: Wenn es gut läuft, heften alle sich die Feder an den Hut, wenn es schlecht ausgeht, ist es niemand gewesen.

Anpassung der Norm an die Wirklichkeit

Hier werden Maßstäbe aus dem Hut gezaubert, die einer genaueren Prüfung nicht standhalten. So führt man zur Rechtfertigung des derzeitigen Zustands beispielsweise Eigeninteressen der Länder an,[7] ohne zu berücksichtigen, dass die Länder ihre Existenz nur der Sicherung der Interessen ihrer Bürger verdanken.[8] Oder man führt Stabilitäts-

und Bestandsinteressen ins Feld,[9] ohne zu erkennen, dass damit jede Reformnotwendigkeit geleugnet werden könnte.[10]

Beschönigen der Wirklichkeit

Andere halten schlicht an den bisherigen Grundsätzen (Mehr an Regierung für und durch das Volk) fest und ignorieren die Tatsachen. Nirgendwo wird die Wirklichkeit so sehr und so häufig verzerrt wie im Bereich des Föderalismus. Das habe ich im Buch *Vom schönen Schein der Demokratie* ausführlich dargelegt.

Reform des Systems

Wirkliche Verbesserungen würden eine Reihe von grundlegenden Reformen verlangen. Eine bloße Rückübertragung von Steuer- und Gesetzgebungskompetenzen an die Länder reicht nicht. Vorbedingung ist, dass der ganze politische Apparat der Länder bürgernäher und leistungsfähiger gemacht wird: durch ein besseres Wahlrecht, durch Direktwahl der Ministerpräsidenten, durch Teilzeitabgeordnete und Erleichterung von Volksbegehren und Volksentscheid; insgesamt ist also eine grundlegende Reform der Landesverfassungen erforderlich.

Gewaltenteilung

Der Parlamentarische Rat war noch von der klassischen Gewaltenteilung zwischen Regierung und Parlament im Sinne von Montesquieu ausgegangen. Doch die besteht faktisch nicht mehr.

Anpassung der Norm an die Wirklichkeit

Die herrschende Auffassung hat deshalb die Norm geändert und gemildert. Gewaltenteilung zwischen Regierung und Parlament wird nicht mehr strikt verlangt, eben weil sie nicht vorliegt. Regierungsmitglieder dürfen sogar gleichzeitig dem Parlament angehören. Stattdessen wird eine neue Form der Gewaltenteilung postuliert, auf deren einer Seite die Regierung samt parlamentarischer Mehrheit steht. Auf der anderen Seite steht die Opposition, die aber jederzeit überstimmt werden kann, so dass eine echte Gewaltenteilung in Wahrheit gar nicht mehr vorliegt (siehe S. 301 ff.).

Beschönigen der Wirklichkeit

Eine Beschönigung der Wirklichkeit ist insoweit zu finden, als man die Mängel dieses Systems nicht offen ausspricht, weder die Entmachtung der Parlamente noch die mangelnde Kontrolle der Regierung, wie sie sich etwa in der weitgehenden Unwirksamkeit von Untersuchungsausschüssen widerspiegelt. Vor allem politikwissenschaftliche Autoren suchen dem Wandel unter Hinweis auf den britischen Parlamentarismus Pluspunkte abzugewinnen, obwohl in der Bundesrepublik die entscheidenden Elemente des britischen Systems fehlen (siehe S. 62 f.).

Reform des Systems

Wird das System geändert und der Chef der Regierung direkt vom Volk gewählt, so besteht mit einem Schlag wieder vollständige Gewaltenteilung zwischen Regierung und Parlament. Voraussetzung ist, dass der Regierungschef auch seine Regierungsmitglieder aus eigener Kraft ernennen und entlassen kann (siehe S. 339 ff.).
Wird dem Volk dann auch noch die Möglichkeit direkter Sachentscheidungen gegeben, so würde die Gewaltenteilung auch insoweit wieder hergestellt, als damit ein wirksames Gegengewicht gegen die politische Klasse geschaffen würde (siehe S. 373 ff.).

Demokratie

Das grundgesetzliche Demokratieprinzip verlangt unter anderem:

- Offenheit des Zugangs von Parteien und Politikern zur Politik,
- wirksamen Wettbewerb,
- Willensbildung von unten nach oben und Kontrolle der »Herrschenden« durch die »Beherrschten«,
- Einfluss der Wähler auf das Regierungshandeln,

- Gemeinwohl als Ziel und Maßstab politischen Handelns.

Doch daran fehlt es in weitem Umfang. Das wurde in diesem Buch bereits ausführlich dargelegt. Auch hier wird versucht, die Lücke zwischen Norm und Wirklichkeit »wegzuzaubern«.

Anpassung der Norm an die Wirklichkeit

Bestimmte Richtungen der Politikwissenschaft diagnostizieren Fehlentwicklungen zwar sehr klar, bewerten sie aber nicht als Mängel, sondern versuchen, auf der ermittelten faktischen Grundlage ganz neue Demokratietheorien zu entwickeln – mit weitreichenden normativen Konsequenzen: Bisher als unverzichtbar geltende, bei den bestehenden Verhältnissen aber nicht mehr erfüllte Grundsätze werden im Sinne der normativen Kraft des Faktischen mit leichter Hand aufgegeben. So bestehen

- Keine Offenheit des Zugangs, da die Wähler nur aus einem vorgegebenen Menü von Parteien wählen können.[11]
- Keine Konkurrenz, sondern ein politisches Kartell, weshalb die Politikwissenschaftler Richard Katz und Peter Mair ausdrücklich von »Kartellparteien« sprechen, die immer mehr an die Stelle der Volksparteien träten.
- Keine Ausgerichtetheit der Politik auf die Bürger: Parteien würden zu Partnerschaften von Berufspolitikern auf Gegenseitigkeit statt Organisationen von Bürgern und für Bürger.[12] Da alle so agierten, versage auch die Konkurrenz unter den Parteien und damit der Anreiz zu größerer Bürgernähe.[13]
- Die politische Willensbildung verlaufe von oben nach unten (»top down«), statt von unten nach oben (»bottom up«); »Demokratie« werde zunehmend zu einer Veranstaltung, durch die eher die Herrschenden die Beherrschten kontrollierten als umgekehrt.[14]
- Gewisse Zweige der Politik- und Verwaltungswissenschaften – genannt seien etwa der bekannte Soziologe Niklas Luhmann und seine Schule – weisen die Vorstellung, dem Grundgesetz lägen bestimmte Gemeinschaftszwecke zugrunde, die im Begriff »Gemeinwohl« gebündelt sind, rundheraus als »denkunmöglich« zurück.[15] Auch andere Zweige der Politikwissenschaft sind bestrebt, den Be-

griff »Gemeinwohl« abzuwerten, lächerlich zu machen und zu diskreditieren.[16] Das entspricht einem generellen Zug der modernen Politik- und Staatswissenschaften: »Die Frage nach dem Worumwillen politischer Gemeinschaft, modern gesprochen, nach dem ›Staatszweck‹, die in der klassischen Theorie seit Aristoteles an der Spitze stand, wird nicht gestellt und so die Verklammerung von ›Ethik‹ und Politik preisgegeben.«[17] Dadurch wird den Tendenzen von Politik und Verwaltung, unabhängig von Gemeinschaftszwecken zu wuchern, im Ergebnis auch noch wissenschaftliche Rückendeckung gegeben. Derartige Tendenzen werden als organisationserhaltend und -stabilisierend verklärt, und so wird der Mangel per soziologisch-politikwissenschaftlicher Magie unter der Hand in ein Positivum verwandelt.

Zu ganz ähnlicher Kapitulation vor den Eigeninteressen der Macht führen die Thesen des einflussreichen Konstanzer Politikwissenschaftlers Wolfgang Seibel und sein Konzept von den »erfolgreich scheiternden« Institutionen.[18] Seibel erkennt zwar, dass öffentliche Organisationen bei Erfüllung ihrer eigentlichen Zwecke immer wieder scheitern. Doch dieses Scheitern bleibe dem Bürger – auf Grund gezielter »Informationsasymmetrien« – verborgen. Im Verbergen des Versagens liege aber eine ganz andere Art von Nutzen: die Förderung »politischer Legitimität und Stabilität«. Es gehe dem Souverän dabei wie bei Hans Christian Andersen: Die Institutionen »funktionieren wie des Kaisers Neue Kleider«, indem sie nur »so tun als ob«. Sie erfüllen »die ihnen durch Wählerauftrag und Gesetzesbeschluss aufgetragenen Zwecke« nur vermeintlich, in Wahrheit scheitern sie, gemessen an diesen Zwecken.[19] Dem Bürger und der Öffentlichkeit aber wird die Zweckerreichung vorgespiegelt mit dem Erfolg, dass dadurch das System stabilisiert und scheinbar legitimiert wird. Hier wird das Macht- und Legitimationsinteresse der politischen Klasse also unversehens in den Rang eines *öffentlichen* Interesses gehoben, um dessentwillen man die Bürger sogar täuschen und verdummen dürfe.

Damit führt Seibels Konzept genau auf den Weg, vor dem die Philosophin Hannah Arendt mit starken Worten gewarnt hat: Die Wirklichkeit wird »hinter den Fassaden von Potemkinschen Dörfern« versteckt, die eigentlichen Probleme bleiben verdeckt, und die Suche nach Problemlösungen tritt hinter »Spiegelfechtereien« zurück.

»Sobald es der Lüge wirklich gelingt, die Öffentlichkeit in ihren Bann zu schlagen, ist es um die echte Fähigkeit des Handelns geschehen: anstatt sich an Tatsachen zu orientieren, um die Welt zu verändern und zu verbessern, versucht man, die Welt in ihrer Tatsächlichkeit zu vernichten.«[20] Thesen wie die von Luhmann und Seibel laufen Gefahr, ein Gegenhalten gegen existenzielle Fehlentwicklungen der Demokratie weiter zu erschweren, ja ihre Identifikation als Fehlentwicklung überhaupt unmöglich zu machen. Wenn sogar die Wissenschaft vor der scheinbaren Faktizität von Eigeninteressen und Macht kapituliert, höchst gefährliche Tendenzen absegnet und die Bürger in ihrem Rechts- und Richtigkeitsempfinden verunsichert, droht die Gemeinschaft gegen die Ausbeutung durch Partikularismen vollends wehrlos zu werden. Die Feststellung, dass die genannten Auffassungen eindeutig sowohl mit den philosophischen Grundsätzen der Wahrheit als auch mit der objektiven Wertordnung des Grundgesetzes unvereinbar und deshalb entschieden zurückzuweisen sind,[21] ist deshalb von grundlegender Bedeutung.

Beschönigen der Wirklichkeit

Eine andere Linie, die beängstigende Kluft zwischen Norm und Verfassungswirklichkeit zu schließen, ist die Bagatellisierung der Fehlentwicklungen. So behauptet einer der renommiertesten deutschen Politikwissenschaftler, Klaus von Beyme, beschwichtigend: Die Fehlentwicklungen seien »relativ rasch unter Kontrolle zu bringen«, weil die politische Klasse bei der Durchsetzung und Verteidigung ihrer Privilegien »ohne Bundesgenossen in der Gesellschaft«, also allein auf sich gestellt sei.[22] Diese These geht ebenso weit an der Wirklichkeit vorbei wie der Versuch ihrer Begründung. Dass Auswüchse leicht unter Kontrolle zu bringen seien, ist schon mit von Beymes eigenen Befunden etwa bei der Ämterpatronage[23] nicht in Einklang zu bringen. Und dass die politische Klasse keine Bundesgenossen hätte, wäre, selbst wenn es zuträfe, nicht entscheidend, weil sie keine Bundesgenossen benötigt, sitzt sie doch als einzige Interessengruppe selbst direkt an den Hebeln der Macht und kann ihren Interessen durch Einkleiden in Gesetz, Haushaltsplan oder sonstige staatliche Maßnahmen zumindest äußere Legalität verschaffen. Dass die öffentliche Kontrolle ein ausreichendes Gegengewicht bilden könnte, verneint von Beyme selbst, wenn er an anderer Stelle die Kooperation der politischen Klasse mit vielen Medienangehörigen beispielreich beschreibt.[24] Hinzu kommt, dass die politische Klasse sich auch durch Ausweitung der Parteipatronage in andere Schlüsselbereiche wie politische Bildung und Verwaltung immer größere und einflussreichere Kreise verpflichtet, so dass ein Gegenhalten gegen Fehlentwicklungen, von denen immer mehr Meinungsmultiplikatoren profitieren, immer schwieriger wird. Katz und Mair meinen, das Parteienkartell erzeuge quasi seine eigenen Gegenkräfte. Als Beispiele nennen sie zahlreiche rechtsextreme Parteien, denen der Parteienfilz der etablierten Parteien Wahlkampfmunition biete, zum Beispiel die Nationale Front in Frankreich und die Freiheitliche Partei Österreichs. Doch abgesehen von der Fragwürdigkeit dieser Alternativen ist in der Bundesrepublik davon bisher nicht viel zu bemerken. Im Übrigen, sollen wir uns wirklich mit der verbreiteten Auffassung zufriedengeben, es bestünden in der Situation der Bundesrepublik nur die drei schrecklichen Perspektiven:

- entweder zu resignieren, weil die politische Klasse nicht in der Lage ist, sich wie Münchhausen am eigenen Schopf aus dem Sumpf zu ziehen,
- oder darauf zu warten, dass alles noch schlimmer komme, so dass dann vielleicht doch »der große Ruck« (Roman Herzog) durch Deutschland gehe,
- oder müssen wir gar befürchten, dass schließlich »der starke Mann« kommt, der die Dinge zu richten verspricht, aber am Ende alles verspielt?

Ich meine: nein.

Reform des Systems

Es sei daran erinnert, dass es auch einen höchst demokratischen Weg gibt – an den von der politischen Klasse beherrschten Parlamenten vorbei –, die nötigen Reformen herbeizuführen. Die in den Bundesländern bestehende Möglichkeit, Gesetze auch durch Volksbegehren und Volksentscheid zu erlassen und auf diesem Weg auch die Verfassung zu ändern, eröffnet die Möglichkeit zu einer Art legalen Revolution.

Mehrere Reformen wurden so bereits auf den Weg gebracht. Derartige Volksrechte sind auf Landesebene noch auszubauen und auf Bundesebene einzuführen. Der Tübinger Philosophieprofessor Otfried Höffe hat die Argumente zusammengefasst:[25]

»Gegen die Gefahr einer Aristokratisierung partizipatorischer Demokratie gibt es ein erprobtes Gegenmittel: die unmittelbare Beteiligung des Volkes an der staatlichen Willens- und Entscheidungsbildung, das Plebiszit in den Formen von Volksabstimmung, Volksbefragung, Volksbegehren und Volksentscheid, die teils ein Initiativ-, teils ein Referendumsrecht enthalten. Zur Rechtfertigung muss man nicht mit Marsilius von Padua die Ansicht vertreten, weil niemand sich selber wissentlich schade, werde das Volk beziehungsweise seine Mehrheit nur Gesetze erlassen, die dem gemeinsamen Nutzen entsprechen. Ebenso wenig überzeugt das beliebte Gegenargument, wie entsprechende Volksbefragungen zeigten, würden dann so kritikwürdige Vorschläge wie die Wiedereinführung der Todesstrafe rechtskräftig. Die direkte Demokratie muss nicht an die Stelle der repräsentativen treten ... Solange aber die Bürger nur bei den Wahlen gleichberechtigt partizipieren, ihre Mitwirkung bei der Sachentscheidung dagegen vom Zugang zum meinungsprägenden Teil der Öffentlichkeit, hier einschließlich den Parteien und den Verbänden, abhängt, kommt ein aristokratisches Element in die Demokratie herein, das nach einer institutionellen Gegensteuerung verlangt. Der Umstand, dass sie die enorm gewachsene Macht der Parteien einschränkt, erschwert zwar die Einführung auch nur minimaler Elemente direkter Demokratie. Denn welche Macht gibt freiwillig Macht ab? Aber genau diese Übermacht der Parteien stellt ein weiteres Pro-Argument dar. Im Übrigen zeigt die Erfahrung, dass das Plebiszit große gesellschaftliche Konflikte zu lösen hilft, etwa die um das Scheidungsrecht (Irland) und den Bau von Atomkraftwerken (Österreich) oder um die Integration in großregionale Einheiten (Dänemark, Großbritannien und Spanien in Bezug auf die Europäische Union). Nicht zuletzt pflegen Plebiszite das Informationsniveau der Bevölkerung und ihr Engagement zu erhöhen.«

12 Von der Krise zur Systemreform: Das Beispiel USA

Bei Machtmissbrauch und Selbstblockade der politischen Klasse kommen grundsätzlich zwei ganz unterschiedliche Ansätze für institutionelle Änderungen in Betracht: das System durchlässiger machen für die Auffassungen und Belange der Bürger durch Direktwahl der Repräsentanten und durch Eröffnen von Sachentscheidungen direkt durch das Volk *oder* die Errichtung und Stärkung parteidistanzierter, unabhängiger, nur der Sache verantwortlicher Entscheidungs-, Beratungs- und Kontrollgremien (siehe S. 58 f.). Diese Zweispurigkeit hat auch die institutionellen Reformen in der großen Reformphase der USA vor hundert Jahren geprägt.[1]

Ein wirtschaftlich-soziales Pulverfass

Damals hatte sich die innenpolitische Situation in Amerika immer mehr zugespitzt. Industrialisierung, Einwanderungswellen, besonders aus Süd- und Osteuropa, und ein Strom der Landbevölkerung in die Städte hatten ökonomisch-soziale und politische Probleme geschaffen, die sich zu einem veritablen Pulverfass öffentlicher Unzufriedenheit aufschaukelten. In der Wirtschaft waren anonyme Großunternehmen entstanden, die ungehindert Kartelle bildeten und den Wettbewerb beseitigten. Kleine Selbständige, insbesondere Farmer, wurden an die Wand gedrängt und die Masse der Arbeitnehmer und Verbraucher ausgebeutet. In den Städten, deren Bevölkerung explosionsartig angewachsen war, bildeten sich riesige Slums, in denen die Menschen unter unwürdigen Verhältnissen zusammengepfercht waren und es oft an den notwendigsten öffentlichen Einrichtungen fehlte. Die Straßen versanken im Dreck, und die Einwohner hatten nicht einmal gesundes Trinkwasser. Die aufkommende Industriestadt Detroit vervierfachte ihre Bevölkerung zwischen 1860 und 1890, Los Angeles vervierundzwanzigfachte seine Einwohnerzahl im selben Zeitraum sogar.[2] Der rasch wachsende industrielle Reichtum war allerdings ziemlich ungleich verteilt. Um 1900 besaß 1 Prozent der

Bevölkerung 50 Prozent des Volksvermögens.[3] Die soziale Schieflage stach in den Städten, wo die Wohngebiete der Reichen oft nicht weit von den Slums entfernt waren, besonders ins Auge und fand ihren spektakulären Ausdruck in sehr viel höheren Krankheitsraten und bis zu dreimal so hohen Sterberaten in den Elendsvierteln.[4]

Die Politik: handlungsunfähig und korrumpiert

In dieser Lage war die Politik gefordert. Doch die war in einer Verfassung weitgehender Handlungsunfähigkeit. Immer mehr Bürgern wurde immer stärker bewusst, dass dies vornehmlich institutionelle Gründe hatte und die überholten Institutionen den neuen Herausforderungen nicht gewachsen waren. Es herrschten Korruption und Ämterpatronage. Politik und organisiertes Verbrechen arbeiteten Hand in Hand. Parteibosse instrumentalisierten die Parteien für ihre Macht- und Vermögensinteressen und machten dabei gemeinsame Sache mit dem Big Business, das Kandidaten, die seine Interessen vertraten, finanzierte, sich Mehrheiten kaufte oder auf andere Weise seinem Einfluss unterwarf.[5] Wagenladungen von Einwanderern wurden von Wahllokal zu Wahllokal gekarrt, um ihre Stimmen für protegierte Kandidaten abzugeben. Die Ämter bis hinunter zum letzten Bediensteten wurden zur Beute der jeweils siegreichen Partei. Bei jedem Regierungswechsel wurde der gesamte bisherige Bestand des »öffentlichen Dienstes« von der Führung der neuen Partei »gefeuert«; sämtliche Posten wurden der eigenen Gefolgschaft übertragen, der die Mindestkenntnisse für erfolgreiches Verwalten genauso fehlten wie ihren Vorgängern und deren einzige Qualifikation in ihrer Nützlichkeit für Macht und Reichtum der Parteibosse und ihrer Hintermänner zu bestehen schien.[6] Zugleich mussten sie – als Gegenleistung für die zugeschanzten Pfründen – hohe Parteisteuern zahlen, ebenso wie Unternehmen als Gegenleistung für öffentliche Aufträge zu Parteispenden verdonnert wurden.

Dieses so genannte Beutesystem (»spoils system«) führte zu unglaublichen Missständen. Serien von Korruptionsfällen, die aufgedeckt und in den aufkommenden Massenblättern publiziert wurden, machten das Ausmaß der Absprachen zwischen Partei und Wirtschaft allgemein bekannt.[7] Staat, Stadt und Verwaltung erwiesen sich als unfähig,

Wirtschaft und Gesellschaft erfolgreich zu reformieren. Stattdessen machten die Parteibosse, die ganze Städte (zusammen mit ihren Marionetten-Bürgermeistern) kontrollierten, eine Art Ersatz-Sozialpolitik, indem sie Teile der Gelder, die die Parteien durch Bestechung oder Erpressung ergattert hatten, etwa in Form von Nahrungsmitteln, Müllabfuhr, Kranken- und Altenhilfe an die Massen verteilten und sich dadurch deren politische Unterstützung bei Wahlen erkauften. Die Lage war durch Vermachtung in allen Bereichen gekennzeichnet: Der Wettbewerb war nicht nur in der Wirtschaft verfälscht oder beseitigt, sondern auch in der Politik, was die produktiven Kräfte in beiden Bereichen desorientierte, die Strukturen versteinerte und die Handlungsfähigkeit lahm legte. Der Typ der Patronagepartei, »deren primäres Ziel die Versorgung von Mitgliedern und Anhängern mit öffentlichen Ämtern und staatlichen Aufträgen war«,[8] war in den USA zwar schon vorher entstanden, aber erst in den Umbrüchen um die Jahrhundertwende wurde ihre mangelnde Leistungsfähigkeit zur Bewältigung der neuen Herausforderungen voll deutlich.

Zwei Reformansätze

Auf dem Boden dieser Missstände und der grassierenden wirtschaftlich-politischen Unzufriedenheit entwickelte sich in den USA eine aus vielen unterschiedlichen Quellen gespeiste Reformbewegung, die eine solche Breite und Durchschlagskraft entfaltete, dass sie dem ganzen Zeitalter ihren Namen gab: Die zwei Jahrzehnte von 1890 bis etwa 1910 heißen seitdem »Progressive Era« (progressives Zeitalter). Die damaligen Reformen folgten einem zweistufigen Ansatz. Zunächst sollten Staat und Verwaltung dem Regiment der Parteien entrissen und auf das Volk ausgerichtet werden, um mit der reformierten Regierung sodann die wirtschaftlichen Missstände erfolgreich bekämpfen zu können. Die Herstellung einer demokratischen und leistungsfähigen Regierung wurde also als notwendige Voraussetzung für die dringend erforderlichen wirtschaftlich-sozialen Reformen angesehen.[9] Um die Gesellschaft reformieren zu können, musste vorher die Regierung selbst in Ordnung gebracht werden[10] (wobei dieser Aspekt im vorliegenden Zusammenhang natürlich besonders interessiert).

Direkte Demokratie

Bei der Reform von Regierung und Verwaltungsapparat wurden zwei ganz unterschiedliche Strategien verfolgt: Einerseits sollte die Politik unter die Kontrolle des Volkes gebracht und das Element des Regierens *durch* das Volk im Sinne der Lincolnschen Formel gestärkt und ausgebaut werden. Zu diesem Zweck wurde die Durchlässigkeit der Institutionen für den Willen des Volkes bewusst erhöht:[11]

- So ging man zur Direktwahl der hundert Mitglieder des Senats, der mächtigen Zweiten Kammer des Kongresses, über. Die entsprechende Praxis, die sich schon vorher teilweise eingespielt hatte, wurde 1913 durch einen Zusatz zur amerikanischen Bundesverfassung auch offiziell abgesegnet.
- Direkte Vorwahlen wurden geschaffen, die es den Bürgern ermöglichten, nicht nur zwischen den von Bossen aufgestellten Kandidaten zu wählen, sondern selbst Kandidaten zu nominieren. Dem Beispiel von Wisconsin, das solche Vorwahlen 1903 erstmals eingeführt hatte, folgten zwei Drittel aller amerikanischen Staaten.
- Auf Staaten- und Kommunalebene wurde das Institut des »Recall« geschaffen, das heißt, der Möglichkeit des Volkes, Exekutivspitzen vor Ablauf ihrer Amtszeit abzuberufen.
- In vielen Staaten konnten die Bürger selbst Gesetze initiieren und darüber im Wege von Volksentscheiden beschließen. Diese Möglichkeit der Volksgesetzgebung wurde erstmals 1898 in South Dakota und dann bis 1918 in achtzehn weiteren Staaten eingeführt.[12] Heute besteht die Einrichtung in dreiundzwanzig der fünfzig amerikanischen Staaten. In achtzehn Staaten kann auf diese Weise sogar die Verfassung geändert werden.[13] Dadurch wurde den zum Teil korrupten Parlamenten das Gesetzgebungsmonopol genommen und ein alternatives Gesetzgebungsverfahren – am Parlament vorbei – entwickelt. Vielfach wurde die Gültigkeit parlamentarisch beschlossener Gesetze auch im Wege von Referenden an die Zustimmung des Volkes gebunden.

  Die amerikanischen Volksbegehren und Volksentscheide unterscheiden sich nach Voraussetzungen und Gegenstandsbereich ganz erheblich von den entsprechenden Einrichtungen in der Bundesrepublik. In den USA sind die erforderlichen Quoren (Anteil der geleisteten Unterschriften an der Gesamtzahl der Wahlberechtigten) sehr viel niedriger. Der mögliche Gegenstandsbereich ist dagegen sehr viel größer: Die amerikanischen Staaten besitzen sehr viel umfangreichere Gesetzgebungszuständigkeiten als die sechzehn deutschen Länder. Vor allem gehören Finanz- und Steuerfragen, über die bei uns von vornherein kein Volksbegehren stattfinden darf, in den USA zu den wichtigsten Gegenständen der Volksgesetzgebung.

- Auf Kommunalebene wurden ebenfalls und in großem Umfang Bürgerbegehren und Bürgerentscheid eröffnet. Zugleich wurden parteifreie Wahlen (»non-partisan elections«) eingeführt, das heißt, die politischen Parteien durften als solche nicht mehr an Kommunalwahlen teilnehmen. Dadurch sollten die Städte dem Zugriff der Parteibosse entzogen werden. In vielen Staaten erhielten die Städte darüber hinaus das Recht, sich ihre eigene Kommunalverfassung zu geben (»municipal home rule«).

Der gemeinsame Nenner aller dieser Reformen war das Streben, »der ›direkten Regierung‹ durch das Volk … so nahe wie möglich zu kommen« und dadurch »den korrumpierenden und eigennützigen Einfluss der Parteien und ihrer Maschinen« zu brechen.[14] Die Parteien sollten nicht länger Eigentum derjenigen sein, die in den Parteien das Sagen hatten und ihnen ihre Ämter verdankten, sondern der Wähler insgesamt.[15]

Unabhängige Einrichtungen

Der zweite Weg – die Errichtung parteidistanzierter, unabhängiger Institutionen – wurde vor allem durch die Gründung einer ganzen Serie von Regierungs- und Verwaltungskommissionen und sonstigen Agenturen beschritten. Dabei handelt es sich um weitgehend unabhängige Einrichtungen, die mit Fachleuten besetzt und mit besonderen Untersuchungs- und Entscheidungsrechten ausgestattet waren. Sie übernahmen teilweise bestimmte Funktionen der diskreditierten Parlamente, teilweise erhielten sie auch neue Aufgaben. Die erste derartige Regulierungskommission diente zur Kontrolle der Preise und Leistungen von Daseinsvorsorgeeinrichtungen. Sie ebnete den Weg für die Schaffung ähnlicher unabhängiger Verwaltungs- und Aufsichtsgremien in den Bereichen Wirtschaft, Gesundheit, Ausbildung, Arbeit, Besteuerung und zur Sicherung natürlicher Ressourcen.[16]

Von demselben Grundgedanken – Stärkung der Sachorientierung und Sicherung vor parteilichen Einflüssen – war die Reform des öffentlichen Dienstes erfüllt. An die Stelle des bisherigen Beutesystems trat in vielen Bereichen[17] ein auf Leistung beruhendes Berufsbeamtentum (»merit system«), das zwar den Weisungen der politischen Spitze unterworfen war, aber aufgrund seiner Lebenszeitanstellung bei Regierungswechseln nicht mehr entlassen werden konnte. Es war (und ist) nicht zuletzt durch sein Ethos der fachbezogenen Sachlichkeit so konzipiert, dass es unter wechselnden Regierungen Dienst tun und Staat und Verwaltung stabilisieren kann.[18] In den Städten wurden speziell ausgebildete Verwaltungsfachleute (»city manager«) eingesetzt und deren Rolle gezielt aufgewertet.

Ein weiteres Produkt dieser Philosophie war die Errichtung eines unabhängigen Zentralbanksystems, welches die Geldversorgung der Wirtschaft dem Einfluss der Parteien und der Interessengruppen entziehen sollte.[19] Seine Unabhängigkeit wurde später zum Vorbild für die deutsche Bundesbank und die europäische Zentralbank.[20]

Fazit: Ein gangbarer Weg

Insgesamt hat sich die amerikanische Reformgeschichte als ein Laboratorium erwiesen, aus dem vielfältige Erfahrungen zu gewinnen sind. Die Gesamtwürdigung der Reformen der »Progressive Era« fällt aus heutiger Sicht allerdings ambivalent aus.

Einerseits haben die beiden scheinbar völlig gegensätzlichen Ansätze, den Missbrauch von Parteienmacht einzudämmen und durch Schaffung neuer Institutionen gegenzusteuern, durchaus funktioniert: Die Parteien mit ihren »Bossen« und »Maschinen« wurden geschwächt und haben in den USA nie wieder die frühere Allmacht erlangt. Andererseits erwies sich die Erwartung, man könne ganz ohne Parteien auskommen, als falsch. Die Parteien erfüllen – nach Unterbindung ihrer missbräuchlichen Aktivitäten – in der modernen Massendemokratie unverzichtbare Funktionen der Organisierung, Strukturierung und Koordinierung der politischen Kräfte. Zugleich stellte sich der ausgeprägte Optimismus in die Steuerbarkeit von Wirtschaft und

Gesellschaft, der die »Progressiven« beflügelt hatte, als übertrieben heraus.
Die Reformen waren sicher kein Allheilmittel, und es besteht kein Anlass, alle Errungenschaften der »Progressive Era« als allein selig machend zu verherrlichen. So gewannen die Parteien und die Wirtschaft nicht unerheblichen Einfluss etwa auf die als unabhängig konzipierten Kommissionen, die eigentlich zu deren Kontrolle geschaffen worden waren. Von den direktdemokratischen Einrichtungen wurde nach dem Rückgang der allgemeinen Reformstimmung in den auf die »Progressive Era« folgenden Jahrzehnten zunächst nur wenig Gebrauch gemacht. Das hat sich in jüngerer Zeit geändert. Doch jetzt zeigte sich eine weitere Gefahr, denn auch die neuen Instrumente erwiesen sich als nicht unempfindlich gegen den Einfluss des großen Geldes – eine Gefahr, die teilweise allerdings durch die besonderen Verhältnisse in den USA bedingt ist.
Bemerkenswert ist immerhin, dass die in der »Progressive Era« eingeführten Möglichkeiten des Volksbegehrens und Volksentscheids in der jüngeren Vergangenheit genutzt wurden, um institutionelle Reformen durchzusetzen, zu denen sich die politische Klasse von selbst nicht hatte aufraffen können. So wurden zum Beispiel zeitliche Begrenzungen der Amtsdauer von Politikern (»term limits«) eingeführt.[21] Die Parlamentarier taten sich schwer, ihre eigene Amtszeit zu beschneiden. Dass trotzdem inzwischen in vielen amerikanischen Staaten »term limits« nicht nur für Gouverneure, sondern auch für Abgeordnete bestehen, liegt allein an den direktdemokratischen Elementen. Bezeichnenderweise standen just diejenigen Staaten an der Spitze der Reformbewegung, in denen die Bürger die Möglichkeit haben, Gesetze und Verfassungsänderungen auch am Parlament vorbei durch Volksbegehren und Volksentscheid zu beschließen. Direktdemokratische Institutionen waren dort in ganz ähnlicher Weise Auslöser von Reformen, die sich andernfalls nicht hätten durchsetzen lassen, wie in Deutschland bei Einführung der Direktwahl von Bürgermeistern und Landräten, der einzigen großen Strukturreform der Neunzigerjahre in der Bundesrepublik überhaupt. Ausgangspunkt war ein Referendum in Hessen im Jahre 1991, bei dem sich 82 Prozent der Abstimmenden für die Direktwahl von Bürgermeistern und Landräten ausgesprochen hatten. Vor diesem Hintergrund bedurfte es dann in anderen Ländern wie etwa Nordrhein-Westfalen, Nieder-

sachsen, Schleswig-Holstein und im Saarland, nur noch des glaubwürdigen Einleitens eines Volksbegehrens, um den Regierungsparteien Beine zu machen.[22]
Ein wirklicher Durchbruch hat sich in den USA bei der Steuerreform ergeben. Auch hier war die direkte Demokratie der Auslöser: 1978 führte ein volksinitiierter Volksentscheid in Kalifornien – am dortigen Parlament vorbei – zu einer massiven Senkung der Kommunalsteuern, was den Reformkräften Mut machte. Die dadurch gestärkte »tax revolt«-Bewegung schwappte auf andere amerikanische Staaten über und machte 1986 auch auf Bundesebene eine durchgreifende Steuerreform möglich, welche die Steuervergünstigungen radikal beschnitt, gleichzeitig die Steuertarife ebenso radikal herabsetzte und dadurch mehr Gerechtigkeit *und* mehr Einfachheit und Transparenz erreichte und sicher auch das lange Florieren der amerikanischen Wirtschaft in den Neunzigerjahren mit ermöglichte.
Die beiden unterschiedlichen Wege institutioneller Verbesserungen sind übrigens auch in Deutschland angelegt. Das zeigen einerseits der Siegeszug der baden-württembergischen Gemeindeverfassung (siehe S. 333 ff., 368 ff.) und der direktdemokratischen Elemente auf Landesebene, andererseits das zunehmende Gewicht der Bundesbank, an deren Stelle jetzt das europäische Zentralbanksystem getreten ist, und des Bundesverfassungsgerichts (siehe S. 305). Auch die Diskussion in Publizistik und Wissenschaft geht in beide Richtungen. So wird die Schaffung weiterer unabhängiger Instanzen und der Ausbau der vorhandenen von verschiedenen Seiten gefordert.[23]
Probleme ergeben sich aber daraus, dass die politische Klasse etwa bei der Besetzung der Positionen zu starken Einfluss nimmt und deshalb wirkliche Unabhängigkeit der Institutionen und ihrer Mitglieder nur schwer erreichbar erscheint, wie die Erfahrungen nicht nur in den USA, sondern auch bei uns mit der Ämterpatronage etwa bei einigen Rechnungshöfen und Verfassungsgerichten, aber auch bei öffentlich-rechtlichen Medien und anderen vom Grundgesetz als unabhängig gedachten Einrichtungen bestätigen. Zugleich entbehren solche Institutionen in erheblichem Umfang der demokratischen Legitimation.
In dieser Situation stellt sich deshalb die Frage, ob nicht die Wahl der Mitglieder oder des Leiters solcher Institutionen direkt durch das Volk der bessere Weg wäre, wie Bruno S. Frey zum Beispiel für die Spitzen der Rechnungshöfe vorgeschlagen hat.[24] Auf diese Weise

könnte sich eine gewisse Zusammenführung beider Wege ergeben. Die Direktwahl vermag Legitimation *und* zugleich Handlungsfähigkeit zu schaffen, auch durch eine gewisse Distanz zu Parteien und Interessenverbänden. Dies illustrierten in Deutschland die Beispiele des direkt gewählten Bürgermeisters und des direkt gewählten Ministerpräsidenten (siehe S. 332 ff.).

13 Verantwortlich machen, kontrollieren, abwählen: Wie das System zu ändern ist

Sinnvolle Reformstrategien dürfen sich nicht darauf beschränken, einzelne Symptome zu bekämpfen oder Amtsträger per Appell zu guter Politik aufzufordern, sondern müssen an den relevanten Stellschrauben des Systems ansetzen. Die einzelnen Politiker müssen sich, wie alle Menschen, auf die gegebenen Bedingungen einstellen und an die für sie vorgegebenen Strukturen anpassen, wenn sie Erfolg haben und weiterkommen wollen. Innerhalb der Institutionen *kann* ein Politiker oft gar nicht viel anders handeln, wenn er nicht zum tragischen Helden werden will. Es gilt also, die Rahmenbedingungen zu ändern. Dies scheint mir übrigens auch ein berechtigter Einwand gegen die Parteienkritik Richard von Weizsäckers zu sein, dass sie nämlich zu sehr in Richtung eines individuellen Vorwurfs an Parteipolitiker ging und das institutionelle Moment vernachlässigte. In Wahrheit setzen Verhaltensänderungen in weitem Umfang die Änderung der systemischen Bedingungen und Strukturen voraus.

Was damit konkret gemeint ist, sei in einem ersten Schritt am Beispiel des Grundsatzes des freien Mandats illustriert. Es wurde oben schon erwähnt, dass das freie Mandat, obwohl es in den Verfassungen gewährleistet ist, in der Praxis verkümmert und dass damit auch die Parlamentsdebatten veröden und die Parlamentstätigkeit für selbstbewusste Menschen mit eigenen Ideen unattraktiv wird. Wer das ändern will, darf sich nicht auf Appelle an den Mut und das Gewissen von Abgeordneten beschränken. Er muss vielmehr die systemischen Strukturen ins Auge fassen, die die Fraktionsdisziplin in der Praxis immer wieder erzwingen und diejenigen, die nachhaltig gegen den Stachel löcken, ins parteipolitische Abseits stellen.

Will man die Voraussetzungen für wirkliche Veränderungen ermitteln, muss man sich dort umsehen, wo das freie Mandat noch in mehr oder weniger großem Umfang Wirklichkeit ist, etwa in vielen deutschen Gemeinden, in den Bundes- und Staatenparlamenten der USA und in der Schweiz auf allen Ebenen. Die dortigen Verfassungssysteme sind in der Regel dadurch gekennzeichnet, dass die Parlamentarier nicht nach starren Parteilisten, sondern als Person gewählt werden und die Regierung nicht vom Parlament, sondern direkt vom Volk bestimmt wird, kurz dadurch, dass das Volk bei der personellen Auswahl seiner Repräsentanten wirklich etwas zu sagen hat und die Repräsentanten sich deshalb umgekehrt ihren Wählern wirklich verantwortlich fühlen. Und genau in diese Richtung gehen die Reformen, die wir vorschlagen wollen.

Beispiel 1: Gemeindeverfassung

Was Systemänderungen bedeuten können, lässt sich am Beispiel der Gemeindeverfassung belegen. Wir haben in der Bundesrepublik in der Vergangenheit lange zwei typische Arten von Gemeindeverfassungen gehabt. Die eine kann man als »Parteiverfassung« bezeichnen, die andere als »Bürgerverfassung«.[1]
Der Typus »Parteiverfassung« bestand lange zum Beispiel in Nordrhein-Westfalen; er war dadurch gekennzeichnet, dass die politische Klasse in den Kommunen alle Fäden in der Hand hatte und insbesondere über die Postenvergabe allein (und ohne unmittelbare Mitwirkung des Gemeindevolks) entschied. Die von der politischen Klasse im Landesparlament selbst gemachten gesetzlichen Schlüsselentscheidungen, die es ihr erlaubten, möglichst alles unter Kontrolle zu halten, gingen vor allem in drei Richtungen:

- In Nordrhein-Westfalen bestand und besteht ein starres Listenwahlrecht, bei dem parteiinterne Gremien darüber entscheiden, wer über die Liste in den Gemeinderat oder Kreistag kommt. Wen die Partei auf einen »sicheren Listenplatz« nominiert, der kann schon *vor* der allgemeinen Volkswahl seines Mandats sicher sein. Ein anderer Teil der Volksvertreter wird zwar direkt in Wahlkreisen gewählt, doch der Wähler hat nur *eine* Stimme, mit der er gleichzeitig den Direktkandidaten und die Wahlliste der zugehörigen Partei wählt, was seinen Freiheitsgrad mindert und die Direktionsmacht der Parteigremien erhöht.
- Der Chef der Verwaltung, der in Nordrhein-Westfalen Gemeinde-,

Stadt- oder Kreisdirektor hieß, wurde nicht direkt durch das Volk, sondern durch den Gemeinderat oder Kreistag gewählt.
- Erster politischer Repräsentant der Gemeinde war der ebenfalls indirekt gewählte Vorsitzende der Volksvertretung, der in Nordrhein-Westfalen missverständlich »Bürgermeister« oder »Oberbürgermeister« hieß.

Das Kontrastmodell ist die »Bürgerverfassung« in Baden-Württemberg und Bayern, die ihrerseits zwar durchaus verbesserungsfähig ist, aber doch vier charakteristische Merkmale einer bürgernahen Verfassung aufweist:

- Es gibt dort bei der Wahl der kommunalen Volksvertretungen keine starren, sondern flexible Wahllisten. Die Bürger haben mehrere Stimmen und können die Reihenfolge der Kandidaten durch Häufeln von Stimmen (Kumulieren) verändern, Namen streichen und andere hinzufügen (Panaschieren).
- Sperrklauseln gibt es nicht.
- Die Bürgermeister werden nicht durch den Gemeinderat gewählt, sondern direkt vom Gemeindevolk.
- Das Volk besitzt die Möglichkeit, Sachentscheidungen durch Bürgerbegehren und Bürgerentscheid an sich zu ziehen und anstelle des Gemeinderats selbst zu entscheiden.

Wie die Erfahrungen in Baden-Württemberg und Bayern zeigen, ergibt sich aus diesen vier Elementen eine hohe Durchlässigkeit des Systems für den »common sense« der Bürger, also mehr Bürgerpartizipation (Demokratie), aber auch mehr politische Handlungsfähigkeit (Repräsentation) der direkt gewählten Gemeindeorgane.[2] Zugleich werden die Parteien auf ihre eigentliche grundgesetzliche Rolle (Art. 21 GG) zurückgedrängt, nur bei der politischen Willensbildung *mit*zuwirken (statt sie völlig zu beherrschen). Dieser Effekt wird in *Baden-Württemberg* noch dadurch verstärkt, dass die Wahl der Bürgermeister von der Gemeinderatswahl zeitlich abgekoppelt ist: Die Wahl des Bürgermeisters erfolgt auf acht Jahre, die Wahl des Gemeinderats auf fünf Jahre; in Bayern dagegen werden beide auf sechs Jahre gewählt. Hinzu kommt, dass in Baden-Württemberg eine eventuelle Parteizugehörigkeit der Kandidaten bei der Bürgermeisterwahl nicht

öffentlich (zum Beispiel auf Wahlplakaten und Wahlzetteln) genannt werden darf. Die Folge: In Baden-Württemberg gehören mehr als 50 Prozent der Bürgermeister keiner Partei an. Und auch die Bürgermeister mit Parteibuch nehmen eine eher distanzierte Stellung gegenüber ihrer Partei ein, um in ihrer Rolle als Repräsentanten aller Bürger ernst genommen zu werden.[3] Natürlich sind auch sie auf die Zusammenarbeit mit Parteien (und kommunalen Wählergemeinschaften) angewiesen. Dennoch gibt es keine vergleichbaren Inhaber von politischen Positionen in der Bundesrepublik, die ein derartiges Maß an Unabhängigkeit von den Parteien besitzen wie direkt gewählte Bürgermeister. Umgekehrt zwingt die »Salbung durch das Volk ... den Bürgermeister, sich ständig dort rückzukoppeln, an den Bürger zu appellieren, für ihn zuständig und überall greifbar zu sein«.
Parteipolitische Ämterpatronage, die in den Kommunen ansonsten besonders verbreitet ist, ist in Baden-Württemberg und Bayern, wo der Bürgermeister seit langem direkt gewählt wird, nach übereinstimmender Bekundung der Fachliteratur[4] deutlich geringer, weil der volksgewählte Bürgermeister andernfalls befürchten müsste, bei der nächsten Wahl die Quittung zu erhalten. Ämterpatronage wird ja doch meist bekannt und von der großen Mehrheit der Bürger entschieden verurteilt. (Bei Wahl durch den Gemeinderat gefährdet der Verwaltungschef dagegen umgekehrt seine Wiederwahl, wenn er den Patronagewünschen der Fraktionen *nicht* entspricht.) Auch die politische Steuerungsfähigkeit der Kommunen insgesamt, die sich etwa in der Fähigkeit niederschlägt, den Haushalt auszugleichen, ist, wie Gerhard Banner, der langjährige Vorstand der Kommunalen Gemeinschaftsstelle für Verwaltungsvereinfachung, dargelegt hat, in süddeutschen Kommunen deutlich größer als in Ländern mit anderer Gemeindeverfassung.[5]
Mit der Zurückführung des allseits beklagten übermäßigen Einflusses der Parteien und mit der Wiedereinsetzung der Bürger in ihre demokratischen Rechte wird auch das Aufkommen politischer Gruppierungen außerhalb der etablierten Parteien erleichtert. Der Einfluss so genannter kommunaler Wählergemeinschaften steigt, weil bei ihnen weniger Parteifunktionäre als angesehene Persönlichkeiten zum Zuge kommen, was die Wähler honorieren, wenn ein Persönlichkeitswahlrecht ihnen dazu die Möglichkeit gibt. In Baden-Württemberg und Bayern, wo die Wähler immer schon die Wahllisten durch Kumulieren

und Panaschieren verändern können, spielen kommunale Wählergemeinschaften seit langem eine wichtige Rolle, und die »Freien Wähler« haben beispielsweise auch in Rheinland-Pfalz mit der Einführung der flexiblen Listen bei den Kommunalwahlen, der Direktwahl der Bürgermeister und Landräte und der Zulassung von Bürgerbegehren und Bürgerentscheid einen Aufschwung genommen.

Diese Länder sind auch dadurch gekennzeichnet, dass es dort – anders als beispielsweise in Nordrhein-Westfalen und Hessen, wo vor Jahrzehnten eine radikale Gebietsreform kleinere Gemeinden völlig beseitigt hat – noch viele kleine Gemeinden gibt, in denen die Wählergemeinschaften seit eh und je die besten Chancen haben. Das ist auch ein Grund dafür, dass Wählergemeinschaften beispielsweise in Schleswig-Holstein eine große Rolle spielen; in kreisangehörigen Gemeinden haben sie bei der Kommunalwahl 1998 47 Prozent aller Mandate in den Gemeindevertretungen errungen[6] (siehe auch S. 132 f.).

Dass Wählergemeinschaften in den genannten Ländern eine so große Rolle spielen, kommt der örtlichen Demokratie in hohem Maße zugute. Denn kommunale Demokratie lebt von unterschiedlichen, je auf die besonderen Gegebenheiten der Gemeinde bezogenen politischen Entscheidungen. Parteien tendieren aber zur Einebnung der Unterschiede[7] und begründen damit die Gefahr eines »parteipolitischen Zentralismus«.[8] Die Grundentscheidungen der politischen Parteien haben wenig örtliche Orientierung, sondern gehen von gesamtgesellschaftlichen und damit gesamtstaatlichen Zielsetzungen aus, die sie auch einheitlich durchsetzen wollen. Das aber widerspricht dem Grundgedanken der kommunalen Selbstverwaltung. Demgegenüber sind kommunale Wählergemeinschaften aufgrund ihrer Konzentration auf ihre jeweilige Gemeinde sehr viel besser in der Lage, sich an deren Besonderheiten auszurichten.

An der Übernahme der süddeutschen Gemeindeverfassung hatte die politische Klasse in anderen Ländern wenig Interesse, weil sie die Dominanz der Parteien, insbesondere bei der Mandats- und Postenvergabe, schwächt. Dennoch hat die Bürgerverfassung in den letzten Jahren einen beispiellosen Siegeszug erlebt.

Die Direktwahl der Bürgermeister ist inzwischen in allen deutschen Flächenstaaten gesetzlich vorgesehen, ebenso die Möglichkeit von Bürgerbegehren und Bürgerentscheiden, während flexible Listen mit Kumulieren und Panaschieren bei der Wahl des Gemeinderats erst in einem Teil der Länder eingeführt sind; auch die Sperrklausel ist noch nicht überall beseitigt.

Beispiel 2: Direktwahl des Ministerpräsidenten

Die Direktwahl der Oberbürgermeister und Landräte in Großstädten und Kreisen kann Vorbild auch für die Wahl von Ministerpräsidenten sein. Kleine Bundesländer wie das Saarland oder die Stadtstaaten Hamburg und Bremen sind kaum größer als Großstädte wie München und Köln. Berücksichtigt man weiter, dass die Hauptfunktion der Bundesländer – genau wie die der Städte und Gemeinden – in der Ausführung fremder Gesetze besteht, liegen Anleihen bei der Kommunalverfassung in der Tat besonders nahe. Ein Blick auf die Schweizer Kantone weist in dieselbe Richtung.

Bei Direktwahl des Ministerpräsidenten wäre uns der Skandal um Gerhard Glogowski in Niedersachsen erspart geblieben, weil er von vornherein wahrscheinlich gar nicht gewählt worden wäre. Und ob sein Nachfolger, Sigmar Gabriel, vom Volk gewählt worden wäre, ist ungewiss. In jedem Fall hätte er dann die für kraftvolles Regieren nötige demokratische Legitimation.

Ein direkt gewählter Ministerpräsident könnte Reformen in Gang bringen, die bisher als unrealistisch gelten. Er könnte mit einem glaubwürdigen Programm zur Reform der Verwaltung Wahlen gewinnen und hätte dann die Legitimation, die Reform notfalls auch gegen den Widerstand der öffentlichen Bediensteten (innerhalb und außerhalb des Parlaments) und ihrer Gewerkschaften durchzuführen – ähnlich wie der erste direkt gewählte Oberbürgermeister von Offenbach, Gerhard Grandke, sich die Legitimation für seine durchgreifende Sanierung der städtischen Finanzen aus der Wahl durch die Bürger geholt hat.

Bemerkenswert ist in diesem Zusammenhang, dass die vergleichende Forschung starke Belege dafür liefert, dass Präsidialregime zu geringeren Staatsausgaben neigen.[9] Die französische Erfahrung mit ihrer V. Republik, mit der 1958 ein Präsidialsystem eingerichtet und die vorher völlig aus dem Ruder gelaufenen Staatsfinanzen rasch saniert wurden, scheint also kein Einzelfall zu sein, ebenso wenig das Gelingen der großen Steuerreform durch Ronald Reagan in den Vereinigten Staaten, die allerdings nur auf der Basis der »tax revolt«-Stimmung möglich wurde, die durch den erfolgreichen Volksentscheid in Kalifornien geschaffen worden war (siehe S. 329). Die Steuerreform hat zum zehnjährigen Florieren der amerikanischen Wirtschaft und der – früher für utopisch gehaltenen – totalen Beseitigung der Nettokreditaufnahme auf Bundesebene, ja der Erwirtschaftung sogar eines Überschusses, beigetragen.

Ein direkt gewählter Ministerpräsident könnte eine Kampagne für eine durchgreifende Reform der Schulen und Hochschulen des Landes führen und sie nach seiner Wahl auch wirklich durchsetzen. Direkt gewählte Ministerpräsidenten könnten also das bewirken, wozu verbeamtete Parteien und Parlamente – mangels Distanz zur Verwaltung und zum öffentlichen Dienst – nicht in der Lage sind, weder bei Aufstellung des (Wahl-)Programms noch später bei den politischen Entscheidungen. Direkt Gewählte wären ihren Wählern verpflichtet und niemandem sonst. Sie würden sich auch im Bundesrat weniger leicht parteipolitisch gleichschalten und zu einer machtpolitisch bedingten Blockade hinreißen lassen. Sie wären eher bereit, aus dem (rechtlich ja meist gar nicht verbindlichen) Länderverbund auszuscheren und im Interesse ihrer Bürger weiterführende Innovationen zu wagen.

Würde der Ministerpräsident in einem deutschen Bundesland direkt gewählt und hätten die Bürger die Möglichkeit, bei Landtagswahlen ihre Stimmen auf bestimmte Personen zu häufeln und auch andere Namen hinzuzufügen (wie bei den süddeutschen Kommunalwahlen), würden nicht nur die Gewaltenteilung und die Verantwortlichkeit der Amtsträger wiederhergestellt, sondern insgesamt mehr Handlungsfähigkeit und mehr Bürgernähe der Politik ermöglicht; auch das freie Mandat würde automatisch wieder Effektivität erlangen, weil die Parlamentarier sich persönlich profilieren und nicht mehr geschlossen die Regierung stützen müssten.

Die Auswahl des Spitzenpersonals durch das Volk erhält umso größeres Gewicht, als andere Wege der Bürgermitwirkung weitgehend verstopft sind: Die Hoffnung auf parteiinterne Mitwirkung, auf die Leibholz setzte, hat sich nicht erfüllt, weder quantitativ noch qualitativ (siehe oben S. 250 ff.). Auch die Vorstellung von Wahlen als Quasi-Abstimmungen über Sachfragen und inhaltliche Programme hat sich als Fiktion erwiesen. Welcher Bürger weiß schon, wofür die Parteien, die sich im Übrigen immer mehr angleichen, in der Sache noch stehen? Die Parteien neigen ja dazu, sich im Wahlkampf um klare Sachaussagen herumzudrücken. Selbst Schumpeters radikale Verkürzung der Bürgerfunktion auf die Auswahl der Führungspersonen ist auf die angloamerikanische einfache Mehrheitswahl gemünzt und bleibt bei unserem deutschen Verhältniswahlsystem oft Illusion. Die eigentliche Entscheidung, wer die parlamentarische Mehrheit bildet und Regierung und Regierungschef stellt, trifft bei uns regelmäßig eine Hand voll politischer »Elefanten« in Koalitionsverhandlungen *nach* den Wahlen, und oft geben die Führer kleiner Parteien letztlich den Ausschlag. Sind aber alle bisher angebotenen Partizipationswege Sackgassen, die nicht zum Ziel führen, erscheint es nur konsequent, dem Bürger einen neuen Weg zu eröffnen und ihm mit der Direktwahl des Ministerpräsidenten eine echte Personalauswahl in die Hand zu geben.

Der Vorschlag, den Ministerpräsidenten als Spitze der Exekutive direkt vom Volk wählen zu lassen, den ich seit längerem befürworte,[10] geht auf einen der Väter der deutschen Politikwissenschaften, Theodor Eschenburg, zurück. Er wurde in jüngerer Zeit von Kennern der Landespolitik wieder aufgegriffen, so vom Direktor des Bundesrats, dem früheren niedersächsischen Landesminister Georg-Berndt Oschatz, vom früheren niedersächsischen Landtagsdirektor Hans-Horst Giesing und vom früheren Präsidenten der Berliner Humboldt-Universität, dem Staatsrechtslehrer Hans Meyer. Die »Frankfurter Intervention«, eine parteiübergreifend zusammengesetzte Gruppe von bekannten Wissenschaftlern, Politikern und Journalisten, hat sich den Vorschlag zu Eigen gemacht. Auch die österreichische Reformdiskussion hat ihn aufgegriffen.

Die Entmachtung der Landesparlamente, der krasse Rückgang ihres Einflusses und die Verschiebung der Gewichte immer stärker hin zu den Landesregierungen und den Ministerpräsidenten, die von ihren Parlamenten gerade in den Landesdomänen, der Ausführung von Bundesgesetzen und der bundespolitischen Mitgestaltung im Bundesrat, nicht mehr wirksam kontrolliert werden, lassen es als immer schiefer und inadäquater erscheinen, wenn nur das politisch weitgehend entleerte Parlament, nicht aber der eigentliche Träger der Landesgewalt, die Regierung und insbesondere der Ministerpräsident als Regierungschef, durch direktdemokratische Wahlen legitimiert und kontrolliert wird. Die Kastrierung der Landesparlamente einerseits und die Aufwertung der »Landesfürsten« – bei gleichzeitig ungenügender parlamentarischer Kontrolle – andererseits verlangen umso mehr nach entsprechenden verfassungsstrukturellen Konsequenzen, als die Länder im Bereich der Landesverfassungen und des Wahlrechts weitgehende Autonomie besitzen und diese zu innovativen Verbesserungen nutzen könnten und nutzen sollten.

Dass auf diese Weise das Parlament geschwächt würde,[11] ist schlicht falsch, obwohl dieses suggestive Argument bei den Verteidigern des bestehenden Systems besonders beliebt ist.[12] Der Landtag verliert zwar die Kompetenz, den Ministerpräsidenten zu wählen; doch diese Kompetenz ist ohnehin eine rein formalrechtliche.[13] Wer Ministerpräsident wird, bestimmen tatsächlich entweder die Wähler – insofern haben die Landtagswahlen bereits jetzt eine Art plebiszitären Charakter – oder, bei Koalitionsregierungen, einige wenige politische Elefanten, deren Vorentscheidungen von Fraktionen und Parteien dann in aller Regel nur noch abgenickt werden. Bei vorzeitigem Ausscheiden von Ministerpräsidenten aufgrund von Skandalen, aus gesundheitlichen Gründen oder gelegentlich auch durch konstruktives Misstrauensvotum pflegt die Vorentscheidung über die Nachfolge erst recht in der Hand kleiner Kungelrunden zu liegen.

Im Falle der Direktwahl des Ministerpräsidenten würde das Parlament im Gegenteil aufgewertet. Dem Regierungschef stände ein selbstbewusster Landtag gegenüber. Die Parlamentsmehrheit würde aus ihrer Abhängigkeit von der Regierung befreit. Denn in Wahrheit ist es im parlamentarischen System ja nicht das Parlament, das die Richtung bestimmt und die Regierung kontrolliert, sondern es ist umgekehrt die Regierung, die – wie Alexander Solschenizyn treffend bemerkt hat – ihre Fraktion (oder – im Falle der Koalitionsregierung – ihre Fraktion*en)* unter Kontrolle hält.[14] Die Parlamentsmehrheit und die Masse ihrer Abgeordneten werden so zum bloßen Anhängsel der Regierung. Eine wirksame öffentliche Kontrolle der Regierung durch das Parlament, das heißt vor allem durch seine Mehrheit, die das Sagen hat, gibt es nicht mehr. Dieser »dem parlamentarischen System immanente Gefolgschaftszwang« würde wegfallen,[15] wenn die Parlamentsmehrheit die Regierung nicht mehr wählen und an der Macht halten müsste. Die Parlamentsmehrheit (und damit auch das Parlament insgesamt) würde an politischer Freiheit gewinnen und könnte in viel stärkerem Maße als bisher zu einem eigenständigen politischen Machtfaktor werden. Das käme der Gewaltenteilung und der wirksamen Kontrolle der Regierung zugute, die sich dann auch auf grundsätzliche Fragen bezöge. Bisher liegt die »Richtlinienkontrolle« in der Praxis bei der Opposition.[16]

Insofern führen die überkommenen Begriffe völlig in die Irre: In der so genannten parlamentarischen Demokratie ist das Parlament nicht etwa besonders stark. Wegen der machtpolitischen Verkopplung der Parlamentsmehrheit mit der Regierung ist das Parlament vielmehr ausgesprochen schwach, viel schwächer als in der so genannten Präsidialdemokratie, bei der das Volk die Regierungsspitze direkt wählt und das Parlament in der Regel sehr viel selbstbewusster und kontrollfreudiger ist als im parlamentarischen System.[17]

Auch der Einwand, das Regieren werde unmöglich, wenn die Parlamentsmehrheit einer anderen Partei (oder anderen Partei*en*) angehöre als der Ministerpräsident,[18] trifft nicht zu. Das zeigen schon die Erfahrungen anderer Präsidialdemokratien, zum Beispiel der USA, wo das Regieren unterschiedlicher Parteien im Präsidentenamt und im Kongress (»divided government«) inzwischen fast die Regel ist. Auch das vorbildliche Funktionieren der süddeutschen Kommunalverfassung, einer Art Präsidialverfassung auf lokaler Ebene, die in den Neunzigerjahren auch von allen anderen Flächen-Bundesländern übernommen wurde, widerlegt die Befürchtung. Hier regiert die Exekutivspitze häufig ebenfalls mit einer anders gepolten Mehrheit in der Kommunalvertretung, ohne dass es zu größeren Unzuträglichkeiten kommt. Es wäre nur wichtig, dass das Landtagswahlrecht personalisiert wird und dadurch die Bereitschaft der Abgeordneten, Kompromisse um der Sache willen einzugehen, tendenziell erhöht wird. Angesichts der geringen Bedeutung der Landesgesetzgebung könnte darauf äußerstenfalls sogar für einige Zeit verzichtet werden. Das hat der Gießener Staatsrechtslehrer und Richter am Bundesverfassungsgericht Brun-Otto Bryde klar herausgestellt: »Wenn es hart auf hart geht, braucht man auf Landesebene« schon im bisherigen System »eine Mehrheit nur für die Wahl der Regierung« (die in unserem Reformmodell aber gerade durch das Volk erfolgt) »und für die Verabschiedung des Haushalts, im Übrigen lässt sich in den Ländern für eine gewisse Zeit auch ohne Parlament regieren. Langjährige Minderheitsregierungen im Saarland, in Hamburg und nunmehr auch in Sachsen-Anhalt haben das belegt«.[19] Im Notfall lässt sich selbst ohne Haushaltsbeschluss des Parlaments regieren: Die Landesverfassungen treffen für diesen Fall durchweg Vorsorge im Wege des so genannten Nothaushaltsrechts (für den Bund: Art. 111 GG).

Die Direktwahl des Ministerpräsidenten und andere Reformen der Landesverfassung stehen in einem gewissen Zusammenhang zur Reform des bundesrepublikanischen Föderalismus. Umstritten ist allerdings, welche Art von Zusammenhang dies ist. Der Politikwissenschaftler Herbert Schneider meint beispielsweise, man könne den Landesparlamenten den Verlust, »den sie durch Abschaffung der Wahl des Ministerpräsidenten erlitten«, nur zumuten, »wenn im Zuge eines stärkeren Konkurrenzföderalismus die Länder Zuständigkeiten zurückerhielten, die Gesetzgebungsfunktion der Landesparlamente wieder aufgewertet und damit ein Ausgleich für den Verlust ihrer Wahlfunktion geschaffen würde«.[20]

Dabei bleiben aber zwei Fragen offen:

1. *Wollen* die Landesparlamente denn wirklich mehr Gesetzeskompetenzen oder ist ihnen der schleichende Entzug von Verantwortung im Lauf der vergangenen Jahrzehnte nicht vielleicht insgeheim ganz recht gewesen?[21] Und weiter:
2. *Können* die Länder die Verantwortung übernehmen oder bedarf es dafür als Voraussetzung nicht vorab einer großen Landesverfassungsreform? Gab es nicht in der Vergangenheit auch in der Sache gute Gründe dafür, dass den Ländern die Gesetzgebungskompetenzen entzogen und auf den Bund übertragen wurden? Dafür sprechen in der Tat manche schlechten Erfahrungen mit Produkten der Gesetzgebung, als diese noch in der Hand der Länder lag.[22]

In Wahrheit dürfte es also umgekehrt sein: Eine grundlegende Reform der Landesverfassung ist Vorbedingung für die Rückübertragung von Gesetzeskompetenzen auf die Länder, und eine solche Rückübertragung muss man – entgegen manchen öffentlichen Erklärungen – dann vielleicht gegen die Interessen von Berufspolitikern in den Ländern durchsetzen. Die Landesverfassungsreform hat also Vorrang, und zwar in doppelter Hinsicht: nicht nur als Bedingung für den Erfolg einer bundesweiten Föderalismusreform, sondern auch in Bezug auf die praktische Durchsetzbarkeit. Eine Landesverfassungsreform könnte

im Wege der Volksgesetzgebung erfolgen, also an den Eigeninteressen der politischen Klasse in den Parlamenten vorbei.
Die Frage, ob auf Bundesebene eine Präsidialverfassung nicht dem bestehenden parlamentarischen System vorzuziehen wäre, soll hier nicht behandelt werden, schon wegen ihrer praktischen Irrelevanz. Wir beschränken uns ausdrücklich darauf, ein »präsidiales« System auf Landesebene vorzuschlagen, weil eine solche Reform auf Landesebene wirklich durchsetzbar erscheint, und wollen zu der ganz anderen Situation auf Bundesebene hier keine Ausführungen machen. Das wäre ein neues großes Thema. Die Frage wurde bei der Konzeption des Grundgesetzes im Parlamentarischen Rat diskutiert. Anträge auf Einrichtung eines Präsidialsystems stellten die beiden FDP-Abgeordneten Thomas Dehler und Max Becker. Als es im Hauptausschuss zur Grundsatzentscheidung zwischen parlamentarischem und präsidialem Regierungssystem kam, stimmten von achtzehn Abgeordneten elf gegen den Antrag, zwei dafür, und fünf enthielten sich der Stimme.[23] Immerhin täte eine tabufreie Diskussion auch hier vielleicht ganz gut. Es ist bekannt, dass das parlamentarische System die dominante Rolle der politischen Parteien fördert,[24] während das Präsidialsystem das Gegenteil bewirkt. Wer ernsthaft den Parteienstaat zurückdrängen will, wird – ebenso wie den Übergang zu einem Wahlrecht mit flexiblen Listen oder zur Mehrheitswahl – auch diesen Ansatz prüfen müssen.

Beispiel 3: Reform des Wahlrechts der Volksvertretungen

Das Wahlrecht zu den Volksvertretungen nimmt eine Schlüsselstellung ein, wenn es darum geht, die Institutionen so auszugestalten, dass Politik leistungsfähig und bürgernah wird.[25] Der Parlamentarische Rat hat die Schlüsselrolle des Wahlrechts für die weitere Verfassungsentwicklung klar gesehen. Kaum ein Thema wurde seinerzeit so ausführlich behandelt wie dieses.[26] Vor allem hat das Wahlrecht große Auswirkungen auf die Rolle der politischen Parteien und bestimmt ihr Gewicht im Verhältnis zum Volk. Ein Verhältniswahlrecht mit starren Listen stärkt die Parteien und begünstigt die Entwicklung hin zum Parteienstaat. Von daher kann die Behauptung von Gerhard

Leibholz,[27] die Entscheidung über das Wahlsystem habe keine große Bedeutung, nur als gezielter Versuch verstanden werden, die von ihm propagierte Entwicklung hin zum Parteienstaat als unausweichlich vorgegeben hinzustellen.

Bei der Verhältniswahl mit starren Listen entscheiden parteiinterne Gremien letztlich darüber, wer ins Parlament gelangt. Das hat zur Folge, dass die Nominierungsgremien und erst recht die informellen Vorentscheider für die politische Durchschnittskarriere weit wichtiger sind als die Masse der Bürger. Für den kandidierenden Politiker besteht deswegen wenig Anreiz zur Verstärkung von Bürgerkontakten, viel Anreiz dagegen zum Ausbau der innerparteilichen Verbindungen. Die derzeitigen Spielregeln der Macht sind also einer Verstärkung der Bürgernähe der Parteipolitik und ihrer Träger alles andere als förderlich.

Es gibt mehrere Möglichkeiten, diese Fehlentwicklung einzudämmen. Hier sollen unter anderem die beiden Hauptalternativen vorgestellt werden: die Verhältniswahl mit flexiblen Listen und die Mehrheitswahl.

Verhältniswahl mit flexiblen Listen: Kumulieren und Panaschieren

In süddeutschen Kommunen haben die Wähler seit langem die Möglichkeit, ihre Stimme auf bestimmte Kandidaten zu häufeln (Kumulieren) und auch andere Kandidaten zu wählen (Panaschieren). Die Möglichkeit des Kumulierens und Panaschierens ist neben Baden-Württemberg und Bayern inzwischen auch in Niedersachsen, Rheinland-Pfalz, Hessen und in den fünf neuen Ländern eingeführt worden. Sie sollte nicht nur überall auf kommunaler Ebene, sondern auch auf Bundes- und Landesebene übernommen werden, wie dies auch Bundespräsident Herzog in seiner Rede zum fünfzigsten Jahrestag der Bundesrepublik empfohlen hat.[28] Dann hinge es auch von der Attraktivität der Kandidaten ab, wie viele Stimmen sie erhielten. Damit hätten die Parteien ein unmittelbares Eigeninteresse an der Präsentation guter Leute. Die Parteigremien könnten es sich gar nicht mehr leisten, Parteisoldaten allein wegen ihrer parteiinternen Verdienste mit einem Mandat zu belohnen.

Damit hätte automatisch ein sehr viel größerer Kreis von Personen als bisher eine Chance, darunter auch solche, die sich die zeitraubende und mobilitätshemmende parteiinterne Ochsentour nicht leisten können. Die Partei müsste also im Interesse ihres eigenen Erfolgs um möglichst gute Leute werben. Zugleich könnte ein sehr viel größerer Kreis von Menschen an den Entscheidungen darüber mitwirken, wer ins Parlament kommt. An der Kandidatenaufstellung, die oft auch schon über die Wahl entscheidet, ist jetzt innerhalb der Parteien nur der Bruchteil eines Prozents der wahlberechtigten Bevölkerung beteiligt. (Da die Amtsinhaber ihre Position sowohl bei der Nominierung als auch bei den Wahlentscheidungen durch eine Fülle von rechtlichen und faktischen Vorkehrungen, die sie in eigener Sache getroffen haben, zu massiven Wettbewerbsvorteilen ausgebaut haben, die Herausforderern oft keine reelle Chance lassen und sie häufig schon im Vorfeld entmutigen, wird der Einfluss des Normalbürgers gegenwärtig noch weiter minimiert.) Wenn die Wähler wirklich unter verschiedenen Kandidaten auswählen können, können sie nicht nur die Nominierungsentscheidungen der Parteien korrigieren, sondern indirekt und per Vorwirkung auch Einfluss auf diese nehmen. Wenn die Anzahl der Sitze, die die Parteien bekommen, von den Stimmen abhängt, die für ihre Kandidaten abgegeben werden, werden sie das ebenfalls bei der Nominierung berücksichtigen und solche Personen stärker als bisher bevorzugen, für die sie besondere Akzeptanz in der Bevölkerung erwarten.

Dann ließen sich übrigens auch die hochproblematischen »Parteisteuern« kaum aufrechterhalten, weil sich das Verhältnis zwischen Partei und Kandidat tendenziell umkehren würde: Nicht der Kandidat müsste der Partei dankbar sein für seine Aufstellung, vielmehr müsste umgekehrt die Partei dem Kandidaten dafür dankbar sein, dass er sich zur Verfügung stellt. Gegenüber selbständigen und ihrer Fähigkeit bewussten Abgeordneten aber wären die Parteisteuern wohl nicht mehr durchzusetzen.

Ein solches mehr personal ausgerichtetes Wahlrecht wäre zur Sicherung der politischen Handlungsfähigkeit geradezu unerlässlich, wenn es zur Direktwahl des Ministerpräsidenten käme. Denn der könnte einer anderen Partei angehören als die Mehrheit des Parlaments und müsste deshalb in der Lage sein, mit wechselnden Mehrheiten zu regieren. Das wäre aber mit stark parteilich ausgerichteten Abgeordneten, die versucht wären, den direkt gewählten Regierungschef allein aus Gründen parteilicher Machtpolitik auszuhebeln, nur schwer zu machen. Solche Abgeordneten gehen typischerweise aus starren Listenwahlen hervor. Als Person gewählte Abgeordnete würden dagegen eher sachorientiert denken und wären eher bereit, im Interesse der Sachpolitik von Fall zu Fall Bündnisse einzugehen.

Variable Zahl von Parlamentsabgeordneten – abhängig von der Wahlbeteiligung

Nach geltendem Wahlrecht ist die Größe des Parlaments vorgegeben; wie viele Kandidaten aufgrund von Wahlen Mandate erwerben und ins Parlament einziehen, ist von der Zahl der Wähler, das heißt von der Höhe der Wahlbeteiligung, völlig unabhängig.[29] Auch der Umfang der gesamten Staatsfinanzierung der Parteien ist von den Wählern nicht zu beeinflussen. Selbst mit Enthaltungen bei der Wahl können sie nichts ausrichten. Die Parteien haben es so eingerichtet, dass sie auch bei niedriger Wahlbeteiligung stets das mögliche Maximum bekommen.

Das hat fatale Auswirkungen: Den Wählern fehlen Sanktionen gegen Maßnahmen der politischen Klasse als Ganzes, so kritikwürdig diese auch sein mögen. Zugespitzt ausgedrückt: Die Regierung kann sich alles leisten, wenn es ihr nur gelingt, auch die Opposition mit ins Boot zu holen und mitverantwortlich zu machen, oder wenn die Opposition aus anderen Gründen noch schlechter dasteht als die Regierung. Denn dann wird dem Wähler die Möglichkeit genommen, die Regierung durch Wahl der Opposition politisch zu »bestrafen« und sie so für Fehlentscheidungen wirklich verantwortlich zu machen.[30]

Solange man glaubte, auf das Funktionieren des Regierungs-Oppositions-Mechanismus vertrauen zu können, waren derartige Fragen noch kein Thema; erst die Erkenntnis, dass die Steuerung durch politischen Wettbewerb weitgehend versagt, hat die Augen für diese Problematik geöffnet.

Eine sinnvolle Regelung könnte darin bestehen, die Anzahl der Mandate nach der Höhe der Wahlbeteiligung zu bestimmen. Die Größe des Parlaments ist dann nicht vorgegeben, sondern richtet sich – innerhalb eines bestimmten Rahmens – nach der Zahl der Wähler. Das wäre auch gar nichts völlig Neues. Schon in der Weimarer Republik hing die Gesamtzahl der Reichstagsmandate von der Zahl der abgegebenen Stimmen ab und variierte von Wahlperiode zu Wahlperiode. Auf je 60 000 Stimmen entfiel etwa ein Mandat.[31] Das hätte zur Folge, dass die Wähler eine zusätzliche Möglichkeit der Einflussnahme erhielten, und zwar eine Einflussnahme, die die politische Klasse insgesamt träfe: Durch Wahlenthaltung könnten sie die Zahl der zur Verfügung stehenden Mandate verkleinern. Seit Max Weber wissen wir ja, dass die politische Klasse sich durch Vorenthaltung von Posten sehr viel entscheidender getroffen fühlt als durch programmatische Zurücksetzungen. Das würde dann auch die Anreize für die politische Klasse verstärken, der Politikerverdrossenheit der Bürger entgegenzuwirken.

Der »Bürgerbonus«: Politikfinanzierung von unten

In eine ähnliche Richtung geht das Konzept des so genannten Bürgerbonus, das auf den Politikwissenschaftler Theodor Eschenburg zurückgeht.[32] Danach sollte jeder Wahlberechtigte einen Gutschein über einen bestimmten (für alle gleichen) Betrag erhalten, den er an eine Partei seiner Wahl oder auch an eine anerkannte gemeinnützige Einrichtung wie das Rote Kreuz oder amnesty international schicken kann, die dann berechtigt sind, diesen Gutschein beim Staat einzulösen. Damit wären die Wahlberechtigten Herren über die Parteienfinanzierung und könnten – falls Parteien sich durch ihr Programm, durch Skandale oder auf andere Weise unglaubwürdig machen – auch innerhalb der Wahlperiode und lange vor der nächsten Wahl durch Vorenthaltung des Gutscheins Verstöße entsprechend ahnden. Die Höhe des durch Gutscheine erzielten Betrags könnte vom Bundestag für eine Wahlperiode festgelegt werden. Diese Art der Finanzierung würde die Stellung der Wähler, also des Souveräns in der Demokratie, stärken und für die Parteien den Anreiz erhöhen, ihre Pflichten zu beachten und das Gebot der Ehrlichkeit und der Glaubwürdigkeit einzuhalten.[33]

Einen ähnlichen Vorschlag hatte die Parteienfinanzierungskommission in ihrem Bericht von 1983 entwickelt. Dabei sollen die Wähler im Wege einer zusätzlichen Finanzstimme entscheiden, welche Partei die staatliche Finanzierung (oder bestimmte Teile davon) erhält, wobei sie sich auch der Stimme enthalten und so das Gesamtvolumen der Staatsfinanzierung der Parteien vermindern können. Dadurch sollen

»die Parteien wieder an die Bürger« herangeführt werden, weil sie bei dieser Finanzierungsart »auf das Vertrauen der Bürger bei der Erfüllung ihrer staatspolitischen Aufgaben angewiesen« bleiben.[34] Dieser Vorschlag geht in dieselbe Richtung wie das vom Bundesverfassungsgericht anvisierte Modell, wonach die Höhe der Staatsfinanzierung von den eingeworbenen finanziellen Mitteln und Wählerstimmen abhängig gemacht werden sollte. Bloß haben die Schatzmeister diesen angestrebten Effekt durch eine spezielle, von ihnen ersonnene Ausgestaltung der Regelung vereitelt: Die Parteien erhalten zusammen stets den Höchstbetrag von derzeit 245 Millionen Mark jährlich – unabhängig von der Wahlbeteiligung (siehe S. 108).

Die zunehmende Basis- und Bürgerferne der politischen Klasse zwingt förmlich dazu, nach Instrumenten Ausschau zu halten, die die Parteien, wenn sie in den Genuss der Staatsmittel kommen wollen, von sich aus veranlassen, sich mehr um die Bürger zu kümmern und Bürgerferne abzubauen. Genau diese Wirkung könnte der Bürgerbonus haben. Er könnte die Parteien aus finanziellem Eigeninteresse dazu bringen, sich aus ihrer Bürgerferne zu lösen. Die Sinnhaftigkeit und Funktionsgerechtigkeit des Vorschlags ist allgemein anerkannt. Bei der Anhörung des Innenausschusses des Deutschen Bundestags am 21. November 1988 haben sich fünf der sechs angehörten Sachverständigen – in Auseinandersetzung mit möglichen Einwänden – nachdrücklich für die Einführung des Bürgerbonus ausgesprochen.[35] Dass die Empfehlung dennoch bei der großen Mehrheit des Bundestags nicht auf Gegenliebe stieß, liegt wieder einmal an den Eigeninteressen der politischen Klasse: Die Schatzmeister befürchteten mögliche finanzielle Ausfälle, und ihre Sekuritätsbedürfnisse behielten am Ende die Oberhand.[36]

Die Mehrheitswahl: Zurechenbare individuelle Verantwortung

Es gab in Deutschland vier historische Situationen, in denen das Mehrheitswahlrecht ausführlich diskutiert wurde: in der Paulskirche (1848/49), am Anfang der Weimarer Republik (1918/19), im Parlamentarischen Rat (1948/49) und in der Zeit der großen Koalition (1966 bis 1969).

Die Nationalversammlung in der Paulskirche hatte sogar ein (absolutes) Mehrheitswahlrecht (erforderlichenfalls mit zwei Wahlgängen) für die Wahl zum Volkshaus beschlossen.[37] Einschränkungen der Allgemeinheit und Gleichheit der Wahl bestanden nur insofern, als Unbescholtenheit verlangt wurde, die Wähler männlich und fünfundzwanzig Jahre alt sein mussten und keine Armenunterstützung aus öffentlichen Mitteln beziehen durften. Ein derart fortschrittliches Wahlrecht gab es damals – mit Ausnahme Frankreichs – in keinem anderen Land.[38] Dieses Wahlrecht, das zunächst nicht in Kraft trat (wie auch die Paulskirchenverfassung insgesamt), erlangte praktische Bedeutung, als der Norddeutsche Bund es 1866 übernahm und für die Wahl seiner Bundesversammlung in Kraft setzte;[39] von dort wurde es dann auch zum Wahlrecht des Reichstags im Deutschen Reich von 1871.[40] Die damalige Ausgestaltung hatte jedoch zwei Pferdefüße, die die Diskussion um das Mehrheitswahlrecht auch in Zukunft belasten sollten: Einmal wurde an der ursprünglichen Wahlkreiseinteilung festgehalten, obwohl Bevölkerungswanderungen dazu geführt hatten, dass in den Wahlkreisen industrieller Ballungszentren ein Vielfaches mehr Bürger lebten als in ländlichen Wahlkreisen.[41] Die Folge waren grobe Verzerrungen des Erfolgswerts der Stimmen, die den konservativen Kräften zugute kamen und die Sozialdemokratie benachteiligten. Im Jahre 1907 waren im Durchschnitt 28 000 Stimmen für ein Reichstagsmandat erforderlich, tatsächlich mussten jedoch die Konservativen nur 17 700, das Zentrum 20 800, die Sozialdemokraten dagegen 75 800 Stimmen aufbringen, um ein Mandat zu gewinnen.[42] Überdies führte das praktizierte Wahlrecht, statt zu zwei Parteien, zu einem Vielparteiensystem, und man schrieb dies – in Verkennung der Unterschiede zwischen absoluter und einfacher Mehrheitswahl – dem Mehrheitswahlsystem insgesamt zu. So wurde den Befürwortern der Mehrheitswahl in der Weimarer Nationalversammlung unter anderem von Hugo Preuß entgegengehalten, die Mehrheitswahl münde nicht notwendig in ein Zweiparteiensystem.[43]

Demgegenüber hatte Friedrich Naumann – ohne Erfolg – für das einfache Mehrheitswahlrecht plädiert (wie es zum Beispiel in Großbritannien und den Vereinigten Staaten praktiziert wird): Wohl sei das Verhältniswahlsystem das »äußerlich gerechteste Wahlsystem«, doch müsse an die Konsequenzen gedacht werden. Die Folge des Verhältniswahlsystems sei »die Unmöglichkeit des parlamentarischen Regierungssystems; parlamentarisches System und Proporz schließen sich gegenseitig aus. England, das Urbild des parlamentarischen Systems, beruht auf dem Zweiparteiensystem [...]. Wollen wir also darauf hinaus, uns nach dem englischen Zweiparteiensystem parlamentarisch zu regieren, so müssen wir das englische Wahlrecht annehmen, müssen wir uns gegen die Verhältniswahl aussprechen.«[44]

Im Parlamentarischen Rat traten nach anfänglichem Zögern vor allem CDU und CSU für die Einführung der relativen Mehrheitswahl ein. Hierauf übte die so genannte »Deutsche Wählergesellschaft« einen nicht unerheblichen Einfluss aus.[45] Besonders aufschlussreich ist die Auffassung einiger namhafter Abgeordneter des Parlamentarischen Rats, die sich zwar grundsätzlich für das Mehrheitswahlrecht aussprachen, damals die Zeit aber noch nicht für gekommen hielten. Dazu zählten die FDP-Abgeordneten, etwa Theodor Heuss, und besonders der profilierte Carlo Schmid (SPD). Heuss formulierte so:

> »Das Mehrheitssystem der einfachen Machtentscheidungen wird dann vielleicht sinnvoll, wenn wir *echte* Entscheidungen zu treffen haben. Das haben wir auf lange, lange hinaus nicht.«[46]

Carlo Schmid (SPD) nannte drei Voraussetzungen für die Einführung des Mehrheitswahlrechts: »einen gesunden sozialen Körper«, den Wegfall der Aufspaltung des Nordens in Sozialdemokratie und des Südens in christliche Union und die Aufhebung der alliierten Besatzungsherrschaft.[47]

Die im Parlamentarischen Rat damals geäußerten Gegengründe sind inzwischen entfallen. Die Bundesrepublik ist heute souverän, das Besatzungsstatut und die sonstigen alliierten Vorbehaltsrechte sind aufgehoben. Die Bundesrepublik hat wichtige Entscheidungen zu treffen, und ihr Problem besteht heute just in der – durch das Wahlsystem ganz wesentlich mitbedingten – Entscheidungsschwäche (»Reformblockade«). Von daher würde es in der gegenwärtigen Situation nahe liegen, die Väter des Grundgesetzes beim Wort zu nehmen und das einfache Mehrheitswahlrecht einzuführen.

Und auch der weitere Einwand, das Mehrheitswahlrecht führe nicht sicher zu einem Zweiparteiensystem,[48] trifft, wie man heute weiß, im Falle eines einfachen Mehrheitswahlrechts nicht zu.

Für die Chancenlosigkeit des einfachen Mehrheitswahlrechts in früheren geschichtlichen Epochen gab es Gründe, die über die bloßen

Eigeninteressen der politischen Klasse hinausgingen. 1918/19 wäre die erforderliche Neuzuschneidung der Wahlkreise in der knappen zur Verfügung stehenden Zeit wohl gar nicht möglich gewesen.[49] Gegen die Einführung der einfachen Mehrheitswahl sprach auch die Parteienstruktur. Im alten Deutschen (Bismarck-)Reich fehlte den Parteien die gemeinsame Plattform, wie sie in Großbritannien und den USA bestand: Diejenigen, die die damals bestehende Staats- und Gesellschaftsstruktur bejahten (Konservative und Nationalliberale), standen in fundamentalem Gegensatz zu denen, die sie von Grund auf reformieren wollten (Linksliberale, Sozialdemokraten und das katholische Zentrum, das jedoch mehr und mehr eine Position zwischen beiden Gruppen einnahm). Dieses Parteiensystem mit seinen fünf Traditionsparteien lebte in der Weimarer Republik fort. Auch der Gegensatz lebte fort, nur jetzt mit umgekehrten Vorzeichen: Sozialdemokraten, Demokraten und Zentrum bildeten den verfassungstreuen Flügel, Deutschnationale und Deutsche Volkspartei die Verfassungsopposition. Mit dem Aufkommen der faschistischen und der kommunistischen totalitären Parteien Anfang der Dreißigerjahre fehlte es erst recht an der für ein Zweiparteiensystem notwendigen gemeinsamen Basis. Die Einführung eines Mehrheitswahlrechts hätte – genau wie 1918/19 – möglicherweise einen Bürgerkrieg ausgelöst.

Eine ganz ähnliche Situation bestand zu Anfang der Bundesrepublik. In zentralen wirtschafts-, innen- und außenpolitischen Fragen unterschieden sich die beiden großen Parteien (Union und SPD) fundamental. Die großen Erfolge der Regierungskoalitionen in der Wirtschafts- und Sozialpolitik der Fünfzigerjahre brachten die SPD aber dazu, auf den Regierungskurs einzuschwenken (Godesberger Programm von 1959). Und umgekehrt übernahm die Union die Ostpolitik der seit 1969 SPD-geführten Bundesregierung. Entsprechendes ergab sich nach der Wiedervereinigung: Die SPD baute seit 1998 weitgehend auf der Wiedervereinigungs- und Europapolitik der Kohl-Regierung (1982 bis 1998) auf. Heute sind die Gegensätze weitgehend verschwunden. Beide große Parteien drängeln sich in der Mitte und versuchen diese zu besetzen. Die FDP hat kein davon grundsätzlich abweichendes Programm, und sogar die Grünen gehen seit ihren Regierungsbeteiligungen in den Bundesländern (ursprünglich Hessen und Nordrhein-Westfalen) und seit 1998 auch auf Bundesebene von ihren früheren Sonderthemen immer mehr ab.

Damit sind von der Parteienkonstellation her heute die Voraussetzungen für die Einführung von Mehrheitswahlen gegeben. Die Parteienlandschaft hat sich ganz von selbst in Richtung auf einen Zwei-Parteien-Block entwickelt. Der Union und der FDP stehen die SPD, die Grünen und wohl auch die PDS gegenüber. Die FDP hat sich allerdings als koalitionsfähig mit beiden großen Parteien erwiesen und diese Offenheit auf ihrem Parteitag im Frühjahr 2001 unterstrichen. Im Falle einer Einführung der Mehrheitswahl wäre zu erwarten, dass die kleineren Parteien und ihr Personal von den beiden großen integriert würden.

In der Diskussion im Parlamentarischen Rat wurden die Nachteile der starren Verhältniswahl klar und ohne falsche Rücksichten ausgesprochen. So hat die CDU/CSU später zusammenfassend festgestellt: Die einfache Mehrheitswahl sei »ein wirksames Mittel gegen alle Parteizersplitterung«, sie bringe »klare Regierungsverhältnisse ohne Koalitionsstreitigkeiten und ohne Kompromisse«, während es bei der Verhältniswahl die Parteibürokratie in der Hand habe, »Listen aufzustellen, auf denen nur die ... willfährigen und gehorsamen Kandidaten einen Platz angewiesen bekommen«.[50] Bei der Mehrheitswahl ist dies weniger wahrscheinlich, weil dort der Erfolg der Partei sehr viel mehr von der Attraktivität der von ihr präsentierten Kandidaten abhängt.

Eine weitere große Diskussionsrunde gab es in den Sechzigerjahren. Damals hatten sich Union und SPD bereits auf die Einführung der (einfachen) Mehrheitswahl geeinigt. Auch sechs der sieben Sachverständigen eines vom Bundesinnenminister berufenen »Beirats für Fragen der Wahlrechtsreform« votierten für die Mehrheitswahl.[51] Das Projekt scheiterte dennoch, und zwar aus rein machtpolitischen Gründen: Nachdem sich abgezeichnet hatte, dass die FDP bei der Wahl des Bundespräsidenten Gustav Heinemann mit der SPD zusammengehen würde, sah die SPD-Spitze die Möglichkeit zu einer SPD/FDP-Koalition nach der Bundestagswahl von 1969. Die SPD scherte deshalb in letzter Minute aus, so dass das Projekt Mehrheitswahl nicht mehr zustande kam. Aufschlussreich ist, dass damals in der Sache offenbar weitgehende Einigkeit bestand – ähnlich wie 1948/49, als Carlo Schmid, Theodor Heuss und die FDP nur situationsbedingte, inzwischen nicht mehr zutreffende Einwände erhoben hatten.

Vorwahlen: Die Wähler nominieren ihre Kandidaten selbst

Ein strukturelles Hauptproblem der bundesdeutschen Politik sind die personellen Auswahlmechanismen. Die parteiinterne Ochsentour, in den großen westlichen Parteien regelmäßige Voraussetzung für ein Parlamentsmandat, begünstigt die Rekrutierung nach Nicht-Leistungskriterien; bevorzugt werden »Zeitreiche« und »Immobile«. Parteiinterne Verbindungen und Seilschaften sind entscheidend; die Wähler haben keinen oder nur sehr eingeschränkten Einfluss auf die Auswahl des politischen Personals, das ihnen deshalb auch nicht wirklich verantwortlich ist. Darin liegen wichtige Gründe, warum wir dafür plädieren, den Wählern personale Auswahlmöglichkeiten zu geben (wie dies die verfassungsrechtlich gebotene Unmittelbarkeit der Wahl, genau genommen, ja auch verlangt), sei es durch Kumulieren oder Panaschieren von Stimmen, sei es durch Mehrheitswahlen. Das gibt den Bürgern nicht nur die Möglichkeit, unter den aufgestellten Kandidaten auszuwählen, sondern veranlasst – indirekt und per Rückwirkung – auch die Parteigremien, bei Aufstellung der Kandidaten die vermuteten Wählerwünsche stärker zu berücksichtigen.
Darüber hinaus ist es auch möglich, die Bürger unmittelbar an der Aufstellung der Kandidaten zu beteiligen und so den Parteien das Nominierungsmonopol aus der Hand zu nehmen. Ein Instrument dazu sind so genannte Vorwahlen, wie wir sie aus den Vereinigten Staaten für Wahlen zum Kongress und zu den Staatenparlamenten kennen. An diesen Vorwahlen können sich auch Personen beteiligen, die keine Parteimitglieder (nach deutschem Verständnis der Parteimitgliedschaft) sind. Zu unterscheiden sind gebundene und offene Vorwahlen. An *gebundenen* Vorwahlen können nur diejenigen teilnehmen, die sich zu der betreffenden Partei bekennen. Dies geschieht (von Staat zu Staat verschieden) entweder durch Registrierung bei der Eintragung zur Hauptwahl oder durch Abgabe einer Erklärung oder eidesstattlichen Versicherung, in der der Wähler bekundet, mit der betreffenden Partei im Allgemeinen zu sympathisieren oder (wiederum von Land zu Land verschieden) zu beabsichtigen, sie in Zukunft bei der Wahl zu unterstützen oder sie in der Vergangenheit unterstützt zu haben[52] (so insgesamt in achtunddreißig Staaten und dem District of Columbia). An *offenen* Vorwahlen kann jeder Wahlberechtigte – unabhängig von seiner Parteibindung – teilnehmen, allerdings nur bei *einer* Partei. Das

Wahlgeheimnis erstreckt sich hier auch auf die Entscheidung des Wählers, an wessen Vorwahl er sich beteiligt hat (so insgesamt in neun Staaten).

Auch hier bedarf es eines Vorschlags, damit Bewerber auf die Stimmzettel kommen. Wahlvorschläge können von den Parteien und von jedem Wahlberechtigten eingereicht werden. Das läuft auf eine Art Vor-Vorwahl hinaus.[53] Nur die von den beiden großen Parteien vorgeschlagenen Wahlbewerber werden automatisch in die Wahlliste eingetragen. Bei kleineren Parteien bedarf es zunächst der Feststellung der Parteieigenschaft (Vorliegen eines bestimmten Prozentsatzes bei den letzten Gouverneurswahlen). Einzelbewerber müssen Petitionen einreichen, die von 1 bis 5 Prozent der Wahlberechtigten unterzeichnet sind.[54]

Vorwahlen wurden in den USA in der Progressiven Ära – neben anderen Neuerungen – eingeführt, um die Macht der »Parteimaschinen« zu brechen. Im Jahr 1910 hatten siebzehn Staaten im Norden und Westen Vorwahlen vorgesehen, inzwischen gibt es sie in fast allen Staaten. Welche Wirkungen Vorwahlen tatsächlich besitzen, ist allerdings umstritten.[55] Indessen: Wenn die Partei nicht mehr ausschließlich über ihre Kandidaten entscheiden kann, dürfte die Übermacht der Parteien in der Bundesrepublik, ihre viel beklagte beherrschende Position, an der Wurzel getroffen werden. Vor allem die Macht der Funktionäre, insbesondere der amtierenden Mandatsträger, bei denen die Fäden bisher zusammenlaufen, würde relativiert. Sie wehren sich auch am entschiedensten gegen jede Öffnung des Nominierungsprozesses, durch welche ihre faktische Bestimmungsmacht über aussichtsreiche Wahlkreise und sichere Listenplätze beeinträchtigt würde.[56] Andererseits ist gerade die Dominanz dieser innerparteilichen Machtgruppen besonders problematisch, und wirksame Gegengewichte sind in hohem Maße indiziert. Derart radikale Reformvorschläge sind bislang zwar immer noch mit einem »Exotenimage« behaftet, eine politpsychologische Barriere, die allerdings durch beharrliche Diskussion innerhalb und außerhalb der Parteien allmählich wohl gesenkt werden kann. Insofern verdient der im April 2000 geäußerte Vorschlag von Franz Müntefering, des Generalsekretärs der SPD, Vorwahlen auch in Deutschland einzuführen, bleibende Beachtung.[57]

Ziel: Wiederherstellung der Verfassungsgrundsätze

Die vorgenannten Vorschläge zur Reform des Verfassungssystems der Bundesrepublik Deutschland sind geeignet, die Not leidenden Verfassungsgrundsätze wiederherzustellen. Darin liegt ja der eigentliche Sinn der strukturellen Reformen.

Gewaltenteilung

Die Einführung der Direktwahl der Exekutivspitze würde die Gewaltenteilung zwischen Parlament und Regierung wiederherstellen. Darüber besteht in der staatsrechtlichen Literatur Einigkeit.[58]

Freies Mandat der Volksvertreter

Wie wir wissen, ist der Grundsatz des freien Mandats unter bestimmten Umständen auch in der Praxis weitgehend verwirklicht:

- In baden-württembergischen Kommunen und in anderen Kommunen, in denen die süddeutsche Ratsverfassung mit ihren Merkmalen des Kumulierens und Panaschierens bei der Ratswahl, der Direktwahl der Bürgermeister und der Möglichkeit des Bürgerbegehrens und Bürgerentscheids inzwischen eingeführt worden ist.
- In der Schweiz auf allen Ebenen. Kennzeichen der Schweizer Verfassung sind Kumulieren und Panaschieren bei den Parlamentswahlen auf allen drei Ebenen (Gemeinden, Kantone, Bund) und ein stark plebiszitäres Element (»halbdirekte Demokratie«).
- In den beiden Häusern der USA (Merkmale: Direktwahl, Präsidialdemokratie und schwache Parteien).

Daraus ist der Schluss zu ziehen, dass bei Direktwahl des Exekutivchefs, also bei Einführung des Präsidialsystems, und starken Einschlägen des Persönlichkeitswahlrechts bei der Wahl der Volksvertretung (entweder Mehrheitswahl oder flexible Listenwahl) die Voraussetzungen für eine Wahrnehmung des freien Mandats geschaffen werden. Wer das freie Mandat wirklich will, muss für entsprechende konstitutionelle Änderungen eintreten. Einige Autoren, die das freie Mandat besonders hochhalten und seine Beeinträchtigung kritisieren, aber

den systemischen Zusammenhang nicht erfasst haben, stehen seit Jahrzehnten hoffnungslos an der Klagemauer. Das gilt besonders ausgeprägt für Hildegard Hamm-Brücher. Sie steht sozusagen vor einer verschlossenen Tür, ohne zu sehen, wo der Schlüssel liegt, mit dem man sie öffnen könnte.
Das freie Mandat ist deshalb besonders wichtig, weil es nur dann für eigenständige, initiative, gedankenreiche und selbstbewusste Abgeordnete lohnt, sich um ein Mandat zu bewerben, wenn sie auch laut und offen sagen können, was ihre Vorstellungen und Ideen sind, ohne sich damit ins politische Abseits zu bugsieren. Genau dies wird durch die derzeit in der Bundesrepublik auf Bundes- und Landesebene erzwungene »Fraktionsdisziplin« praktisch weitgehend unmöglich gemacht.

Demokratieprinzip

Auch hinsichtlich des Demokratieprinzips könnte der Übergang zur Direktwahl der Exekutivspitzen und der Einbau von Persönlichkeitselementen bei der Wahl der Volksvertretungen erhebliche Verbesserungen schaffen. Wenn die Bürger Einfluss auf die Auswahl der Personen haben, könnte zugleich auch das Übel der innerparteilichen Ochsentour aufgebrochen werden. Das Auswahlverfahren würde offener. Dann hätten die Parteien ihrerseits großes Interesse daran, Frauen und Männer aufzustellen, die für die Wähler wirklich attraktiv sind. Denn nur über diese könnte dann auch die Partei Stimmen und Sitze erwerben. Könnten die Gewählten sich unmittelbar auf das Vertrauensvotum ihrer Mitbürger stützen, würde das auf beiden Seiten demokratiefördernde Kräfte freisetzen. Die Repräsentanten würden »gehoben«, und die Bereitschaft der Repräsentierten würde gestärkt, notfalls auch einschneidende politische Entscheidungen mitzutragen.

Freie und unmittelbare Wahlen

Da starre Listen entfallen, sind es nicht mehr parteiinterne Gremien, die über den Einzug der Kandidaten ins Parlament entscheiden, sondern in viel größerem Maß die Wähler selbst. Damit sind die Grundsätze der Freiheit und der Unmittelbarkeit der Wahl der Abgeordneten wiederhergestellt.

Handlungsbedarf: Die Abwendung der Bürger vom bestehenden System

Die Mängel der realexistierenden bundesdeutschen Demokratie und die Vorzüge der hier vorgeschlagenen Reformen werden von der Mehrheit der Bevölkerung durchaus gesehen. Auch ihr ist die Lücke zwischen Norm und Wirklichkeit längst aufgefallen. Das gilt besonders für die Jugend und wird durch demoskopische Umfragen sehr deutlich bestätigt. Ein großer Teil der Befragten steht dem derzeitigen System insgesamt und vielen seiner Erscheinungsformen skeptisch bis ablehnend gegenüber. Kaum die Hälfte hält unsere Demokratie für fähig, die bestehenden Probleme zu lösen.[59] Bestimmte Erscheinungsformen der bundesrepublikanischen Wirklichkeit werden ganz entschieden zurückgewiesen:

- Der überwiegende Teil der Deutschen lehnt die Fraktionsdisziplin und die dadurch eingeschränkte Freiheit des Abgeordnetenmandats ab.[60]
- Mehr als die Hälfte weist die bestehende Praxis zurück, dass Regierungsmitglieder oft gleichzeitig noch ein Abgeordnetenmandat ausüben.[61]
- Die Mehrheit der Bevölkerung begegnet der beherrschenden parteiinternen Stellung der Abgeordneten auf Kreis- beziehungsweise Unterbezirksebene (die für die Wiedernominierung entscheidend ist und den parteiinternen Wettbewerb zugunsten der Mandatsinhaber verfälscht) mit Misstrauen.[62]
- Die große Mehrheit der Bevölkerung begrüßt es, jetzt die Bürgermeister und Landräte direkt wählen zu können, und würde auch den Ministerpräsidenten ihres Landes lieber direkt wählen.
- Insgesamt stoßen die Konstruktionsprinzipien des präsidentiellen Regierungssystems, bei welchem das Volk den Regierungschef und das Parlament wählt und damit echte Gewaltenteilung herstellt und dem freien Mandat wieder Raum gibt, auf sehr viel größere Akzeptanz als der real existierende Parlamentarismus der Bundesrepublik.
- Rund zwei Drittel der Bevölkerung treten für die Einführung direktdemokratischer Elemente auf Bundesebene und für die Erweiterung dieser Elemente auf Landes- und Kommunalebene ein.

- Die große Mehrheit ist für die Einführung eines neuen Wahlsystems, das dem Bürger mehr Einfluss auf die Nominierung und die Auswahl seiner Parlamentsabgeordneten gibt.

Die Ablehnung des bestehenden politischen Systems durch große Teile der Bevölkerung kann in seiner Bedeutung gar nicht überschätzt werden. Sie beeinträchtigt die Glaubwürdigkeit und letztlich auch die Handlungsfähigkeit der Politik; denn diese beruht zu einem guten Teil auf dem Glauben der Bevölkerung in die Legitimität des Systems, der aus ihm hervorgegangenen Politiker und der aus ihm erwachsenen Politik.[63]
In den demoskopischen Daten spiegelt sich mit großer Klarheit viererlei:

- das Zurückbleiben der Wirklichkeit hinter dem von den Bürgern gewünschten Sollzustand;
- die Systembedingtheit dieser Diskrepanz von Soll und Ist und daraus folgend:
- die Ablehnung des real existierenden parlamentarischen Systems, sowohl insgesamt als auch in einzelnen Erscheinungsformen, und
- die Bevorzugung eines Alternativsystems, das den Bürgern mehr Einfluss gibt und die Handlungsfähigkeit der Politik stärkt.

Will man den bestehenden Zustand verbessern und an die Norm annähern, so gilt es, das System grundlegend zu ändern. Das haben wir oben bereits anhand einer Verfassungsanalyse ermittelt. Die dort gewonnenen Ergebnisse finden nun – jedenfalls der großen Richtung nach – in den Vorstellungen der Bürger ihre Bestätigung. Verfassungsanalyse und »Parallelwertung in der Laiensphäre« stimmen im Großen und Ganzen überein. Mit Friedrich Schiller ist man fast versucht zu formulieren: »Der Mensch in seinem dunklen Drange ist sich des rechten Weges wohl bewusst.«
Die dargestellte Bestandsaufnahme wird durch eine Richtung der Politikwissenschaft voll bestätigt, die in umfangreichen demoskopischen Erhebungen die Einstellung der Bevölkerung zum Parlamentarismus ermittelt hat. Sie stellt fest,

- dass das Regierungssystem nicht bieten kann, was die Bürger von ihm erwarten,
- dass aus der Diskrepanz zwischen Wunsch und Wirklichkeit eine latente Verfassungskrise entstanden ist und
- dass eine Anpassung an die Wünsche der Bürger nur zu erreichen ist, wenn die Spielregeln geändert werden, also die Verfassungsordnung umgebaut wird.[64]

Jene Lehre zieht aus dieser Diagnose aber eine geradezu groteske Konsequenz: Statt daraus die nahe liegende Therapie abzuleiten, das System müsse geändert werden, empfiehlt sie allen Ernstes, die Bürger zu manipulieren und umzuerziehen: Man müsse die Einstellungen der Bürger durch politische »Bildung« verändern, ihren Erwartungshorizont senken und sie so mit dem tatsächlichen Funktionieren des bestehenden parlamentarischen Systems versöhnen. Es gelte, »an den Schulen und in den Massenmedien immer wieder politische Bildungsarbeit zu leisten, die die Bürger von ihren Kenntnislücken, Missverständnissen und Vorurteilen kuriert«.[65]

Es geht dieser politikwissenschaftlichen Richtung letztlich allein darum, das System zu erhalten. Um diese Linie einigermaßen plausibel zu machen, behauptet sie, »unsere Institutionen hätten sich im Wesentlichen bewährt«.[66] Um das auch theoretisch zu belegen, wird das real existierende parlamentarische System der Bundesrepublik dadurch überhöht, dass die Vorzüge des britischen Systems, also der Mutter des Parlamentarismus, in das deutsche hineininterpretiert werden, obwohl viele der Mängel unseres Systems gerade darin ihren Grund haben, dass es vom britischen System abweicht. Das bundesrepublikanische System leidet daran, dass die politische Verantwortlichkeit, die das britische System kennzeichnet, bei uns gerade fehlt (siehe S. 62 f.). Umgekehrt wird davor gewarnt, die Einführung der Direktwahl der Ministerpräsidenten müsse zu einem »fundamentalen Systemwechsel hin zum präsidentiellen Regierungssystem« führen.[67] Doch das ist in Wahrheit gar kein Einwand, sondern nur die logische Konsequenz. Wenn Verbesserungen nur durch einen Systemwechsel möglich sind, muss ein solcher eben ins Auge gefasst werden. Wichtige Grundsätze würden im präsidentiellen System eben besser erfüllt. Doch das ist denjenigen, die das bestehende System aufrechterhalten wollen, ein Dorn im Auge. Der Politikwissenschaftler Werner Patzelt

versucht deshalb das präsidentielle System gezielt abzuwerten, indem er es kurzerhand für »antiquiert« erklärt.[68] Dabei lässt er aber völlig außer Acht, dass genau dieses System mit Direktwahl der Verwaltungsspitze auf kommunaler Ebene seit langem mit großem Erfolg in Süddeutschland praktiziert wird und erst kürzlich einen Siegeszug durch ganz Deutschland angetreten hat; inzwischen ist es mit gewissen Modifikationen in allen Flächenländern eingeführt. Von Antiquiertheit kann also keine Rede sein.
Genauso schief wird bei der Rechtfertigung der einzelnen Bestandteile des bestehenden Systems argumentiert. Die Fraktionsdisziplin und die daraus resultierende Einschränkung des freien Mandats sucht Patzelt mit dem Bild gleichberechtigter Abgeordneter zu beschönigen und wendet sich gleichzeitig gegen die (in den Köpfen der Menschen verbreitete) Vorstellung, Fraktionsdisziplin werde von oben verhängt. Dabei unterdrückt er aber die parlaments- und parteiinternen Hierarchien, die viele Abgeordnete genauso entmachteten wie die Wähler (siehe S. 276 ff.). Stattdessen wird die starke parteiinterne Stellung der Parlamentsabgeordneten auf regionaler und Bezirksebene hervorgehoben, ohne dabei aber die Verkrustungen zu nennen, die daraus resultieren, dass die starke Stellung der Amtsinhaber den fairen parteiinternen Wettbewerb um die Nominierung zu ihren Gunsten und zu Lasten von möglichen Herausforderern schwer beeinträchtigt (siehe S. 267 f.). Statt das System zu verändern und die Lücke zwischen Norm und Wirklichkeit zugunsten einer Annäherung an die Normen zu verringern, sollen den Bürgern ihre Werte durch politische Umerziehung ausgetrieben werden. Merken die Befürworter solcher Vorschläge nicht, wie sehr sie sich autoritären Vorstellungen nähern?

Aus Erfahrung klug: Wenn der Parlamentarische Rat heute tagen würde

Den Entscheidungen des Parlamentarischen Rats lagen bestimmte Vorstellungen zugrunde, aus denen man bis zu einem gewissen Grad ableiten kann, welcher Auffassung er wäre, wenn er unter den heutigen Verhältnissen eine Verfassung zu entwerfen hätte; zumindest kann man Argumente zusammentragen, die – trotz mancher Lücken – im Ergebnis ein gewisses Gesamtbild plausibel machen.

Der Parlamentarische Rat hatte eine gesunde Skepsis gegenüber den politischen Parteien und brachte dies an zahlreichen Stellen zum Ausdruck, etwa dadurch, dass er den Parteien zwar – in durchaus positiver Form – einen Artikel im Grundgesetz widmete, ihnen dabei allerdings nur die Funktion zuwies, bei der politischen Willensbildung des *Volkes mit*zuwirken,[69] nicht also an der staatlichen Willensbildung, und auch bei der des Volkes ging es nicht ums Beherrschen (siehe oben S. 313). Eine Staatsfinanzierung der Parteien kam für den Parlamentarischen Rat nicht in Betracht. Er konnte das heutige System der Staatsfinanzierung damals nicht einmal in seinen ärgsten Träumen erahnen. Der Parlamentarische Rat sah im Bundesrat,[70] in der Bundesregierung, im öffentlichen Dienst und in der Justiz[71] sowie im Grundsatz des freien Mandats der Abgeordneten[72] gewisse Widerlager gegen eine zu weit gehende Parteienherrschaft. Ein Vorschlag, wonach der Bundespräsident, sein Stellvertreter, der Bundeskanzler und die Bundesminister qua Verfassungsverbot nicht gleichzeitig Parteiführer sein dürften, wurde ausführlich diskutiert. Er fand im Ergebnis zwar keine Mehrheit, die Erörterung zeigte aber: Der Parlamentarische Rat setzte bei den Amtsträgern des Staates ein gesteigertes Maß an repräsentativem Verhalten als gegeben voraus. Dies galt besonders für Regierungen; diese seien gekennzeichnet vom »Geist der Kontinuität und Stabilität, des ruhigen Abwägens durch Staatsmänner, die in ihren Kabinetten aktiv wirken, und durch solche, die auf lange Erfahrungen zurückblicken und von sich aus gestaltend mit eingreifen«.[73] Gleichzeitig war man sich der Gefahren eines überzogenen Parteienstaats noch nicht voll bewusst. Jedenfalls wurden wirksame Gegenmittel gegen Parteienmissbrauch abgelehnt, besonders Direktwahlen von Exekutivspitzen,[74] das Mehrheitswahlrecht[75] und Elemente der direkten Demokratie. Da gleichzeitig die hohen Erwartungen in repräsentatives Verhalten von Amtsträgern nicht erfüllt wurden (und auch das Korrektiv des politischen Wettbewerbs nur eingeschränkt funktionierte), musste es fast zwangsläufig zu den geschilderten Fehlentwicklungen kommen. Immerhin war hinsichtlich der Mehrheitswahl etwa von Carlo Schmid (SPD) und Theodor Heuss (FDP) signalisiert worden, dass sie nur die damalige Zeit noch nicht für reif hielten, grundsätzlich aber für ihre Einführung waren; die CDU/CSU war ohnehin dafür. Und hinsichtlich Volksbegehren und Volksentscheid hatte selbst Theodor Heuss, der die schärfsten Worte dagegen gefunden hatte, zu verstehen gegeben, er könnte sich ihre Einführung nach Konsolidierung der Bundesrepublik durchaus vorstellen. Später waren solche Reformen allerdings nicht mehr durchsetzbar, weil sie quer zu den Eigeninteressen der nunmehr etablierten Akteure standen. Vor dem Hintergrund der seinerzeitigen Äußerungen spricht alles dafür, dass der Parlamentarische Rat nach den Erfahrungen der letzten fünfzig Jahre heute vermutlich massive Vorkehrungen gegen Parteienmissbrauch ins Grundgesetz einbauen würde, die wahrscheinlich in die von uns dargelegte Richtung gehen würden. Das gilt besonders, wenn man berücksichtigt, welches Gewicht er dem Grundsatz der Gewaltenteilung beimaß, der durch die strukturellen Fehlentwicklungen in besonderer Weise ausgehebelt, durch unsere Vorschläge aber weitgehend wiederhergestellt wird.

14 Den Stein ins Rollen bringen: Wie Systemreformen durchzusetzen sind

Von den Schwierigkeiten der Durchsetzung

Wie sollen Deformationen, die auf jahrzehntelangem Wirken von Eigeninteressen der politischen Klasse beruhen, behoben werden können? Werden dieselben Interessen sich nicht auch gegen Reformen vehement zur Wehr setzen? Das Durchsetzungsproblem stellt sich besonders bei Wahlrechtsänderungen. Fast noch nie hat ein Parlament die Kraft aufgebracht, ein Wahlrecht, nach dem es selbst gewählt worden ist, zu reformieren – es sei denn, zur Verfestigung der Stellung der Etablierten. Das Problem von Entscheidungen des Parlaments in eigener Sache wird hier besonders deutlich. Das Wort Roman Herzogs, dass Reformen in der Bundesrepublik heute weniger ein Erkenntnisproblem als vielmehr ein Umsetzungsproblem sind, gilt auch bei der Durchsetzung eines besseren Wahlrechts, ja, es scheint bei Fragen der Struktur und Verfahrensweise der politischen Willensbildung erst recht zu gelten.

In der Bundesrepublik geht es ganz konkret um die Ablösung des starren Listenwahlrechts. Seine Flexibilisierung durch Kumulieren und Panaschieren ist schon schwer genug. So plädieren zum Beispiel in Nordrhein-Westfalen die CDU und die Grünen auf kommunaler und auf Landesebene schon seit Jahren für ein Wahlrecht nach dem Vorbild des baden-württembergischen Kommunalwahlrechts, und beide Parteien hatten schon bisher rechnerisch die Mehrheit im Landtag (und seit der Wahl 2000 haben sie mit der FDP zusammen, die die gleiche Forderung vertritt, erst recht die Mehrheit).

Aber die SPD ist dagegen, und den Grünen ist die machtorientierte Koalitionsräson offenbar wichtiger als die Realisierung ihres Programms. Bezeichnenderweise machte auch die CDU keine Anstalten, das Thema im letzten Landtagswahlkampf herauszustellen. So reicht die halbherzige Befürwortung durch die einen nicht aus, die ganzherzige Blockade durch die anderen zu überwinden.

Noch viel schwerer allerdings ist die Ersetzung des bestehenden Listenwahlrechts durch die (einfache) Mehrheitswahl.

Dazu der Politikwissenschaftler Theodor Eschenburg:

> »Wenn aber erst einmal ein Proporzwahlrecht oder ein System, das Proporzelemente enthält, eingeführt ist, fällt es schwer, dies wieder abzuschaffen, weil sich dagegen nicht nur die kleinen Parteien wehren, sondern alle, die nicht die sichere Chance zu haben glauben, die relative Mehrheit in der Mehrzahl der Kreise zu erreichen. Sie fürchten, dass sie durch Änderung des Wahlrechts die Chance ihrer Wiederwahl verlieren. Über das jeweilige Wahlrecht befinden nur die Gewählten und in erster Linie unter dem Aspekt ihrer Wiederwahl; sie stöhnen zwar gewaltig und auch vielfach zu Recht unter dieser Last, aber sie wehren sich verbissen und verschlagen dagegen, dass diese ihnen von einer anderen Partei oder auch von einem anderen Mitglied ihrer eigenen Partei abgenommen wird.«[1]

Das Problem der Durchsetzung von Strukturreformen, die quer zu den Eigeninteressen der politischen Klasse stehen, ist keinesfalls auf das Wahlrecht beschränkt; es stellt sich auch bei der Reform anderer »Regeln des Machterwerbs« besonders nachhaltig. Es wäre deshalb sicher zu kurz gegriffen, wollte man die Defizite allein mittels moralischer Appelle an die einzelnen Akteure oder an die politische Klasse insgesamt beheben. Gleichwohl sind die Probleme so groß, klafft die Lücke zwischen Herausforderungen und politischer Handlungsfähigkeit so weit, dass wir uns mit dem resignierenden Befund mangelnder Reformfähigkeit nicht abfinden können und wollen.

Eine Verfassungsordnung, die es den politischen Akteuren bis zur Unmöglichkeit erschwert, das Gemeinwohl durchzusetzen, hat auf Dauer keine Zukunft. Der bekannte amerikanische Politikökonom Mancur Olson hat die Gültigkeit dieser ehernen Wahrheit in seinem 1982 veröffentlichten Buch *Aufstieg und Niedergang der Nationen* über die geschichtlichen Epochen und die Völker und Kontinente hinweg verfolgt. Hier liegt eine große institutionelle Herausforderung für Deutschland. Wenn es zutrifft, dass »challenge and response«, Herausforderungen und Antwort, den Takt der geschichtlichen Entwicklung bestimmen, dürfen wir vielleicht nicht mehr viel länger mit der Entwicklung von Antworten auf die heutige institutionelle Herausforderung warten, wenn wir in Freiheit überleben wollen.

Jean-Jacques Rousseau begann – angesichts der Verkrustungen des Feudalismus – sein berühmtes Buch *Contrat social* im Jahre 1762, also am Vorabend der Französischen Revolution, mit dem Satz: »Das Volk ist frei geboren, ist frei – und liegt doch überall in Ketten.« Diese Fesseln streifte das Volk kurz darauf eruptiv ab – mit aller Übertreibung und Brutalität, die Revolutionen meist mit sich bringen. Der Freiherr vom Stein hat durch seine Städteordnung von 1808 die kommunale Selbstverwaltung eingeführt und dadurch Kräfte der Selbstentfaltung freigesetzt, die es ermöglichen sollten, die unerhörten Verkrustungen des preußischen Feudalsystems aufzubrechen, die alle Kräfte gelähmt hatten und durch die Niederlage gegen die napoleonischen Heere offenbar geworden waren.

Bewusste und gewollte Änderungen des Systems pflegen allerdings auf besonders große Widerstände zu stoßen. Üblich sind schleichende, über längere Zeiträume sich erstreckende Wandlungsprozesse, deren man sich, während sie stattfinden, kaum bewusst wird und die man erst in zeitraffender Rückschau deutlich erkennt. Dieser Wandel findet nicht unbedingt in ausdrücklichen Änderungen der Verfassungen, Gesetze und Geschäftsordnungen seinen Ausdruck, sondern vollzieht sich häufig durch Verschiebungen der Verfassungswirklichkeit oder, wie man auch sagt, der politischen Kultur. Die faktischen Größen: die Akteure, die Verfahrensweisen, die Medien, ihre Auseinandersetzung, ändern sich; es kommt – häufig bei gleichen oder nur wenig veränderten Rechtstexten – zu Gewichtsverschiebungen und neuen Konstellationen, die die Wirkungsweise und die Ergebnisse des Systems sozusagen unter der Hand beeinflussen und in mehr oder weniger großem Umfang ändern können.

Führt man sich vor Augen, welch lange Zeit derartige Veränderungen des Systems benötigt haben, wie sehr sie auf einem allmählichen Gewöhnungs- und Anpassungsprozess vieler Beteiligter (und zum Teil auch auf deren Interessen) beruhen, so wird richtig deutlich, mit welchen Schwierigkeiten Systemreformen zu rechnen haben, die nicht nur die bisherigen Entwicklungstendenzen umkehren, sondern auch die Änderungen umbruchartig, also bewusst und sehr viel rascher bewerkstelligen wollen. Schaut man sich in der Geschichte des eigenen Landes und in anderen Ländern und deren Geschichte um,[2] so zeigt sich, dass Systemreformen nur in bestimmten Situationen und auf bestimmte Weisen zustande kommen.

Zu grundlegenden Reformen kann es kommen, wenn grobe Missstände die vitalen Interessen breiter Schichten[3] berühren, ins öffentliche Bewusstsein dringen, ein weit verbreitetes Gefühl der Unzufriedenheit schaffen[4] und dafür bestimmte Personen oder Gruppen von Personen verantwortlich gemacht werden können, die die Macht besitzen[5] und möglicherweise ihrerseits von den Missständen sogar noch profitieren. Die daraus resultierende moralische Entrüstung ist wichtig zur politischen Mobilisierung, die wiederum für die Durchschlagskraft der Protestbewegung entscheidend ist und so etwas wie eine innere Kraftquelle darstellt.[6] Zugleich müssen Alternativen erkennbar sein und öffentlich diskutiert werden, die Verbesserungen versprechen und möglichst eine Fortentwicklung bisheriger institutioneller Entwicklungstrends darstellen.[7] Die Mobilisierung der Bevölkerung und die Ausrichtung ihrer aus Enttäuschung und Erbitterung gespeisten Energien auf konstruktive Systemveränderungen ist wichtig. Dafür ist »muckraking« von besonderer Bedeutung: das Aufdecken und Skandalisieren von spektakulären Einzelfällen von Machtmissbrauch und Korruption.[8]

Reformbewegungen haben es typischerweise leichter in Ländern mit föderalistischer Struktur, weil es eher möglich ist, Reformbereitschaft in einem einzelnen Gliedstaat hervorzurufen und die Änderungen – im Falle des erwiesenen Erfolges – dann auf andere Gliedstaaten und den Zentralstaat zu übertragen. Bundesstaaten erlauben also Experimente in kleinem Maßstab, was die Chancen von Reformen erhöht, auch weil es die Risiken vermindert und so ein schrittweises Durchführen von Reformen erlaubt.[9] Interessant ist auch die Beobachtung, dass die großen Reformphasen in den Vereinigten Staaten regelmäßig mit der Entwicklung neuer Medien- und Kommunikationsformen einhergingen, die die politische Mobilisierung erleichterten.[10] Dies ist besonders bemerkenswert, weil auch wir heute Zeugen des Aufkommens ganz neuer Medien sind, insbesondere des Internets.

Auch wenn die Unzufriedenheit und die Betroffenheit von der Krise vornehmlich untere Bevölkerungsschichten erfasst, bedürfen Reformen doch der Unterstützung durch einen Teil der Elite, die die Unzufriedenheit kanalisiert und möglichst in die produktive Richtung von Systemreformen lenkt.[11]

Um die lähmenden Verkrustungen in unseren Verfassungsinstitutionen aufzubrechen, ist eine Aktivierung des Volkes unerlässlich. Nur so können die heutigen Fesseln gesprengt werden. Hierbei sind drei Wege – an der alle Schlüsselstellungen beherrschenden politischen Klasse vorbei –, etwas zu bewirken, von besonderem Interesse:

- der Weg über Artikel 146 Grundgesetz, mit dem das Grundgesetz selbst eine Verfassungsablösung, also eine »Revolution ohne Revolution« vorsieht,
- die Gründung und Erstarkung von neuen Parteien, die den bisherigen Beine machen und eine Phase großer Reformen einleiten,
- die Durchführung von Volksbegehren und Volksentscheiden.

Natürlich ist auch eine Kombination mehrerer Alternativen, insbesondere der beiden letztgenannten möglich.

Frischer Wind durch Reformparteien?

Eine neue Partei könnte die nötigen institutionellen Reformen zu ihrem Programm machen, und das mit guten Erfolgsaussichten, denn das Potenzial an Bürgern, die sich bei den etablierten Parteien nicht mehr aufgehoben fühlen, ist inzwischen überall sehr groß. Doch bleiben gewaltige Wettbewerbsnachteile gegenüber den etablierten Parteien mit ihrem unendlichen Übergewicht an hauptberuflich finanzierten Personen, den organisatorischen Ressourcen und dem vielfältigen politischen Sachverstand. Diesen Altparteien stehen nicht nur die Parteiorganisationen selbst mit ihren hohen staatlichen Mitteln zur Verfügung, von denen jede neue Partei *vor* den Wahlen völlig ausgeschlossen ist, sondern auch die staatlicherseits hoch finanzierten Fraktionen, Parteistiftungen, die politischen und politisierten Beamten, Regierungsmitglieder und nicht zuletzt auch die von den bisherigen Parteien durchsetzten öffentlich-rechtlichen Medien. Sie alle würden versuchen, eine neue Partei mit allen Mitteln zu bekämpfen, und das Wort Weizsäckers, dass Politiker Spezialisten darin seien, wie man politische Gegner bekämpft, würde sich vielfach bestätigen. Auf dem völlig von den bisherigen Spielern beherrschten Feld wäre es selbst für eine Partei mit dem besten Programm und den besten Kandidaten schwer, als seriöser Mitspieler anerkannt zu werden. Neue Parteien müssen vielmehr damit rechnen, dass die Etablierten sie gezielt diffamieren und in eine Ecke zu stellen versuchen, nur um die lästigen Konkurrenten in den Augen der Wähler zu schwächen.

Die Hürden sind also hoch, der Wettbewerb nicht offen und chancengleich. Und doch – ganz aussichtslos erscheint das Unterfangen nicht, falls es gelingt, das organisatorische Problem einigermaßen in den Griff zu bekommen. Und gut und fruchtbar wäre es für unsere politische Landschaft allemal. In dem Maße, in dem neue Parteien ernst zu nehmen wären, zwängen sie schon im Vorfeld durch ihre bloße Existenz auch die bisherigen Parteien – bei Strafe der Minderung ihrer Macht –, die (vom Bürger honorierten) Anliegen zu kopieren. Diese indirekte Wirkung des politischen Wettbewerbs, die die alten Parteien veranlasst, wählerattraktive Programmpunkte einer neuen Partei zu übernehmen, wäre wohl der wichtigste Effekt solcher Parteigründungen. So hat auch die erfolgreiche Neugründung der Siebzigerjahre, die Grünen, inzwischen alle anderen Parteien dazu gebracht, dem Umweltschutz verstärktes Gewicht zu geben.

Volksgesetzgebung als Motor der Reformen

Ein zweiter Weg könnte darin liegen, die Möglichkeiten von Volksbegehren und Volksentscheid, die auf Landesebene bestehen, zur Durchsetzung institutioneller Änderungen – notfalls an den etablierten Parteien vorbei – zu nutzen und auf diese Weise auch bundesweit Zeichen zu setzen. Auf diese Weise ließen sich selbst Strukturreformen durchsetzen, denn in den meisten Ländern können Verfassungsänderungen zum Gegenstand der Volksgesetzgebung gemacht werden. Wenn Richard von Weizsäcker und andere wenig von direkter Demokratie halten, übersehen sie deren Reformpotenzial. Ohne Aktivierung des Volkes kann eine wirkliche Systemreform kaum zustande kommen. Appelle werden bloße Appelle bleiben, wie sich an Weizsäckers eigenen Reformvorschlägen belegen lässt:

Weizsäcker tritt für eine Begrenzung der Amtszeit von hohen Amtsträgern ein. In den USA sind derartige »term limits« auch für Abgeordnete seit kurzem ein großes Thema. Doch die Parlamentarier tun sich schwer, ihre eigene Amtszeit zu beschneiden. Wenn trotzdem inzwischen in vielen amerikanischen Staaten »term limits« nicht nur für

Gouverneure, sondern auch für Abgeordnete bestehen, so standen bezeichnenderweise just diejenigen Staaten an der Spitze der Reformbewegung, in denen die Bürger die Möglichkeit hatten, Gesetze und Verfassungsänderungen auch am Parlament vorbei durch Volksbegehren und Volksentscheid zu beschließen, und wo sie davon nachhaltig auch Gebrauch machten.

Ein zweites Beispiel: Weizsäcker kritisiert in seinem Gesprächsbuch von 1992, in Nordrhein-Westfalen sei es nicht gelungen, die Direktwahl der Bürgermeister und Landräte einzuführen, und nennt dies einen »klassischen Fall der Machtbehauptung von Parteizentralen«. Doch inzwischen wurde die Direktwahl von Bürgermeistern und Landräten in Nordrhein-Westfalen und in anderen Bundesländern eingeführt – die einzige große Strukturreform der Neunzigerjahre in der Bundesrepublik überhaupt. Wie konnte das gegen den Widerstand der politischen Klasse gelingen? Dies ist die eigentliche, die zentrale Frage.

Ausgangspunkt und eigentlicher Motor der Reformen war ein Referendum in Hessen im Jahr 1991, durch das die Direktwahl der Bürgermeister und Landräte eingeführt wurde. Initiator war der frühere Oberbürgermeister von Frankfurt am Main und damalige Ministerpräsident Walter Wallmann (CDU), der damit auch Punkte bei der anstehenden Landtagswahl sammeln wollte. Das hessische Referendum war zugleich der Startschuss für die Reform der Gemeinde- und Kreisverfassungen in anderen Ländern. Was die Politiker so unerhört beeindruckte, war die Höhe des Abstimmungsergebnisses: 82 Prozent der Abstimmenden hatten für die Direktwahl votiert. Dieses Ergebnis war derart überwältigend, dass in Nordrhein-Westfalen dann bereits die glaubhafte Drohung mit einem Volksbegehren durch den Vorsitzenden der dortigen Oppositionspartei, Norbert Blüm, und deren Generalsekretär, Herbert Reul (beide CDU), ausreichte, um den Widerstand der Regierungspartei SPD gegen die Reform der Gemeindeverfassung zu brechen. Um von der CDU in Sachen Demokratie nicht überholt zu werden, berief die Führung der nordrhein-westfälischen SPD einen Sonderparteitag ein, der frühere Parteitagsbeschlüsse widerrief und auch im größten deutschen Bundesland den Weg für die Reform freimachte. Ganz ähnlich war es im Saarland und in Schleswig-Holstein; in Niedersachsen ergriff der Oppositionsführer Wulff (CDU) – unter Drohung mit einem Volksbegehren – die Initiative, die der Ministerpräsident Gerhard Schröder (SPD) sogleich übernahm und auch, mit knapper Mehrheit, in seiner Partei durchsetzte.

Hier zeigt sich: Es gibt in allen deutschen Ländern einen Weg, auch an den (von den jeweiligen Mehrheitsparteien beherrschten) Parlamenten vorbei grundlegende Verbesserungen in der Struktur unserer politischen Willensbildung durchzusetzen, nämlich durch Volksentscheide. Mit ihnen können in vielen Ländern sogar die Landesverfassungen geändert werden. Dieser Möglichkeiten (oder zumindest der glaubhaften Drohung mit ihnen) können sich auch Parteiführer zur Verbesserung ihrer Wahlchancen bei Volkswahlen bedienen und damit Reformen auch gegen die Interessen der politischen Klasse durchsetzen.

Die Reform der Kommunalverfassungen belegt,

- wie die amtierenden Ministerpräsidenten und ihre Herausforderer sich des populären Themas (Einführung der Direktwahl) in der Vorwahlzeit sozusagen als »Material« bedienten, um bei den anstehenden Wahlen Punkte zu sammeln,
- wie es ihnen gelang, die parteiinternen Wiederstände zu überwinden, und
- wie sie dabei die Möglichkeiten der direkten Demokratie zur Realisierung der Reform nutzten.

Hier haben wir also ein Beispiel dafür, wie direktdemokratische Möglichkeiten den politischen Wettbewerb erhöhen und es dadurch der politischen Elite erleichtern, Reformen, die die Bürger wünschen, auch gegen den Widerstand der politischen Klasse durchzusetzen (siehe S. 209).[12]

Die Entwicklung hin zur Bürgerverfassung auf kommunaler Ebene wurde auch durch die bürgerschaftliche Revolution in der DDR und die davon mitbeeinflusste Verfassungsentwicklung in den neuen Ländern gefördert. In Rheinland-Pfalz kommt hinzu, dass die FDP sich in wechselnden Regierungskoalitionen, zunächst mit der CDU und dann mit der SPD, für die Einführung von Elementen der Bürgerverfassung auf kommunaler Ebene eingesetzt hatte. Auch das bayerische Volksbegehren und der bayerische Volksentscheid von 1995, initiiert von der Bürgergruppe »Mehr Demokratie«, mit dem die Möglichkeit von kommunalen Bürgerbegehren und Bürgerentscheiden gegen den massiven Widerstand der dortigen Regierungspartei eingeführt wurde, dürfte einige Schubkraft entfaltet und Widerstände gegen die Einführung derartiger direktdemokratischer Elemente auf kommunaler Ebene auch in anderen Ländern geschwächt haben. Bemerkenswert waren des Weiteren der Volksentscheid in Bayern, durch den der dortige Senat abgeschafft wurde, und der Volksentscheid zur Größe des Landtags, dessen bloße Androhung durch eine kleine, aber aktive Partei schon genügte, um die CSU dazu zu bringen, von sich aus eine Verkleinerung des bayerischen Landtags vorzuschlagen.

In Wahrheit ist der Siegeszug der süddeutschen Bürgerverfassung noch gar nicht zu Ende, denn ihr Grundgedanke lässt sich auch auf die Landesverfassungen übertragen. Gerade in den Bundesländern läge es, wie bereits dargelegt, nahe, den Ministerpräsidenten als Spitze der Verwaltung direkt wählen zu lassen, liegen doch die Hauptaufgaben der Bundesländer im Bereich der Verwaltung, während die Gesetzgebungsaufgaben der Länder immer weiter zurückgegangen sind. Dieser Vorschlag gewinnt in der verfassungspolitischen Diskussion der Bundesrepublik auch zunehmend an Gewicht. So wurde nach dem Skandal um die staatliche Berliner Bankgesellschaft und nach der Abwahl des Senats im Juni 2001 die Direktwahl des Regierenden Bürgermeisters als beste Lösung, das Vertrauen der Berliner und die politische Handlungsfähigkeit zurückzugewinnen, von ganz unterschiedlichen Seiten ins Spiel gebracht (zum Beispiel von Hans-Olaf Henkel, Gregor Gysi und von Alexander Kaczmarek, dem stellvertretenden Vorsitzenden der CDU-Fraktion im Berliner Abgeordnetenhaus). Eine solche grundlegende Änderung des Regierungssystems, die natürlich eine Verfassungsänderung voraussetzte, scheint politisch bisher allerdings keine großen Chancen zu haben. Es ist kaum zu erwarten, dass die die Landesparlamente beherrschende politische Klasse von sich aus eine derartige Reform anstrebt, welche ihre Macht schwächen könnte. Gleichwohl, durch Volksbegehren und Volksentscheid wäre sie durchsetzbar.

Das gilt jedoch nicht für Berlin, wo Verfassungsänderungen – im Gegensatz zu den meisten anderen Bundesländern – nicht der Volksgesetzgebung unterliegen. Umso bedauerlicher ist es, dass eine entsprechende Initiative in Rheinland-Pfalz stecken geblieben ist. An deren mangelnder Attraktivität kann dies allerdings nicht gelegen haben: In einer TED-Umfrage einer rheinland-pfälzischen Zeitung vom 3. März

2000 sprachen sich nicht weniger als 88 Prozent für eine künftige Direktwahl des Ministerpräsidenten aus. Der rheinland-pfälzische Landesverband Kommunaler Wählergemeinschaften hatte sich für eine umfassende Reform der Landesverfassung stark gemacht, in deren Mittelpunkt die Direktwahl des Ministerpräsidenten stand, und begonnen, für den (von mir ausgearbeiteten) Gesetzentwurf[13] Unterschriften zu sammeln.[14] Die Wählergemeinschaften gaben die Initiative aber auf, nachdem ihr Ziel, bei den Landtagswahlen im Frühjahr 2001 in das rheinland-pfälzische Parlament einzuziehen, an der Fünfprozentklausel gescheitert war. Die etablierten Parteien hatten der Reforminitiative in trickreicher Weise Steine in den Weg gelegt. Zwar war die Hürde für ein Volksbegehren von bisher (fast prohibitiven) 600 000 Unterschriften auf 300 000 Unterschriften (das entspricht etwa 10 Prozent der Wahlberechtigten) halbiert worden, und diese Verfassungsänderung hatten Regierung und Parlament am rheinland-pfälzischen Verfassungstag, dem 18. Mai 2000, groß gefeiert. Dabei war aber unerwähnt geblieben, dass die Änderungen aufgrund einer Sonderbestimmung der Landesverfassung (Art. 143a) erst dann wirksam werden, wenn auch das Ausführungsgesetz vorliegt, das ein ganzes Jahr auf sich warten ließ. Die Landtagsparteien haben damit das Reformvorhaben gezielt erschwert, jedenfalls so lange, bis die Landtagswahlen vom März 2001 vorüber waren. Alles dies spricht aber nicht dagegen, unter günstigeren Bedingungen den erneuten Versuch einer großen Verfassungsreform in einem Bundesland zu wagen. Gut Ding will Weile haben.

Die kürzlich (etwa von Guido Westerwelle und Bundespräsident Johannes Rau) wieder ins Gespräch gebrachte Direktwahl des Bundespräsidenten vernachlässigt die Durchsetzungsfrage. Sie hat vorläufig wenig Chancen, weil die politische Klasse die Befugnis, via Bundesversammlung über die Person des Bundespräsidenten zu entscheiden, aller Voraussicht nach nicht von selbst aus der Hand geben wird. Dagegen ließe sich das ähnlich ausgerichtete Projekt auf Landesebene: die Direktwahl des Ministerpräsidenten (für die auch sonst vieles spricht), an der politischen Klasse vorbei durch Volksbegehren und Volksentscheid durchsetzen – vermutlich mit ähnlichem Abstimmungsergebnis wie 1991 in Hessen. Vielleicht kann sich ja auch einmal die politische Führung einer Landespartei zu einer solchen Reform durchringen und sie notfalls mittels Volksgesetzgebung oder glaubwürdigen Drohens damit durchsetzen. Das könnte als Initialzündung wirken und den Reformdruck und die Reformbereitschaft auch in anderen Ländern und im Bund schlagartig erhöhen.

15 Auf den Bürgersinn vertrauen: Der Aufstieg der direkten Demokratie

Es ist also – schon unter dem Aspekt der Durchsetzbarkeit von Strukturreformen – höchste Zeit, über derartige direktdemokratische Reserveverfahren ohne überkommene obrigkeitsstaatliche Vorurteile nachzudenken und sie neu zu bewerten. Die angeblich schlechten Weimarer Erfahrungen mit direktdemokratischen Instrumenten sind längst widerlegt. Man darf Volksbegehren und Volksentscheid auch nicht mit Demoskopie, Bürgerinitiativen oder der Unterschriftenaktion zur doppelten Staatsbürgerschaft vor den hessischen Landtagswahlen von 1999 vergleichen, obwohl dies häufig in diskreditierender Absicht geschieht.

Für direkte Demokratie spricht vor allem viererlei: Der umfassende Diskussionsprozess, der durch direktdemokratische Verfahren ausgelöst wird, hat große Ähnlichkeit mit dem Habermas'schen Ideal des herrschaftsfreien Diskurses. Darauf haben die Schweizer Professoren für Politikökonomie Bruno S. Frey und Gebhard Kirchgässner mit Recht hingewiesen.[1]

Die Möglichkeit der Volksgesetzgebung, bezogen auch auf die Verfassung, kommt außerdem dem Ideal der Volkssouveränität, soweit es in einer grundsätzlich repräsentativen Demokratie realisierbar ist, denkbar nahe. Souveränität in diesem Sinn kann natürlich nicht die komplette Selbstgesetzgebung bedeuten. Aber die jederzeit aktualisierbare *Möglichkeit* des Volkes, über Verfassung und Gesetze zu entscheiden, also Verfassungsvorschriften und Gesetze aufzuheben, zu ändern oder zu erlassen, wäre der Weg, »um die Volkssouveränität aus dem Reich demokratietheoretischer Fiktion in den Bereich der Praxisrelevanz zu überführen«.[2]

Bürger sind typischerweise eher bereit, sich gemeinwohlorientiert zu verhalten als Berufspolitiker, selbst dann, wenn ihre Eigeninteressen damit kollidieren.[3] Das beruht nicht etwa darauf, dass Bürger die besseren Menschen wären, sondern darauf, dass für sie meist weniger auf dem Spiel steht und sie sich deshalb gemeinwohlorientiertes Verhalten eher leisten können. Die Bürger hängen normalerweise nicht mit ihrer ganzen wirtschaftlich-gesellschaftlichen Existenz von ihren Wahl-

und Abstimmungsentscheidungen ab. Anders ausgedrückt: Bürgern verursacht gemeinwohlorientiertes Verhalten im Allgemeinen nur geringe »Kosten«. Wir wissen aber, insbesondere aus der Umweltschutzdiskussion, dass gemeinwohlorientiertes Verhalten im Niedrigkostenbereich besonders wahrscheinlich ist (so genannte Low-cost-Hypothese).[4]

Bestätigt wird diese Hypothese durch eine ganze Reihe von Beobachtungen.[5] So lässt sich beispielsweise der Umstand, dass Bürger überhaupt zur Wahl (oder Abstimmung) gehen, obwohl eine einzige Stimme im Allgemeinen doch keinen Unterschied macht, von reinen Eigennutztheoretikern überhaupt nicht erklären.[6] Aber auch Unternehmer nehmen nicht jeden Vorteil ohne Rücksicht auf Regeln der Fairness wahr, und zwar selbst dann nicht, wenn sie das straf- und sanktionslos tun könnten. Sie haben durchaus einen Sensus für geschäftlichen Anstand, ohne dessen Einhaltung die Wirtschaft möglicherweise zusammenbrechen würde. Ein Problem besteht allerdings darin, dass es im Bereich der Politik eine Berufsgruppe von »Scharfmachern« gibt, die eigennütziges Verhalten häufig gezielt fördern. Dazu gehören Funktionäre aller Art, besonders in den Verbänden. Da solche Verbände vor allem die Berufs- und Erwerbsinteressen organisieren, tendiert »repräsentative« Politik eher zur Sicherung eigennütziger Partikularinteressen.

Dass Personen, die von politischen Fragen nicht hauptberuflich betroffen sind, eine gemeinwohlbezogenere Einstellung haben können, bestätigen auch die Ergebnisse von »Planungszellen«, die der Wuppertaler Soziologieprofessor Peter C. Dienel entwickelt hat und die inzwischen vielfach praktiziert werden.[7] Hier werden Bürger für eine gewisse Zeit (zum Beispiel zwei Wochen) auf Kosten der öffentlichen Hand von ihrer normalen Arbeit freigestellt, um sich mit spezifischen Problemen zu befassen und dafür unter fachlicher Anleitung Handlungsvorschläge zu entwickeln. Die Mitglieder der Planungszelle werden durch Zufallsauswahl bestimmt. Die Ergebnisse sind ermutigend und werfen ein durchaus positives Licht auf die Fähigkeit normaler Menschen, zufrieden stellende Analysen und Handlungsvorschläge auch in Bezug auf komplizierte politische Fragen zu erarbeiten, wenn sie sich nur ausführlich mit den jeweiligen Problemen befassen.

Schließlich lässt sich aufzeigen, dass die immer noch verbreitete Auffassung von der Irrationalität der Bürger und Wähler, sofern sie heute überhaupt noch zutrifft, an rein repräsentative Demokratien gebunden ist und auf direktdemokratische Institutionen gerade nicht (oder jedenfalls sehr viel weniger) zutrifft. Die Irrationalitätsthese geht auf den Wirtschaftswissenschaftler und Soziologen Joseph Schumpeter zurück (zumindest hat er ihr die wissenschaftstheoretisch wirksame Gestalt gegeben). In einem Abschnitt seines berühmten Werks *Kapitalismus, Sozialismus und Demokratie* (in englischer Sprache 1942, deutsche Übersetzung 1950), der die Überschrift »Die menschliche Natur in der Politik« trägt, legt Schumpeter dar, der typische Bürger sinke, »sobald er das politische Gebiet« betrete, »auf eine tiefere Stufe der gedanklichen Leistung« herab. Er argumentiere und analysiere auf eine Art und Weise, die er in anderen Gebieten ohne weiteres selbst »als infantil anerkennen würde. Er wird wieder zum Primitiven. Sein Denken wird assoziativ und affektmäßig.«[8] Schumpeter illustriert das am Beispiel eines Rechtsanwalts:

> »Wir brauchen nur die Haltung eines Advokaten gegenüber seinen Instruktionen und die Haltung des gleichen Advokaten gegenüber den Darstellungen politischer Tatsachen in seiner Zeitung zu vergleichen, um zu sehen, was los ist. Im einen Fall hat der Advokat durch jahrelange zielbewusste Arbeit, die unter dem eindeutigen Stimulus des Interesses an seiner beruflichen Tüchtigkeit stand, sich dazu befähigt, die Relevanz seiner Fakten richtig zu würdigen; und unter einem nicht weniger starken Stimulus richtet er nun seine Fertigkeiten, seinen Verstand, seinen Willen auf den Inhalt der Instruktionen. Im anderen Fall hat er sich nicht die Mühe genommen, sich auszubilden; er gibt sich auch keine Mühe, die Informationen zu verarbeiten oder die Regeln der Kritik, die er sonst so gut zu gebrauchen weiß, darauf anzuwenden; und lange oder komplizierte Argumentationen machen ihn ungeduldig. Dies läuft alles darauf hinaus, zu zeigen, dass ohne die Initiative, die aus unmittelbarer Verantwortlichkeit hervorgeht, die Unwissenheit angesichts zahlreicher und noch so vollständiger und richtiger Informationen weiterbesteht. Sie besteht weiter auch angesichts der verdienstvollen Bemühungen, die über das bloße Präsentieren von Informationen hinauszugelangen und ihre Verwendung mittels Vorträgen, Kursen und Diskussionsgruppen zu lehren suchen. Die Resultate sind nicht

gleich null. Aber sie sind gering. Man kann die Menschen nicht die Leiter hinauftragen.«[9]

Angesichts dieses Befundes sieht Schumpeter die Gefahren der politischen Manipulation wachsen. Die Bürger würden in der Politik zu Objekten von politischer Werbung – ganz analog den Reklametechniken, die die Wirtschaft anwendet, um die Konsumenten zu beeinflussen. »Nur haben alle diese Künste unendlich mehr Spielraum in der Sphäre der öffentlichen Angelegenheiten als in der Sphäre des privaten und beruflichen Lebens.«[10]
Die wirksamen Informationen würden »beinahe immer verfälscht oder ausgewählt«; eine wirksame Argumentation bestehe deshalb »in der Politik hauptsächlich darin ..., gewisse Behauptungen zu Axiomen zu erklären und andere von der Traktandenliste zu streichen«.[11]
Schumpeter folgert daraus, der Volkswille sei nichts Originäres. Er sei vielmehr das durch die politischen Einflusstechniken »fabrizierte« Produkt von Machenschaften. Umso größer seien »die Chancen für Gruppen, die Privatinteressen verfolgen. Diese Gruppen können aus berufsmäßigen Politikern bestehen oder aus Exponenten wirtschaftlicher Interessen oder aus Idealisten. ... Hier ist einzig wichtig, dass sie angesichts der menschlichen Natur in der Politik, wie sie nun einmal ist, fähig sind, den Volkswillen zu formen und innerhalb sehr weiter Grenzen sogar zu schaffen. Wir sehen uns bei der Analyse politischer Prozesse weithin nicht einem ursprünglichen, sondern einem fabrizierten Willen gegenüber. Und oft ist es einzig dieses Artefakt, das in Wirklichkeit der *volonté générale* der klassischen Lehre entspricht. Soweit dies so ist, ist der Wille des Volks das Erzeugnis und nicht die Triebkraft des politischen Prozesses.«[12]
Schumpeter formuliert damit eine Auffassung, die auch in den Staatswissenschaften verbreitet ist. Die These vom »dynamisch-irrationalen« Charakter der Politik lässt sich in der Staatsrechtslehre vielfach nachweisen, und auch die Politikwissenschaft geht – unausgesprochen – häufig davon aus (was indirekt schon darin zum Ausdruck kommt, dass sie eine Bewertung regelmäßig ablehnt).
Schumpeters Auffassung ist allerdings in spezifischer Weise orts- und situationsgebunden.[13] Er hat sein Buch zu Beginn des Zweiten Weltkriegs geschrieben und stand damit – den Hitlerstaat und andere faschistische Staaten und die kommunistischen Diktaturen vor Augen –

unter dem Eindruck ausgesprochener Verführbarkeit der Massen – übrigens derselbe Eindruck, der auch die Väter des Grundgesetzes geprägt hatte. Als intakte große Demokratien erschienen damals eigentlich nur noch Großbritannien und die USA, und dort spielten die »heimlichen Verführer« in der Politik eine gewaltige Rolle.

Erstaunlich ist allerdings, dass Schumpeter dem institutionellen Moment so wenig Gewicht und Einfluss auf seine Beurteilung beimisst, obwohl eine institutionelle Unterscheidung bei Schumpeter selbst angelegt ist. Die USA (auf Bundesebene) und Großbritannien sind rein repräsentative Demokratien. Schumpeter gibt selbst ausdrücklich den Hinweis, die Manipulierbarkeit der Massen wäre wahrscheinlich deutlich geringer, »wenn Streitfragen häufiger durch ein Referendum entschieden würden«.[14] Und an anderer Stelle weist Schumpeter darauf hin, die Verhältnisse lägen in der Schweiz völlig anders: Dort entspreche die klassische Lehre, dass sich aus dem Willen des Volkes das Gemeinwohl ergebe, tatsächlich den Fakten mit einem genügenden Näherungsgrad.[15] Umso erstaunlicher ist es, dass Schumpeter jene Besonderheit der Schweiz ausschließlich auf soziologische Gegebenheiten zurückführt[16] und den nahe liegenden Schluss nicht einmal in Erwägung zieht, dass es die dortigen Referenden und andere direktdemokratische Einrichtungen sind, die (zumindest auch) die Unterschiede begründen.[17]

Im Übrigen sind heute in der Bundesrepublik natürlich auch die Bildungsrevolution und der Wertewandel zu berücksichtigen, die die Voraussetzungen für rationales politisches Handeln verbessert und die Fähigkeit und Bereitschaft dazu erhöht haben.[18]

In welchem Ausmaß die auf das Ansehen und das Erscheinungsbild der Parteien gegründete repräsentative Demokratie auf vorübergehenden Stimmungen beruht, hat in jüngster Zeit das enorme Auf und Ab der rot-grünen Koalition in der Wählergunst und umgekehrt auch der CDU gezeigt: Zunächst das Hoch für Schröder (und die SPD), das zu seinem Wahlsieg im September 1998 führte, sodann der tiefe Fall, der sich in den Siegen der Union bei Landtagswahlen im Jahr 1999 zeigte. Die CDU-Spendenaffäre hat die Lage wieder umgekehrt, und zwar in gewaltiger Dimension, was sich dann bei den Landtagswahlen in Schleswig-Holstein und Nordrhein-Westfalen niederschlug: Vorher hatte die CDU in der Wählergunst weit geführt und wie der sichere Sieger ausgesehen, ein Vorsprung, der sich dann aber infolge der Spendenaffäre in sein Gegenteil verkehrte. Nach der personellen Erneuerung an der Spitze der CDU stieg deren Pegel dann wieder deutlich. Die enorme Stimmungsabhängigkeit, der Parteiwahlen unterliegen, hat Klaus-Peter Schöppner, den Leiter des Emnid-Meinungsforschungsinstituts, zu folgendem Urteil veranlasst:

> »So wie in den USA haben Wahlsiege inzwischen auch bei uns nur noch wenig mit Können und Konzepten zu tun. Viel mehr mit Image, Ausstrahlung und öffentlicher Stimmung. Nistet sich ein Urteil erst mal in den Köpfen der Deutschen ein, egal ob ›Die können's nicht‹, wie im Herbst (1999) bei der SPD oder ›Filz ohne Ende‹ nun (2000) bei der CDU, dann hat nüchterne Sacharbeit kaum mehr eine Chance, die Wähler zu erreichen. Die politische Stimmung, nichts anderes mehr, entscheidet Wahlen und bestimmt damit über politische Sachentscheidungen.«[19]

Mit den Stimmungen ändern sich also auch die Vorstellungen der Wähler über die Sachkompetenz der Parteien. Bei Wahlen wird somit nicht wirklich über das Programm und die sachlichen Aussagen der Parteien entschieden, sondern, da sachlich-inhaltlich ohnehin regelmäßig alles vage ist, viel mehr über den Eindruck, den man von der Partei hat, und über das allgemeine Erscheinungsbild, das sie bietet. Wahlen sind in hohem Maße von Stimmungen abhängig.

Genau das ist bei Volksbegehren und Volksentscheiden nicht der Fall, jedenfalls nicht in gleichem Umfang, obwohl dies immer behauptet wird (etwa mit dem viel zitierten und als Totschlagargument gebrauchten Hinweis, dass, wenn die Bürger das Sagen hätten, längst die Todesstrafe wieder eingeführt worden wäre). Aber dabei liegt eine Verwechslung mit Umfragen vor. Bei direktdemokratischen Verfahren wird nämlich sachlich-inhaltlich über ganz bestimmte Fragen entschieden. Es geht konkret um einzelne politische Projekte, weitgehend unabhängig davon, welche Parteien das Begehren unterstützen oder bekämpfen. Das lässt sich an einer Reihe von Beispielen nachweisen. Hier wird deutlich, dass direktdemokratische Entscheidungen sehr viel enger an den Willen der Wähler gekoppelt sind. Sie sind sehr viel demokratischer, weil sie nicht Augenblicksstimmungen – im Sinne von demoskopischen Erhebungen – abfragen und damit den Ausgang von Wahlen entscheiden. Es geht vielmehr um wirkliche Sachfragen,

die konkret und hart an der Sache öffentlich diskutiert und am Ende entschieden werden. Direktdemokratische Entscheidungsverfahren sind deshalb nicht nur demokratischer, sondern auch rationaler.
Selbst Gerhard Leibholz, der sich besonders entschieden gegen Volksinitiative und Referenden wendete, hielt sie nur unter der Bedingung für entbehrlich, dass »es den Parteien gelingt, sich wirklich demokratisch aufzubauen, und sie es vermeiden, zum Selbstzweck und damit zu einem Staate im Staate zu werden«.[20] Diese Bedingung ist nicht erfüllt: Die Parteien sind nicht wirklich demokratisch aufgebaut, sie entwickeln sich vielfach zum Selbstzweck, und die politische Klasse und ihr System hinter dem System droht zum Staat im Staat zu werden. Unter diesen Umständen hätte Leibholz offenbar selbst für die Einführung von direktdemokratischen Einrichtungen plädiert. Der geistige Vater des Parteienstaats in Deutschland hatte schon früh davor gewarnt, »die Parteien als die unentbehrlichen Instrumente der neuen Demokratie« könnten – mangels wirksamen demokratischen Gegengewichts – »zugleich ihre potenziellen Zerstörer« werden. Wenn es nun aber an innerparteilicher Demokratie mangelt, bleibt als Gegengewicht nur die äußere, die direkte Demokratie.
Führt die Parteispendenkrise (und ihre Nachwehen) zu der längst fälligen Aufwertung des Demokratieprinzips, so kann aus der Not sogar eine Tugend werden. Dann wachsen auch die Chancen für die Einführung von Volksbegehren und Volksentscheid auf Bundesebene, die die parlamentarische Gesetzgebung ergänzen und verbessern könnten. Dies ist in der Koalitionsvereinbarung der rot-grünen Bundesregierung bereits vorgesehen. Voraussetzung ist aber eine Grundgesetzänderung. Die Reform kann deshalb nicht ohne Zustimmung der Union verwirklicht werden. Immerhin sollte die Krise die Union veranlassen, ihren bisherigen Widerstand aufzugeben.
Der Staatsrechtslehrer Heinrich Triepel unterschied in einem berühmten Vortrag von 1927 vier historische Entwicklungsstufen in der staatspolitischen Bewertung der politischen Parteien: »Behauptung«, »Ignorierung«, »Anerkennung und Legalisierung« und »verfassungsmäßige Inkorporation«. Heute sind wir auf dem Weg zu zwei weiteren Stufen. Die fünfte Stufe umfasst die ungeschminkte Erkenntnis, dass sich eine politische Klasse mit eigenen Berufsinteressen entwickelt hat, die ihre Interessen überall einbringt und – mangels wirksamer Kontrollen – die Strukturen des Staates und der »angrenzenden«

Gesellschaft verändert und letztlich zu verderben droht (»Korrumpierung«). Auf der sechsten Stufe geht es um das Konzipieren und Durchsetzen wirksamer Institutionen, um die Gefahren zu parieren, auf die die überkommenen Verfassungen bisher nicht zugeschnitten sind (»Kontrolle«). Die sechste Stufe stellt vorerst zwar nur ein verfassungspolitisches Desiderat dar, doch auch sie wird zunehmend realistisch.

Fünfzig Jahre nach Abfassung des Grundgesetzes und der meisten Landesverfassungen ist es an der Zeit, sie auf den Prüfstand zu stellen. Unsere Verfassungen waren eine gute Basis für den Aufbau der Bundesrepublik in den ersten Jahrzehnten. Doch inzwischen hat sich eine politische Klasse gebildet, die die überkommenen Kontrollmechanismen unterläuft. Schon Thomas Jefferson, der Verfasser der amerikanischen Unabhängigkeitserklärung, hat betont, jede Generation sei aufgerufen, ihre Verfassung zu überdenken und sie notfalls – entsprechend den gewandelten Erfordernissen – zu erneuern.

Nachwort

Mit diesem Nachwort zur Taschenbuchausgabe verfolgt der Verfasser zwei Ziele: Einmal soll der rote Faden des Buches ganz kurz noch einmal in Erinnerung gerufen werden. Zum zweiten sollen, zweieinhalb Jahre nach dem Erscheinen der gebundenen Ausgabe, einige Ereignisse und Entwicklungen, die seitdem stattgefunden haben, aufgezeigt und eingeordnet werden. Sie belegen, dass das Thema inzwischen an Aktualität noch gewonnen hat und meine Thesen durch die seitherige Entwicklung vielfach bestätigt werden.

Diesem Buch liegen folgende Kernthesen zugrunde: Das Grundgesetz verpflichtet Amtsträger zwar auf das Gemeinwohl, Berufspolitiker sind aber primär an der Sicherung und dem Ausbau ihrer eigenen Stellung interessiert (auch wenn sie diese Feststellung oft als Majestätsbeleidigung betrachten und weit von sich weisen).[1] Zu diesem Zweck bilden sie – über die Parteigrenzen hinweg – eine Art Interessengemeinschaft: die politische Klasse. Da die politische Klasse in den Parlamenten die Schalthebel der Macht bedient, kann sie Gesetze und Verfassungen direkt in ihrem Sinne formen (Kapitel 1 und 2).

Das Streben der politischen Klasse, ihre Belange soweit wie möglich zu fördern, ist an sich nichts Besonderes oder gar Verwerfliches. Sie teilt dieses Anliegen mit anderen Berufsgruppen. Was sie von allen anderen aber unterscheidet, ist die privilegierte Möglichkeit, ihre Belange auch direkt durchzusetzen. Als einzige Berufsgruppe kann die politische Klasse die Regeln, die ihren Status bestimmen, selbst festlegen. Sie ist also Gesetzgeber in eigener Sache, wenn sie über staatliche Institutionen entscheidet, die sie selbst betreffen. Gegenstand solcher Strategie in eigener Sache sind vor allem die Schlüsselinstitutionen unserer Demokratie, die sogenannten Regeln des Machterwerbs. Das lässt sich an der Geschichte des Wahlrechts, der Politikfinanzierung und des Föderalismus gut nachweisen (Kapitel 3, S. 87 ff.). Der Begriff »Regeln« ist dabei weit zu verstehen. Darunter fallen nicht nur Rechtsnormen, sondern auch informale Verhaltensmuster, die die politische Klasse im Lauf der Zeit herausgebildet hat. Selbst rechtswidrige Praktiken gehören dazu, etwa bestimmte Formen von Ämterpatronage und Spendenmanipulation.

Kennzeichen *aller* dieser Regelungen, die die politische Klasse entwickelt hat, ist ihre Heimlichkeit. Das versteht sich für illegale Komponenten von selbst, aber auch legale Institutionenpolitik bleibt regelmäßig Geheimpolitik. Die Rolle der politischen Klasse als richtungsgebender Auslöser bestimmter Politiken wird vor der Öffentlichkeit nach Möglichkeit verborgen. Allein bei Diätenerhöhungen gelingt dies nicht immer. Ansonsten bleibt das Eigeninteresse der Akteure regelmäßig unerkannt, insbesondere ihre Strategien, sich gegen den Einfluss von Wählern zu immunisieren und sich Staat und Gesellschaft zu unterwerfen. Die Wissenschaft hat sich lange gescheut, das Wirken der Eigeninteressen der politischen Klasse beim Namen zu nennen, systematisch zu erforschen und ihre tendenzielle Kollision mit dem Demokratieprinzip zu thematisieren.[2] Statt dessen wurden Theorien entwickelt und Leitideen beschworen, die die wahren Verhältnisse rechtfertigen, beschönigen oder verdecken (Kapitel 8, S. 230 ff.).[3]
Der Arm der politischen Klasse ist lang. Über vielfältige Stränge kann sie fast das gesamte politische Denken in ihrem Sinne beeinflussen. An die Wurzel gehende Kritik muss deshalb erst einmal ein massives Sperrfeuer von Scheinargumenten überwinden, bevor sie die Chance hat, Gehör zu finden. In dieser Lage ist es doppelt schwer, Kritik überhaupt nur zu denken, und erst recht, sie systematisch zu entwickeln (siehe Kapitel 7, S. 211 ff.). Wer es dennoch unternimmt, muss sich auf erbarmungslose Mobbingversuche der vielen mächtigen Betroffenen (die sich in diesem Punkt meist einig sind) gefasst machen, was in der Regel allerdings hinter vorgehaltener Hand erfolgt und deshalb um so schwerer zu parieren ist. Die klaffende Lücke zwischen demokratischer Norm und Wirklichkeit wird durch politische Formeln wie »Volkssouveränität« und »Gemeinwohl« überkleistert, die in Verfassungsurkunden und Sonntagsreden beschworen werden – ohne Rücksicht darauf, dass die Wirklichkeit ganz anders aussieht. Vielfältige Theorien dienen dazu, diese Diskrepanz systematisch zu verschleiern oder aber die Norm radikal zu senken und so an die Wirklichkeit anzupassen. Derartige Theorien und ihre wissenschaftlichen Befürworter stehen damit, oft unbewusst, ebenfalls in den Diensten der politischen Klasse (Kap. 8, S. 230 ff.).
Auf diese Weise mag zwar die Demokratie »stabilisiert« werden, wie immer wieder betont wird. Die gesamte politische Klasse hängt ja an den für sie so günstigen Regeln und macht deshalb gegen jede radikale

Änderung Front. Und vor den Bürgern versucht man das wahre Funktionieren von Politik hinter der offiziellen Fassade zu verbergen. Aber welche Art von Demokratie ist dies denn, wo die Institutionen so verformt sind, dass die Wähler niemanden mehr zur Verantwortung ziehen können, weil politische Zurechenbarkeit sich verflüchtigt und mit der mangelnden Abwählbarkeit von Politikern ein Zentralelement der Demokratie weitgehend entfällt. Die Frage, ob die Entmachtung der Bürger im Interesse einer umso größeren Handlungsfähigkeit und Gemeinwohlorientierung der Politik, also des anderen zentralen Elements der Demokratie, vielleicht hingenommen werden sollte, wozu in Deutschland, meist unausgesprochen, viele neigen, stellt sich schon deshalb nicht, weil die derzeitigen Systemmängel auch die Handlungsfähigkeit ungebührlich reduzieren (siehe das inzwischen schon geflügelte Wort »Reformstau«). Beide Kernpostulate der Demokratie leiden Not: Regieren durch das Volk und Regieren für das Volk.

So hat sich eine Art Teufelskreis ergeben: Die politische Klasse versucht, die Unsicherheit ihrer Existenz, die im Wesen der Demokratie angelegt ist, durch Institutionenpolitik zu beseitigen oder abzuschwächen. Dadurch entzieht sie sich aber der politischen Verantwortlichkeit gegenüber den Wählern. Deren Entmachtung schürt die Verdrossenheit über »die Politiker«, worauf diese mit umso größerer Abschottung reagieren. Äußerer Ausdruck dieser Falle, in der die ganze Bundesrepublik sich befindet, sind abnehmende Wahlbeteiligung, Mitgliederschwund der etablierten Parteien und desaströse Umfrageergebnisse, die signalisieren, dass die Bürger keiner Partei mehr etwas zutrauen.

Die institutionelle Problematik wird besonders deutlich am Beispiel des Föderalismus (siehe S. 148 ff.). Hier zeigt sich in letzter Zeit auch eine immer klarere Problemwahrnehmung. Während Kritik lange als politisch nicht korrekt angesehen worden war, hat sich in den letzten drei oder vier Jahren ein völliger Umschwung ergeben. Der Mangel an politischer Verantwortlichkeit, an Handlungs- und Reformfähigkeit und an Bürgernähe, den der real existierende deutsche Föderalismus hervorruft, wird nun allgemein beklagt: von Politikern und Parteien selbst, von Kommissionen, Staats- und Politikwissenschaftlern. Um die Jahreswende 2003/04 haben Bundestag und Bundesrat sogar eine Kommission zur Reform des Föderalismus eingesetzt. Ob das viel bringt, muss allerdings bezweifelt werden. Zentrale Fragen bleiben ohnehin ausgeklammert, wie die Finanzen und die Neugliederung der Bundesländer. Man macht sich immer noch Illusionen. Das liegt vor allem daran, dass die Motive der Akteure und ihr Einfluss auf institutionelle Fehlentwicklungen nach wie vor nicht problematisiert werden. Dieser weiße Fleck auf der publizistischen und der wissenschaftlichen Landkarte entspringt einerseits einer normativen Überhöhung der Politik, die in der grundgesetzlichen Verpflichtung der Amtsträger aufs Gemeinwohl wurzeln dürfte. Das ist noch die Haltung großer Teile der Staatsrechtslehre entsprechend der Devise, dass nicht sein kann, was nicht sein darf. Andererseits dürfte der weiße Fleck auch aus der Furcht vor einer möglichen Diskreditierung der bundesdeutschen Demokratie herrühren, also aus einem volkserzieherischen Anliegen erwachsen (so besonders große Teile der Politikwissenschaft). Doch den Kopf in den Sand stecken und die tieferen Gründe ausblenden erscheint – angesichts des ins Bodenlose fallenden Vertrauens der Menschen in »die Politik« – erst recht nicht als angemessene Reaktion, schon gar nicht für die der Wahrheit verpflichtete Wissenschaft, die auch auf die Gefahr hin, anzuecken, Dinge sagen muss, die »man nicht sagt«.[4]

Ebenso zu kurz kommt die Durchsetzungsfrage mit ihren beiden Unterfragen: Warum sind Reformen so schwer? Und: Auf welchen Wegen können sie vielleicht doch gelingen? Das Ausblenden des eigentlichen inneren Motors der Entwicklung führt einerseits zu Illusionen über die Durchsetzbarkeit von Reformen. Andererseits versperrt sie den Blick auf dennoch gangbare Möglichkeiten. Wer den Akteuren einfach guten Willen unterstellt, ohne ihre dazu querstehenden Interessen mit ins Kalkül zu ziehen, geht an den eigentlichen Problemen vorbei, die sich bei der Durchsetzung der nötigen institutionellen Reformen stellen.

Der Teufelskreis wird kaum durch Appelle an die Politik zu durchbrechen sein. Wenn überhaupt, kann dies wohl nur durch Aktivierung des Common Sense der Bürger selbst gelingen, also letztlich durch Nutzung und Verstärkung von Elementen der direkten Demokratie und durch Herstellung von wirklichem politischem Wettbewerb und echter Auswahl der Kandidaten bei Wahlen im Wege wahlgesetzlicher Reformen (siehe S. 127 ff. und unten S. 396 f.).

Vielleicht können aber auch die Verfassungsgerichte weiterführende Reformanstöße geben. Das Bundesverfassungsgericht und die Landesverfassungsgerichte haben durchaus die Mittel, manche in diesem Buch geschilderten Missstände zu beseitigen. Sie müssten davon nur Gebrauch machen. Ich nenne lediglich einige Beispiele:

- Ämterpatronage ist regelmäßig verfassungswidrig – Verstoß gegen Art. 3 und 33 GG (siehe S. 160). Die Gerichte könnten deshalb organisatorisch-verfahrensmäßige Vorkehrungen vorschreiben, die die fatale Praxis eindämmen, wie das Bundesverfassungsgericht dies auch zur Ordnung anderer Bereiche getan hat. Viele halten das zwar nicht für realistisch, sitzen die Gerichte – in Sachen parteipolitische Berufung – doch selbst im Glashaus. Doch dieser Einwand braucht nicht unbedingt das letzte Wort zu sein. Es gibt ja doch so etwas wie den »Becket-Effekt« – ein Bild, das ich aus Anouilhs Drama »Becket oder die Ehre Gottes« entnommen habe. Erst einmal im Amt, könnten nämlich gerade Richter dazu neigen, Treue und Loyalität zur Verfassung über die Dankbarkeit gegenüber jenen zu stellen, die sie berufen haben. Die zwölfjährige Amtsperiode von Bundesverfassungsrichtern und der Ausschluss der Wiederwahl untermauern die grundgesetzlich gewährleistete Unabhängigkeit und erleichtern eine echt gemeinwohlorientierte Haltung.
- Die Verfassungsgerichte könnten auch gegen die Verbeamtung der Parlamente (S. 169) einschreiten. Der Widerspruch zum Verfassungsgrundsatz der Gewaltenteilung liegt ja auf der Hand.[5]
- Die Gerichte könnten die Wahlgesetze zum Bundestag, zu den Landtagen und zum Europaparlament wegen fehlender Unmittelbarkeit der Wahl der Abgeordneten (S. 313) kassieren und auf diese Weise grundlegende Verbesserungen der Infrastruktur unserer Demokratie erzwingen. Dass wir unsere Abgeordneten in Wahrheit nicht mehr unmittelbar wählen, habe ich kürzlich in einer Abhandlung in der *Juristenzeitung* lege artis nachzuweisen versucht.[6]
- Schließlich könnte das Gericht auch seine viel kritisierte Rechtsprechung zu Art. 84 und 85 GG zurücknehmen, die zu einer Ausweitung der Zahl zustimmungspflichtiger Gesetze geführt und damit die Blockademacht des Bundesrats erhöht hat.[7]

In Sachen Parteienfinanzierung und Selbstversorgung von Politikern hat das Bundesverfassungsgericht bereits vielfach eingegriffen und – mehr schlecht als recht – eine Art Ersatzgesetzgebung vorgenommen.

Die Probleme gehen allerdings weit darüber hinaus. Nun hat der Präsident des Bundesverfassungsgerichts, Hans-Jürgen Papier, in einem aufsehenerregenden Aufsatz in der *Frankfurter Allgemeinen Zeitung*[8] grundlegende Mängel in der demokratischen Infrastruktur der Bundesrepublik festgestellt. Dabei gelangte er zu teilweise ganz ähnlichen Ergebnissen wie dieses Buch. Danach erscheint es durchaus denkbar, dass auch das Bundesverfassungsgericht als Ganzes in Zukunft eine aktivere Rolle in Sachen Verfassungsordnung übernimmt.

In den letzten zweieinhalb Jahren haben sich auch sonst viele Entwicklungen ergeben, die die Thesen dieses Buches bestätigen. Das Bewusstsein, dass etwas faul ist im Staate Deutschland (siehe S. 17), und zwar im innersten Kern der Politik, verbreitet sich immer mehr. Das zeigt sich auch an Indizien. So erlebt beispielsweise das Thema »Gemeinwohl« (siehe S. 31 ff.) seit kurzem eine unübersehbare Renaissance.[9] Große Teile der Politik- und Sozialwissenschaften hatten den Begriff lange als Ausdruck angeblich »überholten alteuropäischen Denkens« diskreditiert.[10] Heute beschäftigt sich allein in Deutschland ein Dutzend Wissenschaftlerteams mit dem Thema »Gemeinwohl«.[11]

Bezeichnend sind auch die sprunghaft ansteigenden Veröffentlichungen zum Thema Korruption, das in Deutschland lange ein Tabu war (siehe Kapitel 5). Darin spiegelt sich die allgemeine Unzufriedenheit mit dem politischen Prozess und seinen Resultaten deutlich wider. Korruption gilt ja geradezu als Gegenbild zum Begriff »guter Regierungsführung«.[12] Zum Thema »Korruption« sind im Jahr 2003 gleich acht Bücher erschienen oder angekündigt worden.[13]

Im Dezember 2003 wurde in Mexico die UN-Konvention gegen Korruption von 95 Staaten unterzeichnet. Sie hat eine fatale Lücke der deutschen Gesetzgebung wieder in Erinnerung gerufen: das Fehlen eines wirksamen Straftatbestands gegen die Bestechung von Abgeordneten (siehe S. 173 und 295 ff.). Die Öffentlichkeit war dadurch aufgeschreckt worden, dass ausgerechnet die Bundesrepublik zögerte, der Konvention beizutreten. Diese sieht nämlich vor, Korruption von Abgeordneten genauso zu ahnden wie die von Beamten. Das bringt Deutschland in Zugzwang. So sahen wir uns plötzlich in einem Boot mit Bananenrepubliken, die die Unterzeichnung der Konvention ebenfalls verweigerten. Doch nach heftiger öffentlicher Kritik im Sommer 2003 unterschrieb schließlich auch die Bundesrepublik. Die Konvention bedarf, um in Kraft treten zu können, allerdings noch der Ratifikation durch mindestens 30 Staaten. Vorerst bleibt es also dabei, dass finanzstarke Interessenten Abgeordneten »ganz legal« unbegrenzte Summen zuwenden und sie sich dadurch verpflichten dürfen. Das illustriert einmal mehr ein unlängst bekannt gewordenes Beispiel: Helmut Kohl und andere Mitglieder seiner Regierung erhielten, seitdem sie ab Herbst 1998 nur noch Abgeordnete waren, vom Medienunternehmer Leo Kirch als sogenannte Berater mehrere Jahre lang bis zu 600 000 Mark pro Person und Jahr – möglicherweise als Dankeschön für frühere Kirch-freundliche Medienpolitik.

Mit dem Beitritt von zehn neuen mittel- und osteuropäischen Staaten zur Europäischen Union am 1. Mai 2004 nimmt das Korruptionsproblem noch gewaltig zu. Darauf hat die EU-Kommission immer wieder hingewiesen. Doch der Westen hat mehr als einen Splitter im eigenen Auge und taugt deshalb schlecht als Ankläger. Auch hier reicht Korruption bis in die obersten politischen Etagen: Ende 2003 wurde Cesare Previti, ein enger Mitarbeiter des italienischen Ministerpräsidenten Silvio Berlusconi, wegen Korruption zu fünf Jahren Haft verurteilt. Anfang 2004 wurde Alain Juppé, der engste Vertraute des französischen Staatspräsidenten Jacques Chirac und von ihm auch zu seinem Nachfolger ausersehen, wegen Untreue zu eineinhalb Jahren Haft verurteilt, auf Bewährung zwar; gleichzeitig wurde ihm aber untersagt, zehn Jahre lang ein politisches Amt auszuüben. Die beiden wurden quasi stellvertretend für ihre Chefs verurteilt, die Immunität genießen und deshalb nicht verfolgt werden können. Immerhin hat das italienische Verfassungsgericht die kürzlich durch spezielles Gesetz eingeführte Immunität Berlusconis wegen Verfassungswidrigkeit aufgehoben.

Zu einer ganz neuen Form von Netzwerken im Vorfeld von Korruption haben sich bestimmte Formen von Beraterverträgen entwickelt. Berater wie Moritz Hunzinger vermitteln vor allem Kontakte. Mit ihren weitverzweigten Beziehungen und umfassenden Personenkenntnissen können sie Wirtschaft und Politik so zusammenbringen, dass Politiker, die für Zuwendungen empfänglich sind, und Wirtschaftsbosse oder Funktionäre, die politischen Einfluss suchen, sich zum beiderseitigen Vorteil finden und miteinander ins Geschäft kommen. Die Möglichkeiten für derartige Zusammenarbeit werden durch solche Berater, die wie politische Kuppler wirken, enorm ausgeweitet. Die Gefahr der Überwucherung allgemeiner Interessen durch Partikular-

interessen (siehe S. 68, 179, 295) wird gesteigert. Zugleich wird die Intransparenz verstärkt: Selbst die Politiker pflegen gern zu behaupten, sie hätten gar nicht bemerkt, dass »Aufmerksamkeiten«, die Berater ihnen erweisen, nur dazu dienen, dahinterstehenden Geldgebern den Zugang zu ihnen zu eröffnen. Solcher Naivität fielen wohl der Grünen-Politiker Cem Özdemir, der sich von Hunzinger einen »Kredit« geben ließ, und Rudolf Scharping zum Opfer, den Hunzinger beim Herrenausstatter einkleidete. Özdemir musste 2002 auf seine Kandidatur zum Bundestag verzichten, er kandidiert aber 2004 zum Europäischen Parlament. Scharping verlor sein Amt als Bundesverteidigungsminister, ist aber weiterhin im Bundestag.
Ein anderes problematisches Beispiel ist der Beratervertrag, den der frühere Präsident der Bundesagentur für Arbeit, Florian Gerster, mit der Berliner PR-Agentur WMP-Euro Com AG über 1,3 Millionen Euro abgeschlossen hatte. Vielleicht wird dieser Fall dem sogenannten St. Florians Prinzip in Zukunft eine ganz neue Bedeutung geben. Im Vorstand und im Aufsichtsrat von WMP saßen Abgeordnete, die in ihrer Eigenschaft als Volksvertreter unmittelbar mit der Bundesagentur befasst sind. Vorstandsmitglied der WMP ist der FDP-Bundestagsabgeordnete Günter Rexrodt, der als Mitglied des Haushaltsausschusses Berichterstatter für die Bundesagentur für Arbeit ist. Mitglied des Aufsichtsrats war, zumindest bis die Angelegenheit öffentlich bekannt wurde, der SPD-Bundestagsabgeordnete Rainer Wend. Er war gleichzeitig Vorsitzender des Bundestagsausschusses für Wirtschaft und Arbeit, also des für die Bundesagentur »zuständigen« Ausschusses. So lag der Verdacht nicht allzu fern, die Bundesagentur habe sich mit dem Beratervertrag nicht nur Rat in Sachen Public relations einkaufen wollen, sondern auch eine wohlwollende Behandlung durch die zuständigen parlamentarischen Gremien. Dies um so mehr, als die vertragliche Leistung des Beratungsunternehmens ausdrücklich auch »Lobbying« sein sollte.
Der Abgeordnete Rexrodt sammelt derartige Aufsichtsrats- und Geschäftsführerposten geradezu. Er hat davon nicht weniger als neun, von denen einer allein so viel Einkommen bringt wie das ganze Bundestagsmandat. Der Skandal um die Bundesagentur macht die Problematik solcher Zweit- und Drittjobs deutlich: Hier wird anscheinend nicht wirkliche Leistung finanziell entgolten, sondern – zumindest in hohem Maße auch – politischer Einfluss. Abgeordnete werden nach der Ver-

fassung aber »zur Sicherung ihrer Unabhängigkeit« vom Steuerzahler entschädigt. Da sollte es zugleich untersagt sein, seine Unabhängigkeit an wirtschaftliche Interessenten meistbietend zu verkaufen.

Das Inskrautschießen externer Berater dürfte indirekt auch mit der zunehmenden Parteibuchwirtschaft in der öffentlichen Verwaltung zusammenhängen. In zunehmendem Maß werden Parteileute auf gutbezahlte Beamtenstellen gehievt, auch wenn sie fachlich nicht immer ausreichend qualifiziert sind. Das gilt nicht nur für politische Beamte, sondern reicht weit nach unten, manchmal bis hinunter zum Pförtner. Diese ungute Praxis schwächt die Leistungsfähigkeit der ganzen Verwaltung. Noch schlimmer wird es, wenn die politische Spitze wechselt und die Opposition an die Macht kommt. Die neue Führung muss dann oft mit Leuten arbeiten, die nicht nur fachlich schwach, sondern auch parteipolitisch anders gepolt sind. Dann geht gar nichts mehr. Damit schlägt dann erst recht die Stunde externer Berater. Deren Einfluss wird durch ihr doppeltes Wirken noch erhöht: Wenn Top-Berater in Kommissionen wie der Hartz-Kommission sitzen, in denen sie Empfehlungen machen, die später nicht ohne externe Beratung realisiert werden können, kann ihr Akquisitionsinteresse schon in die Formulierung der Vorschläge der Kommission einfließen. Zumindest spricht dafür der böse Anschein.

Die kritische Diskussion von Auswüchsen beim Engagement von Unternehmensberatern durch die öffentliche Hand, die um die Jahreswende 2003/04 aufkam, hat ein ganz neues Licht auch auf andere Fälle der Verquickung von Politik und Beratung geworfen, Fälle, die manchmal an die Grenze zur Korruption stoßen. Berater wie Roland Berger machen sich gern bei Politikern lieb Kind, um dann bei der Vergabe von Aufträgen für ihre Beratungsfirma einen Bonus zu haben. So wurde Berger von den Ministerpräsidenten Wolfgang Clement und Edmund Stoiber an die Spitze einer Kommission berufen, die die Gehälter ihrer Auftraggeber und deren Minister beurteilen sollte (siehe S. 221). Berger hat die Kommission geradezu manipuliert, so dass in ihrem Schlussbericht eine Verdoppelung der Bezüge von Regierungsmitgliedern vorgeschlagen wurde. Doch das war selbst den Ministerpräsidenten zuviel, die Bergers Vorschläge erschrocken zurückwiesen. Auch hier spricht der böse Schein dafür, dass Bergers Vorgehen insgeheim auch durch handfeste Akquisitionsinteressen motiviert war.

Die allgemeine Überzeugung, dass es in der deutschen Politik nicht einfach so weitergehen kann wie bisher, findet ihren Ausdruck auch in beschwörenden Appellen. Die Bürger sollen notfalls selbst in die Bresche springen. Arnulf Barings viel diskutierter, dramatischer Aufruf »Bürger – auf die Barrikaden!«[14] traf den Nerv. Initiativen wie der Bürgerkonvent von Meinhard Miegel konnten in kurzer Zeit Millionen Euro einwerben und damit eine Kampagne mit ganzseitigen Zeitungsanzeigen und teuren Werbespots im Fernsehen finanzieren. Dadurch wurden die Parteistiftungen, deren selbsterklärte und staatlich hochsubventionierte Aufgabe ja gerade die politische Bildung der Bürger ist, in Zugzwang gebracht. Zusammen mit der Bertelsmann-Stiftung und der Stiftung Marktwirtschaft haben sie sich zu einer Stiftungsallianz »bürgernaher Bundesstaat« zusammengetan, um dazu beizutragen, »die extrem blockadeanfällige und intransparente Politikverflechtung im föderalen System der Bundesrepublik zu überwinden«.
Durchweg werden nun die Handlungsschwächen der Politik und die Ohnmacht der Bürger (einschließlich der dafür verantwortlichen institutionellen Gründe) erkannt und kritisiert. Spitzenpolitiker wie Roland Koch und Jürgen Rüttgers sprechen ganz unverblümt von »einem System der organisierten Unverantwortlichkeit« der Politik in Deutschland[15] und greifen damit einen Kernbegriff dieses Buches auf. Wie aber die nötigen institutionellen Reformen gegen die Interessen der politischen Klasse durchgesetzt werden können, dieses Problem wird wiederum nicht gesehen oder jedenfalls nicht thematisiert, von der Entwicklung entsprechender Durchsetzungsstrategien ganz zu schweigen.
Im Jahre 2002 wurde die Parteienfinanzierung geändert – eine Folge des CDU-Spendenskandals, der 1999 bekanntgeworden war, und des SPD-Spendenskandals in Köln und anderen nordrhein-westfälischen Städten von 2002. Die obengenannten (S. 88 ff.) verfassungswidrigen Regelungen wurden jedoch nicht beseitigt. Schon gar nicht wurde eine wirksame Kontrolle eingeführt, was – angesichts von Regelungen, die zu Manipulationen zu Lasten der Steuerzahler und zur Umgehung der Publikationspflicht geradezu einladen – nach wie vor unerträglich ist. Kurz darauf hatte auch die FDP ihren Spendenskandal, der mit dem Namen des unglücklichen Jürgen Möllemann verknüpft war.

Die bekanntgewordenen Skandale sind allerdings nur die Spitze des Eisbergs. Spendenmanipulationen gehören heute in vielen Parteien offenbar zur Routine. Das haben zwei Journalisten des Fernsehmagazins *Panorama* bestätigt. Sie gaben sich als Bauunternehmer aus und boten Parteien zum Schein eine Spende von 30 000 Euro an, die sie aber nicht publiziert haben wollten. Die Hälfte der angesprochenen Schatzmeister ging sofort auf das Anliegen ein und schlug die gesetzeswidrige Stückelung der Spende und ihre Aufteilung etwa auf Verwandte vor – unter Mitnahme der zusätzlichen Steuervorteile für die Strohmänner und der zusätzlichen Subventionen für die Partei.[16] Ohne mit der Wimper zu zucken, waren sie – offenbar aus schierer Geldgier – bereit, nicht nur gegen das Parteiengesetz zu verstoßen, sondern sogar Subventionsbetrug und Steuerhinterziehung zu begehen (siehe S. 110 und 189).

Wie solches Stückeln von Spenden tatsächlich funktioniert, wurde auch im Kölner Müllskandal deutlich: Der damalige SPD-Fraktionsvorsitzende im Kölner Stadtrat, Norbert Rüther, holte größere Summen in mehren Tranchen in der Schweiz ab. Dem Schatzmeister der Kölner SPD, Manfred Biciste, übergab er dann insgesamt 510 000 Mark. Biciste, Rüther und die SPD-Buchhalterin Margrieth Legies-Decker stückelten den Gesamtbetrag darauf so, dass die Einzelbeträge unterhalb der Publikationsgrenze blieben, und rechneten sie rund vierzig SPD-Funktionären als Spenden zu. Das bewirkte für diese – wegen der steuermindernden Spendenquittungen – einen warmen Geldregen. Und für die Partei floss auch noch zusätzliches Geld, weil jede gestückelte Schein-Spende den damals noch 50prozentigen Staatszuschuss auslöste.

Die Bereitschaft mancher Parteischatzmeister, schon am Telefon und gegenüber völlig Unbekannten illegale Komplotte vorzuschlagen, bestätigt, dass Spendenmanipulationen bei ihnen Routine und die bekanntgewordenen Skandale bloß die Spitze des Eisbergs sind. Das ist nur durch das Fehlen von Kontrollen zu erklären. Wie oben dargestellt, brauchen die Wirtschaftsprüfer – unterhalb der Ebene der Bundes- und Landesparteien – pro Partei nur ganz wenige Orts-, Stadt- oder Kreisgliederungen zu überprüfen: bis vor kurzem vier, nach der Änderung des Parteiengesetzes von 2002 zehn. Große Parteien wie die SPD oder die CDU haben aber mehr als 10 000 solcher Untergliederungen. Die Verbuchung von Spenden bleibt deshalb praktisch unkontrolliert. Und das, obwohl Spenden Steuervergünstigungen und Staatszuschüsse von zig Millionen Euro auslösen.

Was muss geschehen? In Zukunft sollten Spenden ab 500 Euro veröffentlicht werden müssen. Danach würden Manipulationen sehr erschwert. Eine solche Publikationsgrenze sieht jetzt auch das vom Europäischen Parlament und vom Ministerrat im Jahr 2003 beschlossene europäische Parteienstatut vor. Warum soll das nicht auch für Spenden an nationale Parteien gelten? Dann würden Spendenmanipulationen erheblich erschwert. Auch über ein Verbot von Spenden juristischer Personen und von größeren Spenden natürlicher Personen sollte verstärkt nachgedacht werden. An Europaparteien sind seit kurzem Spenden über 12 000 Euro verboten, und in vielen Nachbarländern dürfen juristische Personen gar nicht spenden. Der amerikanische Supreme Court hat in einem bemerkenswerten Grundsatzurteil von 10. Dezember 2003 nicht nur hervorgehoben, dass Großspenden die Empfänger dankbar stimmen und die Spender dazu neigen, dies auszunutzen. Das Gericht hat auch betont, dass große Zuwendungen an Parteien korrumpieren oder zumindest den bösen Anschein von Korruption begründen können und dass der ausreicht, eine gesetzliche Begrenzung zu rechtfertigen.

In Deutschland muss zudem die Prüfung durch Wirtschaftsprüfer ausgeweitet werden. Nur ein Tausendstel der Orts- und Regionalverbände der Parteien einer Prüfung zu unterwerfen, ist ein Unding. Dass solche Überprüfungen praktisch möglich sind, zeigen die Erfahrungen der FDP nach ihrem Spendenskandal in Nordrhein-Westfalen: Binnen kürzester Zeit waren alle einschlägigen Spenden überprüft und Manipulationen aufgeklärt. Auch die steuerliche Spendenbegünstigung muss – zumindest in der derzeitigen (verfassungswidrigen, siehe S.101) Höhe – überprüft werden. Das Änderungsgesetz von 2002 hat zwar den Zuschusssatz für Parteien von 50 auf 38 Prozent gesenkt, die Sätze für die steuerliche Spendenbegünstigung jedoch beibehalten und die geförderten Beträge von 6000 bzw. bei Verheirateten 12 000 DM sogar auf 3300 bzw. 6600 Euro erhöht.[17]

Auf europäischer Ebene wurde die Finanzierung europäischer politischer Parteien aus dem EU-Haushalt (siehe S. 120 f.), wie schon erwähnt, inzwischen verabschiedet.[18] Das Bestreben des etablierten Parteienkartells, sich vor Konkurrenz zu schützen, konnte sich letztlich durchsetzen, auch wenn der Ministerrat noch einige Änderungen gegenüber den ursprünglichen Plänen des Parlaments erzwang. In den Genuss der öffentlichen Mittel kommen Europaparteien, das sind im wesentlichen Parteibünde, die sich aus nationalen Parteien zusammensetzen. Dazu gehören etwa die Europäische Volkspartei, in der unter anderem die CDU/CSU und die britischen Konservativen Mitglieder sind, und die Sozialdemokratische Partei Europas, der unter anderen die deutsche SPD und die englische Labour Party angehören. Öffentliche Mittel bekommen diese Parteibünde, wenn sie in mindestens einem Viertel der Mitgliedstaaten bei Wahlen erfolgreich sind und Abgeordnete in die Parlamente entsenden, also – nach der Erweiterung der Union auf fünfundzwanzig Staaten – in mindestens sieben Mitgliedstaaten. Für kleinere und neue Parteien ist diese Voraussetzung praktisch nicht zu erfüllen. Die Regelung dürfte deshalb mit dem auch in der Europäischen Union geltenden Gleichheitssatz schwerlich vereinbar sein.

Auch der Bürgerferne der Europaparteien muss die neue Regelung geradezu Vorschub leisten, denn den subventionierten Parteibünden fehlt alles, was Parteien im Kern ausmacht: Weder haben sie Bürger als Mitglieder noch stellen sie Kandidaten und Programme auf, die sie bei Europawahlen präsentieren und für die sie um die Stimmen der Bürger werben. Zudem dürfen sie zu fast 100 Prozent aus der EU-Kasse finanziert werden (siehe S. 121). Von einer Angewiesenheit auf die Bürger kann hier keine Rede mehr sein. Wie dies mit Art. 191 Abs. 1 des Vertrags zur Gründung der Europäischen Gemeinschaft (EGV) vereinbar sein soll, wonach politische Parteien auf europäischer Ebene dazu beitragen sollen, »den politischen Willen der Bürger der Union zum Ausdruck zu bringen«, bleibt das Geheimnis der Initiatoren. Anfangs sind im EU-Haushalt zwar »nur« 8,4 Millionen Euro für das verbleibende halbe Jahr 2004 vorgesehen. Nachdem die öffentliche Finanzierung der Europaparteien aber erst einmal dem Grunde nach eingeführt ist, besteht die Gefahr eines ähnlich rasanten Ansteigens wie seinerzeit in der Bundesrepublik (siehe S. 106 f.).

Mindestens genauso problematisch ist das vom Europäischen Parlament am 4. Juni 2003 angenommene Abgeordnetenstatut, dem der Rat seine Zustimmung allerdings versagt hat, zumindest vorerst. Nach diesem Statut sollen alle Mitglieder des Europäischen Parlaments einheitlich 9053 Euro (= die Hälfte des Gehalts von Richtern am Europäischen Gerichtshof) erhalten und in den Genuss des besonders günstigen europäischen Steuerrechts kommen. Das würde dann dazu führen, dass EU-Parlamentarier in vielen Ländern mit geringem Lebensstandard das Fünfundzwanzigfache ihrer Wähler und das Drei- oder Vierfache ihrer Minister und sogar ihrer Ministerpräsidenten verdienten – Konsequenzen die die Wähler kaum noch verstehen würden.[19] Auch deutsche EU-Abgeordnete, die derzeit 7009 Euro Entschädigung erhalten, bekämen, wenn das Statut in Kraft träte, deutlich mehr, obwohl sie dann ein Drittel der Kosten ihrer Versorgung selbst tragen müssten.[20] Ihre Altersversorgung wäre noch sehr viel stärker angestiegen. Das musste besonders problematisch erscheinen, weil die Abgeordneten-Versorgung jetzt schon üppig ist und Normalverbraucher mit einer Einschränkung ihrer Renten rechnen müssen. Deutsche EU-Abgeordnete versuchten deshalb die wahren Zahlen zu vernebeln. Im Schutz der parlamenarischen Unverantwortlichkeit (sogenannte Indemnität) glaubten sie, durch Beleidigungen der Kritiker von den Fakten ablenken zu können.[21] Am Ende hatten sie damit aber keinen Erfolg. Im Zuge der öffentlichen Kritik, die durch unsere Analyse in deutschen Medien ausgelöst worden war, bildete die *Bild*-Zeitung gar alle neunzig deutschen EU-Abgeordneten ab, die für das Statut gestimmt hatten.[22] Doch zur Verantwortung ziehen kann der Wähler sie nicht, auch nicht bei den Europawahlen. Hier wird einmal mehr deutlich, wie sehr die starre Listenwahl den Bürger entmündigt, indem sie ihm verwehrt, Abgeordnete abzuwählen und bestimmte andere Kandidaten zu bevorzugen (siehe S. 142 ff.).

Als Antwort auf die Kritik scheuten die Parlamentarier sich nicht, die Erhöhung mit dem Argument zu rechtfertigen, dann würden sie auch die derzeitigen Manipulationen bei Abrechnung der Reisekosten unterbinden. Damit haben die Abgeordneten selbst einen seit vielen Jahren praktizierten Missstand groß herausgestellt. Viele Parlamentarier buchen nämlich bei ihren Reisen nach und von Brüssel Billigflüge, rechnen gegenüber dem Europäischen Parlament aber einen sehr viel teureren Tarif ab. Auf diese Weise fallen erhebliche Spesengewinne an, die auch noch steuerfrei sind. Statt derartige Spesenreitereien nun aber sofort und ersatzlos zu streichen, sucht man sie als Erpressungsinstrument zu nutzen, um die Zustimmung des Rats zum Abgeordnetenstatut zu erzwingen. Eine derartige – inakzeptable – Vorgehensweise, die die Beseitigung illegaler Zustände von Erhöhungen an anderer Stelle abhängig macht, also offiziell ein »Waschen« rechtswidriger Bezüge verlangt, findet sich auch sonst häufig bei Regelungen von Parlamenten in eigener Sache. Was für Normalverbraucher unmöglich wäre, versuchen Parlamentarier auf Grund ihrer Schlüsselstellung an den Hebeln der Macht ungeniert für sich selbst durchzusetzen. So wurde zum Beispiel die Einführung der europäischen Parteienfinanzierung mit dem Argument begründet, sie sei Ersatz für die rechtswidrige Querfinanzierung der europäischen politischen Parteien aus den Töpfen der Fraktionen des Europäischen Parlaments. Nach dem gleichen Muster sollten die hohen steuerfreien Nebeneinkommen von bayerischen und nordrhein-westfälischen Regierungsmitgliedern »gewaschen« werden. Doch die eingesetzte Hofkommission, unter dem Vorsitz von Roland Berger, schoss so sehr über das Ziel hinaus, dass die von ihr vorgeschlagene Verdoppelung der Amtsgehälter selbst den Ministerpräsidenten zu viel war. So fließen die verfassungswidrigen Bezüge immer noch weiter. Statt dessen hat ein hoher Beamter der bayerischen Staatskanzlei, Hans-Werner Klotz, kürzlich versucht meine Feststellung zu widerlegen, dass Ministerpräsident Stoiber während seiner Zeit als Mitglied der bayerischen Staatsregierung und als Landtagsabgeordneter insgesamt 1,5 Millionen Mark an steuerfreien verfassungswidrigen Nebeneinkommen erhalten hat (siehe S. 221). Es seien, wie Klotz meinte, bisher »nur« 857 000 Mark gewesen.[23] Abgesehen davon, dass dies auch schon zu viel wäre, übersah Klotz dabei, dass meine Rechnung sich nicht nur auf Stoibers Zeit als Ministerpräsident, sondern auf seine gesamte Zeit als Mitglied der bayerischen Staatsregierung bezog, also auch Stoibers Zeit als Minister (1986 bis 1993) und Staatssekretär (1982 bis 1986) mit umfasst. In Bayern sind auch Staatsekretäre Regierungsmitglieder (Art. 43 Abs. 2 der Bayerischen Verfassung).[24]

Wie in Kapitel 4 (siehe S. 159 ff.) gezeigt, wird der Versuch der politischen Klasse, sich den Staat – ohne Rücksicht auf Gesetz und Verfassung – zur Beute zu machen, bei der Ämterpatronage besonders manifest. Sie ermöglicht es, alle möglichen Kontrollinstanzen mit Parteigängern zu durchsetzen. Geradezu ein Exerzierfeld dafür ist der öffentlich-rechtliche Rundfunk, der auf Grund seines gewaltigen Einflusses in der »Fernsehdemokratie« fast zwangsläufig zum Gegenstand von Gleichschaltungsversuchen der politischen Klasse geworden ist. Fritz Schenk, der legendäre Moderator des *ZDF-Magazins* stöhnte schon vor Jahren, es sei nicht zutreffend, dass öffentlich-rechtliche Anstalten von den Parteien dominiert würden, sie gehörten ihnen. Wie sehr die öffentlich-rechtlichen Hörfunk- und Fernsehanstalten in der Hand der politischen Klasse sind, wird besonders deutlich, wenn um Spitzenpositionen geschachert wird und man sich dabei nicht ohne viel Aufhebens im üblichen Proporzweg einigen kann. So etwa bei der Wahl des neuen Intendanten des ZDF zu Beginn des Jahres 2002. Wegen der Schlüsselstellung des Intendantenpostens kam es zu einem monatelangen erbitterten, auch vor der Öffentlichkeit nicht mehr zu verheimlichenden Ringen, bis man sich schließlich – nach vielen vergeblichen Anläufen – auf Markus Schächter als neuen Intendanten einigte. Das Echo der Öffentlichkeit auf diese Mainzer Karnevalsnummer war vernichtend. Doch wurde hier nur nach außen besonders deutlich, was drinnen seit langem tägliches Brot ist: Parteitickets entscheiden über Karrieren.

Die eben schon erwähnte Entmachtung des Wählers bei Europawahlen, bei denen er nur eine Stimme hat, die er für starre Parteilisten abgeben muss, findet faktisch auch bei Bundestags- und Landtagswahlen statt (siehe S. 262 ff., 313 f.). Dies wurde durch Untersuchungen zur Bundestagswahl 2002, zur hessischen Landtagswahl 2003 und zur Wahl der deutschen Abgeordneten zum Europaparlament 2004 bestätigt. Dass der größte Teil der Abgeordneten schon vor der Wahl feststand, weil die Parteien sie auf sicheren Plätzen nominiert hatten, habe ich dadurch demonstriert, dass die faktisch schon Gewählten vor dem Wahltermin namentlich genannt wurden.[25] So standen bei der Europawahl schon lange vor dem 13. Juni 2004 77 der zu wählenden 99 deutschen Europaabgeordneten namentlich fest. Dadurch wird die Dringlichkeit einer Reform des Wahlrechts (siehe S. 342 ff.) einmal mehr unterstrichen, die inzwischen auch zunehmend anerkannt wird.[26]

Allerdings: Eine Reform des Wahlrechts ist von den Parlamentariern selbst kaum zu erwarten; die Eigeninteressen der politischen Klasse stehen dagegen. Die Hoffnung auf eine durchgreifende Verbesserung ruht deshalb – ähnlich wie bei der Reform der Kommunalverfassungen schon praktiziert[27] – vor allem auf der unmittelbaren Volksgesetzgebung. Einen Silberstreif am Horizont bietet Hamburg. Dort gibt es eine Initiative zur Verbesserung des Wahlrechts zum Landesparlament.[28] Nachdem das Antragsverfahren erfolgreich durchlaufen war, wurden im Herbst 2003 in vierzehn Tagen in freier Sammlung rund

80 000 Unterschriften für das Volksbegehren zusammengetragen (erforderlich waren 5 Prozent der Wahlberechtigten, das sind rund 60 000). Der Volksentscheid stand bei Redaktionsschluss dieses Buches noch aus. Man muss der Initiative Erfolg wünschen!

Auch das – noch erheblich weitergehende – Projekt einer grundlegenden Reform der Landesverfassungen (siehe S. 336 ff.) gewinnt immer mehr Zustimmung.[29] Sein Kern ist die Direktwahl des Ministerpräsidenten. Durchzusetzen ist es ebenfalls durch Volksbegehren und Volksentscheid. Der Staatsrechtslehrer Hartmut Maurer kommt in seiner wohlabgewogenen Analyse zum Ergebnis, »dass die besseren Gründe für die Volkswahl [des Ministerpräsidenten] sprechen, jedenfalls ein Versuch in diese Richtung in einem Land der Sache wert wäre«.[30] Und der Politikwissenschaftler Frank Decker ergänzt: Angesichts der Exekutivlastigkeit der Bundesländer sei die Direktwahl der Ministerpräsidenten »ein ebenso naheliegender wie logischer Schritt«.[31]

Meine Kritik an der Etablierung der Leibholzschen Parteienstaatsdoktrin in der deutschen Staatsrechtslehre mit allen ihren fatalen Folgen (siehe S. 250 ff.) hat kürzlich eine überraschende Bestätigung gefunden. Susanne Benöhr,[32] eine junge Historikerin, hat aufgedeckt, dass Leibholz bei der Entwicklung seiner Parteienstaatsdoktrin ganz wesentlich vom italienischen Faschismus beeinflusst war.[33] Von daher wird die – ansonsten ganz unverständlich, ja abwegig erscheinende – Ineinssetzung von Partei, Staat und Volk nachvollziehbar, die Leibholz ja auch für die Bundesrepublik postulierte. Diese Art von »Dreieinigkeit« entsprach genau der faschistischen Verfassungslehre. Für sie war die Verschmelzung von Partei und Staat genauso typisch wie die Identifizierung von Partei und Volk. Vorbild war dabei die Nationalfaschistische Partei (PNF), die faschistische Einheitspartei Mussolinis.[34]

Gelegentlich wird – auch von durchaus geneigten Rezensenten – eingewandt, meine Konzentration auf die politische Klasse sei einseitig, in der Wirtschaft gebe es mindestens ebenso große Probleme und Auswüchse.[35] Dieser Einwand ist, wie ich meine, richtig und falsch zugleich. Richtig ist: Auch in anderen Bereichen, etwa in Wirtschaft, Verbänden und Kammern, gibt es Verkrustungen und Missbrauch: Megafusionen von Wirtschaftsgiganten sind an der Tagesordnung; viele haben keine ökonomischen Gründe, sondern dienen lediglich der Machterweiterung, manchmal auch der Gehaltssteigerung ihrer Vorstände.[36] Vorstandsmitglieder von deutschen Großunternehmen lassen sich Jahresgehälter in zweistelliger Millionenhöhe oder riesige Abfindungen bewilligen.[37] Sie treffen gesetzeswidrige Preisabsprachen, und ihre Unternehmen zahlen Hunderte von Millionen Mark Bußgelder, ohne dass dies die Stellung der Verantwortlichen zu erschüttern scheint. Funktionäre von Verbänden und Kammern, welche sich in kontrollfreien Nischen eingerichtet haben, »verdienen« mehr als Spitzenpolitiker. Andererseits: Im Unterschied zur politischen Klasse verfügen wirtschaftliche Eliten und Verbandsfunktionäre in der Regel nicht über das staatliche Gewaltmonopol, nicht über das Recht, Steuern und Abgaben zu erheben, und nicht über die Befugnis, verbindliches Recht für alle anderen Gruppen und die Bürger insgesamt zu setzen. Das macht den großen Unterschied aus und rechtfertigt es meines Erachtens nach wie vor, der politischen Klasse besondere Aufmerksamkeit zu widmen. Im übrigen »vernetzen« sich die Führungsriegen von Politik, Verwaltung, Großwirtschaft, Verbänden und Kammern ohnehin immer stärker. Die Symbiose der politischen Klasse mit wirtschaftlich-gesellschaftlichen Eliten kann hier allerdings nicht auch noch behandelt werden. Sie ist eine eigene umfassende Untersuchung wert.

Auch der Politikwissenschaftler Jens Borchert hat ein die Analysen dieses Buches vielfach bestätigendes Werk geschrieben. Borchert spricht auch einige der hier diskutierten Reformvorschläge an:

- die Direktwahl des Ministerpräsidenten (siehe S. 336 ff.),
- Reformen der Parlamentswahlen (S. 342 ff.) einschließlich
- der Einführung von Vorwahlen (S. 352 ff.),
- die Ausrichtung der Zahl der Parlamentsmandate nach der Höhe der Wahlbeteiligung (S. 345 f.),
- die Einführung von Finanzstimmen (S. 346 f.),
- Amtszeitbeschränkungen (S. 367 f.) und
- die Einführung von Volksbegehren und Volksentscheiden auf Bundesebene (S. 373 ff.).[38]

Hinsichtlich der direkten Demokratie möchte ich hier nur drei, mir allerdings zentral erscheinende Punkte hervorheben: Einmal sind Bürger, denen reiner Wein eingeschenkt wird, nicht weniger klug und verantwortungsbewusst als Berufspolitiker. Ja, sie sind bei Abstimmungen sogar eher bereit, sich gemeinwohlorientiert zu verhalten, selbst dann, wenn ihre Eigeninteressen damit kollidieren, weil für sie meist weniger auf dem Spiel steht (siehe S. 373 f.). Zum zweiten unterwirft direkte Demokratie, bezogen auf die Verfassung, diese dem Willen des Volkes und macht sie damit zu *seiner* Verfassung. Damit wird die von der Verfassung verheißene, bisher aber nur fiktive, Volkssouveränität wirklich hergestellt (siehe S. 260 f.). Im übrigen ist – und das ist der dritte Punkt – direkte Demokratie das wichtigste Gegengewicht gegen Machtmissbrauch der politischen Klasse. Dafür kommt zwar auch ein bürgernahes Wahlrecht in Betracht. Um das durchzusetzen, bedarf es aber wiederum direkter Demokratie. Diese drei Gesichtspunkte sind meines Erachtens von geradezu strategischer Bedeutung, wenn es darum geht, die Menschen davon zu überzeugen, dass wir in Deutschland mehr direkte Demokratie brauchen.

Immerhin, die Entwicklung der direkten Demokratie geht weiter, vor allem in den Bundesländern. Nordrhein-Westfalen hat die prohibitive Hürde für Volksbegehren beseitigt: Statt bisher 20 Prozent müssen jetzt nur noch 8 Prozent der Wahlberechtigten unterschreiben. Hier haben Vertreter von »Mehr Demokratie« hinter den Kulissen gewirkt. Auch Thüringen hat kürzlich sein 14prozentiges Quorum auf 10 Prozent gesenkt. Hier hat eine Initiative wiederum von »Mehr Demokratie« die Bahn gebrochen. In Hessen und im Saarland bestehen dagegen nach wie vor prohibitive 20-Prozent-Hürden für Volksbegehren. In Baden-Württemberg beträgt die Hürde fast 17 Prozent (ein Sechstel) und in Sachsen bis zu 15 Prozent.

Auf Bundesebene fehlt den Bürgern noch völlig die Möglichkeit, durch Volksbegehren und Volksentscheid politische Entscheidungen an sich zu ziehen und sie anstelle des Parlaments zu treffen. Die rotgrüne Regierung hatte dies laut Koalitionsvereinbarung von 1998 zwar ändern wollen. Sie hatte auch einen entsprechenden Gesetzentwurf eingebracht. Dieser verlangte allerdings eine Änderung des Grundgesetzes und scheiterte am Veto der CDU/CSU. Im übrigen war der Gesetzentwurf erst 2002 eingebracht worden, kurz vor Ablauf der Wahlperiode. Das erleichterte der Union die Ablehnung – auch wegen der zu geringen Beratungszeit. Das ganze Verfahren ließ Zweifel aufkommen, ob es der Koalition mit ihrer Initiative wirklich ernst war, oder ob sie sie nur eingebracht hatte, weil sie wusste, dass der Entwurf ohnehin nicht zustandekommen würde. Immerhin gehört die Einführung der Volksgesetzgebung auch nach der Koalitionsvereinbarung von 2002 zum Programm der Bundesregierung, und der Fraktions- und neue Parteivorsitzende der SPD, Franz Müntefering, hat einen neuen Anlauf der Koalition angekündigt.

Die in diesem Nachwort aufgeführten Beispiele zeigen, wie sehr das Thema des Buchs inzwischen in den Mittelpunkt der öffentlichen Diskussion gerückt ist. Viele Dinge, die »man bisher nicht sagte«, werden jetzt offen diskutiert. Dennoch werden immer noch nicht alle Fragen einbezogen. Überall wird von Reformen gesprochen. Doch das Wichtigste, die Reform der Reformfähigkeit der Bundesrepublik Deutschland, bleibt außen vor. Und vor allem: Man macht sich immer noch Illusionen darüber, woran es bei uns eigentlich hakt. Solange die innersten Bremsen aber nicht wirklich thematisiert werden, können sie auch nicht gelockert werden.

Anhang

Anmerkungen

Einführung
Es ist etwas faul im Staate

1 *Jaroslav Langer*, Grenzen der Herrschaft, 1988, 7.

2 *Stephen Dealler*, britischer Mikrobiologe, der die Öffentlichkeit bereits 1987 über BSE-Risiken informierte und dem darauf von der Regierung alle Forschungsgelder gestrichen wurden. Interview, in: Forschung und Lehre 2001, S. 124. Siehe auch Frankfurter Allgemeine Zeitung vom 2.12.2000.

3 In der Frage, ob der Staat und sein Handeln als aus dem Willen des Volkes hervorgegangen vorgestellt werden können, liegt für Staatsphilosophen von Immanuel Kant bis John Rawls *das* Kriterium für die Beurteilung des demokratischen Staats, seiner Organisation und seiner Politik. Siehe die klassischen, an Kant angelehnten Formulierungen von *Gustav Radbruch*, Rechtsphilosophie, 6. Aufl., 1963, 152, 244; *John Rawls*, Eine Theorie der Gerechtigkeit, 1975, 34 ff.

4 Natürlich kann das Gemeinwohl in einer echten Demokratie niemals der alleinige Grundwert sein. Siehe auch BVerfGE 5, 85 (204 f.): »In der freiheitlichen Demokratie ist die Würde des Menschen der oberste Wert ... Für den politisch-sozialen Bereich bedeutet das, dass es nicht genügt, wenn eine Obrigkeit sich bemüht, noch so gut für das Wohl von ›Untertanen‹ zu sorgen; der Einzelne soll vielmehr in möglichst weitem Umfange verantwortlich auch an Entscheidungen für die Gesamtheit mitwirken. Der Staat hat ihm dazu den Weg zu öffnen.«

5 *Rudolf Wildenmann*, Regeln der Machtbewerbung (1963), in: *ders.*, Gutachten zur Frage der Subventionierung politischer Parteien aus öffentlichen Mitteln, Meisenheim a.G. 1968, S. 70 ff. *Michael Greven* hat Wildenmanns Ansatz 30 Jahre später wieder aufgegriffen: *Michael Greven*, Die Parteien in der politischen Gesellschaft sowie eine Einleitung zur Diskussion über die »allgemeine Parteientheorie«, in: Oskar Niedermayer/Richard Stöss (Hg.), Stand und Perspektiven der Parteienforschung in Deutschland, Opladen 1993, S. 277 (290).

6 *Walter Eucken*, Grundsätze der Wirtschaftspolitik, 3. Aufl., 1960.

7 Hier sei besonders hingewiesen auf *Geoffrey Brennan/James Buchanan*,

Die Begründung von Regeln, Tübingen 1993. Einen Überblick über die unterschiedlichen (sich aber möglicherweise fruchtbar ergänzenden) Perspektiven der Staatsrechtslehre und der Konstitutionellen Politischen Ökonomie geben die Beiträge in: Christoph Engel/Martin Morlok (Hg.), Öffentliches Recht als Gegenstand ökonomischer Forschung. Die Begegnung der deutschen Staatsrechtslehre mit der Konstitutionellen Ökonomie, Tübingen 1998.

8 Z. B. *John Rawls*, Eine Theorie der Gerechtigkeit, 1975.

9 *Dorothee Jansen*, Der neue Institutionalismus, 2000 (Speyerer Vorträge, Heft 57).

10 *Hans Herbert von Arnim* (Hg.), Adäquate Institutionen: Voraussetzungen für »gute« und bürgernahe Politik?, 1999.

11 *Volker von Prittwitz*, Die dunkle Seite der Netzwerke, Manuskript, 2001.

12 BVerfGE 101, 158 – 1999.

13 Siehe auch *Pierre Bourdieu*, Praktische Vernunft. Theorie des Handelns, Frankfurt a. M. 1998, z. B. S. 224 f.: Es geht darum, die Bedingungen zu schaffen, nach denen »die Tugend, die Interessenfreiheit, die Verpflichtung auf den öffentlichen Dienst und das Gemeinwohl im Interesse der Akteure läge. ... In der Politik hat die Moral nur dann eine Chance, wenn man daran arbeitet, die institutionellen Mittel einer Politik der Moral zu schaffen.«

14 *Friedrich August von Hayek*, Freiburger Studien, 1969, 199 ff.

15 *Hans Herbert von Arnim*, Vom schönen Schein der Demokratie, 2000, Kapitel 32.

1
Zwischen Gemeinsinn und Eigennutz: Die politische Klasse schafft sich ihr eigenes System

1 Zum Gemeinwohl als aufgegebener Zielrichtung, nicht als vorgegebener Größe: *Hans Herbert von Arnim*, Gemeinwohl und Gruppeninteressen, 1977, 5 ff., 391, 395; *ders.*, Staatslehre der Bundesrepublik Deutschland, 1984, 124 ff.

2 *John Stuart Mill*, Die Freiheit, hg. von Grabowsky, 1945. Vgl. auch schon *Welcker*, Artikel »Öffentlichkeit«, in: von Rotteck/Welcker (Hg.), Das Staats-Lexikon, Band 10, 2. Aufl., 1848, 246 ff.

3 *Mill*, a.a.O., 139 f.

4 Nach dem Auszug bei *Strathan Gordon*, Our Parliament, 5. Aufl., 1958, 54 ff.; leichter zugängliche Fundstelle und Übersetzung bei *Peter*

Badura, Bonner Kommentar, 2. Bearbeitung des Art. 38 GG (1966), Rn. 7.

5 Siehe dazu *Eberhard Schütt-Wetschky*, Auswanderung der Politik aus den Institutionen: Schwächung der Demokratie? Zur Legitimation der Parteiendemokratie, Zeitschrift für Politikwissenschaft 2001, 3 (9 ff.).

6 Siehe *Hans J. Wolff/Otto Bachof*, Verwaltungsrecht 2, 4. Aufl., 1976, § 73 I, S. 28-32; ferner *Herbert Krüger*, Allgemeine Staatslehre, 2. Aufl., 1966, § 19, insbesondere S. 258 f.

7 *Ernst-Wolfgang Böckenförde*, Demokratie und Repräsentation – Zur Kritik der heutigen Demokratiediskussion, 1983, 21.

8 Statt vieler: *Ulrich Scheuner*, Das repräsentative Prinzip in der modernen Demokratie (1961), in: Heinz Rausch (Hg.), Zur Theorie und Geschichte der Repräsentation und repräsentativen Verfassung, 1968, 386 (397 ff.).

9 *Hans Herbert von Arnim*, Gemeinwohl und Gruppeninteressen, 1977, S. 13 ff.; *ders.*, Staatslehre der Bundesrepublik Deutschland, 1984, 127 ff., 235 ff., jeweils m. w. N.

10 Art. 56, 64 Abs. 2 GG.

11 Siehe zum Beispiel BVerfGE 12, 354 (364) – 1961; 42, 312 (332) – 1976; 44, 125 (143) – 1977; 49, 89 (132) – 1978; 50, 50 (51) – 1978; 59, 216 (229) – 1982.

12 *Richard von Weizsäcker*, Im Gespräch mit Gunter Hofmann und Werner A. Perger, 1992, 164, 178.

13 *von Weizsäcker*, a.a.O., 150.

14 *Wulf Schönbohm*, Parteifreunde. Ein Roman aus der Provinz, 1990; *Manfred Zach*, Monrepos oder Die Kälte der Macht, 1996.

15 *Max Weber*, Wirtschaft und Gesellschaft, Halbband 1. Mit textkritischen Erläuterungen herausgegeben von Johannes Winckelmann, 5., rev. Auflage, 1976, 167.

16 Aus der Unzahl der möglichen Belege sei hier nur beispielsweise genannt: Frankfurter Allgemeine Zeitung vom 9.1.01, S. 1 (»Glos drängt«).

17 So vor allem die Neue Politische Ökonomie einschließlich der so genannten Public Choice (siehe zum Beispiel *Ingo Heinemann*, Public Choice und moderne Demokratietheorie, 1999; *Klaus Schweinsberg*, Demokratiereform, 1998) und die Systemtheorie eines Niklas Luhmann. Siehe zum Beispiel auch den Staatsrechtslehrer und ehemaligen Bundesverfassungsrichter *Dieter Grimm*, Vergiss die Besten nicht, Frankfurter Allgemeine Zeitung vom 1.12.1999, S. 54: Politik folgt »einem ihr eigenen Code. Der Imperativ, dem die Politik unterworfen ist, heißt Machterwerb und Machterhalt ... Politiker sind folglich Fachleute für Machterwerb und Machterhalt.«

18 *Claus Offe*, Falsche Antworten, verlogene Fragen, in: Peter Kemper (Hg.), Opfer der Macht. Müssen Politiker ehrlich sein?, 1993, 125 (130 ff.); *Hans-Georg Soeffner*, Erzwungene Ästhetik. Repräsentation, Zeremoniell und Ritual in der Politik, in: Herbert Willens/Martin Jurga (Hg.), Inszenierungsgesellschaft. Ein einführendes Handbuch, 1998, 215 (224).

19 *Jaroslav Langer*, Grenzen der Herrschaft, 1988, 238: »Es hat nämlich ebenso keinen Sinn, den Parteien vorzuwerfen, dass sie sind, wie sie sind, wie es sinnlos wäre, dem Fuchs vorzuwerfen, dass er kein Vegetarier ist. Wenn man eine Wiese abweiden will, dann muss man sich eben Schafe und nicht Füchse anschaffen.«

20 Die Welt vom 9.5.2000.

21 *Renate Mayntz*, Gibt es eine politische Klasse in Deutschland?, in: Wolfgang Merkel/Andreas Busch (Hg.), Demokratie in Ost und West, Festschrift für Klaus von Beyme, 1999, 425 (432).

22 *Mayntz*, a.a.O. – Mayntz' Beobachtungen stimmen übrigens völlig mit denen *Schumpeters* überein, des wissenschaftlichen »Vaters« der schon erwähnten Neuen Politischen Ökonomie (siehe Anmerkung 17): *Joseph Alois Schumpeter*, Kapitalismus, Sozialismus und Demokratie, 1950, 442 ff., und mit denen der Neuen Politischen Ökonomie, die – in Anlehnung an die Wirtschaft – vom Politiker als »politischen Unternehmer« spricht. Siehe z. B. die Stelle, wo *Schumpeter* einen Politiker zustimmend zitiert: »Was die Geschäftsleute nicht verstehen, ist, dass ich genau so mit Stimmen handle, wie sie mit Öl handeln.« (a.a.O., 453).

23 Siehe zum Beispiel *Hans-Jochen Vogel*, Nachsichten, 1996; *ders.*, Vom schönen Schein der Demokratie, Abendzeitung vom 24.4.2000

24 *Paul Tiefenbach*, Die Grünen. Verstaatlichung einer Partei, 1998; *Stefan Bajohr*, Fünf Jahre und zwei Koalitionsverträge. Die Wandlung der Grünen in Nordrhein-Westfalen, Zeitschrift für Parlamentsfragen 2001, 146 ff.

25 Die Welt vom 25.5.2000; Kölnische Rundschau vom 29.5.2000, wiedergegeben auch in der Frankfurter Allgemeinen Zeitung vom 30.5.2000.

26 *von Arnim*, Politik Macht Geld, 2001, 85 f.

27 *von Arnim*, a.a.O., 31.

28 *Jaroslav* Langer, a.a.O., 235.

29 Siehe zur Unterscheidung zwischen relativer und absoluter Interessenverfolgung *Eberhard Schütt-Wetschky*, Interessenverbände und Staat, 1997, 75 ff.

30 *Von Weizsäcker*, a.a.O., 155.

31 *Langer*, a.a.O., 80.

32 *Langer*, a.a.O., 61.

33 Beispiele dafür finden sich in der Biographie Helmut Kohls zuhauf, zum

Beispiel die politische Vernichtung Egon Augustins, eines alten Freundes von Kohl, der sich seinen Zumutungen widersetzte und dafür nicht nur aus dem politischen Geschäft ausgeschlossen, sondern nachträglich sogar aus den Protokollen und schriftlichen Annalen der Partei entfernt wurde, so als hätte er nie existiert. Siehe *Klaus Dreher*, Helmut Kohl, Leben mit Macht, 1998, 50 ff.

34 *Langer*, a.a.O., 61.

35 *Helmut Kohl*, Mein Tagebuch 1998–2000, 2000, 346.

36 *Langer*, a.a.O., 80.

37 Ähnlich *von Weizsäcker*, a.a.O., 150. Siehe auch *Dieter Grimm*, a.a.O.: »Der häufig zu hörende Ruf nach Fachleuten in der Politik verkennt die Funktionsbedingungen moderner Gesellschaften. Wer Politik nach der Sachlogik eines Unternehmens oder eines Forschungsinstituts betreiben will, wird scheitern, weil das, was dort maßgeblich ist, hier keine Rolle spielt.«

38 *Langer*, a.a.O., 178.

39 *Elmar Wiesendahl*, Berufspolitiker zwischen Professionalismus und Karrierismus, in: Hans Herbert von Arnim (Hg.), Politische Klasse und Verfassung, 2001, 145 (157): »Trotz der rapiden Akademisierung des Berufspolitikers« ist »unter Qualifizierungsgesichtspunkten der Politikerberuf für sich genommen ausbildungslos und fällt unter die angelernten Berufsgruppen.«

40 *Eugen Kogon*, Gesucht: eine politische Klasse. Die gesellschaftlichen Ursachen parlamentarischen Versagens, Die Zeit vom 28.1.1968, S. 3.

41 *Wiesendahl*, a.a.O., 163.

42 *Ronald Hitzler*, Die Produktion von Charisma. Zur Inszenierung von Politikern im Medienzeitalter, in: Kurt Imhof/Peter Schulz (Hg.), Politisches Raisonnement in der Informationsgesellschaft, Zürich 1996, 266.

43 *Wiesendahl*, a.a.O., 152 ff. m. w. N.

44 Gewiss, es geht um Wahlen, und dabei soll das Gewicht, das die Persönlichkeit in den Augen der Wähler besitzt, entscheiden, was sicherlich schwer mit Ausbildungsgängen und Zeugnissen zu belegen ist. Doch das Idealbild von dem auf das Vertrauen seiner Mitbürger gestützten Abgeordneten stimmt ohnehin nicht: Die meisten Abgeordneten werden faktisch nicht vom Wähler gewählt, sondern von parteiinternen Gremien. Politische Entscheidungen können dem einzelnen Politiker in aller Regel auch gar nicht zugerechnet werden, und eine wertende Beurteilung seiner Leistungen ist für den Wähler fast unmöglich.

45 Im Jahre 1977 waren es noch 57 Prozent. Siehe *Martin Greiffenhagen*, Politische Legitimation in Deutschland, 1997, 137 f.

46 Siehe auch *Volker Boehme-Neßler*, Politische Kultur: Bürger und Politik,

in: Raban Graf von Westphalen (Hg.), Deutsches Regierungssystem, 2001, 633 (640 m.w.N.): Im Jahre 1997 hatten nur noch 12 Prozent der Bürger Vertrauen in die Problemlösungskompetenz der Parteien, Anfang der Achtzigerjahre waren es noch 50 Prozent.

47 *Greiffenhagen*, a.a.O., 138 ff. m. w. N.

48 *Greiffenhagen*, a.a.O., 139. Klammerzusatz im Original.

49 Daneben gibt es andere Gründe, etwa der sogenannte Wertewandel, Entwicklungen im Medienbereich (Stichwort »Skandalisierung«) und die generelle Abnahme der Handlungsfähigkeit der Politik etwa aufgrund der sogenannten Globalisierung.

50 Die Angaben beruhen auf Umfragedaten des Instituts für Demoskopie Allensbach und der Forschungsgruppe Wahlen, Mannheim, die *Wiesendahl*, a.a.O., 146 ff., zusammengestellt und ausgewertet hat.

51 *Rainer Wahl*, Die Parteipolitisierung der Verwaltung, Frankfurter Allgemeine Zeitung vom 12.11.1987.

52 So laut Der Spiegel vom 3.7.2000, 22 (29) der CDU-Obmann im Bundestags-Untersuchungsausschuss Andreas Schmidt in der ZDF-Sendung »Berlin Mitte« am 29.6.2000.

53 Der Spiegel, a.a.O.

54 Der Spiegel, a.a.O. Ähnlich war es bei der Regierungsübernahme der CDU/FDP-Koalition unter Roland Koch 1999 in Hessen. Frankfurter Allgemeine Zeitung vom 26.2.2000 (»Lückenhafte Hinterlassenschaft von Rot-Grün in Hessen«). Ob die Datenvernichtung im Bundeskanzleramt rechtswidrig war oder sogar *strafrechtliche* Relevanz hatte, ist eine ganz andere Frage. Dazu z. B. Frankfurter Allgemeine Zeitung vom 4.4.2001. Siehe auch *Wilhelm Hennis*, Unanständig. Die Akte Aktenklau bleibt offen, Frankfurter Allgemeine Zeitung vom 5.4.2001.

55 *Langer*, a.a.O., 182 f.

56 Siehe auch *Werner Patzelt*, Wider das Gerede vom »Fraktionszwang«!, Zeitschrift für Parlamentsfragen 1998, 323 ff.

57 Welt am Sonntag vom 2.7.2000 (»Die rote Rita«).

58 Siehe dazu z. B. *Hans Herbert von Arnim*, Die Unvereinbarkeit der Ämter, Die Welt vom 21.2.2001, S. 8.

59 *Erwin und Ute Scheuch*, Cliquen, Klüngel und Karrieren, 1992, 117.

60 Ähnlich *Herfried Münkler/Carsten Fischer/Harald Bluhm*, Korruption und Gemeinwohl. Probleme und Chancen politischer Ordnung in der Krise, Neue Rundschau 2000, Heft 2, 91 (94), in Bezug auf politische Korruption.

61 So *Albert O. Hirschman*, Engagement und Enttäuschung, 1984, 137, in Bezug auf politische Korruption.

62 *Jaroslav Langer*, a.a.O., 58.

63 *Robert Michels*, Zur Soziologie des Parteiwesens in der modernen Demokratie. Untersuchungen über die oligarchischen Tendenzen des Gruppenlebens (1911), 4. Aufl., 1989.

64 *Franz Walter*, Abschied vom Bürgertum, Frankfurter Allgemeine Zeitung vom 8.4.2000, S. 11.

65 Zu den verschiedenen Stadien dieser Entwicklung siehe *Klaus Dreher*, a.a.O.; *Hans Leyendecker*, in: Hans Leyendecker/Heribert Prantl/Michael Stiller, Helmut Kohl, die Macht und das Geld, 2000, 13 ff.

66 *Franz Walter*, a.a.O.

67 *Hans Herbert von Arnim*, Staat ohne Diener, Tabelle 1 (Taschenbuchausgabe 1995: S. 384).

68 *Franz Walter*, a.a.O.

69 *Leyendecker*, a.a.O., 30.

70 *Leyendecker*, a.a.O., 15.

71 *Leyendecker*, a.a.O., 92.

72 *Walter*, a.a.O.

73 1983 erreichte die Staatsfinanzierung allerdings eine Spitze, die dann wieder zurückging, aber doch auf sehr viel höherem Niveau als vorher verharrte. Dazu *Hans Herbert von Arnim*, Die Partei, der Abgeordnete und das Geld, 2. Aufl., 1996, 120 f.

74 BVerfGE 2, 1 (40) – 1952.

75 Urteil des Landgerichts Bonn vom 16.2.1987, Umdruck, S. 428.

76 Die Arbeitsweise der Staatsbürgerlichen Vereinigung 1954 e. V. wird im Urteil des Landgerichts Bonn vom 10.2.1987, Umdruck, S. 446 ff., detailliert nachgezeichnet.

77 *Leyendecker*, a.a.O., 79 ff.

78 *Leyendecker*, a.a.O., 80.

79 *Hans Herbert von Arnim*, Staatslehre der Bundesrepublik Deutschland, 1984, 203 ff.

2
System der Scheinkämpfe: Im politischen Wettbewerb gewinnt meist die politische Klasse

1 So zum Beispiel *Reinhold Zippelius*, Allgemeine Staatslehre, 13. Aufl., 1999, § 23 II 5 (S. 187 ff.); *Hans Herbert von Arnim*, Staatslehre der Bundesrepublik Deutschland, 1984, 108 ff., 320 ff.

2 Statt vieler *Wilhelm Hennis*, Zur Rechtfertigung und Kritik der Bundestagsarbeit (1967), in: *ders.*, Die missverstandene Demokratie, 1973, 121 ff.; *Winfried Steffani*, Parlamentarische Demokratie, in: *ders.* (Hg.), Par-

lamentarismus ohne Transparenz, 1971, 17 ff.; *Gerhard A. Ritter*, Die Kontrolle staatlicher Macht in der modernen Demokratie, in: *ders.* (Hg.), Vom Wohlfahrtsausschuss zum Wohlfahrtsstaat, 1973, 69 (80 ff.); *Franz Lehner*, Grenzen des Regierens, 1979, 84 ff.; *Heidrun Abromeit*, Interessenvermittlung zwischen Konkurrenz und Konkordanz, 1993, 58 ff.; *Gerhard Lehmbruch*, Parteienwettbewerb im Bundesstaat, 2. Aufl., 1998, 19 ff.

3 Wegweisend *Joseph A. Schumpeter*, Kapitalismus, Sozialismus und Demokratie, 1950, 401 ff.; *Anthony Downs*, Ökonomische Theorie der Demokratie, 1968.

4 So statt vieler *Peter Graf Kielmansegg*, Helfen gegen den Parteienstaat nur noch Volksentscheide?, in: Konrad-Adenauer-Stiftung (Hg.), Wieviel Bürgerbeteiligung im Parteienstaat?, 2000, 14 (18): »Für das parlamentarische System ist eine klare Trennung zwischen Regierungs- und Oppositionsfunktion konstitutiv. Die Wähler weisen diese Rollen den konkurrierenden Parteien auf Zeit fest zu. Und sie können beide Akteure, Mehrheit wie Minderheit, dann dafür zur Verantwortung ziehen, wie sie die ihnen zugewiesene Rolle gespielt haben. ... Demokratie heißt ›responsible government‹.«

5 *Max Weber*, Wirtschaft und Gesellschaft (1922), 5. rev. Aufl., 1976, 156 f.; *ders.*, Der Reichspräsident (1919), in: Max Weber, Zur Neuordnung Deutschlands. Schriften und Reden 1918-1920, hrsg. von Wolfgang J. Mommsen in Zusammenarbeit mit Wolfgang Schwentker (Max-Weber-Gesamtausgabe, Abt. I: Schriften und Reden, Bd. 16), 1988, 220 ff.

6 *Arthur Bentley*, The Process of Government, Evanston, Ill. 1959 (Erstausgabe: 1909); *David B. Truman*, The Governmental Process, New York 1958.

7 *Hans Herbert von Arnim*, Gemeinwohl und Gruppeninteressen. Die Durchsetzungsschwäche allgemeiner Interessen in der pluralistischen Demokratie, 1977; *ders.*, Staatslehre der Bundesrepublik Deutschland, 1984, 284 ff., 304 ff.

8 Das hat schon Adam Smith für die Wirtschaft herausgestellt und ist die bleibende Erkenntnis der auf Walter Eucken zurückgehenden wirtschaftlichen Ordnungspolitik. *Walter Eucken*, Grundsätze der Wirtschaftspolitik, 3. Aufl., 1960.

9 So schon die klassische Formulierung bei *John Stuart Mill*, Betrachtungen über die repräsentative Demokratie, Ausgabe von 1971, 209.

10 *Warnfried Dettling*, Demokratie auf dem Prüfstand, Die Zeit vom 16.3.2000: »Politikverflechtung« bewirkt, »dass am Ende niemand mehr weiß, wer für welche Entscheidung überhaupt verantwortlich zu machen ist«.

11 *Christian Degenhart*, Demokratie hat ohne Verantwortung keine Zukunft, Sächsische Zeitung vom 18.4.2000.

12 Auf der Ebene der Europäischen Union verschärft sich das Problem der mangelnden politischen Verantwortung noch weiter. Dazu *Hans Herbert von Arnim*, Vom schönen Schein der Demokratie, 2000, 170 ff.

13 *Klaus-Peter Schöppner*, Bürgerbeteiligung, um Vertrauen in die Politik zurückzugewinnen?, in: Konrad-Adenauer-Stiftung (Hg.), Wieviel Bürgerbeteiligung im Parteienstaat?, 2000, 4 (12).

14 *Schöppner*, a.a.O.

15 *Christoph Grimm*, Radikale Kritik, an der Sache vorbei, Trierischer Volksfreund vom 21./22.10.2000.

16 *Christoph Böhr*, Vertrauen auf Zeit – es funktioniert, Trierischer Volksfreund vom 19.10.2000.

17 So statt vieler *Reinhard Mußgnug*, Veröffentlichungen der Vereinigung Deutscher Staatsrechtslehrer, Band 39 (1981), 382.

18 BVerfGE 5, 85 (199) – 1956.

19 *Claus Peter Müller*, Zehn Jahre nach der Wiedererrichtung Thüringens appellieren alle Parteien an das Heimatgefühl der Bürger. Das Bundesland ist nicht nur politisch reifer geworden, Frankfurter Allgemeine Zeitung vom 28.12.2000.

20 *Eckhart Kauntz*, Die Angst vor der wahlmüden Klientel. Im rheinland-pfälzischen Wahlkampf können die Parteien aus landespolitischen Themen kaum Honig saugen, Frankfurter Allgemeine Zeitung vom 8.1.2001.

21 *Niklas Luhmann*, Soziale Systeme, 1994, 518.

22 *Rudolf Wassermann*, Die Zuschauerdemokratie, 1986.

23 *Mancur Olson*, Die Logik des kollektiven Handelns, Tübingen 1968; *Hans Herbert von Arnim*, Gemeinwohl und Gruppeninteressen, a.a.O.

24 *Roman Herzog*, Allgemeine Staatslehre, 1971, 67 ff.

25 *Hans Herbert von Arnim*, Subventionen. Von den Schwierigkeiten der Subventionskontrolle, Finanzarchiv 1986, 81.

26 *Volker Stern/Georg Werner*, Durch Einsparungen die Lasten mindern (Nr. 89 der Schriftenreihe des Karl-Bräuer-Instituts des Bundes der Steuerzahler), 1998, 276.

27 *Dieter Ewringmann/Karl Heinrich Hansmeyer*, Zur Beurteilung von Subventionen, 1975, 56 ff. Kritisch zur Konzeption von Ewringmann/Hansmeyer schon *von Arnim*, Gemeinwohl und Gruppeninteressen, 1977, 344 ff.; *Görg Haverkate*, Rechtsfragen des Leistungsstaates, 1983, 181 f.

28 Siehe *Hans Herbert von Arnim*, Subventionen, a.a.O.

29 *Gerd Roellecke*, Der Zustand des Rechtsstaates, Cappenberger Gespräche der Freiherr-vom-Stein-Gesellschaft, Bd. 21, 1986, 27 (38).

30 BVerfGE 89, 155 (208). Zum Ganzen *Hans Herbert von Arnim*, Gemeinwohl und Gruppeninteressen, a.a.O., Kapitel J.

31 *Hans Herbert von Arnim*, Volkswirtschaftspolitik, 6. Aufl., 1998, 231 ff.

32 *Joseph Alois Schumpeter*, Kapitalismus, Sozialismus und Demokratie, 1950, 460 ff.

33 *Ernst-Wolfgang Böckenförde*, Demokratie als Verfassungsprinzip, in: Isensee/Kirchhof, Handbuch des Staatsrechts, Band 1, 1987, § 22, Rn 78.

34 *Böckenförde*, a.a.O., Rn 78.

35 *Böckenförde*, a.a.O., Rn 75.

36 *Claus Offe*, Falsche Antworten, verlogene Fragen, in: Peter Kemper (Hg.), Opfer der Macht. Müssen Politiker ehrlich sein?, 1993, 125 (133 f.).

37 BVerfGE 85, 264 (292) – 1992.

38 *Otto Kirchheimer*, Vom Wandel der politischen Opposition (1957), in: Schumann (Hg.), Die Rolle der Opposition in der Bundesrepublik Deutschland, 1976, 114 ff. – »Kartelle« sind wettbewerbsbeschränkende Absprachen. Sie sind im Bereich der *Wirtschaft* nach dem Gesetz gegen Wettbewerbsbeschränkungen (Kartellgesetz) grundsätzlich verboten, weil sie die Marktgegenseite, also meist die Konsumenten, entmachten und es auf diese Weise den Kartellmitgliedern ermöglichen, die Konsumenten auszubeuten. Dazu, dass der Begriff »politisches Kartell« das Problem in Wahrheit sogar noch verharmlost, *von Arnim*, Fetter Bauch regiert nicht gern, Taschenbuchausgabe, 1999, 320 f.

39 Anders wäre es nur dann, wenn die Verfassungsänderung selbst gegen die Verfassung verstößt (siehe Art. 79 GG).

40 *von Arnim*, Die Partei, der Abgeordnete und das Geld, 2. Aufl., 1996, 368 ff.; *ders.*, Fetter Bauch regiert nicht gern, Taschenbuchausgabe, 1999, durchgehend. – Dass einzelne kleinere Parteien gelegentlich ihre Mitwirkung versagen, hebt das Kartell nicht auf. Der Kartelltheorie ist der Begriff des »Außenseiters« seit jeher vertraut.

41 *Michael Kloepfer*, Verfassungsänderung statt Verfassungsreform. Zur Arbeit der gemeinsamen Verfassungskommission, 1995, 138: »Wenn es … an die eigenen Belange der Parteien geht – genannt seien etwa Parteienfinanzierung, Parteistiftungen, Ämterpatronage, Altersversorgung der Funktionsträger –, entsteht zuweilen der Eindruck, als sei Deutschland zu einem ›Ein-Parteien-Staat mit mehreren Parteien‹ geworden.«

42 Ähnlich *Michael Greven*, siehe S. 383, Anm. 5.

43 *Herfried Münkler*, Das Ethos der Demokratie. Über Ehre, Ehrlichkeit, Lügen und Karrieren in der Politik, Politische Vierteljahresschrift 2000, 302 (313).

44 Natürlich wehrten sich die betroffenen Wirtschaftskreise auch hier mit

allen Mitteln gegen die Herstellung von Wettbewerb. So behaupteten zum Beispiel *Rupert Scholz* und *Stefan Langer* in einem von der Ruhrgas AG in Auftrag gegebenen Rechtsgutachten (Europäischer Binnenmarkt und Energiepolitik, 1992), zentrale Teile der geplanten Regelungen seien schlicht verfassungs- und EG-rechtswidrig. Siehe dagegen *Wolfgang Hoffmann-Riem/Jens-Peter Schneider* (Hg.), Umweltpolitische Steuerung in einem liberalisierten Strommarkt, 1995.

45 *Dietrich Herzog*, Brauchen wir eine politische Klasse?, Aus Politik und Zeitgeschichte B 50/91 vom 6.12.1991, S. 3 (4); *Hilke Rebenstorf*, Die politische Klasse, 1995, 142.

46 Siehe auch *Hans Herbert von Arnim*, Fetter Bauch regiert nicht gern, 1997, 33 f.

47 Näheres bei *von Arnim*, a.a.O., 42 ff. m.w.N.

3 Die Verfassung im Griff des Systems

1 Zum Thema »Parteienfinanzierung« siehe auch die eigenen früheren Veröffentlichungen: *Hans Herbert von Arnim*, Parteienfinanzierung, 1982; *ders.*, Verfassungsfragen der Parteienfinanzierung, Juristische Arbeitsblätter 1985, 121 ff., 207 ff.; *ders.*, Zum Ausschluss kommunaler Wählergemeinschaften von der steuerlichen Spenden- und Beitragsbegünstigung, Neue Juristische Wochenschrift 1985, 1005 ff.; *ders.*, Staatliche Fraktionsfinanzierung ohne Kontrolle, 1987; *ders.*, Die neue Parteienfinanzierung, 1989; *ders.*, Finanzierung der Fraktionen, 1993; *ders.*, Die Partei, der Abgeordnete und das Geld. Parteienfinanzierung in Deutschland, 2. Aufl., 1996.

2 Siehe auch *Rolf Ebbighausen* und Mitverfasser, Die Kosten der Parteiendemokratie, 1996.

3 Eine Legaldefinition von Partei-»Spenden« findet sich in § 27 Absatz 1 Parteiengesetz: »Mitgliedsbeiträge sind nur solche regelmäßigen Geldleistungen, die ein Mitglied aufgrund satzungsrechtlicher Vorschriften entrichtet. Spenden sind darüber hinausgehende Zahlungen, insbesondere Aufnahmegebühren, Sonderumlagen und Sammlungen sowie geldwerte Zuwendungen aller Art, sofern sie nicht üblicherweise unentgeltlich von Mitgliedern außerhalb eines Geschäftsbetriebes zur Verfügung gestellt werden.«

4 *Theodor Eschenburg*, Paragrafen gegen Parlamentarier, in: ders., Zur politischen Praxis in der Bundesrepublik, Band 1, 1967, 124.

5 *Eberhard von Brauchitsch*, Der Preis des Schweigens, 1999. Siehe auch

Jürgen Jesse, Spendenaffäre war Schutzgeldaffäre, Frankfurter Allgemeine Zeitung vom 13.9.1999; *Hans Leyendecker*, Wenn Gemeinwohl plötzlich Eigennutz bedeutet, Süddeutsche Zeitung vom 20.9.1999.

6 Näheres bei *Hans Herbert von Arnim*, Die Partei, der Abgeordnete und das Geld, 2. Aufl., 1996, 79 f.

7 Siehe § 23a Parteiengesetz. Inwieweit die Nichtveröffentlichung von Großspenden zusätzlich auch die Rechtsfolgen der §§ 19 Abs. 4, 23 Abs. 4 PartG auslöst, ist streitig. Siehe dazu S. 103 ff.

8 Bericht der Bundestagspräsidentin über die Rechenschaftsberichte 1993 sowie über die Entwicklung der Finanzen der Parteien gemäß § 23 Abs. 5 des Parteiengesetzes, Bundestagsdrucksache 13/4503 vom 30.4.1996, S. 22: »Es wird zu prüfen sein, ob die derzeit legale Möglichkeit, eine solche Großspende auf mehrere, im Eigentum derselben Person befindliche juristische Personen aufzuteilen, dem verfassungsrechtlichen Transparenzgebot entspricht, zumal diesem Gebot für das Funktionieren der Demokratie eine ›zentrale Bedeutung‹ zukommt (vgl. auch schon BVerfGE 52, 63 [87]).«

9 Die Ausblendung der »Parteisteuern« vor den Blicken der Öffentlichkeit erfolgte mit dem Hinweis, sie seien rechtswidrig. Dies trifft zu, kann aber keinen Grund für ihre Abdunkelung, sondern allenfalls für ihre Unterbindung abgeben. Diese wurde aber gar nicht versucht. Die Ausblendung der Krediteinnahmen als der für die Unabhängigkeit der Parteien potenziell gefährlichsten Einnahmeart erfolgte mit dem Hinweis, ihnen ständen Rückzahlungsverpflichtungen gegenüber, ein Argument, dessen Abwegigkeit man schon daran sieht, dass dann auch in der öffentlichen Haushaltswirtschaft generell die Krediteinnahmen nicht mehr gesondert ausgewiesen werden müssten. Siehe *Hans Herbert von Arnim*, Die Partei, der Abgeordnete und das Geld, 2. Aufl., 1996, 53 ff.

10 Oder 2 vom Tausend der Summe der Umsätze und der Löhne und Gehälter.

11 BVerfGE 6, 273 (279-281) – 1957.

12 BVerfGE 8, 51 (64-69) – 1958.

13 *Hans Herbert von Arnim*, Der strenge und der formale Gleichheitssatz, Die Öffentliche Verwaltung 1984, 85 ff.

14 *Joachim Wagner*, Tatort Finanzministerium. Die staatlichen Helfer beim Spendenbetrug, 1986.

15 *Schünemann*, Die strafrechtlichen Aspekte der Parteispendenaffäre – Eine (Zwischen-?)Bilanz, in: De Boor/Pfeiffer/Schünemann, Parteispendenproblematik, 1986, 35 (67).

16 Siehe den Leserbrief des früheren für das Spendenwesen im Bundesministerium der Finanzen zuständigen Referenten, Ministerialrat a. D. Troll,

in der Frankfurter Allgemeinen Zeitung vom 3.12.1983: »Die heute als Steuerstraftat angeprangerte Parteispendenpraxis« sei »schon seit Jahrzehnten der Finanzverwaltung bekannt« gewesen.

17 *Hans Werner Kilz/Joachim Preuss*, Flick. Die gekaufte Republik, 1984.

18 Urteil des Landgerichts Bonn vom 16.2.1987, Aktenzeichen 27 F 7/83.

19 *Klaus Dreher*, Helmut Kohl. Leben mit Macht, 1998, 344.

20 Auch der damalige SPD-Fraktionsvorsitzende *Hans-Jochen Vogel* vermutet, »dass dieser Vorgang das Ende der Koalition beschleunigt hat« (zitiert nach *Dreher*, a.a.O., 344).

21 *Hans Werner Kilz/Joachim Preuss*, Flick. Die gekaufte Republik, 1984, 287.

22 Vgl. auch *Christine Landfried*, Parteifinanzen und politische Macht, 1990, 227 ff.

23 BVerfGE 52, 63 – 1979.

24 BVerfGE 52, 63 (69).

25 *Kilz/Preuss*, a.a.O., 275.

26 *Parteienfinanzierungskommission*, Bericht zur Neuordnung der Parteienfinanzierung, 1983, 197 ff.

27 *Parteienfinanzierungskommission*, a.a.O., 201: Die Neuregelung wäre »ohne weitere Vorkehrungen verfassungswidrig«, weil sie »gegen den Grundsatz der Chancengleichheit und das gleiche Teilhaberrecht des Bürgers verstoßen würde«.

28 Zum Kompensationscharakter der so genannten Kleinbetragsbegünstigung und des Chancenausgleichs *Parteienfinanzierungskommission*, a.a.O., 4 f., 197 f., 203 ff.

29 *von Arnim*, Die Partei, der Abgeordnete und das Geld, 2. Aufl., 1996, 120 ff. (Tabelle 3).

30 Siehe zum Beispiel *Hans Herbert von Arnim*, Aktuelle Probleme der Parteienfinanzierung. Stellungnahme zum Entwurf eines Gesetzes über die Neuordnung der Parteienfinanzierung vom 21.6.1983 – (Bundestagsdrucksache 10/183, 1983 (Nr. 18 der Stellungnahmen des Karl-Bräuer-Instituts des Bundes der Steuerzahler).

31 Dazu *Hans Herbert von Arnim*, Verfassungsfragen der Parteienfinanzierung, 2 Teile, Juristische Arbeitsblätter 1985, 121 ff., 207 ff.

32 Hierbei spielte eine Arbeitsgruppe eine gewichtige Rolle, über die Uwe Lüthje, der Generalbevollmächtigte des CDU-Schatzmeisters Leisler Kiep, folgenden aufschlussreichen Hintergrundbericht gibt: »Mitglieder dieser Arbeitsgruppe waren die Finanz- bzw. Parteirechtssachverständigen der Parteizentralen. Die Kommission machte mich zum Vorsitzenden der Arbeitsgruppe. ... Für die Arbeit der Arbeitsgruppe gab es von der Kommission eine Reihe von Zielvorgaben. Eine dieser Zielvorgaben war,

dass die auch damals in der Öffentlichkeit schon diskutierte strafrechtliche Bewehrung des Parteiengesetzes unter keinen Umständen in den Entwurf aufgenommen werden sollte. ... Weiterhin war genereller Parteienkonsens, dass mit der Fünf-Prozent-Regel für die sonstigen Einnahmen *bewusst* eine Möglichkeit für die Zuführung von Mitteln geschaffen werden sollte, für die eine Erläuterung über deren Herkunft nicht nur nicht erfolgen sollte, sondern explizit, ausdrücklich ausgeschlossen war.« (Schriftliche Aussage von Uwe Lüthje vor dem Untersuchungsausschuss »Parteispenden« vom 10.8.2000.)

33 *Hans H. Klein*, Parteien sind gemeinnützig – das Problem der Parteienfinanzierung, Neue Juristische Wochenschrift 1982, 735 ff.

34 BVerfGE 73, 40 (64) – 1986.

35 BVerfGE 73, 40. Dazu auch das überzeugende abweichende Votum der Richter *Böckenförde* und *Mahrenholz*: BVerfGE 73, 40 (103 ff.).

36 *Philip Kunig*, Parteien, in: Isensee/Kirchhof (Hg.), Handbuch des Staatsrechts, Bd. 2, 1987, 103 (139): »... bleiben Großspender in ihrer Einflussmöglichkeit unvertretbar im Vorteil.« *Dieter Grimm*, Parlament und Parteien, in: Schneider/Zeh (Hg.), Parlamentsrecht und Parlamentspraxis, 1989, 199 (215): »... schwer begründbare Abweichung vom Grundsatz der Parteiengleichheit.« *Rudolf Steinberg*, Parlament und organisierte Interessen, in: Schneider/Zeh (Hg.), a.a.O., 217 (258): »... bedauerlich das in sich höchst widersprüchliche Parteienfinanzierungsurteil des Bundesverfassungsgerichts vom 14.7.1986.« *von Alemann*, Parteienfinanzierung: Skandale, Umwege, Urteile, in: Haungs/Jesse, Parteien in der Krise?, 1987, 210 (213): »Gerade die Gleichheitsargumentation des Bundesverfassungsgerichts ist nicht überzeugend.« Vgl. auch die ausführliche Kritik von *Jörn Ipsen*, Die unbegrenzte Parteienfinanzierung – Bemerkungen zu den Urteilen des Bundesverfassungsgerichts vom 14. Juli 1986, in: Wewer (Hg.), Parteienfinanzierung und politischer Wettbewerb, 1990, 74 ff.

37 § 10b Absatz 2 Einkommensteuergesetz in der Fassung des Fünften Gesetzes zur Änderung des Parteiengesetzes und anderer Gesetze vom 22.12.1988.

38 So schon *Hans Herbert von Arnim*, Verfassungsfragen der Parteienfinanzierung, Teil 1, Juristische Arbeitsblätter 1985, 121 (126 ff.). Vergleiche auch das Spiegel-Gespräch zwischen *Hans Peter Schneider* und *von Arnim*, Der Spiegel, 25.7.1983, 27 ff.

39 BVerfGE 85, 264 (313) – 1992.

40 Dazu *Horst Sendler*, Verfassungsgemäße Parteienfinanzierung, Neue Juristische Wochenschrift 1994, 365; *Thomas Drysch*, Staatliche Parteienfinanzierung und kein Ende: das neue Parteienfinanzierungsgesetz, Neue

Zeitschrift für Verwaltungsrecht 1994, 218; *Hans-Rüdiger Schmidt/Peter Steffen*, Standortpapier zum neuen Parteienfinanzierungsrecht, Mitteilungen des Instituts für Deutsches und Europäisches Parteienrecht, Heft 4, Dezember 1994, 67; *Hans Hofmann*, Die staatliche Teilfinanzierung der Parteien, Neue Juristische Wochenschrift 1994, 691; *Volker Schütte*, Ein Bürgerbeitrag gegen Parteiverdrossenheit, Zeitschrift für Parlamentsfragen 1994, 262; *Michael Vesper*, Langer Anlauf, kurzer Sprung, die tageszeitung (taz) vom 12.11.1993, S. 34 ff.; *Hans-Peter Schneider*, Die politischen Parteien und das Geld, Festschrift Otwin Massing zum 60. Geburtstag, 1995, 335; *von Arnim*, Die Partei, der Abgeordnete und das Geld, 2. Aufl., 1996, 72 ff.

41 Sechstes Gesetz zur Änderung des Parteiengesetzes und anderer Gesetze vom 28.1.1994, BGBl. I S. 142.

42 Pressemitteilung des Deutschen Bundestags vom 19.7.2000.

43 Pressemitteilung des Deutschen Bundestags vom 1.12.2000.

44 Pressemitteilung des Deutschen Bundestags vom 1.12.2000.

45 Andernfalls wäre es ein Leichtes, die Fraktion zur Geldwaschanlage umzufunktionieren. Die Pflicht für Parteien, verbotene Spenden unverzüglich an das Bundestagspräsidium abzuliefern sowie Großspenden über 20 000 Mark mit Namen und Anschrift des Spenders zu veröffentlichen, könnte umgangen werden, wenn solche Spenden zunächst an die Fraktion gingen, für welche derartige Pflichten nicht bestehen, und von dort als Fraktionsspende an die Partei.

46 So auch schon *Hans Herbert von Arnim*, Was kostet ein Finanzskandal? Die CDU muss Millionenbeträge aus staatlicher Förderung zurückzahlen, Die Zeit vom 20.1.2000. – Die Meinungen in der inzwischen rasch angeschwollenen Literatur sind geteilt. Die Entscheidung Thierses wird eher verteidigt von *Martin Morlok*, Spenden – Rechenschaft – Sanktionen. Aktuelle Rechtsfragen der Parteienfinanzierung, Neue Juristische Wochenschrift (NJW) 2000, 761 ff., *Heike Merten*, Gesetzmäßige Parteienfinanzierung – Pflichten und Sanktionen, in: Mitteilungen des Instituts für Deutsches und Europäisches Parteienrecht, 9. Jahrgang, 1999, Sonderbeilage, 11ff.; *Hans-Michael Heinig/Thilo Streit*, Die direkte staatliche Parteienfinanzierung. Verfassungsrechtliche Grundlagen und parteiengesetzliche Rechtsfragen, Juristische Ausbildung 2000, 393 ff.; *Rainer Wahl*, Chancengleichheit und rechtswidrig handelnde Partei, NJW 2000, 3260 ff. Eher abgelehnt wird die Entscheidung von *Otto Depenheuer/Bernd Grzeszick*, Zwischen gesetzlicher Haftung und politischer Verantwortlichkeit, Deutsches Verwaltungsblatt 2000, 736 ff.; *Peter M. Huber*, Das parteienrechtliche Transparenzgebot und seine Sanktionierung, Die Öffentliche Verwaltung 2000, 745 ff.; *Jörn Ipsen*, Transparenzgebot

und Sanktionensystem bei der staatlichen Parteienfinanzierung, Juristenzeitung 2000, 685 ff.; *Hans Hugo Klein,* Die Rechenschaftspflicht der Parteien und ihre Kontrolle, NJW 2000, 1441 ff.; *Thorsten Koch,* Verlust der Teilhabe an staatlicher Parteienfinanzierung bei fehlerhaftem Rechenschaftsbericht?, NJW 2000, 1004 ff.

47 Verwaltungsgericht Berlin, Urteil vom 31.1.2001 (Aktenzeichen: VG 2 A 25.00).

48 A.a.O., S. 18 des Umdrucks.

49 Erläuterung des Innenausschusses zu § 23 Abs. 3 Satz 1 PartG, Bundestagsdrucksache 10/697, 5 f.

50 BVerfGE 85, 264 (290-292) – 1992.

51 Abweichende Meinung des Kommissionsmitglieds *Hans Herbert von Arnim*, in: Bundespräsidialamt (Hg.), Empfehlungen der Kommission unabhängiger Sachverständiger zur Parteienfinanzierung, 1993, 124 (132 f.) = Bundestagsdrucksache 12/4425, S. 51 (54).

52 So treffend *Wolfgang Rudzio*, Das neue Parteienfinanzierungsmodell und seine Auswirkungen, Zeitschrift für Parlamentsfragen 1994, 390 (399).

53 *Wolfgang Renzsch*, »Aus eins mach drei« und andere Einträglichkeiten, Frankfurter Allgemeine Zeitung vom 26.7.2000, S. 11.

54 *von Arnim*, »Parteisteuern« der Abgeordneten sind verfassungswidrig, Frankfurter Rundschau vom 15.1.2000, S. 7.

55 Dass es die Schatzmeister waren, die den Inhalt der Parteienfinanzierungsregelungen in Wahrheit bestimmten, und dass sie »den Gesetzgeber« nur als Fassade vorschoben, hat die schriftliche Aussage, die Uwe Lüthje, der Generalbevollmächtigte von CDU-Schatzmeister Leisler Kiep, am 10. August 2000 für den Berliner Untersuchungsausschuss verfasste, auch für Außenstehende ganz deutlich gemacht.

56 *von Arnim*, Geheim – und auch noch steuersparend, Süddeutsche Zeitung vom 22./23.1.2000, S. 13.

57 BVerfGE 73, 1 (39) – 1986.

58 *Heike Merten*, Parteinahe Stiftungen im Parteienrecht, 1999, 137. Siehe auch *Rolf Ebbighausen* und Mitverfasser, a.a.O., 235 ff.

59 Die mangelnde Unterscheidbarkeit war der Grund, warum die von Bundespräsident von Weizsäcker einberufene Parteienfinanzierungskommission auch die Finanzierung der Fraktionen, Parteistiftungen und Abgeordnetenmitarbeiter einbezog, obwohl sie formal nur den Auftrag hatte, Empfehlungen zu unterbreiten, »wie die Parteienfinanzierung« künftig neu geregelt werden sollte: Bundespräsidialamt (Hg.), Empfehlungen der Kommission unabhängiger Sachverständiger zur Parteienfinanzierung, 1994, 13, 20 f., 80 ff.

60 Siehe auch *Heribert Prantl*, in: Leyendecker/Prantl/Stiller (Hg.), a.a.O., 553 f.

61 Stand: 1996. Quelle: *Peter Schindler*, Datenhandbuch zur Geschichte des Deutschen Bundestags 1949 bis 1999, Band III, Berlin 1999, S. 3264. Von den 3929 Mitarbeitern waren ein knappes Drittel vollzeit- und gut zwei Drittel teilzeitbeschäftigt. Auch bei Letzteren werden die Mitarbeiterbezüge oft die hauptsächlichen Einnahmen sein und die Bezieher deshalb »davon leben«.

62 Stand Dezember 1995: 837. Quelle: *Schindler*, a.a.O., Band I, S. 1007. Die Mitarbeiter der Fraktionen der Landesparlamente und der kommunalen Volksvertretungen, deren Zahl gesondert zu erheben wäre, kommen noch hinzu.

63 Stand: 1989. Quelle: *Michael Pinto-Duschinsky*, The Party Foundations and Political Finance in Germany, in: F. Leslie Seidl (ed.), Comparative Issues in Party and Election Finance, 1991, 179 ff.

64 *Peter Radunski*, Fit für die Zukunft? Die Volksparteien vor dem Superwahljahr 1994, Sonde 1991/4, 3 (5). Prinzipiell zustimmend auch für die SPD: *Peter Lösche*, Die SPD nach Mannheim: Strukturprobleme und aktuelle Entwicklungen, Aus Politik und Zeitgeschichte B/96 vom 2.2.1996, 20 (27 f.).

65 BVerfGE 20, 56 – 1966.

66 BVerfGE 40, 296 – 1975.

67 Antragsteller im Verfahren BVerfGE 8, 51 (1958) und 20, 63 (1966) war die von der SPD gestellte hessische Landesregierung.

68 BVerfGE 73, 40 – 1986.

69 BVerfGE 85, 264 – 1992.

70 BVerfGE 73, 1 – 1986.

71 In der Stellungnahme des Haushaltsausschusses des Europäischen Parlaments zur Rechtsverordnung heißt es: »Es ist wahrscheinlich, dass die nationalen politischen Parteien einen Teil der Eigenmittel aufbringen müssen, und in dem Fall, dass die Fraktionen Mitglieder der Partei sind, werden sie ebenfalls ihren Beitrag leisten müssen. Diese Mitgliedsbeiträge wären eine Quelle der Eigenmittel.«

72 Einige Landesverfassungen gehen auch heute noch erkennbar von der Neben- oder Ehrenamtlichkeit des Mandats aus. Dazu *von Arnim*, Die Partei, der Abgeordnete und das Geld, 2. Aufl., 1996, 213, 235.

73 *Hermann Eicher*, Der Machtverlust der Landesparlamente, 1988; *Gabriela Weber*, Die Stellung der Landesparlamente, Forschungsinstitut für öffentliche Verwaltung bei der Hochschule für Verwaltungswissenschaften Speyer, 1996. Vgl. auch *von Arnim*, a.a.O., 227 ff.

74 *Albert Janssen*, Der Landtag im Leineschloss – Entwicklungslinien und

Zukunftsperspektiven, in: Präsident des Niedersächsischen Landtags, Rückblicke – Ausblicke, 1992, 15 (31).

75 *Stephan Holthoff-Pförtner*, Landesparlamentarismus und Abgeordnetenentschädigung. Dargestellt am Beispiel Nordrhein-Westfalens, 2000, 72.

76 Auch die ansonsten eher zurückhaltende Unabhängige Kommission zur Überprüfung des Abgeordnetenrechts (»Kissel-Kommission«) hat in ihrem Bericht vom 3.6.1993, Bundestagsdrucksache 12/5020, S. 10, Zweifel geäußert, »ob die Tätigkeit eines Landtagsabgeordneten generell als so umfassend anzusehen ist, dass sie als Ausübung eines ›Hauptberufs‹ gewertet werden muss«.

77 *Hans Herbert von Arnim*, Diener vieler Herren, 1998, 150 ff.

78 Vgl. auch die Bezeichnung der Abgeordneten als »Parteisoldaten« durch *Hans Apel*, Die deformierte Demokratie, 1991, 231 ff.

79 Vergleiche auch schon *Walter Schmidt*, Die Öffentliche Verwaltung 1985, 1030 (1031).

80 *Roman Herzog*, Verfassungsrechtliche Grundlagen des Parteienstaates, 1993, 34.

81 *Frank Schürmann*, Öffentlichkeitsarbeit der Bundesregierung, 1992, 75 ff.

82 BVerfGE 44, 125. Vgl. auch die Sondervoten der Richter Dr. Geiger und Hirsch (E 44, 169) und des Richters Dr. Rottmann (E 44, 181).

83 Diese Zusammenhänge sind so offensichtlich, dass sie heute auch von ausgesprochen parteifrommen Politikwissenschaftlern anerkannt werden müssen. Siehe *Heinrich Oberreuter*, Zur öffentlichen Funktion politischer Parteien, in: Konrad-Adenauer-Stiftung (Hg.), Welche Macht den Parteien?, 2000, S. 9 (13).

84 Aufklärung über die Frage, wofür die Parteien das Geld benötigen, verlangt auch *Arnulf Baring*, Parteien in der Bürgergesellschaft, in: Konrad-Adenauer-Stiftung (Hg.), Welche Macht den Parteien?, 2000, S. 4.

85 Dass bestimmte Strukturmerkmale der Parteienfinanzierung, insbesondere ihre »Etatisierung«, zu einer Verselbständigung der politischen Klasse beitragen, hat *Christine Landfried*, Parteifinanzen und politische Macht, 2. Aufl., 1994, besonders herausgearbeitet. Vgl. auch *Hans Herbert von Arnim*, Die Partei, der Abgeordnete und das Geld, 2. Aufl., 1996, 33, 80, 362 f.; Abweichende Meinung des Richters *Böckenförde* zum Urteil des Bundesverfassungsgerichts vom 14.7.1986, BVerfGE 73, 103 (116 f.).

86 BVerfGE 85, 264 (290).

87 *Wolfgang Schreiber*, Wahlkampf, Wahlrecht und Wahlverfahren, in: Hans-Peter Schneider/Wolfgang Zeh (Hg.), Parlamentsrecht und Parlamentspraxis, 1989, S. 401 ff. (Randnummer 1).

88 *Hans Meyer*, Demokratische Wahl und Wahlsystem, in: Josef Isensee/Paul Kirchhof (Hg.), Handbuch des Staatsrechts, Band 2, 1987, S. 249 (265 f.).

89 *Rudolf Wildenmann*, Regeln der Machtbewerbung (1963), in: *ders.*, Gutachten zur Frage der Subventionierung politischer Parteien aus öffentlichen Mitteln, 1968, 70 ff.

90 Wir haben in der Bundesrepublik kein kompetitives Wahlrecht mehr, sondern allenfalls noch ein semi-kompetitives. Zu diesem Begriff *Dieter Nohlen*, Wahlsysteme der Welt, 1978, 18 ff. Zumindest hinsichtlich der Kandidaten auf sicheren Listenplätzen finden »elections without choice« (Wahlen ohne Auswahl) statt.

91 *Christiane Olligs*, Die Entwicklung der Landtags- und Kommunalwahlgesetze in den Ländern der Britischen Zone 1946 – 1958, Münchner Phil. Dissertation, 1990, 261.

92 *Olligs*, a.a.O., 318.

93 *Olligs*, a.a.O., 261.

94 *Olligs*, a.a.O., 264 f.

95 BVerfGE 11, 266 – 1960.

96 BVerfGE 6, 104 (114) – 1957.

97 Dazu *von Arnim*, Werden kommunale Wählergemeinschaften diskriminiert?, Deutsches Verwaltungsblatt 1999, 417 ff.

98 BVerfGE 69, 92 – 1985; 78, 350 – 1988. Siehe auch *von Arnim*, Zum Ausschluss kommunaler Wählergemeinschaften von der steuerlichen Spenden- und Beitragsbegünstigung, Neue Juristische Wochenschrift 1985, 1005; *ders.*, Die Partei, der Abgeordnete und das Geld. Parteienfinanzierung in Deutschland, 1996, 74 f.

99 Bundesverfassungsgericht, Entscheidung vom 29.9.1998, Aktenzeichen 2 BvR 1790/94. Dazu *von Arnim*, Deutsches Verwaltungsblatt 1999, 417 (421 f.).

100 *Hartmut Borchert*, Kommunale Selbstverwaltung – die örtliche Demokratie und ihre Verwaltung, in: Göttrik Wewer (Hg.), Demokratie in Schleswig-Holstein, 1998, 427 (439).

101 Siehe auch *Wolfgang Graf Vitzthum/Jörn Axel Kämmerer*, Bürgerbeteiligung vor Ort, 2000, 14 f.

102 *Merith Niehuss*, Die Parteien und der Kampf um die Macht in den Ländern Nachkriegsdeutschlands 1946–1955, in: von Arnim/Färber/Fisch (Hg.), Föderalismus – Hält er noch, was er verspricht?, 2000, 197.

103 *Niehuss*, a.a.O., 197 f.

104 *Olligs*, a.a.O., 65.

105 *Olligs*, a.a.O.

106 *Niehuss*, a.a.O., 201–204.

107 Zitiert nach *Friedrich Schäfer*, Sozialdemokratie und Wahlrecht. Der Beitrag der Sozialdemokratie zur Gestaltung des Wahlrechts in Deutschland, in: Verfassung und Verfassungswirklichkeit. Jahrbuch des Kölner Forschungsinstituts für politische Wissenschaft und europäische Fragen, Teil 2, 2. Halbband, 1967, 157 (185).

108 *Niehuss*, a.a.O., 204 f.

109 *Niehuss*, a.a.O., 209 ff.

110 *Niehuss*, a.a.O., 210.

111 *Ulrich Wenner*, Sperrklauseln im Wahlrecht der Bundesrepublik Deutschland, 1986, 73; *Niehuss*, a.a.O., 211.

112 *Niehuss*, a.a.O., 199 mit weiteren Nachweisen.

113 *Eckhard Jesse*, Wahlrecht zwischen Kontinuität und Reform, 1985, 221.

114 *Jesse*, a.a.O., 222.

115 *Erhard H. M. Lange*, Wahlrecht und Innenpolitik. Entstehungsgeschichte und Analyse der Wahlgesetzgebung und Wahlrechtsdiskussion im westlichen Nachkriegsdeutschland 1945-1956, 1975, 569 ff.

116 *Lange*, a.a.O., 560.

117 *Jesse*, a.a.O., 221 ff.; *Lange*, a.a.O., 552 ff.

118 *Jesse*, a.a.O., 222.

119 *Lange*, a.a.O., 703; *Jesse*, a.a.O., 226.

120 *Lange*, a.a.O., 703.

121 *Lange*, a.a.O.

122 Siehe zu diesem Konzept der FDP *Karl-Hermann Flach*, Dritte Kraft, herausgegeben von der Bundesparteileitung der FDP, 1957.

123 Siehe z. B. *Dietrich Murswiek*, Die Verfassungswidrigkeit der 5%-Sperrklausel im Europawahlgesetz, Juristenzeitung 1979, 48 ff.; *Hans Meyer*, Wahlgrundsätze und Wahlverfahren, in: Josef Isensee/Paul Kirchhof (Hg.), Handbuch des Staatsrechts, Band 2, 1987, S. 269 (286 f.).

124 Gleichwohl hat das Bundesverfassungsgericht der Sperrklausel im Europawahlgesetz in einer schwer nachvollziehbaren Entscheidung, die durchweg Unverständnis ausgelöst hat, seinen Segen erteilt: BVerfGE 51, 222 – 1979.

125 *von Arnim*, Die Unhaltbarkeit der Fünfprozentklausel bei Kommunalwahlen nach der Reform der Kommunalverfassungen, Festschrift für Klaus Vogel, 2000, 453 ff.

126 Landesverfassungsgericht Mecklenburg-Vorpommern, Urteil vom 14.12.2000, Aktenzeichen LVerfG 4/99.

127 BVerfGE 6, 104 (112) – 1957.

128 Siehe zum Beispiel *Dieter Grimm*, Politische Parteien, in: Ernst Benda/Werner Maihofer/Hans-Jochen Vogel (Hg.), Handbuch des Verfassungsrechts, 2. Aufl., 1994, 599 (627 f.); *Edzard Schmidt-Jortzig*, Partei-

enrechtsordnung im Wandel, Deutsches Verwaltungsblatt 1983, 777 (778 ff.); *Hans Meyer*, Kommunalwahlrecht, in: Günter Püttner (Hg.), Handbuch der kommunalen Wissenschaft und Praxis, Band 2, 1982, 37 (56 f.); *Jochen A. Frowein*, Die Rechtsprechung des Bundesverfassungsgerichts zum Wahlrecht, Archiv des öffentlichen Rechts 1974, 72 (78 f., 89); *Ulrich Wenner*, Sperrklauseln im Wahlrecht der Bundesrepublik Deutschland, 1986, 187 ff., 248 ff.; *Ernst Becht*, Die 5%-Klausel im Wahlrecht, 1990, 58 ff., 119 ff.

129 BVerfGE 1, 208 (249) – 1952. Gerhard Leibholz wirkte an diesem Urteil mit, ebenso an der in Anmerkung 127 genannten Entscheidung.

130 *Seymour M. Lipset/Stein Rokkan*, Cleavage Structures, Party Systems, and Voter Alignments: An Introduction, in: dies. (Hg.), Party Systems and Voter Alignments: Cross National Perspectives, New York/London 1967, 1 (27); *Dieter Roth*, Empirische Wahlforschung, 1998, 29 f.

131 *Roth*, a.a.O., 29: Die Hürden können »eigentlich nur in revolutionären Phasen überwunden werden«.

132 *Jesse*, a.a.O., 211.

133 *Wilhelm Hennis*, Amtsgedanke und Demokratiebegriff, in: *ders.*, Die missverstandene Demokratie, 1973, 145 f.

134 So zum Beispiel auch ausdrücklich der Abgeordnete *Richard Jaeger*, zitiert nach *Jesse*, a.a.O., 212.

135 *Jesse*, a.a.O., 261 ff.

136 *Karl Jaspers*, Wohin treibt die Bundesrepublik?, 1966, 130.

137 *Walter Jellinek*, Verhältniswahl und Führerauslese, Archiv des öffentlichen Rechts, N. F. Band 11 (1926), 71.

138 *Erwin Scheuch/Ute Scheuch*, Cliquen, Klüngel und Karrieren, 1992, 74 f.

139 *Jesse*, a.a.O., 47.

140 *Friedrich Glum*, Das parlamentarische Regierungssystem in Deutschland, Großbritannien und Frankreich, 2. Auflage, 1965, 238.

141 *Jesse*, a.a.O., 113 ff.

142 *Andreas Meier*, Frankfurter Allgemeine Zeitung vom 10.2.2000.

143 *Nikolaus Blome*, Ein wenig bitter, trotzig und sehr weit weg: der Europaabgeordnete, Die Welt vom 25.5.2000. Der dort porträtierte Europaabgeordnete wird unter anderem mit den Sätzen zitiert: Man müsse auch »im Wahlkreis irgendetwas machen ... die Leute sollen ja einen auch mal zu Gesicht bekommen. ... Zweimal im Jahr habe ich hier eine Besuchergruppe aus meinem Wahlkreis. ...«

144 Siehe *Hans Herbert von Arnim*, Vom schönen Schein der Demokratie. Politik ohne Verantwortung – am Volk vorbei, 2000, Teil 2 m. w. N.

145 *Peter Graf Kielmansegg*, Integration und Demokratie, in: Jachtenfuchs/Kohler-Koch (Hg.), Europäische Integration, 1996, 47 (60 ff.); *Winfried*

Steffani, Die Republik der Landesfürsten, in: G. A. Ritter (Hg.), Regierung, Bürokratie und Parlament in Preußen und Deutschland von 1848 bis zur Gegenwart, 1983, 185 ff.

145a Kleinere Unterschiede etwa im Bereich der Schulpolitik der Länder (zum Beispiel zwölf- oder dreizehnjährige Schulzeit, Haltung zu Gymnasien oder Gesamtschulen) berühren die grundsätzliche Vereinheitlichungstendenz nicht.

146 The Third International Mathematics and Science Study (TIMSS), vgl. *Jürgen Baumert* u. a., TIMSS – Mathematisch-naturwissenschaftlicher Unterricht im internationalen Vergleich. Deskriptive Befunde, 1997; *dies.*, TIMSS/III. Schülerleistung in Mathematik und den Naturwissenschaften am Ende der Sekundarstufe II im internationalen Vergleich. Zusammenfassung deskriptiver Ergebnisse, 2. Aufl., 1999.

146a *Erich Iltgen*, in: Ulrich Karpen (Hg.), Zum gegenwärtigen Stand der Gesetzgebung in der Bundesrepublik Deutschland, 1998, 279 (281).

147 *Roland Vaubel*, The Political Economy of Centralization and the European Community, Public Choice 1994, 151 (153 ff.); *Reiner Eichenberger*, Der Zentralisierung Zähmung. Die Föderalismusdiskussion aus politisch-ökonomischer Perspektive, in: Christoph Engel/Martin Morlok (Hg.), Öffentliches Recht als Gegenstand ökonomischer Forschung, 1998, 157 (159 ff.); *Charles B. Blankart*, Politische Ökonomie der Zentralisierung der Staatstätigkeit, Humboldt-Universität zu Berlin, Discussion Paper – Economic Series – Nr. 108, 1998, 6 f.

148 *Hans Meyer* (Diskussionsbeitrag), Veröffentlichungen der Vereinigung der Deutschen Staatsrechtslehrer, Band 58 (1999), 114 (115).

149 *Thomas Ellwein*, Das Regierungssystem der Bundesrepublik Deutschland, 3. Aufl., 1973, 74.

150 *Brun-Otto Bryde*, Die Reform der Landesverfassungen, in: Hans Herbert von Arnim (Hg.), Direkte Demokratie, 2000, 147 (148).

150a Näheres bei *von Arnim*, Vom schönen Schein, a.a.O., 80 f.

150b *Helmut Schmidt*, Auf der Suche nach einer öffentlichen Moral, 1998, 143.

151 Für empirische Daten, bezogen auf Spitzenbeamte, danke ich *Hans-Ulrich Derlien*.

152 Siehe *Hans Herbert von Arnim*, Die finanziellen Privilegien von Ministern in Deutschland, 1992; *ders.*, Der Staat als Beute, 1993, 67 ff., 135 ff., 175 ff.

153 *Hans Herbert von Arnim*, Politik Macht Geld, 2001, 84 ff.

153a *Stefan Dietrich*, Die Fesseln des Länderfinanzausgleichs, Frankfurter Allgemeine Zeitung vom 25.6.2001. Klammerzusätze von mir.

154 Siehe *von Arnim*, Vom schönen Schein der Demokratie, 2000, Teil 3.

155 So auch *Hartmut Maurer*, Plebiszitäre Elemente in der repräsentativen Demokratie, 1997, 31: Institutionen der direkten Demokratie bilden »ein sinnvolles und notwendiges Korrektiv zur Parteienherrschaft«.

156 Näheres bei *von Arnim*, Vom schönen Schein, a.a.O., 294 ff. m. w. N.

157 *Gerhard Schmid*, Diskussionsbeitrag, Veröffentlichungen der Vereinigung Deutscher Staatsrechtslehrer, Band 44 (1986), 135.

158 *Gerhard Schmid*, Politische Parteien, Verfassung und Gesetz. Zu den Möglichkeiten und Problemen einer Parteiengesetzgebung in der Schweiz, 1981, 53 ff.

4
Das System dehnt sich aus: Postenwirtschaft und Proporzmentalität

1 Zum Thema »Ämterpatronage« siehe auch die eigenen früheren Veröffentlichungen: *Hans Herbert von Arnim*, Ämterpatronage durch politische Parteien, 1980; *ders.*, Parteien und Patronage, Die Personalvertretung 1988, 21 ff.; *ders.*, Diener vieler Herren, Taschenbuchausgabe 1995, 133 ff.; *ders.*, Fetter Bauch regiert nicht gern, Taschenbuchausgabe 1999, 231 ff. – jeweils mit umfassenden weiteren Nachweisen.

2 Der treffende Ausdruck stammt von *Heribert Prantl*, in: Leyendecker/Prantl/Stiller, a.a.O., 543.

3 Manche Politiker führen einzelne Fälle von Nicht-Patronage und die Berufung von Angehörigen anderer als der Regierungsparteien allerdings als Beleg dafür an, dass das Problem in Wahrheit gar nicht groß sei. So erstaunlicherweise auch *Peter Müller*, der Ministerpräsident des Saarlandes, bei einer Diskussion am 20.6.2000 im Mainzer Landtag: Der Präsident des Landtags Rheinland-Pfalz (Hg.), Volk oder Partei – wer ist der Souverän?, 2000, 32 f., 47.

4 *Hans-Ulrich Derlien*, Öffentlicher Dienst im Wandel, Die Öffentliche Verwaltung 2001, 322 (325). In den Ländern ist der Anteil noch erheblich höher.

5 *Theodor Eschenburg*, Ämterpatronage, 1961; *Hans Herbert von Arnim*, Ämterpatronage durch politische Parteien, 1980; *Roman Herzog*, Verfassungsrechtliche Grundlagen des Parteienstaates, 1993, 33 f.

6 Unproblematisch ist es dagegen, wenn bei der Besetzung von Positionen in Regierung und Volksvertretungen das Parteibuch eine Rolle spielt. Doch dieser fundamentale Unterschied zwischen den Organen der politischen Willensbildung, bei deren Besetzung die Parteien legitimerweise Abgeordnete und Minister stellen, und der Ämterordnung in Justiz, Ver-

waltung, Schulen und Gemeinden (dazu jüngst *Böckenförde*, in: Der Präsident des Landtags Rheinland-Pfalz (Hg.), a.a.O., 17 [18 f.]) wird bisweilen selbst von höchsten Repräsentanten der Bundesrepublik verkannt. Siehe zum Beispiel Bundestagspräsident *Wolfgang Thierse*, in: Der Präsident des Landtags Rheinland-Pfalz (Hg.), a.a.O., 45.

7 So der Politikwissenschaftler *Klaus von Beyme*, Die politische Klasse im Parteienstaat, 1993, 60.

8 *Kenneth Dyson*, Party, State and Bureaucracy in Western Germany, 1977.

9 *Ernst-Wolfgang Böckenförde*, Die Krise unserer Demokratie verlangt eine Rückbildung des Parteienstaates, Frankfurter Allgemeine Zeitung vom 14.2.2000: »Parteipatronage und personelle Machtausübung der Parteien« sind mit dem Grundgesetz »unvereinbar. Sie werden aber – quer durch die Parteien – kontinuierlich geübt.«

10 So sehr klar zum Beispiel der ehemalige Saarbrücker Staatsrechtslehrer *Wilhelm Karl Geck*, Wahl und Status der Bundesverfassungsrichter, in: Isensee/Kirchhof (Hg.), Handbuch des Staatsrechts, Band II, 1987, S. 697 (706 ff. mit weiteren Nachweisen), und der Freiburger Staatsrechtslehrer *Rainer Wahl*, Richterwahlen im Griff des Parteienstaats, Badische Zeitung vom 10.9.1993.

11 BVerfGE 39, 334 – 1975.

12 Dazu nachdrücklich *Klaus Schlaich*, Veröffentlichungen der Vereinigung Deutscher Staatsrechtslehrer, Band 37 (1979), 156 ff. Dazu, dass das Verbot von Ämterpatronage einen wesentlichen Bestandteil des Demokratieprinzips darstellt und grundsätzlich zum elementaren Kern des Grundgesetzes gehört, wie er in Art. 79 Abs. 3 GG umschrieben ist, *Hans Herbert von Arnim*, Auswirkungen der Politisierung des öffentlichen Dienstes, Die Personalvertretung 1982, 449 (451 f.).

13 *Derlien*, a.a.O.

14 *Wolfgang Franz*, Gilt für die Ernennung von sog. politischen Beamten das Leistungsprinzip nicht?, Der Öffentliche Dienst 1999, 49 (50 f.).

15 So *Plog/Wiedow/Beck/Lemhöfer*, Kommentar zum Bundesbeamtengesetz, Loseblattsammlung, § 24 Rn. 3.

16 *Ernst Benda*, Der Stabilitätsauftrag des öffentlichen Dienstes – Eine Überforderung im Parteienstaat?, in: Baum/Benda/Isensee/Krause/Merrit, Politische Parteien und öffentlicher Dienst, 1982, 29 (45).

17 *Franz*, a.a.O., 51.

18 Zahlreiche Beispiele bei *Franz*, a.a.O., 52.

19 Dazu der Mannheimer Politikwissenschaftler *Peter Graf Kielmansegg*, Wenn das Gemeinwohl aus dem Blick gerät, Frankfurter Allgemeine Zeitung vom 8.2.2000, S. 3: »In der Selbstverständlichkeit, mit der die Par-

teien alle Ämter des Gemeinwesens – auch die weit außerhalb des eigentlichen Regierungssektors – als für sich reserviert betrachten, so als gäbe es den Artikel 33 Absatz 2 des Grundgesetzes … gar nicht«, kommt der Alltag des Parteienstaates zum Ausdruck »– das ist die einträchtige ›L'état c'est nous‹-Attitüde der Parteien.«

20 So mit Recht der Staatsrechtslehrer *Klaus Schlaich*, Veröffentlichungen der Vereinigung Deutscher Staatsrechtslehrer, Band 37 (1978), 156 (157).

21 Der Spiegel vom 21.5.2001, S. 42 ff.; Frankfurter Allgemeine Zeitung vom 29.5.2001.

22 Statt vieler sei hier genannt: *Warnfried Dettling*, Die Zeit vom 16.3.2000. Ebenso *Jürgen Rüttgers*, »Rückzug der Parteien!«, Die Woche vom 18.1.2000. Ob Rüttgers seine Vorschläge aber wirklich ernst meinte oder nur als Munition im damals anstehenden nordrhein-westfälischen Landtagswahlkampf einsetzte, erscheint zweifelhaft. Ähnliche Vorschläge hatte er ja schon vor Jahren in einem Buch unterbreitet, sie dann aber, als er selbst Mitglied der Regierung war, sanft entschlafen lassen: *Jürgen Rüttgers*, Dinosaurier der Demokratie. Wege aus der Parteienkrise und Politikverdrossenheit, 1993.

23 *Günter Dürig*, in: Maunz/Dürig/Herzog/Scholz, Das Grundgesetz, Loseblatt-Kommentar, Art. 3 Abs. 3 GG, Randnummer 12 mit Anmerkung 1.

24 *Dürig*, a.a.O., Randnummer 14.

25 Siehe *Leyendecker*, a.a.O., 79 ff.

26 *Hans Leyendecker*, Wenn Gemeinwohl plötzlich Eigennutz bedeutet, Süddeutsche Zeitung vom 29.9.1999.

27 *Eberhard von Brauchitsch*, Der Preis des Schweigens, 1999.

28 *Leyendecker*, a.a.O.

28a Siehe zum Beispiel *Daniel Goffart*, Deutschland muss um seinen Ruf bangen, Handelsblatt vom 28.6.2001, S. 2.

29 BVerfGE 7, 155 (162) – 1957; ferner zum Beispiel 44, 249 (265) – 1977; 99, 300 – 1998.

30 Dazu eingehend *Gunnar Folke Schuppert*, Verwaltungswissenschaft, 2000, 660 ff.

31 *Hans Herbert von Arnim*, Auswirkungen der Politisierung des öffentlichen Dienstes, Die Personalvertretung 1982, 449 (453); *Ulrich Battis*, Hergebrachte Grundsätze versus Ökonomismus: Das deutsche Beamtenrecht als Modernisierungsfalle, Die Öffentliche Verwaltung 2001, 309 (311).

32 *Fritz Vilmar*, Gegen die Verbeamtung der Parlamente. Gutachten für die Partei »Graue Panther«, 1994.

33 BVerfGE 40, 296 (321) – 1975.

34 *Thomas Ellwein*, Das Dilemma der Verwaltung, 1994, 121.
35 *Frido Wagener*, Der öffentliche Dienst im Staat der Gegenwart, Veröffentlichung der Vereinigung Deutscher Staatsrechtslehrer, Band 37 (1979), 212 (237).
36 *Lothar Gall*, Bismarck. Der weiße Revolutionär, 1980, 389.
37 *von Arnim*, Fetter Bauch regiert nicht gern. Die politische Klasse – selbstbezogen und abgehoben, 1997, 226, 235 f.
38 *Dieter Johannes Blum*, Das Passive Wahlrecht der Angehörigen des öffentlichen Dienstes in Deutschland nach 1945 im Widerstreit britisch-amerikanischer und deutscher Vorstellungen und Interessen, juristische Dissertation Mannheim/Göttingen, 1972, 31 ff.
39 *Werner Schmidt-Hieber/Ekkehard Kiesewetter*, Parteigeist und politischer Geist in der Justiz, Neue Juristische Wochenschrift 1992, 1790 (1790, 1794).

5
Korruption: Die Seele des Systems

1 *Volker Krey*, Strafrecht, Besonderer Teil 1, 11. Aufl., 1998, Rn 669.
2 *Krey*, a.a.O., Rn 669.
3 Zum Papiertiger-Tatbestand der Abgeordnetenbestechung (§ 108e StGB) siehe S. 295 ff.
4 *Werner Schmidt-Hieber/Ekkehard Kiesewetter*, Parteigeist und politischer Geist in der Justiz, Neue Juristische Wochenschrift 1992, 1790 ff.
5 Dazu *Michael Stiller*, in: Leyendecker/Prantl/Stiller, Helmut Kohl, die Macht und das Geld, 2000, 247 ff.
6 *Heribert Prantl*, in: Leyendecker/Prantl/Stiller, a.a.O., 583 f.
7 Dass Schmiergeldzahlungen in Höhe von 256 Millionen Francs von Elf Aquitaine mit Wissen des damaligen Staatspräsidenten Mitterand an deutsche Stellen geleistet worden seien, haben der frühere Präsident des Unternehmens Le Floch-Prigent und sein Vizepräsident Sirven ebenso öffentlich eingestanden wie der frühere Außenminister Dumas. Siehe zum Beispiel Die Zeit vom 8.6.2001; Der Spiegel vom 11.6. 2001, S. 17; Frankfurter Allgemeine Zeitung vom 19.6.2001, S. 5. Daraus geht auch hervor, dass Mitterand Helmut Kohl habe stützen wollen. Mitterand habe immer wieder gesagt: »Europa wird um Frankreich und Deutschland herum entstehen. Ich vertraue Kohl, aber ich weiß nicht, wer nach ihm kommen wird.« Der Hauptgrund für das Interesse Mitterands an Kohls fortdauernder Kanzlerschaft dürfte darin gelegen haben, dass Kohl hinsichtlich der Herbeiführung der Europäischen Union und des Ver-

zichts auf die Deutsche Mark zugunsten des Euro bei Mitterand im Wort war. Nur um diesen Preis hatte Mitterand seine Zustimmung zur deutschen Vereinigung gegeben. Siehe *Werner Weidenfeld*, Außenpolitik für die deutsche Einheit. Die Entscheidungsjahre 1989/90, 1998, 135 ff. (145 ff.: »Junktim zwischen Währungsunion und Einheit«).

8 *Erwin und Ute Scheuch*, Die Spendenkrise – Parteien außer Kontrolle, 2000, 62 ff.

8a Handelsblatt vom 4.3.1993.

9 Bahnbrechend *Arnold J. Heidenheimer* (ed.), Political Corruption. Readings in Comparative Analysis, 1970. Siehe auch *Arnold J. Heidenheimer/Michael Johnston/Victor T. LeVine* (eds.), Political Corruption, 1989.

10 *Peter Gerlich*, Korruption im Systemvergleich, in: *Christian Brünner* (Hg.), Korruption und Kontrolle, Graz 1981, 165 ff.

11 *Ulrich von Alemann*, Korruption. Ein blinder Fleck in der Politikwissenschaft, Die Neue Gesellschaft/Frankfurter Hefte 1989, 918 ff.

12 *Michael Clemens*, Amtsmissbrauch und Korruption, Universitas 1999, 651.

13 *Herfried Münkler/Carsten Fischer/Harald Bluhm*, Korruption und Gemeinwohl. Probleme und Chancen politischer Ordnung in der Krise, Neue Rundschau 2000, Heft 2, 91 (93 f.).

14 *Carl Joachim Friedrich*, Corruption Concepts in Historical Perspective, in: *Heidenheimer/Johnson/LeVine*, Corruption, 1989, 15 ff.; *V. O. Key jr.*, Techniques of Political Graft, in: *Heidenheimer* u. a., a.a.O., 38 ff.

15 *Rupert F. J. Pritzl*, Korruption als ethische Herausforderung, Die neue Ordnung 1999, 25 (27).

16 Siehe auch *Herfried Münkler* u. a., a.a.O., 91.

17 *Wolfgang Seibel/Arthur Benz* (Hg.), Zwischen Kooperation und Korruption. Abweichendes Verhalten in der Verwaltung, 1992.

18 *Hans-Georg Soeffner*, Erzwungene Ästhetik. Repräsentation, Zeremoniell und Ritual in der Politik, in: Herbert Willens/Martin Jurga (Hg.), Inszenierungsgesellschaft. Ein einführendes Handbuch, 1989, 215 ff.; *Herfried Münkler*, Das Ethos der Demokratie. Über Ehre, Ehrlichkeit, Lügen und Karrieren in der Politik, Politische Vierteljahresschrift 2000, 302 (311).

19 *Scheuch/Scheuch*, Cliquen, Klüngel und Karrieren, 1992, 117.

20 *Langer*, a.a.O., 91.

21 *Frederick Forsyth*, Die Woche vom 21.1.2000.

22 *Ina-Maria Blomeyer*, Rechnungshof und Korruptionsbekämpfung, 1999, 9.

23 *Donatella della Porta/Alberto Vannucci*, Corrupt Exchanges. Actors,

Resources, and Mechanisms of Political Corruption, New York 1999, 255 f.

24 *Herfried Münkler/Carsten Fischer* u. a., a.a.O., 94.

25 Siehe zum Beispiel *Leyendecker*, a.a.O., 15.

26 *Jens Borchert*, Von Berufskellnern, alten Römern und paradoxen Konsequenzen, in: Jens Borchert u.a. (Redaktion), Politische Korruption, Jahrbuch für Europa- und Nordamerika-Studien 3, 1999, 2000, 7 (9).

27 *Münkler/Fischer/Bluhm*, a.a.O., 99; siehe auch das Buch von *Ulrich Wickert* mit dem Titel »Der Ehrliche ist der Dumme«, 1995.

28 *Acham*, in: Christian Brünner (Hg.), Korruption und Kontrolle, 1981, 40.

29 *Michael Kloepfer*, Politische Klasse und Ämterpatronage, in: Hans Herbert von Arnim (Hg.), Politische Klasse und Verfassung, 2001, 110 ff..

30 *Münkler/Fischer/Bluhm*, a.a.O., 94.

31 *Münkler/Fischer/Bluhm*, a.a.O., 94.

32 *Key jr.*, a.a.O., 41 f.

33 *Key jr.*, a.a.O., 42 f.

34 *Hans Herbert von Arnim*, Das neue Abgeordnetengesetz. Inhalt, Verfahren, Kritik und Irreführung, 2. Aufl., 1997 (Speyerer Forschungsbericht Nr. 169).

35 Verfassungs*politisch* erscheint die vom Grundgesetz vorgesehene Regelung allerdings überprüfungsbedürftig, seitdem der Gegenstand der Entscheidungen ausgetauscht worden ist. Früher ging es nur um die Festlegung von Aufwendungsersatz, heute erhalten Abgeordnete zusätzlich eine volle Alimentation einschließlich staatsfinanzierter Altersversorgung. Hätten die Verfasser des Grundgesetzes im Parlamentarischen Rat die Entwicklung vorausgesehen, hätten sie vermutlich eine andere Regelung getroffen (zu Fragen der Verfassungspolitik siehe S. 158, 268). Auch das Bundesverfassungsgericht zieht aus der besonderen Missbrauchsanfälligkeit unkontrollierter Macht bei Entscheidungen des Parlaments in eigener Sache die Konsequenz in Form einer sehr viel strengeren Kontrolle als üblich.

36 Der Umstand, dass Amtsträger in eigener Sache entscheiden, begründet als solcher noch keine Abweichung vom Angemessenen. Andererseits ist er aber auch nicht ganz folgenlos. Der von Lord Acton formulierte Erfahrungssatz »Power tends to corrupt and absolute power corrupts absolutely« (»Macht korrumpiert, und absolute Macht korrumpiert völlig«) muss uns veranlassen, Fälle unkontrollierter Macht möglichst zu vermeiden und, solange sie bestehen, sehr aufmerksam auf die Angemessenheit der daraus hervorgehenden Resultate zu achten.

37 *Hans Herbert von Arnim*, Die finanziellen Privilegien von Ministern in Deutschland, 1992, 21 ff., 41 ff.

38 *Hans Leyendecker*, a.a.O., 78.

39 Siehe *Thomas Ellwein/Ralf Zoll*, Wertheim. Politik und Machtstruktur einer deutschen Stadt, 1982, 100 ff. Ellwein und Zoll weisen auch darauf hin, dass selbst Konkurrenz unter mehreren lokalen Presseorganen dann keine Garantie für eine kritische Lokalberichterstattung ist, wenn die Marktaufteilung unter den verschiedenen Zeitungen instabil ist und eine »aus dem Rahmen fallende Berichterstattung unkalkulierbare Auswirkungen auf den Absatz haben könnte« (a.a.O., 127).

40 *Martin Greiffenhagen*, Politische Legitimation in Deutschland, 1997, 138 f.

6
Zwischen Kontrollorgan und Sprachrohr: Die Medien im Visier des Systems

1 *Claus Offe*, Falsche Antworten, verlogene Fragen, in: Peter Kemper (Hg.), Opfer der Macht. Müssen Politiker ehrlich sein?, 1993, 125 (126 f.). Hervorhebungen im Original.

2 *Offe*, a.a.O., 127 f.

3 Zum Thema insgesamt *Ulrich Sarcinelli* (Hg.), Politikvermittlung und Demokratie in der Mediengesellschaft. Beiträge zur politischen Kommunikationskultur, 1998.

4 Neuerdings bietet der »Ereignis- und Dokumentationskanal« Phönix, ein öffentlich-rechtlicher Sender von ARD und ZDF, insoweit allerdings ein gewisses Gegengewicht, als er Ereignisse umfassend sendet und so dem Zuschauer die Möglichkeit gibt, ohne Schnitt durch den Redakteur alles für *ihn* Wichtige zu sehen – vorausgesetzt, dass der Sender überhaupt berichtet. Bei solchen stundenlangen Liveübertragungen von Pressekonferenzen oder Debatten aus dem Bundestag wird alles deutlich, was sonst in den Nachrichtensendungen der Schere zum Opfer fällt. So ist er insbesondere seit der CDU-Spendenaffäre zum Kultsender der »Info-Elite« geworden. *Reinhard Mohr*, Politik in Echtzeit, Der Spiegel vom 21.2.2000, 112 f.

5 *Hans-Georg Wehling*, Mehr direkte Demokratie als Antwort auf die Krise des Parteienstaats?, Vortrag, gehalten bei der Konrad-Adenauer-Stiftung am 9.3.2000, abgedruckt unter dem Titel »Wie viel Bürgerbeteiligung im Parteienstaat?«, in: Konrad-Adenauer-Stiftung (Hg.): Wie viel Bürgerbeteiligung im Parteienstaat?, 2000, 22 (25).

6 *Ulrich Sarcinelli*, »Teledemokratische Fürstenherrschaft« – Ein Jahr nach

der Bundestagswahl 1998. Nur Machtwechsel oder auch Demokratiewandel?, Gegenwartskunde 1999, 395 ff.

7 *Philipp Rademann*, Der Einfluss der Medien: Wandel der politischen Willensbildung?, Speyerer Seminararbeit im Sommersemester 2000.

8 *Danilo Zolo*, Die demokratische Fürstenherrschaft, 1997, 201. Warum diese Entwicklung andererseits aber auch nicht voll auf die Bundesrepublik übertragbar ist, bedürfte einer gesonderten Darstellung.

9 So *Rademann*, a.a.O.

10 BVerfGE 8, 104 (112 f.) – 1958; 20, 56 (98 f.) – 1966; 25, 256 (265) – 1969.

11 BVerfGE 20, 162 (174).

12 BVerfGE 57, 295 (320) – 1981. Hervorhebung im Original.

13 BVerfG, a.a.O.

14 *Elisabeth Noelle-Neumann*, Die Schweigespirale. Öffentliche Meinung – unsere soziale Haut, 1980, 59 ff.

15 *Timur Kuran*, Private Truths, Public Lies: The Social Consequences of Preference Falsification, Cambridge, Massachusetts, 1995.

16 *Noelle-Neumann*, Der enttarnte Elefant (Interview), Criticon, März 1997, S. 13.

17 *Peter Glotz*, Die politische Krise als Kommunikations-Krise, Aus Politik und Zeitgeschichte. Beilage zu Das Parlament, B 36-37/97 vom 29.8.1997, 3 (5). Vgl. auch *ders.*, Die Jahre der Verdrossenheit. Ein Tagebuch ohne Rücksichten, 1996.

18 *Danilo Zolo*, a.a.O., 207.

19 Dass auch Vertreter der Staatsrechtslehre nicht vor der Verwendung (»wissenschaftlicher«) Correctness-Keulen gefeit sind, demonstrierte der Osnabrücker Staatsrechtslehrer Jörn Ipsen, als er die Kritik des Verfassers im Buch »Staat ohne Diener« »im Munde eines Staatsrechtslehrers« als »überaus befremdlich« abqualifizierte, ohne sich damit in der Sache auseinanderzusetzen. *Jörn Ipsen*, Deutsches Verwaltungsblatt 1994, 654 (655).

20 *Zolo*, a.a.O., 206.

21 Dazu *von Arnim*, Fetter Bauch regiert nicht gern, a.a.O., 11 ff. m.w.N.

22 *Peter Graf Kielmansegg*, Volkssouveränität, 1977, 10.

23 *Hans Herbert von Arnim*, Hat unsere Demokratie Zukunft? (Rektoratsrede anlässlich der Eröffnung des Wintersemesters 1993/94 an der Deutschen Hochschule für Verwaltungswissenschaften Speyer am 2.11.1993), Speyerer Vorträge, Heft 24, 1993, S. 28.

24 Siehe zum Beispiel die Diskussion im Deutschen Bundestag, Stenografischer Bericht der Sitzung vom 12.11.1993, 16403-16421.

25 *Zolo*, a.a.O., 207 f. Hervorhebung im Original.

26 Hier zeigt sich eine Parallele zu den Thesen von Mancur Olson. Dieser bezieht seine Thesen allerdings auf das Wirken von Interessenverbänden. Wenn diese im Laufe der Jahrzehnte in einem Land immer stärker werden, bleibt immer weniger für die Verfolgung allgemeiner Interessen, so dass tendenziell ein Abstieg zu erwarten ist. Die Thesen Olsons könnten die Thesen Kurans (Private Truths, Public Lies) ergänzen und verstärken: Einerseits führen die Interessenverbände zu immer mehr Verkrustungen und mangelnder Erneuerungsfähigkeit, andererseits kann die veröffentlichte Meinung kein wirkliches Gegengewicht bilden, weil sie nicht weniger verkrustet und gegenüber Neuerungen feindlich eingestellt ist. *Mancur Olson*, The Rise and Decline of Nations, 1982.

27 *Wehling*, a.a.O., 25.

28 *Wehling*, a.a.O., 25.

29 *Danilo Zolo*, a.a.O.; *Ulrich Sarcinelli*, »Teledemokratische Fürstenherrschaft«, a.a.O.

30 *Peter Glotz*, Die politische Krise als Kommunikations-Krise, Aus Politik und Zeitgeschichte, B 36-37/97, S. 3 (4 f.).

31 *Wehling*, a.a.O., 26.

7
Die Gesandten des Systems: Der lange Arm der politischen Klasse

1 *Pierre Bourdieu*, Praktische Vernunft, 1998, 93.

2 *Rudolf Münch*, Die Kultur der Moderne, 1986, zitiert nach *Martin Greiffenhagen*, Politische Legitimität in Deutschland, 1997, 150. Der Klammerzusatz stammt von mir.

3 So schon *David Hume*, Über die ursprünglichen Prinzipien der Regierung, in: Politische und ökonomische Essays, Teilband 1, 1988, 25.

4 Siehe etwa die bemerkenswerten Ausführungen des derzeitigen Vorsitzenden der Vereinigung der Deutschen Staatsrechtslehrer, *Jochen A. Frowein*, Die Macht, die übers Geld gebietet, Frankfurter Allgemeine Zeitung vom 13.9.1996. Vergleiche auch *Hans Herbert von Arnim*, Die gesetzlosen Fünf, Der Spiegel vom 26.12.1994, S. 26 ff.; *Rolf Ebbighausen* und andere, Die Kosten der Parteiendemokratie, 1996, 235 ff.

5 Dass gerade die Wissenschaft vom Staat und von der Politik eigentlich »kein Geschäft für Leisetreter und Opportunisten« sein sollte, hat *Ernst Fraenkel*, einer der großen deutschen Politikwissenschaftler der Anfangszeit der Bundesrepublik, betont *(Fraenkel*, in: ders., Reformismus und Pluralismus, 1973, 337 [344]). *Fraenkel* fährt fort: »Eine Politikwissen-

schaft, die nicht bereit ist, ständig anzuecken, die sich scheuen wollte, peinliche Fragen zu stellen, die davor zurückschreckt, Vorgänge, die kraft gesellschaftlicher Konvention zu arcana societatis erklärt worden sind, rücksichtslos zu beleuchten, und die es unterlässt, freimütig gerade über diejenigen Dinge zu reden, über die ›man nicht spricht‹«, habe »ihren Beruf verfehlt«.

6 *Roland Kirbach*, »Schon zuviel getan. Der Mann, der die Bonner Spendenaffäre ans Licht brachte«, Die Zeit vom 6.7.1984. Vgl. auch *Hubert Seipel*, Der Mann, der Flick jagte. Die Geschichte des Steuerfahnders Klaus Förster, 1985; *Gerd Kröncke*, Ins Abseits befördert, weil er zuviel wissen wollte, Süddeutsche Zeitung vom 14.8.1981.

7 *Stefan Ulrich*, Im Profil: Paul van Buitenen – Suspendierter EU-Beamter und Korruptionsermittler, Frankfurter Rundschau vom 16.3.1999. Siehe auch *Paul van Buitenen*, Unbestechlich für Europa. Ein EU-Beamter kämpft gegen Misswirtschaft und Korruption, 1999.

7a *Rolf Ebbighausen* u.a., Die Kosten der Parteiendemokratie, 1996.

7b *Werner Kaltefleiter*, Vorurteile statt Forschung über die Kosten der Parteiendemokratie, Zeitschrift für Parlamentsfragen 1997, 528 f.

7c Siehe zum Beispiel *Klaus Schwehn*, »Ständig wird ›polemisch von der Politikfinanzierung‹ gesprochen«, Der Tagesspiegel vom 19.2.1993.

7d Inge Wettig-Danielmeier. Siehe *Helmut Lölhöffel*, Die Parteien am Hungertuch, Frankfurter Rundschau vom 19.2.1993.

7e Der Tagesspiegel, a.a.O.

7f Frankfurter Allgemeine Zeitung vom 6.7.2001, S. 4.

8 *Annette Krimke*, Wissenschaftspreis des Deutschen Bundestages verliehen: Studie über Parlament und Lobbyismus, Das Parlament vom 3.7.1998, S. 2.

9 *Martin Sebaldt*, Organisierter Pluralismus – Kräftefeld, Selbstverständnis und politische Arbeit deutscher Interessengruppen, 1997; *ders.*, Interessengruppen und ihre bundespolitische Präsenz in Deutschland: Verbandsarbeit vor Ort, Zeitschrift für Parlamentsfragen 1996, 658 ff.

10 Siehe *Martin Sebaldt*, Zeitschrift für Parlamentsfragen, a.a.O., 683 ff.

11 Siehe *Hans Herbert von Arnim*, Das neue Abgeordnetengesetz. Inhalt, Verfahren, Kritik und Irreführung der Öffentlichkeit, 2. Aufl., 1997, 33 f.

12 *Patrick Horst*, Norddeutscher Rundfunk 4 vom 9.7.2000. Sendung »Politische Bücher«, 13.40 Uhr.

13 *Patrick Horst*, Ein elitär-populistischer Regenbogen, Zeitschrift für Parlamentsfragen 2000, 494 (496).

14 Siehe zum Beispiel *Andreas Wirthensohn*, Dem »ewigen Gespräch« ein Ende zu setzen: Parlamentarismuskritik am Beispiel von Carl Schmitt

und Hans Herbert von Arnim – nur eine Polemik?, Zeitschrift für Parlamentsfragen 1999, 500-534. Dazu auch die Erwiderung von *Otmar Jung*, Ein fragwürdiger Personenvergleich, wo es um die Sache geht, Zeitschrift für Parlamentsfragen 2000, 137 ff.

15 »Wege aus der Krise des Parteienstaats«, Recht und Politik 1995, 16 ff.

16 Siehe auch SPD-Fraktion im Thüringer Landtag (Hg.), Parlamentarische Reform, o.J.

17 *Martin Greiffenhagen*, Politische Legitimation in Deutschland, 1997, 160 ff. m.w.N.

18 *Wolfgang K. Reinicke*, Lotsendienste für die Politik. Think Tanks – Amerikanische Erfahrungen und Perspektiven für Deutschland, 1996, 8. Klammerzusatz von mir.

19 *Reinicke*, a.a.O., 27.

20 *Reinicke*, a.a.O., 85.

21 Siehe Der Spiegel vom 28.5.2001, S. 42 ff.

22 *Dreßler*, Stellung und Aufgabe des Bundesrechnungshofs, in: Bundesrechnungshof (Hrsg.), 250 Jahre Rechnungsprüfung, 1964, 157 (161).

23 *Günter Mann*, Unabhängige Kontrolleure? Probleme der Besetzung von Kontrollämtern, dargestellt am Beispiel des Leitungspersonals von Rechnungshöfen, Zeitschrift für Parlamentsfragen 1981, 353 (357 ff.).

24 Näheres bei *Hans Herbert von Arnim*, Politik Macht Geld, 2001, 183 ff.

25 Zur Rolle des Vorverständnisses bei der Verfassungsauslegung *Hans Herbert von Arnim*, Gemeinwohl und Gruppeninteressen, 1977, 15 ff.; *Stefan Brink*, Über die richterliche Entscheidungsbegründung, 1999; jeweils mit weiteren Nachweisen.

26 Wie solche Personalpakete geschnürt werden, beschreibt anschaulich *Rüdiger Zuck*, Politische Sekundärtugenden – Über die Kunst, Pakete zu schnüren, Neue Juristische Wochenschrift 1994, 497.

27 Der Ausdruck stammt von *Ulrich Preuss*, Rechtsprechung aus dem Geiste des Konsenses, Merkur 1987, 1 ff.

28 *Wilhelm Karl Geck*, Wahl und Status der Bundesverfassungsrichter, in: Isensee/Kirchhof (Hg.), Handbuch des Staatsrechts, Band II, 1987, S. 697 (708).

29 *Geck*, a.a.O.

30 Statt vieler *Stefan Ulrich Pieper*, Verfassungsrichterwahlen, 1998, 29 ff. m.w.N.

31 Verfassungsgericht Brandenburg, Urteil vom 25.1.1996, Deutsches Verwaltungsblatt 1996, 363 ff.

32 Sondervotum des Richters von Arnim, dem sich die Richterin Harms-Ziegler angeschlossen hat: Deutsches Verwaltungsblatt 1996, 367 ff.

33 Siehe *Horst Sendler*, (Un)vereinbarkeit von Amt und Mandat, Neue Jus-

tiz 1996, 225: Auf die weit über den Entscheidungsanlass hinausgehende Begründung »ist von Arnim in seiner abweichenden Meinung ausführlich eingegangen. Die Argumente, die die Auffassung des Gerichts widerlegen und mich insgesamt überzeugen …« *Joachim Link*, Gestaltungsrahmen des Gesetzgebers zur Unvereinbarkeit von Amt und Mandat, Zeitschrift für Gesetzgebung 1996, 181 (182): »Die Urteilsbegründung ist von v. Arnim in einem Sondervotum, dem sich die Richterin Harms-Ziegler angeschlossen hat, eingehend und überzeugend widerlegt worden.« *Klaas Engelken*, Verfassungsmaßstäbe für Unvereinbarkeits- und andere Hinderungsvorschriften bei kommunalen Mandaten, Die Öffentliche Verwaltung 1996, 853 (857), spricht von »Fehlleistungen des Urteils«. Im Ergebnis ebenso *Jörg Menzel*, Unvereinbarkeit von Amt und Mandat in den Ländern nach Art. 137 Abs. 1 GG und Landesverfassungsrecht, Die Öffentliche Verwaltung 1996, 1037. Der m.W. einzige Versuch, das Urteil des Verfassungsgerichts Brandenburg zu verteidigen, stammt von dem wissenschaftlichen Mitarbeiter des Gerichts, der die Vorlagen für die Berichterstatter entworfen hatte! *Hans-Georg Kluge*, Verfassungs-Wortlaut als Kompetenzgrenze. Zur Inkompatibilitätsentscheidung des Brandenburgischen Verfassungsgerichts, Neue Justiz 1996, 356.

34 BVerfGE 40, 296 (318, 328); 49,1 (2).

35 Siehe auch *Hans Herbert von Arnim*, Macht macht erfinderisch, 1988, 42 ff.

36 Die Entscheidung des Bayerischen Verfassungsgerichts überzeugt auch in der Sache nicht. Siehe *Hans Herbert von Arnim*, Vom schönen Schein der Demokratie, 2000, 253 ff.

8
»Umso schlimmer für die Wirklichkeit«: Das System schafft sich seine eigene Wahrheit

1 In der Sache meint Weizsäcker mit Machtversessenheit aber auch Ämterpatronage und Politikfinanzierung.

2 Siehe auch *Samuel P. Huntington*, American Politics: The Promise of Disharmony, Cambridge/Mass. and London 1983, 64 ff.

3 *Ingo Richter*, Die sieben Todsünden der Bildungspolitik, 1999, 36, 38.

4 Siehe auch *Hermann Lübbe*, Modernisierung und Moralisierung, MUT, April 2001, 24 ff.

5 »Der größte Feind der neuen Ordnung ist, wer aus der alten seine Vorteile zog.« (Niccolò Machiavelli).

6 *Claus Offe*, Falsche Antworten, verlogene Fragen, in: Kemper (Hg.), Opfer der Macht. Müssen Politiker ehrlich sein?, 1993, 125 (126 f.).

7 Siehe zum Beispiel *Michael Stolleis*, Geschichte des öffentlichen Rechts in Deutschland, Band 3: Staats- und Verwaltungswissenschaft in Republik und Diktatur 1914-1945, 1999, 6.

8 »Die deutsche Staatsrechtslehre in der Zeit des Nationalsozialismus« war ein Thema der Tagung der Vereinigung der Deutschen Staatsrechtslehrer 2000 in Leipzig.

9 *Bernd Rüthers*, Geschönte Geschichte – geschönte Biographien, Neue Juristische Wochenschrift 2000, 2402 (2403).

10 *Rüthers*, a.a.O.

11 *Gaetano Mosca*, Die herrschende Klasse. Grundlagen der politischen Wissenschaft, 1893, nach der 4. Auflage (1947) übersetzt von Franz Borkenau, 1950, 68 ff.

12 *Thomas S. Kuhn*, Die Struktur wissenschaftlicher Evolutionen, 1967.

13 So ein bekannter staatsrechtlicher Kollege und ehemaliger Richter am Bundesverfassungsgericht in einem Brief an den Verfasser vom 13.12.1999.

14 Laut Duden, Fremdwörterlexikon.

15 So ausdrücklich auch der soeben genannte Kollege.

16 So *Georg Friedrich Wilhelm Hegel* in der Vorrede zu seinen »Grundlinien der Philosophie des Rechts« (1821), in: *Hegel*, Sämtliche Werke. Jubiläumsausgabe in 20 Bänden, Bd. 7, 4. Aufl., 1964, 38 ff.

17 *Hegel*, a.a.O., § 189: »... dieses anscheinend Zerstreute und Gedankenlose wird von einer Notwendigkeit gehalten, die von selbst eintritt. Dieses Notwendige hier aufzufinden, ist Gegenstand der Staatsökonomie, einer Wissenschaft, die dem Gedanken Ehre macht, weil sie zu einer Masse von Zufälligkeiten die Gesetze findet. Es ist ein interessantes Schauspiel, wie alle Zusammenhänge hier rückwirkend sind, wie die besonderen Sphären sich gruppieren, auf andere Einfluss haben und von ihnen ihre Beförderung oder Hinderung erfahren. Dies Ineinandergehen, an das man zunächst nicht glaubt, weil alles der Willkür des Einzelnen anheim gestellt scheint, ist vor allem bemerkenswert und hat eine Ähnlichkeit mit dem Planetensystem, das immer dem Auge nur unregelmäßige Bewegungen zeigt, aber dessen Gesetze doch erkannt werden können.«

18 *Herbert Krüger*, Allgemeine Staatslehre, 2. Aufl., 1966.

19 *Hans-Martin Pawlowski*, Methodenlehre für Juristen, 3. Aufl., 1999, 270. Siehe auch *ders.*, Das Studium der Rechtswissenschaft, 1969, 49 ff.

20 Dies wird besonders in der Auseinandersetzung Krieles mit Friedrich Müller deutlich, der Kriele vorhält, Verfassungen und Gesetze könnten auch das Ergebnis von politischen Pressionen sein und nicht nur von ab-

wägenden Richtigkeitsüberlegungen (*Friedrich Müller*, Juristische Methodik, 2. Aufl., 1976, 99). Darauf antwortete *Kriele*: Bei solchen Fällen von politischen Pressionen handle es sich um verfehlte Gesetze. Und es sei »verfehlt, verfehlte Gesetze zur Grundlage der Rechtstheorie zu erheben. Der Normfall, zumindest bei den großen Kodifikationen, ganz besonders aber im Verfassungsrecht, ist, dass das Recht missverstanden wird, wenn man ihm die Unvernunft unterstellt, den geschützten Interessen ›fundamentalere Interessen‹ opfern zu wollen. Damit würde die Realbedingung aller Interessenbefriedigung aufgehoben.« *Martin Kriele*, Theorie der Rechtsgewinnung, 2. Aufl., 1976, Nachwort, 340.

21 Dazu *Richard Stöss*, Parteienstaat oder Parteiendemokratie?, in: Oscar W. Gabriel/Oskar Niedermayer/Richard Stöss (Hg.), Die Parteiendemokratie in Deutschland, 1997, 13 ff. Zusammenfassung der Kritik an Leibholz' Thesen bei *Dieter Grimm*, Die politischen Parteien, in: Benda/Maihofer/Vogel, Handbuch des Verfassungsrechts der Bundesrepublik Deutschland, 1983, 317 (331 ff.). Vgl. auch *Peter Haungs*, Die Bundesrepublik – ein Parteienstaat? Kritische Anmerkungen zu einem wissenschaftlichen Mythos, Zeitschrift für Politik 1973, 523. Kritisch zu Leibholz auch *Oberreuter*, Parteien zwischen Nestwärme und Funktionskälte, 2. Aufl., 1984, 45-48.

22 *Gerhard Leibholz*, Das Wesen der Repräsentation und der Gestaltwandel der Demokratie im 20. Jahrhundert, 3. Aufl., 1966, 245: Die Parteien konstituieren den Staat und stehen mit ihm in einem »partiellen Identitätsverhältnis«, womit aber »der bisher für das Verhältnis von Staat und Gesellschaft so charakteristische Gegensatz zwischen Staat und Gesellschaft im Bereich des Politischen im Prinzip aufgehoben« sei.

23 *Gerhard Leibholz*, Volk und Partei im neuen deutschen Verfassungsrecht, Deutsches Verwaltungsblatt 1950, 194 ff., abgedruckt in und hier zitiert nach: *Gerhard Leibholz*, Strukturprobleme der modernen Demokratie, 1958, 71 (72).

24 Gerhard *Leibholz*, Das Wesen der Repräsentation, a.a.O., 231.

25 *Gerhard Leibholz*, Der Gestaltwandel der Demokratie im 20. Jahrhundert (1955), abgedruckt in: Leibholz, Das Wesen der Repräsentation, a.a.O., 226.

26 *Leibholz*, ebenda, 228.

27 *Leibholz*, Der Strukturwandel, abgedruckt in: *ders.*, Strukturprobleme, a.a.O., 117.

28 *Leibholz*, Strukturprobleme der modernen Demokratie, 3. Aufl., 1967, 110 Anm. 80.

29 Dabei scheint Leibholz gelegentlich auch die so genannten Stammwähler einer Partei als ihre »Mitglieder« anzusehen, wobei er offenbar die Ver-

hältnisse der USA vor Augen hat, in denen es Parteien im deutschen Sinne gar nicht gibt (*Leibholz*, Strukturprobleme der modernen Demokratie, a.a.O., 109 f.).

30 *Gerhard Leibholz*, Die Reform des Wahlrechts, Veröffentlichungen der Vereinigung Deutscher Staatsrechtslehrer, Bd 7 (1932), 159 (170).

31 *Leibholz*, ebenda, 173.

32 *Leibholz*, Das Wesen der Repräsentation, 246 ff.; *ders.*, Deutscher Juristentag 1950, C 21 ff.

33 *Gerhard Leibholz*, Der Gestaltwandel, a.a.O., 247 f.

34 *Leibholz*, Strukturelemente der modernen Demokratie, 93 f.: »Hieraus ergibt sich, dass der Volks- oder Gemeinwille, d. h. die ›volonté générale‹ in der parteienstaatlichen Demokratie durch die Parteien gebildet wird. Nicht das politische Prinzip der Repräsentation, sondern das Prinzip, das in der plebiszitären Demokratie zur volonté générale führt, führt auch in der parteienstaatlichen Demokratie zur Gemeinwillensbildung.«

35 *Leibholz*, Das Wesen der Repräsentation und der Gestaltwandel der Demokratie im 20. Jahrhundert, a.a.O., 226: »Wie in der plebiszitären Demokratie der Wille der Mehrheit der Aktivbürgerschaft mit dem jeweiligen Gesamtwillen identifiziert wird, wird in einer funktionierenden parteienstaatlichen Demokratie der Wille der jeweiligen Parteienmehrheit in Regierung und Parlament mit dem Gesamtwillen identifiziert.«

36 *Leibholz*, Deutscher Juristentag 1950, C 2 (19): »Ja, man kann geradezu sagen, dass in dieser Form der Demokratie (das heißt, dem ›modernen demokratischen Parteienstaat‹) die Parteien das Volk ›sind‹.«

37 *Leibholz*, Strukturprobleme der modernen Demokratie, 93 f.

38 *Hans Heinrich Rupp*, Kritische Bemerkungen zum heutigen Verhältnis von Verfassungsrecht und Verfassungswirklichkeit, Festschrift für Karl Carstens, 1984, 773 (785).

39 *Konrad Hesse*, Die verfassungsrechtliche Stellung der politischen Parteien im modernen Staat, Veröffentlichungen der Vereinigung Deutscher Staatsrechtslehrer, Bd 17 (1958), 11 (30).

40 *Leibholz*, Das Wesen der Repräsentation, 248.

41 Leibholz' Entgegensetzung von Parteienstaat und Repräsentation erschwert es, die immerhin noch in einigem Umfang vorhandenen Reste repräsentativen Denkens und Handelns (die ja auch als gewisse Gegengewichte gegen einen überzogenen Parteienstaat in Frage kommen) noch wahrzunehmen und möglicherweise auch zu aktivieren. Solche repräsentativen Elemente sind durchaus noch zu finden, zum Beispiel auch innerhalb der Fraktionen, ihrer Arbeitskreise und teilweise auch in den Parlamentsausschüssen. Auch auf Parteitagen findet häufig so etwas wie echte Diskussion im repräsentativen Sinn statt. Hier liegen, wie Rolf Zundel

hervorgehoben hat, sogar klassische Elemente der Diskussion und der Öffentlichkeit oft tatsächlich noch vor. *Rolf Zundel*, Das verarmte Parlament, 1980, 58 ff. Dazu auch *von Arnim*, Staatslehre der Bundesrepublik Deutschland, 1984, 319 f.

42 *Hans Herbert von Arnim*, Abgeordnetenentschädigung und Grundgesetz, 1975, 27 ff.

43 Leibholz' Thesen bewirken nicht nur die erforderliche Anerkennung der Rolle der Parteien im politischen Kräftespiel, sein Ansatz begünstigt auch ihre *Überhöhung*.

44 *Leibholz*, Das Wesen der Repräsentation, 232: Für Volksentscheide und Volksbegehren besteht »weder eine innere Notwendigkeit noch eine besondere Rechtfertigung«.

45 So treffend *Wilhelm Hennis*, Der »Parteienstaat« des Grundgesetzes, in: Gunter Hofmann/Werner A. Perger (Hg.), Die Kontroverse. Weizsäckers Parteienkritik in der Diskussion, 1992, 25 (47).

46 BVerfGE 20, 56 – 1966.

47 BVerfGE 20, 1 – 1966.

48 Statt vieler *Dieter Grimm*, Die politischen Parteien, in: Benda/Maihofer/Vogel (Hg.), Handbuch des Verfassungsrechts der Bundesrepublik Deutschland, 1983, 317 (331 ff. mit weiteren Nachweisen).

49 BVerfGE 8, 51 (63) – 1958.

50 BVerfGE 4, 144 (152) – 1955; 32, 157 (165) – 1971; 40, 296 (315 f.) – 1975.

51 In ähnlicher Weise versuchte *Leibholz* die Gegner der staatlichen Parteienfinanzierung in eine Ecke zu stellen: Auf der Staatsrechtslehrer-Tagung im Oktober 1965 in Würzburg diffamierte er die Gegner staatlicher Parteienfinanzierung mit dem Hinweis, »dass sich heute offenbar die Liberalen und Kräfte verbunden haben, die der heutigen Form der Demokratie ablehnend gegenüberstehen«, und dass beide ein »unheiliges Bündnis« bildeten. Diese Äußerung trug *Leibholz* allerdings den Ausschluss wegen Befangenheit in dem damals anhängigen Parteienfinanzierungsprozess vor dem Bundesverfassungsgericht ein (siehe S. 254).

9
Das System und die Demokratie: Schein und Sein

1 Die Weisheit des Konfuzius. Aus dem chinesischen Urtext neu übertragen und eingeleitet von *Hans O. H. Stange*, 1964, 45.

2 BVerfGE 49, 89 (125) – 1978; 68, 1 (89) – 1984; *Ernst-Wolfgang Bö-*

ckenförde, Demokratie als Verfassungsprinzip, in: Josef Isensee/Paul Kirchhof, Handbuch des Staatsrechts der Bundesrepublik Deutschland, Bd. I, 1987, S. 887 ff. (896 ff. = Rdnrn. 14 ff.).

3 In Anführungszeichen gesetzt, weil die Staatsrechtslehre sich bisher nicht darauf einigen kann, ob die Regelungen, welche die Europäische Union konstituieren, eine »Verfassung« im staatsrechtlichen Sinne darstellen.

4 Siehe »Frankfurter Dokumente« Nr. 1 vom 1. Juli 1948, abgedruckt bei *Heinz Laufer/Ursula Münch*, Das föderative System der Bundesrepublik Deutschland, Opladen 1998, S. 362 f.

5 So statt vieler *Theodor Maunz/Reinhold Zippelius*, Deutsches Staatsrecht, 28. Aufl., 1991, § 6 I 3 (S. 37).

6 Parlamentarischer Rat, Plenum, 9. Sitzung vom 6.5.1949, S. 193.

7 Parlamentarischer Rat, Plenum, 2. Sitzung vom 8.9.1948, S. 8.

8 A.a.O., S. 8.

9 A.a.O., S. 10.

10 A.a.O., S. 11.

11 *Hans Herbert von Arnim*, Staat ohne Diener, 1993, Kap. 2.

12 *Paul Kirchhof*, Des Staates Kern. Wider die Parlamentarismusaushöhlung, Frankfurter Allgemeine Zeitung vom 18.9.1995.

13 Diesen grundlegenden Gedanken hat *Heidrun Abromeit*, Das Recht der Republik, 1999, 20 f., entwickelt. Siehe auch S. 373.

14 *Abromeit*, a.a.O.

15 So für viele *Peter Graf Kielmansegg*, Volkssouveränität, 1977, 9.

16 *Kirchhof*, a.a.O.

17 *Bodo Zeuner*, Wahlen ohne Auswahl – Die Kandidatenaufstellung zum Bundestag, in: Winfried Steffani (Hg.), Parlamentarismus ohne Transparenz, 1971, 165 ff.; *Heino Kaack*, Wer kommt in den Bundestag? Abgeordnete und Kandidaten, 1969; *Klemens Kremer*, Der Weg ins Parlament. Kandidatur zum Bundestag, 1982.

18 Bei der Bundestagswahl 1998 kamen noch 13 Überhangmandate hinzu, so dass sich insgesamt 341 Listenmandate ergeben.

19 Sämtliche Angaben über die Wahlergebnisse aus: Forschungsgruppe Wahlen, Bundestagswahl 1998.

20 BVerfGE 41, 399 (418) – 1976.

21 Ähnlich ist es meist bei Landtagswahlen. So waren zum Beispiel bei der rheinland-pfälzischen Landtagswahl von 1995 32 der in den 51 Wahlkreisen unterlegenen Bewerber der großen Parteien über die starre Liste doch noch in den Landtag gekommen. Quelle: Eigene Auszählung.

22 Siehe zum Beispiel *Karl-Rudolf Korte*, Wahlen in der Bundesrepublik Deutschland, 3. Aufl., 2000, 63: »Bis zur ersten Direktwahl des Europäischen Parlaments war es ein langer Weg.«

23 Der Begriff »Direktwahlen« ist natürlich auch vor dem Hintergrund zu verstehen, dass die Mitglieder des Europäischen Parlaments bis 1979 von den nationalen Parlamenten, also indirekt, gewählt wurden. Doch der Umkehrschluss, dass sie jetzt direkt, nämlich durch die Bürger gewählt würden, hinkt zumindest für deutsche Europaabgeordnete – angesichts des starren Listenwahlrechts.

24 *Hans Herbert von Arnim*, Staat ohne Diener, 1993, Kapitel 2 IV; *ders.*, Fetter Bauch regiert nicht gern, 1997, Kapitel 2.

25 *Gerhard Leibholz*, Parteien und Wahlrecht in der modernen Demokratie, in: Parteien, Wahlrecht, Demokratie. Vorträge und Diskussionen einer Arbeitstagung der Friedrich-Naumann-Stiftung und der Deutschen Gruppe der Liberalen Weltunion vom 17.–19.3.1967 im Kurhaus Baden-Baden, 1967, 40 (47 f.).

26 BVerfGE 7, 63 – 1957; 21, 355 – 1967.

27 *Rolf Paprotny*, Der Alltag der niedersächsischen Landtagsabgeordneten, 1995, 105 f.

28 *von Arnim*, Die Partei, der Abgeordnete und das Geld, 2. Aufl., 1996, 312 ff.

29 *Ulrich Pfeiffer*, Eine Partei der Zeitreichen und Immobilen. Folgerungen für eine Strukturreform, Die Neue Gesellschaft/Frankfurter Hefte 1997, 392 ff.; *Peter Glotz*, Aus Politik und Zeitgeschichte, B 36-37/97, 2 ff.; *Walter*, Die Woche vom 12.9.1997, 6; *Hans Herbert von Arnim*, Fetter Bauch regiert nicht gern, a.a.O., Kapitel 4.

30 *Hans Herbert von Arnim*, Die Partei, der Abgeordnete und das Geld, 2. Aufl., 1996, 179 ff.

31 *Hans Meyer*, Das fehlfinanzierte Parlament, in: Huber/Mößle/Stock (Hg.), Zur Lage der parlamentarischen Demokratie, Symposium zum 65. Geburtstag von Peter Badura, 1995, 17.

32 *von Arnim*, Fetter Bauch, a.a.O., Kap 2.

33 *von Arnim*, Die Partei, der Abgeordnete und das Geld, a.a.O., 227 ff. Siehe auch das bemerkenswerte Buch von *Stephan Holthoff-Pförtner*, Landesparlamentarismus und Abgeordnetenentschädigung, 2000, 73 ff. m.w.N. Holthoff-Pförtner ist Anwalt von Helmut Kohl.

34 *von Arnim*, Fetter Bauch, a.a.O., 115 ff., 119 ff.

35 BVerfGE 40, 296 – 1975.

36 Die zeitliche Koinzidenz mehrerer einschlägiger Abhandlungen aus rechtswissenschaftlicher, politikökonomischer und wirtschaftsethischer Perspektive, die alle für eine Abwendung vom Alimentationsprinzip und eine Rückkehr zum Entschädigungsprinzip streiten, indiziert die Überprüfungsbedürftigkeit der derzeitigen Alimentationsregelungen nachdrücklich: *Lothar Determann*, Verfassungsrechtliche Vorgaben für die

Entschädigung von Abgeordneten, Bayerische Verwaltungsblätter 1997, 385 ff.; *Dirk Meyer*, Abgeordnetenentschädigung – ein Beitrag zur Rationalisierung der Diskussion aus ökonomischer Sicht, Politische Vierteljahresschrift 1998, 345 ff.; *Werner Lachmann*, Die Diätenregelung für Abgeordnete des Deutschen Bundestages, in: Wulf Gaertner (Hg.), Wirtschaftsethische Perspektiven, Band 4, Berlin 1998, 307 ff.; *Stephan Holthoff-Pförtner*, a.a.O., 122 ff. Siehe auch schon *Hans Herbert von Arnim*, Die Partei, der Abgeordnete und das Geld, 1. Aufl., 1991, 159; vergleiche ferner *ders.*, Reform der Abgeordnetenbezahlung, Politische Vierteljahresschrift 1998, 345 ff.

37 *Holthoff-Pförtner* (a.a.O., 122) spricht das Unaussprechliche auch aus, dass nämlich die bestehenden Regelungen, etwa in Nordrhein-Westfalen, »mit der Verfassungsordnung unvereinbar und verfassungswidrig« sind.

38 *Wolfgang Martens*, Öffentlich als Rechtsbegriff, 1969; *Wolfgang Häberle*, Öffentlichkeit und Verfassung, in: *ders.*, Verfassung als öffentlicher Prozess, 1978, 225; *Hans Herbert von Arnim*, Öffentlichkeit kommunaler Finanzkontrollberichte als Verfassungsgebot, 1981, 23 ff.

39 BVerfGE 44, 125 (139).

40 *Hans Herbert von Arnim*, Staatslehre der Bundesrepublik Deutschland, 1984, 508 ff.

41 *von Arnim*, Staatslehre, a.a.O.

42 *Rolf Ebbighausen*, Vom Zeigen und Verbergen der Macht. Nichtöffentlicher politischer Machtgebrauch und seine Schranken in den bürgerlichen Demokratien heute, in: Peter Nhamowitz/Stefan Breuer (Hg.), Politik – Verfassung – Gesellschaft. Traditionslinien und Entwicklungsperspektiven, Otwin Massing zum 60. Geburtstag, 1995, 291.

43 *Wolfgang Rudzio*, Informelle Entscheidungsmuster in Bonner Koalitionsregierungen, in: Hans-Hermann Hartwich/Göttrik Wewer (Hg.), Regieren in der Bundesrepublik, Band 2, 1991, 125 ff.; *Waldemar Schreckenberger*, Veränderungen im parlamentarischen Regierungssystem. Zur Oligarchie der Spitzenpolitiker der Parteien, in: Karl Dietrich Bracher u.a. (Hg.), Staat und Parteien, Festschrift für Rudolf Morsey zum 65. Geburtstag, 1992, 133 ff.; *ders.*, Informelle Verfahren der Entscheidungsvorbereitung zwischen der Bundesregierung und den Mehrheitsfraktionen: Koalitionsgespräche und Koalitionsrunden, Zeitschrift für Parlamentsfragen 1994, 329 ff.; *Hans Herbert von Arnim*, Fetter Bauch regiert nicht gern, a.a.O., Kapitel 3; *Rüdiger Zuck*, Verfassungswandel durch Vertrag?, Zeitschrift für Rechtspolitik 1998, 457 ff.

44 Koalitionsvereinbarung zwischen der Sozialdemokratischen Partei Deutschlands und Bündnis 90/Die Grünen vom 20.10.1998, unter XII 2.

45 *Theodor Eschenburg*, Das Zweiparteiensystem in der deutschen Politik, in: Forschungen zu Staat und Verfassung, Festgabe für Fritz Hartung, 1958, 403 (413). *Theodor Heuss* sprach in seiner Biographie Friedrich Naumanns (S. 609) ganz offen von einer politischen Grenznutzen- und Grenzkostentheorie, wonach kleine Parteien aufgrund ihrer Unverzichtbarkeit bei der Mehrheitsbildung ihren Preis hochdrücken könnten.

46 Im Bericht der Mannheimer »Forschungsgruppe Wahlen« heißt es: Der Wunsch nach einem Wechsel an der Spitze war zwar ausgeprägt. Aber »einen Politikwechsel zu Rot-Grün wollte die Mehrheit eigentlich nicht. Eine rot-grüne Mehrheit fanden unmittelbar vor der Wahl lediglich 36 Prozent gut, 12 Prozent war das egal, aber 49 Prozent sprachen sich gegen eine rot-grüne Koalition aus«, darunter auch viele SPD-Wähler. Forschungsgruppe Wahlen, Bundestagswahl 1998, Bericht Nr. 91 vom 30.9.1998, S. 88.

47 § 1 Absatz 2 PartG: »Die politischen Parteien wirken an der politischen Willensbildung des Volkes auf allen Gebieten des öffentlichen Lebens mit, indem sie insbesondere ... zur Übernahme öffentlicher Verantwortung befähigte Bürger heranbilden, sich durch Aufstellung von Bewerbern an den Wahlen in Bund, Ländern und Gemeinden beteiligen ...«

48 BVerfGE 49, 89 (125) – 1978; 68, 1 (89) – 1984; *Ernst-Wolfgang Böckenförde*, Demokratie als Verfassungsprinzip, in: Joseph Isensee/Paul Kirchhof, Handbuch des Staatsrechts der Bundesrepublik Deutschland, Bd. I, 1987, S. 887 ff. (896 ff. = Rdnrn. 14 ff.).

49 BVerfGE 68, 1 (88); *Herzog* in: Maunz/Dürig/Herzog/Scholz, Grundgesetz, Art. 20 Rdnr. 50-53; *Böckenförde*, a.a.O., Rdnr. 16.

50 BVerfGE 47, 253 (257) – 1978.

51 BVerfGE 68, 1 (88).

52 *Böckenförde*, a.a.O., Rdnr. 21. Hervorhebung im Original.

53 *Böckenförde*, Rdnr. 21.

54 *Veit Mehde*, Die empirischen Prämissen des Hierarchiegebots, in: Redaktion Kritische Justiz (Hg.), Demokratie und Grundgesetz. Eine Auseinandersetzung mit der verfassungsgerichtlichen Rechtsprechung, 2000, 111 (112 f.).

55 BVerfGE 20, 56 (99) – 1966: »In einer Demokratie muss sich diese Willensbildung aber vom Volk zu den Staatsorganen, nicht umgekehrt von den Staatsorganen zum Volk hin, vollziehen.«

56 *Ulrich Pfeiffer*, Eine Partei der Zeitreichen und Immobilen. Folgerungen für eine Strukturreform, Die neue Gesellschaft/Frankfurter Hefte 1997, 392 ff.; *Anton Andreas Guha*, Seiteneinsteiger oder die ungenutzte Chance der Parteien zur Regeneration, Vorgänge 1998, 54 ff.

57 *Elmar Wiesendahl*, Keine Lust mehr auf Parteien. Zur Abwendung Jugendlicher von den Parteien, Aus Politik und Zeitgeschichte, Beilage zur Wochenzeitung Das Parlament, B 10/2001 vom 2.3.2001, S. 7 ff.

58 BVerfGE 96, 264 (278) – 1997; 102, 224 (238) – 2000.

59 *Hans Meyer*, Das fehlfinanzierte Parlament, in: Huber/Mößle/Stock (Hg.), Zur Lage der parlamentarischen Demokratie, 1995, 17 (68 f.).

60 *Hermann Scheer*, Demokratie ist nur noch Maske. Medien und Politik fördern autoritäres Denken. Es zählt die Hierarchie, der Abgeordnete wird bloßer Befehlsempfänger. Der Bundestag wird auf eine Behörde reduziert, taz vom 27.2.2001.

61 *Hans Herbert von Arnim*, Diener vieler Herren, 1998, 218 f.

62 *von Arnim*, a.a.O., 162.

63 *von Arnim*, a.a.O., 218 f.

64 Urteil des Bundesverfassungsgerichts vom 21.7.2000, S. 30 des Umdrucks.

65 S. 24 des Umdrucks.

66 S. 26 des Umdrucks.

67 Etwas anderes dürfte für solche Parlamente gelten, die sich nicht auf Vollzeitabgeordnete und Vollalimentation festgelegt haben, wie Baden-Württemberg und die Stadtstaaten. Für sie dürften möglicherweise Ausnahmen vom Urteil des Bundesverfassungsgerichts zu rechtfertigen sein.

68 *Hans Meyer*, a.a.O., S. 69.

69 Sondervotum *Walter Seuffert* zum Diätenurteil des Bundesverfassungsgerichts: BVerfGE 40, 330 (335).

70 Dazu *Hermann Scheer*, a.a.O.

71 *Hans Meyer*, in: Huber/Mößle/Stock (Hg.), a.a.O., 69.

72 *Friedbert Pflüger*, Ehrenwort. Das System Kohl und der Neubeginn, 2000, 42.

73 *Hans Herbert von Arnim*, Diener vieler Herren, 1998.

74 BVerfGE 40, 296 (318 f.). Dazu *von Arnim*, Zweitbearbeitung des Art. 48 im Bonner Kommentar (1980), Rn 146 ff.

75 Siehe dazu näher *Hans Herbert von Arnim*, Fetter Bauch regiert nicht gern, 1997, 191 ff..

76 *Friedbert Pflüger*, a.a.O., 40.

77 *Werner Patzelt*, Wider das Gerede vom »Fraktionszwang«! Funktionslogische Zusammenhänge, populäre Vermutungen und die Sicht der Abgeordneten, Zeitschrift für Parlamentsfragen 1998, 323 ff.

78 Siehe BVerfGE 41, 399 – 1976. Das Bundesverfassungsgericht erzwang immerhin seine Beteiligung an der Erstattung der Wahlkampfkosten, die die Parteien bis dahin für sich reserviert hatten.

79 Siehe zum Beispiel *Hans Herbert von Arnim*, Die Verfallbarkeit betriebli-

cher Ruhegeldanwartschaften, 1970, 40 ff.; *ders.*, Staatslehre der Bundesrepublik Deutschland, 1984, 86 ff., jeweils m. w. N.

10
Das System und das Gemeinwohl: Schein und Sein

1 *Hans Herbert von Arnim*, Wirtschaftlichkeit als Rechtsprinzip, 1989.
2 *Niklas Luhmann*, Kann die Verwaltung wirtschaftlich handeln?, Verwaltungsarchiv 1960, 97.
3 Ähnlich auch *Frey/Serna*, Eine politisch-ökonomische Betrachtung des Rechungshofs, Finanzarchiv 1990, 244 (263 f.); *dies.*, Rechnungshöfe: Die Sicht der Neuen Politischen Ökonomie, in: Gunther Engelhardt/Harald Schulze/Werner Thieme (Hg.), Stellung und Funktion der Rechnungshöfe im Wandel?, 1993, 105 (120). – Dass ein derartiger Vorschlag bei den amtierenden Rechnungshofpräsidenten, die ja gerade nicht direkt vom Volk gewählt sind, auf wenig Gegenliebe stößt, überrascht nicht. Siehe zum Beispiel *Paul Georg Schneider* (Präsident des rheinland-pfälzischen Rechnungshofs), Die Rheinpfalz vom 5.2.2000: Ich halte »es für müßig, über einen abstrusen Vorschlag zu diskutieren«.
4 BVerfGE 5, 85 (135, 198).
5 *Stefan Baron*, Der Tatbestand der Abgeordnetenbestechung, Neue Juristische Wochenschrift 1994, 1098.
6 Der Spiegel vom 1.7.1985, S. 29 f.
7 Der Spiegel vom 19.8.1985, S. 19 ff.
8 *Göttrik Wewer*, Plädoyer für eine integrierte Sichtweise von Parteien-Finanzen und Abgeordneten-Alimentierung, in: *ders.*, (Hg.), Parteienfinanzierung und politischer Wettbewerb, 1990, 420 (443 ff.)
9 *Christine Landfried*, Parteifinanzen und politische Macht, 1990, 143 ff.
10 *Rudolf Steinberg*, Parlament und organisierte Interessen, in: Hans-Peter Schneider/Wolfgang Zeh (Hg.), Parlamentsrecht und Parlamentspraxis, 1989, 217 (226).
11 Zitat nach »Der Spiegel« Nr. 34 vom 19.8.1985, S. 19 (21).
12 *Hans Herbert von Arnim*, Diener vieler Herren, 1998, 41 ff.
13 »Zur Person: Rainer Magulski«, Frankfurter Rundschau vom 28.1.1987.
14 *Hans Herbert von Arnim*, Staatsversagen: Schicksal oder Herausforderung?, Aus Politik und Zeitgeschichte. Beilage zur Wochenzeitung Das Parlament, B 48/87 vom 28.11.1987, 17.
15 *Robert von Weizsäcker*, Staatsverschuldung, Rentenversicherung und

Bildung: Zukunftsschwächen der Wettbewerbsdemokratie im Lichte des demographischen Wandels, in: Hans Herbert von Arnim (Hg.), Adäquate Institutionen: Voraussetzung für »gute« und bürgernahe Politik?, 1999, 103 ff.

16 Zuletzt BVerfGE 99, 216 (1998). Dazu *Lothar Schemmel*, Der Kindergrundfreibetrag. Ein steuerpolitischer und verfassungsrechtlicher Missgriff (Stellungnahmen des Karl-Bräuer-Instituts des Bundes der Steuerzahler), 1999.

17 BVerfGE 44, 249 (1977); 81, 363 (1990); 99, 300 (1998). – Der Gesetzgeber folgte den Aufforderungen des Bundesverfassungsgerichts zur Verbesserung der Stellung kinderreicher Beamter nur sehr schleppend.

18 Kritisch z.B. *Hildegard Hamm-Brücher*, Der Politiker und sein Gewissen. Eine Streitschrift für mehr Freiheit, 1983; *dies.*, Der freie Volksvertreter – eine Legende?, 1990. Gegenposition etwa bei *Eberhard Schütt-Wetschky*, »Fraktionszwang«: Kritik und Gegenkritik, in: Peter Haungs/Eckhard Jesse (Hg.), Parteien in der Krise?, 1987, 237 ff.; *Werner Patzelt*, Wider das Gerede vom »Fraktionszwang«!, Zeitschrift für Parlamentsfragen 1998, 323 ff.

19 *Andreas Braun*, Im Dickicht der Kungelrunden, Sonntag Aktuell vom 23.3.1998; Darmstädter Echo vom 28.3.1998: »FDP stimmt bei Staatsbürgerschaft gegen ihre Überzeugung mit der Union«.

20 Kritisch dazu *Paul Kirchhof/Hans Herbert von Arnim*, Besteuerung und Eigentum, Veröffentlichungen der Vereinigung Deutscher Staatsrechtslehrer (VVDStRL), Band 39 (1981), 213 ff., 286 ff., 361 ff.

21 *Karl-Maria Hettlage*, Die Finanzverfassung im Rahmen der Staatsverfassung, VVDStRL 14 (1957), 3 ff. (4 f.).

22 BVerfG 93, 121 ff. – 1995. – Kritisch dazu Bundesfinanzhof, Urteil vom 11.8.1999, Juristen-Zeitung 2000, 356 (mit Anmerkung *Joachim Wieland*).

23 Zur Idee der Gewaltenteilung: *Charles-Louis de Montesquieu*, Vom Geist der Gesetze, in neuer Übertragung eingeleitet und herausgegeben von Ernst Forsthoff, Tübingen 1951, 11. Buch, 6. Kapitel, 214 ff. Zur Verfassungswirklichkeit der Gewaltenteilung in der Bundesrepublik Deutschland schon *Werner Weber*, Die Teilung der Gewalten als Gegenwartsproblem, in: *ders.*, Spannungen und Kräfte im westdeutschen Verfassungssystem, 3. Aufl., 1970, 152 ff.

24 *Carlo Schmid* (SPD), Parlamentarischer Rat, Plenum, 2. Sitzung vom 8.9.1948, S. 14.

25 So zum Beispiel *Süsterhenn* (CDU), Parlamentarischer Rat, Plenum, 2. Sitzung vom 8.9.1948, S. 17 (21).

26 *Hans Meyer*, Die Stellung der Parlamente in der Verfassungsordnung des

Grundgesetzes, in: Hans-Peter Schneider/Wolfgang Zeh (Hg.), Parlamentsrecht und Parlamentspraxis in der Bundesrepublik Deutschland, 1989, 117 (127 ff., Rn 23 ff.); *Ingo von Münch*, Minister und Abgeordnete in einer Person: die andauernde Verhöhnung der Gewaltenteilung, Neue Juristische Wochenschrift 1998, 34 f. Überblick über den Diskussionsstand bei *Dimitris Tsatsos* (Hg.), Die Vereinbarkeit von parlamentarischem Mandat und Regierungsamt in der Parteiendemokratie, 1996.

27 *Günter Dürig*, Das Grundgesetz, 36. Aufl., 2001, Einführung, XXI.

28 *Hans Meyer*, a.a.O., Rn 33 ff.

29 *Hans Meyer*, a.a.O., Rn 43.

30 *Rupert Scholz*, Parlamentsrecht und Parlamentspraxis, Archiv des öffentlichen Rechts, 1992, 259 (261).

31 Dieser Effekt würde noch verstärkt, wenn das – ohnehin teilweise verfassungsrechtlich angefochtene (Art. 28 Abs. 1 Satz 2 GG) – so genannte ruhende Mandat (Art. 108 Abs. 2 Verf. Brem.; Art 38 Abs. 2 Verf. Hbg.; § 39 Bürgerschaftswahlgesetz) beseitigt würde. Danach ruht das Abgeordnetenmandat eines ins Kabinett berufenen Parlamentariers, lebt aber mit dem Ende des Minister- bzw. Senatorenamts wieder auf. Die verfassungsrechtliche Problematik folgt aus der prekären Stellung des Nachrückers, der nur so lange Abgeordneter ist und bleibt, wie das Mandat des Ministers oder Senators ruht. Die daraus resultierenden Bedenken müssen aber gegen den Grundsatz der Gewaltenteilung abgewogen werden (*Ingo von Münch*, in: *ders.* [Hg.], GG-Kommentar, Bd. 2, 3. Aufl., 1995, Art 38, Rn 78 mit weiteren Nachweisen).

32 *Hans Herbert von Arnim*, Politik Macht Geld. Das Schwarzgeld der Politiker – weißgewaschen, 2001.

33 BVerfGE 102, 224 (236) – 2000.

34 *Hans Meyer*, a.a.O., 129 f.

35 *Hans Herbert von Arnim*, Wirksamere Finanzkontrolle bei Bund, Ländern und Gemeinden, 1978, 20 ff.

36 *Roman Herzog* (1980), in: Maunz/Dürig/Herzog, Grundgesetz-Kommentar, Art. 20 GG, Rn 29.

37 *Max Weber*, Politik als Beruf, in: Max Weber, Wissenschaft als Beruf – Politik als Beruf, hrsg. von Wolfgang J. Mommsen und Wolfgang Schluchter in Zusammenarbeit mit Birgitt Morgenbrot (MWG Abt. I: Schriften und Reden, Bd. 17), 1992, 451.

38 *Gerhard Lehmbruch*, Parteienwettbewerb im Bundesstaat, 1976 (2. Aufl., 1998). Siehe auch *Klaus von Dohnanyi*, Von der Politikverflechtung zur Eigenverantwortung, in: Werner Weidenfeld (Hg.), Wege zur Erneuerung der Demokratie, 1998, 69; *Erwin Teufel*, Föderalismus in

Deutschland, 1998 (Speyerer Vorträge Heft 47); *Fritz Scharpf*, Föderale Politikverflechtung, in: Morath (Hg.), Reform des Föderalismus, 1999, 23 (28 f.); *Martin F. Polaschek*, Föderalismus als Wert?, 1999.

39 Das galt sowohl für die Befürworter des Senatsprinzips als auch für die Befürworter des Bundesratsprinzips, die sich schließlich durchsetzten. Siehe *Volker Otto*, Das Staatsverständnis des Parlamentarischen Rates, 1971, 112, 115 mit Nachweisen.

11
Soll alles bleiben, wie es ist? – Zwei bewährte Strategien zum Systemerhalt und ein Reformansatz

1 *Horst Bosetzky*, »Dunkelfaktoren« bei Beförderungen im öffentlichen Dienst, Die Verwaltung 1974, 428 (435).

2 *Gerhard Leibholz*, Strukturprobleme der modernen Demokratie, Neuausgabe 1974 der 3. Aufl. 1967, 110.

3 *Joachim Rottmann*, Über das Obsolet-Werden von Verfassungsnormen, in: Festschrift für Wolfgang Zeitler, Bd. 2, 1987, S. 1097 ff. Siehe auch *Gerhard Robbers*, Obsoletes Verfassungsrecht durch sozialen Wandel?, in: Festschrift für Ernst Benda zum 70. Geburtstag, 1995, 209 (210).

4 Antwort der Bundesregierung auf die Kleine Anfrage des Abgeordneten Häfner und der Fraktion Die Grünen, Bundestags-Drucksache 11/209.

5 *Helmut Kohl*, in: Politische Parteien und öffentlicher Dienst, 23. Beamtenpolitische Arbeitstagung des Deutschen Beamtenbundes, 1982, 177 ff.

6 *Gerhard Leibholz*, Parteien und Wahlrecht in der modernen Demokratie, in: Parteien, Wahlrecht, Demokratie, Vorträge und Diskussionen einer Arbeitstagung der Friedrich-Naumann-Stiftung und der Deutschen Gruppe der Liberalen Weltunion vom 17.-19.3.1967 im Kurhaus Baden-Baden, 1967, 40 (47 f.).

7 So etwa *Michael Haus*, Vom Schein zum Sein? Ein Kommentar zu Hans Herbert von Arnims Föderalismuskritik, Zeitschrift für Politikwissenschaft 2000, 943 (947, 956).

8 Siehe *Hans Herbert von Arnim*, Gemeinwohl und Gruppeninteressen, 1977, 13 ff. m. w. N.

9 So z. B. *Josef Isensee*, Idee und Gestalt des Föderalismus, in: Isensee/Kirchhof (Hg.), Handbuch des Staatsrechts, Band IV, 1990, S. 517 (686 = Randnr. 305).

10 *Hans Herbert von Arnim*, Vom schönen Schein der Demokratie, 2000, 140 f.

11 *Richard S. Katz/Peter Mair*, Changing Models of Party Organization and Party Democracy. The Emergence of the Cartel Party, Party Politics 1995, 5 (21): »In this revised model, the essence of democracy lies in the ability of voters to chose from a *fixed* menu of political parties" (Hervorhebung vom Verfasser).

12 *Katz/Mair*, a.a.O., 22: »Parties are partnerships of professionals, not associations of, or *for*, the citizens." (Hervorhebung vom Verfasser).

13 *Katz/Mair*, a.a.O., 22: »Central to the earlier models was the idea of alternation in office – not only were there some parties that were clearly ›in‹ while others were clearly ›out‹, but the fear of being thrown out of office by the voters was also seen as the major incentive for politicians to be responsive to the citizenry. In the cartel model, on the other hand, none of the major parties is ever definitively ›out‹. ... Moreover, as the distinction between parties in office and those out of office becomes more blurred, the degree to which voters can punish even on the basis of generalized dissatisfaction is reduced.«

14 *Katz/Mair*, a.a.O., 22: »As a result, there is an increased sense in which electoral democracy may be seen as a means by which the rulers control the ruled, rather than the other way around.«

15 *Niklas Luhmann*, Kann die Verwaltung wirtschaftlich handeln?, Verwaltungsarchiv 1960, 97 (112 f.).

16 Zum Beispiel *Arthur Gunlicks*, Newsletter of the Conference Groups on German Politics, March 1994, 5. Eine verbreitete Methode der Abwertung des Gemeinwohlbegriffs besteht darin, seinen Vertretern unterzuschieben, sie gingen nicht von einem aufgegebenen, sondern von einem vorgegebenen »a priori vorhandenen Gemeinwohl« aus, was in der Tat nicht haltbar wäre. Auch mir wird das vielfach vorgeworfen, zuletzt etwa von *Sabine Kropp*, Parteienfinanzierung im »Parteienstaat«, Gegenwartskunde 2000, 435 (445). Kropp und andere bauen damit aber, so will es scheinen, einen Strohmann auf, nur um ihn dann besser abschießen zu können. Sie übersehen (oder wollen nicht sehen), dass die von ihnen kritisierte Haltung in Wahrheit gar nicht mein Gemeinwohlverständnis ist, wie sich aus meinen Veröffentlichungen auch ganz unmissverständlich ergibt (siehe S. 31 mit Anm. 1). Noch undifferenzierter ist gelegentlich die Verteufelung des Gemeinwohlgedankens von Seiten der politischen Praxis. So zum Beispiel die SPD-Schatzmeisterin *Inge Wettig-Danielmeier*, Deutscher Bundestag, Stenographischer Bericht der Sitzung vom 12.11.1993, 16410: »Der Ruf nach dem Gemeinwohl kaschiert immer noch den Ruf nach dem Obrigkeitsstaat.« Dagegen mit Recht zum

Beispiel *Ulrich Scheuner*, Die Öffentliche Verwaltung 1978, 531. Siehe auch die oben (S. 33 f., Anm. 6 bis 9 und 11) zitierte Literatur und Rechtsprechung.

17 *Ludwig Landgrebe*, Über einige Grundfragen der Philosophie der Politik, in: Manfred Riedel (Hg.), Rehabilitierung der praktischen Philosophie, Band 2, 1974, 173 (180). Landgrebe sieht im Ausblenden der letzten Zwecke mit Recht den Grund für die Orientierungs- und Ratlosigkeit der Wissenschaft und erkennt die »Wiedergewinnung der teleologischen Dimension« als »die erste Aufgabe und die Grundfrage der Philosophie der Politik« (S. 192 f.). Siehe auch *Christoph Link*, Staatszwecke im Verfassungsstaat, Veröffentlichung der Vereinigung Deutscher Staatsrechtslehrer, Band 48 (1990), 7 ff.; *Peter Saladin*, Wozu noch Staaten? Zu den Funktionen eines modernen demokratischen Rechtsstaats in einer zunehmend überstaatlichen Welt, 1995, 38 ff.

18 Seibel betreut als Geschäftsführender Redakteur die wichtigste politikwissenschaftliche Fachzeitschrift, die *Politische Vierteljahresschrift*, und sitzt als Gutachter der Deutschen Forschungsgemeinschaft, der Volkswagenstiftung und der Thyssen-Stiftung an Schlüsselstellen für die Vergabe öffentlicher Forschungsmittel.

19 *Wolfgang Seibel*, Erfolgreich scheiternde Organisationen. Zur politischen Ökonomie des Organisationsversagens, Politische Vierteljahresschrift 1991, 479 (490). Siehe auch *ders.*, Funktionaler Dilettantismus. Erfolgreich scheiternde Organisationen im »Dritten Sektor« zwischen Markt und Staat, 1992.

20 *Hannah Arendt*, Wahrheit und Politik, in: Die politische Verantwortung der Nichtpolitiker, 1964, 159 (172, 175).

21 Dazu zum Beispiel *Hans Herbert von Arnim*, Wirtschaftlichkeit als Rechtsprinzip, 1988, 41 ff. m. w. N. Siehe auch die auf S. 33 f. angeführte Rechtsprechung.

22 *Klaus von Beyme*, Die politische Klasse im Parteienstaat, 1993, 194.

23 *von Beyme*, a.a.O., 60, 88.

24 *von Beyme*, a.a.O., 81 ff.

25 *Otfried Höffe*, Demokratie im Zeitalter der Globalisierung, 1999, 211 f.

12
Von der Krise zur Systemreform: Das Beispiel USA

1 Siehe dazu *Richard Hofstatter*, The Age of Reform, 1955; *Arthur S. Link/Richard L. McCormick*, Progressivism, 1983; *Lewis L. Gould*, Reform and Regulation. American Politics from Roosevelt to Wilson, 2nd ed., 1986; *David W. Noble*, Progressivism, in: Jack P. Green, Encyclopedia of American Political History, vol. III, 1984, 992 ff.; *Hans Herbert von Arnim*, Reformblockade der Politik, Zeitschrift für Rechtspolitik 1998, 138 (145); *Carsten Nemitz*, Erfolgsfaktoren für eine Reform politischer Systeme, 2000 (Speyerer Forschungsbericht 208).
2 *Ray Allen Billington/Martin Ridge*, American History after 1865, 9th edition, 1981, 71.
3 *Billington/Ridge*, a.a.O., 114.
4 *Billington/Ridge*, a.a.O., 73.
5 *Billington/Ridge*, a.a.O., 114.
6 *Johnson/Libecap*, The Federal Civil Service and the Problem of Bureaucracy. The Economics and Politics of Institutional Change, 1994.
7 *Link/McCormick*, a.a.O., 31.
8 *Hartmut Wasser*, Politische Parteien in den USA, in: Willi Paul Adams/ Ernst-Otto Czempiel u.a. (Hg.), Länderbericht USA I, 1990, 377 (378).
9 *Link/McCormick*, a.a.O., 20: Die Überzeugung war weit verbreitet, »dass es dringend nötig war, die politischen Institutionen neu zu schmieden, damit sie mit den immer größer werdenden Problemen der städtisch-industriellen Gesellschaft fertig werden könnten.« (Übersetzt vom Verfasser.)
10 *Billington/Ridge*, a.a.O., 114.
11 *Billington/Ridge*, a.a.O., 116 ff.
12 *Constanze Stelzenmüller*, Direkte Demokratie in den Vereinigten Staaten von Amerika, 1994, 88.
13 *Ulrich Glaser*, Direkte Demokratie als politisches Routineverfahren, 1997, 41.
14 *Hofstatter*, a.a.O., 263.
15 *Hofstatter*, a.a.O.
16 *Link/McCormick*, a.a.O., 61.
17 In anderen Bereichen, etwa bei Spitzenpositionen der Bundesadministration, ist es bei politischen Berufungen geblieben.
18 *Johnson/Libecap*, a.a.O.
19 *Billington/Ridge*, a.a.O., 126 f.
20 *Johnson/Libecap*, a.a.O.

21 *James Coyne/John Fund*, Cleaning House. America's Campaign for Term Limit, Washington, D. C., 1992; *John Armor*, Why Term Limits?, Ottawa, Illinois, 1994.
22 Näheres dazu bei *Hans Herbert von Arnim*, Vom schönen Schein der Demokratie, 2000, Kapitel 32.
23 Zum Beispiel *Richard von Weizsäcker*, a.a.O., 163 (»presidential commission«); zustimmend *Peter Glotz*, in: Hofmann/Perger, Die Kontroverse. Weizsäckers Parteienkritik in der Diskussion, 1992, 170 ff.; *Leschke*, Ökonomische Verfassungstheorie und Demokratie, 1993, 191 ff.
24 *Frey/Serna*, Finanzarchiv 1990, 244 (263 f.).

13
Verantwortlich machen, kontrollieren, abwählen: Wie das System zu ändern ist

1 *Hans Herbert von Arnim*, Werden kommunale Wählergemeinschaften im politischen Wettbewerb diskriminiert?, Deutsches Verwaltungsblatt 1999, 417 (418 f.).
2 *Hans Herbert von Arnim*, Möglichkeiten unmittelbarer Demokratie auf Gemeindeebene, Die Öffentliche Verwaltung 1990, 85 (90 ff.); *ders.*, Auf dem Weg zur optimalen Gemeindeverfassung?, in: Klaus Lüder (Hg.), Staat und Verwaltung. Fünfzig Jahre Hochschule für Verwaltungswissenschaften Speyer, 1997, 297 ff.
3 *Hans-Georg Wehling*, Der Bürgermeister und »sein« Rat, Politische Studien 1984, 27 (33).
4 Zum Beispiel *Gerhard Banner*, Kommunale Steuerung zwischen Gemeindeordnung und Parteipolitik, Die Öffentliche Verwaltung 1984, 364 (369); *Hans-Georg Wehling*, Der Bürgermeister und »sein« Rat, a.a.O., 34.
5 Siehe zum Beispiel *Gerhard Banner*, Kommunalverfassung und Selbstverwaltungsleistung, in: Dieter Schimanke (Hg.), Stadtdirektor oder Bürgermeister, 1989, 37 (44 ff.).
6 *Gerhard Winck*, Kommunalwahl 1998, in: Statistisches Landesamt Schleswig-Holstein (Hg.), Statistische Monatshefte 9/1998, 132 ff. und 181 ff. – Die Anteile an den Wählerstimmen insgesamt (die vom Statistischen Landesamt allerdings nicht ermittelt werden) sind allerdings erheblich geringer. Das beruht darauf, dass in kleineren Gemeinden, wo die Wählergemeinschaften ihre größten Erfolge haben, weniger Stimmen pro Mandat erforderlich sind als in größeren Gemeinden, in Landkreisen und kreisfreien Städten.

7 *Hartmut Borchert*, Kommunale Selbstverwaltung – die örtliche Demokratie und ihre Verwaltung, in: Göttrik Wewer (Hg.), Demokratie in Schleswig-Holstein, 1998, 427 (439); *Wolfgang Graf Vitzthum/Jörn Axel Kämmerer*, Bürgerbeteiligung vor Ort, 2000, 14 f.

8 *Franz-Ludwig Knemeyer/Katrin Jahndel*, Parteien in der kommunalen Selbstverwaltung, 1991, 3, 26.

9 *Thorsten Persson/Guido Tabbellini*, The Size and Scope of Government: Comparative Politics with Rational Politicians, Center for Economic Policy Research, Discussion Paper No. 2051 (January 1999).

10 Siehe *Hans Herbert von Arnim*, Staat ohne Diener, 1993, 323 ff.; »Ein demokratischer Urknall«, Der Spiegel vom 20.12.1993, S. 35 ff.

11 So zum Beispiel *Warnfried Dettling*, Die Zeit vom 16.3.2000 (Rezension des Buchs »Vom schönen Schein der Demokratie« des Verfassers); *Herbert Schneider*, Landesvater für Standortpolitik, Frankfurter Allgemeine Zeitung vom 21.2.2000; *Christian Wulff*, Die Republik gehört auf den Prüfstand, Der Tagesspiegel vom 8.5.2000. Die Beispiele zeigen, dass hier ein gängiges Vorurteil am Werk ist.

12 Beispiele liefern: *Christoph Böhr*, Vertrauen auf Zeit – es funktioniert, Trierischer Volksfreund vom 19.10.2000; *Christoph Grimm*, Radikale Kritik, an der Sache vorbei, Trierischer Volksfreund vom 21./22.10.2000; *Ise Thomas*, Schwer verdaulicher Brei, Trierischer Volksfreund vom 27.10.2000.

13 Das wird sogar von *Hans-Georg Wehling* verkannt: Mehr direkte Demokratie als Antwort auf die Krise des Parteienstaats?, Vortrag bei der Konrad-Adenauer-Stiftung am 9.3.2000, S. 6: »Was bliebe von den Landesparlamenten übrig, wenn ihnen diese Funktion [nämlich ›die Funktion, eine Regierung zu kreieren und am Leben zu halten (oder auch zu stürzen)‹] auch genommen würde?«

14 *Hans Hirsch*, Die politischen Ideen Alexander Solschenizyns, in: Reinhold Breil/Stephan Nachtsheim (Hg.), Vernunft und Anschauung, Festschrift für Gerd Wolandt zum 65. Geburtstag, 1993, 83 (89): Solschenizyn erkennt das in der parlamentarischen Demokratie normale Verhältnis von Regierung und Parlament mit dem unvoreingenommenen Blick des Außenstehenden als verkehrt: »... es ist paradox: Bei dem häufig gewählten System, dass die Regierung auf der Grundlage der Mehrheit im Parlament gebildet wird, hören die Glieder dieser Mehrheit ... auf, unabhängige Volksvertreter zu sein, die der Regierung die Stirn bieten, – sondern sie dienen ihr mit allen Kräften und stützen sie, damit sie sich nur um jeden Preis halten kann. Das heißt: Die Glieder der Legislative sind der Exekutive untergeordnet.«

15 So mit Recht der jetzige Bundesverfassungsrichter *Brun-Otto Bryde*, Die

Reform der Landesverfassungen, in: Hans Herbert von Arnim (Hg.), Direkte Demokratie, 2000, 147 (154).

16 *Herbert Schneider*, a.a.O.

17 *Brun-Otto Bryde*, a.a.O.

18 So zum Beispiel *Christoph Grimm*, a.a.O.: »Durch eine Direktwahl des Ministerpräsidenten könnte zudem die Konstellation auftreten, dass dieser einer Partei angehört, die im Parlament – auch in Koalition mit einer anderen Fraktion – keine Mehrheit hat. Die Blockade politischer Entscheidungen wäre die mögliche Folge.«

19 *Brun-Otto Bryde*, a.a.O.,

20 *Herbert Schneider*, a.a.O.

21 Dazu *Hans Herbert von Arnim*, Vom schönen Schein der Demokratie, 2000, 63 f.

22 *von Arnim*, a.a.O., 121 ff.

23 *Otto*, a.a.O., 127.

24 Zu den entsprechenden Stellungnahmen im Parlamentarischen Rat *Otto*, a.a.O., 125.

25 Siehe die oben (S. 262) zitierte Aussage von Ortega y Gasset.

26 Siehe *Otto*, a.a.O., 164 ff.

27 *Leibholz*, Strukturprobleme der modernen Demokratie, 3. Aufl., 1967, 109.

28 Zustimmend zum Beispiel *Christian Wulff*, Die Republik gehört auf den Prüfstand, a.a.O.

29 Allenfalls können sich so genannte Überhangmandate zusätzlich ergeben.

30 Dass zur Verantwortlichkeit, auch zur politischen Verantwortlichkeit, die Möglichkeit desjenigen gehört, demgegenüber etwas zu verantworten ist, wirksame Sanktionen zu ergreifen, arbeitet *Gertrude Lübbe-Wolff* (Recht und Moral im Umweltschutz, 1999, 11 ff.) klar heraus.

31 *Vogel/Nohlen/Schultze*, Wahlen in Deutschland, 1924, 1928, 1967, 145 ff., 361 ff.; *Eckhard Jesse*, Wahlrecht zwischen Kontinuität und Reform, 1985, 54 f. (dort auch Hinweise auf die Details).

32 *Theodor Eschenburg*, Probleme der modernen Parteienfinanzierung, 1961, 40 ff.

33 Befürwortet auch von *Iring Fetscher*, Lob und Tadel mit den Geldgutscheinen, Frankfurter Rundschau vom 18.1.2000.

34 Bericht zur Neuordnung der Parteienfinanzierung, 1983, 217.

35 Der sechste Sachverständige, der als einziger anderer Auffassung war, war *Werner Kaltefleiter*, ein Parteisoldat im Wissenschaftlergewand, wie er in dieser extremen Form selten vorkommt.

36 *Hans Herbert von Arnim*, Die neue Parteienfinanzierung, 1989, 102 f.

37 Reichswahlgesetz vom 12. April 1849. Vergleiche *Ernst-Rudolf Huber*, Dokumente I Nr. 108a.

38 *Frotscher/Pieroth*, Verfassungsgeschichte, 2. Aufl., 1999, Rn 308.

39 *Frotscher/Pieroth*, a.a.O., Rn 365.

40 *Frotscher/Pieroth*, a.a.O., Rn 400.

41 *Eckhard Jesse*, Wahlrecht zwischen Kontinuität und Reform. Eine Analyse der Wahlsystemdiskussion und der Wahlrechtsänderungen in der Bundesrepublik Deutschland 1949 bis 1983, 1985, 52 ff.

42 *Frotscher/Pieroth*, a.a.O., Rn 402.

43 *Hugo Preuß*, Verhandlungen der verfassunggebenden Nationalversammlung, Bd. 336, Berlin 1920, S. 243.

44 *Friedrich Naumann*, Verhandlungen der verfassunggebenden Nationalversammlung, Bd. 336, Berlin 1920, S. 242.

45 *Otto*, a.a.O., 167.

46 *Theodor Heuss* (FDP), Parlamentarischer Rat, Plenum, 8. Sitzung vom 24.2.1949, 133.

47 Vergleiche *Otto*, a.a.O., 167, Anmerkung 670.

48 *Otto*, a.a.O., 167. Siehe auch oben S. 348.

49 *Theodor Eschenburg*, Das Zweiparteiensystem in der deutschen Politik, a.a.O., 409: »Andererseits war eine gerechte Neueinteilung innerhalb kürzester Frist nicht möglich.«

50 Zonensekretariat der Christlich-Demokratischen Union der britischen Zone (Hg.), Kampf der CDU im Parlamentarischen Rat, o. O. und o. J. (Köln 1949), S. 11.

51 Bericht des vom Bundesminister des Innern eingesetzten Beirats für Fragen der Wahlrechtsreform, 1968, abgedruckt in: *Paul Lücke*, Ist Bonn doch Weimar? Der Kampf um das Mehrheitswahlrecht, 1968, 94 ff.

52 *Ernst Fraenkel*, Das amerikanische Regierungssystem, 2. Aufl., 1962, 57.

53 *Robert Adam*, Die politischen Parteien in den USA, Aus Politik und Zeitgeschichte 6/67, S. 11.

54 *Söhnke Schreyer*, Wahlsystem und Wählerverhalten, in: Wolfgang Jäger/Wolfgang Welz (Hg.), Regierungssystem der USA, 1995, 249.

55 *Ernst Fraenkel*, a.a.O., 57 f.

56 *Andreas Kißling*, Politische Kultur und Parteien in Deutschland. Sind die Parteien reformierbar?, Aus Politik und Zeitgeschichte B 10/2001, S. 29 (36), berichtet, in der SPD seien 69 Prozent der Funktionäre und 67 Prozent der Mandatsträger gegen die Öffnung des Nominierungsverfahrens.

57 *Franz Müntefering*, Demokratie braucht Partei. Vortrag am 2.4.2000: »Ich plädiere für … die Einführung von Vorwahlen bei den Kandidatenaufstellungen ab der Bundestagswahl 2006. Auch interessierte Bürgerinnen und Bürger, die nicht Mitglied sind, sollen bei der Nominierung von

Kandidatinnen und Kandidaten zu gesetzlich fixierten Bedingungen mit entscheiden können. Dazu muss das Wahlgesetz geändert werden.«

58 Siehe zum Beispiel *Roman Herzog*, in: Maunz/Dürig/Herzog, Art. 20 GG, Abschnitt V: »Die Verfassungsentscheidung für die Gewaltenteilung« (1980), Randnummer 28: »Lediglich Präsidialsysteme wie die der USA und die diesen nachgebildeten, in denen das Parlament die vom Präsidenten berufene Regierung von Rechts wegen weder zu bestätigen noch zu stürzen befugt ist, entsprechen einigermaßen dem Bild einer gewaltenteilenden Demokratie, so wie es sich bei unvoreingenommener und historisch unbelasteter Kombination von Demokratie und Gewaltenteilung empfiehlt.«

59 *Werner J. Patzelt*, Verdrossen sind die Ahnungslosen, Die Zeit vom 22. 2. 2001, S. 9.

60 *Werner J. Patzelt*, Ein latenter Verfassungskonflikt? Die Deutschen und ihr parlamentarisches Regierungssystem, Politische Vierteljahresschrift 1998, 725 (744 ff.).

61 *Patzelt*, Politische Vierteljahresschrift, a.a.O., 742.

62 *Patzelt*, Politische Vierteljahresschrift, a.a.O.

63 So auch *Patzelt*, Politische Vierteljahresschrift, a.a.O., 725 (753).

64 *Werner J. Patzelt*, Ein latenter Verfassungskonflikt? Die Deutschen und ihr parlamentarisches Regierungssystem, Politische Vierteljahresschrift 1998, 725 ff.; *ders.*, Reformwünsche in Deutschlands latentem Verfassungskonflikt, Aus Politik und Zeitgeschichte, B 28/2000 vom 7.7.2000, 3 f.; *ders.*, Die Zeit, a.a.O.

65 *Patzelt*, Die Zeit, a.a.O.

66 *Patzelt*, Die Zeit, a.a.O.

67 *Patzelt*, Aus Politik und Zeitgeschichte, a.a.O., 4.

68 *Patzelt*, Aus Politik und Zeitgeschichte, a.a.O., 4: »Hüten wir uns aber davor, antiquierten Systemvorstellungen nur deshalb zu folgen, weil sie populär sind.«

69 *Otto*, a.a.O., 155 f.

70 Siehe S. 308.

71 *Otto*, a.a.O., 180 f.

72 *Otto*, a.a.O., 128 f., 158.

73 So *Robert Lehr* (CDU), Parlamentarischer Rat, Plenum, 7. Sitzung vom 21.10.1948, S. 86. Lehr bezieht sich hierbei auf den CDU-Vorschlag über die Gestalt der zweiten Kammer.

74 Siehe S. 342.

75 Siehe S. 349.

14
Den Stein ins Rollen bringen: Wie Systemreformen durchzusetzen sind

1 *Theodor Eschenburg*, Das Zweiparteiensystem in der deutschen Politik, in: Forschungen zu Staat und Verwaltung, Festgabe für Fritz Hartung, 1958, 403 (404).

2 *Samuel P. Huntington*, American Politics: The Promise of Disharmony, 1981; *Hanspeter Kriesi/Dominique Wisler*, The Impact of Social Movements on Political Institutions: A Comparison of the Introduction of Direct Legislation in Switzerland and the United States, in: Marco Giugni/Doug McAdam/Charles Tilly (eds.), How Social Movements Matter, 1999, 42 ff.

3 Zur Bedeutung »tief gehender sozialer Krisen« für das Zustandekommen institutioneller Reformen *Kriesi/Wisler*, a.a.O., 45 ff.

4 Zur Rolle einer »widespread atmosphere of discontent« *Huntington*, a.a.O., 86, 91 ff.

5 Zur Gerichtetheit von Reformbewegungen gegen Missbräuche einer Machtelite *Huntington*, a.a.O., 94 ff.

6 *Huntington*, a.a.O., 99 ff.

7 Zur Bedeutung dieses Faktors *Kriesi/Wisler*, a.a.O., 47 ff.

8 Dazu *Huntington*, a.a.O., 102 ff.

9 Zur Erleichterung von Reformen in föderalistischen Strukturen *Kriesi/Wisler*, a.a.O., 53 ff.

10 *Huntington*, a.a.O., 99 ff.

11 Dazu *Kriesi/Wisler*, a.a.O., 59 ff.

12 Siehe dazu ausführlich *Hans Herbert von Arnim*, Vom schönen Schein der Demokratie, 2000, 258 ff. m. w. N.

13 Siehe *Hans Herbert von Arnim*, Das Volk soll den Ministerpräsidenten direkt wählen, Rhein-Zeitung vom 25.5.2000; dazu die Erwiderung von *Kurt Beck*, Mit Volldampf zurück ins 19. Jahrhundert, Rhein-Zeitung vom 2.6.2000, und die Stellungnahme von *von Arnim*, Für Verfassungsreformen müssen Bürger die Verantwortung ergreifen, Rhein-Zeitung vom 13.6.2000. Siehe auch *Hans Herbert von Arnim*, »Demokratischer Urknall«, Trierischer Volksfreund vom 25.5.2000; *Kurt Beck*, »Der Urknall ist bloß eine Knallerbse«, Trierischer Volksfreund vom 7.6.2000; *von Arnim*, Nicht des Ministerpräsidenten Stil, Trierischer Volksfreund vom 10.7.2000.

14 Siehe die Tagespresse vom 25.5.2000 und Focus 29/2000, S. 52.

15
Auf den Bürgersinn vertrauen: Der Aufstieg der direkten Demokratie

1 *Bruno S. Frey/Gebhard Kirchgässner*, Diskursethik, Politische Ökonomie und Volksabstimmungen, Analyse und Kritik 1993, 129 ff.
2 *Heidrun Abromeit*, Das Recht der Republik, 1999, 20 f.
3 Dazu schon *Hans Herbert von Arnim*, Vom schönen Schein der Demokratie, 2000, 290 ff. mit weiteren Nachweisen.
4 *Peter Preisendorfer/Axel Franzen*, Der schöne Schein des Umweltbewusstseins, in: Andreas Diekmann/Carlo C. Jaeger, Umweltsoziologie, 1996, 219 (234 f.); *Bruno S. Frey/Friedrich Schneider*, Warum wird die Umweltökonomie kaum angewendet?, Zeitschrift für Umweltschutz 1997, 153 (156 f.); *Ingo Heinemann*, Public Choice und moderrne Demokratietheorie, 1999, 121; *Gertrude Lübbe-Wolff*, Recht und Moral im Umweltschutz, 1999, 11 (42 f.), jeweils mit weiteren Nachweisen.
5 *Amitai Etzioni*, Die faire Gesellschaft. Jenseits von Sozialismus und Kapitalismus, 1996, 102 ff., stellt eine ganze Liste von Beispielen für selbstloses Verhalten der Menschen zusammen, die die reine Eigennutzthese widerlegt.
6 *Ingo Heinemann*, a.a.O., 112 ff. mit weiteren Nachweisen.
7 *Peter C. Dienel*, Die Planungszelle, 4. Aufl., 1997.
8 *Joseph Alois Schumpeter*, Kapitalismus, Sozialismus und Demokratie, 1950, 416 f.
9 *Schumpeter*, a.a.O., 416.
10 *Schumpeter*, a.a.O., 418.
11 *Schumpeter*, a.a.O., 419 f.
12 *Schumpeter*, a.a.O., 418.
13 *Manfred G. Schmidt*, Demokratietheorien, 3. Aufl., 2000, 209 ff.
14 *Schumpeter*, a.a.O., 420, Fußnote 19. Schumpeter fügt hinzu: »Vermutlich wissen die Politiker, weshalb sie gegenüber dieser Einrichtung eine fast immer feindliche Haltung einnehmen.«
15 *Schumpeter*, a.a.O., 425.
16 Nämlich darauf, dass die Schweiz eine »Welt von Bauern« sei, »die, mit Ausnahme von Hotels und Banken, keine große kapitalistische Industrie« aufweise. Es gehe deshalb in der Politik der Schweiz um »keine großen Entscheidungen« und die Probleme seien »so einfach und stetig, dass von einer überwältigenden Mehrheit ein Verständnis für sie und eine Einigung über sie erwartet werden« könne. Dass dieses Verständnis auch ein Ergebnis direktdemokratischer Verfahren und der dadurch bewirkten

politischen Erziehung der Bürger zur Verantwortung darstellen könnte, scheint Schumpeter nicht in den Sinn gekommen zu sein.

17 Siehe *Schumpeter*, a.a.O., 425.

18 *Schmidt*, a.a.O., 211.

19 *Schöppner*, a.a.O., 5.

20 *Gerhard Leibholz*, Der Gestaltwandel der Demokratie im 20. Jahrhundert (1955), in: *ders.*, Das Wesen der Repräsentation und der Gestaltwandel der Demokratie im 20. Jahrhundert, 3. Aufl., 1966, 211 (241).

Nachwort

1 *Gertrude Lübbe-Wolff* hat in einer eindringlichen Studie aufgezeigt, warum der Hinweis auf die Eigeninteressen der Akteure in Politik und Wirtschaft in Deutschland häufig »als eine Art Verleumdung« zurückgewiesen wird – ebenso das Nachdenken über entsprechende institutionelle Vorkehrungen. Gleichzeitig hat sie aber diese naive oder gar heuchlerische Reaktion entschieden zurückgewiesen. *Gertrude Lübbe-Wolff*, Die Durchsetzung moralischer Standards in einer globalisierten Wirtschaft, in: Heinrich von Pierer/Karl Homann/Gertrude Lübbe-Wolff, Zwischen Profit und Moral – Für eine menschliche Wirtschaft, 2003, 73 ff.

2 Diese Kollision wird jetzt aber zunehmend erkannt, so zum Beispiel von *Jens Borchert*, Die Professionalisierung der Politik, 203, 132: »Latenter Widerspruch ... zwischen den Postulaten der demokratischen Wahl, des politischen Wettbewerbs und des offenen Zugangs zu politischen Ämtern einerseits und der Realität der professionalisierten Politik andererseits.«

3 Demgegenüber will das vorliegende (auf früheren Veröffentlichungen des Verfassers aufbauende) Buch die tatsächlichen Verhältnisse in der Bundesrepublik Deutschland ungeschönt darstellen. Siehe auch *Christoph Degenhart,* Der Staat als Beute (Buchbesprechung von »Das System«), Recht und Politik 2003, 53 (54): »Insgesamt entwickelt von Arnim also eine schonungslose Zustandsbeschreibung des politischen Systems der Bundesrepublik Deutschland in seinem aktuellen Zustand.« *Michel Fromont,* Sammelrezension von fünf Büchern des Verfassers, Revue du Droit Public 2003, 1203: »Ce qui est remarquable dans l'œuvre du professeur Von Arnim, c'est la volonté d'étudier de façon réaliste le fonctionnement du système politique allemand, alors que ses collègues donnent souvent une image irénique de celui-ci.«

4 Erinnert sei an die berühmten Worte von *Ernst Fraenkel*, einem der Väter der deutschen Politikwissenschaft nach dem Zweiten Weltkrieg: »Eine Politikwissenschaft, die nicht bereit ist, ständig anzuecken, die sich

scheuen wollte, peinliche Fragen zu stellen, die davor zurückschreckt, Vorgänge, die kraft gesellschaftlicher Konvention zu *arcana societatis* erklärt worden sind, rücksichtslos zu beleuchten, und die es unterlässt, freimütig gerade über diejenigen Dinge zu reden, über die »man nicht spricht«, (hat) ihren Beruf verfehlt. Politologie ist kein Geschäft für Leisetreter und Opportunisten.« *Fraenkel,* Reformismus und Pluralismus, 1973, 344.

5 Siehe auch BVerfGE 40, 296 (321): Es fragt sich, »ob das in Bund und Ländern zu beobachtende unverhältnismäßig starke Anwachsen der Zahl der aktiven und inaktiven Angehörigen des öffentlichen Dienstes unter den Abgeordneten (›Verbeamtung der Parlamente‹), sollte es sich fortsetzen, noch mit den Anforderungen eines materiell verstandenen Gewaltenteilungsprinzips vereinbar ist.«

6 *Hans Herbert von Arnim,* Wählen wir unsere Abgeordneten unmittelbar?, JuristenZeitung 2002, 578 ff.

7 Siehe schon *Hans Herbert von Arnim,* Vom schönen Schein der Demokratie, a.a.O., 111.

8 *Hans-Jürgen Papier,* Überholte Verfassung?, Frankfurter Allgemeine Zeitung vom 27.11.2003. Dazu auch *Volker Zastrow,* Der Glaube schwindet, Frankfurter Allgemeine Zeitung vom 1.12.2003; *Hans Hugo Klein,* Das Fragezeichen widerlegt alles (Leserbrief), Frankfurter Allgemeine Zeitung vom 8.12.2003; *Christoph Grimm,* Eine Fehlkonstruktion? (Leserbrief), Frankfurter Allgemeine Zeitung vom 9.12.2003.

9 *Hans Herbert von Arnim/Karl-Peter Sommermann* (Hg.), Gemeinwohlgefährdung und Gemeinwohlsicherung, 2004.

10 Siehe zum Beispiel *Ulrich von Alemann,* Die Woche vom 18.8.1994, S. 8; dazu meine Erwiderung, Die Woche vom 15.9.1994, S. 39. Ähnlich die SPD-Schatzmeisterin *Inge Wettig-Danielmeier,* Deutscher Bundestag, Stenographischer Bericht der Sitzung vom 12.11.1993, S. 16410: »Der Ruf nach Gemeinwohl kaschiert immer noch den Ruf nach dem Obrigkeitsstaat.« Vgl. auch *Arthur Gunlicks,* Newsletter of the Conference Group on German Politics, March 1994, S. 5: »›The people‹ (Is there really such a thing?) and ›the common good‹ (How does one define it?)«.

11 *Peter Koslowski* (Hg.), Das Gemeinwohl zwischen Universalismus und Partikularismus, Stuttgart/Bad Cannstatt 1999; *Winfried Brugger/Stephan Kirste/Michael Anderheiden,* Gemeinwohl in Deutschland, Europa und der Welt, Baden-Baden 2002; *Heinrich Bußhoff,* Gemeinwohl als Wert und Norm. Zur Argumentations- und Kommunikationskultur der Politik, Baden-Baden 2001; *Herfried Münkler/Karsten Fischer* (Hg.), Gemeinwohl und Gemeinsinn (4 Bände mit Beiträgen zahlreicher Autoren),

Berlin 2001/2003; *Herfried Münkler/Hans Joas/Hasso Hofmann/Birger P. Priddat* (Hg.), Gemeinwohl und Gemeinsinn. Akademievorlesungen, Berlin 2002; *Gunnar Folke Schuppert/Friedhelm Neidhardt* (Hg.), Gemeinwohl – auf der Suche nach Substanz, Berlin 2002; *Ulrich Willems/Thomas von Winter* (Hg.), Politische Repräsentation schwacher Interessen, Opladen 2000. Siehe auch *Monika Jachmann* (Hg.), Gemeinnützigkeit, Köln 2003; *Projektgruppe »Common Goods«: »Law, Politics and Economics« der Max-Planck-Gesellschaft in Bonn,* Report October 1997-April 2000; Report February 2002. Siehe aber auch *Josef Isensee,* Gemeinwohl und Staatsaufgaben im Verfassungsstaat, in: Josef Isensee/Paul Kirchhof, HdbStR, Band III, Heidelberg 1988, S. 3 ff.; *Karl-Peter Sommermann,* Staatsziele und Staatszielbestimmungen, Tübingen 1997, S. 199 ff.; *Hans Herbert von Arnim/Stefan Brink,* Methodik der Rechtsbildung unter dem Grundgesetz. Grundlagen einer verfassungsorientierten Rechtsmethodik, Speyer 2001.

12 Siehe zum Beispiel *Peter Thiery,* Korrupte Regime. Strategien zur Bekämpfung von »bad governance«, Internationale Politik Heft 8/2002, S. 27 ff.; *Thomas Fuster,* Die »Good Governance« Diskussion der Jahre 1989 bis 1994, 1997; *Klaus König/Marcus Adam* (Hg.), Governance als entwicklungspolitischer Ansatz, 2001.

13 *Ulrich von Alemann* (Hg.), Politische Korruption, PVS-Sonderheft 35, 2004; *Hans Herbert von Arnim* (Hg.), Korruption. Netzwerke in Politik, Ämtern und Wirtschaft, 2003; *Britta Bannenberg/Wolfgang Schaupensteiner,* Korruption in Deutschland. Porträt einer Wachstumsbranche, 2004; *Peter Eigen,* Das Netz der Korruption. Wie eine weltweite Bewegung gegen Bestechung kämpft, 2003; *Oskar Kurer* (Hg.), Korruption und Governance aus interdisziplinärer Sicht, 2003; *Hans Leyendecker,* Die Korruptionsfalle. Wie unser Land im Filz versinkt, 2003; *Verena Nell,* Korruption. Interdisziplinäre Zugänge zu einem komplexen Phänomen, 2003; *Thomas Wieczorek,* Korruption und Kompetenz. Betrachtungen zum Funktionieren der deutschen Politik, 2003. Siehe auch *Susan Rose-Ackermann,* Corruption and Government. Causes, Consequences and Reform, Cambridge 1999; *Arvind K. Jain* (Hg.), The Political Economy of Corruption, London and New York 2001; *Francois Vincke/Fritz Heimann* (Hg.), Fighting Corruption. A Corporate Practices Manual, 2. Aufl., 2003.

14 *Arnulf Baring,* Bürger auf die Barrikaden, Frankfurter Allgemeine Zeitung vom 19.11.2002, S. 33.

15 *Roland Koch/Jürgen Rüttgers,* Thesen zur Föderalismusreform, November 2003. Ebenso etwa der frühere Erste Bürgermeister von Hamburg, *Klaus von Dohnanyi:* »Deutschland ist heute ein System organisierter

politischer Verantwortungslosigkeit« (zitiert nach Frankfurter Allgemeine Zeitung vom 15.11.2003).

16 Sendung des ARD-Magazins »Panorama« vom 23.10.2003, 21.45 Uhr. Dazu zum Beispiel *Peter Fahrenholz,* Dubiose Spenden-Praxis bei CSU und FDP, Süddeutsche Zeitung vom 24.10.2003, S. 33; *Hans Herbert von Arnim,* Parteispenden: Kontrolle ist besser, Die Welt vom 30.10.2003, S. 9.

17 Dazu *Hans Herbert von Arnim,* Die neue Parteienfinanzierung, Deutsches Verwaltungsblatt 2002, 1065 (1070 f.).

18 Das Europäische Parlament nahm sie am 19. Juli 2003 an, und der Ministerrat gab am 29. September 2003 auch formell seine Zustimmung. Die Verordnung ist im Amtsblatt der Europäischen Union vom 15.11.2003 veröffentlicht (L 297/1 ff.). Ihre ersten drei Artikel sind am 16.2.2004 in Kraft getreten. Die Bestimmungen über die öffentliche Finanzierung, die den Hauptteil ausmachen (Art. 4 bis 12), treten am »Tag der Eröffnung der ersten Sitzungsperiode nach den Wahlen zum Europäischen Parlament im Juni 2004« in Kraft (Art. 13 der Verordnung). Dann werden auch die ersten Gelder fließen.

19 Siehe dazu die Kritik von *Hans Herbert von Arnim/Martin Schurig,* Das Abgeordnetenstatut des Europäischen Parlaments, Deutsches Verwaltungsblatt 2003, S. 1176 ff. Diese Untersuchung wurde dem Bundeskanzleramt zugesandt und in englischer Sprache *(von Arnim/Schurig,* The Statute for Members of the European Parliament, Discussion Paper Nr. 4 des Forschungsinstituts für öffentliche Verwaltung bei der Deutschen Hochschule für Verwaltungswissenschaften Speyer, 2003) auch allen Mitgliedern des Rats – rechtzeitig vor seinen Beratungen am 29. September und am 13. Oktober 2003 – zur Verfügung gestellt. Eine zustimmende Entscheidung des Rats kam nicht zustande. Ein neuerlicher Versuch des Europäischen Parlaments, über die Jahreswende 2003/04 die Zustimmung des Rats zu erlangen, führte ebenfalls nicht zum Erfolg. Die erforderliche qualifizierte Mehrheitsentscheidung scheiterte in der Ratssitzung vom 26.1.2004 am Veto von Deutschland, Frankreich, Österreich und Schweden. Siehe dazu *Hans Herbert von Arnim,* A Salary of 9,053 Euros for members of the European Parliament?, Discussion Paper Nr. 7 des Forschungsinstituts für öffentliche Verwaltung bei der Deutschen Hochschule für Verwaltungswissenschaften Speyer, 2004. Auch dieses Papier wurde lange vor der Sitzung den Vertretungen der Ratsmitglieder, (in deutscher Sprache) vor allem dem Bundeskanzleramt, zugesandt und eine Woche später der Presse zur Verfügung gestellt. Siehe zum Beispiel Der Spiegel, The Times, The Irish Times, jeweils vom 12.1.2004.

20 Siehe *Hans Herbert von Arnim,* »Mit gezinkten Karten«, Focus vom 20.10.2003, S. 243; *ders.,* »Getrickst und vernebelt«, Focus vom 9.2.2004, S. 26.
21 Siehe Presseerklärung von *Willi Rothley* (SPD) vom 9.9.2003; *Klaus-Heiner Lehne* (CDU) vom 12.1. und 15.1.2004; *Martin Schulz* (SPD) vom 15.1.2004.
22 »Bild« vom 15.10.2003.
23 *Hans-Werner Klotz,* Die Besoldung von Politikern, Zeitschrift für Rechtspolitik 2003, 424.
24 *Hans Herbert von Arnim,* Die Besoldung von Politikern, Zeitschrift für Rechtspolitik 2004, 26.
25 Zusammenfassend *Hans Herbert von Arnim,* Wahl ohne Auswahl, in: Andreas M. Wüst (Hg.), Politbarometer, 2003, 125 ff.
26 Zum Beispiel *Thomas Darnstädt,* Republik der Bürger, Der Spiegel 22/2003, S. 56 (69); *Hans Jürgen Papier,* a.a.O.; *Volker von Prittwitz,* Vollständig personalisierte Verhältniswahl, Aus Politik und Zeitgeschichte B 52/2003 vom 22.12.2003, S. 12 ff.
27 *Hans Herbert von Arnim,* Die Durchsetzung der Kommunalverfassungsreform der neunziger Jahre, Die Öffentliche Verwaltung 2002, 585 ff.
28 www.mehr-buergerrechte.de
29 Zusammenfassend *Hans Herbert von Arnim,* Systemwechsel durch Direktwahl des Ministerpräsidenten, in: Heinrich Siedentopf/Karl-Peter Sommermann (Hg.), Institutionenbildung in Regierung und Verwaltung, Festschrift für Klaus König zum 70. Geburtstag, 2004 (im Erscheinen).
30 *Hartmut Maurer,* Volkswahl des Ministerpräsidenten?, Festschrift für Ekkehart Stein, 2002, 143.
31 *Frank Decker,* Direktwahl des Ministerpräsidenten, Recht und Politik 2001, 51 (58). Siehe – neben den in Anm. 29 f. schon Genannten – vor allem auch *Albert Janssen,* Die Reformbedürftigkeit des deutschen Bundesstaates aus verfassungsrechtlicher Sicht, in: Hans-Günter Henneke (Hg.), Verantwortungsteilung zwischen Kommunen, Ländern, Bund und EU, 2001, 59 (74 ff.). – Andererseits finden sich im Schrifttum auch immer wieder Äußerungen, die überholte Vorurteile ungeprüft wiederholen. So *Jens Borchert* (a.a.O., 215), der die Einführung der Direktwahl von Ministerpräsidenten unter anderem mit der Bemerkung abtut, die Direktwahl entmachte das Parlament. Doch diese Behauptung ist längst widerlegt (siehe S. 339 f. mit den dort zitierten einschlägigen Analysen). Und auch der Hinweis Borcherts auf die negativen »Erfahrungen mit der Direktwahl des Regierungschefs in Israel« ist vordergründig. Der israelische Ministerpräsident wurde zwar bis vor kurzem vom Volk gewählt, das Parlament konnte ihm aber – systemwidrig – das Vertrauen entziehen

und ihn zum Rücktritt zwingen, was seine Stellung in der Tat prekär macht. Auch Borcherts Argument, die Direktwahl vertrage sich nicht mit der parlamentarischen Demokratie, geht ins Leere. Denn eine solche Vereinbarkeit behaupten die Befürworter der Direktwahl gar nicht. Die Direktwahl führt zum Präsidialsystem. Das folgt aus der Definition von parlamentarischer und präsidentieller Demokratie und ist deshalb kein Einwand. Wenn Israel versucht, die Direktwahl des Ministerpräsidenten mit dem parlamentarischen System zu verbinden, so ist dies in der Tat unglücklich, sagt aber rein gar nichts über den hier unterbreiteten Vorschlag, der keine solche Verbindung vorsieht.

32 *Susanne Benöhr,* Gerhard Leibholz' Parteienstaatslehre im Spiegel des faschistischen Verfassungsrechts, Quellen und Forschungen aus italienischen Archiven und Bibliotheken 81 (2001), 504 ff.

33 Siehe vor allem Leibholz' akademische Antrittsvorlesung »Zu den Problemen des faschistischen Verfassungsrechts«, 1928. *Benöhr,* a.a.O., 506: »Die Weichenstellung der Antrittsvorlesung für Leibholz' Parteienstaatslehre wurde« bisher »größtenteils ignoriert«.

34 *Gerhard Leibholz,* Volk und Staat im deutschen Verfassungsrecht, in: Leibholz, Strukturprobleme der modernen Demokratie, 3. Aufl., 1967, 70 (76): »Der Unterschied zwischen einem Totalstaat und der Demokratie westlicher Prägung ist in Wahrheit ... nur der, dass wir es beim totalen Staat mit einem Einparteienstaat und bei der Demokratie westlicher Prägung mit einem Zwei-, Drei- oder Mehrparteienstaat zu tun haben.«

35 So etwa *Christoph Degenhart,* Der Staat als Beute, a.a.O., 53 f.: »Der Blickwinkel (bleibt) seltsam eng ... auf Grund der Fokussierung auf die politische Klasse. ... Die isolierende Betrachtung der politischen Klasse der Bundesrepublik Deutschland, isolierend im Verhältnis zu gesellschaftlichen Systemen, isolierend auch in ihrer binnenstaatlichen Perspektive, scheint mir eine der wesentlichen Schwächen der Betrachtungsweise von Arnims auszumachen, gerade auch in einer Situation, in der im Hinblick auf Globalisierung und Dominanz der Wirtschaft Handlungsspielräume in der Politik zusehends in Frage stehen.«

36 *Jörn Kleinert/Henning Klodt,* Megafusionen. Trends, Ursachen und Implikationen, 2002.

37 Gegen Vorstands- und Aufsichtsratsmitglieder von Mannesmann läuft derzeit ein Verfahren vor dem Landgericht Düsseldorf wegen strafrechtlicher Untreue.

38 Dabei befasst Borchert sich auf merkwürdig verschämte Weise mit meinen Thesen. Im Ergebnis erweist er ihnen aber dadurch seine Reverenz, dass er glaubt, sie nur mit schiefen und unsachlichen Argumenten widerlegen zu können, und sie dadurch indirekt bestätigt. Siehe oben

Anm. 31. Dabei bringt Borchert auch noch das Kunststück fertig, alle einschlägige Forschung zu ignorieren und auch dieses Buch und seinen Autor nicht ein einziges Mal zu nennen, und das in einer Habilitationsschrift, also einer Arbeit, bei der der Autor eigentlich in besonderer Weise an die Regeln redlichen und fairen wissenschaftlichen Arbeitens gebunden sein sollte.

Register

Hans Herbert von Arnim
Vom schönen Schein der Demokratie

Politik ohne Verantwortung – am Volk vorbei

Alle Macht geht vom Volke aus – theoretisch. Denn in Wahrheit sind Wahlen, Volksbegehren und Volksentscheid stumpfe Waffen im Kampf um die politische Mitsprache. Die politische Klasse hat die Instrumente demokratischer Bürgerbeteiligung durch eine Fülle einschränkender Bestimmungen weitgehend entschärft. Ungestört vom Volk schiebt einer dem anderen die Verantwortung zu: Die Länder sind politisch kastriert, die Bundesregierung ist durch den Bundesrat gelähmt, der lässt gern das Bundesverfassungsgericht entscheiden, und im Zweifel ist sowieso die EU zuständig. Das Ergebnis: Die Politik ist handlungsunfähig, dringende Reformen werden nicht angepackt.

Eindringlich analysiert Hans Herbert von Arnim nicht nur die unerträglichen Defizite des demokratischen Systems – er zeigt auch, wie sich die vorhandenen Möglichkeiten nutzen lassen, um die Mitsprache der Bürger zu stärken, die Kontrolle der politischen Institutionen zu verbessern und die Handlungsfähigkeit des Systems wiederherzustellen.

»Arnim hat sich die Freiheit genommen, radikal zu denken, zu beschreiben und Alternativen zu entwickeln. Das ist gut so.«

Hessischer Rundfunk

»Ein notwendiges Buch zur rechten Zeit.«

Die Zeit

»Arnims Kritik ist – en gros und en details – berechtigt.«

Berliner Zeitung

Knaur Taschenbuch Verlag

Hans Herbert von Arnim
Politik Macht Geld

Das Schwarzgeld der Politiker – weißgewaschen

Der Staatsrechtler und renommierte »Parteienkritiker« Hans Herbert von Arnim schlägt eine Schneise ins Dickicht der Politikereinkommen:

- Er enthüllt die verfassungswidrigen Schwarzgeld-Einkünfte der Regierungsmitglieder in Bund und Ländern.
- Er nennt alle Regierungsmitglieder mit ihrem jeweiligen Einkommen.
- Er deckt den bisher größtangelegten Versuch der politischen Klasse auf, die Öffentlichkeit in die Irre zu führen.

Gegen die sorgfältige Verschleierung der tatsächlichen Einkünfte der politischen Elite hilft nur absolute Transparenz: Ob Bundeskanzler, Ministerpräsident, Minister oder Staatssekretär – Arnim nennt für jeden Einzelnen die Bezüge und sagt, ob es sich um rechtmäßige Einkommen handelt oder nicht.

»Der Gesetzgeber muss zum Jagen getragen werden – nicht zuletzt durch die Fanfarenstöße aus Speyer.«

Südwest Presse

»Arnims Kritik ist insgesamt überzeugend.«

Friedrich Karl Fromme in der Frankfurter Allgemeinen Zeitung

Knaur Taschenbuch Verlag

Hans Herbert von Arnim
Fetter Bauch regiert nicht gern

Die politische Klasse – selbstbezogen und abgehoben

Die politische Klasse ist satt und träge geworden. Anstehende Probleme werden nicht gelöst, notwendige Reformen verwässert. Auf ihren eigenen Vorteil bedacht, verstrickt sich die politische Klasse im Dschungel der Interessen und verkommt zum Lobbyistenverband in eigener Sache. Die Lähmung der Politik ist nur zu lösen, wenn Regierung und Parlament ihre Handlungsfähigkeit zurückgewinnen. Dazu sind grundlegende institutionelle Reformen nötig. Hans Herbert von Arnim schildert die Missstände, analysiert die Gründe und zeigt Wege aus der politischen Erstarrung.

»Eine frontale Attacke auf die Kaste der eigensüchtigen Politiker.«
Nürnberger Nachrichten

»Von Arnim beweist mit einer Fülle von Fakten und Beispielen, dass der Stillstand, der Reformstau, die gegenseitige Blockade aus der Beschaffenheit, aus den Interessen der politischen Klasse zwangsläufig folgt.«
Thilo Koch, Süddeutscher Rundfunk

Knaur Taschenbuch Verlag